LES
MISSIONS CHRÉTIENNES

PAR

T. W. M. MARSHALL

Chevalier de l'ordre de Saint-Grégoire-le-Grand

OUVRAGE

TRADUIT DE L'ANGLAIS AVEC L'AUTORISATION DE L'AUTEUR

AUGMENTÉ ET ANNOTÉ

PAR

LOUIS DE WAZIERS

TOME PREMIER

PARIS
AMBROISE BRAY, LIBRAIRE-ÉDITEUR

20, RUE CASSETTE, 20
(CI-DEVANT RUE DES SAINTS-PÈRES)

—

1865

LES
MISSIONS CHRÉTIENNES

1904

LES

MISSIONS CHRÉTIENNES

PAR

T. W. M. MARSHALL

Chevalier de l'Ordre de Saint-Grégoire-le-Grand

OUVRAGE

TRADUIT DE L'ANGLAIS AVEC L'AUTORISATION DE L'AUTEUR

AUGMENTÉ ET ANNOTÉ

PAR

LOUIS DE WAZIERS

TOME PREMIER

PARIS
AMBROISE BRAY, LIBRAIRE-ÉDITEUR,
20, RUE CASSETTE, 20
(CI-DEVANT RUE DES SAINTS-PÈRES)

1865

PARIS. — IMP. SIMON RAÇON ET COMP., RUE D'ERFURTH, 1.

A L'ÉMINENTISSIME

CARDINAL BARNABO

PRÉFET DE LA SACRÉE CONGRÉGATION DE LA PROPAGANDE

Éminentissime Seigneur,

Il y a deux cents ans, la France donnait au monde l'*Histoire des Variations* de l'erreur protestante. Après avoir vu l'hérésie à l'œuvre, durant trois siècles, dans toutes les contrées du globe, l'Angleterre vient de recueillir, de la bouche même de ses sectateurs, les témoignages de son impuissance pour étendre le règne de l'Évangile. Un nouveau trophée est élevé à la gloire de l'Église, seule féconde.

Ce beau monument, les *Missions Chrétiennes*, doit porter le nom de Votre Éminence, puisque Son ardente sollicitude accompagne et dirige partout les messagers de la Vérité chez les infidèles. La vue de cette armée vaillante, dont le Souverain Pontife Pie IX, glorieusement régnant, Vous a confié la garde, fut pour l'auteur le principal motif de se montrer au

AVANT-PROPOS

Si, jusqu'à présent, la reconnaissance n'est pas un de nos sentiments préférés à l'égard de l'Angleterre, nous sommes obligés, en bonne justice, de lui accorder notre gratitude pour les éclatantes lumières qu'elle nous envoie depuis une époque récente.

Sans renouveler les regrets exprimés par tout un peuple, pour la perte profondément ressentie de l'éminent cardinal Wiseman, son souvenir et ses œuvres ne sont-ils pas immortels? Sans parler d'un Newman, ce grand converti d'Oxford, devant le génie duquel s'inclinent amis et ennemis; d'un Faber à la doctrine si haute et si suave; d'un Manning, d'un Wilberforce, de tous ces magnanimes champions venus du camp opposé; l'un d'entre eux, Thomas William Marshall, vient d'élever un des plus beaux monuments des temps modernes à la gloire de l'Église.

La France, fille aînée de l'Église, ne sera pas insensible à ce magnifique tribut d'hommages apportés de tous les points du globe par des frères séparés. N'étant pas la moins empressée à mettre au service de sa Mère son dévouement le plus pur, elle entendra avec une satisfaction bien légitime la voix de l'univers lui accorder cet inappréciable privilège.

premier rang parmi les défenseurs de l'Église romaine. Venu du camp opposé, ce nouveau champion nous apprend à combattre les ennemis de l'Unité avec leurs propres armes, et nous fait entendre ses adversaires proclamant ses louanges.

Écho d'une parole puissante, je suis fier de contribuer à son retentissement, en lui prêtant un nouvel organe. Certain de trouver accueil auprès de Votre Éminence, je viens déposer à Ses pieds l'hommage de mes humbles efforts ; béni par Elle, je ne craindrai pas de redire : Voyez nos apôtres, voyez leurs œuvres ; ne sont-ils pas les messagers de Celui qui, *par leurs fruits*, nous apprit à les reconnaître.

Daigne Votre Éminence agréer l'expression de mon profond respect.

De Son Éminence,

très-humble et très-obéissant serviteur,

L. DE WAZIERS.

Paris, jour de Pâques 1865.

www.ingramcontent.com/pod-product-compliance
Lightning Source LLC
Chambersburg PA
CBHW051322230426
43668CB00010B/1114

LIBRAIRIE D'AMBROISE BRAY, ÉDITEUR

50, RUE CASSETTE, CI-DEVANT RUE DES SAINTS-PÈRES

VIE DU R. P. CLÉMENT CATHARY, de la Compagnie de Jésus, missionnaire de Madagascar, mort en odeur de sainteté le 23 mai 1865, par J. M. S. Daurignac. 1 fort vol. in-12. . . . . 3 fr. 50

OUVRAGES DU MÊME AUTEUR

Histoire de Saint François Xavier. — Saint Ignace de Loyola. — Sainte Chantal. — Blanche de Castille. — Saint François d'Assise. — Saint François Régis. — Saint François de Borgia.

Ces Vies, très-complètes, écrites d'une manière dramatique, offrent une lecture aussi attrayante que solide. Elles sont approuvées et recommandées par NN. SS. les Évêques d'Arras et de Beauvais.

LA VÉNÉRABLE SERVANTE DE DIEU ANNA MARIA TAIGI, d'après les documents authentiques du procès pour sa béatification, par le R. P. Bouffier, S. J. 1 volume in-12. . . . . 2 fr. 50

L'ÉVANGILE DE L'EUCHARISTIE, OU VIE DE JÉSUS-CHRIST continuée sur nos autels. Conférences familières, par M. l'abbé Pichenot, vicaire général de Sens. 2e édition 1 fort vol. in-12. . . . . 3 fr. 50

VERTUS ET DOCTRINE SPIRITUELLE DE SAINT VINCENT DE PAUL,
par M. l'abbé Maynard. 1 vol. in-8. . . . . 6 fr.
Ou 1 vol. in-12. . . . . 3 fr. 50

SAINT VINCENT DE PAUL, sa vie, son temps, ses œuvres, son influence, par M. l'abbé Maynard. 4 vol. in-8 avec portraits et autographes. . . . . 24 fr.

VIE DE SAINT VINCENT DE PAUL, par M. l'abbé Maynard. 1 vol. in-8, avec portrait. . . . . 5 fr.
Ou 1 vol. in-12. . . . . 3 fr.

VIE DE NOTRE SEIGNEUR JÉSUS-CHRIST d'après les quatre évangélistes, avec des réflexions pratiques tirées des saints Pères; ouvrage traduit de l'italien par M. l'abbé Legnos, publié sous la direction de M. l'abbé Martin de Noirlieu, et avec l'approbation de NN. SS. les évêques de Verdun et de Nancy. 1 v. in-12. 2 fr. 50
— Le même ouvrage. 1 vol. in-18. . . . . 1 fr. 25

LA SAINTE COMMUNION, au point de vue théologique, historique et pratique, par le R. P. Dalgairns, supérieur de l'Oratoire de Londres, auteur de la *Dévotion au Sacré Cœur.* 2 vol. in-12. . . . . 6 fr.

VIE DE SAINT PHILIPPE DE NÉRI, suivi d'un appendice sur les *Oratoires* de France et d'Angleterre, et des maximes du Saint pour chaque jour de l'année, par M. l'abbé Bayle. 1 fort vol. in-8. . . . . 6 fr.
— Le même ouvrage sans l'appendice. 1 vol. in-12. . . . . 3 fr.

HISTOIRE DE SAINT JEAN CHRYSOSTOME, sa vie, ses écrits, par M. l'abbé J. B. Bergier. 1 fort vol. in-8. . . . . 5 fr.
— Le même ouv. 1 vol. in-18 angl. . . . . 3 fr.

ROME. Lettres d'un pèlerin, par M. Edmond Lafond. 2e édition, revue et augmentée. 2 volumes in-8. . . . . 12 fr.
Ou 2 vol. in-12. . . . . 7 fr.

L'IMITATION DE JÉSUS-CHRIST, traduite en français et en anglais (les deux textes en regard) par M. P. Magot-Gretton, sous-bibliothécaire de Lille. 1 fort vol. in-18 raisin. . . . . 3 fr. 50

LIBRAIRIE D'AMBROISE BRAY, ÉDITEUR.

LES ANTONINS

Par M. le comte DE CHAMPAGNY, suite des *Césars*, 3 beaux vol. in-8°.   18 fr.
— Le même ouvrage, 3 vol. in-12.   10 fr. 50

Les Césars, par le même, 3 vol. in-8°. 18 fr.
— Le même ouvrage, 3 vol. in-12.   10 fr. 50

Les Antonins, suite et complément des *Césars*, sont le fruit de longues et patientes recherches qui achèvent de nous faire connaître l'empire Romain sous toutes ses faces.

Le *Journal des savants*, le *Correspondant*, le *Monde*, l'*Union*, la *Bibliographie catholique*, la *Revue de Louvain*, etc., sont unanimes pour louer ce travail, l'un des plus remarquables de ce siècle, et reconnaître dans l'auteur les qualités supérieures du penseur et de l'écrivain, qualités qui l'ont fait appeler par M. Sainte-Beuve *un peintre studieux, un Tacite chrétien.*

Histoire de la Papauté pendant le quinzième siècle, par M. l'abbé CHRISTOPHE, 2 forts vol. in-8°.   14 fr.

Cet ouvrage comble la lacune qui existait entre l'*Histoire de la Papauté au XIVe siècle*, par M. Christophe, 3 vol. in-8°. 18 fr. et l'*Histoire de la Papauté aux XVIe et XVIIe siècles*, par L. Ranke. 3 vol. in-8° 18 fr.

« L'auteur, dit la *Bibliographie catholique* (août 1863), a apporté à la composition de ces deux ouvrages le même soin, la même intelligence, le même amour. Peut-être même ici son érudition s'est-elle entourée de plus de précautions, ornée de plus de recherches. Il a puisé à toutes les sources, imprimées ou manuscrites, et, ces sources, il est allé les chercher partout, dans toutes les bibliothèques de France et d'Italie. Voilà donc un écrivain parfaitement renseigné, d'intelligence, de bonne foi, digne, par conséquent, de faire autorité...... »

Histoire d'Urbain V, d'après les manuscrits du Vatican, par M. l'abbé MAGNAN, supérieur du petit séminaire de Marseille. 1 fort volume in-8°.   6 fr.
Ou 1 vol. in-18 anglais.   3 fr. 50

Cet ouvrage a mérité les éloges de la *Revue de Louvain*.

Rome Chrétienne, ou Tableau historique des Souvenirs et des Monuments de Rome, par M. E. DE LA GOURNERIE, 3e édition revue et augmentée. 2 vol. in-18 anglais.   7 fr.

Mgr l'évêque de Nantes, dans son approbation de *Rome chrétienne*, s'exprime ainsi : « Nous y avons trouvé, avec une doctrine toujours saine et un grand amour de l'Eglise, une érudition sagement contenue, une appréciation exacte des faits, des personnes et des choses, un style pur et simple, qui rappelle les beaux temps de notre littérature française... »

Ce livre est l'exposé rapide, fidèle de tout ce que les faits, les arts, la littérature, ont opéré à Rome et dans l'Italie, sous l'influence de la Papauté, depuis saint Pierre jusqu'à Pie IX.

Un Pape au moyen âge : Urbain II; par M. Adrien DE BRIMONT. 1 vol. in-8°.   6 fr.

LA FRANCE HÉROÏQUE

VIES ET RÉCITS DRAMATIQUES
d'après les Documents originaux
PAR M. BATHILD BOUNIOL.
3 beaux vol. in-12. 8 fr.

« Cet excellent livre peut-être recommandé à la aux pères de famille, aux jeunes gens et aux professeurs. C'est sous une forme dramatique, tantôt dialogue, tôt portrait, tantôt page historique, tantôt épisode, une revue vivante, colorée, des plus beaux traits de notre histoire, une galerie de nos grands hommes, de nos capitaines, de nos rois, de nos soldats même qui ont fondé, élevé, ennobli cette nation française si justement appelée la *grande nation*... (Extrait du *Journal de l'Instruction publique*.)

Cette appréciation est aussi celle de tous les journaux et revues qui en ont rendu compte; tous s'accordent à dire que la *France héroïque* offre une lecture aussi instructive qu'attachante.

Histoire de saint François de Borgia, duc de Gandie, par M. DAURIGNAC, auteur des *Histoires de S. François Xavier, S. Ignace de Loyola, S. François Régis, S. François d'Assise, Ste Chantal, Blanche de Castille*. 1 vol. in-18 anglais.   3 fr. 50

François de Borgia, prince de sang royal, vice-roi de Catalogne, général de la compagnie de Jésus, fut à tous ces titres, l'objet de l'estime et de l'admiration de ses contemporains. Son nouveau biographe a su présenter cette noble et sainte figure de manière à intéresser toutes les classes de lecteurs.

Mémoires du cardinal Pacca, sur le Pontificat de Pie VII, traduits par M. QUEYRAS. Nouv. édit. 2 vol. in-12, avec portraits. 6 fr.

Il reste quelques exemplaires des *Œuvres complètes du cardinal Pacca*. 2 vol. in-8° avec portrait.   12 fr.

Tout le monde est d'accord sur l'importance et le mérite des écrits du cardinal Pacca; on y admire cette finesse d'esprit mêlée de jovialité et de fermeté, cette franchise, cet amour de la vérité, qui forment le fond du caractère de l'illustre auteur. Ces *Mémoires* sont un complément nécessaire aux histoires de Pie VII et de Napoléon Ier.

OUVRAGES DE M. L'ABBÉ FREPPEL,
Professeur d'éloquence sacrée à la Sorbonne.

M. Albert de Broglie signale ces études sur les Pères « comme une publication très-intéressante, un ouvrage remarquable par une érudition pleine de clarté et d'un rare talent d'exposition. » (*Correspondant*)

Les Pères apostoliques et leur époque.
1 vol. in-8°.   6 fr.

Les Apologistes chrétiens au IIe siècle.
1re partie : *saint Justin*. 1 vol in-8°.   6 fr.
2e partie : *Tatien, Hermias*, etc. 1 vol.   6 fr.
Saint Irénée. 1 vol. in-8°.   6 fr.

Pour paraître en mars 1864 :

Tertullien. 2 vol. in-8°.   12 fr.

Paris. — Imprimerie Divry et Cie, rue N.-D des Champs, 49.

la glorification de Marie un livre consacré à la description de Rome. Il commence par nous décrire le chemin de Rome à Lorette, le chemin des écoliers, bien entendu, c'est-à-dire le plus long et le plus attrayant. Puis, il fait l'histoire complète de la *Santa-Casa*, de sa translation, des miracles qui s'y sont opérés, et des pèlerins qui l'ont visitée. Enfin, sous les titres successifs de : *la Veille du combat, le 18 septembre, les Blessés sous le toit de la Vierge, la colonne de Castelfidardo*, M. Lafond nous retrace à grands traits les préparatifs, les péripéties et les conséquences du combat de Castelfidardo livré sous les murs de Lorette. » (M. de Margerie, dans le *Monde*).

Une gravure représente l'intérieur de la basilique qui sert d'ambulance aux blessés.

LA VOIE DOULOUREUSE DES PAPES

1 volume in-12. — 3 francs.

L'auteur de ce livre a pris pour épigraphe cette pensée de Mgr l'évêque de Poitiers : *L'Église est ici-bas la personne continuée de Jésus-Christ*, et il explique ainsi le mystère de la persécution continuelle des Papes, représentants et copies vivantes du Sauveur sur la terre. Il nous fait parcourir rapidement les dix-neuf stations de cette *Voie douloureuse*, c'est-à-dire les dix-neuf siècles de persécutions qui vont de saint Pierre à Pie IX. « Le Pape actuel a aussi sa place, déjà marquée par l'histoire, dans ce « martyrologe des Papes ; il est devenu lui-même une des stations de « cette *Voie douloureuse*. »

La *Passion de Pie IX* est retracée en douze tableaux : la Grotte de Gethsémani, — l'Ecole du martyre, — le Signe de la colombe, — l'Hosannah, — le *Crucifige*, — la Fuite, — l'Exil, — la Croisade, — le Thabor, — le Jardin des Oliviers, — la Croix de la Croix, — Résurrection.

DE LA RENAISSANCE CATHOLIQUE EN ANGLETERRE

suivie de BARMOUNTY-MANOR, NOUVELLE.

1 volume in-12 orné de deux gravures. — 2 francs.

L'auteur de ces quatre ouvrages vient de recevoir la plus haute sanction qu'un catholique puisse ambitionner : Pie IX lui a envoyé la croix de Saint Grégoire-le-Grand.

cette cité sainte, et entrer, aussi avant qu'il est possible de le faire à distance, dans l'intelligence de toutes les merveilles dont Rome est en même temps le siége et le symbole? — Le livre de M. Lafond est ce portrait fidèle, ou plutôt cette suite de portraits qui nous présentent cette grande figure de Rome, tantôt de face et dans tout son éclat, tantôt avec la finesse de son profil, — quelquefois dans le présent, et d'autres fois dans le passé, souvent dans cet avenir éternel que Dieu lui a promis, — dans la pompe de ses éblouissantes *funzioni*, dans la richesse de ses musées, dans la noble beauté de ses villas, surtout dans l'incomparable douceur de ses ressources pieuses.

« Les *Lettres d'un Pèlerin* traitent tour à tour d'histoire, d'art, de littérature. La Rome des Empereurs, celle des Papes, la Rome souterraine des premiers chrétiens passent successivement sous nos yeux. La nature non plus n'est point dédaignée, ni les observations philosophiques, ni les études de mœurs, ni le récit familier des incidents du voyage.

« Mais tout cela n'est que le dehors de l'œuvre et son côté apparent, où se rencontre un mérite d'exécution, important sans doute, mais pourtant secondaire. Au fond, il y a l'esprit du livre, c'est-à-dire l'esprit catholique, le sentiment toujours présent des bienfaits du christianisme, de la grandeur de l'Église, des merveilles dont la Papauté a été l'instrument providentiel et Rome le siége ou le point de départ... »

Dans le *Parfum de Rome*, M. Louis Veuillot cite les *Lettres d'un Pèlerin* à côté du chef-d'œuvre de Mgr Gerbet, et des *Trois Rome* de Mgr Gaume.

M. Auguste Nicolas, l'auteur des *Études philosophiques sur le Christianisme*, écrivait à M. Lafond : « Sous votre plume, ce grand nom de Rome rend mille sons et réveille mille échos, qui n'ont rien de confus, parce qu'ils s'harmonisent dans le parfait accord d'un esprit français et d'un cœur chrétien. »

Ce livre est un itinéraire complet à travers Rome antique, Rome moderne et Rome souterraine. L'auteur a étudié la France et les Français à Rome, et il a consacré également un chapitre spécial à chaque nation européenne dans ses rapports avec Rome : l'Angleterre, l'Irlande, l'Espagne, la Belgique, l'Allemagne, la Pologne et la Russie.

LORETTE ET CASTELFIDARDO

LETTRES D'UN PÈLERIN. — 1 vol. in-12. 3 fr. 50.

« Le pèlerinage de Lorette est le complément de celui de Rome. Disons mieux : il en est le couronnement. L'auteur a voulu achever par

LIBRAIRIE D'AMBROISE BRAY, ÉDITEUR,
RUE CASSETTE, 20, A PARIS,
Ci-devant rue des Saints-Pères.

ROME
LETTRES D'UN PÈLERIN
PAR
EDMOND LAFOND

2ᵉ édition, revue, corrigée et augmentée de lettres inédites.
2 forts vol, in-8°. — Prix : 12 fr.
LE MÊME OUVRAGE, 2 forts volumes in-18 anglais. 7 fr.

Nous publions la seconde édition d'un ouvrage qui, dès son apparition, a conquis les suffrages les plus distingués et les plus divers. Le *Correspondant* et la *Revue des Deux-Mondes*; l'*Univers* et l'*Ami de la Religion*; la *Revue Contemporaine* et la *Revue de Louvain*; les *Annales Archéologiques* et les *Annales de Philosophie chrétienne*; la *France centrale* et le *Journal de Bruxelles* ont tour à tour signalé ce livre à l'attention du public, qui s'est empressé de lui faire l'accueil qu'il méritait.

M. de Pontmartin disait dans le *Correspondant* : « Ce qui me plaît surtout et me charme dans *Rome, Lettres d'un Pèlerin*, de M. Edmond Lafond, c'est que ce livre a l'air de s'être fait de lui-même, par le seul accord d'une nature exquise avec des impressions et des images qu'elle était merveilleusement propre à ressentir et à exprimer. On a souvent répété un bon mot, applicable à tout mauvais ouvrage : « Il était si facile à l'auteur de ne pas l'écrire ! » Eh bien, je dirai de M. Edmond Lafond exactement le contraire. Chrétien et poëte, aimant Rome comme il l'aime, la comprenant comme il l'a comprise, la parcourant dans les conditions les mieux faites pour l'inspirer, il lui était impossible de ne pas écrire ces *Lettres*. Puisque nous sommes en Italie, avec un Français, constatons en italien que son livre est sympathique, et en français que son livre est aimable.

« Sur ce ferme tissu de piété et de foi se brodent et s'enroulent mille délicates arabesques, mille fleurs de poésie, de tendresse, d'enjouement et de grâce... »

M. de Margerie disait dans l'*Univers* : « Où est le vrai catholique, s'il désespère d'aller à Rome, qui ne désire du moins posséder l'image de

ERRATA.

Page 5, ligne 11, au lieu de Wesley*ans*, lisez : Wesleyens.
— 7, — 5, au lieu de (1,050,000 fr.) lisez : (250,000 fr.).
— 47, — 15, au lieu de comme il prendrait *une traite*, lisez : un traité.
— 50, — 35, au lieu de comme *aux* assauts, lisez : comme malgré les assauts.
— 76, — 25, au lieu de ils moururent *un à un*, lisez : l'un après l'autre.
— 119, — 8, au lieu de vous *direz*, lisez : vous dites.
— 169, — 21, au lieu de *Sz-Tchuan*, lisez : Su-Tchuen.
— 223, — 41 (note), au lieu de *où* il y a plus, lisez : il **y** a plus.
— 423, — 5, au lieu de dont *toute* la politique, lisez : dont la politique trop souvent.
— 425, — 2, au lieu de *l'ignoble* assertion, lisez : l'assertion que voici.
— 479, — 34, au lieu de *imbues* du mahométisme, lisez : imbus.
— 550, — 18, au lieu de *Aidé de son caractère de pèlerin, il a fondé*, lisez : à l'aide du fanatisme, il s'est fondé.
— 550, — 27, au lieu de *El-Hadji-Omar* est venu, lisez : le marabout Maba est venu.
— 545, — 30, au lieu de 1648, lisez : 1748.
— 569, — 18, au lieu de *suivra* les conquêtes, lisez : poursuivra les conquêtes.

les enseignements des missionnaires. » — « Sept religions différentes sur un point de Natal. » Énormes dépenses des sectes jalouses ; allocations du gouvernement. — Le docteur Armstrong demande 100,000 francs par an. 546

Résultats des missions. — Naïves exagérations dans les rapports ; langage mielleux de M. Moffat, du docteur Philip .. Sommes énormes recueillies en Angleterre et en Amérique sur la foi de ces communications. — Les premiers missionnaires, leurs disciples ; ils épousent des Hottentotes. Déclarations curieuses de Lichtenstein. 549

Histoire des trois Hottentots conduits en Angleterre..., ramenés en Afrique ils reprennent leurs habitudes ; « chassés de la maison de leur protecteur. » — *Tzatzoe* exhibée à Exeter-Hall ; son histoire. — Peinture avec copies gravées, — effet triomphant. « Le public anglais, la dupe de ce sauvage païen ; » chef des révoltes (1846). — *Africaner*, même histoire ; « devenu adversaire acharné » des missionnaires. — Le docteur Philip instigateur de la rébellion. 551

Mots couverts introduits dans les rapports des sociétés anglaises, suite des relations des voyageurs. — Hottentots aux stations des Moraves « plus paresseux que les autres. » « Dans *toutes* les missions chez les Cafres, visages assombris et abattus. » Suite de témoignages de 1827 à 1863. — Après six ans d'efforts, pas la moindre amélioration. 557

Mauvais penchants favorisés dans les établissements des missionnaires, témoignage accablant du colonel Napier : — « Sur 100 Hottentots chrétiens, 99 n'ont aucune idée d'une vie future. » — Témoignage de l'archidiacre Merriman : « Les missionnaires protestants français très-adonnés à l'agriculture... Les Cafres apprennent de l'un d'eux l'art de la guerre. » — Compromis entre un ministre anglican et un wesleyen. 560

Le docteur Colenso, évêque anglican à Natal, trouve la polygamie « conforme au pur enseignement de Notre Seigneur. » Les missionnaires américains partagent son opinion. — Il combat l'inspiration des Écritures avant que la haute cour judiciaire de la Grande-Bretagne ait permis de la nier. — Dégradation de la femme en Afrique. — « Les missions ruinées par les femmes dont les querelles neutralisent l'action de leurs maris. » 562

Le livre du docteur Livingstone, observateur intègre ; ses railleries sur les querelles entre missionnaires, et sur la manière dont ils choisissent leurs stations. « Missions modernes, dépôts de mendicité. » Brillante réputation du docteur Livingstone comme voyageur ; il échoue comme missionnaire « Sur les bords de la *Shire* il remplit le rôle de Mahomet. » — La race hottentote est presque anéantie. — « Les Cafres ont refusé l'Évangile. » 564

MISSIONS CATHOLIQUES.

« Les catholiques proscrits jusqu'à une époque récente. » Mission divisée en deux vicariats (1837). Intolérance des Hollandais et des Anglais. — Entrevue du docteur Colenso et de l'évêque catholique (1855) — Mission de saint Michel en Cafrerie (1856). — Témoignages protestants. 566

Stations établies. Lettre de Mgr Allard. « Les protestants ont rendu odieux le joug évangélique. » Espoir, hors de la colonie. La polygamie tolérée par les ministres. « Les Cafres protestants plus orgueilleux et plus fripons. » — Bonnes dispositions des *Basuto* ; du roi Mosesh en particulier. — Ouverture de la mission, récit du P. Gérard. 568

Conclusion. — Le travail de la vraie civilisation commencé en Afrique promet un consolant avenir. Le sang des martyrs ne sera pas infécond. 569

crit les insignes vertus de ses disciples !... Autobiographie. très-curieuse. — « Comparés à ceux de M. Johnson, les triomphes de saint François Xavier tout à fait insignifiants. » — Analyse de trois ouvrages anglais publiés en 1865 : « le moins qu'on dise des missionnaires sera le mieux. » — Le nègre païen possède encore quelques bonnes qualités..., les nègres protestantisés aucune. « Les missionnaires regardés avec mépris. » — « Population de fripiers et de fainéants. » . . . 524

Les deux Guinées. — « Les fonctions d'instituteurs largement rétribuées, objet d'ambition. » Rechute générale dans les habitudes d'immoralité. » — « Missionnaires ignorants et grossiers. » Marchands excitant la haine des indigènes, « rivaux pour les colons. » — « Éducation donnée aux Africains, moyen de les rendre plus parfaits dans la scélératesse. » — 160 ans de tentatives inutiles. Témoignages récents. — Roi des Éboé exhibé à Londres ; intolérable scélérat, buveur de rhum chassé par son peuple. — Appréciations du capitaine Hewett, « aucun résultat avantageux pour les colonies. » — Un écrivain du *Times* (1865).. 529

MISSIONS CATHOLIQUES.

Sénégal. — Entraves mises à l'action religieuse par l'administration, « consécration officielle donnée à l'islamisme. » — Pèlerinage favorisé. — Puissant empire formé à l'aide du fanatisme au *Fouta sénégalais*. — Ravages du pays de *Saloum* par le marabout Maba. — « Les marabouts prêchent l'horreur du christianisme, » maîtres d'écoles... « Division tous les jours plus profonde entre les chrétiens et les musulmans. » Les conversions de mahométans à l'île de *Gorée*. 531

La préfecture apostolique du Sénégal fondée en 1779 par deux missionnaires du Saint-Esprit ; leurs œuvres de nos jours. — Le 14 mai 1864, baptême de Sidia, fils de la reine du *Wallo ;* le général Faidherbe est son parrain. — 2,400 catholiques à Gorée. 533

Sénégambie. — Mission commencée en 1846. Quatre principales résidences *Dakar*, séjour de Mgr Kobès ; séminaire collége. — *Rufisque-Joal ; Ngazobil*, colonie agricole favorable à la conversion des noirs. — *Sainte-Marie de Gambie*. — 42 missionnaires étaient morts avant 1854. Lettre du P. Briot de la Maillerie. . . . 535

Sierra-Leone. — Mort de Mgr de Marion-Brésillac (1859). Lettre du P. Blanchet (1864). — 42 temples protestants à Freetown. — Dispositions favorables du gouvernement anglais. — La population sensible au *dévouement*. Le protestantisme en émoi. Lettre du P. Duparquet. 538

Dahomey. — Vicariat confié au séminaire des missions africaines de Lyon. *Porto-Novo, Lagos*, 3,000 catholiques.

Deux-Guinées. — Mort des premiers missionnaires. Lettre de Mgr Bessieux (1845). — Les conversions obtenues par les exemples des missionnaires : « il fait ce qu'il enseigne. » Courage des néophytes.

Trois stations principales : *Sainte-Marie*, résidence du vicaire apostolique. Préparation d'un clergé indigène. — *Saint-Pierre du Gabon*, poste français, hôpital, écoles. — *Libreville*, village de 400 chrétiens noirs. 541

Congo. — Au quinzième siècle, travaux des Dominicains, des Franciscains et des Jésuites, « fruits persistants. » Témoignage du docteur Livingstone, « les indigènes abandonnés conservent les cérémonies de l'Église. » Cette partie de l'Afrique attachée à une monarchie corrompue. — Le Portugal hostile à la religion depuis Pombal. Sa décadence ; désordre de ses colonies. Le royaume de Congo privé de son clergé (1748). Témoignage du docteur Livingstone en faveur de l'évêque d'Angola et des anciens Jésuites. 544

MISSIONS PROTESTANTES.

Domination hollandaise de 1552 à 1795. — Hottentots et Cafres dégénérés depuis la domination anglaise. — Onze sectes représentées au Cap. — « Dégoût des Cafres pour

TABLE ANALYTIQUE.

Saint Ignace (1550) envoie en Éthiopie le patriarche Nuguez avec le P. Avido, différents martyrs, nombreuses conversions; le P. Paëz reçoit l'abjuration du roi. Le 11 décembre 1624, l'Église d'Éthiopie réunie au Saint-Siége. — Retour au schisme. — Louis XIV envoie le médecin Poncet et le P. Brevedent (1698). Trois PP. franciscains pénètrent jusqu'à Gondar (1752); ils sont chassés. 501

Lettre du P. Montuori, lazariste, écrite de Gondar (1840); édits contre les missionnaires. Le P. de Jacobis, à son retour de Rome, trouve anarchie complète après la défaite d'Ubié, roi de Tigré. — Vertus éminentes de ce missionnaire, ses hautes fonctions à Naples. — Il excite la jalousie des prêtres schismatiques. . . . 503

Indications sur le schisme en Éthiopie. — Profond sentiment religieux, et respect pour la hiérarchie. — Ignorance incroyable. — Services rendus par le P. Stella, lazariste; la contrée des Bilen revient à l'Unité. Le P. Stella est mis aux fers par Kaasa, le dominateur actuel.

Les envoyés éthiopiens au Caire pour demander un *aboun* (métropolitain) au patriarche. — 35,000 francs déposés à ses pieds. — Le patriarche désigne un conducteur d'âne, élevé à l'école protestante. Objections des Éthiopiens. Conduite du jeune Aboun dans son nouveau poste... Curieux détails dus à M. Antoine d'Abbadie. 506

Ce savant voyageur signalé par les protestants comme espion du papisme. — Souvenirs laissés par les anciens Jésuites Mgr Massaja envoyé dans le pays des *Gallas* (1846); il consacre Mgr de Jacobis, mort de ce dernier, réfugié au pays musulman. — Son successeur, Mgr Blanchéri. — Efforts de la mission autrichienne. Lutte entre les différents prétendants; motifs pour la France d'intervenir. — Constance des missionnaires. Mort de Negoucié (1861). 509

Côte orientale d'Afrique. — L'Afrique attaquée de plusieurs côtés à la fois par de nouvelles Congrégations. — 600 lieues de côtes confiées aux missionnaires du Saint-Esprit et du Cœur-Immaculé de Marie. Mission de Zauzibar fondée par l'abbé Fava. Le révérend P. Horner. — Lettre de M. Fava sur le mahométisme, ce protestantisme oriental. 511

MISSIONS PROTESTANTES.

L'évêque anglican Gobat en Abyssinie; sa répugnance pour le jeûne. Il condamne le culte de la Vierge, le célibat des moines. Les Abyssins refusent de croire qu'il est chrétien; ils le regardent comme un Turc. — Conquête de M. Gobat; un disciple, Girgis, sa conduite... Il est proposé à l'admiration des protestants anglais. — M. Gobat remplacé par le docteur Krapf. — « Un missionnaire non marié n'a pas chance de réussir. » M. Krapf échoue partout. Son départ pour l'Allemagne. 514

Rebmann se décide à donner le baptême à quatre sauvages (1862)... Wolda Gabriel, unique disciple de M. Krapf, sa peinture.. — Le docteur Krapf reconnaît les victoires des catholiques. Tolérance motivée de l'aboun à son égard. Huit mille bibles distribuées. Son départ. 516

Un autre missionnaire protestant (1862) raconte ses aventures : « courses errantes; » peintures imaginaires. Ses largesses ne gagnent pas un seul disciple. — Les Moraves, leur mission coûteuse, « pas un seul converti ; infidèles pire que des Turcs. » — Les missionnaires protestants dédaignent les procédés apostoliques. « Chrétiens ! impossible, ils ne jeûnent pas. » — Rapport d'un jeune Abyssin élevé au Caire dans l'école anglaise. — Les protestants plusieurs fois chassés par l'indignation du peuple. 518

Histoire de 1751-1863. Le révérend Moister au service de l'Angleterre, son disciple, 50 ans chapelain, ne convertit personne; sa confiance au fétichisme. — Horneman, « menacé de mort par les musulmans, établit sa réputation de croyant orthodoxe! » Ministres conduits devant les tribunaux. — Dès 1825 *dix-neuf* formes différentes de protestantisme à Sierra-Leone. 520

Opérations des missions anglicanes décrites par le révérend Samuel Walker; enthousiastes panégyriques. Il reconnaît les avantages des musulmans. — M. Johnson dé-

ont le même sort. Saint François d'Assise en Afrique. Cinq Franciscains martyrisés (1220) valent à cet Ordre saint Antoine de Padoue. — Saint Jean de Prado patron de Tanger. — Les Pères de la Mercie. — La Congrégation de Saint-Vincent de Paul ; Tunis l'accueille pendant la Terreur. — Libre prédication de l'Évangile au Maroc, condition du traité de 1862 avec l'Espagne. — L'Église recueillera la moisson dont les anciens missionnaires ont jeté la semence. 474

Algérie et Tunis. — Témoignages protestants en faveur des deux premiers évêques d'Alger. — Impiété des colons et des militaires, leur inconduite. — Administration trop souvent hostile aux progrès de la religion. Les autorités prennent pour modèle la triste politique des Anglais dans l'Inde. — Dans les écoles on ne parle jamais de la religion chrétienne. — Rapport de 1864. — Les écoles musulmanes, écoles de haine à l'égard de la France. — Résultats de la conduite des Anglais aux Indes ; leurs écoles où l'on ne parle jamais de Dieu. Témoignage de Mgr Gobelle, évêque de Madras (1863). 477

Insurrections continuelles en Algérie, au Sénégal, à Tunis, excitées par le fanatisme. — Démarches entravées des missionnaires en faveur des Kabyles, différents des Arabes. Kabyles devenus musulmans après longue résistance ; preuves. En Algérie, Mahomet n'a pas de profondes racines. — Lettre écrite de Constantine (1864) : « laisser les Arabes libres, mais ne pas les favoriser dans leurs erreurs. » 480

Œuvres accomplies par Mgr Dupuch ; témoignages d'Adel-el-Kader ; d'un ministre protestant. — Les Sœurs de Charité ; l'orphelinat de Ben-Aknoun ; les moines de Staouëli au nombre de 120. — Le Père Joseph dépeint par la fille du consul anglais. — Légendes arabes annonçant le futur triomphe de la foi du Christ. La France favorise le pèlerinage à la Mecque.... Vœu d'un illustre maréchal à sa dernière heure.

A *Tunis*, progrès de l'influence chrétienne. — Œuvres de l'abbé Bourgade (voir la note complémentaire à la page 575, 2e volume). — Les Pères Capucins. 484

Missions protestantes. — Distribution de Bibles à Alger. — Mission de Tunis abandonnée. — Conduite peu régulière des quelques convertis protestants. « Des misérables. » « Les Anglais plus rapprochés des musulmans qu'aucun autre peuple d'Occident. » « Amis de l'Islam. ». 486

Égypte. — Terre de bonté et d'esclavage. — Tendances des Coptes schismatiques vers l'islamisme ; l'intervention protestante entrave leur retour à l'Unité. — Conduite du patriarche copte. — « Le mahométisme, progrès sur le christianisme du cinquième et du sixième siècle ; » d'après un docteur protestant. Témoignage de M. Guizot en faveur de l'Église à cette époque ; d'Haxhausen pour l'Arménie. 489

Coptes ramenés à l'Unité par les missionnaires catholiques. Témoignage du docteur Durbin. Progrès de l'Église attestés par des protestants. Travaux de ces derniers en Égypte ; leur insuccès. — Destinée de l'interprète de M. Petherick, consul anglais. — Missions catholiques ; dix-sept martyrs Franciscains dans la Basse-Égypte. Établissements catholiques actuels. — Beau témoignage du docteur Joseph Wolff à l'occasion du choléra. — Voyage de M. l'abbé Soubiranne (1864) 493

Les bords du Nil. — A *Siout*, le P. Fédérico de Montalbano, 200 fidèles. — *Tartah*, le P. Guiseppe de Napoli, 700 catholiques. — *Akmim*, 600 catholiques ; *Girgeh*, 500 ; *Farschout*, 300 ; *Négadeh*, 150 ; Missions de *Giorgius* et de *Gamala*, près les ruines de Thèbes, 150 catholiques. — *Scellal*, maison élevée par l'Autriche. *Khartoum*, missionnaires victimes du climat. — Témoignages protestants. — Le P. Ryllo, sa mort prématurée. Aveux de M. Hamilton. 497

Abyssinie. Gallas. — La foi seule a pu conduire les missionnaires sous les climats brûlants de l'Éthiopie. Réponse aux calomnies des protestants. — Christianisme dégradé des Abyssins. — Frumentius, disciple de saint Athanase, leur premier évêque. L'Éthiopie embrasse l'hérésie de Dioscore, avec son métropolitain d'Alexandrie. — Progrès du mahométisme sur ces hérétiques 499

tion, demandent à être instruits. Les journaux du pays deviennent favorables aux catholiques. 449
Description de la manière de vivre des premiers missionnaires. — Sir George Simpson, témoin de leurs vertus, « leur accorde toute son estime. » — Langage des ministres dans leurs rapports. — Témoignage de M. Valpole arrivé après la persécution. — « La mission modèle des protestants américains, plus qu'à demi ruinée par quelques pauvres missionnaires. » — État de la mission en 1862. 452

Les îles Wallis et Futuna. — A *Wallis* cinq ans après l'arrivée du Père Bataillon, les 2,500 habitants de l'île étaient convertis. De même à l'île d'*Ouvea*, « la plus pervertie de l'Océanie. » Ardeur des néophytes. — Victoire aussi complète à *Futuna* après le martyre du Père Chanel ; les habitants et leur roi sont baptisés par Mgr Pompallier. — « Paganisme oublié, les mœurs chrétiennes adoptées. » — Les indigènes bâtissant des églises monumentales. 454

Iles Gambier. — Le saint Sacrifice offert pour la première fois, 15 août 1834 ; le 9 mai 1835, presque tous les habitants convertis. Témoignage de M. Pritchard. — Religieuses indigènes. — Réflexion remarquable d'un sauvage converti ;... d'un chef s'apprêtant à recevoir un ministre protestant : *quis te misit?*. . . . 456

Groupe samoën. — Les habitants veulent soumettre la *religion étrangère* à des modifications ; vrais protestants. « Extravagances et absurdités. » — Le livre de M. Turner ; impuissance des dons naturels pour la conquête des âmes.... — Dans ce groupe longtemps livré aux protestants, cathédrale catholique à Upolu, 9 stations, 11 Pères et 5 Frères Maristes. 458

Groupe Figien. Nouvelles-Hébrides. — Les Wesleyens en 1822 ; un tiers de la population, chrétien de nom. Dépenses énormes, succès problématique. Revenu tiré de l'huile de coco. — 17,000 néophytes. — Histoire des missions aux îles *Hébrides*, racontée en 1863 par M. Murray, missionnaire protestant. . . 461

Iles Falkland et Marquises. — Nouvelle-Calédonie. — Bornéo. — Insuccès ; abandon de la part des protestants ; progrès des catholiques. — Les protestants n'osent aborder les tribus féroces de la *Nouvelle-Calédonie*. Les essais de réductions réussissent, 20,000 néophytes. 463

Madagascar. — Ile Maurice. — M. Ellis fauteur du meurtre de Radama ; guerre civile. Il est représenté en Angleterre comme apôtre et bienfaiteur de Madagascar. — Conduite des Pères Jésuites et des Sœurs de Saint-Joseph pendant la crise. — Détails donnés par le Père Jouen ; écoles catholiques florissantes. — A l'*île Maurice*, échec complet de la propagande anglicane. — Depuis Mgr Collier, toute la population revenue aux pratiques religieuses. Mgr Hankinson (1864). . . 467

Conclusion d'après M. Olmsted : — « La religion catholique est destinée à dominer dans la plupart des îles de l'Océanie. » Si les protestants n'ont pu convertir les indigènes lorsqu'ils étaient idolâtres, ils conservent l'espoir de les corrompre, devenus catholiques. 468

CHAPITRE VII.

MISSIONS EN AFRIQUE.

Au quinzième siècle, colonies en Guinée, au Congo, au Cap des Tempêtes, établies par les Portugais. — Peuples isolés les uns des autres. — Malédictions prononcées par Isaïe contre l'Égypte et l'Éthiopie.... Ici, même contraste entre les hommes qui reçoivent leur mission d'en haut et les ministres des sectes. 470

Maroc. — Apôtres et martyrs dans le nord de l'Afrique. — Les Trinitaires. — Plus de 200 Franciscains martyrisés par les musulmans (1261). Peu après, 190 Dominicains

fables de M. Ellis. » — Système d'oppression imposé aux Tahïtiens, jusqu'à l'intervention de la France. 417

« Tous les missionnaires sont engagés dans le commerce, le monopole du bétail, etc... « Les indigènes reçoivent de leurs prédicants des leçons de cupidité. » — Amusements ordinaires remplacés par des habitudes d'apathie et d'indolence. — « En 50 ans, la population décroît des deux tiers. » — « Christianisme abaissé au niveau de la plus brutale idolâtrie.... Ils n'ont pris de la civilisation que ses vices.». 419

Le révérend John Williams. — Regardé par ses coreligionnaires comme un martyr. Son ouvrage. 35ᵉ édition en 1841. — La guerre introduite ; polygamie sanctionnée. Différence entre son livre et ses lettres. — Ce qu'était le roi Pomaré, *ce digne sujet de la grâce.* — « M. Williams fort lancé dans les spéculations. » Sa fin tragique ; comment elle s'explique. 422

Progrès de la mission à Tahïti. — « Peinture de la mission, faite à Londres, dont il n'existe aucun original. » Suite de témoignages de 1840 à 1862. — « Scènes de libertinage. » — Prospérité des missionnaires. — « Les indigènes conduits de leur village à la chapelle par un homme armé de rotins. » — « Dépravation inconnue avant les rapports avec les blancs. » « Missionnaires changés en marchands de moutons et de bœufs. » — Appréciation du capitaine Laplace. 427

Missionnaires catholiques à Tahïti. — Ils débarquent sur un rivage hostile. — Arrêtés par ordre des ministres, jetés dans une embarcation et lancés à la mer, sans vêtements ni provisions, ils abordent à 670 lieues de Tahïti à l'île Wallis habitée par des sauvages. — L'usurier M. Lawry, *le patriarche du Pacifique ;* ses opinions sur les prêtres catholiques. — Difficultés avec la France causées par les violences des ministres protestants. Regrets de M. Pritchard ; il offre sa maison aux missionnaires catholiques ; sa famille se convertit, sa fille aînée Ursuline. . . 429

L'amiral Dupetit-Thouars obtient l'égalité entre les missionnaires catholiques et protestants. — Les missionnaires français s'attirent le respect. — L'île célèbre la chute du protestantisme. — Expressions du révérend Henry Cheever (1850) ; son indignation contre le *francisme* et le *romanisme*. — Tahïti (1863), sous l'administration française, « forme une population civilisée et prospère. » 431

Iles Sandwich. — Les missionnaires américains (1820) ; au nombre de 79 en 1844. 900,000 dollars dépensés. — L'abbé de Quélen visite ces îles (1819). — Succès apparent des ministres protestants ; ils font à leur compte toutes les transactions ; se montrent cruels, avides.... — « Confortables villas des missionnaires ; » rigueurs à l'égard des indigènes. — « Dépopulation effrayante ; » loi sans exception dans les contrées infidèles occupées par les protestants. 435

Résultats des missions. — « La masse du peuple sans frein moral ou religieux. » Sentiment de la reine d'Havaï. — Suite de témoignages. « Dans ces îles tout a été *détérioré.* » Les missionnaires dans leurs écrits regardent ces îles comme un repaire de démons..., dans leurs rapports ils annoncent les plus grands succès... Témoignage écrasant du docteur Ruschenberger (1838). Trois millions dépensés. 437

Témoignages en faveur des catholiques. — « Excès commis dans l'entourage des missionnaires protestants. » « Les *Tea-parties* en Amérique source des maux de ces pauvres insulaires. » — Phraséologie employée dans les rapports, son effet sur les femmes. — « *Pas un seul* parmi les néophytes n'est véritablement chrétien. » « Les missionnaires ont produit *une nation d'hypocrites* » (1862). — Témoignage de M. Dana en faveur des missionnaires catholiques. — Le *Times* (1863). . . 443

Missions catholiques aux îles Sandwich. — Les premiers missionnaires, après des « succès trop grands, » sont transportés en Californie. — Torrent d'invectives provoqué par les ministres. — Constance héroïque des nouveaux chrétiens. — Le capitaine Laplace, après treize ans d'oppression, apporte la liberté aux catholiques de ces contrées. — Les naturels touchés des beaux exemples de résigna-

datée d'Auckland, 2 août 1863, insérée dans le *Times*, 28 octobre : « De tous les imposteurs les missionnaires sont les pires.... » 596

Conclusion. — « La chasteté des missionnaires catholiques produit une impression profonde sur l'esprit des indigènes. » — Malgré le respect pour leurs nouveaux guides, un bon nombre trop corrompus par l'hypocrisie et le mensonge. — Hommage rendu par Mgr Pompallier aux indigènes convertis. « Ils font des lieues à travers les forêts pour le consulter.... » « Ils distinguent le *tronc* d'avec les branches séparées. ». 598

CHAPITRE VI.

MISSIONS EN OCÉANIE.

Incertitude sur l'origine des habitants des îles de l'Océanie. « Les missionnaires méthodistes ont détruit toutes les compositions poétiques de ces peuples. Les missionnaires catholiques agissent avec plus de sagesse. ». 401

Iles Philippines. — Découvertes par Magellan (1521), soumises et colonisées par les Espagnols. — « Vers la fin du seizième siècle, plus de six mille chrétiens avaient été martyrisés dans la province de Ternate. » Horribles détails. « Partout la foi cimentée dans le sang des fidèles. » — Au moment de la persécution, les idolâtres et les mahométans se convertirent. — Dix missionnaires martyrisés aux îles Ladrone (1697). — Martyrs à l'île Saypan et Tinian. — Sanvitores baptise 50,000 païens. 403

A la fin du seizième siècle, 400,000 convertis aux Philippines. — Les quatre millions d'habitants de ces îles finissent par embrasser la foi catholique. — Témoignages protestants. — Leur état actuel d'après M. de La Gironière : « Les missionnaires actuels dignes d'être comparés aux martyrs leurs prédécesseurs. » — Différents détails, 1859. — Colonie très-florissante. 405

« Les indigènes conquis à l'Espagne non par les guerriers bardés de fer, mais par les soldats de la Croix. » — Suppression des Jésuites, effets désastreux pour le commerce et pour l'agriculture. — Appréciations de M. Mak-Micking (1861). Le protestantisme inconnu aux Philippines. 407

Iles de la Société. — Manière des Américains d'interpréter le précepte : « *Allez et enseignez toutes les nations*. — Description très-curieuse du *vaisseau missionnaire* le *Duff* (1840). — M. Lewis « premier modérateur » de l'expédition. Façon dont il justifie sa bonne renommée.... Il épouse une idolâtre. Sa mort. — Le révérend M. Broomhall, « lumière brillante parmi ses collègues, » « vit avec deux femmes otahitiennes. » Il cesse d'être chrétien. — Le révérend M. Veeson ; ... le révérend Harris ; ... le révérend Francis Oakes.... cités comme missionnaires modèles. 410

Tahïti. — La conversion des sanguinaires tribus de la Nouvelle-Calédonie, Nouvelles-Hébrides, Nouvelle-Guinée laissée par les méthodistes aux missionnaires catholiques. — A Tahïti, le vol, l'ivrognerie, le vice datent de l'arrivée des ministres. — Le protestantisme « amène la guerre, change en tigres ces populations autrefois si douces. » — Raisons concluantes données par un chef de prêter la main aux missionnaires : les vêtements, les couteaux. 413

« Pomaré embrasse le christianisme par politique.... » — Réponse d'un chef au sujet de la *vérité*.... Rapports envoyés en Angleterre ; type du langage ordinaire des missionnaires. Rapports peu justifiés par les faits. — Appréciation du docteur Russel, évêque protestant, prouvée exacte par des témoignages de 1829 à 1863. — Le trop connu M. Ellis ; sa manière curieuse d'évangéliser les insulaires. 415

Idée de M. Ellis sur la position d'un missionnaire à Tahïti : « Il est partagé. » La maladie de madame Ellis le ramène en Angleterre. « D'autres témoins corrigent les

assistants, domestiques des missionnaires. » — « Les convertis devenus avides, soupçonneux, misérables, » vices encouragés par l'exemple des prédicants. — Ils citent la Bible en faveur de leur cupidité et de leur luxure. Ils la déchirent pour bourrer leurs fusils. — Hospitalité primitive abandonnée. 576

Les prétendus convertis. — Nature du christianisme professé par les indigènes. — Conversation de M. Yate avec un de ses convertis. But des prières : « obtenir une couverture de laine.... » — Aveux depuis 1835 jusqu'en 1864. « Nombre des indigènes recevant l'instruction chrétienne, très-grand; nombre des vrais chrétiens, très-petit. » « Inférieurs dans leur caractère moral aux indigènes païens. » — « Les catholiques romains entrés dans le champ exclusivement protestant jusqu'en 1838. » 579

« Tous les révoltés étaient protestants. » — Jean Heki et Wiremeu chefs des rebelles (1864), élevés par les missionnaires anglicans.... « Peinture de Rauperaha, remarquable prosélyte. » Ses vertus imaginaires, sa mort.... — Tooi, exhibé en Angleterre comme un converti modèle. Appréciation de M. Fox. — Peinture des missionnaires par un négociant protestant. 581

Une dame, auteur d'un livre intitulé : « L'Évangile dans la Nouvelle-Zélande, » trouve « l'extermination des indigènes plus à désirer que leur conversion. » — « Anxiété causée par les dangers du papisme. » — « Les indigènes diminuent chaque année. » « Ivrognerie dans les deux sexes. » « Le désordre cause de dépopulation. ». . 582

Effets de la rivalité entre les sectes. — Le protestantisme avec ses dissensions, dernier châtiment infligé au paganisme. — Autrefois guerre entre tribus; maintenant férocité déployée dans les sectes. — « Les wesleyens et les épiscopaux se tirent des coups de fusil. » — « Tous missionnaires, mais séparés en sectes. » « Épaisse palissade afin qu'un parti ne regarde pas l'autre.... » — Réflexions des indigènes. 584

Le docteur Selwyn. — Cité comme membre distingué de l'Église anglicane. Devenu évêque, il introduit le puséysme à la Nouvelle-Zélande. « Il déclare vicié l'enseignement de ses collaborateurs. » — Le clergé de l'Église anglicane occupé à faire fortune, se soucie peu des principes de la « haute Église. » Distingué par son opulence des wesleyens, des indépendants, des presbytériens. — Le docteur Selwyn abandonne ses idées. — Curieuses citations de son journal; son esprit de conciliation; ses paroles devant l'université d'Oxford. — « Les missionnaires n'ont aucune prise sur l'esprit des indigènes. » — Manière de se donner du cœur. — Magnifique citation du Père Ricci, sur le célibat ecclésiastique. — D'après le docteur Selwyn, « une station romaniste est une tache à l'œuvre des missions. » 589

Missions catholiques. — Arrivée des missionnaires (1838); vingt ans après les ministres protestants. — Obstacles de tout genre. Terreur de leur venue inspirée aux indigènes. — L'homme civilisé ou sauvage respecte la pureté et le désintéressement; secret des succès des missionnaires catholiques malgré leur pauvreté. — Témoignage remarquable du docteur Dieffenbach et de M. Earle. — Conduite généreuse d'un païen comparée à l'insensibilité des prédicants 592

Mgr Pompallier accueilli par la violence des ministres. — Hommages rendus par les voyageurs; ils reconnaissent ses nombreuses conversions même parmi les chefs. « La cathédrale catholique, le plus beau monument de Wellington. » — Différence entre un village catholique et un village protestant. — « Écoles catholiques bien tenues. » — Lors de la révolte des tribus protestantisées, « la station de Mgr Pompallier est respectée. » 594

La guerre de 1861. — Conversions protestantes, illusions. — Nombre des indigènes avant la guerre : 56,000, — en 1862, 50,000. — Bientôt la Nouvelle-Zélande, « solitude souillée de sang. » — Rapports de la société *Church Missionary* (1862).... « La décadence spirituelle des indigènes est universelle. » — Lettre du docteur Selwyn (21 juillet 1863) : « Nos travaux s'exercent sur des débris.... » Lettre

TABLE ANALYTIQUE. 587

Dieu. — Les païens se demandent si le protestantisme est une religion. Développement de cette pensée. Différentes applications. 348

Conclusion. — Progrès du catholicisme à Ceylan. — Les ennemis de l'Église employés par Dieu pour proclamer sa gloire. 549

CHAPITRE V.
MISSIONS DES ANTIPODES.

En Australie, Nouvelle-Zélande, Tasmanie, pas de rivaux pour disputer l'influence du protestantisme. — Les condamnés anglais privés des consolations religieuses. — En Australie comme aux Indes les autorités ne fournissaient pas de ministres. — Le premier prêtre irlandais arrivé en Australie, arrêté et renvoyé en Angleterre. — Avec des maîtres protestants la destinée des sauvages est de disparaître. . . . 552

Missions protestantes en Australie. — Sous la domination anglaise, pas un seul indigène de Tasmanie ou de la Nouvelle-Hollande n'a jamais été converti. — Les tribus aborigènes ont presque cessé d'exister. — Ressources matérielles; opulence du clergé. — Qualités des indigènes. Les efforts pour les civiliser et les évangéliser « échouent complètement. » 555

Suite de témoignages depuis 1842 jusqu'en 1865. — Les indigènes fuient les missionnaires qui reçoivent des subsides pour des missions fictives sur lesquelles ils font des comptes rendus annuels. — « Le problème d'amener même un seul indigène de la Nouvelle-Hollande à la civilisation est encore à résoudre. » — Poison employé par les colons de Tasmanie pour se débarrasser des indigènes. — Dépopulation attribuée par les observateurs protestants aux desseins de la Providence ! 560

Les Anglais en Australie. — Les missionnaires, hommes « flétris en Angleterre, jugés bons pour les colonies. » — « Immoralité profonde des citoyens les plus considérés. » Les émigrants, — nulle instruction religieuse. — Les colons n'entrent jamais dans les temples. — « L'Église romaine élève des écoles et des séminaires sur tous les points de la colonie. — Divisions religieuses parmi les protestants. . 562

Missions catholiques en Australie. — Obstacles dans le mépris des païens pour le christianisme. — Supposition que les apôtres se soient présentés comme des ministres protestants... Établissement des Bénédictins ; par leur influence des indigènes vivent des produits du sol. 565

Nouvelle-Zélande. — Rapport présenté à lord Durham par un missionnaire sur les premiers chefs de mission de 1824 à 1859 : « .... La Providence semble avoir toujours regardé la mission de la Nouvelle-Zélande avec colère. » — Curieuse biographie de M. Marsden, fondateur de la mission (1814). 367

Le clergé anglican et le clergé wesleyen se rendent bientôt dans cette terre promise ; ils rivalisent en achats de propriétés, « mesurées par *milles*. » — Le révérend Richard Taylor et ses cinquante mille arpents. — Le révérend William Yate méprise son salaire annuel de 12,500 francs ; son commerce de porcs. — « Les missionnaires, *chefs* dans la conspiration des Européens pour enlever les terres aux indigènes. » 570

En 1857, « les indigènes encore cannibales, mais chrétiens de par les missionnaires. » Mot d'un député à la chambre des Communes : « Le Christ a dit : *laissez tout* ; nos missionnaires disent : *prenez tout.* » — Applications de ces procédés à saint Paul, saint Barnabé. — Manœuvres jusqu'en 1860. — Tarif des récompenses accordées aux missionnaires, fixé d'après le nombre d'enfants. 575

Travaux des missionnaires protestants. — Un nombre considérable d'indigènes amenés à professer un christianisme nominal; leurs motifs. — Les missionnaires ont à leur disposition tous les moyens humains. — « Les prédicateurs

tantisme, condition des emplois publics. Persécutions, cruautés. — Le souvenir de la religion hollandaise effacé de Ceylan. 527

Occupation anglaise. — Tolérance religieuse (1806). Les convertis hollandais s'annoncent comme protestants anglais; détails curieux. Dépenses fabuleuses. — Description d'une résidence de missionnaires protestants ; « leurs demeures semblables aux plus belles habitations de campagne. » — « *Partout* ils mènent la vie de riches *gentlemen*. » Tableau de leur intérieur. Réflexion du secrétaire de la Société anglaise *Church missionary* (1862) : « *Notre comité ne s'inquiète pas de ces accusations.* » — Trait de piété excentrique et de sévérité ridicule de Mrs. Winslow, « femme missionnaire. » 531

TÉMOIGNAGES DES MISSIONNAIRES ET DES VOYAGEURS.

« De prétendus convertis baptisés plusieurs fois par le même ministre. » Mission existante depuis quarante ans sans aucun progrès pour la conversion des âmes. « Complète indifférence. » — Le protestantisme, la plus impuissante de toutes les religions connues parmi les hommes. Caricature des missions chrétiennes. — Témoignages jusqu'en 1862. — « Dans les endroits les plus écartés, humble cabane surmontée d'une croix, indice certain de quelque prêtre de l'Église romaine. » 536

Missions wesleyennes et baptistes. — Les Wesleyens, occupés à combattre les anglicans et à corrompre, sans grand succès, les indigènes catholiques. Rapports sur six missions. « Écoles tombées dans un état fort triste, mécompte général. » Les *Baptistes* ont le même succès; « progrès imperceptible. » Curieux rapports; « revenus plus abondants que jamais. ». 537

Les indigènes catholiques. — Témoignage de sir Emerson Tennent, de Baldœus, de M. Pridham, le révérend Jacques Cordiner : « Le clergé catholique, infatigable au travail, fait tous les jours des prosélytes. » — « Les indigènes attachés à leur foi avec une fermeté remarquable. » — « Deux siècles après le départ des Portugais, les catholiques, privés de prêtres, avaient conservé leur attachement à la foi chrétienne. » — Moralité des catholiques, leur générosité ; ils sont très-nombreux. — Sentiment des païens sur les conversions au protestantisme. — Conversation curieuse d'un bouddhiste avec M. Knighton. « Les protestants *parlent* de religion, les catholiques y *croient*. ». 541

Rivalité entre les sectes. — « Les Cingalais hésitent à substituer des idées vagues et contradictoires à des pratiques reçues de leurs ancêtres. » — Le païen sourit aux prétentions d'une doctrine incohérente et contradictoire, « il reste stupéfait. ». 542

Explication protestante du contraste. — Sir Tennent trouve l'explication des succès catholiques dans l'influence du confessionnal et dans la pompe du cérémonial. — La fréquentation du sacrement de pénitence, effet et non cause des conversions. — Des milliers de païens se sont convertis à la voix d'hommes qui ne possédaient qu'un crucifix et un bréviaire. 544

Pas un exemple de païens attirés uniquement par le culte extérieur. — Le dénûment des missionnaires catholiques; faits cités.

Le païen malgré ses erreurs, garde les traditions primitives de *sacrifice*, de *prière*, de *mortification*. — Dans le service protestant il n'a pas trouvé l'apparence d'un culte ; un homme lisant dans un livre à d'autres hommes. — Entrant dans la plus humble chapelle catholique, il comprend qu'il y a là des hommes adorant Dieu.

Lorsque la vraie notion des grands mystères est dévoilée à son intelligence par des hommes dont la vie répond à son idéal d'un maître de la loi divine, il tombe à genoux. 546

Les catholiques seuls peuvent offrir un véritable culte. — Chez les protestants tout dépend du prédicateur. — Apostasie dénoncée par le prophète ; l'homme à la place de

chrétienne des convertis, ne plus adorer leurs idoles. » — *Inde centrale* (1862), « peu de succès obtenus. » — *Inde du Snd*, « la moisson est finie, l'été est passé. » — Au *Népaul*, faits plus tristes —*Kurdistan*. Rapport du général Campbell; il rencontre deux missionnaires français, donnant aux indigènes l'exemple de la plus complète abnégation. — Mécomptes de M. Clarke dans le *Punjab*. 307

Témoignage des voyageurs. — Plus de trente appréciations unanimes jusqu'en 1860. « Un chrétien hindou, généralement misérable ivrogne. » — « Les convertis pris parmi les *Parias*. » Le ministre compris dans cette classe. « Les plus mauvais dans les régiments sont les chrétiens. » — « Les essais pour convertir les Indiens au christianisme ont *complétement échoué* » (1852). — « Les convertis tels qu'ils figurent dans les brochures des missionnaires, fiction immorale et intéressée. » — « Au même point que le premier jour. » — Efforts de 22 Sociétés de missions, employant environ mille agents avec des ressources illimitées. 311

Résultats de l'éducation. — « Les collèges de l'Inde reçoivent des idolâtres fanatiques et rendent à la Société des hypocrites. » Nombreux témoignages à l'appui de cette triste vérité. — En 1860, dépense pour l'éducation : 8,121,625 ; nombre des élèves, 500,000. — Outre les institutions du gouvernement chaque secte a la sienne. — L'école Lamartinière, fondée par un catholique, entre les mains des protestants. — Les élèves abandonnent toute religion. — L'éducation a produit des adorateurs de la raison et de l'argent. 314

A Calcutta, Baranagar, Bénarès, Bombay, « pas une seule conversion. » — « Les enfants baptisés dans les écoles d'orphelins tournent mal. » Ils reviennent à la religion de leurs parents, avec de plus mauvaises dispositions. — « Les Hindous abandonnent leurs superstitions, sans adopter les leçons de l'Évangile ; ils deviennent des athées accomplis. » — Aux Indes, grande réimpression des ouvrages déistes. — « Ils croient que le Jésus des Anglais et le Krishna des Hindous sont également des imposteurs. » 319

Conclusion. — Les missionnaires protestants, quels que fussent leurs bons désirs, ont apporté la mort. A leur contact l'Hindou, le plus religieux parmi les races non chrétiennes, perd tout vestige de croyance. Ils entravent ceux qui ont la puissance de rendre la liberté aux captifs. 320

CHAPITRE IV.

MISSIONS DE CEYLAN.

Domination portugaise. — Saint François Xavier, missionnaire de Ceylan. Milliers de conversions. — Les Jésuites, les Franciscains, les Oratoriens ont rivalisé de zèle ; constance invincible de leurs disciples. Terre fertilisée par le sang des martyrs. — 12,000 chrétiens dans Colombo (1548). — Cruautés des calvinistes hollandais. — Autorité peu suspecte de M. Pridham (il « préfère le bouddhisme aux doctrines de Rome). » Son éloge du Père Vaz, oratorien : « Les Hollandais ne purent jamais déraciner la foi que son courage avait implantée. » 323

Occupation hollandaise. — « Défense du gouvernement hollandais à ses missionnaires calvinistes d'augmenter le nombre de leurs convertis, parce qu'ils s'enivrent et refusent de travailler le dimanche. » — Curieuse appréciation du docteur Joseph Wolff. — Au *Japon* « les Hollandais assurent n'être pas chrétiens. » — Leurs faveurs pour l'islamisme. Différents témoignages. — Contraste entre l'esprit commercial des Hollandais et l'esprit religieux des Espagnols au Japon. — « Leur commerce diminue en proportion des affronts subis. » — Aux *Moluques*, « le sang coule à flots pour maintenir le prix des clous de girofle et des muscades. » — « Après deux siècles même ignorance religieuse » chez les peuples qu'ils dominent. 325

Les Hollandais essayent de ramener les catholiques de Ceylan à l'idolâtrie. — Protes-

d'un collége abandonné par les Indiens, parce que leurs enfants y deviennent
athées. 286

Heber, idole de la sympathie populaire. Ses voyages n'ont rien de religieux. Pas la
moindre influence sur le monde païen ni sur sa propre Église. — Accueil fait aux
convertis chassés des autres sectes. — Échec de l'Église anglicane pour attirer les
païens et pour rétablir l'ordre dans son sein. — Cupidité du clergé anglican; « l'un
de ses membres laisse 2,500,000 francs. » Appréciation de Bernoulli et de Haafner.
« Tout ce qui va dans l'Inde est marchand ou le devient. » 289

Le docteur Cotton, évêque actuel de Calcutta. Il répond à la *Revue de Calcutta* :
« L'ascétisme ne fait pas partie du système évangélique. » — Ces évêques se consolent par l'entourage du luxe. — Le docteur Wilson; sa vie, écrite par son gendre. 291

Appréciations des païens et des anglicans. — « La religion, façon ingénieuse de passer une des journées de la semaine. » — Descriptions curieuses. —
Peu d'attraits de l'Indien pour cette religion. — Offrandes déposées sur le tombeau
d'un Anglais : « Spiritueux et cigares. » — Différence reconnue par les païens
entre les catholiques et les protestants. — Tendances des Européens aux Indes vers
l'apostasie. 293

Les Baptistes aux Indes. — Collége de Sérampore, dépenses fabuleuses « prodiguées en pure perte. 20,000 francs de traitement donnés au docteur Carey, professeur incompris de sanscrit et de bengali. Ses échecs littéraires. — Récits envoyés en Angleterre ; réalité moins belle. — Mésaventure des prédicants ; l'un d'eux
pour éviter la misère « s'agenouille devant une idole. » — Pratiques vicieuses de leurs
soi-disant convertis. Les missionnaires obligés de les expulser ; ils pervertissent les
ouvriers *païens*. 296

Pour les musulmans ou les païens devenus protestants, christianisme feint, dans l'espoir d'avancement; frustrés, ils l'abandonnent... Traits cités par M. Lang. — Aveu
des baptistes de Calcutta; « leurs convertis, après six ans de labeurs, n'excèdent
pas quatre. »

Les *indépendants*, au bout de sept ans, « font un prosélyte. » Une Société de Bâle
envoie des missionnaires; leurs procédés. — Un seul homme se présente pour le
baptême conféré avec d'autres dons. — Pendant treize années deux disciples dou-
teux. — Insuccès attesté (1862). 298

Ressources des missionnaires. — Les ministres protestants n'ont nulle
entrave. — Immenses ressources matérielles ; 25 Sociétés évangéliques anglaises,
américaines, allemandes (1859). — Un missionnaire protestant coûte quarante fois
autant qu'un missionnaire catholique. 300

RÉSULTATS OBTENUS DANS LES TROIS PRÉSIDENCES.

Bengal. Depuis 1809 jusqu'en 1862 « le baptême reçu avec une certaine instruction
par les chrétiens de Calcutta leur donne deux fois la mort. » — Désordres à l'institution
disciplinaire de Santipore, les élèves sont renvoyés ; traits curieux. Aveux récents dus
à la candeur d'écrivains laïques. — Disputes avec les baptistes de Delhi. « En 1862,
d'après le rapport, 66 personnes ont reçu le baptême, 65 ont été chassés de l'Église. »
— « Manger du porc et boire de l'eau-de-vie ; » notions populaires de l'Hindou sur
le christianisme.

Madras. « Un converti par les missionnaires anglais, *chose inconnue*. »

Bombay. « Bien peu de chrétiens natifs dont la bonne foi ne puisse être mise en
doute. » 314

Résultats dans les districts particuliers. — *Tranquebar* « mission abandonnée. » — « Chrétien de *Tanjore* « terme de mépris. » — *Tinnevelly*, cité comme
lieu de triomphe. — *Bénarès*. « 4 écoles de missions. » — *Kishnagurh*, « foi

entre le gouvernement et les religions hindoue et mahométane. — Impôt sur les pèlerins, culte défrayé. — L'Angleterre, principal appui de l'idolâtrie aux Indes. 248

« Le culte sanglant de Juggernauth est approuvé et patronné. » — impôt prélevé pour le privilége de se noyer dans le Gange. Il rapporta 250,000 roupies. — « Plus de 50,000 livres dépensées dans une présidence pour soutenir l'idolâtrie et le mahométisme. Citations très-curieuses du *Times*, 16 mars et 12 avril 1859. Revue de Calcutta 1852. — Le *jeûne* solennel de 1858. 250

Conduite des Anglais aux Indes. — « Les indigènes doivent nécessairement les haïr et les mépriser. » Foule de témoignages. 252

Les aspirations, les instincts qui dirigent tous les hommes, païens ou chrétiens, outragés par les Anglais. — Trait curieux du mépris des Indiens pour leurs maîtres. — Cause de la grande révolte des Cipayes. — Conduite de la plupart des fonctionnaires anglais ; officiers n'ayant d'autre passion que le jeu et le vin ; — « ils ont irrité le rêveur asiatique malgré sa douceur et sa patience. ». 254

Nombreux témoignages. — Le domestique hindou moins dégradé que son maître. — « La plupart des Européens traitent les indigènes comme des brutes. » — Nom que les Kandy et les Afghans donnent aux missionnaires protestants. 256

Conduite des missionnaires catholiques pour ne pas heurter les préjugés ; souvenirs de la grande loi de mortification. — Juste appréciation de ces peuples sur le genre de vie de ceux qui veulent enseigner. — Observation judicieuse de Jacquemont et de M. Barchou sur le missionnaire époux et père. — Conduite insolente des Anglais sous prétexte de dignité. Leur ignorance de la langue. — Éloignement mutuel devenu chaque jour plus marqué. 258

MISSIONS ANGLICANES.

Missions fondées par des étrangers. — *Luthériens* allemands et danois employés par l'Église anglicane. Répugnance des docteurs anglicans pour l'œuvre des missions. — Usage de l'Église d'Angleterre d'employer des missionnaires qui nient une partie de ses doctrines (ferblantiers et cordonniers sans emploi). . . . 260

Missions luthéro-anglicanes. — Un mot sur les missionnaires les plus connus. *Kiernander*, ses galanteries semi-dévotes. — « Table somptueuse. » — Mort obscure. — *Rénius* attaque l'Église d'Angleterre ; se moque de sa doctrine. — Système encore en usage d'employer de tels hommes. — Avantages de *Schwarts*, homme bien intentionné, « immoralité de ses convertis ; » « ils sont un sujet de moquerie. » Son insuccès 265

Missionnaires anglais. — *Henri Martyn*, regardé comme type de perfection chrétienne. « Ses pertes financières, » motif de départ. — Inclination malheureuse. — Dissidences parmi ses confrères aux Indes. — Stérilité de ses efforts ; ses traductions. — Le compagnon de ses travaux devenu apostat. 271

Claude Buchanan. — Son histoire, admise et patronnée par la naïveté protestante. — D'abord « ménétrier errant. » Aux Indes, « il se compare à saint Jean dans l'île de Pathmos. » — Visite à l'Église syriaque de Malabar. 275

Le docteur Judson. — « Modèle digne d'être comparé à saint François.... » Peu fixé sur ses croyances. — Sa position et ses cris dans une petite hutte. Pas un seul prosélyte. — Entrevue de Judson avec le roi de Birmanie. — Conseils à la Compagnie et aux Birmans à son départ. Gonger et Price, ses collègues. Il ne convertit personne. Opérations nullement entravées. — Ses trois mariages. 280

Les évêques anglo-indiens. — *Thomas Middleton*, premier évêque envoyé ; liste de ses bénéfices ; formaliste exigeant ; — salaire de 125,000 francs par an... Il le trouve insuffisant. — D'après lui « l'Église romaine fait des merveilles en Orient. » — Premier voyage dans l'Inde... Il déplore les divergences... Établissement

Note sur les missions du Japon. — Les crimes des Hollandais, la rivalité de l'Espagne et du Portugal détruisent une Église florissante. — D'après plusieurs voyageurs anglais, tout vestige de christianisme n'est pas effacé. 225

Aveu remarquable de Ranke. — Mille infidèles baptisés annuellement par chacun des missionnaires. — D'après les protestants, ils eussent converti l'Inde entière. — *Don de miracles constant et assez ordinaire.* — Pendant 200 ans succès toujours égal des apôtres de l'Inde. — Jusqu'à la dernière heure ils montrent les mêmes dons apostoliques. 225

SUPPRESSION DES JÉSUITES.

Par les ordres de Pombal, 127 Jésuites sont arrêtés (1755), emprisonnés à Goa, puis traînés à bord; 24 meurent pendant la traversée. — des cachots pour demeure à Lisbonne pendant 18 années. — 45 survivants à des milliers de missionnaires, après la suppression. 226

Effets de la suppression. — L'Inde de nouveau abandonnée aux démons. — Réflexions de d'Alembert; de Georges Campbell. Les Hindous, les mahométans, les sectaires, deviennent plus hardis. — En 1784, 15,000 chrétiens du Canara arrêtés. — De 1760 à 1820, aucun soin ne fut pris des missions catholiques; cependant après 60 ans les nouveaux missionnaires trouvent une multitude croyante de plus d'un million d'indiens. 226

État actuel de la Mission de l'Inde. — Tableau des baptêmes d'adultes, c'est-à-dire conversions d'Hindous ou mahométans d'après le *Madras Directory* (1857). — Les Églises fondées par saint François-Xavier ont gardé le nombre de leurs membres, et se recrutent dans la proportion de plusieurs milliers par année. . 230

Documents sur le vicariat du Maduré publiés par le Père Saint-Cyr et Mgr Canoz. — En 24 ans, 45 missionnaires morts de fatigue et de privations. 231

Condition des chrétiens. — *Témoignage des missionnaires.* Ils trouvent encore les usages introduits par les anciens Jésuites. — Les conversions proportionnées au nombre des ouvriers évangéliques. — « Environnée de secte, la religion progresse d'un pas lent mais ferme. » Résultats de l'année 1862 malgré le dénûment et les privations. 234

Témoignage des ministres protestants de différentes sectes en faveur des missionnaires catholiques et de leurs disciples, aveux importants. Témoignages de différents auteurs anglais; la plupart ennemis du catholicisme. Aveux des Indiens sur les conditions exigées pour être admis dans l'Église. 241

Conclusion. — Obstacles sans nombre réunis contre les missionnaires catholiques. — L'Angleterre semble avoir pour mission de rendre impossible la conversion des païens. 242

II

MISSIONS PROTESTANTES.

Politique du gouvernement dans l'Inde. — Pendant deux siècles aux Indes : « ne tolérer aucune tentative pour convertir les Hindous ou les mahométans; » principe de « stricte neutralité. » Preuves. — Conduite des compagnies anglaises, hollandaises et danoises. — Trait cité par l'évêque actuel d'Oxford. — Prohibitions sanctionnées de nos jours par les hommes d'État en Angleterre : « le christianisme regardé comme une *innovation des plus dangereuses.* » — Alliance avec les idoles de l'Hindostan. 246

Participation des Anglais au culte des idoles. — Relations suivies

assemblés pour être témoins du miracle. — Langage des protestants; les païens rougiraient de l'employer. 198

Successeurs de saint François. — Après les hommes généreux envoyés par le Portugal, viennent des hommes acharnés à la poursuite du gain; les Portugais devenus une *race abhorrée*. 200

Le Père de Nobili envoyé aux Indes. Sa naissance; il renonce à tout pour suivre Jésus-Christ. Son entrée au Malabar (1606). 201

Pour gagner les Indiens, il s'abstient de viande, il se déclare *rajah* romain, c. à d. de haute noblesse, et *samiassi*, c. à d. pénitent. Les brahmanes admis seuls dans sa société. — Les docteurs païens sollicitent des audiences; elles sont différées. — De Nobili cite les auteurs indiens, les poëtes. — Ses rares qualités partout proclamées. — Le roi veut le voir; les exigences de sa profession le retiennent. 205

Sa première conquête, un brahmane du plus haut rang. — Il conforme son langage à leurs idées. — Épreuves et contradictions. — Un nouveau converti défend la foi devant 800 brahmanes. — Dans ses lettres, il parle de l'action visible de Satan comme d'un fait journalier, base et mobile du culte. 206

Le Père de Nobili, idéal de perfection du missionnaire. — Mission du Maduré, célèbre dans toute la chrétienté. 100,000 idolâtres appartenant la plupart à la classe des brahmanes sont convertis. 208

Le succès de la mission du Maduré attribué par les protestants à une connivence coupable avec les superstitions païennes. — La responsabilité de cette erreur historique, au Père Norbert, ex-capucin et ex-missionnaire dans l'Inde; sa vie. — Il attaque les Jésuites avec furie. Duplex l'exile en Amérique. — Il meurt misérablement. 210

Le cardinal Bellarmin, mieux informé, encourage de Nobili. — Grégoire XV donne sa sanction expresse à sa méthode (1623). — Benoît XIV applaudit à la conduite des Jésuites, il approuve deux classes de missionnaires. Témoignage de Ranke. — Avant sa mort, de Nobili voit s'élever une église dans chaque ville importante de l'Inde méridionale. 212

Mission dans l'Inde occidentale. — A Lahore, les Jésuites exercent librement leur action. — L'Inde centrale semblait se soumettre à l'Évangile; ruine de la démagogie orientale arrêtée par les événements politiques. 215

Le bienheureux Jean de Britto, né en 1647, élevé à la cour de Portugal, part pour les Indes (1673); il comprend la nécessité d'une vie surnaturelle pour ramener les Indiens vers Dieu. Prodiges. — Possédés délivrés du démon au moment du baptême. — Ses rapports avec les brahmanes les plus instruits. En trois mois il baptise 2,070 catéchumènes; ses tortures à Mangalore. — Miracle devant le gouverneur dont le premier secrétaire se convertit; le persécuteur empalé vivant. . 216

Accueil fait à de Britto à la cour de Pedro II (1688). — Nouveau départ pour les Indes. — Il baptise 8,000 infidèles. — Persécution suscitée par la femme d'un prince baptisé. — De Britto est livré au supplice (1696). Il avait prédit les circonstances de sa mort. — Preuves de sa sainteté recueillies pendant dix ans. Peu de missionnaires ont gagné plus d'âmes à Dieu. — Témoignage des protestants hollandais. — Son corps se conserve sans corruption. 218

Laynez, Borghèse et leurs compagnons. — Réflexions de l'abbé Dubois et de Perrin. — Laynez aimait les bases solides et ne se hâtait pas d'édifier. — En 1700, il baptise 5,000 catéchumènes... Sa mort (1715), après trente ans d'apostolat et 50,000 idolâtres convertis. — La France, patrie des missionnaires, donne aux Indes les Pères Martin et Bouchet. 220

Témoignage de sir James Mackintosh; des païens. — *Xavier Borghèse* et son frère renoncent aux honneurs avec deux autres membres de leur famille. — Réflexion des païens. Paroles de Borghèse en face des tortures; — paroles d'un de ses catéchistes.... Les frères Simon et Joseph Carvalho.... Une foule d'autres Pères. 223

Missionnaires médecins. — Hôpitaux; avantages apparents, inutiles pour la propagande protestante. — « Mal causé par l'ignorance de plusieurs de ces ministres médecins, » influence nulle pour la religion et la morale. — Les Chinois ne sont pas indifférents pour leur religion; on ne peut alléguer cette excuse. 182

Missionnaires ne sachant pas la langue. — Les ministres protestants au niveau des schismatiques russes pour leur stérilité et leur ignorance des dialectes chinois. Ils emploient des Chinois salariés non baptisés qui hasardent leurs commentaires. Pour cinq pence par jour ils lisent et commentent l'Évangile. — Les missionnaires catholiques, après un an ou deux, sont capables d'entendre les confessions en chinois. « Les Sœurs de charité, à l'admiration de M. Edkins, n'ont pas besoin de maîtres et de maîtresses indigènes. » Deux cents missionnaires protestants en Chine ne peuvent fournir un interprète officiel, pas même le collége fondé dans ce but. 184

Traité de 1860 et les Tae-Pings. — La persécution arrêtée, en Chine proprement dite, depuis le traité de 1860. — Alliance des protestants avec les Tae-Pings, dans l'espoir d'un succès toujours refusé. — Premiers fauteurs de cette rébellion; preuves. — Deux évêques anglicans favorisent l'insurrection, ils regardent les chefs comme de vrais protestants. — Ils ne font que brûler, massacrer et détruire. — Les Anglais méprisent maintenant les Tae-Pings, parce que ceux-ci les ont repoussés. — Han-Wang, un de leurs chefs, longtemps catéchiste indigène des ministres protestants.

Le protestantisme n'a pu convertir les Chinois; il a créé le code de religion et de morale des Tae-Pings, aveu du *Times*, 17 juin 1862. 189

Conclusion. — Appliquer la règle divine : « A leurs fruits, vous les reconnaîtrez. ». 190

CHAPITRE III.

MISSIONS DANS L'INDE.

I

MISSIONS CATHOLIQUES.

Reproches sanglants adressés à l'Angleterre par ses hommes d'État pour sa manière de gouverner les Indes. — L'histoire de la Grande-Bretagne aux Indes, histoire de l'avarice et de l'incrédulité. A qui les Anglais eurent-ils recours pour envoyer prêcher aux Indes leur Évangile prétendu ?. 192

Saint Thomas et saint François-Xavier. — Prédication de saint Thomas dans l'Inde. — La vie de saint François-Xavier suffirait seule à prouver Dieu et la vérité de l'Église. Prodiges attestés dans le procès de sa canonisation; appelé par les gentils *Dieu de la nature*. 194

Les protestants refusent d'admettre ses miracles pour éviter de confesser sa doctrine. — Réflexion de lord Valentia sur les premiers apôtres de l'Inde. — Saint François Xavier eut le don des miracles, vérité aussi certaine que n'importe quel récit prouvé par le témoignage et par l'évidence. 196

Les traces de son œuvre subsistent. — Réponse des chrétiens aux ministres protestants; culte de vénération rendu à sa personne par les païens, 200 ans après sa mort (idole de saint François-Xavier). — Sa méthode : le *Credo* et les *Commandements*. — Admiration des gentils et des nouveaux chrétiens pour la divine loi, reconnue par eux conforme à la nature et à la saine raison; fruits de son enseignement, moisson d'âmes — Une résurrection à Malacca en présence d'un grand nombre de spectateurs

Son retour en Europe; il est remplacé par le docteur Morton, rappelé lui-même en 1862.. 164

TÉMOIGNAGES DES VOYAGEURS.

(1858) M. Minturn, M. d'Ewes, Oliphant; leurs hommages aux deux colléges tenus par les Jésuites à Shang-Haï. — 1862, un chapelain anglican, le marquis de Moges, au collége de Zi-Kawei. — M. de Kéroulée, mêmes éloges. 166

« L'éducation anglaise fait des jeunes Chinois des hypocrites et des escrocs. » — Le commandant Lindsay Brine (1862) observe le contraste entre les différentes écoles ; il l'attribue à « la différence des principes. » — Le colonel Armine Mountain, ancien adjudant général de l'armée des Indes, magnifique témoignage en faveur des missionnaires catholiques. M. Powey de même; — aveu important de M. Sirr. . . 168

Les rapports les plus récents sont les plus tristes. — Appréciation curieuse du *Hong-Kong Daily-Press* (1861), et de l'expédition scientifique conduite en 1862 par le colonel Saurel, sur un parcours de 600 lieues. 170

RÉSULTAT DES MISSIONS PROTESTANTES.

« Nombre insignifiant de conversions. » Témoignage de M. Hausman, Haxthausen, Montgomery Martin, sir Oscar Oliphant, Osmund Tiffang, docteur Ball, Howard Malcolm, Ritchie; un missionnaire américain cité par le docteur Brown; sir John Davis, le secrétaire de la Société des traités religieux; secrétaire d'une Société de missions à Londres; M. Scarth en 1860 ; le docteur Grant devant l'université d'Oxford résume les mésaventures. 172

M. Wingrove Cook, le journal de Hong-Kong, un officier anglais de haut rang, le colonel Fischer, 1863, vont plus loin encore. — Même différence pour la *qualité* que pour la *quantité* entre les disciples de l'Église et ceux conquis par les sectes. — Témoignages attestant l'incorrigible immoralité du petit nombre d'adeptes du protestantisme. 174

Aveu remarquable adressé au *Times* par M. Fonblanque (1861)... Récit de M. Scarth; il décrit la vie d'un missionnaire catholique. — La *Presse de Singapore*. — M. Forbes rencontre un prêtre indigène de Corée, souhaits des officiers anglais à son égard. — M. Forbes parle d'un ministre anglican qui refusait de visiter les hôpitaux militaires. Un ministre américain pris pour le remplacer, au salaire annuel de 6,250 francs, refuse également d'approcher un mourant. Le Père Barrentin se trouve dans l'hôpital, il administre au moribond les sacrements de l'Église. 176

D'après le révérend Gustave Hines, les ministres à Hong-Kong se livrent le dimanche à la boisson et au jeu. D'après M. Walter-Gibson « ils imitent les mœurs de ceux parmi lesquels ils cherchent à faire des prosélytes. » 177

Vengeance de leurs mécomptes exercée par les missionnaires protestants. — Ils diffament les missionnaires catholiques et leurs disciples. Imprudentes allégations du docteur Wells-Williams, du révérend Williams Gillespie, de M. Montgomery Martin, de M. Pierre Auber, de Samuel Kidd, professeur de chinois à l'université de Londres; Joseph Edkins; journal de la Société de géographie en Angleterre. — Le baptême des enfants moribonds appelé une infâme tromperie à l'égard des pauvres Chinois. 178

Multiplicité des sectes. — Multitude de mercenaires de différentes sectes rassemblés aujourd'hui dans tous les ports de Chine. — 17 Sociétés de missions ont depuis vingt ans des sujets en Chine; leur énumération ; le protestantisme fécond en sectes, non pas en œuvres. — Résultat : affermir les idolâtres dans leurs erreurs, exciter la haine et le mépris pour le christianisme. — Aveu remarquable de lord Elgin, 1858. Appréciation curieuse des Chinois, citée par M. Colledge, ministre anglican en Chine. Autres témoignages. 180

— M. Malcolm, envoyé en inspection, informe ses patrons qu'il n'existe aucun converti à Canton. Il reconnaît la moralité douteuse des baptisés. — M. Malcolm nommé vice-consul ; son journal, sa mort. 140

MM. Milne et Medhurst. — M. Milne, second messager du protestantisme en Chine, se retire à Malacca. — M. Medhurst, troisième messager, établit le contraste entre les chrétiens des missionnaires catholiques et la torpeur des protestants ; l'un de ces derniers fumeur d'opium. — Huit ou dix dollars par conversion. Spécimens curieux. 142

Collège de Malacca pour former des instituteurs protestants, ses résultats ; aveux écrasants. Fermé en 1842. et transféré à Hong-Kong, il a le même sort. — A Singapore, les « protestants, aucun succès ; témoignage du commodore Wilkes, de M. Malcolm, de M. Windsor Earl… Walter Gibson, M. Papin… Motif donné par M. Medhurst : la « triste désunion. » — Souhaits de M. Davidson ; aveu remarquable de M. Medhurst. — A ce moment les 18 provinces de la Chine étaient constituées en vicariats apostoliques. 145

M. Gutzlaff. — Le plus actif et le plus ambitieux de tous les « messagers. » Ses réflexions au sujet de Ricci et de l'impératrice Hélène de Chine. — Hommages aux Jésuites et autres missionnaires catholiques, rendus par M. Malcolm et M. Hamilton. — Contradiction dans les écrits de M. Gutzlaff. 147

M. Gutzlaff jugé par M. Malcom. — Aveux de M. Gutzlaff ; il prétend avoir été plus heureux à Siam ; contredit par M. Malcolm, M. Ruschemberger, M. Abeel, le Conseil américain des missions. — En faveur des catholiques à Siam, témoignage de M. Crawford, du docteur Richardson. — Réflexions de M. Abeel sur les chrétiens de Cochinchine exilés à Batavia. 149

Remarque du capitaine Laplace : « Les missionnaires à Siam passent leur temps à se disputer entre eux et à se condamner au feu éternel. » — Missions catholiques de Bangkok d'après M. Neale ; « indifférence pour les récompenses pécuniaires. » M. Gutzlaff n'avait fait *aucun converti ; «* peu d'années avant sa mort, il avait une place d'interprète avec traitement de 800 livres. ». 151

M. Tomlin. — Ses voyages ; il distribue des Bibles et des traités, ne s'arrête nulle part ; à Siam il fait des traductions. — Histoire de ses convertis. — Appréciation des missionnaires protestants par l'évêque Courvezy, vicaire apostolique de Siam. 153

M. Tomlin dirige le collège anglo-chinois de Malacca après ses insuccès à Batavia, Singapore et beaucoup d'autres endroits. — *Appels* nombreux de M. Tomlin, de quelle source venaient-ils ? — « Le Christ dans l'Inde n'a pas de plus grands ennemis que le pape, Mahomet et Brahma ; les émissaires du pape arrivent comme une nuée de sauterelles. » 154

Le docteur Smith. — Premier évêque anglican envoyé en Chine. — Don de dix mille livres versé par un Anglais pour inaugurer une mission en Chine. — Jugement des Chinois sur la religion anglicane. — Qu'étaient les convertis tant vantés d'Amoy ? par leur position et leur emploi, dépendants des missionnaires. Moyen de s'en assurer : interroger les voyageurs. — Pour toute la Chine *cinq* convertis, sur la sincérité desquels M. Oliphant paraît compter. — Les catholiques d'Amoy d'après le docteur Smith. 158

M. Smith rencontre partout dans ses voyages, par terre ou par eau, des convertis catholiques : à Sang-Haï « soixante mille, » à Ning-Po « ils appartiennent à la classe moyenne. » — Une jonque venant de Corée pour obtenir un évêque. M. Smith leur offre ses livres. 160

Expédition glorieuse de M. Smith pour semer ses traités… « il fait une pointe dans l'intérieur. » Il les dépose « à sec » sur les rivages. — En 1858 M. Smith est fait évêque anglican pour la Chine. Ses sympathies pour les mahométans ; sa lettre à l'archevêque de Cantorbéry. 163

Le docteur Bettelheim. — Les Chinois demandent avec instance son renvoi.

TABLE ANALYTIQUE.

La même année, le Père François Tchéou, lazariste chinois, raconte le martyre de son propre père et d'Anna Kao. — Édits publiés dans tout le royaume pour démontrer aux chrétiens la fausseté de leur religion. — Martyre du Père Paul Khoan raconté par Mgr Retord; dialogue mémorable entre le prêtre annamite et le mandarin. Les païens forcés d'admirer leurs compatriotes chrétiens. 122

Mgr Retord consacre trois évêques. — De 1844 à 1846, 4,000 adultes sont admis dans l'Église. — Pendant les 38 années de persécution, le nombre des chrétiens s'accroît de 140,000. Situation de cette Église en 1858. « Plus vous en abattez, plus il en repousse. » Paroles citées de Tertullien. — En 1850, un village chrétien saccagé et ses habitants livrés à la torture. — En 1851, M. Schœffer décapité, de même M. Bonnard âgé de 27 ans; ses belles paroles; la lettre de son évêque. . . . 124

(1855) L'évêque Lefèbvre raconte la mort de Philippe Minh, prêtre cochinchinois. — Le Père Chapdelaine martyrisé le 29 février. — Un prêtre annamite et quatre chrétiens ont la tête tranchée; vingt et un, le jour suivant (1857). — Le 20 juillet, l'évêque espagnol Diaz décapité; horrible martyre subi par l'évêque Melchior. — Le Père Paul Loc, même sort à Saïgon. 400 chrétiens arrêtés. — Marthe Lahn supérieure d'une communauté indigène. Élisabeth Ngo 126

(1861) L'armée des martyrs compte trois évêques de plus. Horribles tortures du Dominicain Melchior, de l'abbé Vénard. — (1862) Les effets du traité français de 1860 se font sentir. — L'évêque Anouilh obtient un palais pour sa cathédrale et ses œuvres; effet immense de cette donation. Conversions nombreuses dans la province du Pe-thi-li occidental. — Dans d'autres provinces, la persécution continue. — Récits de Mgr Forie. 128

Statistique des progrès du catholicisme en Chine, son état en 1859; un million environ de chrétiens. — Dans les neuf premiers mois de 1861 et dans deux diocèses du royaume d'Annam, *seize mille martyrs*, et près de 20,000 chrétiens condamnés à l'esclavage. — Note sur les rites chinois en l'honneur des ancêtres. 130

II

MISSIONS PROTESTANTES.

Livre de M. Gutzlaff sur l'introduction du protestantisme en Chine. Comédie à côté de l'héroïsme catholique. 131

Le docteur Morrison. — « Premier messager du protestantisme en Chine, d'a-« bord apprenti chez un fabricant de formes et d'embauchoirs. » Son voyage raconté par sa veuve. — Son séjour à Canton, raconté par M. Ellis. — Il pousse les précautions un peu loin. 133

Caractère de M. Morrison. — « Il s'éprend d'un tendre sentiment. » — Les pages de son journal... Ses réflexions sur un mal de tête de sa femme... Différents états de sa piété intermittente. — Faits et gestes. — « A la fin de 1818, attaché à la factorerie de l'honorable Compagnie. » Le conflit de ses attributions ne leur nuit pas... — Dans un appartement reculé, les portes soigneusement closes, les missionnaires entretiennent un indigène ou deux. 135

Qualités nécessaires pour persévérer, d'après M. Ellis. — M. Morrison « reçoit un traitement de 25,000 francs... » Réflexions de sa veuve à ce propos. — Ses autres sources de revenu. — Il tire parti des travaux des catholiques. — Sa visite aux églises des catholiques; il trouve « un nombre immense de chrétiens. » « Sa prudence poussée à l'excès. » — Il veut imprimer une partie des Écritures. . . . 137

Précautions de M. Morrison pour répandre ses livres, — travaux ni héroïques ni brillants. — Il admire qu'on le laisse tranquille. Manque de respect de ses auditeurs; ils voient un homme marié, lisant, commodément assis. 139

Après dix années d'énormes sacrifices, dix personnes baptisées reçoivent un traitement.

La persécution provoque les conversions. — Indigence de l'évêque Fontana, vicaire apostolique du Su-Tchuen; de Mgr Florens, de leurs prêtres. Une multitude de chrétiens périssent victimes de la faim. — Mgr Tabert utilise ses loisirs forcés pour composer un dictionnaire et une grammaire latin-annamite. Description du cachot de l'abbé Retord; celui de l'abbé Marette. 98

Différents miracles constatés. — M. Deschavannes, épuisé de fatigues, meurt à 28 ans dans le royaume de Siam. — Nombreux baptêmes à Pékin (1851). — Persécution générale (1832 et 1833), surtout en Cochinchine. — Martyre de M. Gagelin. Sa lettre en apprenant son supplice. — MM. Jaccard et Adorico martyrs. Paroles de la mère de M. Jaccard en apprenant son martyre. Entretien d'un jeune Cochinchinois de 18 ans avec M. Jaccard, pendant leur supplice. 102

Le pouvoir de l'Église pour gagner des néophytes, le même au dix-neuvième siècle que dans les dix-huit siècles précédents. — Consentir à se faire chrétiens était accepter le martyre. Condition de leurs compatriotes infidèles. — Paroles de l'évêque Tabert, l'un des sept vicaires apostoliques du royaume d'Annam. Ses quatre-vingt mille chrétiens. Quatre cents églises détruites. — Minh-Ménh, le Néron de la Cochinchine. Sa rage contre les chrétiens ses plus fidèles sujets; pas étranger aux vérités du christianisme. Ses fureurs sataniques. — Magnifique témoignage de l'abbé Marchand pendant son supplice. 104

CORÉE.

L'histoire de l'Église de Corée ressemble à un martyrologe. — En 1788, un prêtre chinois y pénètre le premier. En 1817, appel fait à l'Europe par le prélat de ce pays. — M. Maistre des M. E. erre pendant dix ans autour de cette impénétrable frontière. Le Père Hélot se dévoue pour le faire pénétrer en Corée. L'évêque Imbert, MM. Chastan et Maubant martyrisés avec 250 disciples (1839). 106

Tableau de la vie du missionnaire par Mgr Ferrol. — Malgré la persécution, 728 adultes reçoivent le baptême (1847). Extrait d'une lettre très-remarquable d'un missionnaire (1856). — L'évêque Berneux, déjà flagellé, emprisonné au Tong-King, désigné pour la mission de Corée. Difficultés des communications. — Description touchante donnée par l'abbé Féron. — Intrépidité des chrétiens. 108

Aujourd'hui en Corée deux évêques et 15,200 chrétiens; leur nombre s'accroît chaque année de plusieurs centaines. — Lettre du Père Thomas Tshoez, prêtre coréen (1852), au supérieur des Missions Étrangères de Paris. Le martyre de son père François Tshoez; les bourreaux le surnomment *le roc;* sa mère aussi martyre. 112

CHINE ET ROYAUME D'ANNAM.

Paul Mi, Pierre Duong et Pierre Truat, présents à l'arrestation de M. Cornay, partagent son sort; leur lettre en Europe; héroïques sentiments. Le 18 décembre, les *prisonniers de Jésus* reçoivent leur couronne. — L'année 1838 terrible pour l'Église de Cochinchine. Le 12 juin, Mgr Delgado meurt en prison des suites de ses souffrances après avoir été 40 ans vicaire apostolique du Tong-King oriental. — Martyre de Mgr Hénarez, de Mgr Havard. Mort des Pères Caudahi et Vialle. 115

Le 24 novembre 1838, Mgr Borie, évêque du Tong-King occidental, décapité. Sa joie excite l'admiration des païens. — La même année, l'Église de Cochinchine perd quatre évêques: deux évêques dominicains et trois Pères espagnols du même Ordre. — « De lâches Asiatiques transformés par la grâce en héros. » — Les mandarins demandent pardon à leurs victimes. — Martyre de M. Perboyre, lazariste français (1840). Son horrible état dans la prison; le 11 septembre, sa mort après une année de tortures. 116

La même année, les Pères Torette, lazariste, Luke Loan, prêtre indigène, martyrs. — Impression sur leurs juges et sur le vice-roi produite par deux jeunes filles et une femme chrétiennes. Les geôliers touchés de leur dignité. 118

TABLE ANALYTIQUE.

ses funérailles publiques. — Témoignage des ambassadeurs portugais et moscovites. — Kien-Long rend la liberté aux princes survivants. — Nouveaux édits de persécution. 77

Épreuves pendant l'année 1736. Traits admirables — La persécution dure dix ans. Partout l'ordre est donné de rechercher les missionnaires. — Le Père Alcober le premier saisi et torturé. Sanz, vénérable évêque, martyrisé le 26 mai 1747. . . 80

La grande persécution de 1747, décrite par un historien païen dans un document officiel. — Interrogatoire du Père Beuth. Il meurt de ses blessures. — Le 12 septembre 1748, les Pères Tristan de Attermis et Joseph Henriquez sont étranglés. — Le 28 octobre, quatre Dominicains reçoivent le martyre. — Les chrétiens privés de leurs guides supportent la persécution, qui dure dix-neuf ans. — Courage montré par ces Asiatiques. 82

Au *Tong-King*, mission fondée en 1627 par le Père Alexandre de Rhodes. — Deux cents prêtres idolâtres convertis en quelques mois, et plusieurs parents du roi. — Le Père de Rhodes et le Père Marquès expulsés à l'instigation des femmes du roi. — Revenus l'année suivante, les bonzes convertis s'étaient faits catéchistes. — Nombre prodigieux de chrétiens. 85

La persécution, commencée en 1630, continue pendant deux cents ans, sans jamais vaincre les chrétiens. — Périlleux ministère des Pères Le Royer et Parégand. — Luke-Thu, le magnanime vieillard; ses paroles déconcertent les mandarins. — François Buccarelli et Jean-Baptiste Messari, premières victimes de l'empereur Choa. Les martyrs enfantent de nouveaux chrétiens. — Différents Ordres religieux (1750) ont sous leur conduite deux cent cinquante mille chrétiens au Tong-King. Après leur départ, peu de défections. — Regrets exprimés par le révérend M. Abeel. 86

Application des missionnaires aux intérêts de la science; leurs observations sur l'inclinaison magnétique. — Paroles de Colbert au Père de Fontanay. — Persistance d'un colonel tartare à demander le baptême. — Les chrétiens font sept à dix lieues le dimanche pour entendre la messe. 88

Paroles de Fénelon et de Bossuet à la gloire de la Compagnie de Jésus. Témoignage de sir George Staunton; de M. Guizot. — Soumission du dernier Jésuite à Pékin. — Pendant un demi-siècle les chrétiens de la Chine sont abandonnés à eux-mêmes. Pas un seul exemple de la destruction complète de la foi dans les contrées évangélisées par les Jésuites, les Dominicains et les Franciscains en Asie et en Amérique. — Paroles du Père Roothan. 91

TROISIÈME ÉPOQUE.

Les missionnaires de notre temps ressemblent à leurs devanciers. — Proclamation de Kia-Ling mort de la foudre en 1821. — Chrétiens condamnés à l'esclavage. Plaintes des mandarins contre le prosélytisme. — Aveux d'un Anglais sur les progrès du catholicisme au Tong-King. — Paroles remarquables d'un mandarin. — Timkowski, envoyé russe à Pékin (1805), parle d'une persécution contre les chrétiens à l'occasion d'une carte indiquant les districts catholiques. — Plusieurs milliers de chrétiens sont découverts à Pékin; raffinement de cruautés décrites par ce voyageur. — Témoignage d'un adversaire 94

COCHINCHINE.

Martyre de l'évêque Dufresse avec trente-deux néophytes, après un apostolat de trente-neuf ans (14 septembre 1815). Belle réponse d'une jeune fille chinoise; d'un vieillard de quatre-vingts ans. Paroles de Pie VII. — Dans le Su-Tchuen, le Père Jean de Triora est étranglé avec quatre prêtres chinois. — Les chrétiens qui avaient succombé demandent leur pardon. Mépris des Chinois pour les apostats. 96

CHAPITRE II.

MISSIONS EN CHINE.

I

MISSIONS CATHOLIQUES.

Aperçu général sur l'empire de la Chine. — Les connaissances sur ce pays dues au missionnaire catholique. — Premières traces du christianisme en Chine. — Mort de saint François Xavier à l'île de Sancian (1552). — Le Père Ricci en Chine : ses hautes qualités. 62

PREMIÈRE ÉPOQUE (1585-1722).

Ricci aborde à Canton (1583), il adopte le costume des lettrés. — Premier converti. — Ses écrits chinois sont admis à la bibliothèque impériale. Voyage à Pékin ; il dure plusieurs années. Aventure au passage du fleuve Yang-Tse-Kiang. — Après vingt ans il pénètre dans la capitale. — Témoignage protestant sur ses œuvres. — Il s'établit dans l'enceinte du palais impérial. Il consent à être mathématicien à la cour. 64

Les premiers convertis. — « Une partie des descendants de l'empereur sont encore romanistes. » Faits attestés par d'ardents adversaires ; permanence des résultats. — Trois princes de la famille impériale reçoivent le baptême, le jour de l'Épiphanie 1605. Ressemblance des convertis avec les chrétiens primitifs. — « Plus de trois cents églises fondées dans les différentes provinces. » — Mort de Ricci (1610), ses funérailles. — Adam Schaal (1628), nommé « président du tribunal des mathématiques. » 66

Hommages rendus par les savants protestants aux travaux des missionnaires. Les Dominicains et les Franciscains arrivent (1631). Durant les derniers temps de la monarchie des Ming, les missionnaires presque souverains dans le palais. — Lettre de la mère de l'empereur au pape Alexandre VII. — Désintéressement des Jésuites. 68

Intimité du Père Schaal avec l'empereur Chuntche de la dynastie Mantcheou. — Persécution violente pendant la minorité de Cang-Hi. — Le Père Schaal est chargé de chaînes avec des mandarins convertis ; il succombe aux mauvais traitements (1666). — Le Père Verbiest obtient un répit pour ses frères (1671). Conversions nombreuses. — Cang-Hi fait examiner la conduite privée des missionnaires. . 70

Mort du Père Verbiest (1688). — Témoignage de M. Medhurst. — Les Pères Gerbillon et Bouvet reçus à la cour. Cang-Hi leur fait apprendre le dialecte tartare ; il veut être accompagné par eux dans ses voyages. Plusieurs traits de sa bienveillance. — Après sa mort, Yong-Tching fulmine un édit d'extermination ; trois cents églises sont détruites, trois cent mille chrétiens livrés à la fureur des infidèles. 75

SECONDE ÉPOQUE (1722-1860).

Depuis l'avénement de Yong-Tching jusqu'à nos jours, cruelles épreuves supportées par les chrétiens de Chine avec une constance digne des premiers fidèles. — Plusieurs membres de la famille impériale sommés de rendre hommage à la religion de l'État ; sur leurs refus, ils sont dégradés et exilés. — Lettre du prince Jean au Père Parennin. — Même courage de la part des femmes. 75

Témoignage d'un auteur protestant. — Appréciation du Père Parennin ; sa mort,

dans les douanes. — En *Piémont* et en *Italie*, on lit la Bible pour trouver des arguments contre la religion. — Effets produits en *Suisse* par son usage abusif. — En *Allemagne*, on la néglige. — Progrès de l'indifférence et de l'incrédulité en *Angleterre*.................................... 42

En *Perse*, le shah contraint de sanctionner l'introduction des Bibles. — En *Arménie*, cinquante mille dollars dépensés chaque année par les Américains. — En 1845, soixante-quinze millions de pages déjà imprimées. — Excellente version de la Bible chez les Arméniens, bien des siècles avant la naissance du protestantisme. — Trente-deux millions de pages imprimées à Smyrne. — Dans un *Bible-Meeting*, on fit croire qu'à Bassorah les *musulmans demandaient des livres à grands cris*. — Un voyageur malencontreux fait connaître la vérité. — Art des rapports officiels ; leur imprudence........................... 44

Prétendus succès du docteur Wolff chez les Arabes et les Persans ; des voyageurs survenus corrigent les écarts de son amour-propre. — Mode usité dans la Grande-Bretagne pour se créer des réputations. — Bravoure du docteur Wolff....... 46

Réflexions remarquables de M. Coleridge et de l'amiral Slade sur la profanation des Écritures. — Les Juifs reçoivent la Bible avec plaisir, *ils détruisent avec soin le Nouveau Testament.* — Conclusion indiquée par M. Walpole............ 47

VIII. **Bibles et Traités en Amérique.** — Les sauvages ne sont pas oubliés. — « Parole de Dieu que nulle bouche humaine ne peut articuler, que nulle intelligence ne peut comprendre. » — Peu de succès dans l'Amérique du Sud ; pas un prosélyte au Brésil, dans la Nouvelle-Grenade et au Chili. « Toutes les Bibles brûlées en place publique. »........................ 50

CONCLUSION.

Pas de trace de ces millions de livres dont un vague sentiment religieux a inondé le monde. — « Parmi les langues de l'Europe, pas une qui n'eût déjà sa version de la Bible, » longtemps avant les Sociétés bibliques. — Aveux des protestants. — Les sectes font un peu tard et sans fruit ce que l'Église avait déjà accompli dans tous les pays avec succès........................ 52

« Les meilleures traductions de la Bible en langue étrangère, réimpressions de celles de la Propagande de Rome. » — Grammaires et dictionnaires composés par les missionnaires catholiques. — Les protestants s'approprient leurs travaux sans allusion à leur provenance. — Plagiaires signalés par Klaproth.............. 54

Les résultats de la méthode employée par les Sociétés protestantes sont la plus universelle profanation des saintes Écritures que l'esprit du mal ait pu accomplir, et la justification du monde païen dans son refus d'accepter une religion ainsi présentée. — L'Église connaît la valeur de ce trésor laissé par le Sauveur et sait comment elle doit en user. — L'Église, de fait et en vérité, la seule vraie Société biblique. . 56

BUT DE L'OUVRAGE.

Constater chez les idolâtres le contraste, entre les missions catholiques et les missions protestantes. Épreuve décisive. — La conversion du monde païen, miracle non inférieur à la création du monde matériel................. 56

L'Église établie *avec le pouvoir de convertir les gentils ;* privilége annoncé par les prophètes ; à elle exclusivement accordé. Vocation de ses messagers. — D'un côté, pauvreté, absence de secours humains. — De l'autre, l'or répandu, l'appui des pouvoirs. « Païens laissés dans une condition pire. »

Moyen infaillible proposé par le Christ : *A leurs fruits, vous les reconnaîtrez.* . 57

composés en chinois par les missionnaires catholiques. — Opinion d'Abel Rémusat et de M. Klaproth à l'égard des Bibles et des traités. — Meeting pour la fabrication d'une version de plus. — Le résultat : ridiculiser le christianisme parmi les idolâtres. — « Tissu d'absurdités et de prétentions impies. » — Le roi de Siam « n'y trouve ni queue ni tête. ».................... 20

Destinée des Bibles et des Traités « répandus comme la semence dans les campagnes. » — Constamment employés à « d'ignobles usages. » — Vendus au poids aux cordonniers pour pantoufles. — Les Anglais dupes de spéculateurs salariés ou d'enthousiastes visionnaires............... 25

II. **Bibles et Traités dans l'Inde.** — Profusion plus grande qu'en Chine ; établissements des Américains à Madras. — « Un missionnaire écrit pour avoir trois cent millions de Bibles, il les placera comme lest ; il les mettra aux portes. ». 25

Valeur littéraire : Différents témoignages. — Un lettré consulté regarde la version *telinga* comme un traité de magie. — Plusieurs versions *tamoules* produites par différentes sectes rivales. — Les missionnaires catholiques, supérieurs en langue tamoule aux indigènes les plus instruits. — Spécimen de la version *canara* et *mahratta*. — Version *hindostane* et *Kim-Kim* tout aussi ridicule. — Dépense difficile à déterminer. — Les Écritures regardées comme *l'œuvre d'un fou*..... 27

Usage : Livres protestants offerts aux idoles. — Procédés, malgré leurs résultats reconnus, toujours en usage. — « L'entreprise de convertir l'Inde ; gaspillage de temps, de patience et d'argent. »............. 29

III. **Bibles et Traités à Ceylan.** — « Un million d'exemplaires des Écritures et trente millions d'autres publications chrétiennes, » imprimés par *une* secte protestante. — Prodigalité des Américains.

Valeur littéraire : la version de l'Église anglicane signalée comme « *blasphématoire.* » *Usage :* « Fragments attachés à des arbres. » — Hommage rendu aux divinités indigènes. — « Excellents pour bourrer les fusils. »............ 30

IV. **Bibles et Traités aux Antipodes.** — Aveux curieux à la Chambre des Communes au sujet de la Nouvelle-Zélande. — Les naturels obligés d'apprendre l'anglais pour lire la Bible dans leur langue. — Ils en font des cartouches. . 32

V. **Bibles et Traités en Océanie.** — Dans l'île de Tongatabou, 29,000 exemplaires de petits traités distribués en 19 mois ; cent soixante millions de pages imprimées dans le dialecte *hawaïan*. — Faveur accordée aux îles Sandwich. — Aveu d'un voyageur anglais. — La distribution augmentée de plusieurs millions. — Depuis l'arrivée des missionnaires, les naturels devenus plus vicieux. — Curieux arrangement de la Bible à l'usage des îles Sandwich........... 34

VI. **Bibles et Traités en Afrique.** — Passion d'imprimer dans les dialectes les moins répandus. — « L'éducation consistant à lire les Écritures perfectionne les naturels dans la scélératesse. » — La version *cafre*, aucun sens pour les indigènes. Bibles changées en cartouches et en bourre à fusil. — Réception peu encourageante d'un ministre protestant à Tétouan. — Réponse naïve d'un prêtre abyssin. — A quel usage sont employées les Bibles.............. 37

VII. **Bibles et Traités en Europe, dans le Levant, en Syrie, etc.** — Trivialité de la version imprimée pour les Grecs. — Fiction de M Strickland. — Opposition des autorités ecclésiastiques grecques. — Société biblique à Saint-Pétersbourg ; prodigalités de M. Henderson le long du Volga. — Nouveau Testament en tartare. — La fabrication des Bibles produit des revenus aux agents en Angleterre, et aux agents du dehors. — En *France*, inutilité des distributions de Bibles ; la plupart des ministres protestants rationalistes. — En *Portugal*, articles de ménage enveloppés avec des feuilles de Bibles. — Les marchands d'oranges à Londres trouvent leurs envois d'*Espagne* protégés par des feuillets d'Évangile. « Cette contrée n'est pas mûre pour recevoir la Bible. » — En *Autriche*, des wagons chargés de Bibles entassés

TABLE ANALYTIQUE

CHAPITRE I.

LA BIBLE ET LES PAÏENS.

Réponse à l'objection tirée des conquêtes du bouddhisme, de l'arianisme, de l'islamisme et du protestantisme. — Considérer la doctrine et les agents. — Stagnation et décadence des religions humaines après une ardeur impétueuse. — L'Église ne change pas ; permanence des mêmes dons surnaturels. — L'Église et les sectes en présence des païens. 4

Ressources matérielles des Sociétés protestantes. — *Cinquante millions* de francs, revenu annuel des Sociétés anglaises. — Indication officielle de leur emploi. — Revenus et dépenses de plusieurs Sociétés américaines. — (Les ressources des Sociétés catholiques réunies ne dépassent guère *huit millions*). 7

Résultat des dépenses. — Nuée de témoins constatant l'insuccès de toutes les sectes. — Avantages de l'écrivain anglais pour réunir les matériaux de cette enquête. — Armée des touristes employée par la Providence. 9

Méthodes comparées. — Le missionnaire catholique, sans crainte devant la foule idolâtre, lui annonce « les vivants oracles de Dieu. » — Le missionnaire protestant distribue les Écritures et des traités religieux. — Le peu de part qu'eut la Bible seule aux triomphes du christianisme ; aveux des adversaires. — « *Sine sanguinis effusione non fit remissio ;* » loi immuable de l'apostolat chrétien. — L'effusion du sang non comprise dans le mandat d'un agent des sectes. 13

Sociétés bibliques et Sociétés pour la diffusion des traités religieux. Historique depuis 1780. — Cent millions d'exemplaires des Écritures distribués chaque année. — But d'une Société biblique américaine ; « distribuer le plus promptement possible la Bible à toutes les populations du globe. » — Traités religieux répandus avec une profusion plus grande. 15

I. **Bibles et Traités en Chine.** — Différents témoignages. — Mécomptes à Malacca, Batavia, Pulo-Punang, Singapore, îles Liou-Tchou. — « Sept versions des Écritures en malais ; » aveux de M. Malcolm. — Incapacité littéraire des Birmans. 17

Dépense et valeur littéraire : la version de la Bible en chinois, 500,000 fr. ; elle provoque le mépris ; « un Chinois ne peut la comprendre. » — Nombreux ouvrages

CONCLUSION.

Nous pouvons maintenant quitter l'Afrique avec la pensée consolante que le travail de la vraie civilisation est enfin commencé et que d'autres annalistes rencontreront dans toutes les parties de ce continent les mêmes succès apostoliques que nous avons indiqués dans les autres pays. Déjà, au Nord, la croix projette son ombre sur les montagnes qui s'abaissent et sur les déserts qui sourient à son approche. Du Nil à l'Océan, de l'Égypte au Maroc, les disciples de l'Islam aperçoivent le signe glorieux qui leur annonce une nouvelle ère. A l'Est, une voix se fait entendre, elle retentit jusqu'à l'Occident ; elle trouve un écho au milieu des rochers de l'Éthiopie et sur les plages du Zanguebar. Cette voix a traversé les plaines brûlantes du Soudan, elle est entendue le long des fleuves de la Sénégambie, elle réveille le mahométan et le païen à l'intérieur du Congo, et au royaume sanglant de Dahomey.

Dans le Sud, depuis longtemps livré aux prédicants de l'erreur qui jettent une semence flétrie sans récolter jamais, l'Église, malgré mille entraves, suivra les conquêtes dont nous avons suivi, pour d'autres contrées, la marche irrésistible. Elle réduira au silence les religions humaines, et Maures, Nègres, Cafres, Hottentots pourront redire un jour, comme les races plus privilégiées : *Gloire à Dieu, paix aux hommes*. Le sang de leurs martyrs ne sera pas infécond.

FIN DU PREMIER VOLUME.

la main des ministres protestants établis dans leurs États, ont renoncé au christianisme. » Leur roi Mosesh, qui savait distinguer entre ces ministres et les véritables apôtres, disait à l'évêque catholique : « Mon peuple et moi nous désirons tous sincèrement renoncer pour toujours à toute autre religion pour devenir catholiques. J'offre à vous céder la place où sont bâties nos habitations. Vous, je vous considère comme de véritables missionnaires, comme des envoyés de Jésus-Christ[1]. »

Les promesses de ce roi ont été tenues, et le 1ᵉʳ novembre 1863 il assista avec les chefs de sa tribu à l'ouverture solennelle de la mission. Le Père Gérard en fait le récit : « Les Basuto désiraient depuis longtemps l'arrivée de ce jour où ils devaient contempler des choses magnifiques et être témoins de la manière dont les *Baromans* (les catholiques) honorent Dieu. Le roi, en particulier, homme d'un profond jugement, nous avait dit plusieurs fois que nous devions l'inviter à l'ouverture de nos exercices ; qu'il viendrait lui-même et parlerait à son peuple en notre faveur.

« La présence du roi fut pour nous une grande consolation. Nous nous sommes réjouis de voir le plus renommé des chefs de cette partie de l'Afrique se montrer favorable aux missionnaires. *Mosesh* arriva vers les neuf heures du matin, quoique la montagne où il réside soit à deux lieues et demie de notre mission.

« Grâce à Dieu, tout alla fort bien pendant la cérémonie. Après le sermon, le roi voulut aussi faire le sien. A sa demande, Monseigneur en accorda bien volontiers l'autorisation. Il lui fut donc permis de se placer dans le sanctuaire, d'où il pouvait dominer ses sujets. Il leur parla longtemps ; entre autres choses, il leur dit, qu'aujourd'hui, il leur avait apporté un trésor. Puis, appelant les principaux chefs par leur nom, il leur recommanda de veiller à ce que l'église fût toujours pleine, et de se bien garder de faire le moindre mal à la mission, parce qu'il serait là pour punir les malfaiteurs. Il les invita tous, hommes et femmes, à nous offrir leurs services lorsque nous en aurions besoin, et il leur rappela les paroles de Notre-Seigneur que j'avais citées en commentant : *Celui qui croira et sera baptisé, sera sauvé*[2]. »

[1] *Missions*, etc., p. 59.
[2] *Ibid*., mars 1864.

trois cents[1]. » Le succès des missions dans l'Inde donnait donc un surcroît de travail aux missionnaires de Natal ! Plus tard, au bruit seul de l'arrivée du choléra parmi les Indiens, tout le monde fuyait à l'exception du Père Sabon. « Les messieurs de l'administration se plaignaient de leurs ministres, tandis que chacun louait le zèle du prêtre catholique. » Quelque temps après, les protestants lui donnaient de l'argent pour bâtir une église.

En 1861, Mgr Allard, parlant des difficultés à convertir les Cafres de la colonie, s'exprime en ces termes : « Un des obstacles à leur conversion, ce sont les rapports qu'ils ont chaque jour avec les Européens et spécialement avec les missionnaires protestants. Depuis longtemps ils ont acquis quelque connaissance du christianisme ; mais les ministres n'ont pu obtenir d'eux qu'ils renonçassent à la polygamie et à leurs mauvaises coutumes. Ils ne les ont pas pressés sur ce point et ont continué de les appeler à leurs réunions ; de sorte que les Cafres s'imaginent que le christianisme n'est qu'une forme, et que, pour satisfaire les missionnaires, il suffit de venir à la chapelle. » Ici comme ailleurs, le plus grand obstacle aux conversions est donc le mal déjà produit par les ministres protestants.

Le Père Gérard confirme ce fait : « En général, les Cafres de cette colonie sont remplis de préjugés contre les missionnaires. Ces pauvres sauvages ont été habitués par les protestants à regarder la religion chrétienne comme quelque chose de fabuleux. Le petit nombre de Cafres convertis par les protestants sont aussi corrompus que les sauvages leurs compatriotes, mais beaucoup plus orgueilleux et plus fripons. » Parlant des nombreuses sectes protestantes, il ajoute : « Quel malheur pour ces pauvres Cafres de voir ce chaos de religions diverses ; ils sont déjà si indifférents et si pleins de préjugés ! »

Laissons le zélé missionnaire se débattre au milieu des entraves créées par le protestantisme, et suivons ses frères dans leur voyage de cinquante-quatre jours au pays des *Basuto*, où un meilleur accueil les attendait.

« Les *Basuto*, écrit le vicaire apostolique, nous ont paru un peuple qui ne traite pas légèrement la question religieuse, bien différents en cela des Cafres de Natal. Nous avons une grande probabilité de trouver une moisson abondante. Un grand nombre de Basuto, qui s'étaient faits chrétiens et avaient reçu le baptême de

---

[1] *Missions*, etc., p. 537.

qu'en arrivant à Trieste on les trouva assez préparés pour recevoir le baptême. » Ils sont aujourd'hui marins à bord du yacht de l'empereur d'Autriche [1].

Grâce à l'obligeance des Missionnaires Oblats de Marie Immaculée, nous avons de précieuses indications sur la nouvelle mission de Natal.

La station de Saint-Michel, fondée en 1856, avait déjà établi les succursales de *Urban*, *Pietermaritzburg*, *les Sept-Douleurs* et *Bloëmfontein*, hors des frontières de Natal. Dans cette dernière le gouvernement anglais, qui possédait quelques propriétés, céda une habitation pour en faire une école.

Au commencement, les missionnaires se trouvaient entravés de toutes manières. « Le terrain que nous avons à cultiver, écrivait Mgr Allard, est un peu dur. Les Cafres qui résident dans la colonie de Natal sont, depuis longues années, en contact avec les Européens, et ces rapports ne peuvent leur être que très-funestes. Les missionnaires protestants ont établi depuis longtemps des stations chez les indigènes et leur ont parlé de la religion chrétienne ; ils n'ont pas pu leur imposer le joug de la loi évangélique, mais ils l'ont rendu odieux. Il n'en est pas de même des Cafres qui sont hors de la colonie [2]. »

Dans cette conviction du vicaire apostolique, les missionnaires se sont décidés à visiter les tribus lointaines, sans négliger toutefois les Cafres de la colonie. Le Père Gérard, qui possède parfaitement la langue cafre, prêchant un jour dans la chapelle de *N.-D. des Sept-Douleurs* et faisant comprendre que les chrétiens seuls pouvaient arriver à la grâce du salut, eut la preuve d'avoir touché les cœurs. « Une femme nous a dit : D'après vos enseigne-
« ments, nos parents n'ont pas eu droit au royaume du ciel, et si
« nous nous faisons chrétiens nous ne pourrons plus les voir; cela
« fait de la peine. » Un jeune homme ajoutait : « Vos paroles rendent
« le cœur triste. » D'autres s'abstiennent quelquefois de venir à l'instruction pour éviter les remords de conscience qui les troublent. Cependant nous ne pouvons pas encore préciser quel sera le résultat de ce conflit.

« Le Père Sabon, à d'Urban, rapporte Mgr Allard, apprend très-activement le tamoul, qui est la langue parlée par les Indiens catholiques arrivés dernièrement de l'Inde à Natal, au nombre de

---

[1] *Voyage of the Novara*, vol. I, ch. vi, p. 214.
[2] *Missions de la Congrégation des missionnaires Oblats de Marie Immaculée*, n° 115, p. 529.

toutes les parties de cette contrée sauvage, exposé aux périls de tous genres, et faisant chaque jour une nouvelle offrande de sa vie pour le salut de son troupeau dispersé. Épuisé par les travaux de sa longue administration, il est mort à l'âge de soixante-trois ans, le 18 juin 1862.

Mgr Devereux, vicaire apostolique du sud-est de l'Afrique, explique ainsi, en 1850, l'absence trop fréquente des missionnaires catholiques pendant l'occupation hollandaise et anglaise. « Ces provinces ont été jusqu'ici fermées à l'Europe. D'abord, les Hollandais défendaient dans toute la colonie, sous des peines sévères, l'exercice de notre religion. Les Anglais montrèrent un esprit presque aussi intolérant, et même aujourd'hui, ils ne supportent qu'à regret la présence de notre ministère. »

Cette liberté tardive suffit à nos missionnaires. En 1855, le docteur Colenso, qui ne partage évidemment pas les préjugés vulgaires de ses coreligionnaires, vit à Maritzburg l'évêque catholique, « Français très-distingué, relate-t-il, d'une physionomie très-douce exprimant la sincérité et l'énergie. Il me dit qu'il n'y avait pas encore de missionnaires de son Église parmi les indigènes, mais qu'il allait bientôt se mettre à l'œuvre. »

Ce projet fut réalisé en 1856, et la mission de Saint-Michel fut ouverte dans la Cafrerie. En 1858, le révérend M. Calderwood, écrivant de ce pays, assure que « le nombre des catholiques romains s'accroît, qu'il y a deux évêques et un certain nombre de prêtres, tous hommes capables et énergiques. Il est certain que les protestants ne régneront pas seuls dans l'Afrique du Sud [1]. »

Cette prédiction du ministre se réalisa. Déjà un voyageur protestant avait jugé la situation. « Les catholiques, avoue M. Cole, augmentent sensiblement, et feront, j'en ai la conviction, plus de véritables convertis, parmi les hommes de couleur, que toutes les autres sectes [2]. »

Le docteur Scherzer relate aussi un fait qui prouve que les missionnaires catholiques savent convertir cette race cafre sur laquelle le protestantisme a été si impuissant. Trois de ces barbares furent embarqués à bord de la frégate autrichienne *le Novare* ; ils ne parlaient d'abord que leur langue ; mais l'aumônier de la frégate, l'abbé Marochini, ayant appris leur dialecte, leur enseigna le christianisme, et de plus, les langues italienne et allemande. « Le progrès de ces élèves, dit le docteur Scherzer, était si remarquable,

---

[1] *Caffres and Caffre Missions*, ch. I, p. 12.
[2] *The Cape and the Kafirs*, ch. IX, p. 155.

Notre dernier témoin est le révérend M. Calderwood, lui-même missionnaire. Il parle ainsi des Cafres : « Nous pouvons dire que les Cafres *ont refusé l'Évangile*. Les Cafres, comme nation, sont tout aussi dégradés, leurs habitudes aussi impures, aussi cruelles, et ils continuent à être aussi insensibles, qu'au jour où le premier missionnaire, Van der Kemp, voyait pour la première fois les bords du Tyume[1]. »

Ici les réflexions seraient superflues. Saint Paul a écrit la même histoire, mais en moins de mots. Quand l'apôtre signale les « œuvres de la chair, » il paraît résumer dans une seule phrase les principaux caractères des missions protestantes : « le désordre, la luxure, les contentions, les rivalités, les querelles, les dissensions, les sectes[2]. » Dans l'Afrique du Sud, deux races païennes ont subi pendant trois générations toutes les influences que le protestantisme pouvait exercer sur elles; l'une a « refusé l'Évangile, » l'autre a presque cessé d'exister, et les rares disciples qu'elle a fournis au protestantisme sont devenus « les plus indolents et les plus pervers de leur nation. »

Quittons un sujet qui n'inspire que la honte, et cherchons ailleurs des scènes moins affligeantes.

MISSIONS CATHOLIQUES

Un écrivain protestant a remarqué que dans l'Afrique du Sud « les catholiques romains, jusqu'à une période récente, ont été proscrits. D'après une ancienne loi, les Jésuites et les prêtres romains devaient être saisis et aussitôt déportés[3]. »

Cependant l'Église n'avait pas abandonné cette mission; elle se rattachait, pour l'administration spirituelle, au vicariat de l'île Maurice jusqu'à l'année 1857. A cette époque, elle fut divisée en province occidentale et province orientale avec chacune un vicaire apostolique. Les titulaires actuels sont Mgr Grimley et Mgr Moran, de la congrégation des Bénédictins anglais. Aussitôt sa nomination, le premier vicaire apostolique, Mgr Griffiths, rempli de zèle apostolique, se mit à défricher cette vigne inculte, voyageant dans

---

[1] *Caffres and Caffre Missions*, par le Rév. H. Calderwood, ch. vii, p. 96 (1858). Voir aussi l'ouvrage du capitaine Drayson, qui fait cette réflexion : « s'ils sont de parfaits scélérats, je soupçonne que nous les avons rendus tels. » (*Sporting Scenes among the Kaffirs*, ch. xiii, p. 255.)

[2] Galates, v. 19.

[3] *The Cape of Good Hope*, par John C. Chase, secrétaire de la Société pour l'exploration de l'Afrique centrale, p. 138.

parmi tous les missionnaires protestants, fait naître de graves réflexions. Remarquable par tant de qualités, ayant humainement tout ce qui était nécessaire pour réussir, il s'est acquis une brillante réputation comme voyageur, en échouant complétement comme missionnaire. En 1861, son ami, M. Andersson, parlant de tout ce qu'il avait fait parmi les *Makololo*, se contente de donner au chapitre sur ses travaux un titre qui en indique le contenu : *L'Impuissance des Missionnaires (Missionary impotence)*[1].

En 1863, un journal anglais, citant une lettre du docteur Livingstone, apprécie de la sorte dans le *Times* le résultat de tous ses travaux : « On nous avait promis du commerce et il n'y a pas de commerce, quoique nous ayons un consul, le docteur Livingstone lui-même, avec un salaire de cinq cents livres par an. On nous avait promis des convertis à l'Évangile, on n'en a pas fait un...; en un mot, les milliers de livres sterling fournis par les universités d'Oxford et de Cambridge, ou donnés par le gouvernement, n'ont produit que les plus fatals résultats. »

Ce n'est pas sans regret que nous ajoutons un fait reproduit dans le même journal. Les naturels, sur les bords de la *Rosmua*, avaient fait feu sur le docteur Livingstone et ses compagnons; « au lieu de nous enfuir, dit-il, nous ripostâmes. » « Ici, continue le journal anglais, comme sur les bords de la rivière *Shire*, nous trouvons notre missionnaire remplissant le rôle de Mahomet, sans toutefois obtenir son succès. Dans tout cela nous voyons que ni la mission, ni le consulat ne valent grand'chose, et nous sommes forcés d'adopter cette conclusion : qu'il est temps d'abandonner cette entreprise désespérée[2]. »

En 1858, le révérend M. Ellis, qui veut bien nous dire la vérité sur l'Afrique du Sud, parce qu'il n'avait aucun intérêt à la cacher, exprime le regret que la race hottentote tende à disparaître. « A moins de changer notre système, il faut que les Hottentots deviennent des bêtes de somme, ou qu'ils se fondent graduellement, et que leur race s'évanouisse[3]. » Cinq ans plus tard, un ethnologiste américain déclare que ce qu'il appelle « les envahissements de la civilisation, » — il ne voulait pas dire du protestantisme, — ont accompli leur tâche; voilà encore un peuple d'exterminé par l'influence d'une religion purement humaine[4].

[1] *The Okavango River*, par Charles John Andersson, ch. xvii, p. 194 (1861). Voir aussi l'ouvrage de M. Baldwin, qui appelle les prétendus convertis « un tas de païens baptisés et chantants. » (*African Hunting from Natal to the Zambesi*, ch. ix, p. 569.)
[2] Voir *the Times*, 20 janvier 1863.
[3] *Three Visits to Madagascar*, ch. ix, p. 249 (1858).
[4] *The Races of the Old World*, par Charles L. Brace, ch. xxv, p. 231 (1863).

Namaquas, il fait cette remarque : « Quoique les missionnaires aient tout essayé pour civiliser et évangéliser cette petite peuplade, tous les efforts restent sans succès. » Des *Damaras* il dit : « Le missionnaire, qui avait acquis une certaine estime parmi les indigènes, m'assurait lui-même qu'il n'avait jamais réussi à convertir un seul individu. »

Au sujet des prétendus convertis en masse par les missionnaires de toutes les sectes, M. Andersson s'exprime ainsi : « Tant qu'ils reçoivent la nourriture et les vêtements, ils sont assez disposés à se grouper autour du missionnaire. Mais, dès l'instant que les dons sont retirés, leur attachement simulé pour sa personne et sa doctrine disparaît, et ils ne se font pas scrupule de l'accabler d'injures[1]. »

En 1857, le révérend Joseph Shooter déclare que les longues observations qu'il avait faites « n'avaient abouti qu'à affaiblir sa confiance dans la profession religieuse de ce peuple[2]. »

La même année, le docteur Armstrong, évêque anglican de l'Afrique du Sud, déplore que « si les Cafres se trouvent par milliers dans son diocèse, l'Église anglicane jusqu'ici n'a rien fait pour eux. » Cet évêque ajoute qu'il était trop occupé par les guerres intestines et les querelles de son clergé pour s'inquiéter des indigènes. Il avoue franchement qu'il n'y avait pas de convertis[3].

En 1857 parut le fameux livre du docteur Livingstone. Cet écrivain loyal plaisante sur la rivalité entre les missionnaires et sur la manière dont ils choisissent leurs stations, loin des dangers et des inconvénients. Il apprécie dans les termes suivants la différence entre les missions catholiques qui ont converti l'Europe ancienne, et les missions protestantes qui ne convertissent personne. « Nos sages peuvent-ils nous dire pourquoi les anciennes missions, les monastères primitifs, riches et florissants, se soutenaient eux-mêmes et devenaient les pionniers de la civilisation et de l'agriculture dont nous éprouvons encore aujourd'hui les bienfaits ; tandis que nos missions modernes sont de véritables *dépôts de mendicité* (*pauper establishments*), sans permanence et incapables de se soutenir comme les premières ? » Qu'il nous soit permis de regretter qu'un observateur aussi intègre n'ait pas essayé de répondre à sa propre question.

La carrière de cet homme distingué, le plus digne peut-être

---

[1] *Lake Ngami*, par Charles Andersson, ch. II, p. 27; ch. IX, p. 103.
[2] *The Kafirs of Natal and the Zulu Country*, app., p. 371.
[3] *Memoir*, par le Rév. J. J. Carter, p. 264 à 384. Voir aussi *Travels in Eastern Africa*, par Nathaniel Isaacs, vol. II, ch. XIV, p. 265 (2ᵉ édition).

premier! « Je dois dire que ceci me paraît la seule mesure juste et raisonnable [1]. »

Il suffit de faire remarquer, au sujet des derniers ouvrages du docteur Colenso, dans lesquels il s'efforce de combattre l'inspiration des Écritures, que c'était au moment même où il essayait de convertir les païens par la Bible, qu'il était amené à mettre en doute la véracité de la Bible. Il est vrai que depuis lors, la plus haute cour judiciaire de la Grande-Bretagne, présidée par le lord chancelier, a décidé qu'il était permis au clergé anglican de nier l'inspiration des Écritures, comme il leur était déjà permis de nier la doctrine du baptême. Le seul reproche que ses coreligionnaires pourraient donc faire au docteur Colenso, serait d'avoir un peu anticipé sur ce jugement, et d'avoir un peu trop tôt supprimé le christianisme.

Pour en revenir au sujet du débat, il est bon d'observer avec M. East, qui a séjourné longtemps dans ce pays, que la dégradation des femmes en Afrique est étroitement liée à la polygamie et en est le résultat [2].

Le docteur Colenso déclare, et nous pouvons nous en rapporter à lui, que « les Cafres montrent des traces d'une croyance religieuse possédée par leurs ancêtres longtemps avant l'arrivée des missionnaires. » Cependant le protestantisme, avec tous les avantages humains de son côté, ne put réussir qu'à exciter l'antipathie de ces énergiques barbares [3]. Comme preuve du peu de prise qu'avait cette doctrine sur l'esprit des Cafres, nous pouvons citer encore le docteur Colenso. Un chef, après avoir écouté patiemment un sermon, demanda avec empressement au ministre, dès qu'il eut cessé de parler : « Comment faites-vous la poudre à fusil? »

Nous n'avons plus qu'un seul fait à emprunter à cet écrivain trop célèbre, dont le témoignage plaira peu aux missionnaires protestants. « Les missions, prétend-il, sont souvent ruinées par les femmes, dont les querelles et la mauvaise humeur neutralisent l'action de leurs maris [4]. »

En 1856, pour continuer la série de nos témoins, M. Andersson, ami et associé des missionnaires, donne les exemples suivants de la complète nullité de leurs peines malgré les brillants récits qui les accompagnent. Parlant de Schepmansdorf, dans le pays des

---

[1] *Ten Weeks in Natal*, etc., par J. W. Colenso, D. D., évêque de ce diocèse, p. 140-141.
[2] *Western Africa*, p. 50.
[3] Voir Levaillant, *Voyage dans l'intérieur de l'Afrique*, 1780-1785.
[4] Colenso, p. 52-117.

auditoire païen fut tenté pour la première fois de croire à l'unité du protestantisme [1].

En 1855, apparaît un témoin qui nous aidera à comprendre pourquoi le protestantisme échoua auprès des idolâtres. Le docteur Colenso est encore, malgré le procès qu'il a subi, évêque anglican à Natal. Embarrassé par l'attachement obstiné à la polygamie qu'il avait remarqué chez les Cafres, race à la conversion de laquelle il s'était dévoué, le docteur Colenso résolut d'adopter leurs opinions, puisqu'il ne pouvait leur persuader d'adopter les siennes. Comme la polygamie ne voulait pas céder au protestantisme, il se résigna à faire céder le protestantisme à la polygamie. Voici ses paroles :

« Je sens très-fortement, je dois l'avouer, que l'usage d'exiger de la part des maris la séparation d'avec leurs femmes après la conversion au christianisme, est tout à fait inacceptable et *opposé au pur enseignement de Notre-Seigneur.* » Alors il démontre avec la Bible que la polygamie n'est pas opposée à la très-sainte religion de l'Évangile. En voici la preuve : « A quoi bon, dit-il, lire aux païens les histoires bibliques d'Abraham, de Jacob, de David, et des nombreuses femmes que ses patriarches possédaient? »

On aurait cru qu'il eût été facile de leur expliquer, comme le faisait saint Paul, que la nouvelle loi ne propose pas seulement un modèle de sainteté plus élevé que l'ancienne, parce que l'Incarnation du Fils de Dieu a complétement changé les rapports de l'homme avec son Créateur, mais qu'elle donne encore la force de l'atteindre par les sacrements, fruits du précieux sang. Le prophète d'Israël permettait aux Juifs le divorce, à cause de la dureté de leurs cœurs ; l'apôtre des Gentils dissuadait les chrétiens même du mariage. Mais l'imposante sainteté de la religion de Jésus-Christ est une folie aux yeux des hommes qui ont perdu les moyens de l'atteindre, et qui ne rougissent pas de réclamer pour les chrétiens une licence plus grande encore que celle que le Sauveur reprochait aux Juifs.

Le docteur Colenso n'était pas sans appui dans sa manière de voir sur la polygamie. Tout le corps des missionnaires américains au Burmah, après quelque différence d'opinion, observe-t-il, décida à l'unanimité d'admettre à l'avenir à la communion, mais non aux emplois de l'église, ceux qui étaient polygames depuis longtemps. » Comme si le dernier privilége était plus grand que le

---

[1] *Journals of Archdeacon Merriman*, p. 37, 52, 116, 178, 185.

comité qu'il n'avait pas d'enfant ; cependant il en amena un à bord, et sa femme en attendait un second[1]. »

En 1854, nous avons la déposition de l'archidiacre Merriman, à qui son style franc et naturel ne peut manquer de concilier la sympathie de ses lecteurs. « L'Église réformée d'Angleterre, observe-t-il, à la juger d'après sa manière d'agir en Afrique, en est encore à apprendre les éléments d'un vrai système de mission. » Avec la même sincérité, il blâme les récits exagérés des missionnaires dont il ne semble pas avoir conçu une haute estime. En exceptant certains missionnaires *étrangers* il nous dit : « Un grand nombre de missionnaires du sud de l'Afrique quittent cet état aussitôt qu'une occasion se présente de prendre une ferme avantageuse ou d'entrer au service du gouvernement. J'en rencontre des exemples dans tous les endroits où je vais. »

M. Merriman semble oublier l'exception qu'il a faite en faveur des émissaires étrangers lorsque, parlant des stations de missions françaises protestantes, il avoue que « les missionnaires se sont considérablement adonnés à l'agriculture pour leur compte particulier. » Le docteur Hawks n'augmente pas notre estime pour la même catégorie, quand il signale le bruit répandu, que les Cafres avaient appris l'art de la guerre d'un missionnaire français établi parmi eux, après avoir passé ses premières années à l'armée[2].

Un autre fait singulier rapporté par M. Merriman s'accorde avec le récit de M. Godlonton sur un incident semblable. Au sujet de certains rebelles qui s'étaient conduits avec une grande férocité envers les Anglais, il écrit : « Ces hommes avaient tous ensemble participé à la cène le dimanche précédent ! »

M. Merriman, qui semble avoir été partout désespéré et embarrassé par ce qu'il appelle « notre détestable désunion religieuse, » raconte comment il essaya d'empêcher ses mauvais effets sur les païens. Il fut un jour sur le point de prêcher du haut d'une charrette, juste au moment où un missionnaire wesleyen s'apprêtait également à prêcher en face de lui sous une haie voisine. Une prompte décision sauva les apparences. Un moment plus tard, les sauvages eussent vu le protestantisme sous un aspect défavorable, mais un rapide colloque fut suivi par une trêve acceptée, non sans peine, et M. Merriman offrit de lire des prières anglicanes tandis que l'autre ferait un sermon wesleyen. Grâce à ce compromis, un

---

[1] *The last Travels of Ida Pfeiffer*, ch. v, p. 75 (1861).
[2] *American Expedition under Commodore Perry*, par Francis Hawks, ch. III, p. 103.

égard et sur leurs prosélytes, les révélations qu'ont déjà faites les autres témoins. Il se plaint de ce que les premiers « rejettent tout ce qui est agréable aux naturels, trouvent le diable dans les jouissances les plus innocentes, et ne permettent d'autre divertissement que le chant des cantiques; » tandis que des seconds il dit : « Je n'ai jamais vu un être à forme humaine plus triste et plus mal à son aise qu'un sauvage converti. » Il en cite un, à qui l'on avait appris « un chant sur les souffrances de l'Agneau, mais qui n'attachait aucun sens aux paroles, et ne savait rien de plus sur l'Agneau, ou sur ses souffrances, que le plus vil des animaux[1]. »

En 1852, M. Cole, après cinq ans d'un examen personnel, confirme ainsi tout ce que rapportent les témoins qui le précèdent. « Sur cent Hottentots chrétiens, ou du moins se disant chrétiens, je ne crois pas exagérer en disant que quatre-vingt-dix-neuf n'ont absolument aucune idée d'une vie future. Je parle d'après mon expérience. Je me suis souvent trouvé près du lit d'un Hottentot malade et mourant, qui était un habitué fidèle aux églises des missions. Je lui demandai s'il avait peur de mourir? Il sourit, et me répondit :

« — Non.

« — Espérez-vous aller au ciel?

« — Non.

« — Où donc, alors?

« — Nulle part.

« Voilà ce que j'ai entendu, bien des fois, de la bouche des convertis les plus vantés des missionnaires[2]. »

Est-il possible de désirer une démonstration plus accablante de l'impuissance radicale du protestantisme?

En 1853, M. Galton, membre distingué de la Société de géographie de Londres, explique le motif qui porte les missionnaires à continuer une carrière dans laquelle ils réussissent aussi mal. « Le missionnaire, dit-il, est à tous égards, maître et seigneur de l'endroit[3]. » Et si nous considérons le motif pour lequel la plupart entreprennent cette œuvre, et les principes d'après lesquels ils la dirigent, il n'y a rien qui doive nous étonner. Un célèbre voyageur allemand, qui avait fait route avec l'un d'eux jusqu'au cap de Bonne-Espérance, s'écrie : « Que peut-on attendre d'un tel homme? Il commença son voyage par un mensonge; il avait assuré au

---

[1] *To the Mauritius and back*, ch. v, p. 197.
[2] *The Cape and the Kafirs*, etc., par Alfred W. Cole, ch. viii, p. 145.
[3] *Tropical South Africa*, par Francis Galton, esq., ch. ii, p. 29.

plus sanguinaire et plus impitoyable qu'ils ne l'avaient fait jusqu'à ce jour. La réforme et la civilisation de ce peuple sont une tâche que les missionnaires seuls ne peuvent évidemment accomplir[1]. »

L'année suivante, 1849, nous avons le témoignage du colonel Napier. « Les Cafres, les Korannas et les Bushmen, assure cet officier distingué, malgré les prétendus succès des missionnaires, sont plongés dans la plus grossière ignorance, par rapport à la religion et au culte. »

En parlant des Hottentots, il s'exprime ainsi : « Leur christianisme consiste dans l'amour de l'oisiveté et dans une vie désœuvrée qu'ils mènent auprès des établissements fondés par leurs soi-disant instructeurs spirituels. » Il affirme que leurs mauvais penchants sont honteusement favorisés et encouragés dans la plupart des établissements des missionnaires.

Il se plaint, avec une juste indignation, de ce que les missionnaires osent citer comme convertis au christianisme des scélérats tels que Macomo, Pato et autres. Enfin, après avoir défini les missionnaires, « des hommes qui vont à la conversion des païens la Bible d'une main et une épouse hottentote de l'autre, » il juge dans la même phrase les maîtres et leurs disciples : « Les Hottentots sont plus débauchés et plus dissolus que jamais, et plusieurs révérends, disons-le à leur honte, ne leur ont pas donné l'exemple d'une moralité plus sévère[2]. »

Si nous multiplions les preuves, c'est uniquement afin de donner un contre-poids suffisant aux préjugés et à l'ignorance. En poursuivant nos recherches jusqu'aux temps présents, nous trouvons, en 1851, le révérend Gustave Hines, qui décrit en ces termes l'influence de ses confrères dans l'Afrique méridionale :

« Un grand nombre d'indigènes s'étaient dits convertis, mais peu avaient continué pendant un certain temps à donner des preuves d'un véritable changement de cœur. Il paraît qu'en Afrique, comme dans tous les autres pays infidèles, il est beaucoup plus facile de convertir les peuples que de les conserver chrétiens[3] ! »

Dans la même année, un écrivain anglais, non moins bien disposé que M. Hines en faveur des missionnaires, se permet, à leur

---

[1] *Journal of a Residence at the Cape of Good Hope*, par Charles J. F. Bunbury, ch. xi, p. 255.
[2] *Excursions in Southern Africa*, introd., p. 10; vol. I, ch. v, p. 58; ch. vii, p. 111; vol. II, ch. xxii, p. 442.
[3] *Life of the Plains of the Pacific*, ch. xv, p. 508. Voir aussi *Sketches of the Caffre Tribes*, 1851.

Bechuana pour prêcher ostensiblement l'Évangile aux naturels : ils s'adonnèrent à la culture et au commerce, et il semble qu'ils aient échoué sur ce rocher, et qu'ils s'y soient brisés. Edwards est maintenant un vieillard impie[1]. » L'interprète de M. Moffat « prit une concubine, apostasia et devint un ennemi de la mission. » M. Evans abandonna complétement la mission. D'après cet auteur, les naturels en masse « n'étaient sensibles qu'aux avantages temporels dont jouissaient ceux qui avaient reçu l'Évangile[2]. »

Si M. Moffat est prodigue d'éloges envers lui-même et sévère à l'égard des autres, ceux-ci, à leur tour, parlent de lui avec franchise. Ainsi, le révérend docteur Brown, faisant allusion aux récits pompeux de Moffat, dit sans ménagement : « Nous doutons fort que tout cela soit vrai[3]. » M. Freeman, secrétaire de la Société des missions à Londres, après une visite à Kolobong où M. Moffat avait si longtemps résidé, faisait cet aveu neuf ans plus tard : « L'œuvre de la station n'est pas plus avancée qu'au premier jour. » Et ensuite, comme il n'avait aucune part aux opérations dont il parlait, il pose naïvement cette question : « Jusqu'à quel point un missionnaire est-il justiciable en restant avec des peuples païens, heureux de sa présence à cause de la protection civile et politique qu'elle leur procure, mais qui, loin d'embrasser l'Évangile, opposent de la résistance et ne viennent presque jamais à lui[4] ? » M. Moffat aurait dû se souvenir, quand il écrivait sur « l'onction de l'esprit réalisée dans les convocations du sabbat, » que beaucoup de gens font aujourd'hui de lointains voyages, et en publient presque toujours le récit à leur retour.

En 1844, M. Backhouse, qui était prédicant, à ce qu'il paraît, et dont l'ouvrage est un fâcheux spécimen de fanatisme, était obligé de reconnaître, par rapport au sud de l'Afrique, « le peu de bien qui s'était opéré et la lenteur du progrès[5]. »

En 1848, car le temps n'apporte pas de changement, et après un demi-siècle d'efforts, nous n'apercevons pas la moindre amélioration, — M. Bunbury, savant voyageur protestant, fait cette remarque sur l'influence prétendue des missionnaires parmi les Cafres : « Il est certain que, dans l'insurrection présente, les Cafres se sont montrés beaucoup plus terribles, et ont déployé un esprit

---

[1] *Missionary Labours*, etc., ch. xiv, p. 215-216.
[2] *Ibid.*, ch. xxxiii, p. 608.
[3] *History of the Propagation of Christianity among the Heathen*, vol. II, p. 239.
[4] *Tour in S. Africa*, par J. J. Freeman, ch. xii, p. 292.
[5] *Visit to the Mauritius and S. Africa*, par James Backhouse, app., p. 51.

fluence parmi les indigènes, puisqu'il emploie ces paroles : « Il suffirait maintenant d'un regard irrité jeté sur les Cafres pour leur faire envoyer tous les missionnaires dans l'autre monde[1]. » A Burn's-Hill, ils furent mis en liberté par les troupes, d'après les sollicitations des missionnaires ; quelques-uns d'entre eux proclamèrent ensuite, quand le danger fut passé, qu'ils n'avaient jamais couru le moindre risque au milieu de leur troupeau dévoué !

Dans une des dernières guerres contre les Cafres, en 1850, arriva un fait assez curieux ; il montre que, si les nègres de Sierra-Leone convertis à l'anglicanisme, étaient en même temps participants à la Cène et sectateurs obstinés des superstitions de leur pays, de même, dans le sud de l'Afrique, cette classe fait également profession des deux religions. « Un endroit, appelé *Shilo missionary institution*, fut résolûment défendu par l'ennemi, composé principalement des mêmes Hottentots qui, peu de temps auparavant, avaient reçu la communion anglicane dans ses murs[2]. »

En 1857, sir James Alexander avoue que les écoles des missionnaires « sont des écoles d'oisiveté et non pas d'industrie ; les Hottentots s'y trouvent dans un état de sujétion, d'immoralité et de concubinage[3]. »

En 1859, M. Bannister, membre de la société protectrice des indigènes, ne craint pas d'affirmer que « les missionnaires se sont montrés pour la plupart incapables de protéger les naturels, ou de les civiliser assez promptement pour qu'ils puissent se protéger eux-mêmes[4]. »

En 1842, M. Moffat, beau-père du docteur Livingstone, paraît en scène. Si, d'un côté, il publie avec emphase ses propres louanges, il ne permet pas ce genre de licence à ses collègues. Ainsi il nous apprend que M. Edmonds abandonna son œuvre, « maîtrisé par une aversion profonde à l'égard de ce peuple[5]. » Parlant de la tribu des Namaquas, qui avaient longtemps joui des instructions des missionnaires, il reconnaît qu'ils n'avaient pas la moindre idée d'un Dieu ou d'une vie future ; « ils étaient littéralement comme les brutes[6]. »

Voici son appréciation sur M. Edwards et M. Cox, deux missionnaires protestants, « qui s'étaient établis dans le pays de

---

[1] *Ibid.*, vol. XLIII, p. 359-371.
[2] *Narrative of the Kaffir War of* 1850-1, par R. Godlonton, ch. XVII. p. 215.
[3] *Voyage Among the Colonies of W. Africa*, par sir James Alexander, K. L. S., vol. I, ch. XVI, p. 402 ; vol. II, ch. XX, p. 75.
[4] *Memoir respecting the Colonization of Natal*, par S. Bannister, préface, p. 10.
[5] *Missionary Labours*, etc., ch II, p. 27.
[6] *Ibid.*, ch. IX, p. 124.

sance complète du système suivi jusqu'ici, ils devraient avouer la vérité, au lieu de flatter les espérances de leurs patrons par des récits vaniteux et exagérées de leurs progrès[1]. »

« Les missionnaires doivent bien savoir, dit-il encore, que l'amélioration opérée, en une certaine mesure et dans quelques endroits, tient à des causes auxquelles ils sont tout à fait étrangers. » Et ailleurs : « J'ai souvent été surpris de trouver que, parmi les fermiers, les indigènes dont les mœurs étaient les plus dépravées et qui s'étaient très-mal conduits à mon service, étaient regardés comme des saints aux stations des missionnaires, où ils trouvaient leur intérêt d'afficher une piété de commande. »

« Je crois que leur système pèche par la base et produit le plus mauvais effet par rapport aux intérêts et à l'amélioration de toutes les classes de la société. »

En terminant, il résume dans ces remarquables paroles les fruits des missions : « Il est notoire parmi tous les colons que les Hottentots, qui ont résidé quelque temps aux stations des missionnaires, sont généralement les plus indolents et les plus pervers de leur nation[2]. »

Au mois de juillet de cette même année 1855, divers témoins comparurent devant les comités du parlement pour déposer sur les résultats des missions protestantes dans le sud de l'Afrique. « Croyez-vous que les missionnaires aient amélioré la condition des Cafres ? » demanda-t-on au capitaine Aitchison, qui avait vécu longtemps parmi eux. « Pas le moins du monde, répondit-il ; à l'exception de Kama et d'un ou deux de sa tribu, je n'ai pas vu la plus petite amélioration qui soit l'ouvrage des missionnaires ; en réalité, les Cafres des environs de Chumie, où est la grande station des missionnaires, sont ceux qui se conduisent le plus mal de toute la tribu[3]. »

Le major Dundas disait, à cette occasion : « Je crois qu'ils ont à peine converti une seule personne[4], » et nous verrons ces paroles confirmées vingt ans après même par des missionnaires.

Sir Harry Smith, ardent avocat du protestantisme le plus avancé, rapporte que la maison du révérend M. Brownlee fut entièrement brûlée, et peu après celles de tous les autres missionnaires, excepté les habitations de ceux de Chumie et de Burn's Hill, qui furent pillées ; et le révérend William Culmers de Chumie avoue qu'après tant d'années ils n'avaient pas acquis la moindre in-

---

[1] *Ten Years in South Africa*, vol. II, ch. xiv, p. 280-283.
[2] *Ibid.*, vol. II, p. 292.
[3] *Parliamentary Papers*, juillet 1855, vol. VII, p. 12.
[4] *Ibid.*, p. 142.

avec un intérêt et une sympathie qu'une pénible expérience pouvait seule refroidir.

Il y avait alors plus de trente ans que les missionnaires étaient à l'œuvre, agissant en toute liberté, et M. Moodie va nous faire apprécier à sa juste valeur tout ce qu'ils avaient fait pendant cette période, qui avait déjà vu passer une génération tout entière.

Voici comment il parle des Moraves, que les autres écrivains préfèrent ordinairement, parce qu'ils se contentent de faire le commerce ou d'exercer l'état qu'ils ont appris : « En général, j'ai trouvé les Hottentots venant des stations des Moraves plus imprévoyants et plus paresseux que ceux des autres lieux où sont établis des missionnaires. » Il l'attribue à l'usage de ces premiers, d'obliger les Hottentots à déposer leurs gages entre leurs mains [1].

Quelquefois il parle des individus, en voici un exemple. M. S***, missionnaire à Laure-Brack, se voyant réduit à de modiques ressources, « avait embrassé le commerce d'instituteur chez les païens. » Il se fit d'abord bâtir gratis une maison par les Hottentots ; puis il les fit travailler pendant des mois entiers, pour « amener un cours d'eau de la montagne, afin d'arroser une pièce de terre ; ensuite il voulut bien leur permettre de la défricher et de la mettre en culture, à leur profit, pendant un an ou deux ; mais lorsque les plus grandes difficultés furent vaincues, il s'appropria cette terre fort tranquillement, sans les récompenser en aucune manière de leurs travaux. »

L'écrivain ajoute qu'on laissa « plusieurs années M. S*** exercer sa tyrannie sur ce malheureux peuple. Rien ne saurait surpasser l'aspect misérable de cet établissement. Je suis heureux, dit-il en terminant, de pouvoir apprendre que ses actes ont enfin occasionné son expulsion [2]. »

« Dans *toutes* les missions chez les Cafres, continue-t-il, je n'ai pu m'empêcher de remarquer les visages assombris et abattus du peuple... il est impossible de voir là l'effet de la vraie religion. » Il montre ensuite comment la tristesse extraordinaire de tout le système, et la condamnation fanatique des amusements les plus innocents, dans laquelle ces prédicateurs semblent faire consister l'essence du christianisme, expliquent assez la répugnance générale des Cafres pour la religion chrétienne. Enfin il observe que « la plupart des missionnaires ne pouvant ignorer l'impuis-

---

[1] *Ten Years in South Africa*, par le lieutenant-colonel J. D. W. Moodie, vol. I, ch. IV, p. 82.
[2] *Ibid.*, vol. I, ch. v, p. 94.

Il serait trop long de retracer les modifications apportées dans les rapports des sociétés anglaises, par suite des relations malencontreuses des voyageurs qui avertissaient les directeurs et les secrétaires de se tenir sur leurs gardes. Voici un exemple de la manière dont on avait traduit prudemment ces révélations inattendues, afin qu'elles choquassent le moins possible les souscripteurs. Le docteur Smith, historien des missions, parle d'une circonstance où les disciples indigènes s'étaient fait remarquer de toute la colonie par leur oisiveté et leurs débauches, et il dit : « Les directeurs, » qui n'osaient pas donner une idée trop défavorable de leurs pensionnaires, « déplorent la prédominance d'un *esprit laodicéen*, c'est-à-dire de tiédeur, parmi la plus grande partie d'entre eux[1]. » S'il avait dit que les indigènes soi-disant chrétiens se vautraient dans le vice sous les yeux mêmes des missionnaires, il aurait pu compromettre le revenu annuel ; aussi les montre-t-il seulement animés d'un « esprit laodicéen ! »

En 1827, M. Thompson, célèbre voyageur en Afrique, révèle par hasard, et évidemment par inadvertance, les inexactitudes calculées de ses amis les missionnaires, et met au jour le vrai caractère de ces fameux rapports, dans lesquels il n'y a souvent d'authentique que la date et la signature. Personne n'a surpassé M. Moffat, dont nous connaissons déjà les *Convocations du sabat*. M. Thompson était son hôte ; avec la brusque franchise d'un voyageur, il se permit une fois de lui exprimer sa surprise en voyant le petit nombre des indigènes dans la chapelle, tandis que M. Moffat avait annoncé officiellement une nombreuse assistance ; et il en reçut cet aveu indiscret : « Jamais, m'ont dit les missionnaires, l'assistance n'a été considérable. » M. Thompson ajoute à une date plus récente, et en connaissance de cause : « On n'a fait que peu ou point de conversions[2] ! »

En 1829, M. Cowper Rose (nos témoins sont tous d'ardents protestants) se contente de s'élever contre cette erreur populaire, que « le missionnaire est un homme qui a embrassé la croix et renoncé à tout ce que les mondains recherchent ; » et alors il parle de « leurs habitations commodes, de leurs femmes et de leurs familles, et conclut qu'ils n'étaient pas privés des jouissances sociales[3]. »

En 1835, nous avons les aveux de M. Moodie, homme d'une modération et d'une prudence remarquables ; il avait passé dix ans en Afrique, et visité les nombreuses stations des missions

---

[1] *History of the Missionary Societies*, vol II, p. 182.
[2] *Travels*, etc., vol. I, ch. ix, p. 193.
[3] *Four Years in Southern Africa*, lettre VI, p. 138.

Un autre néophyte qui fut pendant quelque temps la source d'un revenu assuré pour les Sociétés, était Africaner, que le docteur Philip disait « être élevé à une hauteur prodigieuse dans l'échelle du progrès. » Un rapport à son sujet avait été envoyé jusqu'en Amérique. Cette communication jugée trop fade pour être soumise à des auditoires accoutumés aux plus violentes effervescences religieuses, l'éloge de ce disciple fut publié aux États-Unis sous cette forme plus saisissante : « Il avait une piété sans égale et une profonde connaissance expérimentale de la Bible[1]. » L'histoire véritable d'Africaner est moins poétique. Il avait appartenu d'abord au troupeau d'un certain M. Ebner, qui dépeignait ingénûment ses propres brebis à M. Moffat comme « étant des hommes méchants, soupçonneux et à craindre, baptisés ou non[2]. » M. Ebner est apparemment le seul qui ne fût pas trompé par ce personnage, et qui ne désira pas tromper les autres. Africaner, qui manifestait une piété si extraordinaire, devint, comme Tzatzoe, l'un des plus dangereux ennemis des missionnaires et un « adversaire acharné » de leurs opérations[3].

Mais si le docteur Philip représentait habituellement des sauvages traîtres et pervers tels qu'Africaner et Tzatzoe, comme de fervents chrétiens et des missionnaires assistants d'une grande valeur, et si ses patrons se laissaient volontairement abuser, il ne manque pas de graves témoins pour nous apprendre, comme ils l'ont déclaré devant le parlement anglais, que c'est le docteur Philip qui avait excité les indigènes aux excès de cette rébellion, qui a coûté tant de sang et qu'une armée anglaise eut peine à contenir. Son but était d'acquérir de l'influence sur les Cafres aux dépens du gouvernement anglais. C'est pourquoi, d'après le colonel Wade, « il les poussa à la violence et au pillage[4]. »

Un missionnaire protestant va nous prouver que nous n'avons pas été trop sévère à l'égard du docteur Philip. Le révérend M. Flenning, chapelain de l'armée anglaise dans ces parages, signale en 1853 « les fables monstrueuses débitées par lui dans les assemblées pour les missions; il dépeint le même docteur exhibant à la multitude ébahie les merveilleux chefs de tribus africaines, excitant la sympathie et vidant les poches de son auditoire crédule[5]. »

---

[1] *Life of Africaner*, par l'Union américaine des écoles, p. 25.
[2] Moffat, ch. VIII, p. 103.
[3] *Journal of Geographical Society*, vol. XXII, p. 142.
[4] *Parliamentary Papers*, juillet 1835, vol. VII, p. 373.
[5] *Caffraria*, app., p. 141.

scrétion fut si utile à la Société et peut-être à lui-même, abandonna entièrement sa vocation de missionnaire.

En 1828, nous rencontrons le docteur Philip, membre le plus remarquable de tout le corps des missionnaires, et dont les procédés signalés par lui-même ou par ses contemporains excitent en nous, à parler franchement, de tels sentiments de répugnance, que nous devons avoir soin de ne les exprimer qu'avec les paroles d'autrui. Écoutons d'abord son rapport sur les prosélytes. « Jean Tzatzoe est très-utile à M. Brownlee dans ses travaux ; » et il prouve qu'il était en effet un aide missionnaire. Le docteur Philip, se rappelant peut-être l'exemple de M. Kicherer, se détermina à renouveler l'expérience. « Tzatzoe, comme le remarque le colonel Napier, fut à son tour exhibé à Exeter-Hall, » lieu de réunion de toutes les sociétés religieuses de Londres. A la cinquante et unième assemblée générale de la Société des missions, longtemps après le retour de Tzatzoe en Afrique, où ce rusé barbare s'était révélé tout entier, le rapport suivant fut gravement communiqué à un auditoire dont les directeurs et les secrétaires savaient parfaitement exploiter la crédulité.

« Jean Tzatzoe et d'autres assistants indigènes ont fait pendant l'année de longs voyages, afin *de propager le nom du Christ* et la connaissance de la Rédemption. » On fit exécuter une peinture dont les copies gravées furent distribuées partout. On voyait au premier plan le docteur Philip dans une attitude imposante, et dans le fond les missionnaires indigènes, dont les physionomies exprimaient le recueillement et la prière. L'effet produit, comme il arrive toujours en pareil cas, fut triomphant. Il est vrai qu'il dura peu, mais assez pour atteindre le but qu'on s'était promis.

« Tzatzoe, qui avait excité une sympathie si mal placée en Angleterre, se présenta le premier de tous sous les armes contre nous, pendant la dernière guerre avec les Cafres[1], » assure le colonel Napier. Madame Ward, très-connue en Afrique, s'exprime en ces termes : « Lorsque je vis le rapport de la Société des missions, mon premier mouvement fut de rire, sachant que Tzatzoe, le propagateur du christianisme en 1845, avait été chef lors des troubles de 1846. Il est triste de penser combien on nous a trompés... Le public anglais a été complètement la dupe de ce sauvage païen, qui sera toujours ce qu'il a toujours été[2]. »

---

[1] *Excursions in Southern Africa*, par le lieutenant-colonel E. Elers Napier, vol. II, ch. xiv, p. 275.

[2] *Five Years in Kaffir Land*, par Mrs. Harriet Ward, vol. II, ch. iv, p. 116 ; ch. x, p. 277 (1848).

moraves « avaient été d'abord chez eux de simples artisans¹. »

En 1822, M. Burchell, dont l'autorité est d'un grand poids, après avoir observé par lui-même les missionnaires et leurs œuvres, s'exprime en ces termes : « Il est à déplorer que les sociétés des missions de la mère patrie soient induites en erreur par des rapports basés sur les faits les plus mesquins. Ces rapports ne parlent que des circonstances favorables, en les exagérant à outrance. Les soi-disant néophytes écoutent les missionnaires aussi longtemps que leurs avantages temporels le demandent. » M. Burchell paraît même avoir découvert facilement le vrai motif des missionnaires. « Deux d'entre eux en particulier, dit-il, s'étaient livrés avec beaucoup de succès au commerce de l'ivoire à Klaarwater. » Pour juger le mérite de leur conquête la plus vantée, il cite les trois Hottentots conduits en Angleterre par M. Kicherer et présentés comme des spécimens de convertis par les missionnaires. Leur histoire appelle notre attention.

Rien ne saurait exprimer l'enthousiasme qu'ils excitèrent parmi les protecteurs des missionnaires ; on fournit même aux souscripteurs de la province l'occasion de voir ces échantillons choisis du protestantisme africain et d'apprécier ainsi l'excellent usage qu'on faisait de leurs contributions volontaires. Ils furent à la fin soustraits aux regards du public, après avoir récité avec une exactitude surprenante des textes innombrables de l'Écriture, et après avoir manifesté à un auditoire enchanté leur zèle intelligent pour la religion protestante. Le missionnaire, satisfait d'un succès aussi encourageant, ramena ses disciples en Afrique, où il les garda d'abord comme domestiques dans sa demeure. Mais la comédie était jouée et le rideau avait été baissé. M. Burchell nous apprend qu'ils reprirent immédiatement leur vrai caractère. Ils devinrent des ivrognes incorrigibles et « leur immoralité obligea leur protecteur à les chasser de sa maison². »

Par malheur, ce dénouement fut connu en Angleterre, et la Société des missions, montrant un repentir tardif d'une fourberie qui lui avait été si profitable, crut expédient d'affirmer pour l'instruction de ses souscripteurs mécontents, que « les Hottentots n'avaient pas été amenés en Angleterre par les ordres de la Société³. » Nous ajouterons seulement que M. Kicherer, dont l'indi-

---

[1] *Travels in Southern Africa*, par George Thompson, esq., vol. II, ch. VIII, p. 91, 2ᵉ édition.

[2] *Travels in the Interior of Southern Africa*, par William J. Burchell, esq., vol. II, ch. v, p. 155.

[3] *Missionary Transactions*, vol. II, introd., p. 5.

sud. » Ses louanges ont été célébrées dans les rapports sur les missions. Son histoire ressemble exactement à celle de Buchanan ou autre champion du même genre. Il se fit missionnaire parce que toutes les autres professions lui avaient fermé leurs portes. Il fut d'abord capitaine de dragons dans les armées hollandaises. Renvoyé de son régiment, il devint célèbre comme athée. Enfin, il chercha un refuge dans cette colonie éloignée de la Hollande. Lichtenstein, l'un de ses admirateurs, faisait, en 1812, le rapport suivant sur ses disciples : « Ils pouvaient chanter et prier, être de tout cœur pénitents pour leurs péchés, parler de l'Agneau d'expiation ; mais aucun d'eux n'en valait mieux malgré cette apparence spécieuse. C'était seulement, ajoute-t-il, une manière commode de se procurer de la nourriture qui attirait un bon nombre des plus méprisables et des plus paresseux, et quiconque se présentait était indistinctement reçu dans l'établissement[1]. »

Lichtenstein nous apprend aussi que Van der Kemp, décoré du titre de docteur en théologie, ainsi que son collègue anglais, M. Read, épousèrent des filles hottentotes ; tandis qu'un autre de leur compagnie, prédicateur fameux, « employait son influence, sur les esprits de la partie féminine de son troupeau, pour séduire une jeune femme[2]... »

De pareils détails ne trouveraient pas place ici, s'il était possible à l'annaliste des missions protestantes d'écarter les faits qui forment une si large part de leur histoire.

Lichtenstein vivait au milieu des missionnaires et les connaissait intimement. Il déclare que « les ministres anglais et hollandais étaient en général des vagabonds oisifs ou des fanatiques absurdes. » Le langage de ce voyageur est quelquefois plus énergique encore, il n'hésite pas à les appeler « un essaim de parasites qui trouvent plus agréable d'être nourris par des colons dévots, que de poursuivre l'objet pour lequel ils ont été envoyés, l'instruction et la civilisation des sauvages[3]. »

Le docteur Sparrman, savant protestant suédois, affirme que Smid, un des missionnaires moraves, « fut chassé du pays des Hottentots pour avoir voulu se faire chef, afin de s'enrichir par leur travail et par des présents qu'il exigeait en bestiaux[4]. »

Thompson fait observer que presque tous les missionnaires

---

[1] Lichtenstein's *Travels in Southern Africa*, vol. I, ch. XVII, p. 256 (1812).
[2] *Ibid.*, ch. x, p. 144.
[3] *Ibid.*, vol. II, ch. XII, p. 185.
[4] *Voyage to the Cape of Good Hope*, par Andrew Sparrman, ch. v, p. 213.

RÉSULTATS DES MISSIONS.

Le quarantième rapport de la Société des missions de Glasgow annonce au public anglais, à la portion du moins qui souscrit pour cette œuvre, que « la religion jette des racines de plus en plus profondes dans le sol des colonies. » Un autre rapport assure que « nos missionnaires sont partout, répandant les semences de la civilisation, de l'ordre social et du bonheur[1]. » Il va sans dire que les diverses sociétés égalent et souvent même surpassent ces naïves exagérations.

Leurs agents fournissent les matériaux des compositions de ce genre. Les rapports de M. Moffat, qui semble s'être proposé pour modèle le journal de M. Morrison, méritent une mention particulière. Parlant des assemblées hebdomadaires de ces Hottentots, il s'écrie : « Une onction délicieuse de l'Esprit-Saint s'est réalisée surtout dans nos convocations du sabbat[2]. » Si un pauvre sauvage qui n'avait emprunté à la civilisation que ses vices, meurt dans le voisinage d'une mission, « son esprit, détaché de son corps, entre, nous dit-on, dans le royaume de l'éternel repos. » Les faveurs les plus signalées de celui que ces messieurs appellent, par euphonie sans doute, « le Triune Jéhovah, » sont continuellement versées sur les Hottentots privilégiés.

Des sauvages avides de sang, qui devinrent plus tard les ennemis acharnés de l'Angleterre et de ses missionnaires, tels que Tzatzoe, Africaner, Pato et Macomo, sont décrits par la Société des missions de Londres comme des zélateurs, « pour la diffusion du nom du Christ ; » par le docteur Philip comme « élevés à une hauteur surprenante dans l'échelle du progrès ; » par une Société américaine comme remarquables par « leurs connaissances expérimentales de la Bible. »

Des sommes énormes ont été recueillies en Angleterre et en Amérique, sur la foi de ces communications. Mais nous obtiendrons peut-être une notion plus exacte de l'esprit des missionnaires et des résultats de leurs travaux si nous consultons nos témoins dans l'ordre chronologique.

L'introduction des missions protestantes dans cette partie de l'Afrique paraît être due à Van der Kemp, appelé par le colonel Napier, « la pierre fondamentale des missions de l'Afrique du

---

[1] *Researches in South Africa*, par le Rév. John Philip, préface, p. 9.
[2] *Missionary Labours in Southern Africa*, par Robert Moffat, ch. xi, p. 172.

secte est avide d'augmenter le nombre de ses disciples. L'esprit de rivalité, conséquence nécessaire du zèle de parti, joint à l'apparence extérieure de sombre sévérité qui les distingue toutes, a produit naturellement un profond dégoût pour leurs enseignements[1]. »

Le temps, ce souverain remède à tous les maux, ne fait qu'aggraver celui-ci; ainsi le révérend M. Holden nous dit avoir rencontré, en 1855, sept religions différentes sur un même point de la nouvelle colonie de Natal; « assez, ce semble, pour satisfaire aux diverses croyances, goûts et caprices des habitants[2]. » Deux ans plus tard le docteur Armstrong, évêque protestant de l'Afrique méridionale, déplore les mêmes dissensions : « Je ne pus m'empêcher de m'attrister à la pensée de nos divisions religieuses! Comme j'approchais de la petite ville de Cradock, j'aperçus trois temples outre celui de l'église anglicane, spectacle déplorable, au milieu d'une population de sept cents habitants[3]. »

Le docteur Livingstone nous apprend, en 1857, que « la variété des sectes chrétiennes s'était répandue dans l'Afrique du sud sous l'influence de la Société missionnaire de Londres, au point que les néophytes de n'importe quel nom sont accueillis avec empressement par des sectes rivales. Quelle place peuvent trouver les vertus chrétiennes au milieu de pareils trafics[4]. »

Il serait superflu de donner ici de longs détails sur les énormes dépenses de ces sectes jalouses et enchérissant les unes sur les autres. Le gouvernement même joint ses libéralités à celles des sociétés de missions. Il y a quelques années l'allocation pour les écoles de la colonie du Cap dépassait déjà cinq mille livres par an[5]. Nous trouvons dans la vie du docteur Armstrong, que sir George Grey, gouverneur distingué et justement populaire, proposait de ne pas dépenser moins de trente mille livres par an pour ces missions[6]. Le docteur Armstrong demandait pour son compte quatre mille livres chaque année. Nous pouvons nous figurer ce que dépensent les autres sectes. Abordons sans plus tarder la question des résultats, après plus d'un demi siècle d'efforts.

---

[1] *Ten Years in South Africa*, vol. II, ch. xiv, p. 280.
[2] *History of the Colony of Natal*, par le Rév W. Holden, ch. ix, p. 246.
[3] *Memoir of Bishop Armstrong*, par le Rév. T. T. Carter, p. 347 (1857).
[4] *Narrative of a Residence in South Africa*, ch. vi, p. 115.
[5] *Acts of the Government of the Cape of Good Hope*, 1854-7.
[6] *Memoirs*, p. 309.

MISSIONS PROTESTANTES.

AFRIQUE MÉRIDIONALE.

Nous avons parlé des Maures et des nègres, il nous reste à dire quelques mots des Cafres et des Hottentots.

La domination hollandaise dans l'Afrique du sud fut inaugurée en 1652 par Van Riebeck. Vingt-huit gouverneurs lui succédèrent jusqu'à ce que la Hollande fût dépouillée de ses possessions par la Grande-Bretagne, en 1795. Trois ans après, le général Craig, premier représentant de la puissance anglaise, prit le gouvernement de la colonie du Cap.

De nombreux auteurs qui ont écrit sur l'Afrique méridionale, s'accordent à dire que les Hottentots et les Cafres ont moralement dégénéré, pendant la période de la domination anglaise ; mais un vif débat s'est élevé entre eux sur la cause réelle de cette décadence. Si les missionnaires assurent que les Cafres et les Hottentots doivent leur ruine aux colons, ceux-ci répondent d'une voix unanime, que l'enseignement et l'influence des missionnaires ont corrompu, presque sans exceptions, toutes les tribus indigènes qui ont eu le malheur de subir leur contact. Lorsque nous aurons considéré les preuves des uns et des autres, il nous sera facile de prononcer de quel côté se trouve la vérité.

La première chose qui attire notre attention, est l'énorme dépense des missions protestantes et la multiplication des sectes. Il y a vingt ans, le docteur Grant faisait remarquer devant l'université d'Oxford que la colonie du Cap comptait déjà des représentants de onze sociétés ou sectes évangéliques.

Société pour la propagation de l'Évangile ; Société écossaise des missions ; les Frères Unis ; Société française protestante ; Société allemande des missions ; Société des missions de Londres ; Société des missions Wesleyennes ; Société des missions baptistes ; le Conseil américain des missions ; Société rhénane des missions ; Société des missions de Paris [1].

En 1835, M. Moodie, écrivain judicieux et modéré, indiquait dans les termes suivants l'action de ces sociétés rivales : « Malheureusement chaque secte a des dogmes particuliers qu'elle inculque à ses adeptes au préjudice de doctrines plus importantes ; chaque

---
[1] *Bampton Lectures for* 1843.

Hoefer nous parle d'un missionnaire qui convertit le roi de Mahonga et toute sa famille, et trouva encore le temps de publier une grammaire et un dictionnaire de la langue bonda[1]. Un écrivain français incrédule ne put se dispenser de témoigner son étonnement de voir qu'un petit nombre de missionnaires ignorants (comme il désigne des hommes tels que Colombini et Cannecattim) « aient été capables d'arracher tout un peuple à ses habitudes et à ses dieux[2]. »

« Il est étonnant, dit un auteur protestant que nous avons déjà cité, de voir quelle autorité les Portugais ont prise sur les tribus mêmes éloignées dans l'intérieur, et il est impossible de ne pas reconnaître que la civilisation et le bonheur de l'Afrique dans les âges à venir dépendront principalement de cette nation[3]. »

Puisse le Portugal se montrer encore digne de la sublime mission qu'il remplissait autrefois ! On voit poindre quelques signes de sa résurrection. Le docteur Livingstone rapporte que l'heureuse influence de l'évêque d'Angola, dans la ville et le pays, est universellement reconnue, et qu'il montre une grande activité pour l'établissement des écoles. Ce même écrivain nous dit du district abandonné d'Ambaca qu'il a traversé, que le nombre de ceux qui savaient lire et écrire est prodigieux. « C'est là le fruit des travaux des missionnaires Jésuites et Capucins qui furent les premiers apôtres de cette population ; et depuis leur expulsion par le marquis de Pombal, les indigènes ont continué à s'instruire les uns les autres. Ces hommes dévoués sont encore aujourd'hui en grande vénération. Tout le monde en parle avec honneur et les nomme toujours *los Padres Jesuitas*[4]. »

Si l'on prend en main la carte de ce vaste continent, si l'on parcourt du regard ses côtes illimitées, ses plaines encore inconnues où s'agitent tant de millions d'infidèles ; que sont ces quelques stations jetées sur un espace sans borne ? Cependant si l'on considère les difficultés, pour ainsi dire innombrables, qu'ont à vaincre les missionnaires, la multiplicité des tribus, la variété des langues, l'insalubrité du climat, la diversité des croyances et le fanatisme qui règne partout, on verra que les tentatives récentes, malgré les fièvres, les maladies et la mort d'un grand nombre d'ouvriers évangéliques, sont encore beaucoup[5].

---

[1] *Afrique australe*, par M. Hoefer, p. 471 (1848).
[2] *Encyclopédie de Voyages*, par J. Grasset de Saint-Sauveur; *Mœurs des habitants du Congo*, p. 16.
[3] *The Cape and Natal News*.
[4] Livingstone, ch. xix, p. 382.
[5] *Annales*, mars 1864, p. 117.

missions connues des catholiques, mais dont Livingstone nous signale les traces. La mort des missionnaires les uns après les autres, la suppression tyrannique des Ordres religieux dans diverses contrées de l'Europe, et l'absence complète, pendant de longues années, d'apôtres qui pussent entretenir l'œuvre commencée, furent les causes de son déclin. L'Afrique occidentale eut particulièrement le malheur de se trouver attachée à une monarchie déjà corrompue, infidèle aux traditions catholiques et courant rapidement à une honteuse décadence, grâce à l'extinction de tout principe religieux parmi ses gouvernants.

Dans l'Inde, l'influence du Portugal, cet instrument autrefois privilégié des desseins de la Providence, est devenue hostile à la religion, depuis l'heure où Pombal, trop bien imité par ses successeurs, brisa brutalement avec les traditions qui avaient fait de son pays l'un des plus nobles et des plus puissants de l'Europe, pour adopter la froide politique du protestantisme, en subissant le joug de l'Angleterre. L'histoire du Portugal fut marquée dès lors du sceau de la décadence, au point que le royaume *très-fidèle* est devenu méprisable aux yeux du monde entier. Ses colonies, à l'exception du Brésil, sont montrées comme un exemple de faiblesse et de désordre, auquel le Brésil n'a échappé que par la séparation d'avec la mère patrie. « Il est déplorable de voir une privation aussi complète de secours religieux, » remarque Waldez, parlant d'une colonie portugaise de trois mille africains catholiques[1]. Mais le Portugal ne se montre plus digne d'être une pépinière de missionnaires apostoliques, et le nuage qui s'amoncelle sur la terre des Britto et des Anchieta étend son ombre jusque sur les déserts arides de l'Afrique.

De 1554 à 1676, huit évêques gouvernèrent successivement l'église du Congo; mais, depuis 1648, « ce royaume fut privé de son clergé[2]. » En 1814, le roi de ce pays supplia en vain le gouvernement portugais d'envoyer des prêtres. Cependant on nous apprend que quelques missionnaires, ayant visité l'intérieur du royaume vers la fin du dix-huitième siècle, trouvèrent une province, celle de Sogno, où après un long abandon, « le peuple continuait à rester chrétien et professait publiquement sa foi et son horreur pour l'idolâtrie; ils offraient de fréquentes prières à Dieu pour qu'il leur envoyât un missionnaire[3]. »

---

[1] *Six Years in Western Africa*, par Francisco Valdez, vol. II, ch. I, p. 63.

[2] *Ibid.*, vol. II, ch. II, p. 85.

[3] *Histoire de Loango, Kakongo et autres royaumes d'Afrique*, par l'abbé Proyart, ch. XVII, p. 317 (1776).

CONGO.

De la Sénégambie au Congo et aux limites méridionales de la Guinée, sur une latitude de quarante degrés environ, des deux côtés de l'Équateur et de l'Atlantique jusqu'à trois cent milles dans l'intérieur des terres vers le Soudan, la foi catholique a été, de l'aveu des protestants, prêchée avec une efficacité qui démontre sa divine puissance. Ce fut au quinzième siècle que des missionnaires apostoliques commencèrent leurs travaux dans les royaumes du Congo, de l'Oango et autres régions voisines. Découvrir de nouveaux empires et leur envoyer les messagers de la paix fut l'incessante préoccupation de l'Espagne, du Portugal et de la France, plus animés par le désir du salut des âmes que par celui des conquêtes et de la renommée. Vers l'année 1485, comme le rapporte Merolla, trois Pères Dominicains entrèrent au Congo; le premier fut martyrisé et les deux autres succombèrent aux ardeurs du climat[1]. Le docteur Leyden nous dit que leurs successeurs, ainsi que les enfants de saint François, « pénétrèrent bien avant dans le Congo et autres régions plus reculées où nul Européen n'avait pénétré jusqu'alors[2]. » Un peu plus tard, les Jésuites vinrent aussi planter la croix dans cette contrée.

En 1857, le rédacteur protestant d'un journal africain déclare que les Jésuites, avant leur expulsion, avaient exercé tant d'influence que « les naturels apprennent encore à lire et à écrire, l'œuvre de l'éducation se faisant encore *par des maîtres indigènes*[3]. »

Le docteur Livingstone, qui se distingue par son honorable loyauté, affirme que les effets de la présence des Jésuites ont été si persistants, malgré un siècle d'éloignement et de calamités, qu'aujourd'hui même « le prince du Congo fait hautement profession de christianisme, et que dans son royaume il n'y a pas moins de douze églises, fruits de la mission établie autrefois à San Salvador la capitale[4]. » Il dit, un peu plus loin, que les pauvres indigènes abandonnés, auxquels le Portugal, déchu de sa gloire ancienne, n'a plus de Jésuites à envoyer, « s'efforcent, malgré leur ignorance, de conserver les cérémonies de l'église! » Malheur aux hommes qui ont dépouillé l'Afrique de ses apôtres et rendu à l'ennemi tant de victimes arrachées à son empire!

Il serait superflu de retracer dans tous ses détails l'histoire de

---

[1] *Voyage to Congo*, Pinkerton, vol. XVI, p. 215.
[2] *Discoveries and Travels in Africa*, par J. Leyden, M. D., vol. I, ch. I. p. 77.
[3] *The Cape and Natal News*, janvier 1859, p. 80.
[4] *Missionary Travels in S. Africa*. ch. XXI, p. 411. 426.

utile. » Cette proposition fut acceptée ; le jeune homme fut mis en prison, ayant pour toute consolation un Crucifix que lui avait apporté une de ses sœurs. Les païens proposèrent de rétablir l'ancien chef dans sa première condition, s'il voulait apostasier. « Je suis un serviteur du Dieu Très-Haut, répondit-il, et je dois obéir à ses ordres plutôt que de me rendre à vos désirs. Je l'ai dit, désormais rien ne me détournera de l'accomplissement de la volonté de Dieu. » « Admirable et saint vieillard, s'écrie le Père Bouchet, témoin de ce touchant spectacle; combien de fois n'ai-je pas pleuré de joie sur sa conversion ! à la messe sa dévotion surpasse tous les éloges, lorsqu'à genoux il contemple les adorables mystères. C'est là que sa foi se ravive ; à cette source, il puise le courage de dire avec saint Paul : *Je puis tout en celui qui me fortifie.* »

Les dernières nouvelles du vicariat des deux Guinées nous sont communiquées en juin 1864. A cette date, les missionnaires occupaient trois stations principales : l'une à Sainte-Marie, où réside le vicaire apostolique ; la seconde à Saint-Pierre, où se trouve le poste français du Gabon, et la troisième à Saint-Joseph, au cap Esterias. A Sainte-Marie, on a recueilli dans l'école environ cent enfants, entre autres les fils du roi Denis, un des plus puissants chefs de la contrée, et le fils du souverain de Loango. On s'occupe aussi à préparer les éléments d'un clergé indigène, œuvre à laquelle Mgr Bessieux se consacre exclusivement.

A Saint-Pierre se trouve une communauté de Religieuses de l'Immaculée-Conception. Elles y desservent l'hôpital établi par le gouvernement, et dirigent une institution pour les jeunes filles ; cette école est fréquentée par cinquante enfants.

« Il s'est établi en cet endroit, sous le nom de Libreville, un petit village de chrétiens noirs, au nombre de quatre cents environ, qui répond en général avec fidélité aux soins des missionnaires. Tous ont fait bénir leur mariage par l'Église, et forment ainsi des familles régulières qui sont pour l'avenir un grand germe d'espérance. Ils sont décemment vêtus et vivent avec une certaine aisance du fruit de leur travail et de leur industrie. Frappé de l'exemple de ces familles chrétiennes et des bénédictions que Dieu se plaît à leur accorder, plusieurs indigènes des tribus voisines sont venus s'établir au milieu d'elles. La plupart des jeunes gens qui sortent des écoles des missionnaires préfèrent également s'y fixer plutôt que de retourner dans leurs villages païens. Ainsi cette population va grandissant chaque jour, et par son accroissement contribue à la propagation de l'Évangile[1]. »

[1] *Annales*, mars 1864, p. 114.

firmer qu'il y a à Gabon une multitude d'âmes prêtes à recevoir la divine semence. » Il était seul et dénué de tout, n'ayant pas, comme il l'observe, les immenses ressources des ministres protestants [1].

Voici la manière dont s'opèrent, dans ce pays, des conversions solides. Le Père Poussot avait été attaqué pendant la nuit par un fanatique et en avait reçu une grave blessure. Peu de temps après, Vané, chef du village voisin, alla trouver son confrère, le Père Bouchet, et lui parla ainsi : « Père, je suis depuis longtemps chrétien de cœur, mais je veux l'être en réalité. Lave-moi avec l'eau de la prière... Tu m'as dit que ton Dieu avait aimé les hommes et avait envoyé son Fils sur la terre pour les sauver ; que son Fils était mort pour eux sur une croix et qu'au lieu de se venger de ses bourreaux, il leur avait pardonné et avait prié pour eux. Tu as planté une croix dans notre village. Je trouvai tout cela bien beau, mais je n'étais pas encore chrétien. » Poursuivant avec vivacité : « Te rappelles-tu le jour où nous revenions ensemble à la maison, à travers la forêt de Mpongues ? On t'apprit que le Père ton compagnon avait été attaqué la nuit précédente par un esclave et que son visage était horriblement blessé. Cette action lâche et honteuse me transporta de rage, et si j'avais rencontré cet esclave, je l'aurais poignardé. Mais toi, Père, je te surveillai, tu élevas les yeux au ciel sans proférer une parole. Tu as pardonné à l'esclave et demandé grâce pour lui. Le Père qui n'était pas encore guéri de sa blessure vint nous visiter. Il nous parla et pria avec nous, comme à l'ordinaire, et il eut une entrevue avec son assassin. Je me dis alors à moi-même et je le dis à d'autres : ce Père nous aime ; il fait ce qu'il enseigne, il pardonne à ses ennemis ; sa parole est donc vraie. Dès ce moment je fus chrétien dans le cœur et je suis résolu de l'être toujours [2]. »

Ce chef fut instruit et baptisé. « Toute sa famille, écrivait le Père Bouchet, suivit son exemple ; elle forme aujourd'hui un noyau de fervents et courageux chrétiens, déjà éprouvés par la persécution et préparés à marcher au martyre s'ils y sont appelés. » Le temps d'épreuve arriva. Tous, jusqu'aux enfants, supportèrent avec courage la perte des biens, des amis, des parents et les traitements les plus cruels. Lorsque le père chargé de chaînes était sur le point d'être mené en captivité, son second fils s'écria : « Prenez-moi à la place de mon père ; il est infirme, je vous serai plus

---

[1] *Annals*, vol. VIII, p. 76.
[2] *Ibid.*, vol. XVII, p. 216.

considérable de cent mille habitants, Abéokouta, où les missionnaires ne manqueront pas de pénétrer. Ils donneront leurs soins à la tribu des Nagos qui a résisté jusqu'ici à l'envahissement du mahométisme.

Le nombre des catholiques dans ce nouveau vicariat est évalué à trois mille. Nous tenons ces intéressants détails du supérieur général des Missions Africaines qui n'est pas effrayé par la multiplicité des obstacles et la modicité des ressources.

DEUX GUINÉES.

Vingt ans ne se sont pas encore écoulés depuis que l'évêque Barron, autrefois vicaire général de Philadelphie, fut nommé par le Saint-Siége vicaire apostolique de la haute et basse Guinée. Il aborda cette terre avec quelques missionnaires vers le cap Palmas, pendant la saison des pluies; ses compagnons furent immédiatement dispersés sur les différents points de la côte, où ils ne trouvèrent pas même un toit pour s'abriter, aussi la mort les eut-elles bientôt moissonnés. L'abbé de Regnier fut le premier atteint.... « Dites à ma famille et à mes amis que je me réjouis d'avoir tout quitté pour le divin Maître, » telles furent ses dernières paroles. Quelques semaines après, les Pères Bouchet, Audebert, Laval, Roussel et Maurice allèrent le rejoindre. Sur sept qui étaient arrivés en pleine santé, l'abbé Bessieux, aujourd'hui vicaire apostolique des deux Guinées, survécut seul.

Six mois après, en juin 1845, ce vrai missionnaire au milieu de sa solitude écrivait de Gabon : « Je verrai bientôt de zélés collègues, succédant aux amis que j'ai perdus, venir encourager et soutenir mes faibles pas. Au nom du ciel songez à cette pauvre Afrique ! » Il avait déjà remarqué que les tribus des bords de la mer avaient formé leur jugement sur les Européens, d'après les misérables exemples qu'ils avaient sous les yeux, et qu'ils avaient aussi jugé le simulacre du christianisme qui leur avait été offert ; « mais il y a des tribus à l'intérieur, élevées dans les privations, endurcies à la fatigue et fameuses par leur courage ; elles savent qu'il n'y a rien de commun entre les prêtres catholiques et les trafiquants étrangers. Nous irons d'abord à elles. C'est là une conquête que les ministres de l'erreur n'essayeront pas de nous disputer. »

Quatre mois après, l'intrépide missionnaire avait pris à sa charge douze enfants indigènes et pouvait dire : « Je ne crains pas d'af-

pensionnat de Sœurs et un collège, je crois qu'ils auraient ainsi une grande action sur la jeunesse, et partant assureraient un brillant avenir au catholicisme dans le pays. Il n'y a encore que peu d'années, un des hommes les plus célèbres de Sierra-Leone, le colonel Campbell, est venu, quoique protestant, amener ses quatre filles à Saint-Louis pour confier leur éducation aux Sœurs de Saint-Joseph. Ces jeunes personnes sont maintenant, dans le monde, de bonnes catholiques.

Les dispositions des deux consuls nous sont très-favorables. M. Pio de Emparanga, consul d'Espagne, est un excellent chrétien, pratiquant et tout dévoué aux missionnaires. Le consul français, ancien officier de marine, M. Draouësec, a spontanément demandé au ministre des affaires étrangères son approbation pour l'établissement d'une école catholique à Sierra-Leone. Nous pouvons compter sur sa protection et ses bons services. »

DAHOMEY.

Une nouvelle association d'apôtres, héritiers de l'héroïque dévouement de Mgr Marion de Brésillac, s'est formée à Lyon, sous le nom de Séminaire des Missions Africaines. Elle reçut de la Propagande le vicariat du Dahomey, qui s'étend depuis le Volta jusqu'au Niger.

En avril 1861, ses premiers missionnaires abordaient ce royaume à Whydak et pénétraient jusqu'à Abomey sa capitale trop souvent inondée du sang des esclaves, en présence de son roi cruel. Bientôt, malgré des obstacles de tout genre, ils ouvraient une école et un hôpital. Ils sont parvenus aujourd'hui à former un noyau de cent cinquante jeunes chrétiens. Bientôt d'intrépides Religieuses iront s'occuper de l'instruction des filles et préparer des conversions durables.

A l'est de Whydak, les missionnaires ont commencé deux établissements, l'un à Porto-Novo qui s'est mis dernièrement sous le protectorat de la France, l'autre à Lagos qui appartient aux Anglais. A Porto-Novo le terrain a été donné par le roi. A Lagos, le gouverneur anglais, par un noble sentiment que nous aimons à reconnaître, n'a pas voulu qu'un emplacement nécessaire pour établir une mission catholique fût vendu ; il a déclaré que « c'était un devoir de le donner, » et les titres de propriété ont été remis aux missionnaires en bonne et due forme.

A une distance de cinquante lieues dans les terres, il est une ville

tenir de l'argent; c'est le grand moyen du protestantisme. Mais quelques autres paraissent animés de meilleurs motifs et viennent assister aux offices et se faire instruire. Le gouverneur de Gambie nous disait que *les Anglais finissent toujours par voir où est le véritable dévouement.* Il en sera ainsi, nous l'espérons, et la vue de ce dévouement les amènera peu à peu à embrasser la vraie foi qui seule sait l'inspirer. »

Après d'autres détails sur les nécessités de la mission, le révérend Père termine ainsi sa lettre. « L'établissement d'une église catholique et de quelques œuvres de zèle et de charité sera un grand coup au protestantisme. Voyez, mon très-révérend Père, actuellement nous ne sommes encore que deux missionnaires ; une simple chambre, autrefois boutique, nous sert d'église; eh bien, malgré cette chétive apparence, tout le protestantisme est en émoi. On dirait qu'il pressent ce qui va arriver avec nous. Déjà l'on crie à l'ante-christ ; déjà l'on a fait afficher dans le journal de la colonie et sur toutes les places de la ville, que neuf prédicateurs prêcheraient, pendant quatorze dimanches consécutifs, contre quatorze prétendues erreurs professées par l'Église catholique romaine. Les pauvres gens ! s'ils avaient la conviction d'être dans le vrai, ils ne se donneraient pas tant de mouvement. »

On lira avec intérêt l'extrait suivant d'une lettre du révérend Père Duparquet, revenu récemment en Europe.

« Dans deux voyages successifs, j'ai visité en 1858 et 1862 Sierra-Leone et parcouru les campagnes environnantes, seul quelquefois et en costume religieux ; j'ai reçu partout des marques de respect et de déférence. Je ne veux pas dire pour cela que les conversions vont s'opérer par milliers dès l'arrivée de nos Pères ; seulement je suis persuadé que leur ministère sera très-fructueux avec le temps, et que dans peu d'années la religion catholique l'emportera sur chacune des autres religions établies à Sierra-Leone. Cette multiplicité de sectes affaiblit singulièrement le protestantisme dans cette ville, et chacune d'elles ne doit pas compter plus de cinq cents à mille individus. Ces adeptes sont réunis autour d'un ministre, qui a, comme les médecins, sa clientèle à lui, sa chapelle et son école. Lorsqu'il meurt, ses ouailles doivent aller à la recherche d'un nouveau pasteur, et je crois que dans ces circonstances les missionnaires catholiques pourront avoir leur bonne part de l'héritage.

« Sierra-Leone pullule d'écoles ; mais à l'exception du collège et du séminaire anglicans, il n'y a rien qui vaille, surtout pour les filles. Si donc, avec le temps, nos Pères pouvaient installer un

nistration du vicariat apostolique de Sierra-Leone. Elle est datée de Freetown, 20 avril 1864, deux mois après l'arrivée des missionnaires.

« Si cette ville, la plus importante des côtes occidentales d'Afrique, est en quelque sorte la capitale du commerce, elle est aussi le centre du protestantisme dans ces régions. Ici, en effet, toutes les sectes se trouvent représentées. Toutes ont des écoles et de beaux temples. Freetown seule en possède quarante-deux, desservis par quarante à cinquante ministres.

Quant aux catholiques, au milieu de ces quarante-deux mille païens ou hérétiques, ils sont environ quatre-vingts ; c'est, comme vous le voyez, mon révérend Père, un bien petit troupeau, mais avec l'aide de Dieu nous espérons l'augmenter. Nous ne faisons que de commencer ; nous n'avons pas encore d'église, nous n'avons pas encore d'écoles ; mais nous possédons la vérité, et la vérité fait la force du missionnaire catholique. Elle triomphera aussi, malgré les efforts de l'erreur, comme elle a triomphé à la colonie anglaise de Sainte-Marie de Gambie, où notre Congrégation n'est que depuis quinze années à peine, et où déjà de si grands fruits de grâce et de conversion ont pu être opérés. »

Le révérend Père indique ensuite les œuvres qu'il va établir. Parmi elles se trouveront un orphelinat et une crèche pour les petits enfants abandonnés. « Il n'y en a aucun, ajoute-t-il, le protestantisme ici ne connaît pas cela. »

Il continue en ces termes son intéressante communication. « Toutes ces institutions seront très-bien vues par les autorités locales. Le gouverneur anglais de Sierra-Leone, en se rendant au Sénégal au mois de février, est descendu en Gambie. Nous étions sur le point de notre départ pour Freetown. Nous l'avons vu deux fois, à son premier passage et à son retour. Il nous a reçu chaque fois avec une très-grande affabilité, nous promettant entière liberté pour notre sainte religion et nous offrant même ses propres services. Dans son voyage à Saint-Louis, il a exprimé au révérend Père Duret son désir d'avoir des Sœurs comme les colonies françaises. Le consul d'Espagne lui a parlé l'autre jour de notre intention d'en faire venir, et il en a de nouveau exprimé sa satisfaction. »

« La population paraît elle-même bien sympathique à ces projets. Dès les premiers temps de notre arrivée, notre maison était assiégée de jeunes gens, venus les uns pour discuter, les autres pour voir des images, les autres pour s'assurer tout bonnement si vraiment nous n'avions pas de femmes. D'autres espéraient ob-

sont généralement fidèles à leurs devoirs religieux, surtout dans les endroits à l'abri du contact des Européens. Nous avons quarante élèves à la maison centrale des études à Dakar. » L'année suivante, le nombre s'éleva à soixante. « Désormais les plus grandes difficultés peuvent être regardées comme surmontées ; les traditions se sont formées, l'administration de cette Église est bien organisée, et tout commence à marcher avec régularité. »

Dès 1847, le Père Briot de la Maillerie écrivait, de Dakar, qu'ils avaient déjà établi un petit séminaire « où douze jeunes Lévites indigènes, dont la bonne conduite et la docilité nous ont singulièrement édifiés, ont appris à chanter en langue wolof les louanges de Jésus et de Marie... La même année, ces étudiants assistaient à l'ordination de l'abbé Gallais, et leur joie était à son comble. Ils s'excitaient mutuellement à hâter l'époque de leur propre ordination. Chacun désignait déjà le district où il aurait exercé son zèle. L'un voulait aller à Cayor, un autre au Fouta... Ils se partageaient ainsi tout le vicariat apostolique ! » « Soyez convaincus, nous dit l'abbé Gallais, que ces jeunes nègres ne sont pas tels que la calomnie s'est plu souvent à les dépeindre. » Ils sont maintenant dociles à la direction des apôtres qui peuvent non-seulement leur parler d'un Sauveur, mais les conduire à ses pieds. Cet établissement a déjà produit un grand bien. Plusieurs indigènes après y avoir été élevés continuent à répandre la foi et le bon exemple. D'autres ont reçu les saints ordres, et se préparent au sacerdoce les uns dans la mission, les autres au collège de la Propagande[1].

SIERRA-LEONE.

En 1859, Mgr de Marion-Brésillac voulut lui-même planter la croix à Sierra-Leone, avec trois de ses prêtres et un frère coadjuteur. Mais, au bout de quelques semaines, ils étaient tous emportés par une fièvre épidémique. A la suite de cet événement, la Congrégation du Saint-Esprit et du Saint Cœur de Marie reprit ce vicariat apostolique, où elle vient d'envoyer deux missionnaires au commencement de l'année 1864. Nous savons d'avance quels seront les fruits de leur apostolat.

L'obligeance du supérieur général de cette Congrégation nous permet de citer une lettre du Père Blanchet, chargé de l'admi-

---

[1] A la fête de l'Épiphanie 1863, un étudiant indigène de Gambie récita une composition en sa langue maternelle devant le collège de la Propagande.

ressources dont dispose la mission. Elle a déjà deux prêtres du pays et l'évêque, Mgr Kobès, a conduit dernièrement à Rome, au collège de la Propagande, trois élèves de Dakar. Il y a environ six cents chrétiens dans cette ville.

Sur le littoral de la mer, à six lieues au sud de Dakar, est un grand village appelé par les Français *Rufisque*. La mission y possède un terrain concédé gratuitement par le chef indigène; une petite chapelle en planches donne abri, une fois par quinzaine, au prêtre qui vient de Dakar offrir le Saint Sacrifice en présence d'une centaine de chrétiens qui seraient heureux de voir le Père se fixer parmi eux.

La mission de *Joal* a rencontré de grandes difficultés ; mais depuis que la France a annexé ce village à sa colonie, on a pu élever une petite église, la première construction en pierre de ces contrées. Aussi la maison de Dieu est regardée comme une merveille. Deux missionnaires résident habituellement à Joal: la population catholique est de cinq cents âmes.

Une colonie agricole est établie à *Ngazobil*, sur une concession de mille hectares. La culture du coton donne de bons résultats, surtout celui de préparer la conversion des noirs en les groupant autour de la mission, où le fanatisme des marabouts a moins de prise. Un village chrétien est déjà formé.

Le révérend Père Durand envoyait ces heureuses nouvelles de la *Gambie :* « Dieu soit loué, malgré de nombreux obstacles, parmi lesquels les piéges des méthodistes ne sont pas les moindres, la religion catholique a fait de rapides progrès. Dans l'année qui vient de s'écouler nous avons eu cent trente baptêmes et quarante premières communions. Les dispositions de nos néophytes sont excellentes. » Le gouverneur, Anglais et protestant, pour faciliter le bien opéré sous ses yeux par les missionnaires catholiques, leur a alloué un subside de deux mille francs pour les écoles, et il a écrit officiellement aux missionnaires une lettre de félicitations sur la manière dont elles étaient tenues. Nous venons d'apprendre que tout dernièrement une petite émeute avait été excitée par le fanatisme protestant contre les missionnaires catholiques; mais, grâce à l'intervention énergique du consul français, les perturbateurs ont reçu le châtiment mérité.

Ces succès avaient été préparés par la mort de généreuses victimes ; sur soixante-quinze missionnaires envoyés dans cette contrée, quarante-deux avaient péri avant l'année 1854. A cette époque, il restait deux évêques, quinze prêtres, onze frères et dix-neuf religieuses. « Nos chrétiens, écrivait le vicaire apostolique coadjuteur,

passé trois ans au collége d'Alger, envoyé par le gouverneur. Là il demanda le baptême ; le général Faidherbe conseilla d'attendre son retour au Sénégal pour le lui accorder. « Depuis six mois qu'il est revenu, dit la lettre, il a eu bien des luttes à soutenir de la part de sa famille et de la part des marabouts ; encouragé par M. le gouverneur, il a triomphé de tous les obstacles. Nous l'avons donc baptisé avec solennité la veille de la Pentecôte. M. le général Faidherbe a voulu en être le parrain, et madame de Barrolet, femme du lieutenant-colonel, la marraine. Le lendemain, jour de la Pentecôte, il a fait sa première communion.

Les intentions de M. le gouverneur au sujet de ce jeune homme sont de le faire nommer par la suite officier indigène et de l'établir chef du Wallo, royaume qui appartenait autrefois à sa famille avant l'annexion ; si donc ce jeune homme persévère dans les dispositions excellentes où il se trouve, il est appelé à faire un bien immense. »

A qui donc après Dieu le devrons-nous, ce « bien immense ? » A l'homme qui aura secondé ses desseins de miséricorde, au général Faidherbe, dont le nom se trouvera attaché en caractères vivants à la colonie du Sénégal. Il ne prétend pas s'arrêter, nous assure-t-on, dans cette carrière véritablement noble. Le même jour, les Pères avaient baptisé un autre adulte de dix-neuf ans, né dans le terrible Fouta, et depuis quelques années à Saint-Louis. Ils en préparent un troisième parmi les officiers indigènes.

A l'île de Gorée, il y avait déjà, en 1845, douze cents catholiques. Actuellement sur une population de trois mille habitants, il ne reste guère que six à sept cents mahométans ou idolâtres.

Comme à Saint-Louis, deux écoles primaires sont dirigées par les Frères de l'instruction chrétienne et par les Sœurs de Saint-Joseph ; ces dernières desservent en outre un hôpital. Lors des ravages de la fièvre jaune en 1859, le généreux dévouement des missionnaires a produit un grand nombre de conversions.

SÉNÉGAMBIE.

Cette mission a commencé en 1846. Les Pères ont actuellement dans ce vicariat quatre principales résidences.

A *Dakar*, on compte trois établissements distincts, dont une maison de Sœurs indigènes. Le séminaire-collége qui prépare les éléments d'un clergé aussi indigène compte une moyenne de quatre-vingts élèves. Ce nombre n'est limité que par l'état des

d'abandonner un système dont on indique en ces termes les résultats déplorables :

« Tant que le mahométisme jouira d'une existence officielle, tant que les marabouts seront honorés, tant que la mosquée subsistera, il est par trop évident que les progrès du christianisme seront nuls... La langue française, parlée depuis trois cents ans sur cette terre africaine, est presque inconnue des noirs de Saint-Louis ; ils la repoussent, parce que c'est le signe de la pensée d'une race chrétienne [1]. »

Toutefois, l'Église n'est pas restée inactive. La préfecture apostolique du Sénégal, fondée en 1779, doit son origine à deux missionnaires du Séminaire du Saint-Esprit : MM. Bertout et Deglicourt. D'abord destinés pour les missions de la Guyane, ils firent naufrage sur les côtes du Sahara. Mis aux fers par les Maures, ces deux intrépides apôtres étudièrent pendant leur captivité les dispositions des habitants du pays. Après leur rachat et leur retour en France, ils revinrent à Saint-Louis, ville principale de la colonie française, avec d'autres de leurs confrères, pour y porter la foi.

La tempête révolutionnaire brisa cette mission naissante comme beaucoup d'autres. Au retour de la paix, M. Bertout, l'ancien naufragé du Cap-Blanc, devenu supérieur général du Saint-Esprit, se souvint des pauvres noirs. Il leur envoya des prêtres ; et depuis lors cette mission n'a cessé de progresser, malgré des obstacles de tout genre.

De nos jours, à Saint-Louis, les Frères de l'instruction chrétienne et les Sœurs de Saint-Joseph de Cluny se partagent le soin des écoles, des hôpitaux, des patronages et des asiles. Les missionnaires, au nombre de cinq, ont même établi une conférence de Saint-Vincent-de-Paul qui produit un très-grand bien.

Si trop longtemps l'administration française a paru dédaigner d'appeler à son aide la plus grande force qu'il y ait au monde, puisqu'elle est divine, les leçons de l'expérience n'ont pas été perdues pour son gouverneur actuel. Le général Faidherbe, tout dévoué à la colonie du Sénégal, vient de remporter sa plus belle victoire. La veille de la Pentecôte, 14 mai 1864, *Sidia*, fils de la reine *du Wallo*, abjurait l'islamisme et recevait le baptême : M. le gouverneur voulut être son parrain.

Ce jeune homme, âgé de seize ans, d'après une lettre du révérend Père Duret préfet apostolique de Saint-Louis, dont nous devons la communication à l'obligeance de ses supérieurs, avait

[1] Carrère, p. 556-559.

sûrement pas un motif de leur témoigner tant d'égards. Le marabout est aussi le maître d'école, et tient de cette façon tout l'avenir en ses mains[1]. On a la précaution, il est vrai, de faire surveiller les écoles musulmanes par une commission « composée du maire, du président du *Tamsir* et d'un habitant musulman instruit, nommé par le gouverneur[2]. »

Pour se faire une idée de la sagesse qui a présidé à ce règlement administratif, il suffit de remarquer que les marabouts ont attiré toute la population dans leurs écoles, même les enfants qui recevaient autrefois l'instruction chrétienne, et que « pas un enfant mahométan ne fréquentait, en 1855, l'école des Frères[3]. » On croyait ainsi arriver à une fusion pacifique. On s'est trompé.

« La condescendance que l'administration de l'Algérie et du Sénégal témoignent pour le mahométisme, loin d'amener, comme entre catholiques et protestants en Europe, des rapports pacifiques, ne sert qu'à perpétuer la haine que tout musulman se croit en droit de porter à celui qui ne partage pas ses croyances[4]. » Écoutons le témoignage d'un fonctionnaire français au Sénégal. « Ceux qui se préoccupent de l'avenir remarquent avec inquiétude qu'une division tend à s'établir, tous les jours plus profonde, entre les chrétiens et les musulmans. Les Maures disent hautement que nous ne sommes qu'un peuple de trafiquants[5]. »

Nous avons vu, cependant, dans le chapitre sur l'Océanie, combien en suivant une politique plus noble et plus chrétienne il était facile d'amener à la vraie foi des populations musulmanes. Aux Philippines, gouvernées d'une façon si paternelle par l'Espagne, qui envoya des missionnaires avant ses soldats, il y a aujourd'hui quatre millions de chrétiens fidèles, dans des îles où une partie de la population était autrefois musulmane. De nos jours à *Gorée*, qui par sa position est soustraite à l'influence du maraboutisme, les conversions des mahométans s'opèrent avec facilité en assez grand nombre.

Espérons que les hommes graves qui dirigent les colonies françaises finiront par comprendre que les moyens adoptés par les anciens missionnaires pour civiliser notre Europe sont encore applicables aujourd'hui aux autres continents, et qu'il est temps

---

[1] *Voyage dans l'Afrique occidentale*, par A. Raffenel, ch. ix, p. 275 (1846).
[2] *Codification des règlements d'administration au Sénégal*, art. 153, p. 167 (1858).
[3] Carrère, p. 557.
[4] Voir la lettre de M. E. Guignot, qui a longtemps séjourné en Algérie : *le Monde*, 2 juillet 1864.
[5] Carrère, p. 14 et 312.

par égard pour les musulmans, n'a guère mis jusqu'ici que des entraves à cette régénération.

« Saint-Louis, nous assure-t-on, est devenu le foyer du mahométisme depuis surtout que la mosquée, affrontant notre église, a donné à l'islamisme *une consécration officielle*[1]. » Ce ne sont pas seulement les missionnaires, qui souffrent en silence de cette politique, mais des employés civils signalent cet état déplorable. Malgré l'éloignement, l'on a même ici favorisé le pèlerinage à la Mecque, accompagné de ses résultats inévitables. Au retour des privilégiés, qui ont puisé au tombeau du prophète le mépris pour les Francs et la haine du christianisme, on leur fait une ovation, on leur baise les mains, on les entoure, on les regarde comme des saints ; et le titre de *Hadji* (pèlerin) devient une recommandation et un moyen d'influence universelle. Celui dont nous allons parler n'a pas manqué d'en tirer parti contre la France.

El-Hadji-Omar, après avoir traversé deux fois l'Afrique dans sa plus grande largeur, s'est empressé de prêcher la guerre sainte contre les chrétiens[2]. Aidé de son caractère de *pèlerin*, il a fondé récemment au *Fouta Sénégalais*, sur la rive gauche du fleuve, un puissant empire devenu, d'après le gouverneur Faidherbe, « le foyer d'où rayonne l'islamisme dans le Soudan. Le Fouta, ajoute ce général, est un État excessivement turbulent, divisé, incapable de s'entendre et de se réunir un peu sérieusement pour soutenir une guerre, à moins qu'il ne s'agisse de religion ; alors le Fouta n'est plus qu'un seul homme[3]. »

Ayant appris à la Mecque la grande maxime : « *Crois, ou meurs*, » El-Hadji-Omar est venu en faire récemment l'application aux portes de la colonie française, en ravageant le pays de *Saloum*, au point que cinq ou six cents familles, dépouillées de tout, ont été obligées de se réfugier à l'île de Gorée pour se soustraire à ses atteintes. Malgré cette expérience qui se renouvelle ici comme en Algérie, l'administration ne laisse pas de prodiguer ses faveurs aux marabouts ; comme les Anglais de l'Inde, elle rêve dans cette mesure le moyen de pacifier les esprits.

Mais que sont les marabouts ? « Les marabouts, nous assure une autorité du pays, prêchent l'horreur du christianisme[4]. » Ce n'est

---

[1] *La Sénégambie française*, par F. Carrère, p. 14.
[2] *Annuaire du Sénégal et dépendances* pour l'année 1864, p. 185.
[3] *Notice sur la colonie du Sénégal*, par L. Faidherbe, gouverneur du Sénégal, p. 45 (1859). — D'après le même auteur, l'Afrique dans la Genèse est désignée sous le nom de *Fout ;* c'est le nom que les Poul, Fout, Fellah donnent encore aujourd'hui à la plupart des pays qu'ils habitent.
[4] Carrère, p. 555.

La vérité commence à se faire jour, elle est reconnue même en Angleterre. « Voilà deux cents ans que nous sommes sur la côte de Guinée, affirme un écrivain du *Times* en 1863. Je ne crois pas que nous puissions revendiquer un seul chef indigène de quelque valeur, vivant en chrétien sous notre drapeau. Si nous quittions aujourd'hui ces côtes, les sacrifices humains seraient à l'instant renouvelés avec toutes leurs anciennes horreurs. Je cite ce fait comme un exemple de l'heureuse influence de nos missionnaires pendant cette longue période d'années[1]. »

MISSIONS CATHOLIQUES.

La Congrégation du Saint-Esprit et du Saint-Cœur de Marie, spécialement vouée à l'Évangélisation de la race noire, possède dans cette partie de l'Afrique quatre missions distinctes : la préfecture apostolique du Sénégal, et les trois vicariats de la Sénégambie, de Sierra-Leone et des Deux-Guinées. Le séminaire des Missions Africaines de Lyon évangélise le royaume du Dahomey.

Ces missions récentes ont déjà produit des résultats, et donnent pour l'avenir de grandes espérances ; nous allons en parler dans l'ordre indiqué.

SÉNÉGAL.

« Le fleuve du Sénégal, devenu route française, nous dit un écrivain moderne, doit servir à la régénération de la race noire[2]. » Malheureusement, dans cette colonie plus encore peut-être que dans les provinces algériennes, l'administration française,

---

[1] Voir *the Times*, 2 sept. 1863. — Il serait trop long de reproduire tous les traits cités par les voyageurs sur les missionnaires et l'esprit qui les anime. En voici un fourni par le capitaine Hewett. Les missionnaires ayant remarqué à Bathurst que les officiers de la garnison envoyaient toujours un bateau auprès des navires nouvellement arrivés pour acheter des vivres de luxe, résolurent d'en faire autant. « Ils pouvaient sans doute acheter un bateau à leur compte, mais cette dépense ne leur convenait pas, ils préféraient l'obtenir pour rien. Ils envoyèrent en Angleterre un récit flamboyant de leurs succès, en disant que toute la population nègre était devenue si chrétienne qu'il ne restait plus rien à faire de ce côté du fleuve. Sur l'autre bord cependant le vice et l'ignorance triomphaient ; il ne leur fallait qu'un bateau pour arriver au cœur de cette population païenne ; ce bateau, ils ne pouvaient l'acquérir, étant forcés de se priver non-seulement du confort, mais même du nécessaire. Eh bien, le prochain navire leur apporta un bateau. Depuis trois ans qu'ils le possèdent il n'a jamais quitté le rivage, excepté dans le même but que celui des officiers. » (Ch. IV, p. 59.)

[2] *La Sénégambie française*, par F. Carrère, président du tribunal à Saint-Louis, et Paul Holle, p. 3 (1855).

ville de ces rebelles fût détruite. L'escadre anglaise accomplit cette tâche, mais sir Charles Wood ne put expliquer à la Chambre le motif de cet acte cruel. »

Rien d'étonnant si cet écrivain se permet les réflexions suivantes : « Trop souvent les missionnaires, ces prétendus hérauts du christianisme et de la paix, se sont faits les détestables fauteurs de querelles entre les tribus et ont même encouragé les naturels à résister aux armes de la reine. Les missionnaires sont, de fait, les hommes les plus belliqueux de la côte. »

« Un des traits les plus déplorables de ces convertisseurs, affirme un savant voyageur en 1863, est qu'ils sont toujours en train d'exciter les hommes les uns contre les autres ; en théorie, ils parlent d'amour fraternel ; en pratique, ils ne montrent que jalousie et que haine[1]. »

En terminant ses intéressantes observations sur l'Afrique occidentale, le capitaine Hewett se permet d'exprimer franchement sa pensée : « Les travaux des missionnaires ont-ils eu aucun résultat avantageux pour les colonies? — *Aucun.* — Un ancien gouverneur de Sierra-Leone, interrogé par un comité de la Chambre des Lords, sur la conduite des enfants sortis des écoles des missionnaires, répondit : Ces enfants ne travaillent point, ils sont des vagabonds. Les protégés des ministres, continue le capitaine, sont invariablement paresseux, menteurs, rusés et vauriens. Ce fait est tellement reconnu, qu'aucun habitant des colonies ne consent à employer, comme domestique, un naturel élevé dans les écoles des missionnaires. »

« N'est-ce pas un crime, demande-t-il à la fin de son ouvrage, lorsqu'on songe aux nombreuses populations d'Angleterre qui connaissent à peine les premiers éléments de la religion chrétienne, de gaspiller d'immenses sommes chaque année, en aidant les vaines tentatives des missionnaires pour régénérer les noirs. Combien peu les partisans des missions soupçonnent à quel usage leur argent est destiné! Combien peu comprennent le vrai caractère des hommes auxquels ils confient leurs aumônes, et de quelle manière elles sont dépensées! Combien peu savent les minces résultats de toute cette prodigalité, et la fausseté des rapports sur les travaux des missionnaires[2] ! »

---

[1] *Wanderings in West Africa*, vol. II, ch. IX. p. 164. — L'avantage que trouvent les missionnaires à ces luttes continuelles est d'augmenter leur influence en se faisant chefs de parti.

[2] *European Settlements on the West Coast of Africa*, ch. VIII, p. 119; ch. XI, p. 181; ch. XIII, p. 210; ch. XVII, p. 315-318.

dans leurs viles superstitions et qu'ils échappent à toute influence. S'ils viennent au temple, c'est trop souvent par un motif de curiosité ou pour faire plaisir au prédicant, ou pour un avantage qu'ils espèrent en tirer pour eux-mêmes[1]. »

Le lecteur aura sans doute remarqué que, dans tous les pays, le dernier rapport sur une mission protestante est toujours le moins favorable. En voici encore un exemple. En 1862, le capitaine Napier Hewett, officier de mérite, dont les sympathies étaient acquises aux missionnaires protestants, résume de cette façon tout ce qu'ils ont fait dans l'Afrique occidentale : « Bien que le pays soit d'une fertilité extraordinaire, la plus grande partie du terrain reste sans culture. Les champs autrefois cultivés sont abandonnés, et les maisons, *à l'exception de celles habitées par les missionnaires*, sont désertes et tombent en ruine. On croirait qu'un air pestilentiel ait passé sur le sol. »

Le capitaine Hewett donne beaucoup de détails sur la manière grotesque dont les Africains prétendus protestants comprennent le christianisme. Nous les épargnons au lecteur, qui ne voudrait pas entendre le mélange de blasphèmes et d'absurdités reproduit par cet auteur.

Parfois il nomme les disciples les plus distingués des missionnaires qu'il connaissait personnellement. « L'héritier du roi de Barra, raconte-t-il, était une des conquêtes les plus vantées de ces messieurs ; comme *la plupart des soi-disant convertis*, il était retombé dans la barbarie. » Les habitudes de sa cour étaient telles que l'officier anglais fut obligé de refuser l'hospitalité offerte par ce singulier disciple du protestantisme.

« Le roi d'une des tribus des Eboé, qui avait amassé d'immenses richesses en trafiquant avec la chair et le sang de son peuple, » relate le même capitaine, « avait été exhibé à Londres dans les réunions pour les missions, comme appât aux souscripteurs. S'étant converti ostensiblement au christianisme, et ayant fait semblant d'abandonner le commerce de la traite, il devint un protégé favori des missionnaires, s'adonna aux liqueurs fortes, et un tonneau de rhum lui servit de trône. »

Chassé par son peuple, qui reconnut que sa profession de christianisme en avait fait un plus intolérable scélérat, « la cause de ce royal buveur de rhum fut prise en main par les missionnaires, qui sollicitèrent, comme le répéta sir Charles Wood, secrétaire d'État pour les Indes, devant la Chambre des communes, que la

---

[1] *Adventures in Equatorial Africa*, ch. I, p. 5. 6.

Enfin, un ministre protestant, chargé par sa Société de visiter les missions de ce pays, s'explique ainsi : « Je ne puis m'empêcher d'exprimer ma surprise de voir qu'en dix-huit années on n'ait fait aucun effort pour apprendre et parler les langues du pays [1]. »

Le commandant Foote remarque avec justesse que les missionnaires ont eu un avantage dans leur lutte avec les mahométans, en ce que « le christianisme apporte la liberté, et le mahométisme la servitude [2]. » Toutefois le capitaine Forbes nous assure « que la religion mahométane, qui s'étend sur le vaste continent de l'Afrique, gagne des millions de prosélytes [3]; » tandis que M. Duncan, ami intime des missionnaires protestants, affirme que l'éducation incomplète donnée par eux aux Africains « n'est qu'un moyen de les rendre *plus parfaits dans la scélératesse* [4]. »

Pour abréger, nous allons indiquer, à l'aide des écrivains les plus récents, les résultats reconnus jusqu'à ce jour, après cent soixante ans de tentatives. Nous ne citons que des témoins irrécusables, et nous commençons avec le révérend Leighton Wilson, lui-même missionnaire dans ce pays depuis 1842.

« L'Église de Rome mérite de grands éloges, dit ce ministre, pour le zèle qu'elle a déployé en accompagnant les Portugais et les Espagnols dans leurs découvertes au quinzième et au seizième siècle, afin de propager la foi chrétienne. Le gouvernement portugais était d'abord aussi désireux de répandre la foi que d'acquérir des richesses. Il oublia dans la suite ce noble but. Mais Rome ne s'en détourna pas et poursuivit sa tâche avec une énergie, un zèle et une persévérance dignes d'une meilleure cause. »

M. Wilson parle ensuite des missions protestantes dans le même pays. Il les avait dirigées lui-même pendant vingt ans, et en résume ainsi l'histoire. « Jusqu'ici les missionnaires n'ont guère fait plus que de s'emparer de quelques postes sur le rivage, et même, en accomplissant si peu de chose, ils doivent se reconnaître redevables à la présence de la flotte anglaise [5]. »

En 1861, M. Paul du Chaillu, lié avec les missionnaires, nous fait part de leurs aveux sur l'insuccès complet de leurs entreprises. Parlant en son nom, il déclare que « les adultes persistent

---
[1] *Life and Journals of the Rev. D. West*, ch. viii, p. 184.
[2] *Africa and the American Flag*, ch. xxxiv, p. 388.
[3] *Dahomey and the Dahomans*, vol. I, p. 170 (1851).
[4] *Travels in Western Africa*, vol. I, ch. iii, p. 42; vol. II, ch. xiii, p. 303. — Il est à remarquer qu'à Sierra-Leone, où l'influence anglaise est si puissante, « les musulmans ont fait des prosélytes nombreux parmi les Africains libérés, » que les missionnaires protestants regardaient comme des disciples assurés. (Voir *Wanderings in Western Africa*, vol. I, ch. iv, p. 181.)
[5] *Western Africa*, par J. Leighton Wilson, ch. iii, p. 446, ch. v, p. 481.

législatif de la colonie anglaise, raconte en ces termes la manière d'opérer des missionnaires et les résultats de leurs travaux.

« Les salaires donnés par eux aux jeunes gens qu'ils employaient comme instituteurs étant aussi forts que ceux donnés par les marchands, et leur nombre étant aussi plus considérable, ces fonctions, si largement rétribuées, devinrent un objet d'ambition et de cupidité, bien plus pour acheter des pains et des poissons que pour servir la cause du christianisme. Cet appât attira un bon nombre d'indigènes les mieux élevés dans les rangs de la Société des missions, augmentés aussi des maçons, des charpentiers et autres ouvriers employés à leurs constructions par les missionnaires[1]. »

Malgré ces avantages, M. Cruickshank avoue que les prétendus convertis dans ce pays sont en tout point semblables à ceux dont le protestantisme se vante dans les autres. « Nous sommes forcés de croire, assuré-t-il, que beaucoup de convertis agissent sous l'empire de l'hypocrisie; ils dénotent dans toutes leurs actions le même caractère de la plus humiliante faiblesse. A peu d'exceptions près, il y a rechute générale dans leurs habitudes d'immoralité, aussitôt que des motifs d'intérêt ne les retiennent plus. Je le dis avec peine, un bon nombre des hommes les plus instruits et les plus intelligents qui se distinguaient autrefois par leur zèle pour le christianisme, et qui occupaient le premier rang parmi les employés de la Société, vivent maintenant en dehors de son autorité[2]. »

Une foule de témoins protestants parlent de la même manière. « Les missionnaires, rapporte le docteur Durrant en 1861, sont parfois complétement impropres à leur office. Parmi eux on rencontre des jeunes hommes ignorants et grossiers. Il serait extravagant de supposer qu'une influence religieuse quelconque puisse venir de pareille source[3]. »

Comme on doit s'y attendre, la plupart de ces messieurs sont marchands, et un ministre protestant avoue que leurs entreprises excitaient la haine des indigènes, au point que « les chefs avaient conspiré pour mettre à mort les missionnaires et piller leurs demeures[4]. » « Les colons aussi, raconte un autre auteur, regardent d'un mauvais œil les missionnaires et leurs entreprises[5], » parce qu'ils trouvent en eux les plus formidables rivaux dans les spéculations commerciales.

---

[1] *Eighteen Years on the Gold Coast of Africa*, vol. II, ch. IV, p. 68.
[2] *Ibid.*, p. 75 et suiv.
[3] *The Kru Coast, cape Palmas*, etc., par le docteur Durrant, p. 325.
[4] Tracy, *Historical examination of the state of Society in W. Africa*, p. 25.
[5] *Western Africa*. par J. D. East, p. 295.

Cet écrivain, de beaucoup d'esprit, se moque des prétendues conversions qu'il avait eu bien des occasions de mettre à l'épreuve ; nous transcrivons seulement ce qu'il dit sur les missionnaires. « Il y a deux espèces de missionnaires dans l'Afrique occidentale : les premiers ne s'aventurent pas au delà des villes, ils n'étudient pas le langage des naturels, ils ne visitent jamais l'intérieur ; la plupart, peu instruits, ne sont pas toujours honnêtes. Sans reproduire des histoires scandaleuses, il suffira de dire que les missionnaires anglais sont presque universellement regardés avec mépris par les laïques [1]. »

Parlant de l'autre espèce de missionnaires, qui vont à l'intérieur et dont quelques-uns étaient ses compagnons de voyage, il s'exprime en ces termes : « Je prends la liberté de suggérer aux sociétés de missions qui se permettent d'envoyer de pareils hommes dans ce pays, qu'il serait tout aussi bien si leurs ministres avaient un peu plus d'éducation, et si on demandait les preuves de leur sincérité avec le même soin que celles de la volubilité de leur langage. Je tiens aussi à leur faire savoir que leurs missionnaires dans la Gambie, qui se vantent d'étendre l'Évangile parmi les païens, ne savent pas un mot des dialectes de ce pays et limitent leurs *travaux*, si un pareil mot peut s'employer, à une population restreinte de nègres anglais [2]. »

Ce voyageur qui a visité toutes les côtes de l'Afrique occidentale, résume ainsi ses impressions : « Je trouve les Portugais en état de décadence, les Anglais en état de stagnation, les Français seuls en progrès. »

Notre dernier témoin est le célèbre capitaine Burton, si connu pour son pèlerinage à la Mecque. Parlant de Sierra-Leone, il dit : « Si on avait fait juste le contraire de tout ce qu'on a fait, il se peut que nous aurions aujourd'hui une colonie florissante au lieu d'une population misérable de fripiers et de fainéants [3]. »

LES DEUX GUINÉES.

En descendant vers le sud nous trouvons la Côte d'Or et les royaumes d'Achanti et de Dahomey. M. Brodie Cruickshank, ami et patron des missionnaires protestants, et membre du conseil

---

[1] *Savage Africa*, ch. xxxi, p. 416.
[2] *Ibid.*, ch. xxxviii, p. 556.
[3] *Abeokuta and the Camaroons Mountains*, par Richard Burton, vol II, ch. iv, p. 23.

disparaisse comme un nuage d'été, explique jusqu'à un certain point leurs rapports. De plus, recevoir une Bible, la citer comme un chant populaire, venir de temps en temps à la chapelle, se revêtir du nom de chrétien, sont les marques d'une conversion reconnue; et quiconque en arrive là, n'importe pour quel motif, est en toute sincérité décrit comme « affamé de la justice. » Les néophytes satisfont les vues de leurs maîtres par ce simulacre de christianisme, et pasteurs et troupeaux, tous sont contents les uns des autres[1].

L'analyse de trois ouvrages anglais publiés en 1865, dont les auteurs sont des protestants très-savants qui ont visité ce pays sans autre but que de raconter ce qu'ils voyaient, nous permettra d'apprécier la véritable influence des missions protestantes.

Le premier, en parlant des diverses classes de la société à Sierra-Leone, se contente de cette indication au sujet des missionnaires : « Le moins qu'on en dise sera le mieux. » Cet écrivain cite le journal *Sierra-Leone Weekly Times*, dont le rédacteur africain, après avoir longuement signalé l'insuccès de toutes les tentatives précédentes, exprime timidement l'espoir que « Sierra-Leone pourra peut-être un jour réparer l'immensité des mécomptes. »

Parlant en son nom, l'auteur ajoute les détails suivants : « Personne, à moins d'être entièrement étranger à ce pays, ne prendra à son service un homme de Sierra-Leone, pour n'importe quel emploi. » Toutefois le nègre païen possède encore quelques bonnes qualités. « Il y a parmi les hommes une certaine dignité, et parmi les femmes un reste d'honneur; tandis que, parlant de ceux qui ont subi l'influence du protestantisme anglais, il déclare que les femmes sont devenues vicieuses comme celles d'Égypte, pire même que les hommes, tout pervers qu'ils sont. Le vol est poussé à un degré tel que toute amélioration paraît impossible[2]. »

M. Winwood Reade, membre aussi de la Société royale de géographie, est également très-formel dans son appréciation. Il cite, à l'adresse des prétendus protestants, des faits qu'une plume honnête se refuse à reproduire[3]. Son propre domestique Abaurhi, « lorsqu'il n'y avait aucun péril, professait le christianisme; mais aussitôt qu'un orage éclatait, il avait recours à ses pratiques païennes[4]. »

[1] Voir F. Dalgairns, *the Holy Communion*, ch. III, p. 69, 70.
[2] *Wanderings in Western Africa*, vol. I, ch. v, p. 212, 267 1865.
[3] *Savage Africa*, ch. XIII, p. 141.
[4] *Ibid.*, ch. XXVIII, p. 567.

maison paternelle ; je dépensai tout ce que j'avais et je vendis jusqu'à ma dernière chemise. » Il devint ensuite soldat et termina avec gloire par la désertion sa carrière militaire. « Comment j'arrivai à être enrôlé dans la Société des missions, je ne pourrais l'indiquer exactement. » L'explication paraît cependant bien simple.

Il nous apprend ensuite comment, après avoir mené une vie vagabonde, il finit par se convertir, point sur lequel les hommes de son espèce sont ordinairement communicatifs. « Un passage de l'Écriture a frappé mon esprit et a brisé en un instant mon cœur de pierre. » Il tomba néanmoins « entre les mains d'arminiens qui le plongèrent dans la fange » et dont il fut encore « tiré très à propos par le *miséricordieux Jéhovah*. » Encouragé par les sympathies et le salaire de la Société des missions, il partit alors pour Sierra-Leone. Des arminiens s'y trouvèrent encore ; il leur prêcha « une entière rédemption. » Sa doctrine n'était pas goûtée par ses collègues, dont chacun avait un Évangile qui ne concordait pas avec le sien. Aussi s'efforcèrent-ils de l'envoyer dans l'intérieur des terres ; là, toujours d'après sa relation, il eut bientôt réuni un nombreux troupeau de nègres, entièrement exempts de toute *teinte arminienne*. « Ils sont tous enseignés par l'Esprit Saint ; » mais il ajoute maladroitement que « le nombre des croyants est bien petit. » Tout cela est raconté à son ami, « persuadé, dit-il en finissant, que vous suivez avec moi chaque jour l'étude des actes du *miséricordieux Jéhovah*. » Il serait difficile de décider si cet homme était un habile comédien ou s'il avait terminé par la folie sa carrière aventureuse.

Cependant son biographe, Hawker, ne craint pas de le présenter comme « comblé des bénédictions de Dieu, plus qu'aucun autre de ses collègues anglicans en Afrique[1]. » M. Venn, secrétaire de la Société *Church Missionary*, assure aux souscripteurs qui ont constamment besoin de pareils stimulants, que les triomphes de saint François-Xavier « sont tout à fait insignifiants comparés à ceux de M. Johnson[2]. »

Nous nous tromperions néanmoins en regardant les rapports de ces singuliers missionnaires comme étant toujours des mensonges délibérés. On peut leur donner une autre explication. Un enthousiasme purement extérieur, que ces prédicateurs prennent souvent pour une émotion religieuse, bien qu'elle se produise et

---

[1] *Works* du Rév. Robert Hawker, D. D., vicaire de Charles. Plymouth ; *Memoirs* vol. I, p. 73 (1831).
[2] *The Missionary Life and Labours of Francis Xavier*, etc., par Henry Venn, B. D ch. VIII, p. 264.

nègres pour leur propre compte. Bornons-nous aux opérations des missions anglicanes dont l'histoire volumineuse a été composée par le révérend Samuel Walker; elle peut nous servir de type pour toutes les autres.

On trouverait plus d'intérêt à suivre M. Walker à travers les six cents pages de son volume s'il avait réellement écrit l'histoire des bienfaits apportés à cette malheureuse population; mais son ouvrage ne renferme presque exclusivement que d'enthousiastes panégyriques des vertus des missionnaires et de leurs épouses, d'interminables détails sur leurs mariages et sur la destinée de leurs enfants, de sorte que les indigènes n'y sont mentionnés qu'en parenthèse.

M. Walker rapporte que les journaux des missionnaires fournissaient, en 1836, des preuves abondantes de l'obstination des indigènes aux usages superstitieux de leur pays, quoique professant le christianisme. Quelques-uns au moins de ces obstinés disciples avaient l'habitude de recevoir la communion dans l'église anglicane[1]. M. Walker observe naïvement ailleurs, que, malgré leurs richesses et leur longue occupation, ils ne peuvent se mesurer avec leurs rivaux musulmans. « Les progrès du mahométisme à Charlotte ont été effrayants cette année. Les émissaires du faux prophète, disent les missionnaires en écrivant leurs rapports, ont des avantages manifestes dans cette colonie sur les prédicateurs de la religion chrétienne, qui ne sont accueillis que par un très-petit nombre d'indigènes[2]. » Il est à remarquer que, trente ans plus tard en 1863, un savant protestant qui visitait ces parages, apprenait ainsi le résultat de ses observations personnelles: « Je reconnais aux musulmans une supériorité incontestable sur les convertis des missionnaires[3]. »

Malgré tous ces aveux, M. Johnson décrit éloquemment à ses amis d'Angleterre les insignes vertus de ses disciples, et déclare que « le peuple tout entier paraît affamé de la justice de Jésus[4]. »

Ce même gentleman, ou un autre du même nom, adressa de Sierra-Leone à un ministre anglican deux lettres qui nous fournissent une vivante peinture du genre d'agents employés par la Société des missions pour représenter l'Église anglicane. « A l'âge de dix-neuf ans, dit-il en parlant de lui-même, je m'enfuis de la

---

[1] *The Church of England Mission in Sierra Leone*, p. 379.
[2] P. 305.
[3] *Wanderings in W. Africa*, par un membre de la Société royale de géographie, vol. I, ch. v, p. 253.
[4] *Africa's Mountain Valley*, ch. vii, p. 117 1856).

chrétiens ; alors eut lieu une de ces scènes curieuses dont les annales du protestantisme ont la spécialité, mais moins curieuse encore peut-être que les commentaires ajoutés par les auteurs protestants. « Dans cette difficile circonstance, dit Murray violent ennemi de la religion romaine, Horneman joua son rôle *avec un grand courage.* »

On s'attend peut-être à le voir donner sa vie pour sa foi? M. Horneman apprécie bien autrement l'existence. « Il tira tout à coup de ses bagages un exemplaire du Coran et déploya toute son habileté à lire et à interpréter ce monument sacré de la foi musulmane. Après avoir produit une profonde impression par cet acte inattendu, notre voyageur, qui avait ainsi établi sa réputation de croyant orthodoxe, partit avec sa caravane. » Enfin en 1805, sir William Young apprit du consul anglais à Tripoli que « Horneman vivait au milieu des mahométans, qui le vénéraient hautement comme marabout ou saint musulman [1]. » Il paraît qu'il mourut dans cette dignité vers l'année 1809.

En 1810, un Anglais nommé Adams fut pris par les disciples du prophète et conduit à Tombouctou. « Là, il récréait sa solitude par certaines licences qui auraient pu passer inaperçues, dit Murray, mais qui étaient regardées comme un crime impardonnable de la part d'un chrétien qui avait abandonné toutes pratiques religieuses [2]. »

Jusqu'ici, l'Afrique n'a pas encore contracté de grandes obligations envers l'Angleterre. Vingt-cinq ans plus tard, le même phénomène se reproduit. « Il m'est arrivé à moi-même, raconte en 1825 un représentant du gouvernement britannique dans ces régions, d'avoir rencontré un missionnaire étendu ivre-mort, au milieu de la rue ; d'en avoir connu un autre vivant avec une négresse ; un troisième conduit devant les tribunaux pour le meurtre d'un petit enfant qu'il avait fouetté jusqu'à la mort [3]. »

A la fin, le gouvernement anglais étant solidement établi dans cette colonie, les indigènes se réconcilièrent avec leurs nouveaux maîtres et s'éprirent d'admiration pour les missionnaires opulents, qui payaient avec une libéralité inattendue leur présence à l'école et au temple. Dès lors ces missions furent organisées d'une manière permanente, et Sierra-Leone put se réjouir de posséder dans son sein *dix-neuf* formes différentes de protestantisme.

Nous ne pouvons ici faire l'histoire de chacune d'elles, moins encore des modifications apportées au christianisme par les

[1] Murray, vol. II, p. 445.
[2] *Ibid.*, p. 501.
[3] *Travels in Western Africa*, par le major Alexandre Gordon Laing, p. 393.

MISSIONS PROTESTANTES.

SIERRA-LEONE.

L'Angleterre, qui possède la colonie de Sierra-Leone depuis plus d'un siècle, n'a pas été heureuse dans les premiers représentants de son Église ; ne pouvant déterminer ses propres enfants, elle eut recours à des étrangers de toute croyance, en particulier à des Allemands. Un de ces derniers fut envoyé en 1751 : le révérend William Moister nous l'apprend. Revenu en Angleterre après quatre ans d'absence, il ramenait trois enfants indigènes pour les y faire élever. Le sort de deux d'entre eux ne nous est pas connu, mais le troisième, appelé Quaque, reçut tout ce que l'Angleterre et son Église purent lui départir de plus hauts priviléges. Envoyé à l'illustre université d'Oxford, où il termina ses études, il fut ordonné et envoyé dans son pays comme chapelain du gouvernement. « Il occupa ce poste, assure M. Moister, pendant plus de cinquante ans ; mais il ne paraît pas qu'il ait été l'instrument de la conversion au christianisme d'un seul de ses compatriotes. Cela ne peut surprendre, lorsqu'on saura que sur son lit de mort il avait au moins autant de confiance au fétichisme qu'au christianisme[1]. »

Ce premier missionnaire anglican paraît avoir eu de dignes successeurs. En 1795, deux ministres furent encore envoyés; mais « par suite de l'inconduite de l'un et de la maladie de l'autre, la mission fut bientôt abandonnée[2]. »

En 1796, les Sociétés des missions de Londres et d'Écosse, après avoir délibéré sur les échecs antérieurs, résolurent de faire ensemble une nouvelle tentative. Mais l'unité et le protestantisme sont choses incompatibles; aussi, grâce à la maladie et aux dissensions, elle ne réussit pas[3].

Afzelius, botaniste suédois, rapporte qu'un bâtiment rempli de missionnaires méthodistes, partit de Londres en octobre 1797, et qu'une expédition semblable embarquée, l'année précédente, avait été complétement stérile[4].

En 1799, l'Association africaine envoya Frédéric Horneman, fils d'un ministre allemand. Lorsque lui et sa suite arrivèrent à Scivah, ils furent aussitôt menacés de mort en leur qualité de

---

[1] *Memorials of Missionary Labour in W. Africa*, ch. I, p. 41. Voir aussi *Ashantee and the Gold Coast*, par John Beecham, ch. x, p. 258.
[2] *Western Africa*, par J. D. East, ch. xi, p. 277.
[3] *Ibid.*
[4] *Précis sur Sierra Leona*, par C. B. Wadstrom, p. 87.

les mortifications du jour, ni comme les hérétiques qui, jeûnant sans mesure et sans règle, s'imaginent remplacer des vertus plus importantes; mais par un jeûne prudent et réglé comme saint Paul le recommande *pour tenir le corps en servitude* et châtier ses appétits désordonnés.

Ils auraient pu aussi leur répondre s'ils se l'étaient rappelé, que les deux seuls hommes qui eussent paru dans l'état de gloire avec le Rédempteur étaient les deux seuls qui avaient reçu la force d'imiter son jeûne surhumain de quarante jours et de quarante nuits.

Une dame française protestante, dont le déplorable langage fait oublier les égards dus à son sexe, rencontra dans l'école si infructueuse de M. Lieder, au Caire, un jeune Abyssin qui paraît avoir fait avec ses maîtres anglais les progrès ordinaires dans la plus complète infidélité ; ce jeune homme fit ce naïf rapport sur son pays natal : « Il y avait un missionnaire anglais dans mon pays, mais ils l'ont renvoyé ; et il y a maintenant un missionnaire italien qui a bâti une chapelle ; ils aiment la religion française plus que la religion anglaise [1]. » Un émissaire d'une Société de Londres se plaint un peu plus tard de voir la lutte terminée, et « les efforts des protestants pour envoyer de nouveaux missionnaires dans ces contrées complétement frustrés par les intrigues des Jésuites [2]. »

Le fait est, comme nous l'avons vu, que les protestants, d'après leur témoignage, furent plusieurs fois chassés par l'indignation du peuple, qui n'avait pas besoin d'être excité pour se débarrasser de maîtres dont les vies mondaines et les doctrines anti-chrétiennes forçaient les Abyssins, malgré leurs propres erreurs, à les regarder « comme des infidèles pires que des Turcs. »

AFRIQUE OCCIDENTALE.

Traversons ces vastes régions, qui ont déjà été si funestes à tant d'investigateurs de la science humaine, et, sans nous arrêter dans ces contrées immenses du centre de l'Afrique où le missionnaire catholique seul peut amener la civilisation, poursuivons sur la côte occidentale nos études commencées sur la côte opposée.

---

[1] *Journal d'un Voyage au Levant*, tome II, p. 446.
[2] *Journal of a Deputation to the East*, vol. II, p. 849.

Ce jugement, quoique sévère, n'était pas arbitraire. Non-seulement les Moraves ressemblaient à M. Gobat dans leur mépris pour les saints et leur aversion pour les mortifications corporelles, particularité qui était loin de les recommander à la sympathie des Éthiopiens, mais ils adoptèrent, comme le rapporte M. Parkins, le plan arrêté « de tuer des animaux de boucherie dans la maison de la mission pendant l'un des jeûnes les plus solennels du pays, afin de porter les pauvres et les affamés à pécher contre leur conscience. » Mais le seul résultat de ce singulier procédé fut de révolter les pauvres Éthiopiens et d'exciter une telle indignation, que « les missionnaires furent déclarés n'être pas chrétiens, et, lorsqu'ils partirent, ils ne laissèrent pas un seul ami[1]. »

Le grand apôtre se faisait tout à tous. Cependant, même aux Grecs impudiques et aux Syriens efféminés, il parlait du jeûne et de la mortification. S'il avait prêché dans l'Hindostan et l'Abyssinie, il aurait volontiers jeûné l'année tout entière. Les missionnaires protestants dédaignent ces procédés apostoliques. Pères de famille, absorbés par des soins séculiers, ils ont en horreur le jeûne, le silence et toute espèce de mortification : antipathies pour lesquelles ils ont toujours une justification tirée de l'Écriture. Mais en agissant ainsi, ils ne font que s'aliéner les chrétiens, les païens et les musulmans.

« Le peuple me fatigue de ses poursuites au sujet du jeûne, dit un Anglais voyageur en Afrique. Deux jeunes femmes Touarègues vinrent à moi. — Toi chrétien ! jeûnes-tu? (Elles n'avaient jamais vu quelqu'un qui ne jeûna pas). — Non, les chrétiens ne jeûnent pas. — *Les chrétiens ne connaissent donc pas Dieu?* me dirent alors ces femmes[2]. »

Le major Cornwallis Harris, Anglais protestant, ne fut pas moins indigné d'observations semblables faites par les Abyssins qui se demandaient les uns aux autres au sujet des membres de la mission anglicane conduits à Choa par cet officier : « Que peuvent-ils être? sont-ils juifs? mahométans ou quelque autre chose? Et lorsque quelqu'un suggérait charitablement qu'ils pouvaient bien appartenir à une sorte de chrétiens dégénérés, les assistants de reprendre: Chrétiens ! impossible : ils ne jeûnent pas[3]. »

M. Gobat, M. Richardson et le major Harris auraient pu leur répondre s'ils eussent voulu, que les chrétiens de l'école de saint Paul jeûnent, non comme les mahométans pour compenser la nuit

---

[1] *Life in Abyssinia*, vol. I, ch. xii, p. 148.
[2] Richardson, *Travels in the Great Desert of Sahara*, vol. I, ch. v, p. 143.
[3] *The Highlands of Æthiopia*, vol. II, ch. xxii, p. 184.

protestants devaient abandonner l'Abyssinie et chercher un autre théâtre. Là-dessus, dit le docteur Krapf, je dis adieu à mes domestiques après avoir prié et commenté les Écritures[1]. » Ainsi se termina la mission protestante en Éthiopie.

En 1862, un autre missionnaire protestant dans les mêmes parages raconte ses aventures, qu'il appelle avec raison « courses errantes. » Il avait commencé par promettre à l'Aboun qu'il ne prêcherait qu'aux juifs, mais il avoue franchement qu'il n'avait pas l'intention de tenir sa promesse. Elle se trouva réalisée par le fait.

Tout ce que nous trouvons dans le livre de ce prédicant se réduit à des peintures imaginaires de la joie avec laquelle tout le monde recevait ses Bibles; il n'ose jamais prétendre que ces largesses aient gagné un seul disciple.

Il paraît s'être contenté de courir d'un endroit à un autre, comme un voyageur qui cherche à butiner pour faire un livre. Toutes ses anecdotes ressemblent à celle-ci : « A Shargee, nous parlâmes de l'amour de Dieu et du sacrifice du Christ. En exhortant nos auditeurs à réfléchir sérieusement sur ces sublimes sujets, nous montâmes en selle, et nous voilà partis, » laissant les Abyssins à leurs réflexions.

La seule chose digne d'être citée dans tout l'ouvrage est un avis qu'il donne aux Sociétés des missions en Angleterre qui dans tous les pays se disputent le terrain. « Une pieuse rivalité, dit-il, entre les différentes sociétés religieuses serait nécessairement fatale au but qu'elles se proposent[2]. »

M. Gobat, le docteur Krapf et leurs associés immédiats ne furent pas les seuls émissaires du protestantisme rejetés de l'Abyssinie. Les Moraves aussi, nous apprend M. Mansfield Parkins, entretenaient une mission fort coûteuse dans ce pays; voici quel fut le résultat de leurs opérations : « Après avoir dépensé une grande somme en livres et en objets distribués et perdus, ils ne laissèrent pas un seul converti, ni même un seul qui consentît à dire d'eux autre chose, sinon qu'ils étaient des gens d'un bon naturel et généreux, mais que c'était dommage qu'ils fussent d'aussi entêtés hérétiques. Ceux mêmes que la reconnaissance, pour ce qu'ils avaient pu gagner auprès d'eux, portait à payer les bons frères de compliments aussi négatifs, étaient en petit nombre, comparés à ceux qui les traitaient publiquement d'infidèles pires que les Turcs. »

[1] *Travels in Eastern Africa*, ch. vii, p. 87; ch. viii, p. 110; ch. xi, p. 185, 457, 465.
[2] *Wanderings among the Falashas in Abyssinia*, par le Rév. Henry A. Stern, 1862, ch. xix, p. 294; ch. xx, p. 509.

« il y avait pris connaissance de la Bible et de la foi protestante. » Il pouvait même, au rapport de son maître, « défendre le pur christianisme des attaques des mahométans et des chrétiens superstitieux des Églises grecque, romaine et abyssinienne. » Mais c'était là tout son mérite. Il avait atteint ce degré au delà duquel aucun disciple des missionnaires protestants ne put jamais pénétrer, et, « malgré toutes les connaissances qu'il avait acquises, son cœur resta insensible et non régénéré. »

Incapable comme ses coreligionnaires des autres contrées de mentionner aucune victoire remportée par lui, le docteur Krapf se contente de célébrer celles des catholiques. « Les prêtres romains ont obtenu des conversions à Halai, Dixan, Kaich, Kur et plusieurs autres places sur les frontières du Tigré, plusieurs prêtres de l'intérieur leur ayant prêté la main. » Si nous interprétons bien son silence, ces mêmes prêtres étaient moins bien disposés à son égard ; cependant leur Aboun consentait à lui laisser le champ libre, et il nous rapporte, avec une grande simplicité, comment ce fonctionnaire intelligent lui avait manifesté sa conviction personnelle qu'il n'avait rien à craindre des missionnaires protestants.

« Les missionnaires, lui avait-il dit, ne font aucun tort à l'église d'Éthiopie, car ils distribuent des Bibles et c'est tout. » L'Aboun, malgré sa première éducation, savait que de tels moyens conduiraient à des résultats peu redoutables. M. Parkins nous a montré les feuilles de Bible servant à envelopper le tabac, et à d'autres usages non moins vils. Les huit mille Bibles distribuées par le docteur Krapf lui-même n'avaient fait d'autres conquêtes que celle « de l'insensible et non régénéré Wolda Gabriel. »

Mais les prêtres romains, disait l'Aboun au docteur Krapf, sont insupportables et contrarient mon gouvernement de l'Église. De plus ils font des conversions de toutes parts surtout dans les plus hauts rangs du clergé. Aussi lorsque Kaasa attaqua Ubié en 1853, l'Aboun lui assura sa coopération s'il promettait de bannir les missionnaires catholiques de Gondar; ce prince le promit à la grande joie du docteur Krapf, mais cette joie fut prématurée. La religion catholique est accoutumée à survivre à des adversaires plus redoutables que Kaasa, comme le docteur Krapf le découvrit bientôt. « Ubié travailla si courageusement dans les intérêts de Rome, » dont il avait appris à vénérer les nobles représentants dans les évêques Massaja et Jacobis, « que l'Aboun ne put même obtenir de ce prince sa faveur pour l'église abyssinienne à laquelle il appartenait. Il était donc évident que les missionnaires

mais ils se sont bientôt dispersés. Au milieu de ces vexations, continue-t-il, il était consolant de se rappeler ces paroles de l'Écriture : Ne crains pas, Abraham, je suis ton bouclier et je serai ta récompense infinie. » En attendant, la seule récompense qu'il mentionne est sa nomination à un poste confortable en Allemagne, pour lequel il abandonna les insensibles Wanikas.

Rebmann, qui abandonna aussi cette contrée en 1861, s'exprime ainsi : « Des voix macédoniennes me rappelèrent, et des succès inattendus me forcèrent à chanter un nouvel *Ebenezer de la Providence et de la Grâce.* » Il paraît que cela signifie, en langage ordinaire, qu'il avait persuadé à quatre sauvages de recevoir le baptême, bien qu'il avoue avoir eu beaucoup de peine à se persuader à lui-même de le leur donner. « Le matin du jour de la cérémonie, j'avais encore des inquiétudes d'esprit pour me décider à les recevoir comme membres de l'Église du Christ, tant ils me paraissaient faibles et ignorants, tant ils manquaient de connaissances sur la malice du péché et sur le prix de la rédemption du Christ leur unique Sauveur. » Mais la Société des missions en Angleterre avait besoin de quelques nouveaux faits sur l'Afrique orientale, devenue un achoppement pour les souscripteurs ; il fallait absolument baptiser quelqu'un. Le prétexte était facile à trouver. « J'allai en plein air, continue M. Rebmann, et je regardai le ciel ; la pluie se préparait à l'Orient pour descendre sur le sol altéré ; je ne pus m'empêcher de me rappeler alors la libéralité de la grâce de Dieu. » Aussi il les baptisa tous, et la Société *Church Missionary* se réjouit de ce triomphe[1].

De plus récentes observations semblent avoir modifié les vues du docteur Krapf sur l'efficacité du mariage des missionnaires dans le succès de leurs entreprises. « Le désir de s'établir le plus confortablement possible, de se marier, remarque-t-il, donne au missionnaire bien des tracas qui peuvent l'éloigner de son maître et de son devoir. Un tel désir le porte naturellement à s'inquiéter de choses inférieures et sans rapport avec sa mission, telles que la construction d'une maison, des projets de colonies, etc., etc. » Le docteur Krapf paraît donc s'être enfin partiellement rendu à la doctrine de saint Paul.

Comme M. Gobat, il réclame un seul disciple ; mais honnête homme comme il l'est, quoique missionnaire malheureux, il nous dépeint son vrai caractère. Wolda Gabriel, domestique du docteur Krapf, était originaire de Choa. Ayant été envoyé à Jérusalem,

---

[1] *Report for* 1862. p. 56.

théâtre de ses labeurs le Kurdistan au lieu de l'Abyssinie ou de Jérusalem, il y a lieu de croire qu'il aurait trouvé dans cette contreé les disciples qu'il n'avait pu s'attirer sur les fleuves de l'Éthiopie ou à l'ombre du mont Sion. Qu'il eût été accueilli dans le Kurdistan, sinon avec enthousiasme du moins avec sympathie, nous pouvons le conclure de l'observation faite par un Kurde à un voyageur anglais, auquel il signalait confidentiellement que les religions anglaises et kurdes étaient évidemment identiques : « Les uns et les autres, disait-il, nous mangeons la chair de porc, nous buvons du vin, nous n'observons point de jeûne et ne faisons point de prières[1]. »

M. Gobat assure qu'il fit cependant une conquête en Abyssinie, et nous sommes à même d'appuyer son rapport par le témoignage d'un de ses collègues. « Girgis abyssin, relate le docteur Wolff, fut converti par Gobat; » mais il ajoute, comme pour réprimer un sentiment d'orgueil un peu exagéré, que cet unique disciple « vendit comme esclaves deux enfants confiés à sa charge et se fit ensuite mahométan au Caire[2]. » Ce même Girgis, dans une biographie de M. Gobat, publiée par les soins de l'alliance évangélique, est proposé à l'admiration des protestants anglais comme un noble Abyssin, disciple dévoué de Kugler et de Gobat, « dont les instructions jointes à une étude diligente des saintes Écritures avaient hâté les grands progrès dans les sciences divines! »

Lorsque M. Gobat quitta l'Abyssinie pour aller continuer ailleurs sa carrière, il y fut remplacé par le docteur Lewis Krapf, qui semble avoir ressemblé à l'évèque anglican de Jérusalem, dans ses idées sur le christianisme et dans son succès à l'enseigner. M. Gobat se contentait de recommander le mariage aux prêtres abyssins pour leurs propres avantages; le docteur Krapf s'appuyait sur des motifs plus élevés. « Mon expérience m'a convaincu, assure-t-il, qu'un missionnaire qui n'est pas marié n'a pas de chance de réussir. » Cette opinion semble trahir une connaissance assez imparfaite de l'histoire du christianisme; la carrière du docteur Krapf n'encourage pas à regarder le mariage comme une garantie infaillible de succès du missionnaire. Il échouait partout.

L'indifférence des Wanikas, qui avaient eu leur large part dans la distribution de ses trente caisses de Bibles, l'affligeait beaucoup. « Mon cher collaborateur Rebmann avait réussi à rassembler un troupeau d'enfants à Bunni, et avait commencé à les instruire;

[1] *Nineveh and Persepolis*, par W. S. Vaux, M.A., ch. ii, p. 23.
[2] Wolff's *Journal*, p. 354.

heureux. Sa conduite, en général, nous avoue-t-il, et surtout sa répugnance invincible pour les mortifications corporelles, pour le jeûne en particulier, ne lui attirèrent pas l'estime des chrétiens d'Abyssinie. « Le plus grand nombre des moines, observe-t-il avec peine, sont devenus mes ennemis, et m'appellent musulman parce que je condamne l'adoration de la Vierge Marie, et que je n'ai aucune confiance en son intercession[1]. » Aussi trouva-t-il expédient de partir, le peuple refusant avec obstination de croire qu'un homme qui ne jeûnait jamais, qui n'avait aucune confiance dans la toute-puissante Mère de Jésus, et qui affirmait publiquement qu'elle était une pécheresse, pouvait valoir mieux qu'un Turc.

Comme une telle relation peut paraître impossible, même dans la bouche d'un homme qui est à la fois luthérien, allemand, agent de la Société *Church missionary*, et évêque anglican, nous ferons bien d'ajouter que M. Gobat rapporte dans son journal, pour l'utilité de ses lecteurs anglais, les mêmes arguments qu'il avait proposés sans succès aux Abyssins. La Vierge Immaculée était évidemment une pécheresse, pour deux raisons : premièrement parce qu'elle appelait Notre-Seigneur son Sauveur, et secondement parce qu'elle le laissa se séparer d'elle lors de son voyage à Jérusalem !

Un auteur allemand distingué observe que M. Gobat aurait tout aussi bien prouvé que Notre-Seigneur était lui-même un pécheur, parce qu'il avait voulu être baptisé, et parce qu'il avait volontairement quitté la compagnie de Marie et de Joseph[2].

Mais si les Abyssins refusèrent de croire que M. Gobat était chrétien, il ne fut pas moins surpris de les voir insensibles aux appâts de son code religieux si facile, et de sa forme de christianisme si agréable à la nature. « Si les prêtres, remarque-t-il, tout en blâmant leur indifférence pour cette source de bonheur, choisissent le mariage, ils n'ont rien à craindre excepté un peu de mépris et l'interdiction de l'exercice des fonctions sacerdotales[3]. »

Jusqu'ici M. Gobat n'a pu comprendre, ni pourquoi ces Éthiopiens le prenaient pour un Turc, ni pourquoi ils rejetaient sa gracieuse invitation à se marier ; parce que, remarque-t-il, tout ce qu'ils avaient à craindre était un peu de mépris et leur dégradation comme prêtres. Des raisons si futiles les empêchèrent d'embrasser la religion de M. Gobat. Si M. Gobat avait choisi pour

---

[1] *Journal of a Three Years' Residence in Abyssinia*, ch. IV, p. 325.
[2] *Les Lieux saints*, par Mgr Mislin, tome III, ch. XXVIII.
[3] *Ibid.*, ch. V, p. 349.

humaine, qu'elle était naturellement chrétienne. On peut dire, en parlant de la partie basse de l'âme, qu'elle est naturellement mahométane. »

Dans un autre endroit de sa lettre, parlant des moyens employés par les missionnaires et par les religieuses pour gagner la confiance des malheureuses populations de Zanzibar, il nous fait cette énumération pleine d'espérance :

« Des soins sont donnés aux pauvres, aux malades, aux vieillards, aux enfants ; ces services rendus à tous indistinctement ressembleront sans doute à la goutte d'eau qui tombe sur la pierre. Mais, si petite que soit cette goutte d'eau, pourvu qu'elle tombe toujours, elle finit par creuser une empreinte, puis un sillon. Un jour la pierre, fût-elle un rocher, se fendra. Les cœurs, il est vrai, sont parfois plus durs que le roc ; mais la grâce de Dieu sait changer les pierres en enfants d'Abraham. »

MISSIONS PROTESTANTES.

Quittons pour un moment la contrée des Gallas et de Zanzibar pour revenir à l'Abyssinie, afin de signaler les efforts des missionnaires protestants dans ce dernier royaume.

Les chrétiens d'Abyssinie, quoique bien déchus, professent encore une foi sincère aux sept sacrements. M. Rochet d'Héricourt, dont l'influence salutaire auprès du roi de Choa est signalée par M. Johnston, observait, il y a peu de temps, que le respect pour la Mère de Dieu les porte à célébrer chaque année trente-trois fêtes en son honneur[1]. De telles marques de piété, toujours récompensées par son Divin Fils, hâteront sans doute, malgré les abus qui les accompagnent, leur réconciliation avec l'Église. En attendant, ils se sont attiré la sympathie des protestants, qui, en réprouvant leur accord avec la doctrine catholique, louaient leur opposition à l'unité romaine. Afin de réprimer l'une et d'encourager l'autre, M. Gobat, représentant, sans y croire, la religion anglicane à Jérusalem, a visité l'Abyssinie. D'autres l'y avaient devancé. L'un d'eux, probablement M. Isemberg, fut assez heureux pour détourner, avant son expulsion, quelques indigènes d'embrasser le mahométisme. Espérons que cette bonne œuvre sera amplement récompensée. M. Gobat paraît avoir été moins

[1] *Second Voyage dans le pays des Adels et le royaume de Choa*, p. 227.

d'amitié. Cette visite, accomplie avec beaucoup d'appareils, produisit un grand effet dans la ville de Zanzibar, dont la population s'élève, parait-il, à quarante mille habitants[1]. Depuis cette époque, appelés sur le continent par le vœu des populations, les missionnaires doivent s'établir sur un terrain de sept hectares environ donné par un des chefs indigènes.

En parlant de la mission de Zanzibar, nous ne pouvons nous empêcher de mentionner la lettre si remarquable que M. l'abbé Fava adressait, le 12 août 1862, à MM. les présidents des conseils de la Propagation de la foi, après deux ans passés dans cette nouvelle résidence. Nous voudrions pouvoir la reproduire tout entière ; citons au moins en partie ce que M. l'abbé Fava nous apprend sur le mahométisme, dont il a si bien dépeint les caractères.

« Si en Europe on voyait les tristes fruits de cette doctrine, comme nous pouvons les voir dans l'Afrique et dans l'Asie, les vrais amis du bien jetteraient le cri d'alarme. L'Islam est, dans ces parages, le grand obstacle à la diffusion de la vérité chrétienne, de la civilisation, de l'unité et de la fusion des peuples. Hélas ! ailleurs on ne voit pas, on ignore, on est abusé, on se tait... Le mahométisme continue sa marche, les mosquées se bâtissent, les populations neuves, naturellement désireuses d'un enseignement positif, l'embrassent avec ardeur. Or, lorsqu'une fois un peuple est marqué du signe de cette religion sensuelle, il a posé entre lui et la vérité une barrière qu'il est difficile d'enlever.

Qu'est-ce, en effet, que le mahométisme? C'est la négation du dogme chrétien dans tous ses articles ; c'est le protestantisme oriental, mais le protestantisme dans toute sa plénitude. On dirait que Mahomet a invoqué tous les hérésiasques qui avaient paru avant lui, dans les six premiers siècles de notre ère, et que chacun d'eux a tracé un verset du Coran... »

Bien que les musulmans reconnaissent et proclament l'unité de Dieu, il règne parmi eux un esprit de superstition qui revêt parfois les formes de l'idolâtrie, dans ce qu'elle eut jamais de plus cruel. M. l'abbé Fava rapporte dans ses détails barbares l'immolation récente de trois jeunes vierges, pour détourner un malheur qui menaçait la contrée ; puis deux autres faits par lesquels il montre que « dans l'Islamisme, ce n'est pas seulement l'esprit qui s'égare, c'est aussi le cœur qui se ferme... »

Il termine par un rapprochement que personne ne devrait oublier : « Tertullien a dit, en parlant de la partie noble de l'âme

---

[1] *Annales*, mars 1864.

cice de mon ministère, écrivait, en 1853, Mgr Massaja, vicaire apostolique des Gallas; quelques années de patience persévérante me mettront à même d'être en communication avec Sennaar. » Sept ans plus tard, un missionnaire protestant nous apprend que cet intrépide prélat avait pénétré bien au delà de ce lieu si reculé. « J'ai ici, à Sandabo, avec moi deux disciples, l'un Abyssin, l'autre Gallas; ce dernier est d'une ferveur extraordinaire et j'espère l'ordonner prêtre dans le courant de l'année prochaine. Rien que la mort ne pourra jamais me séparer de mes néophytes, et si mon cadavre n'est pas accompagné à sa dernière demeure par une nombreuse suite de chrétiens, la terre ici est assez peu chère pour fournir un tombeau à mon indigne dépouille[1]. »

CÔTE ORIENTALE.

Sans nous livrer à des espérances exagérées, nous devons bénir la Providence de la nouvelle vie qu'elle semble vouloir donner à l'Afrique. Ce pays, jusqu'ici impénétrable, est attaqué de plusieurs côtés à la fois. De nouvelles Congrégations pleines d'ardeur se dévouent spécialement à évangéliser la race noire. Depuis l'entrée de la mer Rouge dans le golfe d'Aden, jusqu'au canal de Mozambique, six cents lieues de côtes viennent d'être confiées par la Propagande aux Pères de la Congrégation du Saint-Esprit et du Saint Cœur de Marie.

A la fin de 1860, M. l'abbé Fava, vicaire général de Saint-Denis, partit de Bourbon avec deux prêtres et six religieuses de la Congrégation des Filles de Marie[2], pour aller fonder une nouvelle mission dans l'île de Zanzibar. Le sultan accueillit avec bonté les missionnaires, qui ont pu déjà fonder un hospice, une école et un établissement d'arts et métiers.

En 1862, Mgr l'évêque de Saint-Denis remit cette nouvelle mission à la Congrégation du Saint-Esprit et du Saint Cœur de Marie. Dans une lettre du 29 juin 1863, écrite de Zanzibar, le révérend Père Horner parle de la visite que fit le sultan à la maison centrale : il vit les enfants réunis à l'école, assista à un examen, exprima son admiration pour les progrès déjà accomplis et donna aux Pères les meilleures promesses de protection et

---

[1] *Annals*, vol. IV, p. 178.
[2] Cette Congrégation a été fondée à l'île Bourbon en 1845 par le Père Le Vavasseur; elle reçoit indistinctement les personnes qui veulent se dévouer à la vie religieuse et au salut des âmes, sans acception de classe ni de couleur.

chienne établie d'abord à Gondokoro sur le fleuve Blanc. Un peu plus de précautions, le choix d'une résidence plus saine, eurent épargné bien des vies ; l'expérience du passé servira pour l'avenir. Cette mission est aujourd'hui établie dans la Haute-Égypte et continue à rendre de bons services à la cause catholique.

Le grand obstacle au retour de ces peuples à la vérité est le défaut de sécurité qui résulte des luttes actuelles entre les différents prétendants. La France ne manquerait pas de motifs d'intervention comme pacificateur ; elle aurait à venger l'honneur de son dernier consul. Nous voyons l'Angleterre beaucoup plus chatouilleuse au sujet du sien, aussi son influence grandit-elle chaque jour dans ces parages.

Il est encore d'autres entraves à la conversion de cette contrée : « L'islamisme, dit Mgr Massaja, veille sur toute la côte de ce vaste continent, et une immense ceinture de populations fanatiques constamment excitées par des émissaires de la Mecque, rend très-difficile aux catholiques l'accès à l'intérieur. Pleins d'ardeur dans leur prosélytisme, leurs moyens d'action sont illimités, et leurs progrès malheureusement trop rapides. Déjà les deux tiers au moins de la nation gallas sont musulmans. Dans l'Abyssinie chrétienne, ils forment le tiers de la population. »

Malgré ces terribles difficultés et le fait affirmé par Mgr Massaja, que le mahométisme tend à dominer, nulle secte hérétique de l'Orient n'ayant assez de vie pour arrêter ses progrès, les missionnaires catholiques poursuivent toujours leur tâche laborieuse, toujours exposés au péril et jamais abattus. Ils avaient déjà reçu, il y a six ans, l'abjuration de plus de dix mille Abyssins, parmi lesquels se trouvaient des membres de leur clergé. En mai 1860, Négoucié, l'un des princes les plus intelligents et des plus influents de l'Éthiopie, se joignit à l'unité catholique avec son peuple[1].

Quelque temps auparavant, il avait envoyé une ambassade solennelle au Pape, pour lui annoncer la liberté donnée à l'exercice de la religion catholique dans ses États et lui manifester son propre désir d'être réconcilié avec l'Église[2]. Cette conversion s'accomplit, mais malheureusement Négoucié fut massacré l'année suivante par un de ses compétiteurs.

De l'Abyssinie, où le symbole de saint Athanase doit évidemment triompher un jour des erreurs d'Eutychès et de Dioscore, la foi se répand, comme nous venons de le voir, jusque parmi les tribus sauvages des Gallas. « Je jouis d'une liberté parfaite dans l'exer-

[1] *Annals*, n° 126, p. 125.
[2] *L'Abolition de l'esclavage*, par Augustin Cochin, tome II, p. 522.

en conséquence à Rome pour indiquer les chances de succès. On eut égard à sa démarche, et immédiatement Mgr Massaja, de l'Ordre des Capucins, avec les Pères Félicissime, Juste d'Urbin et Cœsare, accompagnés d'un frère lai, furent envoyés en 1846 et se livrèrent avec le plus grand zèle à leur ministère. Ils ont fait des merveilles dans des pays dont les noms mêmes sont inconnus à nos géographes. Ils sont maintenant au nombre de dix dans cette mission.

Depuis plus d'un an Mgr Massaja était en possession de bulles du Souverain Pontife qui désignaient le Père de Jacobis pour la dignité épiscopale que son humilité avait déclinée jusqu'alors. Les instances de Mgr Massaja furent inutiles jusqu'à ce qu'il se vît obligé de lui commander, en vertu de la sainte obéissance, de recevoir l'onction ; l'humble missionnaire devint évêque de Nilopolis et vicaire apostolique d'Abyssinie. Vingt-cinq prêtres indigènes reçurent aussi l'ordination des mains de Mgr Massaja. Après s'être donné le baiser fraternel, les deux évêques proscrits se séparèrent.

Un nouvel incident vint ranimer les espérances des catholiques persécutés. Takla Alfa, supérieur de plus de mille moines, se présenta à Mgr Massaja pour faire entre ses mains l'abjuration de l'hérésie.

Mgr de Jacobis, malgré certains manques de précautions qu'il eût été facile d'observer, tels que de ne pas élever des constructions regardées comme prise de possession par les Européens, parvint à convertir environ douze mille schismatiques. Doué de rares vertus et regardé comme un saint, il mourut pour ainsi dire victime d'un manque de loyauté de la part d'un capitaine de frégate française qui est allé plus tard périr au Mexique. Ce capitaine avait donné sa parole de ne pas quitter le pays, et Mgr de Jacobis s'était rendu garant de cette parole auprès des indigènes. Cependant l'envoyé français, étant parti immédiatement avec son équipage, Mgr de Jacobis, menacé d'être mis aux fers ou d'être soumis à une rançon exorbitante, dut quitter le champ de ses travaux apostoliques et se réfugier dans un pays musulman insalubre, où ce saint évêque trouva bientôt la mort.

Mgr Bianchieri fut nommé pour le remplacer ; il se trouve maintenant en Éthiopie avec trois autres Pères Lazaristes ayant pour les aider cinquante prêtres indigènes catholiques. Dans ce pays, le moindre *padre* devrait être aussi instruit dans la langue sacrée que le sont les *professeurs* éthiopiens, condition presque indispensable pour leur bonne influence.

Nous devons aussi reconnaître les efforts de la mission autri-

homme sur son peu de probité. Le coupable s'enfuit aussitôt et alla se réfugier dans une église appartenant à une secte différente de celle que reconnaît l'Aboun, et y raconta publiquement ce qui venait de se passer.

Les Éthiopiens, sans se soucier de condamner l'infidélité du régisseur, en tirèrent seulement la conclusion, qu'un Aboun menteur est indigne de son rang, qu'il doit abdiquer et faire pénitence. Lors d'une discussion très-vive entre différents schismatiques, on se permit à son égard en public des paroles un peu aigres, et lui, se rappelant ses premières fonctions, rendit injure pour injure, en véritable ânier du Caire.

Le farouche Kaasa, qui, à son arrivée au pouvoir, avait pris le titre d'empereur Théodore et s'était ouvertement déclaré pour le schisme, ayant un jour auprès de lui l'Aboun dont il était mécontent, dit à ses soldats : « que celui qui m'aime apporte des épines. » A l'instant, on entoura l'Aboun de cette prison improvisée. On dit même que tout récemment Kaasa l'a fait enfumer dans une caverne.

Après cette fâcheuse expérience, les Éthiopiens, lors d'une nouvelle vacance du siége épiscopal, ne seront pas éloignés de s'adresser à Rome, comme ils l'ont spontanément déclaré à M. Antoine d'Abbadie.

Ce savant voyageur arrivait dans ce pays immédiatement après une exécution populaire dont il faillit être victime; les ministres protestants venaient d'être une première fois chassés. Les prédicants bannis le signalèrent comme un espion du papisme, et pendant tout son séjour sur les rivages de la mer Rouge il fut inquiété par les agents britanniques, qui lui faisaient offrir de temps en temps un passage gratuit pour le ramener en Europe et l'éloigner du théâtre de ses travaux.

Les souvenirs laissés en Éthiopie par les Pères Jésuites ne sont pas effacés. Avant les troubles actuels, un des princes Éthiopiens, Gotcho, avait écrit à Rome pour demander *des professeurs de la maison de Jésus*. Son héritier est maintenant tout occupé à faire la guerre à Kaasa. La famille autrefois régnante avait été ramenée tout entière à l'unité par les Pères Jésuites ; les bonnes traditions ne sont pas encore éteintes : il serait facile de les raviver.

Au delà de l'Éthiopie, et dans l'intérieur de l'Afrique, vivaient les nombreuses et vaillantes tribus des Ilmorma, qui n'ont plus qu'un faible vestige de christianisme. M. Antoine d'Abbadie, ayant fait un premier voyage chez ces peuples dits *Gallas* par les étrangers, vit la grande facilité qu'on aurait à les ramener à la vraie foi ; il écrivit

Avec ses doctrines protestantes, les bons moines en furent très-embarrassés ; ils s'en étaient plaints au patriarche, juste à l'instant où les ambassadeurs venaient solliciter un candidat. Rien de mieux que d'en faire un Aboun d'Éthiopie ; mais il y avait une difficulté.

« Votre Sainteté, objectèrent les Éthiopiens, sait que d'après les anciens usages, lorsqu'il s'agit de remplacer notre Aboun, le patriarche d'Alexandrie présente trois candidats. — Je n'en ai pas d'autres à vous donner, répliqua le patriarche. — Mais votre Paternité nous permettra de lui faire observer que, d'après les saints canons, on ne peut recevoir l'onction épiscopale avant l'âge de trente ans. » — Le patriarche, qui voulait garder l'argent et se défaire d'un moine suspect, ordonna aux envoyés de recevoir ce candidat sous peine de n'en avoir aucun, se disant en lui-même qu'il était assez bon pour un tel peuple. En effet, dans une conversation qu'eut M. d'Abbadie avec ce personnage, il exprima ses sentiments. « Les Éthiopiens sont tous des ânes, » lui dit formellement le patriarche.

Le jeune Aboun partit donc pour son nouveau poste. D'après la rumeur publique, il ne tarda pas à se livrer au libertinage le plus éhonté, et il se mit à trafiquer en esclaves. Mais ce qui fut surtout funeste à sa considération, il se permit au moins un mensonge public. L'histoire en est assez curieuse.

On fit entrer chez l'Aboun un de ses régisseurs qui venait d'une de ses provinces éloignées données en apanage. Cet homme apportait la contribution annuelle payée toujours en nature dans ces pays peu civilisés ; c'étaient des pots de miel, du grain et des toiles. L'Aboun soupçonnait un déficit dans les pots de miel, il s'en plaignit ; et comme le régisseur affirmait que le compte était exact, l'Aboun le lui fit jurer *par sa mort*. Cette formule, très-usitée en Éthiopie, expose légalement à la mort le serviteur parjure qui a invoqué la mort de son maître pour soutenir une fausseté.

Après ce serment, l'Aboun parla d'autre chose, puis demanda à cet intendant sa tabatière sous prétexte d'y prendre une prise. Et s'adressant en langue étrangère à un serviteur, il le chargea d'aller à la demeure de l'intendant, et d'y demander, de la part de celui-ci, ce qui restait du miel, en ayant soin de dire qu'il avait reçu la tabatière comme preuve de la vérité de sa mission. Cette manœuvre frauduleuse ayant fait venir chez l'Aboun le miel que le régisseur avait voulu s'approprier, l'évêque de l'Éthiopie, tout en se vantant de l'habileté de sa manœuvre, se mit à railler cet

pays des Bilen, dit Bogos. Toute cette petite contrée revint à l'*unité* en se faisant catholique.

D'après les dernières nouvelles, ce digne missionnaire fut mis aux fers par le dominateur actuel nommé Kaasa, soldat de fortune, qui, après une suite de combats heureux, a fini par vaincre tous les chefs qui gouvernaient l'Éthiopie. Le même sort fut infligé au consul français et au consul anglais. Mais comme la Grande-Bretagne sait faire respecter partout ses nationaux, elle a envoyé tout dernièrement un régiment anglais pour inspirer à Kaasa une conduite moins violente.

Avec un peu de persévérance, il ne serait pas difficile de faire comprendre aux Éthiopiens, en général très-intelligents, qu'ils sont indignement trompés par leurs misérables *Aboun* (métropolitains), et particulièrement par le dernier qui n'a aucun droit à leur servir de guide spirituel. L'histoire de sa nomination mérite d'être connue.

Après la mort de celui qui précéda le titulaire actuel, les Éthiopiens, privés d'évêque depuis un bon nombre d'années, et par égard pour le Père de Jacobis, supérieur des Lazaristes, s'adressèrent à lui afin qu'il voulût bien convoyer leurs ambassadeurs jusqu'au Caire. Il s'agissait de demander au patriarche d'Alexandrie, leur supérieur depuis des siècles, qu'il leur désignât un Aboun. Le Père de Jacobis crut possible de se prêter à leurs vœux ; et par condescendance, il permit à l'ambassade de l'accompagner jusqu'au Caire lorsqu'il se rendait lui-même à Rome en 1841.

Les envoyés se présentèrent devant le patriarche qui, en vertu de sa charge et à titre de successeur de saint Marc, est regardé en Éthiopie comme un saint. La première chose qu'ils firent en l'abordant fut de déposer à ses pieds une somme de *trente cinq mille francs*, comme marque de vénération de la part de ses enfants qui venaient lui demander un Aboun.

Pour réunir cette somme on avait depuis longtemps établi sur chaque Éthiopien l'impôt annuel d'un *sel* (quatre sous environ par tête). Ce tribut était connu sous le nom de l'*achat de l'Abun*. Plus tard, dans les discussions qui eurent lieu entre le prélat actuel et ses ouailles, celles-ci lui reprochaient publiquement son peu d'égard pour ses fidèles, puisqu'il avait été acheté par eux.

Le patriarche avait un moine dont il voulait se défaire : jeune homme de vingt-deux ans, d'abord conducteur d'âne au Caire, puis élevé gratis à l'école protestante de cette ville, il était entré dans un couvent de moines coptes pour mener une vie oisive.

part des prêtres schismatiques abyssins[1]. » Il ne fut pas le seul à en être victime.

Après une conversation avec M. Antoine d'Abbadie, qui connaît peut-être le mieux en Europe tout ce qui concerne l'Éthiopie, puisqu'il en possède les langues après un séjour d'exploration de plusieurs années, et des études partagées avec M. Arnould d'Abbabie son frère, nous sommes heureux de pouvoir donner les indications suivantes et de signaler les espérances que ce pays semble permettre à l'Église.

Le schisme dominant en Éthiopie forme trois branches : la branche *Karra* qui veut dire *couteau*, la branche *Qubeat*, c'est-à-dire *Onction*, et la branche *Ya-sost-Lidat* ou des *trois naissances*. Cette dernière, qui comprend beaucoup de gens instruits, se rapproche tellement du dogme catholique qu'il est difficile, d'après nos missionnaires, d'en saisir la différence.

Malgré ses erreurs, ce peuple a conservé un profond sentiment religieux joint à un grand respect pour sa hiérarchie, qu'il fait remonter à saint Marc. Longtemps avant nous, comme du reste presque toute l'Église orientale, ils ont reconnu le dogme de l'Immaculée Conception. Le pèlerinage de Jérusalem, avec toutes ses difficultés, la misère et même la mort, est une de leurs dévotions les plus chères. Une langue sacrée est en usage pour les prières et pour les citations de l'Écriture. La science chez eux est en honneur, et ses dépositaires qu'ils appellent *professeurs* sont certains d'exercer une grande influence sur leurs élèves.

Toutefois, avec ces bonnes dispositions, leur ignorance et celle de leurs prêtres est incroyable. Par exemple, il est une idée très-répandue, que la foi se perd lorsqu'on s'avise de boire du lait de chameau : motif pour lequel la tribu des Bilen, comme tant d'autres, fut abandonnée par les prêtres schismatiques, ce qui facilita chez ces derniers l'action du Père Stella dont nous allons parler.

Abandonnés par leurs pasteurs, ces pauvres gens, faute de mieux, ont regardé les fils de prêtres comme jouissant de la succession apostolique, sans avoir besoin d'imposition ni même de baptême, pour exercer les fonctions sacerdotales.

Ils savent reconnaître un service rendu, en voici la preuve. Lors des derniers troubles, le Père Stella, de la Congrégation des Missions, était parvenu, grâce à l'intervention du consul anglais, à détourner une invasion de Turcs qui voulaient pénétrer dans le

---

[1] *Life in Abyssinia*, vol. II, ch. xxxi, p. 89.

Leur caravane se composait de dix missionnaires, dont six étaient destinés aux provinces de l'intérieur de la Chine. En quatre jours et quatre nuits, voyageant ordinairement à pied, à cause de leurs faibles ressources, ils arrivèrent à Suez. Là, une semaine plus tard, la cité entière, sans en excepter même les musulmans, rendait hommage à la religion, en saluant avec enthousiasme l'arrivée d'une humble colonie de religieuses, au nombre de six, appartenant à la Société de Jésus-Marie ; elles venaient de Lyon et se rendaient, accompagnées de l'abbé Caffarel, pour fonder une école de jeunes filles à Agra, aux Indes orientales [1].

Le Père de Jacobis était à son second voyage en Éthiopie, après avoir conduit à Rome, en 1841, un certain nombre d'Abyssins qui, à son instigation, étaient venus rendre hommage au Souverain Pontife. Deux laïques, les capitaines Galinier et Ferret, ont parlé en ces termes de son voyage : « L'abbé de Jacobis arriva en Abyssinie au milieu d'une anarchie complète par suite de la défaite d'Ubié, roi de Tigré, à la bataille de Devra-Tabor. La route qui conduit de Massouah à Adua était hérissée de périls ; M. de Jacobis n'hésita pas cependant à retourner à son poste, et tous les chefs révoltés qu'il rencontra le traitèrent avec le plus grand respect. Un bon nombre des habitants d'Adua vinrent à sa rencontre et l'accueillirent comme un père qu'ils étaient heureux de recevoir après une si longue absence.

« Quel que soit donc le chef vainqueur, la mission catholique restera établie en Abyssinie. Nous devons cet heureux résultat à la conduite des missionnaires et surtout à la bonté inépuisable, au zèle et aux éminentes vertus du Père de Jacobis. »

Appartenant à une famille distinguée, il avait quitté la cour de Naples, où il exerçait les fonctions de confesseur de la reine, et avait demandé les missions pour se soustraire à la dignité épiscopale. Ce fut alors que la Congrégation de Saint-Lazare l'envoya en Éthiopie.

Voici comment s'exprime le docteur Beke, ministre protestant : « Les prêtres italiens de la mission catholique romaine, l'abbé de Jacobis et ses compagnons, m'ont reçu en frère plutôt qu'en étranger [2]. » M. Mansfield Parkyns rapporte, avec la bonne foi d'un gentilhomme anglais, que « l'estime et l'influence, acquises à l'abbé de Jacobis par sa conduite vraiment chrétienne et sa charité bien entendue, étaient devenues un sujet de jalousie et de haine de la

---

[1] *Annals*, vol. IV. p. 46.
[2] *Statement of Facts relative to the British Mission to Shoa*, p. 17 (1846).

et le désordre auxquels ses sujets ignorants et hérétiques étaient en proie, de les renvoyer de son royaume. Ainsi continua cette lutte inégale. L'Église, comme son divin Chef, n'abandonne jamais ceux qu'elle a résolu de sauver, et ne fait jamais inutilement appel aux serviteurs qu'elle invite à de pareils travaux. Elle sait que la vue de la souffrance et de la mort même sera plus capable de ranimer que de décourager leur zèle. Examinons ce que font leurs successeurs dans ce pays.

Le Père Montuori, de la congrégation de Saint-Lazare, à laquelle cette mission est confiée, écrivait en ces termes, de Gondar, à son ami l'abbé Guarini à Rome en 1840 : « Vers le milieu de septembre de l'année dernière, nous quittâmes Cosseïr pour nous rendre à Djeddah. Nous nous embarquâmes à bord d'un vaisseau arabe, chargé de transporter du blé pour le gouvernement d'Égypte. Le voyage fut loin d'être agréable; mais pourquoi parler de privations et de dangers? Nous les acceptâmes comme présages favorables du sacrifice que nous étions appelés à offrir au cœur de l'Éthiopie.... Le 1er novembre, nous atteignîmes Adua, la première ville importante de l'Éthiopie. Le Père Sapeto vint nous rejoindre. Le Père Jacobis et moi nous étions obligés de réciter notre office à voix basse, de manière à ne pas être entendus; nous célébrions rarement la sainte messe, et lorsqu'il nous arrivait de le faire, c'était toujours en secret comme dans les Catacombes. » Enfin, laissant le Père de Jacobis à Adua, il arriva à Gondar, cette capitale d'où sont sortis à différentes époques tant d'édits sanguinaires contre les missionnaires catholiques.

Le 25 avril 1842, le Père de Jacobis écrivait ainsi de Massouah à l'abbé Spaccapiétra à Naples : « Le 14 février, jour où nous laissâmes le Caire pour continuer notre voyage vers l'Abyssinie, nous fûmes témoins d'un édifiant spectacle. Dans cette ville, les évêques et les prêtres missionnaires se trouvaient réunis dans le couvent des Franciscains ; quelques-uns d'entre eux, récemment arrivés des Indes et de l'Arabie, allaient à Rome, pour rendre compte au Père commun des fidèles de leurs travaux apostoliques; d'autres dirigeaient leurs pas vers l'Éthiopie ou la Chine pour y remplir les places que les martyrs avaient laissées vacantes. Prosternés au pied du même autel, nous renouvelâmes à Notre-Seigneur le sacrifice de nos vies, et, après nous être dit un fraternel et dernier adieu, nous nous séparâmes en nous donnant rendez-vous au ciel [1]. »

---

[1] *Annals*, vol. II, p. 347.

leuse mission, à la demande de Jules III, s'embarqua à Lisbonne en 1550, avec quelques soldats portugais dont l'héroïque valeur défendit David, roi des Éthiopiens, contre les mahométans. Avec lui se trouvait le Père Oviedo, qui opéra un grand nombre de conversions et qui devint patriarche à son tour. Après avoir vu plusieurs de ses frères martyrisés, Oviedo fut lui-même envoyé en exil par les artifices de ses ennemis implacables, et là, il se vit exposé à mourir de faim[1]. Jusqu'ici, les missions catholiques avaient obtenu des succès partiels entremêlés de grands revers. En 1589, comme Gibbon le dit avec raillerie, quarante ans de patience et d'habileté[2] semblaient avoir enfin triomphé. Le Père Paëz avait reçu l'abjuration solennelle du roi, qui non-seulement se déclara lui-même gagné à la foi de Rome, mais en fit encore la religion reconnue de ses États, et elle le fut pendant une longue suite d'années[3]. Le 11 décembre 1624, l'Église d'Éthiopie abjura solennellement les erreurs d'Alexandrie et se soumit au Saint-Siège.

En conséquence de ces événements qui paraissaient établir la religion sur des bases solides, Mendez fut envoyé en qualité de patriarche; mais le peuple se révolta, et à la mort de Socinios en 1632, son successeur Facilidas donna ordre à tous les missionnaires catholiques de quitter son royaume. Depuis ce moment, ce ne fut qu'au péril de leur vie qu'ils purent y pénétrer. Martyrisés par les mahométans ou par les tribus Gallas plus féroces encore, ils pouvaient désormais être des victimes, mais non des apôtres. En 1698, Louis XIV envoya le médecin Poncet, accompagné du Père Brévedent, de la Compagnie de Jésus. « Je peux dire en toute vérité, écrivait le docteur Poncet, au sujet de ce Père qui mourut de la dysenterie après avoir pénétré dans l'Éthiopie, que je n'ai jamais connu un homme plus hardi et plus intrépide dans les dangers, plus ferme et plus ardent dans la défense des intérêts de la religion, plus modeste et plus dévoué dans ses rapports et dans toute sa conduite[4]. »

En 1752, trois Pères Franciscains, bravant la mort, pénétrèrent jusqu'à Gondar, pendant le règne de Yasous II, et instruisirent dans la foi plusieurs membres de la famille royale[5]. Mais le roi, malgré son attachement pour ces Pères, se vit obligé par l'anarchie

---

[1] *Nouveaux Mémoires du Levant*, tome IV, p. 277 et suiv.
[2] *Ibid.*, ch. XLVII.
[3] *Discoveries in Africa*, vol. II, ch. I, p. 56.
[4] *Lettres édifiantes*, tome III, p. 299.
[5] Salt's *Travels in Abyssinia*, app., p. 54.

simplement une dispute de mots. Et pour que nous puissions apprécier plus clairement encore son zèle pour la gloire de Dieu, il ajoute : « Les monophysites et les nestoriens soutenaient également la divinité de Notre-Seigneur ; leur dispute roulait uniquement sur le mode de son incarnation[1] ! » Pourquoi le docteur Lee montrerait-il plus de respect pour les vertus des missionnaires catholiques que pour le mystère de l'Incarnation ?

Passons de cet écrivain à des auteurs plus graves, possédant une connaissance plus exacte du christianisme et de son histoire en Abyssinie. Ils nous apprennent que Frumentius, disciple de saint Athanase, en fut le premier évêque. M. d'Abbadie rapporte que les chrétiens d'Abyssinie, pays qu'il appelle toujours Éthiopie conformément aux indigènes, célèbrent encore tous les ans, malgré leur dégradation, une fête en son honneur. L'Éthiopie, dépendante dès l'origine du patriarcat d'Alexandrie, embrassa comme sa métropole l'hérésie de Dioscore, et à partir de cette époque commença l'histoire de ses longs malheurs. L'impératrice Théodora, protectrice zélée des erreurs d'Eutychès, envoya des émissaires dans cette contrée ; il semble probable qu'au neuvième siècle au plus tard l'œuvre de destruction était consommée. Les musulmans ont subjugué l'Éthiopie au quinzième siècle, avant l'entrée des missionnaires catholiques. Les indigènes, aidés des Portugais sous Christophe de Gama, reconquérirent bientôt leur indépendance, qu'ils ont depuis lors conservée.

« L'islamisme, aujourd'hui si affaibli en Europe, s'est ravivé en Afrique, nous apprend M. d'Abbadie. Il a déjà gagné à ses doctrines les tribus sauvages ou demi-chrétiennes qui entourent l'Éthiopie, et après les avoir séparées du monde chrétien, ce système fatal s'acharne à absorber peu à peu cette contrée malheureuse. » « Les Turcs et les Arabes, assure Werne, sont aussi persistants dans leur prosélytisme que les missionnaires européens[2]. » L'hérésie est trop faible pour leur résister. M. Warburton nous apprend qu'un nombre considérable d'apostats embrassent chaque année le Coran dans des vues de mariage ou de fortune[3].

Telle est à grands traits l'histoire de l'Église fondée par Frumentius, dirigée par les conseils de saint Athanase ; telles sont les suites de sa séparation d'avec l'unité. Voyons ce que la charité catholique a entrepris pour relever ce temple en ruines.

Le patriarche Nugnez, choisi par saint Ignace pour cette péril-

---

[1] *History of the Church of Abyssinia*, p. 5.
[2] *Expedition to discover the Sources of the White Nile*, vol. I. ch. II, p. 59.
[3] *Crescent and Cross*, vol. I, ch. XIV. p. 159.

but que celui de soustraire les métaux précieux et autres trésors dont cette contrée abonde. Il serait aussi raisonnable de dire que saint Paul vint en Grèce avec de pareilles intentions.

L'Abyssinie, relatait il n'y a pas longtemps M. Desvergers, est une contrée pauvre quoique le sol en soit fertile ; nul autre motif que la religion n'a pu engager des missionnaires instruits et bien nés de France, d'Espagne et de Portugal, à y pénétrer[1]. Le Père Montuori écrivait de Gondar en 1840, qu'il avait trouvé un roi de ce pays « vêtu d'un simple caleçon et ayant pour trône quelques haillons étendus sur la paille[2]. » Un voyageur anglais témoignait récemment sa surprise d'avoir vu la capitale de l'un des royaumes les plus importants de l'Éthiopie, semblable à un village, se composant de huttes recouvertes de chaume[3]. D'autres écrivains nous fournissent le moyen de poursuivre plus avant la critique des fables du docteur Lee, dont l'imagination a fourni tous les faits et dont la malice élabora tous les commentaires. Ces calomnies sont fondées presque uniquement sur l'histoire d'Éthiopie de Ludolphe, ainsi caractérisée par un Anglais protestant : « C'est évidemment l'œuvre imaginaire de ce que devrait être la foi de l'Église d'Abyssinie plutôt que de ce qu'elle a jamais été ; lui attacher la moindre importance serait abuser grossièrement du public[4]. » Ce peuple, dont Ludolphe par haine pour l'Église, exaltait les vertus, « professe, dit un protestant, le christianisme le plus dégradé qu'on puisse rencontrer sur la surface du globe[5]. »

Le docteur Lee puisa sans doute ses inspirations dans Bruce, qui traite le Père Paëz « d'imposteur » et le Père Lobo « du plus insigne menteur parmi les Jésuites. » Le docteur Beke, protestant qui a visité dernièrement l'Abyssinie, avoue, malgré ses préjugés, que le Père Paëz avait découvert et décrit la source de la rivière Abay longtemps avant Bruce, et fait entendre que celui-ci a probablement composé son histoire d'après les relations des missionnaires qu'il méprise et calomnie[6].

Telles sont les armes employées par les ennemis de l'Église ; et le professeur Lee nous révèle sa valeur comme historien chrétien en nous informant au sujet des hérésies de Nestorius et de Dioscore, que les luttes qui ont si longtemps divisé l'Église orientale sont

---

[1] *Abyssinie*, par M. A. N. Desvergers, p. 10.
[2] *Annals*, vol. II, p. 348.
[3] Parkins, *Life in Abyssinia*, vol. I, ch. XIII, p. 161.
[4] Johnston, *Travels in Southern Abyssinia*, vol. II, ch. V, p. 80.
[5] *Christianity among the Gallas*, par C. J. Beke, Ph. D. (1847).
[6] *Mémoire justificatif en réhabilitation des Pères Paëz et Jérôme Lobo*, p. 69. Cf. *Histoire de ce qui s'est passé au royaume d'Éthiopie*, p. 254 (Paris, 1629).

Il est à noter que, même dans ces lieux si éloignés et si peu visités, nous trouvions encore des écrivains protestants pour nous fournir les données du contraste difficile à établir sans leur secours. « Un certain prédicant allemand, écrivait un Anglais peu de mois avant le récit de M. Hamilton, « exaspéré d'avoir subi une amende de quelques dollars, demandait aux autorités d'Aden de menacer d'incendie le lieu où il avait souffert cet affront. Un voyageur, ajoute le narrateur de cet incident, quand même il eût été laïque, » et encore plus s'il se dit missionnaire, « doit savoir accepter avec calme de pareilles mésaventures [1]. »

ABYSSINIE, GALLAS.

L'histoire des missions dans l'Abyssinie, qu'il serait plus exact d'appeler Éthiopie, a été écrite par quelques protestants dont la plupart s'étaient tenus à trois cent cinquante lieues environ des événements qu'ils prétendaient reproduire en empruntant leurs récits aux missionnaires catholiques. Nos connaissances sur l'Éthiopie, le Congo et autres régions intérieures de l'Afrique sont basées exclusivement, comme le remarquent les auteurs anglais de l'*Universal History*, sur les relations des missionnaires qui ont pénétré sous ces climats brûlants, au milieu des nations barbares, en affrontant les plus grands périls et des obstacles de tout genre pour propager l'Évangile. Ces annalistes protestants admettent que « la chaleur, les maladies, le manque de vivres, pour ne rien dire des martyres fréquents, firent un si affreux ravage, qu'après six mois de séjour et de travaux, un sur dix à peine put survivre [2]. »

Malgré des faits si notoires, quelques auteurs protestants modernes s'imaginèrent que les catholiques seraient enfin expulsés de l'Abyssinie ; nous verrons leurs espérances déçues. Un écrivain officiel n'a pas honte de citer les peintures que fait Gibbon des « artifices pratiqués par les Jésuites [3]. » Les Jésuites d'Abyssinie, dit le révérend docteur Lee, professeur de langue arabe à l'université de Cambridge, dans sa préface au journal du docteur Gobat, étaient des prodiges d'infamie et de cupidité — les mots qu'il emploie sont plus grossiers encore, — et ils n'avaient d'autre

---

[1] *First Footsteps in East Africa*, par R. Burton, ch. i, p. 13 (1856).
[2] *Universal History*, vol. XI, p. 163.
[3] *Journal of a Deputation to the East*, vol. II, p. 849 (1854).

rances, et continue en ces termes : « Si jamais cette mission est couronnée de succès, la conquête spirituelle des vastes régions inconnues du centre de ce continent sera placée au nombre des plus beaux triomphes des temps modernes. Des artisans de diverses professions, pionniers de la religion et de la civilisation, sont attachés à cet établissement, de sorte que les élèves peuvent apprendre une multitude d'arts utiles et les porter ensuite au milieu de leurs compatriotes. Le supérieur visite tous les ans les trois établissements fondés sur les bords du Nil Blanc ; si comme j'en ai la confiance, sa patience et sa sagesse égalent son zèle et celui de ses collaborateurs, ils parviendront à surmonter les difficultés immenses que rencontre partout leur entreprise. Chez les Turcs comme chez les Arabes, Abuna-Suliman, nom sous lequel est connu le docteur Ignace Knoblecher, jouit de la plus haute considération ; partout j'ai entendu parler de lui avec respect, même par les Coptes, moins capables que tous les autres d'apprécier ses qualités. »

Cet écrivain consciencieux nous fournit encore quelques détails importants : « Plusieurs missionnaires ont déjà péri victimes du climat et peut-être aussi de leur excessive austérité ; mais ils ont passé en faisant le bien. Ceux qui étaient restés assez longtemps dans le pays pour être connus, ont laissé chez les païens même un souvenir vénéré, et le chant funèbre de l'un d'eux qui mourut l'année dernière vers les sources du fleuve, don Angelo Minco, gentilhomme véronais, a été composé par les nègres et continue à être chanté dans leurs assemblées [1]. »

L'honorable témoignage de M. Hamilton est confirmé par un Américain protestant qui avait été l'hôte du préfet apostolique. Il fait un grand éloge de son esprit cultivé, de ses connaissances variées, et mentionne le succès des prêtres catholiques dans leurs écoles de Khartoum [2]. M. Petherick reconnait en 1861, que « des Européens et des Coptes ont profité avec bonheur de cet établissement pour l'éducation de leurs enfants [3]. »

M. Hamilton signale l'impiété des commerçants européens que l'appât du gain attire dans ces régions. « La patience exemplaire avec laquelle le vicaire général et ses collègues à Khartoum ont supporté les violences qu'ils avaient les moyens de réprimer, excita mon admiration. »

[1] *Sinai, the Hedjaz, and Soudan*, par James Hamilton, ch. xiv, p. 552 (1857).
[2] *Journey to Central Africa*, par Bayard Taylor, ch. xxiii, . 500.
[3] *Egypt, the Soudan, and Central Africa*, par John Petherick, F. R. G. S., H B. M., consul dans le Soudan, ch. viii, p. 131.

-gieux. A mon retour au Caire, durant une audience du vice-roi, j'eus la consolation d'obtenir une bonne promesse pour l'érection d'une église à Négadeh [1]. »

Entre Thèbes et Khartoum, il n'y a qu'un seul prêtre catholique, qui habite le village de Scellal ou des cataractes, à côté de l'île de Philoe. Espérons que la magnifique maison élevée à Scellal sous les auspices de l'Autriche deviendra le centre d'où partiront plus tard de zélés missionnaires pour évangéliser la Nubie et la Haute-Égypte.

Arrivons à Khartoum, centre des missions sur le Nil supérieur. « Les Jésuites, les Franciscains, une communauté spéciale de prêtres fondée à Vérone, tous se sont succédé sur ce champ de bataille et tous ont péri ! Il y a quatre ans, plus de trente missionnaires vinrent à la fois pour évangéliser ces contrées. Six mois après leur arrivée, *dix-huit* étaient morts ; les autres étaient consumés par la fièvre, minés par ce climat dévorant. Mais quels que soient les vides produits dans nos rangs, nous sommes sûrs que d'autres ouvriers prendront bientôt la place des morts [2]. »

Rien d'étonnant, si un ministre protestant qui a traversé ce pays s'exprime d'une manière différente au sujet de ces martyrs. « A la fleur de l'âge ils trouvèrent à Khartoum un tombeau au lieu d'un théâtre de succès. » Il attribue ce qu'il ose appeler leur échec à ce fait : « qu'ils prêchaient trop Marie et trop peu le Christ [3]. » Ce ministre ne comprenait pas que dix-huit martyrs sont un triomphe et non pas un échec ; ses coreligionnaires, il est vrai, ne s'exposent pas à des échecs semblables.

Un voyageur français, catholique de nom, regardant la réputation d'homme d'esprit comme le plus digne objet de l'ambition humaine, M. Charles Didier, pense que toutes les *missions pacifiques* manquent nécessairement leur but, et que les seuls apôtres capables de réussir sont les imitateurs d'un Mahomet, tenant haut le sabre [4]. Presque au même moment, un voyageur anglais et protestant décrit ainsi les travaux de la mission du Nil : « L'un des établissements les plus intéressants du Soudan, assure M. James Hamilton, est la mission catholique de l'Afrique centrale. »

M. Hamilton indique ensuite la mort prématurée du Père Ryllo, dont les travaux avaient fait concevoir de grandes espé-

---

[1] Voir l'*Œuvre des Écoles d'Orient*, n° 26, mars 1864, p. 57 à 60.
[2] *Ibid.*, n° 27, mai 1864, p. 70.
[3] *Wanderings among the Falashas in Abyssinia*, par le Rév. Henry Stern, ch. II, p. 16 (1862).
[4] *Cinq cents lieues sur le Nil*, par Charles Didier, ch. III.

LES BORDS DU NIL.

Quittons le Caire pour nous embarquer sur le Nil. A *Siout*, nous trouvons, parmi les Franciscains, le Père Fédérico de Montalbano, vétéran de la mission égyptienne, après vingt-sept ans de séjour. En face d'immenses difficultés et d'entraves de toute espèce, ce zélé missionnaire, grâce à l'aide généreuse de l'Autriche, a trouvé les moyens de construire une église, un couvent et une école. Avec un jeune prêtre copte catholique, le Père Fédérico a réuni autour de lui deux cents fidèles.

A *Tartah*, ville de douze mille âmes, le Père Guiseppe da Napoli avec quatre prêtres coptes dirige, depuis dix-huit ans, sept cents catholiques. Il a établi deux écoles qui comprennent soixante garçons et soixante-dix filles. « Chaque jour, écrit l'abbé Soubiranne, le nombre de nos frères augmente, deux abjurations avaient eu lieu l'avant-veille de mon arrivée. »

Au-dessus de Tartah, et sur la rive droite du Nil, est une ville de trente mille âmes, *Akmim*. On y compte six cents catholiques confiés aux soins du Père Alphonse de Cava et de trois prêtres coptes. A *Girgeh*, sur la rive gauche du fleuve, il y a environ trois cents catholiques dirigés depuis neuf ans par le Père Andrea di Fragueto, deux écoles avec une centaine d'élèves.

En remontant le Nil nous arrivons à *Farschout*, la plus ancienne mission de la Haute-Égypte ; deux écoles et trois cents catholiques ont un prêtre copte à leur tête. A *Keneh*, peu distante du fleuve, une mission a été commencée depuis deux ans par le Père Seraphino de Saint-Antimo, qui reçut cette année dix abjurations.

Négadeh est la dernière et la plus belle mission de la Haute-Égypte. « Il y a là un homme de Dieu, le Père Samuel da Napoli, qui réside à Négadeh depuis vingt-deux ans, et qui, du milieu des décombres accumulés par les fanatiques de La Mecque, a fait surgir une église et un couvent avec dépendances : cloître, jardin, etc. On compte maintenant cent cinquante catholiques, presque tous convertis dans ces dernières années. Le Père Samuel a créé dans le voisinage deux autres missions, l'une à *Giorgius*, qui compte cent vingt-neuf catholiques avec une petite chapelle. Un prêtre copte, résidant à Négadeh, part le matin, traverse le Nil, célèbre la sainte messe dans la chapelle et fait l'école à trente-six élèves. La seconde succursale de Négadeh est à *Gamula*, près des ruines de Thèbes, avec cent trente catholiques dénués, hélas ! de tout secours reli-

orphelines. « Le mahométan, ajoute l'abbé Soubiranne, admire plus nos religieuses que nos missionnaires. »

En retraçant ces progrès, et d'autres encore que nous n'avons pas indiqués, Mgr Guasco se demande « s'ils ne sont pas la récompense accordée par Dieu dans sa miséricorde aux travaux des premiers missionnaires, à leur patience dans les fers, et surtout au sang qu'ils ont si généreusement versé pour la foi[1] ? » Les missionnaires et les religieuses de nos jours rivalisent avec leurs devanciers martyrs ; un protestant nous l'assure.

« Je reconnais, avoue le docteur Joseph Wolff, que l'exemple des missionnaires papistes, pendant les ravages du choléra, a plus influé que toute autre considération à me faire prolonger mon séjour au Caire. Pendant que ce fléau régnait en Égypte, les missionnaires luthériens *s'enfermaient chez eux*, comme je l'avais fait moi-même à Beyrouth, m'y étant trouvé avec ma femme et mon enfant en pareille circonstance ; mais les missionnaires de la propagande de Rome ne cessèrent de visiter les pestiférés, au point que, sur sept qu'ils étaient, six moururent[2]. »

Cet héroïsme, qui excitait l'admiration du docteur Wolff, était naturel à des hommes héritiers de Claude Sicard, qui représentait à la fois l'Église et l'Académie des sciences en Égypte[3]. Cet apôtre convertissait un jour les Grecs solitaires de la Thébaïde, un autre enrichissait l'Europe de ses recherches savantes sur les monuments, la géographie et les produits chimiques des contrées arrosées par le Nil. Ce missionnaire mourut martyr de sa charité, en administrant au Caire les victimes de la peste ; il tomba lui-même, en 1726, à côté de ceux qu'il n'avait plus la force de bénir.

Terminons ces quelques indications par un extrait du rapport si intéressant que M. l'abbé Soubiranne nous envoyait de l'Égypte en 1864. « Depuis Méhémet-Ali nous avons obtenu la tolérance extérieure pour les cultes chrétiens. D'Alexandrie à Thèbes, nos cérémonies peuvent s'exercer publiquement ; et lorsque, dans les funérailles des catholiques, le prêtre marche à travers les rues, la croix en tête, les passants s'arrêtent avec respect[4]. »

---

[1] *Annals*, ubi supra.
[2] *Journal*, p. 334.
[3] Crétineau-Joly, tome V, p. 17.
[4] *Œuvre des Écoles d'Orient*, n° 26, p. 59 (1864).

christianisme avant son mariage, et il m'assura qu'il remplissait scrupuleusement ses devoirs religieux et qu'il accompagnait tous les dimanches sa femme au temple. Cependant je dois ajouter que deux ans plus tard, après la mort de sa femme anglaise, il retourna à ses anciennes croyances et épousa deux filles mahométanes[1]. »

Les faits que nous avons rencontrés dans tous les autres pays se reproduisent donc en Égypte. Un mot seulement sur les missions catholiques. « Dans la Basse-Égypte, nous rappelle le délégat apostolique, Mgr Guasco, les catholiques comptent dix-sept martyrs appartenant à un même Ordre. Nos religieux fidèles à leur poste ont enduré l'exil, l'emprisonnement, toutes sortes d'épreuves et de persécutions, la mort même. »

Nous devons à cet apostolat les progrès actuels que nous allons indiquer. Parmi les établissements catholiques d'Alexandrie se trouvent « l'évêché, l'église paroissiale, le couvent des Franciscains, l'école des Frères de la doctrine chrétienne, l'hôpital, les écoles des Sœurs et la communauté des Lazaristes. » M. l'abbé Soubiranne nous apprend « que le pensionnat des Sœurs serait admiré même dans nos grandes villes d'Europe. Plusieurs centaines d'enfants se réunissent chaque jour chez nos religieuses. Ismaïl-Pacha s'est généreusement chargé de payer lui-même toute l'année le blé nécessaire pour les distributions quotidiennes. » Pour l'année courante, il a donné dix mille francs, et la vice-reine deux mille cinq cents francs.

Dans la même ville, les Frères de la doctrine chrétienne, au nombre de trente-deux, ont une école fréquentée par cinq cent quatre-vingt-dix élèves; si les bons Frères pouvaient bâtir, ils auraient encore beaucoup plus d'enfants.

Au Caire, Saïd-Pacha a donné trente mille francs pour commencer la construction d'une maison des Frères. Les enfants parlent le français et l'italien; les plus grands comprennent l'anglais; quelques-uns lisent le grec moderne, tous apprennent l'arabe. On compte les élèves par centaines. Les Franciscains seuls ont au Caire dix-sept prêtres et sept Frères, et dans les autres villes d'Égypte trente-un prêtres et seize Frères. Quinze Clarisses italiennes avec leur supérieure dirigent une école, et comptent parmi leurs élèves trente petites négresses qu'elles ont arrachées aux mains des marchands d'esclaves. Elles ont une seconde école au vieux Caire. Une troisième est dirigée par les Sœurs du Bon-Pasteur. Cette maison renferme vingt-huit Sœurs, et deux cent quarante pensionnaires ou

[1] *Egypt, the Soudan*, etc., ch. 1, p. 7.

« Les protestants ont eu pendant quinze ans au Caire, relate le docteur Durbin, une mission destinée à convertir les Coptes ; mais telle fut la défiance de ces chrétiens indigènes, que les missionnaires eurent bien peu d'accès auprès d'eux. J'ai assisté deux fois au service divin dans la chapelle de la mission, j'y ai rencontré une vingtaine de personnes presque toutes appartenant aux nations franques. Je ne crois pas qu'il y eût plus d'une demi-douzaine de Coptes. » Cependant ces prédicants avaient à grands frais, pendant plusieurs années, tenu des écoles pour les garçons et pour les filles. La plupart de leurs élèves, d'après le témoignage du docteur Durbin, « reprennent les idées et les pratiques religieuses en usage dans leur nation[1]. » Ils consentent volontiers, malgré leur « jalousie, » à se laisser instruire et nourrir par les ministres protestants ; mais ils cherchent ailleurs leur religion.

Six ans après la visite du docteur Durbin, nous apprenons que l'école de M. Lieder a été abandonnée, « parce que les résultats n'étaient pas en rapport avec les grandes dépenses qu'elle nécessitait[2]. »

La prédication elle-même paraît avoir langui et avoir perdu ce qu'elle possédait probablement autrefois, le mérite de l'originalité. Un voyageur anglais écrit malicieusement, un peu plus tard : « M. Lieder nous a donné un bon sermon, composé sans doute par un autre, car je l'avais déjà entendu[3]. »

Dix ans plus tard, nous avons encore des nouvelles de la mission anglicane du Caire, et de M. Lieder, son pasteur ; mais aucun progrès pendant cette période. « Les assemblées du dimanche, nous dit le docteur Jobson, comptaient une trentaine d'assistants, *anglais pour la plupart*[4]. »

Le docteur Yates déplore que les agents du protestantisme aient échoué dans leurs prétentions de se faire passer aux yeux des indigènes pour des prédicateurs de religion. « Le mahométan le moins instruit, assure-t-il, suppose que ceux qui s'appellent chrétiens, — il veut dire protestants, — n'ont pas de religion du tout[5]. »

Ces messieurs font néanmoins quelquefois la conquête d'un Égyptien, comme nous l'apprend le récit de M. Petherick, consul anglais dans le Soudan. Son interprète du Caire avait épousé une Anglaise et avait visité la Grande-Bretagne. « Il avait embrassé le

---

[1] *Observations in the East*, par Durbin, vol. I, ch. vii, p. 67.
[2] *The Land of the Morning*, par H. B. Whitaker Churton, M. A., ch. i, p. 10 (1851).
[3] *Shadows of the East*, par C. Tobin, p. 85 (1855).
[4] *Australia, with Notes by the Way*, par F. J Jobson, D. D., ch. ii, p. 34.
[5] *Modern History of Egypt*, par W. Holt Yates, M. D., vol. I, ch. iii, p. 85.

Le docteur Durbin dit en général au sujet des chrétiens orientaux : « On ne saurait nier que leurs rapports avec l'Église catholique romaine ne tendent à les élever dans l'échelle de la civilisation ; les prêtres qui leur sont envoyés sont des hommes instruits et répandent parmi eux les connaissances et les mœurs européennes[1]. » Le docteur Robinson, écrivain bien connu pour sa haine contre le catholicisme, dépeint ainsi un prélat catholique de l'Orient, qu'il avait entendu au Caire prêcher en langue arabe : « Sa prestance était noble, ses manières distinguées, son geste expressif. Son discours était plein de logique, de bon sens et d'instruction pratique[2]. »

Les progrès de l'Église dans ces terres malheureuses sont reconnus par tous les protestants de bonne foi. Aussi M. Barker, consul anglais à Alep, nous dit : « La Syrie et l'Égypte me semblent presque entièrement au pouvoir des catholiques romains ; à Alep même, ils gagnent du terrain et sont pour ainsi dire les maîtres[3]. »

Voici en revanche les relations des protestants sur leurs propres travaux en Égypte, à l'aide des richesses de l'Angleterre et de l'Amérique. « Je suis au regret de vous annoncer, dit un rapport envoyé du Caire au collège protestant de Malte en 1851, que le protestantisme a fait bien peu de progrès ; tout ici est misérable et sans vie ; tandis que je vois de tous côtés les succès de l'Église de Rome ; partout des chapelles et des écoles s'élèvent, des missions s'établissent dans les villages, etc., etc.[4] »

M. Ewald, échappé d'Alep et de Tunis, nous donne le même témoignage sur Alexandrie, et assure que M. Winder est « le seul ministre de l'Évangile qui n'ait pas abandonné son poste[5]. » Le progrès des missions catholiques au contraire s'est maintenu ; les Lazaristes avaient, en 1860, une école admirable fréquentée par deux cents enfants de toute nation et de toute religion ; les Frères des écoles chrétiennes en avaient une seconde également prospère ; les Sœurs de Charité une troisième pour les filles, plus nombreuse encore[6]. Au Caire, à la même époque, l'école des religieuses du Bon-Pasteur comptait environ trois cents élèves.

---

[1] *Observations in the East*, par John P. Durbin, D. D., ancien président du collège Dickinson, vol. II, ch. xxxiv, p. 287.
[2] *Biblical Researches in Palestine*, vol. II, p. 458.
[3] *Asiatic Journal*, vol. VI, p. 503.
[4] *Fifth Annual Report of the Malta Protestant College*, p. 19.
[5] *Journal*, p. 264.
[6] *Un Hiver en Égypte*, par Eugène Poitou, ch. xvi, p. 418.

mente, se réfugia dans l'asile des églises et des monastères[1]. »

« Le cinquième et le sixième siècles furent l'époque la plus brillante de la littérature arménienne ; on vit alors d'autres communications intellectuelles relier l'Orient et l'Occident, nous atteste un savant de la Prusse ; les ouvrages classiques de l'Europe furent traduits avec soin... C'est alors qu'on vit paraître cette traduction de la Bible, au jugement des Méchitaristes et de beaucoup d'hommes lettrés, la plus belle de toutes, et qui passe encore aujourd'hui pour un modèle du langage arménien le plus pur[2]. » On n'ignore pas que le peuple arménien dont il s'agit fut la première nation qui embrassa tout entière le christianisme, et qu'elle était à cette époque très-remarquable par sa position vis-à-vis le reste de la chrétienté.

C'est d'un âge si fertile en bienfaits pour l'humanité, si glorieux pour l'Église, qu'un protestant anglais ne rougit pas de dire que cette Église fut heureusement remplacée par l'islamisme, le grand destructeur de la religion et de la civilisation !

Avant de reprendre notre course à travers les provinces d'Afrique, examinons l'état actuel de la religion en Égypte. « Le christianisme s'est conservé, prétend un historien protestant, parmi les races coptes[3]. » Exagérant, comme tous les hommes de son école, la fausse dignité de cette secte orientale, par haine pour l'Église catholique, il ferme les yeux à l'évidence dont les autres voyageurs s'aperçoivent facilement. Un savant Anglais rapporte en 1863, comme exemple de la triste décadence des monastères coptes, que dans celui d'Amonius, le plus ancien de la vallée du Nil, il rencontra un gardien solitaire, mais demanda inutilement la clef de l'église abandonnée[4]. Il ne fait pas mention des catholiques, bien qu'un autre écrivain anglais signale ce fait remarquable, que « l'Église de Rome a, par ses missionnaires, déterminé un certain nombre de coptes à abandonner les pratiques de leurs ancêtres, telle que la circoncision, et à s'unir aux coptes catholiques[5]. » De fait, elle a réussi à en ramener un si grand nombre, qu'un voyageur moderne, dans ces dernières années, le porte au tiers de la population chrétienne d'Égypte[6].

---

[1] *Histoire de la civilisation en France*, lecture IV.
[2] Von Haxthausen, ch. x, p. 357, 359. — Voir le magnifique chapitre de M. de Montalembert dans ses *Moines d'Occident* sur les hommes illustres de cette époque.
[3] *History of Egypt*, par Samuel Sharpe, vol. II, ch. xix, p. 345.
[4] *A Winter in Upper and Lower Egypt*, par G. A. Hoskins, esq., membre de la Société géographique, ch. xii, p. 250.
[5] *Modern Egypt*, par sir Gardner Wilkinson, vol. I, p. 595.
[6] *Journal of a Tour in Egypt*, par J. Laird Patterson, M. A., app., p. 103 (1852).

de reconnaître leur supériorité et n'a pas l'air de douter que tous les Coptes schismatiques sont eutychéens[1].

« Le mahométisme, prétend un autre ministre protestant décoré du titre de docteur en théologie, a été un progrès sur le système qu'il est venu supplanter, c'est-à-dire le christianisme du cinquième et du sixième siècles ! » Ce professeur de théologie dit ensuite : « On éprouve du soulagement à passer de ces magasins d'idoles à la sévère simplicité d'une mosquée musulmane. » Il venait de quitter l'Église du Saint-Sépulcre, et telle était la réflexion que lui avaient suggérée les Saints Lieux[2].

Le langage de cet écrivain mérite attention ; non pas précisément pour lui-même, mais parce qu'il révèle un genre d'esprit particulier aux protestants anglais. « Le mahométisme, dit-il, fut un *progrès* sur le christianisme du cinquième et du sixième siècle. » Cependant à cette époque brillèrent des hommes tels que saint Chrysostome, saint Jérôme, saint Augustin, saint Cyrile d'Alexandrie, saint Hilaire, saint Benoît, saint Siméon et saint Grégoire de Tours, et des femmes telles que les Geneviève et les Clotilde. Pendant cette période qu'il avait choisie pour montrer la supériorité de l'islamisme, le christianisme rencontra et surmonta les plus grandes épreuves qu'aucune institution humaine ou divine ait jamais pu vaincre. L'Empire romain était à l'agonie; des flots de barbares avaient inondé l'Europe depuis l'Elbe jusqu'à la Méditerranée. Devant cet orage tout périt excepté l'Église. « Ce fut l'Église, affirme un illustre protestant, qui sauva le christianisme. Si l'Église chrétienne n'avait pas existé, tout l'univers aurait subi la loi de la force brutale. » « Dès cette époque, dit M. Guizot, l'Église a puissamment concouru au caractère et au développement de la civilisation moderne[3]. » Ce fut pendant cette convulsion, qui ébranla la société jusque dans ses bases, que « les monastères devinrent, comme l'observe le même auteur, les écoles philosophiques du christianisme ; c'est là qu'on médite, qu'on discute, qu'on enseigne... La philosophie et la religion furent sauvées (par l'Église du cinquième et du sixième siècles) de la ruine qui les menaçait. » De sorte que M. Guizot, malgré des préjugés aussi impérieux qu'une noble intelligence ait jamais subis, n'hésite pas à déclarer qu'on peut dire sans exagération que « l'esprit humain proscrit, battu de la tour-

---

[1] Voir *Travels in the Holy Land*, par le Rév. J. A. Spencer, M. A. (1850).
[2] *The Desert of Sinai*, par H. Bonar, D. D., ch. iii, p. 60.
[3] *Histoire de la civilisation en Europe*, lecture II.

dont la mission est de les réunir en une seule famille, peuvent être comparés aux enfants d'Israël, vivant sous la domination des Pharaon, jusqu'à ce que l'Europe, prédominant par ses conseils ou par ses armes, comme autrefois Moïse avec sa verge, réussisse à les affranchir de la servitude[1]. »

Les Coptes chrétiens schismatiques, dont le nombre décroît tous les jours, dirigés par des prêtres ignorants et de la dernière classe du peuple, ont une tendance vers l'islamisme, avec lequel ils ont de commun le rite de la circoncision[2]. Descendus par l'hérésie au-dessous du niveau des Turcs, ils témoignaient dernièrement l'intention de reconquérir, par leur retour à l'unité, les grâces et les bénédictions dont ils s'étaient privés. « Quatre ans après la mort de leur dernier patriarche, dit en 1856 Mgr Guasco, de l'ordre de saint François, déléguat apostolique en Égypte, les Coptes ne s'étaient pas encore entendus sur le choix d'un successeur. Dans l'impossibilité de tomber d'accord, les évêques coptes et les principaux de la nation résolurent à l'unanimité d'avoir recours à moi pour le choix de leur patriarche. Je ne pouvais évidemment accepter une pareille mission, si ce n'est dans le but d'arriver à une réconciliation entre Alexandrie et Rome ; il y a tout lieu de croire que j'eusse réussi sans l'intervention des méthodistes anglais. Ces hommes, qui n'avaient rien à voir dans cette affaire et dont personne ne demanda l'avis, intriguèrent si bien avec leur consul, qu'ils persuadèrent au vice-roi d'Égypte, turc de religion, de choisir un patriarche chrétien et de l'imposer aux Coptes schismatiques comme leur administrateur. » Ainsi, par l'intervention des protestants, cent cinquante mille sectaires, connaissant à peine les premiers éléments du christianisme, ont été replongés dans les erreurs auxquelles ils désiraient se soustraire, et cela afin que l'Église ne pût remplir sa divine mission en leur procurant la vraie foi et la vraie civilisation.

Rien dans ce fait ne doit nous surprendre ; le protestantisme a pour mission de diviser et de détruire. Un ministre protestant de la Haute Église, après avoir dépeint le patriarche copte schismatique, passant les journées à fumer et à dormir, plongé comme son troupeau dans la plus profonde ignorance, observe avec gravité qu'il occupe le siége de saint Marc ; mais cet écrivain ne fait pas une seule fois allusion aux catholiques d'Égypte, pour ne pas être forcé

---

[1] The Bishop of Fez, and Apostolic Delegate in Egypt; *Annals*, fév. 1856, vol. XVII, p. 251.

[2] *Histoire de l'Égypte*, par M. J. J. Marcel, de l'Institut de l'Égypte, ch. iv, p. 120. — *Essai sur les mœurs*, etc., ap. Panckoucke, tome XVIII, ch. i, p. 19; ch. ii, p. 61.

Ce ministre protestant devait cependant trouver une consolation pendant ses voyages dans le nord de l'Afrique. Les mahométans, observe-t-il avec satisfaction, témoignaient pour le protestantisme une préférence marquée sur toutes les autres formes de christianisme. Ils n'appréciaient pas parfaitement la constitution de la Grande-Bretagne, mais ils avaient des idées plus nettes sur notre religion. Les imans leur avaient dit que « les Anglais se rapprochaient plus des musulmans qu'aucun autre peuple d'occident[1]. » Les imans ne s'étaient pas trompés; pourrions-nous en dire autant de M. Tristram?

Un autre voyageur anglais, dont la perspicacité est moins obscurcie par son zèle de sectaire, nous assure que la popularité des Anglais chez les Arabes de l'Algérie est due à la pieuse espérance des croyants, que les Anglais pourront un jour ou l'autre *devenir de bons musulmans*. « Les Anglais sont judicieux, disait un Arabe à M. Davis, et ils sont les *amis de l'Islam*[2]. » Cette opinion n'est pas seulement fondée sur la reconstruction des mosquées musulmanes, dans les Indes et ailleurs par ordre des autorités civiles, mais bien sur une tradition populaire ainsi conçue : « Les envoyés du bienheureux prophète chargés de demander aux nations chrétiennes d'embrasser la vraie foi, rencontrèrent partout un refus absolu, excepté en Angleterre, où il leur fut répondu : « Nous réfléchirons[3]. »

Un écrivain anglais, bien autrement savant que le ministre anglican dont nous venons de parler, se moque de son ignorance et de sa crédulité, en donnant des preuves de son incapacité à comprendre les Arabes, dont la langue lui était à peu près inconnue[4]. Nous croyons que les musulmans sont bien plus certains de la conversion de M. Tristram, qui les amusait autant que les officiers français lorsqu'il leur expliquait les *trente-neuf articles* de l'Église anglicane, que lui, M. Tristram, ne l'est de la sympathie des Arabes pour la religion multiforme des Anglais.

ÉGYPTE.

Aujourd'hui comme aux siècles passés, l'Égypte est une terre de honte et d'esclavage. « Les chrétiens d'Égypte, dit un évêque

---

[1] Tristram, *the Great Sahara*, ch. x, p. 168.
[2] *Ruined Cities*, etc., ch. ix, p. 222.
[3] *Through Algeria*, par M. S. Crawford, ch. xxi, p. 211 (1863).
[4] *Wanderings in West Africa*, par un membre de la Société de géographie de Londres, ch. x, p. 188.

décrites : « De 1829 à 1846, M. Ewald et autres s'établirent à Tunis sous la protection de la Société de Londres. Cette mission a été abandonnée[1]. » M. Ewald raconte avec une indignation calculée qu'il avait d'abord été forcé de quitter Alger par les ordres péremptoires du duc de Rovigo qui défendait les prédications protestantes. Il se console cependant avec l'assurance que « plus d'un fils d'Abraham a pu connaître le rédempteur, » assertion qui se résume de la sorte : « Plusieurs centaines de Bibles ont été distribuées[2]. » Notre connaissance des effets de la distribution des Bibles ne nous permet pas de regarder ces deux faits comme équivalents.

Un an après le départ de Tunis de M. Ewald, quelques missionnaires écossais firent une nouvelle tentative. M. Margoliouth rapportait en 1847 à lord Palmerston qu'ils avaient établi deux écoles importantes, dont ils pouvaient espérer de grands résultats, et qu'ils étaient sur le point d'ériger un temple, « qui arrêterait sans doute les sarcasmes des catholiques français contre le protestantisme anglais. » Le résultat trompa ces espérances. Un petit nombre de disciples du même genre que ceux fournis par la Chine et l'Hindostan furent réunis, mais leur conduite était si peu régulière, que les autorités indigènes durent les surveiller. Lorsque les missionnaires s'en plaignirent à sir Thomas Reade, consul général d'Angleterre, ce fonctionnaire, que ses dispositions favorables n'avaient pu aveugler sur le vrai caractère de « ces enfants d'Abraham, » refusa froidement de prêter son appui à « *ces misérables.* » Et alors arriva la conclusion ordinaire, racontée avec douleur par M. Margoliouth en 1850 : « la mission, le temple et les écoles furent abandonnés[3]. »

Dix ans plus tard, un ministre anglican déplore que les Européens protestants de l'Algérie soient plus portés à perdre leur ombre de religion qu'à la communiquer à d'autres. Ainsi à Medeah, où ils sont en trop petit nombre pour posséder un oratoire, ils sont forcés d'avouer « qu'il n'y a rien d'étonnant si les nombreux protestants dispersés en Algérie professent trop souvent une indifférence religieuse plus grande que celle des catholiques leurs voisins, et si leurs enfants ne pratiquent plus aucune espèce de religion[4]. »

---

[1] *The Land of the Morning*, par H. B. Whitaker Churton, ch. IX, p. 155.
[2] *Journal of Missionary Labours*, etc., par le Rév. F. C. Ewald, introd., p. 7.
[3] *A Pilgrimage to the Land of my Fathers*, par le Rév. Moses Margoliouth, vol. I, p. 281, 332.
[4] Tristram, *the Great Sahara*, ch. III, p. 42.

Il est donc prouvé que les mahométans, comme les Hindous, se montrent accessibles à l'influence du christianisme. « Les Arabes d'Algérie, assure le comte Sainte-Marie, respectent le prêtre autant que le marabout. Les étudiants maures et arabes à El-Biar, ajoute-t-il, montrent la plus grande affection pour les Pères Jésuites. » Que n'eussent pas accomplis ces religieux s'ils avaient été libres comme saint François Xavier le fut au Japon et aux Indes? Ils auraient fait de l'Algérie, avec le temps, une véritable province française, au lieu d'une sorte de blockhaus précaire.

Le vœu d'un illustre maréchal, qui à sa dernière heure offrit son épée à l'autel de Notre-Dame d'Afrique, est un heureux présage. Ses successeurs, nous en avons l'espoir, n'attendront pas le moment suprême pour manifester des sentiments si chrétiens et, disons le mot, si français.

A Tunis, l'influence chrétienne, assure-t-on, fait des progrès. Lorsqu'il s'agissait de bâtir la dernière église catholique, le bey refusa de vendre le terrain qu'on lui demandait et voulut en faire le don gratuit[1]. L'abbé Bourgade, auteur des *Soirées de Carthage*, a réussi, par son zèle, à fonder au moyen d'aumônes un hôpital pour les chrétiens de Tunis. Il a aussi établi un collége dirigé par des missionnaires Capucins, qui, au nombre de vingt dans la régence, instruisent à la fois des enfants musulmans, juifs et chrétiens, au grand étonnement des témoins d'un triomphe si inespéré sur les préjugés et les passions. Lorsque le bey Amed-Pacha visita la France en 1846, il adressa ces paroles d'adieu à ceux qui assistaient à son embarquement : « D'autres ont aspiré au titre de pèlerins de La Mecque, je n'en veux point d'autres que celui de *hadji-frandji*, c'est-à-dire pèlerin de la civilisation européenne[2]. » Malgré les insurrections fréquentes, la prière de saint Louis serait-elle sur le point de s'accomplir?

MISSIONS PROTESTANTES.

On ne doit pas s'attendre à trouver des missions protestantes au nord de l'Afrique, puisque le gouvernement anglais y exerce peu d'action. Les seules tentatives qui aient été faites sont ainsi

---

[1] *Description de la régence de Tunis*, par le docteur Louis Frank ; 2ᵉ partie, ch. xviii, p. 205.
[2] Docteur Frank, p. 214.

Sahara on entend des voix prophétiques annonçant la chute de l'Islam. La France chrétienne voudrait-elle la retarder? Ne paraît-elle pas se faire l'auxiliaire du faux prophète, comme l'Angleterre se fait aux Indes l'humble servante de Juggernauth? La France va même jusqu'à payer les frais de voyage des pieux musulmans qui se rendent chaque année à La Mecque, pour en revenir, d'après le témoignage du seul chrétien qui ait pris part à leur culte au tombeau de Mahomet, plus fanatiques que jamais, et plus pénétrés de cette conviction que « le Franc est un être méprisable [1]. »

Les pressentiments des Arabes au sujet de leur chute s'accompliront. « Cette idée est si générale, disait récemment un voyageur anglais en Afrique, que les mahométans ignorants de l'Est croient que la population chrétienne de l'Abyssinie s'emparera un jour de La Mecque et détruira son temple [2]. » Ils tiennent cette prédiction de Mahomet lui-même [3].

Il y a cent trente ans, fait observer le général Marey, Hadji-Aïssa, marabout de Laghouat, annonça l'invasion française, et cette prédiction fut rapportée à ce général par un descendant du marabout; elle contient entre autre les vers suivants :

« Une armée chrétienne protégée de Dieu s'avance vers nous,
« Le pouvoir des chrétiens n'aura pas de limites
« Les mosquées seront abandonnées,
« La religion des vrais croyants est morte à Alger [4]. »

Elle serait morte en effet, ou du moins en train de mourir, si la France ne se fût donné pour tâche de lui prolonger l'existence. Un protestant allemand assure que « les mahométans ne considèrent plus la présence des chrétiens dans leurs temples comme une souillure; » ils peuvent même pénétrer dans la mosquée d'Omar [5]. Quand la mosquée centrale d'Alger fut consacrée au culte chrétien, le mufti Ben Ekbati, frappé de cette manifestation inaccoutumée d'un sentiment religieux, disait au général comte d'Erlon : « Notre mosquée changera de culte sans changer de maître, car le Dieu des chrétiens est aussi le nôtre [6]. »

---

[1] *A Pilgrimage to El Medinah and Meccah*, par le capitaine Burton, vol. I, ch. III, p. 37. Il ajoute qu'il a vu des Africains au tombeau de Mahomet évidemment dans un état de possession démoniaque, ch. XXVIII, p. 199.
[2] *Travels in Southern Abyssinia*, etc., par Charles Johnston, vol. I, ch. XVII, p. 267.
[3] Burton, vol. II, ch. XXVI, p. 180.
[4] Voir *Algeria and Tunis*, par le capitaine Kennedy, vol. I, ch. XI, p. 256, et *Algérie*, par M. E. Carette, p. 121.
[5] *The Tricolor on the Atlas*, traduit par F. Pulszky, ch. X, p. 401. Voir aussi *Algeria*, par Reynell Morell, ch. V, p. 84.
[6] Sainte-Marie, ch. V, p. 192.

Ces hommes, que certains esprits considèrent comme des moines *indolents* et *inutiles*, et qui sont un sujet de raillerie pour ceux qui ne savent imiter ni leurs vertus ni leurs travaux, ont établi, comme nous l'apprend le colonel Walmsley, « une des plus belles fermes modèles de l'Algérie, » et ont même accompli, dit M. Blakesley, « une suite importante d'observations météorologiques. »

Qu'il nous soit permis de compléter les indications de M. Blakesley. Avant l'arrivée des Trappistes, Staouëli offrait de si grands dangers pour l'existence que les troupes qu'on y envoyait étaient plus que décimées. Les Pères Trappistes s'y établissent. Trois générations disparaissent en peu d'années; mais leurs sueurs n'avaient pas été inutiles. Aujourd'hui cette localité est entièrement assainie et offre peut-être le plus magnifique spectacle de toute l'Algérie par l'agriculture raffinée qu'on y pratique. D'après le rapport officiel précédemment cité, le nombre des religieux à Staouëli est à présent de cent vingt.

Des hommes également dévoués se trouvent hors des murs du cloître. « Le Père Joseph, écrit la fille du consul général anglais à Alger, est né d'une grande et noble famille, mais il a caché son nom avec tant d'adresse que je le crois complétement ignoré sur la terre de son exil volontaire. Depuis l'instant où il mit le pied sur le territoire algérien, revêtu du costume de son ordre, chacun de ses instants a été employé au service de ses frères malheureux. Il leur a consacré avec sa vie le produit de ses biens considérables. Sa charité, sa sainteté, son excessive humilité, lui ont attiré le respect des mahométans, qui parlaient de lui avec autant d'admiration que les chrétiens[1]. »

Un témoin oculaire nous a rapporté qu'à Constantine, un jour de fête, plus de deux cents Arabes étaient restés sous le porche de l'église, attentifs et respectueux pendant une longue messe chantée, et suivaient avec une attention soutenue toutes les cérémonies. Surpris de ce fait, au sujet duquel il demanda quelques explications, il lui fut répondu qu'il en était ainsi tous les dimanches. Dans un petit village où se trouve une chapelle, les Arabes et les Kabyles assistent régulièrement aux exercices du culte catholique avec le même respect et la même attention. Dans plusieurs endroits les mêmes faits se présentent.

Les légendes des Arabes, comme les prédictions mystérieuses qui, dans tous les âges, sont tombées des lèvres païennes, annoncent le futur triomphe de la loi du Christ. En Algérie et dans le

---

[1] *Six Years' Residence in Algiers*, par M. Broughton, ch. x, p. 189-195.

Cependant si les autorités civiles et militaires n'ont souvent fait qu'entraver l'œuvre de la véritable civilisation, l'Église en Algérie, comme ailleurs, a montré son bienfaisant pouvoir. En 1839, Mgr Dupuch, premier évêque d'Alger, ne comptait sous sa juridiction que quatre prêtres; en 1846, il avait quatre-vingt-onze prêtres, soixante églises et cent quarante Sœurs de différents Ordres[1]. « Je sais tout ce qu'il a fait pour l'Algérie, disait Abd-el-Kader à l'abbé Suchet, et j'ai une grande vénération pour sa personne. » « De tous nos établissements en Algérie, observe M. Saint-Marc-Girardin, le plus solide et le plus efficace, c'est l'évêché[2]. » « Si la France s'est consolidée dans l'Afrique du nord, ajoute un ministre protestant, on le doit surtout à l'influence morale du clergé[3]. » On voit que tout le monde n'est pas d'accord avec M. Pélissier.

Le même témoin fait toucher du doigt dans une description des hôpitaux tenus par les Religieuses, l'action de la charité et du dévouement chrétien « qui exercent, assure-t-il, une puissante influence sur la race vaincue. Les manières si douces des Sœurs semblent un rayon de soleil dans la chambre des mourants. » Il parle aussi avec de grands éloges de l'orphelinat de Ben-Aknoun, établi par le Père Brumault, de la Compagnie de Jésus, comprenant quatre cent quatre-vingt-dix enfants en 1857. L'administration voulait lui imposer l'obligation de ne pas convertir les orphelins musulmans; le maréchal Bugeaud auquel il en appela, décida que puisqu'en réalité il était le père de ces pauvres abandonnés, il avait le droit de faire ce qu'il lui plaisait de ses propres enfants[4].

Un autre ministre protestant, qui a visité ce pays, montre encore en 1857, que l'église seule remplit la mission imposée à la France. Sur le plateau où se livra la bataille de Staouëli, se trouve aujourd'hui un monastère. Admis à visiter la chapelle ce voyageur s'écrie: « Jamais piété plus fervente; pas un œil ne se leva, pas un membre ne se remua pour indiquer que notre présence fut un sujet de distraction; les religieux paraissaient absorbés dans l'adoration la plus profonde. La vue de cette scène solennelle a laissé dans mon esprit une impression profonde, et je demande à Dieu le même recueillement dans la prière que les moines de Staouëli[5]. »

---

[1] *Histoire de la conquête d'Alger*, par M. A. Nettement, p. 624.
[2] Cité par le Rév. Thomas Debary, *the Canary Isles*, etc., ch. xxiv, p. 501.
[3] *Four Months in Algeria*, par le Rév. J. Blakesley, p. 43-48.
[4] De Baudicourt, ch. vii, p. 292.
[5] *Algiers in 1857*, par le Rév. E. Davies, p. 63.

« La France, du drapeau tricolore, observe avec justesse le Père Cahier au commencement de son livre, n'a pas inventé le courage et l'élan qui nous caractérisent dans toute notre histoire ; mais puisqu'elle maintient si bien la gloire militaire de la patrie, qu'elle recueille aussi une autre portion de l'héritage national en ne négligeant pas l'esprit qui a fait les croisés. »

Un Français distingué écrivait de Constantine en 1864 : « Ce peuple n'est pas plus avancé en civilisation qu'il ne l'était au premier jour de la conquête ; il n'est pas plus aujourd'hui qu'alors l'ami de la France ; il l'est peut-être moins... Je ne demande pas qu'on persécute les Arabes, loin de là, je respecte la bonne foi partout où je la trouve et je suis assuré qu'il y en a chez eux beaucoup plus qu'ailleurs. Mais pourquoi favoriser officiellement une religion absurde, incohérente, immorale ? Pourquoi lui construire à grands frais des minarets et de superbes mosquées ? Pourquoi rétribuer leurs talebs et leurs marabouts, qui se croient obligés en conscience d'après le Coran de prêcher la guerre sainte et d'entretenir la haine de leurs coreligionnaires contre nous ? Laissez-les libres, rien de mieux, mais ne les favorisez pas dans leurs erreurs. Serait-ce faire une mauvaise action que de chercher à les éclairer ?

Voulez-vous faire du peuple arabe un peuple dévoué à la France, tâchez d'en faire un peuple chrétien. Et pour cela laissez agir librement les missionnaires catholiques... Tout est là, croyez-le bien, sans cette mesure vos efforts seront inutiles et si dans un siècle, le peuple arabe n'a pas chassé de l'Algérie nos enfants ou nos neveux, il sera pour eux alors ce qu'il est pour nous aujourd'hui. Les Arabes ne seront les amis de la France que, quand au lieu de se réunir dans leurs mosquées, ils se réuniront dans nos églises. Vous ne viendrez pas à bout d'en faire des incrédules ou des impies, ils n'y consentiraient jamais. Il leur faut une religion, et puisque la leur est une monstruosité, pourquoi ne pas leur enseigner la nôtre qui est si belle et la seule vraie[1] ? »

Après l'insurrection actuelle de l'Algérie, comme après la révolte des Cipayes dans l'Inde, si la France refusait l'intervention religieuse pour obtenir les heureux effets si vainement attendus sans elle, les Arabes auraient raison de dire aux Français catholiques, ce que les Hindous disent aux Anglais protestants, dans un passage que nous avons cité : « Ce n'est pas la religion, mais l'absence de religion qui a attiré tant de maux sur notre pays ? »

---

[1] Voir les deux lettres de MM. Bernard et de Léchelle, le Monde, 24 mai 1864.

l'emporter sur ces longues résistances, comme il est arrivé en Suisse, par exemple, à plusieurs villages catholiques entourés par le gouvernement protestant de Berne. De guerre lasse, les uns comme les autres se seront laissé absorber dans la religion du vainqueur qui leur fermait toute communication au dehors. »

La résistance de la population au mahométisme n'est pas assez connue. Aussi sommes-nous heureux d'emprunter de précieuses indications au révérend Père Cahier, en renvoyant à son livre pour les preuves. « L'Afrique fut pour les Arabes la conquête la plus disputée, mais en même temps la moins durable, parmi toutes celles du califat. Le mahométisme y prit pied avec plus ou moins de peine, sans que le pouvoir central en tirât profit ; et les Espagnols ne se sont pas trompés en qualifiant de Maures ceux qui portèrent et recrutèrent la religion arabe au nord du détroit de Gibraltar. C'est qu'en effet après avoir dévoré bien des armées asiatiques, la partie orientale de la Mauritanie s'affranchit à peu près de tout lien avec l'Asie, dès la fin du huitième siècle. Quant au mahométisme même, nous savons que l'impétueux Okba, qui devait connaître le terrain et les hommes, déclarait ne pas faire grand fond sur les hommages donnés au Coran par les Berbères [1] ; et qu'aux premières années du huitième siècle tout le pays, depuis Tripoli jusqu'à Tanger, avait abandonné douze fois l'islamisme. »

« Les soulèvements généraux qui se renouvelèrent opiniâtrement et avec succès jusqu'à l'établissement de l'indépendance en face du grand Haroun-el-Reschid, obligé d'y souscrire, n'avaient pas de quoi rendre très-fervents ceux qui avaient adopté la religion des envahisseurs étrangers. Une haine générale du joug imposé par la force dut au moins rendre les Maures quelque peu tolérants entre eux, pour ceux de leurs compatriotes qui conservaient l'ancienne croyance [2]. »

En Algérie nous n'avons donc qu'à creuser le sol pour nous trouver en plein christianisme. Les habitants de ces contrées, bien différents des peuples de l'Arabie imbues du mahométisme primitif, ou des peuples de l'Inde avec leurs traditions immémoriales, n'auront pas de peine à comprendre, en leur faisant suivre leur histoire, que Mahomet n'a pas jeté chez eux de profondes racines [3].

---

[1] H. Fournel, *Étude sur la conquête de l'Afrique*.
[2] *Souvenirs de l'ancienne Église d'Afrique*, par un Père de la Compagnie de Jésus, p. 72, 259-262 (1862).
[3] Morcelli, auteur du grand ouvrage : *Africa christiana*, pense que l'Afrique doit avoir eu jadis plus de *sept cent quinze évêchés*.

des prières bien recommandables, leur fut enfin accordée, mais en faisant comprendre que toute la responsabilité des événements fâcheux serait à leur charge, en d'autres termes, que toute protection leur était refusée.

Cependant, d'après le rapport officiel de 1863, publié en 1864, « il existe des différences essentielles, au point de vue de l'organisation sociale, entre les Arabes et les Kabyles. Ces derniers ont d'autres lois, d'autres mœurs, et leur culte même n'est pas identique. Les Kabyles sont les *anciens chrétiens* réfugiés dans les montagnes pour y défendre leur liberté. Ils ont sauvé leur indépendance ; ils ont gardé les anciennes lois municipales de l'Afrique romaine, lois auxquelles ils ont conservé le nom gréco-latin de *canons*. Au point de vue civil, leur organisation se rapproche de nos municipalités. Leur mahométisme est mitigé ; le Coran n'est point pour eux la loi civile ; ils n'ont pas accepté la polygamie, et, par conséquent, leurs familles sont restées semblables à nos familles d'Europe ; tout s'y rapproche de nous. »

Après de pareils aveux proclamés en ces termes devant le sénat, dans les séances des 24 mars et 8 avril 1863, par MM. Casabianca et le baron Dupin, serait-il raisonnable de suivre plus longtemps une politique si peu féconde en bons résultats ? N'est-il pas du plus simple bon sens, après trente ans d'infructueux essais, d'adopter une méthode différente[1] ? Pourquoi la France, par exemple, ne laisserait elle pas présenter franchement la lumière au moins à ces populations de la Kabylie, autrefois chrétiennes ?

Loin de blesser les habitants du nord de l'Afrique, il serait facile de leur montrer qu'ils ne sont devenus musulmans que par la force et qu'ils ont opposé plus de résistance à l'islamisme qu'aucun autre peuple du monde. Il est aisé de le leur prouver à l'aide des recherches modernes. Dans le livre intitulé : *Souvenirs de l'ancienne Église d'Afrique*, dont le révérend Père Cahier est l'auteur, nous trouvons : « A la fin du septième siècle, l'Afrique n'avait plus de ville qui ne fût au pouvoir des musulmans ; il restait pourtant quelques églises ayant leurs évêques. Divers indices même donneraient à penser que, jusqu'au quatorzième siècle, certaines tribus de l'Afrique conservèrent à peu près la foi chrétienne, malgré les vexations que la conquête musulmane faisait peser sur elles. Mais l'isolement et le défaut de secours spirituels finirent par

---

[1] Nous pouvons indiquer une méthode pratiquée parmi bien des officiers supérieurs ; elle consiste à griser les Arabes avec du vin de Champagne et de l'absinthe, de sorte que rendus à leur état habituel, ces Arabes sont furieux qu'on leur ait fait apostasier leur religion.

religion du cimeterre? Le nombre total des élèves qui se préparent à devenir les ministres du faux prophète est de cent trente-neuf, sans compter les nombreuses zaouias que dirigent les marabouts pour fournir aux mêmes services.

« Dans les tribus, l'instruction est donnée par les *tolbas*, qui enseignent aux enfants la lecture et l'écriture, le calcul et les commentaires du Coran... Les chefs des bureaux arabes militaires ou civils, selon le territoire, sont les inspecteurs naturels de ces écoles[1] : » fonctions pour lesquelles ils ont, sans doute, les qualités nécessaires.

Toutes ces écoles musulmanes, malgré la surveillance la plus active, ne sont-elles pas des écoles de haine à l'égard de la France? Nous avons démontré les suites nécessaires de la conduite des Anglais aux Indes; un témoignage tout récent vient confirmer l'exactitude de nos informations. « Le gouvernement anglais de l'Inde continentale, dit en 1863 Mgr Gobelle, évêque missionnaire de Madras, dans l'intention de ne froisser aucune croyance ni susceptibilité religieuse, et pour réunir toutes les classes de la population, ne fait jamais parler de Dieu dans ses écoles. Parmi les Hindous, les plus immoraux et les plus irréligieux sont incontestablement ceux qui les ont fréquentées; et c'est dans la classe instruite qu'on rencontre les ennemis les plus acharnés et les plus nombreux de la religion chrétienne. Quelques Anglais jettent, de temps à autre, des cris d'alarme, et rappellent le gouvernement à des vues plus saines; mais jusqu'ici leurs voix n'ont pas été entendues. Il faudra peut-être des désastres pour ouvrir les yeux : et alors ne sera-t-il pas trop tard[2]? » Au milieu des insurrections continuelles qui éclatent ou fermentent en Algérie, la France ne peut-elle pas s'adresser la même question ?

« Si l'on rapproche les événements actuels de l'Algérie de ce qui se passe dans la régence de Tunis; si l'on observe qu'au Sénégal les musulmans se lèvent et s'appellent à la guerre sainte, on verra que le fanatisme religieux doit être le principal germe de toute cette agitation[3]. » Pourquoi donc s'aveugler sur ce fait, que prêter la main au fanatisme c'est fournir des armes à ses ennemis?

Il y a peu d'années, des missionnaires sachant l'arabe avaient supplié le gouvernement d'utiliser leur zèle, au moins à l'égard des Kabyles. Une sorte d'autorisation, longtemps refusée même à

---

[1] *État actuel de l'Algérie*, 1865, p. 41-43-45. Imprimerie impériale, 1864.
[2] Voir le *Bulletin des Écoles d'Orient*, n° 25, p. 4 et 5 (janvier 1864).
[3] Journal *la France*, 11 juin 1864.

Sœurs[1]; ce prosélytisme consistait à recommander aux mourants de penser à leur âme. « J'ai tenu en mes mains, j'ai copié, et je pourrais produire un rapport, où l'on demanda enfin au gouvernement de protéger les malades contre le zèle fanatique du prêtre qui les tue, » affirme un écrivain qui a vu l'Afrique[2].

Si l'administration, devenue moins hostile, paraît enfin entrer dans une voie plus large, la France cependant ne semble pas encore à la hauteur de sa mission. Malgré les crimes de ses enfants et les ravages de doctrines mensongères, la *nation très-chrétienne* est encore assez riche en trésors de grâces pour fournir des ouvriers évangéliques à toutes les contrées du globe. Rien donc n'eût été plus facile que de régénérer le nord de l'Afrique.

Les autorités françaises en Algérie, oubliant ces glorieuses prérogatives, adoptèrent une autre marche; elles prirent pour modèle la triste politique des Anglais dans l'Inde. Elles en ont recueilli les mêmes fruits : le mépris de la part des indigènes et l'obligation de régner par la force. Comme les Anglais, elles ont affecté une grande sympathie pour la religion dominante. « Il ne faut pas croire cependant, dit un habile publiciste, que nous tirions grand profit de notre tolérance; les Arabes nous dédaignent un peu plus et ne nous détestent pas moins. »

Si depuis trente ans on eût laissé agir l'Église sur les enfants, comme en d'autres pays, il y aurait deux générations familiarisées avec les principes du catholicisme ou déjà prêtes à devenir catholiques; les passions dans l'enfance n'opposent aucun de ces obstacles qui, dans un âge plus avancé, entravent l'action religieuse. On a multiplié partout les écoles, mais à la condition expresse de ne jamais parler de la religion chrétienne.

Le rapport publié en 1864, d'après les documents officiels, sur l'état actuel de l'Algérie, fait figurer « un collége impérial arabe-français, des Medersa, » espèces de séminaires mahométans, « des écoles françaises-musulmanes; » ces deux mots ne hurlent-ils pas de se trouver ensemble? « écoles primaires musulmanes... dans les Médersa au nombre de trois, une par province, on forme des candidats aux emplois des services du culte musulman. — L'enseignement est gratuit, » c'est-à-dire donné par la France. On appelle cela « un cours de théologie... sous la surveillance des bureaux arabes ! » En effet, n'y apprend-t-on pas la

---

[1] *La Colonisation de l'Algérie*, par Louis de Baudicour, ch. vii, p. 265 (1856).
[2] *Les Français en Algérie*, par Louis Veuillot, ch. xix, p. 267 (1845).

pourquoi les Français ne l'observent-ils pas[1] ? » M. E. Pélissier répond à ce reproche par l'ignoble assertion que voici : « Depuis l'évêque et le procureur général, jusqu'au sacristain et au garde champêtre, on pourrait à la rigueur se passer de tout en Algérie, mais on ne saurait se passer de l'armée[2]. »

Le premier évêque d'Alger eut donc à surmonter les difficultés causées par l'impiété de ses compatriotes, et son successeur mentionne aussi parmi les plus grands obstacles « les discours d'une infernale perversité tenus aux indigènes[3]. » L'inconduite de bien des militaires français était si notoire que le schérif Kebir, qui avait combattu contre eux, disait à M. Richardson : « Les Français sont un peuple sans religion[4]. » Telle est la facilité avec laquelle des hommes incroyants peuvent compromettre une nation entière, et neutraliser les travaux d'hommes apostoliques, dont l'enseignement est contredit chaque jour.

Dans l'espoir de porter remède à ce mal, le maréchal Bugeaud ordonna à ses troupes d'assister publiquement aux offices, afin d'inspirer du respect aux Arabes pour notre croyance[5]; mais l'influence de cet homme distingué semblerait avoir été mal maintenue après lui, puisqu'un voyageur anglais nous assure, en 1860, avoir entendu à Tuggurt le général Desvaux prononcer, du haut de la tribune d'une mosquée, un discours, dans lequel il exhortait ses auditeurs « à rendre grâces à Dieu et au *Prophète* pour les bienfaits que la France leur avait apportés[6] ! » Ajoutons pour être juste que les soldats français ne remplissent pas toujours une mission aussi scandaleuse.

L'administration civile surtout, infectée du libéralisme corrupteur de notre époque, et adoptant les maximes de gouvernement que des hommes d'État ont empruntées aux sources protestantes, a été trop souvent hostile aux progrès de la religion. Les Sœurs de Charité reçurent ordre d'enlever le Crucifix de leurs hôpitaux de peur que la conscience timorée des Arabes n'en fût blessée ! Cet ordre, elles refusèrent de le suivre, et un blâme officiel fut adressé, en 1846, par le ministre de la guerre, à l'évêque d'Alger, pour n'avoir pas su réprimer le prosélytisme des

---

[1] *Annals.*
[2] *La Colonisation militaire en Algérie,* par E. Pélissier, p. 18.
[3] *Lettre pastorale* de Mgr Pavie; *Orateurs sacrés,* tome LXXXIV, p. 1082; édition Migne.
[4] *Narrative of a Mission to Central Africa,* vol. II, ch. xiii, p. 229 (1853).
[5] Urquhart, *Pillars of Hercules,* ch. vi, p. 98.
[6] *The Great Sahara,* par H. B. Tristram, M. A., etc., ch. xix, p 326.

un auteur de notre époque, il obtint pour la France le privilège de régénérer un jour le continent africain [1]. Voyons jusqu'à quel point la France a rempli sa mission, et quelles sont les espérances pour l'avenir.

L'ALGÉRIE ET TUNIS.

Comme dans les chapitres précédents, nous aurons occasion de recourir à des autorités protestantes ; le premier témoignage que nous indiquerons sera celui d'un ministre de l'Église anglicane, très-connu parmi ses compatriotes comme écrivain habile. Il nous apprendra avec la sincérité qu'on a droit d'attendre d'un auteur aussi distingué, que l'Église catholique produit encore aujourd'hui des hommes assez semblables au saint Augustin du cinquième siècle et au saint François du treizième.

M. Blakesley parle dans les termes suivants du siège épiscopal d'Alger et des deux premiers prélats qui l'ont occupé : « Ce siège a été rempli depuis son institution par des prélats d'un grand zèle et d'une haute intelligence ; l'influence du clergé a beaucoup contribué à l'amélioration morale de la population européenne. »

Leurs premiers efforts furent dirigés, comme la charité le demandait, vers cette classe changeante de soldats et d'aventuriers qui depuis la conquête fourmillaient en Algérie, et dont l'immoralité était un scandale même pour les indigènes ; de telle sorte que les Kabyles, comme l'observe le colonel Walmsley, avaient coutume de dire des Français : « Ils ne pratiquent pas les doctrines qu'ils professent [2]. »

A en juger par la conduite de la population civile et militaire de l'Algérie, les Kabyles avaient raison. Les soldats, par l'ostentation de leur impiété, ont trop souvent blessé les Maures ainsi que les Arabes ; et parmi les officiers, d'après le témoignage du comte Sainte-Marie, il y eut d'abord bien peu d'exemples d'une conduite chrétienne. Si la France a fait plus qu'aucune autre nation pour étendre le règne de Jésus-Christ, elle n'a pas peu contribué à l'outrager. « Puisque votre religion est si noble et si bienfaisante, disait Abd-el-Kader au vicaire général d'Alger,

---

[1] Baron Henrion.
[2] *Sketches of Algeria*, par H. M. Walmsley, p. 138 (1858).

vince de San-Diego, en Andalousie. « Les folies révolutionnaires dont l'Espagne n'avait pu se préserver en ont été la cause, dit un missionnaire français plein de zèle pour son Ordre ; et si la province de San-Diego n'a plus la force de cultiver l'héritage que lui ont laissé ses pères, des ouvriers plus énergiques recevront du Saint-Siége son patrimoine abandonné [1]. » L'Espagne, toujours sensible aux nobles pensées, n'a pas voulu supporter plus longtemps ce reproche ; lors du dernier traité de 1862, elle a mis pour condition de la paix, que l'Évangile serait librement prêché dans l'empire du Maroc.

L'histoire des combats des enfants de saint Dominique et de saint François, dont le sang a si souvent arrosé le sol stérile de l'Afrique, n'a pas besoin d'être rappelée ici. Tout ce que peuvent la charité divine avec la valeur surhumaine qu'elle inspire, fut entrepris par des hommes que des échecs fréquents ne décourageaient pas, et qui trouvaient un attrait dans les épreuves qui les attendaient sur cette terre ingrate. Les uns furent mis aux fers avant d'avoir touché le rivage, d'autres à la vue du navire qu'ils venaient de quitter ; d'autres enfin portaient l'espérance et la consolation à une foule de captifs dont ils allégeaient les chaînes en les partageant, et transformaient par leur présence de sombres cachots en véritables sanctuaires.

Les épreuves de ces victimes ne furent pas inutiles, bien que le mahométan crût leur défaite assurée et que le monde regardât leur œuvre comme une folie. L'Église recueillera sans doute la moisson dont ils ont jeté la semence. C'est à ce qu'ils ont fait lorsqu'ils étaient sur la terre, et plus encore à leur intercession après l'avoir quittée, que l'on peut attribuer l'humiliation infligée à l'islamisme, autrefois si arrogant, et l'ignominieuse décrépitude des ennemis de la croix.

Les martyrs avaient remporté la victoire en laissant à leurs successeurs le soin d'en recueillir les dépouilles. Déjà, à l'est du Nil, leur sang porte ses fruits. Si saint François a dû reculer devant un peuple qui refusait ses hommages au Divin Maître, ses enfants ont aujourd'hui des autels à Jérusalem, à Béthleem, à Nazareth et dans tous les lieux vénérés où l'histoire de la Rédemption a laissé un souvenir. Lorsque saint Louis, étendu sur sa couche de cendres et assisté à ses derniers moments par l'évêque de Tunis, s'écria dans un dernier effort : « Pour l'amour de Dieu, tâchons d'obtenir que l'Évangile soit prêché à Tunis ; » au même moment, remarque

[1] *Le Maroc*, p. 18.

Ce Saint, malgré le zèle dont son cœur débordait, fut contraint de reconnaitre que l'heure n'était pas encore venue, et de dire à ses compagnons ces mémorables paroles : « Éloignons-nous de ces lieux ; fuyons, fuyons bien loin de ces barbares que nous ne pouvons déterminer ni à adorer notre Maître, ni à nous persécuter, nous qui sommes ses serviteurs. » Toutefois, il envoya au Maroc cinq de ses disciples qui furent martyrisés en 1220, et qui valurent à son Ordre saint Antoine de Padoue, jaloux d'entrer dans une famille qui donnait de si bonne heure des martyrs à l'Église.

La charité chrétienne, aussi ingénieuse à réparer ses pertes que patiente à les supporter, n'abandonna pas cette terre d'Afrique. En 1630, le frère Mineur Jean de Prado, encore honoré comme patron de Tanger, scella de son sang la nouvelle mission qu'il avait fondée. Rien de plus triste, dit un auteur moderne, que l'histoire de cette mission continuellement détruite et renaissant toujours des cendres de ses martyrs[1]. Divers Ordres continuèrent cet apostolat ; ce fut aux Pères de la Merci, que Cervantès, captif et méditant sur le moyen de délivrer vingt-cinq mille chrétiens prisonniers des Maures, dut son propre rachat[2]. Mais de toutes les sociétés de missionnaires qui ont choisi l'Afrique pour le champ de leurs travaux, nul n'a surpassé peut-être les fils de Vincent de Paul. « Ceux-ci, comme le relate en 1845 le comte Sainte-Marie, ont non-seulement rendu d'importants services au commerce, mais ont même su acquérir une grande influence sur les Deys, qui souvent les consultaient dans les questions les plus difficiles. Leur influence a préservé les chrétiens de bien des maux[3]. » Un autre auteur rapporte un fait plus remarquable encore. Lorsque la France, dans un moment de délire, rejeta de son sein la famille de l'un de ses plus illustres enfants, Tunis leur accorda protection et secours. « La vénérable congrégation de saint Vincent de Paul, rapporte le baron Baude, reçut protection du Divan, lorsque, dans un accès de stupide impiété, la Convention l'eût détruite. Une église catholique fut consacrée à Tunis ; les ministres du Dey avaient contribué pour seize mille piastres à sa construction[4]. »

Au Maroc, ce ne fut qu'en 1822 que les enfants de saint François furent confinés par le sultan à la seule ville de Tanger. Cette même année, l'Église catholique cessa d'être représentée dans l'intérieur de l'empire, excepté par un seul Franciscain de la pro-

---

[1] *Le Maroc*, par M. Godard, p. 16.
[2] *Algeria, Past and Present*, par J. H. Blofeld, esq., p. 297.
[3] *Algeria in* 1845, par Count Sainte-Marie, ch. v, p. 185 ; édition anglaise.
[4] *L'Algérie*, par le baron Baude, ex-commissaire du roi en Afrique, tome II, p. 365.

par ses écrits et saint Louis par sa mort. « Avec saint Augustin, l'Église d'Afrique expire, dit un écrivain moderne[1], » exagérant un peu les conséquences de la conquête Vandale.

Déjà au troisième siècle, le schisme et l'hérésie s'étaient répandus comme un fléau sur les rivages de la Méditerranée. Corrompues presque dès l'origine par des hérésiarques de toutes les écoles, envahies par les donatistes, en proie aux excès des Ariens, cruellement châtiées par les rois Vandales avec lesquels les donatistes paraissent s'être ligués en haine de l'Église[2], ces malheureuses provinces furent entièrement ravagées en 547 par les Arabes, sous le règne du calife Omar. Cent cinquante ans plus tard, le nom romain était effacé de la terre d'Afrique. Les Maures finirent par embrasser la religion de leurs vainqueurs, et ces contrées subissent encore la conséquence de ce malheur qu'elles n'ont pas, cependant, accepté sans beaucoup de résistance. En ce moment, dit un savant voyageur, à l'exception d'une seule province, elles sont depuis plus de mille ans le théâtre « de cette grande et terrible lutte entre l'islamisme et l'idolâtrie[3]. »

Si les régions du nord de l'Afrique n'ont pas abjuré le mahométisme, ce ne sont pas les apôtres et les martyrs qui leur ont manqué. Trente-neuf maisons de Trinitaires furent fondées au douzième siècle dans l'Angleterre seule, sans parler des autres pays ; ces religieux, comme tout le monde sait, faisaient vœu de recueillir des aumônes et de les porter en Barbarie pour la rédemption des captifs[4]. Dans la seule année 1261, plus de deux cents Franciscains furent martyrisés par les musulmans et peu de temps après, comme si ce sacrifice eût été insuffisant, cent quatre-vingt-dix Dominicains reçurent des mêmes mains le baptême du sang[5]. Ces missionnaires savaient quelle était leur destinée ; cependant de Lyon, de Gênes, de Rome et de Naples, ils se précipitaient en foule au combat, heureux de donner leur vie, pourvu que d'autres remportassent un jour une victoire que leur mort devait préparer. Dès les premières années de son Ordre, saint François d'Assise était parti d'Ancône pour la terre d'Afrique. Mais quoique le farouche musulman se fût incliné devant lui en déclarant que *Dieu seul pouvait avoir formé un tel homme*, il conquit des admirateurs, mais non des disciples.

[1] *L'Afrique chrétienne*, par M. Jean Yanoski, p. 45.
[2] *Histoire de la domination des Vandales*, préface, p. 22.
[3] Barth, *Travels in Africa*, (préface) p. 22.
[4] *The Pillars of Hercules*, par David Urquhart, esq., M. P., ch. II, p. 286.
[5] Henrion, tome I, ch. VI, p. 81.

mune destinée semble seule les unir. Lorsque le prophète des anciens jours proclama les malédictions de la vengeance divine sur l'Égypte et sur l'Éthiopie ; lorsqu'il dit à la première : « Je te livrerai aux mains de maîtres cruels[1], » et à la seconde : « Malheur à la terre qui s'étend au delà des rivières de l'Éthiopie[2] ! » ces malédictions n'étaient pas pour un temps limité, mais pour les âges et les générations à venir : assez puissantes pour franchir les frontières de plusieurs contrées et parcourir comme un feu dévorant les plaines de l'Afrique, depuis l'Atlantique jusqu'à la mer Rouge, et depuis les bouches du Nil jusqu'à l'Océan indien.

Cette ancienne malédiction a été si persévérante, quoiqu'elle ait changé de caractère depuis la venue du Rédempteur, qu'il semble aussi paradoxal de parler de religion lorsqu'il s'agit de l'Afrique, que de chercher au milieu des sables brûlants du Sahara les neiges du Caucase ou les torrents glacés qui en découlent. Aussi par un sentiment de crainte, sommes-nous tentés de renoncer à toute recherche dans les annales religieuses d'une terre dont l'histoire pourrait se résumer en ce seul fait, qu'elle est encore, après mille ans, la patrie du Maure, du Nègre et du Cafre.

Cependant, même ici, nous allons retracer le contraste que nous nous sommes proposé d'établir partout ; même ici, nous allons voir la puissance invariable de l'Église, la faiblesse et la confusion des sectes ; même ici, nous apprendrons à discerner entre les hommes qui reçoivent leur mission d'en haut, et ceux qui prétendent faire l'œuvre des apôtres sans en avoir les moindres caractères.

MAROC.

Commençons par les provinces du nord, l'Algérie et le Maroc, Numidie et Mauritanie des Romains ; Tunis et Tripoli (*Africa propria*) d'où Carthage envoyait ses flottes contre la maîtresse du monde, et l'Égypte, où se réalise cette ancienne prophétie : « Dans ce temps-là le Seigneur aura un autel sur la terre d'Égypte. » Nous nous bornerons à quelques mots seulement, ayant à poursuivre notre course sur toutes les côtes d'Afrique. Ce n'est pas sur cette terre que la croix a rencontré ses triomphes accoutumés, ni l'Église ses victoires, bien que saint Augustin l'ait immortalisé

---

[1] Isaïas, XIX, 4.
[2] *Ibid.*, XVIII, 1.

CHAPITRE VII

MISSIONS EN AFRIQUE

Plus de mille ans après la chute de l'empire romain, l'Afrique, nom qui avait désigné pendant quelques siècles les seules provinces de Tunis et de Tripoli, n'était encore, pour les habitants de l'Europe, que l'étroite région limitée par le désert entre l'Égypte à l'est, le Maroc à l'ouest, et la Méditerranée au nord. Le vaste continent qui s'étend à plus de seize cents lieues vers le sud, par delà le mont Atlas, le Grand Désert, les sources du Nil, le Niger et le Sénégal étaient inconnus. Lorsque enfin, au quinzième siècle, les marins portugais doublèrent, dans une course timide, les caps qui pour leurs prédécesseurs avaient été infranchissables, ils établirent des colonies sur les bords du Rio-Grande et de la Gambie, et conquirent à leur roi le titre de seigneur de la Guinée. Plus tard ils envoyèrent des missionnaires au centre du Congo et, sous la conduite de Barthélemi Diaz, ils virent avec terreur « le Cap des Tempêtes, » qui devint dès ce jour pour l'Europe le cap de Bonne-Espérance. Les plus audacieux auraient à peine osé prédire alors que le pavillon portugais devait doubler ce promontoire sous la direction de Vasco de Gama, à son retour glorieux des Indes, dans la dernière année du quinzième siècle.

Dans l'histoire des missions de ce vaste continent, on ne peut s'attendre à trouver l'unité du récit, parce qu'il n'existe pas d'unité réelle dans les régions diverses dont il se compose. Les extrémités de l'Afrique ont été jusqu'ici aussi isolées les unes des autres que si les eaux réunies de l'Atlantique et du Pacifique les séparaient. Plusieurs peuples différents entre eux dans leur origine, leur histoire et leurs mœurs, vont faire l'objet de notre étude. Une com-

Duff, jusqu'à la mort de l'abbé Bachelot et l'humiliation finale de ses assassins, est devant nos yeux. « La nation Hawaï, atteste M. Hopkins, s'est soustraite à la domination exclusive des missionnaires, » sous laquelle elle avait gémi si longtemps. Les habitants des autres groupes se sont aussi débarrassés de ce joug. Le règne des missionnaires dictateurs qui rendait odieux le christianisme est fini, et leurs armes se sont brisées dans leurs mains.

Grâce aux récits des voyageurs protestants nous connaissons le passé. Si nous désirons soulever le voile de l'avenir, les auteurs de ces drames divers sont tout disposés à nous aider. Un missionnaire protestant nous assure, dans un langage digne de lui et de sa cause, que les habitants des îles de la mer du Sud « paraissent être un peuple sur lequel la mère des prostituées, c'est-à-dire l'Église catholique, travaillera efficacement dans l'intérêt de la superstition et de l'erreur [1]. » C'est ainsi qu'il avoue le fait qu'il ne peut nier plus longtemps. Il trouve cependant une consolation. Si ses compagnons, dit-il, n'ont pu réussir à convertir les indigènes lorsqu'ils étaient encore idolâtres, ils conservent l'espoir de les corrompre maintenant qu'ils sont devenus catholiques. Voici en quels termes il annonce aux sociétés protestantes d'Angleterre et d'Amérique la nouvelle propagande que leurs agents déjoués se disposent à suivre : « Il faut nous hâter, ou bien nous aurons à convertir les naturels de l'Océanie du papisme, et non du paganisme, ce qui sera plus difficile et plus dangereux. »

[1] *Friendly and Feejee Islands*. p. 135.

testant signale. Après vingt ans de sollicitudes et de fatigues, Mgr Collier ne voulut pas que l'épuisement de ses forces fût préjudiciable à son troupeau. Il demanda au Saint-Père qu'il lui fût permis de déposer le fardeau pastoral. Mgr Adrien Hankinson, aussi prieur du collége anglais de Douai, est venu le remplacer en 1864, prêt à suivre une voie noblement indiquée.

L'influence de la religion officielle est nulle à Maurice, et le dignitaire anglican ne sait que demander de l'argent, dont l'infructueux usage nous rappelle les paroles de saint Pierre à Simon le magicien : « *Pecunia tua tecum sit ;* que ton argent périsse avec toi. »

CONCLUSION.

Nous avons examiné avec assez de détails l'histoire des missions en Océanie. Les écrivains protestants qui nous les ont presque exclusivement fournis, se sont bien acquittés de leur tâche. Ils nous ont appris les vertus des missionnaires catholiques et les vices de leurs rivaux, la constance déployée par les disciples des premiers et l'immoralité des prétendus sectateurs des seconds. Déjà en 1843, M. Jarves, historien anticatholique des îles Sandwich, disait « qu'on doit présumer, d'après les apparences, que le catholicisme romain y deviendrait une secte florissante. » M. Olmsted, écrivain plus grave mais également prévenu, avait aussi averti ses lecteurs américains que « la religion catholique était destinée à dominer dans la plupart des îles de l'Océanie. »

Nous avons vu comment ces présages se sont réalisés dans toutes les îles de la mer du Sud, malgré de longues persécutions et des cruautés plus dignes d'un mandarin chinois, que d'un ministre protestant. « Il n'est pas difficile de voir, observe M. Hopkins en 1862, que l'Église catholique romaine avec ses portes ouvertes, ses bancs libres, sa messe et ses vêpres quotidiens, son corps enseignant, ses religieuses visitant les pauvres et les malades, son système de sacrements, son culte parlant à l'esprit et au cœur par les yeux et les oreilles en même temps qu'il parle à l'intelligence par la parole..., que par tous ces moyens, elle se *soit fortement attachée* toutes les facultés encore inertes des indigènes[1]. »

Cette histoire dans son ensemble, depuis la « grande manifestation de zèle religieux » déployé dans le voyage du vaisseau le

---

[1] *Hawaii*, etc., ch. XXIV, p. 387.

ces absurdités, ils palpent les piastres apportées de Maurice, ne fréquentent guère le prêche et envoient leurs garçons chez les Pères et leurs filles chez les Sœurs. Les écoles méthodistes seraient bientôt désertes, m'écrit-on, si les Pères étaient plus nombreux et disposaient de ressources plus grandes. Quant aux Sœurs de Saint-Joseph qui ne sont qu'au nombre de trois, elles demandent du renfort à Bourbon ; car elles ne suffisent plus à leur école et à leur ouvroir, où se réunissent plusieurs centaines d'enfants des premières familles[1]. »

ILE MAURICE.

Dans cette île importante, où l'influence française et catholique est toujours en pleine vigueur malgré la présence d'un gouvernement anglais et protestant, la propagande anglicanne a complétement échoué. Un individu à qui le secrétaire d'État pour les colonies a donné le titre d'évêque de l'île Maurice et qui représente la religion officielle d'Angleterre, écrivait dernièrement dans la mère patrie pour implorer des secours. Son appel à ses coreligionnaires s'adressait à leurs préjugés en leur disant : « Je suis le représentant de l'Église d'Angleterre en face de l'arrogance et des erreurs de l'Église romaine[2]. » On aurait cru que l'Église d'Angleterre se trouvait assez occupée maintenant à redresser les erreurs de ses propres membres. Quoi qu'il en soit, le secrétaire de la Société des missions de Londres avoue, après une visite à l'île Maurice, que « tous les progrès sont du côté de l'Église catholique romaine[3]. »

Le secrétaire avait raison ; il aurait même pu dire que l'île Maurice, depuis l'arrivée de son évêque, Mgr Collier, présente un des exemples les plus remarquables de toute une population revenue aux pratiques religieuses.

Mgr Collier, d'abord prieur de ce collége des Bénédictins de Douai qui donna à l'Église les quarante premiers missionnaires martyrs sous le règne d'Élisabeth, fut nommé, en 1840, vicaire apostolique de l'île Maurice, où tout était à faire. Aidé par de dignes coopérateurs anglais et français, ses travaux reçurent les bénédictions du ciel, et ont accompli le progrès que le voyageur pro-

---

[1] Voir *le Monde*, 14 avril 1864.
[2] *Rapport pour 1862 de la Société pour la propagation de l'Évangile*, p. 156.
[3] *Tour in S. Africa*, par J. J. Freeman, ch. xvii, p. 387.

d'armée Hova a mit tout à feu et à sang dans les environs de la capitale. » Cependant M. Ellis était représenté en Angleterre comme l'apôtre et le bienfaiteur de Madagascar; ce n'est qu'aujourd'hui qu'on commence à se faire une juste idée de ce personnage. Le Père de Régnon ajoute : « Ellis soulève en ce moment les esclaves et pousse à l'assassinat des Français; le consul anglais l'affirme[1]. »

Pendant la crise, tous les Français se trouvèrent forcés de quitter Tananarive. Les Pères Jésuites seuls et les Sœurs de Saint-Joseph de Cluny, malgré les instances du digne commandant de la frégate française, le capitaine Dupré, refusèrent de quitter leur poste. « Nous ne pouvons pas accepter ces offres, écrivait le Père Tinas. Parce que notre poste est périlleux ce n'est pas une raison de l'abandonner : le brave commandant comprendra ce langage. »

Avant les troubles, le révérend Père Jouen, préfet apostolique, donnait un aperçu de cette intéressante mission. « A Tananarive disait-il, notre modeste chapelle ne suffit plus à la foule qui s'y presse chaque dimanche pour assister à la messe, entendre les instructions ou le catéchisme. Il nous faudrait aujourd'hui une église capable de contenir deux ou trois mille personnes. Tel est le progrès de la religion catholique au sein de cette capitale; qu'elle compte actuellement deux résidences, six missionnaires prêtres, cinq Frères coadjuteurs, trois Sœurs de Saint-Joseph, deux écoles contenant chacune près de quatre cents élèves. Déjà plusieurs milliers d'indigènes assistent aux offices, fréquentent le catéchisme et se préparent au baptême[2]. »

Ces magnifiques résultats, obtenus en si peu d'années, ont-ils été compromis par la révolution dont M. Ellis est l'auteur, et qu'il avait fomentée dans l'espoir d'écraser la mission catholique? Voici la réponse. « Les écoles catholiques sont devenues plus florissantes que jamais dans les provinces soumises aux Hovas, en dépit des intrigues des méthodistes. Le peuple Hova, fort intelligent et fort impressionnable aux belles choses, se sent attiré de jour en jour davantage vers notre culte, qui n'a maintenant d'autres ennemis que les largesses pécuniaires de la Société biblique et des contes aussi grossiers que ridicules. » Nous ne nous arrêtons pas à les répéter.

« Les chefs hovas, continue ce témoin, font semblant de croire à

---

[1] Voir *Études religieuses, historiques et littéraires*, n° XII, p. 1085.
[2] *Ibid.*, p. 1086.

MADAGASCAR.

On a parfois reproché aux missionnaires catholiques, mais toujours à tort, de rechercher l'influence politique dans les pays qu'ils évangélisent; nous allons parler d'un missionnaire anglais et protestant, qui a tant fait de politique, qu'il a bouleversé un royaume et fait disparaître un roi.

Nous connaissons les antécédents de M. Ellis; il a visité et abandonné bien des contrées. Mais depuis quelques années il a partagé sa vie entre l'Angleterre et l'île de Madagascar. Dans l'une de ces contrées il venait chercher l'argent qu'il devait dépenser dans l'autre. En Angleterre, il eut tout le succès qu'un homme aussi bien renseigné sur le caractère de sa nation était sûr d'obtenir; mais à Madagascar, lui et son compagnon paraissent jouir d'une réputation équivoque. « Les Anglais, affirme un témoin impartial en 1861, se sont rendus tellement odieux à Radama et à son peuple, que tout ce qui était *faux* et *mensonger* s'appelait *anglais*[1]. »

Tout le monde sait ce qui vient d'arriver à Madagascar, et tout le monde est d'accord pour assurer que M. Ellis en est la cause. Le correspondant du *Mauritius commercial gazette* écrit de Tamatave en 1863 : « Il y a une disposition générale à Tamatave parmi les Anglais et les Français à blâmer M. Ellis, au sujet des événements récents. Chose étrange! Il s'est attiré l'inimitié des Anglais aussi bien que des Français et des indigènes, et on déclare ouvertement que ce sont ses manigances qui ont été la véritable cause de la mort de ce malheureux roi[2]. »

Le Père de Régnon écrivant à bord de la frégate *l'Ermione*, en vue de Tamatave, le 1ᵉʳ septembre 1863, s'exprime ainsi : « Le génie du mal qui dirige le désordre politique sur la montagne d'Ankova est bien connu de tous. Hier, je descendis à terre. Ma visite au consul anglais, chassé de Tananarive, grâce aux menées de M. Ellis, m'a fait connaître plus de choses que je n'en puis écrire. Bref, M. Pakenham, consul anglais, charge son compatriote d'une étrange manière. »

Le révérend Père reconnaît, comme une des conséquences des menées de M. Ellis, que « la guerre civile a éclaté; un corps

---

[1] *The Last Travels of Ida Pfeiffer*, p. 132, 250 (1831).
[2] Voir *the Times*, 7 juillet 1863.

sion, et entièrement incapable, rapporte-t-il, de diriger une entreprise aussi importante. » Cependant les missionnaires qui avaient consenti à travailler sous une pareille direction étaient évidemment, au rapport même de M. Saint-John, des ouvriers de la trempe ordinaire. « Le Père Reyna, le plus ancien, était, disait-il, l'un de ces hommes remarquables que l'on rencontre quelquefois parmi les missionnaires de l'Église romaine, homme aux manières agréables, d'une habileté attrayante, d'un esprit pénétrant, et cependant on l'envoya avec quatre compagnons à la Nouvelle-Guinée, où trois d'entre eux furent tués par les habitants, tandis que lui-même échappa avec une santé ruinée pour mourir peu de temps après. » De tels hommes auraient sans doute travaillé avec succès s'ils étaient resté à Borneo.

Mais voici le rapport de M. Saint-John sur les missionnaires protestants de la même île, avec lesquels il se trouvait lié d'amitié. Tous les avantages temporels et politiques étaient de leur côté, comme il l'avoue lui-même. « Le missionnaire est reçu à bras ouverts à chaque station par les officiers du gouvernement; leur association avec eux dans les excursions officielles n'a pas été inutile pour ces tribus. » Malgré ces avantages, voici leur histoire racontée par M. Saint-John.

« Dix missionnaires sur quatorze ont abandonné leur charge à Borneo ! » M. Saint-John ne peut s'expliquer ce singulier exode. « De tous les officiers au service du gouvernement pendant les quatorze dernières années, je n'en connais qu'un seul, observe-t-il, qui ait abandonné sa position, et celui-là se trouvait dans des circonstances particulières; les missionnaires ont presque tous abandonné leurs postes bien que leur travail ne soit pas plus difficile et qu'il ne soit certainement pas aussi périlleux que celui des officiers, dont le salaire est le même. »

Il parle chaudement de l'un de ceux qui restèrent et qui paraît avoir été son ami personnel; il loue le zèle et le jugement qu'il déployait dans ses rapports avec les indigènes; mais il ne croit pas que ses prédications aient causé aucune différence sensible dans leur conduite et que, « n'était ce médiocre succès, ayant toutes les autorités du gouvernement pour l'appuyer, on devrait regarder la mission de Borneo comme un *fiasco complet*[1]. »

[1] *Life in the Forests of the Far East*, par Spencer Saint-John, etc., vol. I, ch. i, p. 24; vol. II, ch. xiv, p. 369, 375 (1862).

1865, un collège était fondé dans cette même ville de Nukahiva, par les Frères de Ploermel, et les Sœurs de Saint-Joseph partaient pour entreprendre l'éducation des jeunes filles.

NOUVELLE-CALÉDONIE.

Le capitaine Laplace nous atteste que les ministres protestants, qui préfèrent les endroits où un commerce facile n'offre aucun danger, n'osaient pas aborder les tribus féroces de la Nouvelle-Calédonie. Voyons ce que les missionnaires catholiques ont fait parmi ces mêmes tribus. Nous devons les détails suivants aux révérends Pères Maristes.

Dans cette île les missionnaires ont imité les Réductions établies par les Pères Jésuites dans le Paraguay. Le premier essai eut lieu en 1854 à la Conception. Plus de trois cents néophytes des différentes tribus consentirent à quitter leur famille et leur pays pour se soustraire aux persécutions de leurs compatriotes et à leurs scandales. Cet essai réussit; de là, partirent les premiers catéchistes qui se répandirent ensuite dans les tribus sauvages. Sur d'autres points, on s'y prit d'une manière différente. Les habitants d'une même tribu sont distribués par petits groupes de maisons sur le rivage; leur éloignement du centre empêchait les missionnaires de les instruire. On est parvenu à réunir tous les habitants vers un seul point, où se bâtirent de charmants villages; l'instruction et la surveillance étant plus faciles, la conversion fut prompte.

Dix ans plus tard, en 1864, il y avait quatorze stations différentes, deux églises en pierre, de nombreuses chapelles et écoles, un hôpital tenu par les Sœurs de Saint-Joseph, un orphelinat dirigé par les Sœurs de Marie Immaculée, un autre à la Conception, une école industrielle et de catéchistes. Enfin comme fruit de dix ans de travaux, les Pères Maristes ont déjà gagné dans cette mission difficile environ *vingt mille* néophytes.

BORNEO.

L'île de Borneo, appartenant aujourd'hui à l'Angleterre, est représentée comme une exception au succès général des missions catholiques. Notre seule autorité est un écrivain officiel, M. Spenser Saint-John. « Le Seigneur Cuarteron était à la tête de cette mis-

tants : « Il est vrai que ces bons hommes avaient leurs défauts et leurs imperfections, et qu'en règle générale on ne pouvait les proposer comme modèles de l'excellence chrétienne[1]. »

ILES FALKLAND ET MARQUISES.

Dans le premier de ces deux groupes, qui appartient à l'Angleterre, des missionnaires anglicans se sont établis. Le capitaine Parker Snow, commandant du navire qui les portait, dit en 1857 : après une dépense de dix mille livres sterling, « je n'ai pu fermer les yeux à ce fait évident que la mission avait complétement échoué[2]. » Ce capitaine, pendant un certain temps agent des missions, était tellement impressionné par tout ce qu'il observait dans cet emploi, qu'il ne put s'empêcher d'écrire dans un autre ouvrage : « l'œuvre entière des missions semble être un singulier mélange de piété et d'irréligion. » Il est vrai qu'il fut immédiatement cassé de son emploi pour s'être permis cette réflexion[3].

Sur les îles *Marquises* il suffira de dire que l'évêque protestant, le docteur Russell, avoue, en 1843, que les efforts des ministres avaient échoué; et M. Melville répète quelques années plus tard dans son ouvrage sur ce groupe : « il semble qu'on doive désespérer d'arracher ces îles au paganisme[4]. »

Les missionnaires catholiques ne désespèrent jamais. Dans les îles Marquises, il y a, aujourd'hui 1864, un vicaire apostolique, monseigneur Dordillon évêque de Cambysopolis, et sept prêtres. Le nombre des néophytes s'est élevé successivement :

En 1846, à 121
» 1848, » 216
» 1858, » 1,252
» 1862, » 9,500.

A *Nukahiva*, où se trouve la cathédrale catholique, le docteur Coulter, parlant des missionnaires protestants, nous fait cet aveu : « Ils ne pouvaient pas tolérer les insultes des indigènes et j'ai appris plus tard qu'ils furent forcés d'abandonner l'île[5]. » En

---

[1] *Missions in Western Polynesia*, par A. W. Murray, ch. II, p. 14; ch. III, p. 20; ch. x, p. 296; ch. xiv, p. 408 et 414-424; ch. xv, p. 444.
[2] *Tow Years' Cruise off Tierra del Fuego*, par le capitaine Parker Snow, vol. I, ch. xviii, p. 271.
[3] Voir *Patagonian Missionary Society*, p. 8.
[4] Voir *the Marqueses*, par H. Melville.
[5] *Adventures in the Pacific*, par John Coulter, M. D., ch. xv, p. 242.

NOUVELLES HÉBRIDES.

En 1865, le révérend M. Murray, missionnaire protestant pendant vingt-cinq ans, raconta l'histoire des missions de ce groupe d'îles. Il donne des détails sur six d'entre elles. En parlant de *Aniteum*, la principale par son étendue et sa population, il nous dit : « Kotiama fut un singulier fondateur de cette mission ; il était païen et participait au meurtre de ses prédicants ; hélas, il est encore païen aujourd'hui ! »

De *Fotuna*, il s'exprime ainsi : « Nul indice de succès ne paraît encore en 1862. La nuit est sombre, aucune lueur ne fait pressentir l'approche de l'étoile du matin. Vingt ans se sont passés, depuis que les prédicateurs chrétiens ont abordé cette île. Elle nous a coûté bien des labeurs ; des vies précieuses ont été sacrifiées, quels résultats pouvons-nous montrer ? On est obligé d'en convenir, ils sont bien minces. »

Sur l'île *des Pins*, il nous donne les indications déjà reçues de bien d'autres îles. « Les missionnaires, avoue-t-il, étaient engagés dans des transactions commerciales en bois de sandal. A ces motifs, nous devons attribuer en partie, peut-être entièrement, la triste fin de leur vie et la suppression de la mission. » Il ajoute : « pour tout couronner, les missionnaires papistes ont pénétré ; de sorte que la perspective devient vraiment sombre. »

Erramanga vient ensuite. Ici les choses sont plus tristes encore. Les indigènes qui ont tout récemment massacré le missionnaire Gorden et sa femme, sont aussi loin que jamais du christianisme. « Bien des années s'écouleront, dit M. Murray, avant que nous retrouvions les facilités qui existaient, il y a quelques mois, pour l'évangélisation de l'île d'Erramanga. »

A « *Tanna*, les troubles éclatèrent vers le commencement de 1862. La vie des missionnaires était en danger, et la Providence leur donnant une occasion de quitter cette île, ils crurent qu'il était de leur devoir d'en profiter et de se retirer pour un temps. »

« La cause de notre douleur en comtemplant l'état actuel de la mission de *Mare* est ce fait, que la moitié de l'île est encore païenne, juste comme elle était il y a vingt ans. » Si nous voulons savoir ce qu'étaient les naturels qui se disaient chrétiens, M. Murray nous aidera à les apprécier. Parlant des sous-missionnaires indigènes, naturellement la fleur de leurs prosélytes, il dit dans cette phrase mielleuse qui n'appartient qu'aux ministres protes-

officiel au secrétaire des colonies, déclarait en 1861, que « moins du tiers de la population indigène professait la religion chrétienne ; le reste s'abandonnait encore d'une manière effrayante à l'anthropophagie, au massacre des veuves, à l'infanticide et à d'autres énormités. » Mais voyons ce qu'étaient les néophytes. M. Berthold Seemann, chaud défenseur des missionnaires, parle en termes généraux de leurs succès, mais ne cite pas un seul fait, à part l'abandon partiel d'habitudes barbares et l'assistance périodique au temple, tout en remarquant que les aides les plus utiles, employés par les ministres, étaient natifs de Tonga. Il ajoute que leur conduite a été souvent en contradiction directe avec leur profession de christianisme. Il avait entendu prêcher l'un des plus zélés d'entre eux, et il observe « qu'il eût été difficile de donner un sermon plus impraticable ou de montrer plus de mauvais goût et moins de discrétion. Cet homme était cependant ce qu'il appelle un missionnaire *accrédité*. »

« La population de Kadaou est devenue chrétienne de nom ; » c'est sans doute ce qu'il entend par *succès*. « Le peuple de Buretu, raconte-t-il, avait embrassé le christianisme ; mais lorsque plus tard cette ville se révolta contre Bau, capitale des îles Fiji, tous apostasièrent. Le retour de la paix ne lui fit pas abandonner la religion païenne ; ils avaient un des plus beaux temples païens de tout le groupe. » Le chef Denavua dit à M. Seeman qu'il y avait très-peu de vrais chrétiens, et qu'il détestait l'hypocrisie. Enfin, après avoir décrit le *complet mécompte* des protestants à Rotuma et la désertion du petit nombre de leurs disciples, il avoue : « Les Français ont été plus heureux dans l'île voisine de Futuna, où les prêtres romains ont établi une mission florissante. »

En somme, nous rencontrons dans ce groupe les faits accoutumés : des dépenses énormes et un succès très-problématique. M. Seeman, en faisant observer que la Société des missions wesleyennes tire un revenu annuel de douze cents livres sterling par la vente de l'huile de coco, remarque que M. Binner, instituteur wesleyen, possède une vaste étendue de terre et une quantité de petites îles[1]. Ce dernier trait complète le tableau.

Nous dirons seulement sur la mission catholique dans cette île que, malgré toutes les entraves imaginables et un manque de ressources complet, les Pères Maristes, aussi pauvres que leurs disciples, comptent aujourd'hui *dix-sept mille* néophytes.

---

[1] *Viti: an Account of a Government Mission to the Figian Islands*, par Berthold Seeman, ch. ii, p. 35 ; ch. vi, p. 105 ; ch. viii, p. 135 ; ch. xv, p. 266 ; ch. xx, p. 411 ; app., p. 422-28.

vérité sur ceux des autres, s'il a jamais rencontré en Polynésie un néophyte catholique qui ait inventé une religion pour lui-même, ou qui ait entrepris d'enseigner ses maîtres?

Toutefois M. Turner n'est pas notre seul témoin. Dans l'année suivante 1862, la Société des missions de Londres se trouve forcée de confirmer son rapport. Voici deux spécimens de lettres adressées par ses agents du groupe samoën. « Un petit nombre de prosélytes s'est ajouté à notre Église, mais en général, parmi ses membres, il y a absence complète de vie spirituelle. » Un autre ministre écrit à la même société : « J'ai causé depuis quelques semaines avec quatre-vingt-douze candidats; quelle belle moisson d'âmes, s'ils étaient tous vraiment convertis? Mais hélas, nous avons été obligés, en soupirant, de rejeter la plupart! »

Cette société, sachant que les missionnaires catholiques sont entrés dans ce groupe, et qu'ils ont déjà fait beaucoup de conversions, s'efforce de rassurer ses fidèles souscripteurs en leur disant « que les convertis catholiques embrassent volontiers une religion qui tolère leurs vices, et qui compte des chefs orgueilleux et méchants prêts à se mettre à la tête d'un parti[1]. »

Ce langage s'explique par ce qu'un autre témoin protestant appelle: « le trop grand succès des missionnaires catholiques. » Ainsi, M. d'Ewes raconte qu'il avait visité « la cathédrale catholique de Upolu, vaste établissement avec une école qui paraissait bien fréquentée[2]; » et nous apprenons des révérends Pères Maristes en 1864, que, dans ce groupe si longtemps livré aux protestants, il y a maintenant *neuf* stations principales avec une chapelle et une école dans chacune. Onze prêtres et cinq Frères se dévouent à cette œuvre qui aura, nous en sommes certains, les mêmes résultats que dans tous les autres groupes[3].

GROUPE FIJIEN.

Dans les îles fijiennes, récemment offertes à la couronne d'Angleterre, les opérations des missions furent commencées par les Wesleyens en 1822. Après quarante ans de labeur et une dépense de quatre-vingt mille livres, le colonel Smythe, dans un rapport

[1] Voir le rapport de cette Société pour 1862, p. 55.
[2] *China*, etc., ch. vi, p. 170.
[3] Pour les îles Salomon, voir *Cruise to the Pacific Ocean in the U. S. Frigate Essex*. vol. II, ch. xv, p. 114.

L'un de ces néophytes, qui passa un an ou deux après sa conversion à bord d'un bateau pour la pêche à la baleine, revint dans son île avec un bagage de vanité assez ordinaire aux voyageurs. « Lui aussi, dit M. Turner dont les compagnons étaient embarrassés par les prédications rivales de leurs propres disciples, voulut établir sa religion *étrangère*. Quoique plus éloigné de la vérité que jamais, ce gaillard se fit un nombre surprenant de prosélytes. » Quelque temps après, ils se vantèrent d'avoir le Seigneur au milieu d'eux, « demeurant dans le corps d'une vieille femme, » et se permettaient d'autres blasphèmes absurdes qui faisaient honneur à leur profession de protestant. La faible religion dont M. Turner semble avoir été le principal prédicant, était tellement incapable de vaincre les esprits fanatiques qu'elle avait éveillés, que vingt ans plus tard, de son propre aveu, leur puissance déjouait encore son talent. « *Jusqu'aujourd'hui*, dit-il, après avoir reçu les instructions protestantes pendant un quart de siècle, une partie du peuple est entraînée par de prétendus prédicateurs indigènes dans toutes sortes d'extravagances et d'absurdités; c'est, à la lettre, l'aveugle conduisant un autre aveugle. »

Il est impossible de lire le livre qu'il a publié, sans remarquer, à côté des signes multipliés de bonnes intentions, la preuve évidente de l'impuissance des dons naturels pour arriver à la conquête des âmes. Il suffit de nous en rapporter au résumé donné par cet auteur en 1861, sur les résultats actuellement obtenus. Dix missionnaires protestants, travaillant à la fois, avec des ressources matérielles illimitées, aidés d'un bataillon de deux cent trente-un professeurs ou assistants indigènes dont ils pouvaient récompenser les services; des écoles établies dans tous les districts avec de nombreux moyens de s'attirer des élèves, et d'autres institutions créées par les prodigalités des sociétés anglaises, tel a été pendant vingt années le mécanisme employé pour christianiser les Samoëns. Voici, d'après M. Turner, le dernier résultat. Sur une population de soixante-cinq mille cinq cents âmes, quarante-cinq mille sept cent cinquante-sept sont encore des païens déclarés! Sur le reste qui professait différentes modifications de la *religion étrangère*, comprenant toutes sortes d'extravagances, ce ministre ajoute qu'il en comptait « six cent quarante-cinq appartenant à l'Église protestante[1]! »

Nous aimerions à demander à ce candide écrivain, qui nous dépeint ainsi ses propres travaux et qui nous dirait assurément la

---

[1] *Nineteen Years in Polynesia*, ch. xi, p. 106; ch. xxxv, p. 555.

voisinage, vint l'informer de la manière dont il se proposait de le recevoir : « Je lui demanderai qui l'a envoyé? S'il ne répond pas que c'est Grégoire, » — Grégoire XVI était le pape qui avait envoyé les missionnaires français, — « je lui dirai : allez-vous-en, vous n'êtes pas le missionnaire de Jésus-Christ. Je lui demanderai ensuite : à qui sont cette femme et ces enfants? A moi, me répondra-t-il. Allez donc, lui dirai-je encore, vous n'êtes pas missionnaire du tout. Jésus-Christ n'avait point de femme et ses envoyés n'en ont point. Nous sommes les enfants de Pierre, et vous, vous n'êtes qu'un homme comme nous[1]. » Ce digne chef ne se doutait pas qu'il suivait la règle donnée par saint François de Salles. Longtemps avant la découverte des îles Gambier il disait à son peuple : « O mes frères, tenez cette preuve pour fondamentale, et demandez à ceux qui veulent vous retirer du sein de l'Église : *Quis te misit*[2]? »

GROUPE SAMOEN.

La mission samoënne a trouvé un historien impartial dans la personne d'un témoin de ses origines qui, vingt ans plus tard, nous a décrit ses résultats. Les premiers fruits de l'enseignement protestant dans ce groupe furent précisément, d'après le révérend George Turner, ce que l'on pouvait attendre d'une religion purement humaine, qui n'emprunte au christianisme que des mots, et offre à ses néophytes des préceptes séparés de doctrines qui perdent toute leur autorité, par la suppression ou la négation d'autres doctrines avec lesquelles elles sont divinement enchaînées. Les Samoëns, ou plutôt un très-petit nombre d'entre eux, consentirent à abandonner le paganisme ; mais en acceptant ce qu'ils appelaient la religion « étrangère, » ils réclamèrent le droit de la soumettre à des modifications selon leurs caprices. Sous ce rapport, ils purent être regardés comme de vrais protestants. « Laissez-moi tranquille, répondaient les premiers disciples aux missionnaires qui cherchaient à réprimer leur féconde imagination, j'ai reçu une religion *étrangère* aussi bien que vous, la mienne est aussi bonne que la vôtre. Occupez-vous de votre âme, je m'occupe de la mienne[3]. »

[1] *Annales*, tome IX, p. 156.
[2] Sermon pour le dimanche de la Septuagésime, *OEuvres*, tome II, p. 56.
[3] *Nineteen Years in Polynesia*, par le Rév. George Turner, de la Société missionnaire de Londres, ch. ix, p. 109.

elles ont persévéré dans la vie la plus édifiante. Elles tiennent cinq écoles et comptent parmi leurs élèves les jeunes filles de la famille royale[1]. » Une fausse religion peut, à la vérité, produire à certaines époques un petit nombre de prétendues *religieuses*, dont les meilleures finissent toujours par se faire catholiques; mais ces religieuses appartiennent à cette classe dont parle le grand évêque d'Hippone, en les appelant *hæreticæ sanctimoniales*, et auxquelles, avec tout le poids de son autorité, il rappelle solennellement « qu'une épouse obéissante vaut mieux qu'une vierge insoumise[2]. »

« Je suis sûr, dit le vicaire apostolique dans une lettre adressée à la supérieure du Sacré-Cœur, à Paris, que vous trouverez dans le plus grand nombre de ces jeunes personnes assez d'obéissance et de piété pour en faire d'excellentes novices. Je ne sais pas si dans votre communauté vous en avez qui aient un maintien plus grave et plus modeste. Nous ne paraissons pas attacher beaucoup d'importance à leurs pieuses assemblées, mais souvent nous admirons la vertu et la pureté angélique de ces jeunes cœurs, qui ont reçu dans le baptême une nouvelle création. Qu'y a-t-il d'impossible à la grâce de Jésus-Christ! »

Il n'est pas surprenant que des missionnaires, capables de changer des femmes sauvages et idolâtres du Pacifique en humbles et ferventes religieuses, assez généreuses pour choisir la *bonne part* de Marie, et pour demeurer dans le secret et le silence aux pieds de Jésus, ne trouvent aucune difficulté à enseigner à des hommes de même race les préceptes de l'Évangile, que les meilleurs ministres protestants proclament en vain aux auditoires civilisés d'Angleterre et d'Amérique. Un jeune indigène d'Oahu, qui avait fait quelques progrès dans la langue latine, écrivit une lettre au supérieur d'une communauté religieuse de Paris, dans laquelle, après avoir mis en parallèle les succès de ses maîtres catholiques avec les violents, mais stériles efforts des protestants, expliquait ainsi le contraste : « *Le filet de saint Pierre* est propre à prendre du poisson. Le filet des hérétiques ne prend rien, parce que Jésus-Christ ne préside pas à leur pêche et n'est pas entré dans leur barque[3]. » Telle est la réflexion d'un sauvage converti, sur un contraste que la grâce de Dieu seule lui avait fait apprécier.

Le Père Honoré Laval rapporte qu'un chef de l'île d'Akaman, ayant appris la prochaine arrivée d'un ministre protestant du

---

[1] *Annals*, vol. II, p. 255.
[2] *In Psal.* xlv, tome IV, p. 564.
[3] *Annals*, tome II, p. 258.

fois sa visite épiscopale. « Le paganisme est oublié ; les mœurs chrétiennes sont adoptées ; les bienfaits de la civilisation se propagent peu à peu. » Il ajoute que dans l'île voisine d'*Ouvea*, après les exercices d'une retraite sous les yeux de l'évêque, dix-huit cents adultes, formant toute la population, venaient de recevoir la sainte communion de ses mains[1].

Les révérends Pères Maristes auxquels nous devons des notes intéressantes sur les contrées qu'ils évangélisent avec tant de zèle, nous citent un fait qui terminera bien l'aperçu de cette belle mission, où la victoire fait oublier les épreuves. « A Wallis et à Futuna, les indigènes ont demandé de bâtir à *leurs frais* des églises monumentales. »

Depuis 1836, cette Congrégation a envoyé en Océanie *cent seize* prêtres, *soixante-quatre* Frères et *onze* Sœurs. Douze prêtres sont morts, six prêtres et trois frères ont été martyrisés par les sauvages.

ILES GAMBIER.

Aux îles Gambier des résultats non moins heureux accompagnèrent les travaux des missionnaires. Le saint sacrifice de la messe fut offert pour la première fois dans ce groupe le 15 août 1834 ; et le 9 mai 1835, presque tous les habitants avaient été convertis. Ce fait est attesté, en 1851, par un écrivain protestant, ami de M. Pritchard de Tahiti. « Pendant les sept dernières années, trois missionnaires français de la secte papiste se sont établis dans l'île Mangarêva ; il faut avoir vu l'influence qu'ils ont acquise sur les habitants, pour y croire ; elle est si absolue que ceux-ci semblent être guidés dans leurs moindres mouvements par cette préoccupation : Qu'est-ce que les missionnaires penseront de nous[2] ? »

Il suffit d'ajouter que depuis de longues années tous les indigènes sont catholiques. Dès 1841, six ans après leur conversion, ces îles avaient déjà fourni un grand nombre de ces admirables épouses du Christ, qui ont le glorieux privilége de lui être consacrées par une union toute sainte. « Elles sont aujourd'hui *cinquante-trois*, entièrement séparées du reste des indigènes. Depuis près de cinq ans,

---

[1] *Annals*, vol. XXIII, p. 550.
[2] *Rovings in the Pacific*, vol. I, ch. xi, p. 284. — « In modo che nel 1838 non eravi più un pagano. » (Witman, *Storia universale delle Cattoliche Missioni*, vol. I, cap. iv, p. 162 (Milan, 1843).

La même année, le Père Chevron, dont la détresse arrachait des larmes à son évêque, écrivait : « Une foi vive, une charité ardente, une extrême délicatesse de conscience, une avidité insatiable de la parole de Dieu, telles sont les vertus qui fleurissent sous nos yeux. Les naturels passent la moitié de leurs nuits à prier, à s'instruire mutuellement, à chanter des cantiques et à réciter le chapelet. Leur ardeur pour les exercices de piété est évidemment l'effet de la grâce. »

Vers la fin de la même année, le Père Viard, plus tard évêque, rapporte que soixante naturels de Wallis, après une absence de deux ans, pendant lesquels ils avaient reçu le baptême des ministres protestants, revinrent à la vérité sous la conduite d'un chef, frère du roi. Ils étaient pleins de haine et de préjugés contre la religion catholique, qu'ils ne connaissaient que d'après les invectives des ministres. Le roi de Wallis, disait à Mgr Bataillon : « Je te remercie de l'affection que tu me portes. J'étais ignorant, je t'ai repoussé ; j'ai même voulu te chasser ; mais toi, tu nous aimais ; tu as pris patience ; tu as souffert beaucoup. Je te remercie. » En disant ces mots, de grosses larmes tombaient de ses yeux. Que la grâce de Dieu est puissante ! *Potens est Deus de lapidibus istis suscitare filios Abrahæ.* »

Dans l'île Futuna où le Père Chanel, béatifié depuis, avait été martyrisé, une victoire aussi complète a couronné les efforts des missionnaires. Pour châtier les violences des naturels de cette île, la France avait envoyé la frégate *l'Allier*. Mgr Pompallier protesta contre la vengeance projetée, en déclarant qu'il n'avait aucun besoin de recourir à la justice humaine, et que tous étaient disposés à périr jusqu'au dernier plutôt que d'invoquer son appui. En quittant l'île, l'équipage de *l'Allier* emporta plus d'admiration pour les missionnaires que de haine contre leurs lâches oppresseurs. L'évêque Pompallier voulut rester au milieu de cette tribu sanguinaire, jusqu'à ce qu'il eut converti le roi de Futuna et l'assassin même du bienheureux Père Chanel, et baptisé de sa propre main cent quatorze indigènes[1]. « Aujourd'hui l'île de Futuna est entièrement chrétienne et présente au milieu du Pacifique l'exemple d'une sincère et complète conversion dans toute la force du mot[2]. »

Vers la fin de 1861, Mgr Bataillon nous fournit le rapport suivant sur l'île de Futuna où il venait de faire pour la seconde

---

[1] *Annals*, vol. I, p. 530.
[2] *New Glories of the Catholic Church*, ch. v, p. 254.

dépourvus de tout, et sans autre soutien que la croix de leur Divin Maître. »

La bienveillance de la Congrégation des membres de Picpus, dont les travaux apostoliques ont été couronnés d'un si beau succès, nous permet de terminer cette esquisse par quelques détails sur l'état de cette mission en 1864.

Un vicaire apostolique, Mgr Maigret, évêque d'Arathie.

Vingt-deux prêtres.

Vingt-huit églises et *cent* chapelles.

Un collège.

Un pensionnat de jeunes filles tenu par les Dames des Sacrés-Cœurs.

Cinquante maîtres indigènes, qui font la classe aux Kanacs dans cent cinquante écoles.

Une école anglaise tenue par un maître Irlandais.

Trente-six mille catholiques.

Dans le cours de 1862, *mille* nouvelles conversions viennent de s'opérer. Outre les hérétiques protestants de diverses sectes, il reste encore *vingt et un mille* infidèles à convertir.

LES ILES WALLIS ET FUTUNA.

Nous avons vu que les missionnaires catholiques avaient été transportés de Tahiti sur les rivages barbares de l'île Wallis, où leurs persécuteurs pensaient qu'ils trouveraient une mort obscure. Vaine attente! aussi cruelle que vaine. En 1841, le Père Bataillon rapportait que sur deux mille trois cents habitants de cette île, deux mille étaient déjà convertis. L'année suivante il écrivait : « Notre évêque, Mgr Pompallier, est sur le point de nous quitter, après avoir baptisé et confirmé *tous* les habitants de l'île. Gloire et bénédiction à la miséricorde infinie du Seigneur ; actions de grâces à Marie, notre auguste Reine, à qui au moment même de mon arrivée, je consacrai cette île. Wallis, tout récemment encore adonnée aux plus ridicules superstitions et aux vices les plus grossiers, adore maintenant le seul vrai Dieu, le Créateur du ciel et de la terre, et le seul Sauveur des hommes, Jésus-Christ. La conversion d'Ouvea est à mon avis l'un des plus grands prodiges de notre époque. C'était, au témoignage de tous, l'île la plus pervertie de l'Océanie.... Que Dieu est grand dans ses œuvres! Combien les instruments les plus faibles deviennent puissants dans sa main! »

moins d'impartialité que sir George Simpson, la sagesse et la bonté paternelle des prêtres catholiques qui se montraient pleins de condescendance pour les inclinations et les faiblesses innocentes de ces peuples enfants, et fait ressortir la dureté des méthodistes rigides qui interdisent sans pitié à leurs néophytes, en se les accordant à eux-mêmes, toute espèce de passe-temps et de distractions.

« Que leur donnent-ils en retour? Ils leur disent : Si vous voulez abandonner vos chants et vos danses, chasser le sourire de vos visages ; et, prenant un air attristé, venir écouter nos sermons, peut-être alors échapperez-vous à la damnation éternelle et éviterez-vous ce gouffre de soufre et de feu, préparé pour vous tous dans le monde à venir[1]. » Cette description un peu grotesque, comme l'avoue Ruschenberger, n'est point une œuvre de fantaisie, mais une image exacte de ce que les Anglais et les Américains ont vu et entendu dans les îles de l'Océan Pacifique.

En 1849, M. Walpole, qui arriva en Océanie après la fin de la persécution, parle ainsi : « Il y a dans la ville une cathédrale catholique romaine ; j'ai la conviction que la tendance des protestants vers cette église s'augmentera tous les jours. On ne saurait faire trop d'éloges du prêtre qui dirige la mission romaine. Les écoles catholiques sont excellentes, il est permis à tout le monde de les visiter. Les catholiques ont aujourd'hui douze mille néophytes, environ cent écoles, trois mille élèves.... Nous devons espérer que par une stricte réforme *d'eux-mêmes* et par des soins plus assidus envers les naturels, les prédicateurs du pur Évangile s'efforceront de regagner le terrain qu'ils ont perdu[2]. »

Les prédicateurs du pur Évangile, comme les appelle M. Walpole, en étaient enfin arrivés à cette humiliation, d'exciter la raillerie et la pitié de leurs amis. Il nous sera donc permis, après avoir entendu tous ces témoignages protestants, d'écouter un catholique. « Dans cette île seule, assure un missionnaire français, plus de cinq mille personnes ont, dans l'espace de douze mois, abandonné les sentiers de l'erreur pour suivre ceux de la vérité. » Il parle ensuite avec une douce compassion de ses rivaux abattus, qui récoltèrent ce qu'ils avaient semé; il semble plaindre des hommes qui, « après avoir dépensé, pendant tant d'années, des sommes si considérables, voient ce qu'ils appelaient leur mission modèle, plus qu'à demi ruinée, en bien peu de temps, par quelques pauvres missionnaires

---

[1] *California*, p. 245.
[2] Ch. xi, p. 249. Cf. *the Natural History of the Varieties of Man*, par R. G. Latham, M. D., p. 201.

vit « occupés à bâtir une belle cathédrale ; qu'ils avaient déjà fondé deux écoles suivies par neuf cents enfants des deux sexes, indigènes et métis ; un bon nombre de leurs élèves avaient fait de grands progrès dans les différentes branches de l'éducation, et quelques-uns parlaient le français avec une facilité étonnante. La foi nouvelle étendait chaque jour son influence parmi les indigènes, grâce au zèle infatigable de ses apôtres ; bien qu'elle ne fût plus exposée à une persécution légale, elle était encore en butte aux grossiers anathèmes des missionnaires protestants. Nous eûmes de fréquents rapports avec les prêtres catholiques, nous avons visité leurs écoles, quelquefois aussi assisté à leurs offices ; ils ont gagné toute notre estime[1]. »

Ajoutons au témoignage de ce généreux protestant un spécimen du langage employé par les ministres déjoués, lorsqu'ils espéraient bannir les missionnaires catholiques par la violence. Ils annonçaient gravement à leurs patrons, bien qu'ils dussent sourire en l'écrivant, « qu'il fallait remercier le ciel des bonnes dispositions des habitants de ces îles et de leur grande piété. » Ce langage va changer.

« Il est impossible, écrivent-ils à leurs *pay-masters* (maîtres qui les payent), de mesurer les conséquences désastreuses qui ont suivi et qui suivront encore l'introduction des missionnaires catholiques, joint à leurs efforts au milieu de ce peuple. Nous déplorons de voir quelques brebis de nos troupeaux se détacher si vite pour suivre un autre Évangile, mais le grand chef de l'Église l'a sans doute permis dans des vues de sagesse et de sainteté. »

Enfin, mettant de côté toute contrainte, « ils ont erré à la suite du dragon, » disent-ils, parlant des naturels qui les abandonnaient par milliers. « A mesure que l'homme de péché avance, il déploie de plus en plus son vrai caractère, fait observer un de leurs rapports officiels... Mais ces jours sont comptés ; des limites lui sont fixées, il n'ira pas plus loin. » S'ils parviennent à acheter le retour momentané d'un ou deux de leurs anciens disciples, ils s'écrient : « Ils ont fui de Sodome ! » Et ces hommes nourris des dépouilles de leurs sectateurs contraints, et dont la religion était une repoussante contrefaçon du christianisme, disent de la foi catholique : « L'extension de *cette hérésie* parmi nous tend à humilier nos cœurs[2]. »

Reprenons la liste de nos témoins. M. Forbes loue, avec non

---

[1] *Simpson*, vol. II, ch. xii, p. 113.
[2] *Missionary Herald*, vol. XXXVIII, p. 480-86.

naturels qui avaient été victimes de la persécution, rapporte le capitaine Laplace, et qui avaient confessé la foi au milieu des traitements les plus cruels, manifestaient une grande joie. »

Les indigènes catholiques n'étaient pas seuls délivrés de leurs liens et capables enfin d'adorer Dieu dans la paix et la sécurité. Les protestants aussi, profitant de la bienveillance de lord George Paulet, rejetèrent le joug odieux des ministres et se dédommagèrent de leurs longues privations par une licence effrénée. Eux aussi eurent leurs jours de plaisirs, mais de plaisirs charnels, bien différents des plaisirs de ces confesseurs chrétiens qui, par leur patience à supporter l'épreuve, s'étaient acquis le droit de chanter un cantique de louanges et d'actions de grâces.

Désormais, les conditions de la lutte ne devaient plus être les mêmes. Les missionnaires de la croix se mirent à l'œuvre sans obstacle; ils étaient dénués des moyens humains, mais ils avaient appris à ne pas y mettre leur confiance. Le vicaire apostolique de l'Océanie orientale écrivait en 1837 des îles Gambier : « Pendant les premières années de la mission, nous couchions sur des planches; des blocs de pierres ou des troncs d'arbres formaient nos siéges. J'ai administré le baptême dans une de nos églises à quatre-vingt personnes, et pendant la cérémonie, le tronçon de l'épine dorsale d'une baleine me servit de trône[1]. Nos prêtres sont heureux, ajoutait-il, lorsqu'ils peuvent trouver le temps de raccommoder leurs habits et de laver leur linge. » Six ans plus tard, en 1843, cet évêque visita les pères Chevron et Grange à Tangatabou; la détresse où ils étaient lui arracha des larmes. A Wallis, il trouva le Père Bataillon, plus tard évêque, sans chapeau ni souliers, à peine couvert de misérables vêtements en lambeaux[2]. Alors ils s'embrassèrent comme saint Paul et ses saints coopérateurs, et, pleins de joie, ils continuèrent leur route.

En 1847, sir George Simpson, après avoir été témoin de leurs vertus et de leurs succès dans diverses contrées, raconte qu'il les

---

[1] *New Glories of the Catholic Church*, vol. I, p. 235.

[2] *Ibid.*, vol. VI, p. 28. — Le docteur Scherzer, faisant remarquer les grandes ressources mises à la disposition des missionnaires protestants dans le Pacifique, leurs maisons transportées toutes faites d'Angleterre et leurs énormes dépenses, s'écrie : « Quel contraste glorieux pour nous offre le mince appareil avec lequel les missions catholiques d'outre-mer sont obligées de prolonger leur précaire existence. » (*Voyage of the Novara*, vol. II, ch. XVI, p. 505). — « Ne possédez ni or, ni argent, ni aucune monnaie dans vos ceintures, avait dit le Sauveur aux premiers missionnaires chrétiens, ne portez pas de provisions pour votre route, ni deux habits, ni des souliers, ni un bâton. » (S. Matth., ch. X, 9 et 10). L'équipage des missionnaires protestants, comme le remarque le docteur Scherzer, forme un glorieux contraste avec le *mince appareil* de nos missionnaires.

« Nous n'hésitons pas, déclarèrent-ils dans l'un des journaux du pays, à accuser les missionnaires protestants d'être la principale cause de toutes ces persécutions contre les catholiques[1]. » Mais ils avaient épuisé la patience de Dieu et des hommes ; l'heure de l'humiliation allait sonner pour eux.

Un protestant américain nous apprend en 1854, que lorsqu'ils voulurent soutenir leur domination chancelante par des moyens extrêmes en expulsant les missionnaires catholiques, la sympathie était si générale en faveur de ces derniers, que les consuls *Anglais* et *Français* furent favorables à leur séjour[2]. Ce sentiment est devenu aujourd'hui universel parmi les protestants éclairés, parce qu'ils trouvaient toutes leurs entreprises commerciales entravées par la jalousie des ministres qui voulaient accaparer le commerce des îles, et qui, après avoir dépouillé les indigènes, s'efforçaient de ruiner leurs compatriotes. Aussi les journaux du pays épousèrent-ils la cause des catholiques.

La *Gazette protestante* des îles Sandwich insérait le 29 juin 1859, année de la mort de M. Bachelot, l'anecdote suivante : « Deux femmes indigènes ayant été accusées du crime d'être catholiques, l'une d'elles fut suspendue à la branche d'un arbre, touchant à peine le sol par l'extrémité de ses pieds ; l'autre, à une poutre ; elles furent laissées pendant dix-huit heures dans cette position et furent enfin délivrées par quelques Européens, lorsqu'il leur restait encore un souffle de vie. L'un de leurs libérateurs était allé d'abord avertir Bingham, le chef des missionnaires. M. Bingham vint en calèche, mais se contenta d'observer qu'il ne voulait pas intervenir dans l'exécution des lois du pays ; cela dit, il met ses chevaux au trot et disparaît[3]. » M. Bingham a cependant écrit un livre rempli de textes de l'Écriture, depuis la Genèse jusqu'à l'Apocalypse, dans lequel il célèbre ses propres exploits, non comme gouverneur ou marchand, mais comme prédicateur de l'Évangile et ministre du Christ.

Résumons les résultats de ces procédés extraordinaires. Le capitaine Laplace arriva en juillet 1839 ; M. Bingham et ses amis furent informés, de manière à ne pas s'y méprendre, que les indigènes catholiques de Hawaï avaient trouvé un protecteur assez fort pour défendre les opprimés et pour châtier les oppresseurs. Treize ans de constance allaient recevoir leur récompense. « Les

---

[1] *The Sandwich Islands*, par Alexander Simpson, ch. IV, p. 30.
[2] *Sandwich Island Notes*, par A. Haolé, p. 55 (1854).
[3] Cité dans les *Annals*, vol. I, p. 559.

est notre seule crime[1]. » Lorsque ce récit, confirmé par des témoignages protestants, parvint en Europe, il excita une juste indignation dont le capitaine Laplace devint le digne interprète. C'est elle qui conduisit la frégate *l'Artémise* vers les îles Hawaï et qui, après treize ans d'oppression et de servitude, apporta la liberté aux catholiques de ces contrées. « L'histoire mentionnera, répète une voix française, qu'au milieu du dix-neuvième siècle, des hommes, se parant du titre de ministre d'une religion civilisatrice, condamnèrent à la face du ciel et de la terre des femmes chrétiennes à ramasser chaque jour, avec leurs mains, les immondices d'une garnison ! »

Ce n'étaient pas là les seules tortures infligées par les ministres protestants aux naturels d'Hawaï, qui avaient le courage de croire. Ils étaient battus, jetés en prison, accablés de travaux, condamnés à mourir de faim, et ils restaient fidèles. Le mari d'une femme catholique cruellement fouettée de verges, parce qu'elle refusait d'assister aux offices protestants, prononça ces paroles dignes des premiers confesseurs : « Avant d'être catholique, je n'aurais pas hésité à venger ma femme par la mort de son bourreau ; mais je me tais, sachant que les premiers chrétiens ne poussaient pas une plainte, lorsque leurs chairs étaient déchirées en lambeaux et qu'ils offraient leurs corps aux flammes pour l'amour de Jésus-Christ. » M. Bachelot, qui rapporte ce fait, ajoute : « Un grand nombre de naturels furent si touchés de cet exemple de résignation chrétienne, qu'ils demandèrent à être instruits, malgré les dangers auxquels ils s'exposaient de la part des ministres protestants. » On nous rapporte que le consul anglais, par un sentiment de dignité nationale, manifesta sa sympathie pour les prisonniers ; il en prit quelques-uns sous sa protection immédiate ; mais pour plusieurs sa généreuse assistance vint trop tard, car ils moururent bientôt après, victimes des tourments qu'ils avaient endurés[2].

On ne saurait douter que de tels événements n'aient excité la juste indignation des résidants étrangers dans ces îles. La mission du capitaine Laplace fut favorablement accueillie par ces derniers et « ils applaudirent avec enthousiasme à sa conduite. » « Nous espérons, disaient-ils dans une adresse à l'officier français, que grâce à votre fermeté et à votre justice, ces horribles tortures et cette révoltante persécution contre les droits de la conscience auront pour toujours disparu de nos contrées[3]. »

---

[1] *Annals*, vol. I, p. 555.
[2] *Annals*, vol. I, p. 555.
[3] *The Sandwich Islands*, par Alexander Simpson, esq., ancien consul, ch. III, p. 18.

obtenu de *trop grands succès*, Hawaï et les autres îles du groupe retentissaient de clameurs hostiles. L'Europe était bien loin au delà des mers et la vengeance semblait retardée.

Les vallées et les collines répétaient des cris de rage contre les missionnaires catholiques dont les vertus étaient un reproche vivant, et contre leurs disciples qui avaient osé les suivre à cause de leur sagesse, et les aimer comme les messagers de la vérité. Les écrivains loyaux parmi les protestants déclarent, d'un commun accord, que rien ne peut surpasser l'atrocité des calomnies et des invectives dont ces apôtres étaient l'objet. Toutes les chaires raisonnèrent des malédictions appelées sur leurs têtes ; et les catéchistes indigènes, salariés pour redire les leçons de leurs maîtres, se dispersaient de toute part pour se faire l'écho d'invectives qu'ils ne pouvaient ni croire ni comprendre.

M. Cheever, ravi des excès qu'il mentionne, nous transmet l'extrait suivant d'un sermon probablement composé par lui et prêché par un missionnaire assistant indigène. « Ne croyez pas que le pape soit Dieu ; il est un pur mortel dont la résidence est à Rome[1]. »

Il est temps de parler d'événements cruels et barbares, mais qu'il est impossible de regarder seulement avec regret, puisqu'ils ont révélé le caractère des néophytes catholiques, et préparé la voie aux triomphes décisifs de la religion qu'ils professaient. Ce fut par leurs souffrances, selon la loi immuable des missions chrétiennes, et par la constance avec laquelle ils les supportèrent, que des milliers d'âmes furent amenées à embrasser la foi. Longtemps avant la mort de l'abbé Bachelot, les mesures adoptées par les Hollandais à Ceylan et par les Anglais à Tahiti, avaient été employées par les Américains dans les îles Sandwich, non sans éveiller d'énergiques protestations de la part de leurs compatriotes. M. Bachelot, peu de temps avant son dernier voyage, écrivait à ses amis d'Europe : « Nos chrétiens sont toujours persécutés ; mais sous les chaînes, ils redoublent d'attachement à la foi. Après des années de séductions et de violences de toute espèce, on ne peut encore citer parmi eux un seul exemple d'apostasie. »

« Le châtiment adopté aujourd'hui est de conduire les catholiques enchaînés aux égouts publics et de les forcer à les nettoyer avec leurs mains. Les méthodistes triomphent des railleries dont sont alors l'objet les catholiques réduits à cette dégoûtante besogne. Ceux-ci supportent tout avec joie, parce que, disent-ils, la religion

---

[1] *The Island World of the Pacific*, p. 157.

Il est vrai qu'on fit un jour ce reproche au Maître lui-même : « *Contradicit Cæsari ;* » mais il était réservé aux missionnaires protestants de repousser les serviteurs du Christ pour avoir osé prêcher l'Évangile sans la permission préalable de cette caricature de César qu'on appelle le roi des îles Sandwich. M. Mark Wilks, qui prend leur défense et observe avec une plaisanterie bien placée que leurs rivaux catholiques furent transportés au *diocèse de la Californie,* affirme gravement que ces derniers « auraient dû obéir aux magistrats polynésiens et ne pas se rendre coupables de l'*impudente effronterie* de braver leurs règlements de police[1]. » Les Juifs qui emprisonnèrent saint Pierre et battirent de verges saint Paul partageaient sans doute la même opinion, et châtiaient l'*impudente effronterie* de ces apôtres avec la même force qui attira aux habitants des îles Sandwich les applaudissements de M. Wilks. Laissons des écrivains protestants répondre à la première allégation en faveur des autorités qui ordonnèrent le bannissement.

Le docteur Ruschemberger, après avoir discuté l'affaire avec Bingham, qui était le vrai *gouvernement,* écrit avec la simplicité d'un Américain libéral et bien élevé : « Il est évident pour moi que les missionnaires saisissaient toutes les occasions de représenter les catholiques romains sous les hideux aspects qu'ils s'étaient formés eux-mêmes. Je suis convaincu qu'ils ont été la cause de leur expulsion[2]. » Sir George Simpson dit aussi : « Quelques-uns des missionnaires protestants sont certainement responsables ; leur *bigoterie* ne paraît pas le seul motif qui les ait inspirés. » Il prétend avoir de fortes raisons pour soupçonner des vues tout à fait temporelles[3]. M. Gerstaecker, peu bienveillant pour les missionnaires catholiques, n'hésite pas à déclarer que les prédicateurs protestants, dans leur zèle furibond et intolérant, excitaient de plus en plus par leurs sermons contre les catholiques les naturels, faciles à subir des influences.

Le conflit venait de s'engager avec ardeur. Il était soutenu, de la part des ministres protestants, par des actes qui paraîtraient incroyables au dix-neuvième siècle, si leurs amis ne nous les attestaient. Depuis le jour où le chétif navire emporta vers la Californie les exilés dont deux seulement devaient atteindre le rivage, et dont le seul crime, au témoignage de leurs ennemis, était d'avoir

---

[1] *Tahiti,* etc., par Mark Wilks, p. 10 (1844).
[2] *Ibid.*, ch. xliii, p. 474.
[3] *Ibid.*, vol. II, ch. xii, p. 115.

MISSIONS CATHOLIQUES DANS LES ILES SANDWICH.

Il y a, dans les iles Sandwich, des néophytes dont M. Hines ne voulait rien dire, quoique M. Walpole nous ait assuré qu'ils préféraient la mort plutôt que d'abandonner leur foi. D'autres témoins ne manqueront pas de nous les faire apprécier.

Sept ans après la visite de l'abbé de Quélen, un autre missionnaire catholique aborda ces rivages. Un préfet apostolique, accompagné de deux prêtres, entrait dans le port d'Honolulu.

« C'étaient des hommes instruits, relate l'historien du vaisseau *le Potomac*, de manières et de conversations agréables ; ils montraient dans toute leur conduite une piété sincère. Les indigènes, charmés de leur extérieur et de leur instruction, accoururent en grand nombre pour se faire instruire ; leurs écoles et leurs églises furent bientôt encombrées... Ils n'essayèrent jamais d'attirer les indigènes, sinon par une aimable et douce affabilité. Ils étaient exemplaires dans toutes leurs actions. *Mais leurs succès étaient trop grands*. Ils reçurent l'ordre de cesser les exercices du culte, et, d'après les injonctions de l'autorité, les soldats du pays chassèrent les néophytes de leurs églises... Les missionnaires furent transportés sur les côtes de la Californie, à bord d'un petit navire hors de service, et impitoyablement déposés sur un rivage inculte et éloigné de toute habitation [1]. » Cette déportation répondit si bien aux intentions des persécuteurs, que l'un de ces prêtres, l'abbé Bachelot, mourut durant la traversée.

Dans cette première lutte, les ministres protestants remportèrent une victoire facile. Mais le jour arriva où ils furent sommés de justifier un acte que la France avait le droit de punir, et que tout ce qu'il y avait de noble en Angleterre et en Amérique condamnait hautement. Pour expliquer leur conduite, les protestants prétendirent que cette violence était le fait des autorités indigènes ; ils ajoutèrent que les missionnaires catholiques avaient été légalement expulsés « parce qu'ils n'avaient jamais ni demandé ni obtenu du gouvernement l'autorisation de séjour [2]. » Quant à cette dernière allégation, nous ne lisons pas dans les *Actes des apôtres* que saint Paul ait eu l'habitude de demander aux païens la permission de leur prêcher le Christ, ou qu'il s'en soit abstenu lorsqu'on le lui défendait.

---

[1] Reynolds, ch. XXII, p. 417-18.
[2] *Refutation of the Charges brought by the Roman Catholics against the American Missionaries at the Sandwich Islands*, p. 14 (Boston, 1843).

lique romain qui administre toutes les îles de ce groupe. Autant que je pus l'observer, ces missions sont en plein succès. Les églises sont toujours remplies ; les prêtres jouissent d'une réputation honorable à cause de leur dévouement et de leur abnégation. » Comme le prophète des anciens jours, M. Dana, payé pour maudire, s'est trouvé forcé de bénir.

M. Willie, autre témoin, cité par M. Hopkins, donne cette indication sur la moralité des prétendus convertis : « Je crois franchement que si les femmes Hawaïennes ne sont pas rendues plus pures et plus chastes, il sera impossible que le peuple de Hawaï conserve l'existence. »

« Après quarante ans de travaux évangéliques, prétend *le Polynésien*, journal officiel dans cette île, après deux générations entières nées et élevées dans la foi chrétienne, des écoles publiques dans tous les villages, d'innombrables réunions pour la prière, malgré tous ces efforts, les deux tiers des femmes perdues sont des personnes mariées! fait incroyable, s'il n'était incontesté. »

Le docteur Raë, dans une suite d'articles publiés dans le même journal, parle ainsi des missions catholiques et des missions protestantes : « Je ne me rappelle pas m'être jamais trouvé dans aucune société *mixte* de ces îles, où on s'occupait des missions protestantes, sans entendre ou une *raillerie*, ou un *sarcasme*, ou un *reproche*. D'un autre côté, quelles que soient les personnes que j'ai rencontrées, je n'ai jamais entendu parler des prêtres catholiques qu'en termes convenables et respectueux. Je signale simplement ce fait, je laisse au lecteur le soin d'en tirer la conclusion[1]. »

Il ne sera pas dificile au lecteur de la tirer, et bien d'autres renfermées dans cette réunion de faits, lorsqu'il aura pesé cette appréciation de la mission polynésienne présentée en 1863 par le premier journal d'Angleterre : « Il est certain que ce peuple est complétement indifférent sur la religion, et qu'il accepte le nouveau Dieu, ou prétend l'accepter, pour se débarrasser des instances importunes ; mais en présence de la mort, toute cette affectation disparaît, et les faux dieux sont invoqués contre ses atteintes[2]. »

---

[1] *Hawaii, an Historical account of the Sandwich Islands*, par Manley Hopkins, consul général à Hawaii, ch. xv, p. 224; ch. xvi, p. 243; ch. xxiii, p. 371; ch. xxiv, p. 386-8-90 (1862). — Voir les réflexions de l'amiral Jurien de la Gravière sur le même contraste. (*Revue des Deux-Mondes*, tome III, p. 38).

[2] Voir *the Times*, 25 juillet 1863.

« J'ai demandé moi-même à l'un des missionnaires, nous apprend encore M. Hines, combien parmi ses néophytes il y en avait de véritablement chrétiens ?—*Pas un seul*, répondit-il, si vous demandez les mêmes preuves que vous exigez d'un chrétien chez nous. » M. Hines ajoute que cette assertion peut s'appliquer « depuis la hutte de l'esclave le plus vil jusqu'au palais du roi[1]. »

Enfin, comme s'il pensait qu'une telle appréciation demandait l'appui d'un fait décisif, il assure de ce peuple soi-disant converti, que son immoralité est si universelle et si ignoble, « qu'il serait difficile à un Hawas de dire quel est son père. »

Nous supprimons bien des détails du même genre. De 1820 à 1862, les témoignages ne varient jamais. Dans cette dernière année un voyageur anglais s'exprime ainsi : « Vous trouvez des hommes faisant parade de leur religion devant leurs maîtres, et vendant le lendemain leurs femmes ou leurs filles pour un dollar. Si jamais le christianisme a imprimé dans leur cœur la notion de la vertu, cette impression a été bien légère et bientôt effacée[2]. »

Cette liste de tant de témoins est close par une imposante autorité. Nous avons dit, et nous ne craignons pas de le répéter, que le rapport le plus récent sur les missions protestantes est toujours le moins favorable ; en voici une nouvelle preuve.

M. Manley-Hopkins publia, en 1862, son histoire des îles Sandwich. Cet écrivain, dont les sympathies pour le protestantisme sont manifestes, était consul général de Hawaï ; son ouvrage est dédié, avec autorisation, au comte Russell, et enrichi d'une louangeuse préface composée par l'évêque anglican d'Oxford.

« Les missionnaires, affirme M. Hopkins, après un examen scrupuleux de tous leurs procédés, ont habillé et converti les naturels, et ils ont produit, hélas ! non un peuple régénéré, mais *une nation d'hypocrites.* »

Après quelques mots sur la cupidité des ministres, M. Hopkins cite leurs propres aveux, et les confirme, par le rapport officiel de M. Dana. Ce rapport renferme l'éloge des missions catholiques ; mais la Société, à laquelle il avait été adressé, supprima ces aveux favorables aux catholiques, « dans la crainte qu'ils fussent désagréables aux protecteurs des missions ! » Voici quelques-unes de ces paroles que les administrateurs refusèrent de livrer à l'impression : « J'ai visité, rapporte M. Dana, plusieurs églises et écoles placées sous la juridiction de l'évêque catho-

---

[1] *Life on the Plains of the Pacific*, ch. XIII, p. 253.
[2] *Japan, the Pacific*, etc., par Henry Arthur Tilley, ch. XVII, p. 319, 320.

rales[1]. » L'année suivante, M. Gerstaecker, à cause d'une « terrible attaque du *delirium tremens*, ne put le voir pendant toute la durée de son séjour à Oahu. »

Le révérend Gustave Hines, missionnaire américain, dont la candeur inusitée s'explique par le fait que les îles Sandwich n'étaient pas la sphère de ses travaux, décrit avec de minutieux détails les résultats actuels des missions protestantes, après trente ans d'efforts non interrompus. On ne pourrait trouver un juge plus compétent et plus impartial pour prononcer leur sentence. Il fallait toutefois du courage pour dire toute la vérité. Pendant plusieurs années, une certaine partie de la société américaine avait été fascinée par les récits romanesques des prétendus triomphes du protestantisme dans la mer du Sud. On a honte de citer le langage tenu dans les *meetings* pour les missions, langage toujours accueilli avec des applaudissements enthousiastes. « Les efforts entrepris pour convertir les Hawas, dit le révérend M. Green, ont attiré les sourires de Jésus[2]. » Et à l'instant on lui remit cinq mille dollars, comme récompense de ces paroles où le ridicule le dispute à la profanation.

C'était cependant la phraséologie ordinaire de tous les rapports envoyés des missions aux États-Unis, pendant une longue suite d'années. De pareils rapports arrachaient aux femmes et aux enfants, — nous ne pouvons supposer des hommes sérieux parmi les souscripteurs, — plus d'un million de dollars, pour être dépensés par les ministres et leurs familles, dans les îles Sandwich. M. Hines, quoique protestant, missionnaire et Américain, va nous dire les effets de ces prodigalités.

« Malgré tout ce qui a été fait en leur faveur, la situation des Hawas est encore aujourd'hui *vraiment déplorable*, » et cela après trente ans d'efforts de la part des missionnaires ! « Les appeler un peuple christianisé, civilisé, heureux et prospère, ce serait évidemment tromper l'opinion publique. Ayant consulté le révérend Lowel Smith, l'un des missionnaires d'Honolulu, sur la prospérité des indigènes, il me répondit : Les choses vont *au plus mal*. La dépopulation est rapide, et si les mêmes causes produisent les mêmes effets, quelques années suffisent pour annoncer, sans être prophète, le résultat final. On pourra graver l'épitaphe, et les Anglo-Saxons auront ruiné ces îles comme ils ont ruiné les Indes occidentales[3]. »

[1] *Narrative of the Voyage of H. M. S. Herald*, par Berthold Seeman, F. L. S., vol. II, ch. IX, p. 155 (1853).
[2] Cité par Strickland, *History of the American Bible Society*, ch. XXV, p. 111.
[3] *Life on the Plains of the Pacific*, ch. XI, p. 252.

Il cite des faits à l'appui de son opinion. Lorsque lord George Paulet, en 1843, arracha les malheureux indigènes à la tyrannie des missionnaires, il leur fournit l'occasion de montrer jusqu'à quel point leur profession de chrétien était volontaire, et jusqu'où ces prédicants avaient gagné leurs cœurs ; le vrai caractère des païens convertis au protestantisme fut alors révélé, comme il l'avait été à Ceylan et à Tahiti. « Quiconque s'est trouvé à Honolulu pendant ces dix jours mémorables ne les oubliera jamais ! L'histoire de ces dix journées fait ressortir le caractère des Indiens de Sandwich, et fournit un éloquent commentaire aux travaux des ministres de l'Évangile. Délivrés de la contrainte et débarrassés de lois pénales, les naturels, presque sans exception, se sont plongés dans toute espèce d'excès et de crimes ; ils ont montré par leur complet mépris de toute décence que s'ils s'étaient soumis en apparence aux nouvelles idées, ils étaient en réalité aussi dépravés et aussi vicieux que jamais[1]. »

M. Walpole écrivait en 1849 : « Mon grand intérêt pour les indigènes et mes vœux les plus ardents pour leur bien-être me portent à déplorer ce que les missionnaires ont fait, et je serais heureux d'apprendre le désaveu des accusations sérieuses portées contre leurs personnes. La dure persécution, *même jusqu'à la mort*, contre les indigènes, qui par conscience ont préféré renoncer à la vie plutôt qu'à la foi de l'Église romaine, et les bassesses pécuniaires dont on accuse les ministres, sont des charges bien graves[2]. »

M. Berthold Seemann, après avoir remarqué avec une surprise apparente, en 1850, que « la plupart des conseillers du roi étaient des apostats de la mission d'Amérique, » des missionnaires changés en officiers du gouvernement[3], ajoute, que le royal disciple se permettait « toute sorte de pratiques impies et immo-

---

[1] *Asiatic Journal*, appendix, p. 285.
[2] *Four Years in the Pacific*, vol. I, ch. xi, p. 249.
[3] Il n'est pas inutile de citer un exemple. Un Anglais décrit ainsi, en 1854, un voyage fait avec le roi : « On ne buvait que du thé à bord du vaisseau ; tout était sous la direction du docteur Judd, autrefois missionnaire, mais alors chargé de l'emploi lucratif de ministre des finances. Voulant prendre un peu de liqueur, j'obtins un verre d'eau, et je descendis dans le salon. Le docteur Judd, qui n'avait guère le pied marin, était dans son lit. Fumez-vous, docteur Judd ? lui demandai-je pour entrer en conversation. — Non, monsieur, me répondit-il, mais je chique. Je n'avais pas besoin qu'il me le dit, vu qu'il passait toute la journée dans son lit à mâcher du tabac et à cracher à ses côtés. Je pensai que puisqu'il chiquait je pouvais boire, et je me mis à remplir mon verre de rhum et d'eau. » (*Tour round the World*, par Robert Elwes, esq., ch. xii, p. 195.) — Un autre de ces ex-missionnaires, nommé Richards, qui avait commencé par être colporteur, fut envoyé à Londres et à Paris comme ministre plénipotentiaire du roi d'Hawaï.

Belcher. Il assure que l'influence générale des ministres protestants est ruineuse pour la moralité et le bonheur des naturels, et il nous donne d'intéressants détails. « N'est-il pas étrange, dit-il, que malgré l'influence qu'on suppose aux missionnaires américains sur le roi, ils n'aient pas réussi à améliorer ses mœurs? Ils sont adroits à épier tout ce qui peut favoriser leurs intérêts commerciaux ; mais ils autorisent le roi à commettre des fautes de tout genre, sans aucun contrôle et sans exprimer leurs sentiments avec la fermeté que leur mission devrait exiger. » Il ajoute, pour compléter le tableau : « Les plus grands excès sont peut-être commis dans *l'entourage des missionnaires*, où se trouvent le roi et les principaux chefs[1]. »

M. Stewart, missionnaire américain, mais sincère puisqu'il avait abandonné son emploi, confirme ce témoignage en nous disant que « Riho-Riho assistait à tous les services du dimanche, après avoir passé quatre ou cinq jours de la semaine en état d'ivresse; » il paraît qu'il est mort au milieu de ses excès[2].

« Jusqu'à ma visite à Honolulu, nous relate en 1845 l'Américain Melville, je ne me serais pas douté que le peu de naturels survivants avaient été transformés par la civilisation en chevaux de trait et par l'Évangile en bêtes de somme. » Et il continue par la description de la promenade de la femme d'un missionnaire qui, tous les jours pendant des mois entiers, allait prendre l'air dans un char traîné par deux Indiens[3].

En 1844, M. Duflot de Mofras confirme ce fait, en nous disant que « les indigènes remplissent maintenant les fonctions de bêtes de somme[4]. » Un correspondant de la *Gazette des îles Sandwich* raconte également « avoir vu quinze femmes harnachées comme des animaux et traînant un lourd wagon ; il apprit qu'elles accomplissaient une pénitence imposée par les missionnaires[5]. »

M. Melville résume ainsi avec énergie ses observations : « Ces pauvres insulaires ne se doutent pas que la plus grande partie de leurs maux prend sa source en Amérique au milieu de l'excitation des *tea-parties* (il fait allusion aux réunions nocturnes des dames pour l'œuvre des missions) dont *le but* est d'améliorer la condition spirituelle des Polynésiens, mais dont la *fin* a toujours été leur destruction temporelle. »

---

[1] *Narrative of a Voyage*, etc., vol. I, p. 264.
[2] *Journal of a Residence in the Sandwich Islands*, par C. S. Stewart, p. 140, 2ᵉ édit.
[3] *The Marquesas Islands*, ch. xxvi, p. 218.
[4] *Exploration du territoire de l'Orégon*, etc., tome II, ch. iii, p. 87.
[5] Cité dans *Asiatic Journal*, vol. XXXI, p. 48.

naires écrivaient à leurs patrons : « L'année écoulée a été une des plus fécondes par les remarquables triomphes de la grâce divine[1]. » Leurs patrons imprimaient ce rapport et le faisaient répandre.

Vingt ans plus tard, un protestant anglais, dont l'ignorance de la religion de saint Anselme et de sir Thomas Morus est prodigieuse, même pour un Anglais, avoue avoir entendu un sermon prêché par le révérend M. Paris, dans lequel le prédicateur annonçait à son auditoire, composé de trois ou quatre cents naturels, que « la mesure de leurs iniquités étant comble, le ciel irrité allait les retrancher de la face de la terre et les remplacer par des enfants d'une race plus digne[2]. » Alors en effet, les pauvres indigènes avaient été dépouillés de tout, et les ministres n'auraient pu trouver rien autre chose à prendre que le sol même de leur patrie, ce qu'ils se disposaient à faire avec l'aide du « ciel irrité. »

M. Bennett parle en ces termes de ce qu'il a vu dans les iles Sandwich : « Les missionnaires de ce groupe sont particulièrement favorisés de tous les biens temporels ; ils possèdent les plus belles habitations et se donnent un confortable extraordinaire. » Après sa visite à Maurua, il relate que « les femmes sont désordonnées et le peuple voleur. » Il visita ensuite les îles Lobos, et il écrivit de la baie de Saint-Luc : « Les habitants vivent contents et heureux ; leur conduite entre eux et envers nous-même a été affable et hospitalière. Les femmes y sont distinguées et modestes. Ces peuples professent la religion catholique romaine. Les missionnaires Jésuites, » ajoute-t-il, — aux yeux des voyageurs protestants, tout prêtre catholique est un Jésuite — « sembleraient avoir rempli leur tâche avec assiduité et succès ; les Indiens, à l'exception de quelques tribus, ont adopté en grande partie le langage, la religion et les mœurs de leurs maîtres civilisés[3]. » N'avons-nous pas raison de dire que le contraste, toujours attesté par les autorités protestantes, est partout le même ?

En 1842, les missionnaires des iles Sandwich finirent enfin par avouer que « les efforts des papistes avaient eu un succès capable d'attrister tout esprit bienveillant, et que le romanisme avait fait des progrès incontestables et avait pénétré dans des districts où il était jusqu'alors inconnu[4]. »

Nous avons, en 1843, l'autorité irrécusable de sir Edward

[1] Tracy's *History*, p. 181.
[2] *Travels in the Sandwich and Society Islands*, par S. S. Hill, esq., ch. xx, p. 329.
[3] *Ibid.*, vol. II, ch. i, p. 9, 10.
[4] *Missionary Herald*, vol. XXXVIII, p. 473.

neuf personnes regardées comme professant le christianisme[1]. La même année, ils avouèrent, dans un rapport officiel au conseil américain, « qu'un grand nombre abandonnaient les écoles, et que les réunions le dimanche, au temple, furent réduites au moins de moitié ; » ils expliquaient cette défection en disant : « Des multitudes ont embrassé le christianisme pour la forme, persuadés qu'on ne leur demanderait pas davantage[2]. »

Le docteur Ruschenberger, écrivain américain, oubliant ses préjugés nationaux et religieux, s'exprime ainsi en 1838 : « Les amis des missionnaires ont fait des peintures imaginaires de la prospérité et des espérances de ces îles... Nous sommes tout disposé à donner nos éloges aux agréables fictions d'un romancier, mais nous attendons une sévère exactitude de la plume d'un ministre, et nous ne sommes pas disposé à lui permettre d'envelopper les faits de l'enthousiaste langage d'un récit poétique... Les missionnaires établis dans les îles Sandwich sont inférieurs à tous ceux que j'ai rencontrés pendant ma croisière. Un bon nombre sont loin d'être à la hauteur de l'époque où ils vivent, ils manquent en général de connaissances. Ils ont des anathèmes d'une arrogance toute particulière pour quiconque ne partage pas leurs opinions et leur manière de vivre. Ce n'est pas là une peinture imaginaire; nous avons à déplorer qu'il n'y ait pas de puissance capable d'épargner à la chaire sacrée les bassesses d'une grossière ignorance. Je ne doute pas, cependant, ajoute-t-il, que le conseil de la Société des missions étrangères n'envoie ce qu'elle a de mieux sous la main[3]. »

Comme toujours, ces singuliers missionnaires choisissaient ce moment pour dire à la Société, qui récompensait toujours un pareil langage : « La force des principes religieux dans le peuple, et sa disposition à agir d'après les convictions de la conscience se manifestent plus que jamais ! »

Le chef d'escadre George Read, officier américain, et M. Debell Bennett, voyageur anglais, nous donnent en 1840 leur appréciation sur les progrès que la religion et la civilisation ont faits dans les îles Sandwich, grâce aux efforts de plus de soixante-dix missionnaires, et avec une dépense de plus de deux cent cinquante mille livres sterling. Le premier avoue, que la masse des indigènes, malgré les efforts de leurs prédicants, « est encore indolente, licencieuse et ignore jusqu'au nom de la vertu[4]. » Cette même année, les mission-

---

[1] *Missionary Report*, cité dans *Chinese Repository*, vol. II, p. 579.
[2] *History of American Missions*, par le Rév. Joseph Tracy, p. 242.
[3] *Voyage round the World*, par W. S. W. Ruschenberger, M. D., ch. XLIII, p. 464.
[4] *Around the World*, par le commodore George C. Read, vol. II, p. 309.

nalement protestants, avaient encore moins d'esprit chrétien que cette royale néophyte. « Il n'y a pas longtemps, atteste le capitaine Sherard Osborn, j'entendis des naturels de Sandwich chanter le soixante-quatrième psaume pour apaiser la déesse qui, selon leur ancienne croyance, présidait à leur terrible volcan[1]. »

En 1851, le capitaine Beechey nous dit : « Les résidents de Honolulu connaissent le peu de résultats produits par les efforts des missionnaires[2]. »

Le docteur Meyen, naturaliste prussien, voyageant en 1832 dans un but uniquement scientifique, et exempt de toute prévention religieuse, confirme ces témoignages. Il parle avec mépris et indignation de la conduite des ministres qui opprimaient ces îles, et prouve que tout a été *détérioré*[3]. « Publions-le tout haut, dit cet Allemand, ce n'est ni la gloire du Très-Haut ni le zèle pour une noble cause qui a poussé ces missionnaires hypocrites à visiter ces lointains rivages, mais bien une basse cupidité et une soif insatiable des honneurs. Plusieurs d'entre eux ont déjà amassé une fortune considérable aux dépens des indigènes, que leurs détestables fraudes réduisent à la misère[4]. »

La même année nous fournit la relation d'un témoin sur les faits qui suivirent la mort de Kaahumanu : « Ce peuple de convertis, affirme-t-il, blessé par le frein trop sévère imposé à ses habitudes et à ses inclinations, s'est précipité dans la débauche et dans toute sorte de vices. Une anarchie morale s'est étendue sur Honolulu et sur tout le groupe de ces îles. Les écoles furent abandonnées, les maîtres ont apostasié ; les temples ont été brûlés. Les infâmes habitudes du paganisme se sont relevées comme des têtes de Méduse, et, de nouveau, l'idolâtrie a reparu dans ces contrées. A en croire les écrits des missionnaires, ces îles auraient été pour un temps le repaire des démons[5]. » Toutefois, pendant cette période, les ministres, dont la vie luxueuse exigeait le payement rigoureux de leur salaire, envoyaient à leurs patrons des rapports officiels annonçant le plus grand succès.

Une de leurs autorités reconnaît, en 1853, que dans toutes ces îles, après treize ans de séjour, il n'y avait que six cent soixante-

---

[1] *The Past and Future of British Relations in China*, par le capitaine Sherard Osborn, C. B., ch. i, p. 48 (1860).
[2] *Voyage*, etc., vol. I, ch. x, p. 319; vol. II, ch. iii, p. 101.
[3] *Quaterly Review*, vol. LIII, p. 330.
[4] *Annales*, tome VIII, p. 11.
[5] *Hawaii, an historical account of the Sandwich Islands*, par Manley Hopkins, consul général à Hawai, ch. xv, p. 224.

des contrées européennes. Aux îles Sandwich, où le protestantisme régnait en souverain, nous trouvons la même diminution qui a signalé son influence aux antipodes, dans l'Amérique du Nord, la Nouvelle-Zélande et Tahiti, où les deux tiers de la population ont disparu dans l'espace de trente ans.

Déjà en 1841, M. Olmsted, écrivain américain, rapportait que la dépopulation des îles Sandwich allait toujours en augmentant, et que si elle n'était arrêtée, on arriverait à *l'extinction totale* de la race. « La décroissance annuelle de la population s'élevait en moyenne à plus de six mille[1]. » En 1851, le révérend Gustave Hines, ministre protestant américain, fait observer comme un fait « sans précédent, que, dans le cours de quatre années, le nombre des indigènes a diminué de plus de vingt et un mille[2]. » « Cette race s'éteint, écrit encore tout récemment l'Américain Dana[3]. » Cependant, la vie robuste de ce peuple condamné excitait l'admiration de tous les navigateurs, et, il y a quarante ans, Von Langsdorff, parlant de leur force et de leur constitution, déclare « que beaucoup d'entre eux auraient pu figurer à côté des plus célèbres chefs-d'œuvre de l'antiquité, sans rien perdre au rapprochement[4]. »

RÉSULTATS DES MISSIONS.

Commençons par M. Ellis ; ce personnage, n'étant pas ici personnellement intéressé, il nous révélera la vérité tout entière. « L'idolâtrie avait été abandonnée, assure-t-il, en 1829, mais la masse du peuple vivait sans aucun frein ni moral ni religieux[5]. » En 1830, Kotzebue nous fait le portrait d'une des conquêtes des missionnaires, la reine d'Havaï : « Je lui demandai, dit-il, les motifs de son changement. Elle me répondit qu'elle ne pouvait exactement me les faire connaître, mais que Bingham le missionnaire, qui savait parfaitement lire et écrire, l'avait assurée que la foi chrétienne était la meilleure. Toutefois, ajouta-t-elle, si nous découvrons qu'elle n'est pas convenable à notre peuple, *nous la rejetterons* et nous en adopterons une autre[6]. » D'après le témoignage plus récent d'un officier anglais distingué, les habitants de ces îles, bien que nomi-

---

[1] *Incidents*, etc., ch. xx, p. 262.
[2] *Life on the Plains of the Pacific*, ch. xi, p. 210.
[3] *Two Years before the Mast*, ch. xxviii, p. 174.
[4] *Voyages*, etc., ch. iv, p. 108 (1813).
[5] *Polynesian Researches*, ch. xviii, p. 544.
[6] *Ibid.*, vol. II, p. 208.

parce que je sais qu'ils ne sont pas honnêtement employés. Autre chose est de lire les récits pathétiques des fatigues des missionnaires, les belles descriptions de leurs conquêtes, les baptêmes qu'ils ont donnés à l'ombre des palmiers; autre chose d'aller aux îles Sandwich, d'y voir des missionnaires habitant des villas en pierres de corail, pittoresquement situées et délicieusement meublées, tandis que les malheureux indigènes s'abandonnent autour d'eux à toutes sortes d'immoralités [1]. »

L'Américain M. Wheeler ne peut s'empêcher de mentionner les demeures confortables des missionnaires, « bâties autant que possible dans le goût américain; » et lord Byron nous assure que ces hommes si indulgents pour eux-mêmes, ne connaissaient que la rigueur envers les autres. « Les missionnaires, dit-il, défendent de faire du feu le dimanche, même pour cuire les aliments: ils exigent de leurs prosélytes cinq apparitions différentes au temple en ce jour. » Ce système extraordinaire prit enfin un tel caractère de sombre sévérité, à l'exception de l'entourage immédiat des missionnaires et des principaux chefs, que sir Edward Belcher, Anglais loyal et intelligent, se pose cette question : « Est-il raisonnable d'espérer que les millions de sauvages habitant ces îles, qui jouissaient autrefois d'un certain bonheur, soient amenés par de tels moyens à regarder la religion chrétienne comme une amélioration à leur sort, lorsque les physionomies mêmes de leurs prétendus pasteurs sont assombries par la sévérité [2]? »

Un des effets de l'incessante tyrannie sous laquelle les Hawas gémissaient, et qui, d'après l'observation du capitaine Laplace, rendaient les ministres odieux au plus grand nombre des indigènes, fut une dépopulation si rapide qu'un publiciste, malgré ses préventions, la déclare dans la *Quarterly Review* « aussi inexplicable qu'effrayante [3]. » Nous avons vu cependant, et nous verrons encore plus clairement, que cette loi ne souffre pas d'exception dans les contrées infidèles occupées par les protestants.

Aux îles Gambier, où se trouvent des missionnaires catholiques, la population s'est accrue d'une manière sensible, et dans les Philippines, si longtemps favorisées de la même influence, nous avons vu, d'après le témoignage de M. Crawford, « un immense progrès social » accompagner la présence des autorités catholiques civiles et religieuses [4], et l'accroissement de la population suivre la loi ordinaire

---

[1] *The Marquesas Islands*, ch. xxvi, p. 220.
[2] *Narrative*, vol. II, p. 27.
[3] Juillet 1859.
[4] Laplace, tome V, p. 551.

roi des îles Sandwich en 1854, apprendre la langue anglaise en usage dans toutes les transactions publiques¹. » Les missionnaires, qui lui faisaient répéter ces paroles, devaient bientôt prendre à leur compte toutes les transactions.

Une fois établis, les missionnaires commencèrent à poursuivre les richesses et le pouvoir, et se montrèrent, comme ailleurs, cruels, avides et sans aucun scrupule. M. Bingham fut pendant longtemps à leur tête. « Bingham, nous raconte Kotzebue, intervient dans toutes les affaires du gouvernement ; le commerce surtout attire son attention ; il semble avoir entièrement oublié le but de son séjour, trouvant les occupations d'un administrateur plus à son goût que celles d'un missionnaire. Les desseins particuliers de Bingham ne peuvent être facilement pénétrés, il les recouvre du manteau de la religion... Peut-être se croit-il déjà le maître absolu de ces îles². »

Lord Byron, frappé des mêmes faits, rapporte « que M. Bingham ne perd aucune occasion favorable pour se mêler de toutes les affaires³. » Cet exemple du chef fut imité par ses collègues, chacun dans sa sphère. « On aura de la peine à croire, avoue le capitaine sir Edward Belcher, que l'un des principaux missionnaires ait pris une part active dans la destruction d'une plantation considérable de cannes à sucre, dont le terrain lui avait été donné pour établir des écoles ou églises, et que ce même personnage cultive maintenant sur ce même terrain la canne proscrite ! »

« Nul esclavage sous le soleil, ajoute-t-il, ne mérite d'être aussi sévèrement qualifié que celui des îles Sandwich. » Cet auteur nous rappelle aussi un fait que nous avons rencontré ailleurs. « Plusieurs missionnaires, dit-il, ont déjà abandonné leurs fonctions et jouissent des revenus de fermes productives⁴. »

M. Melville, protestant et Américain, appuie le témoignage de ces illustres navigateurs en ces termes énergiques : « Il y a décidément quelque chose de révoltant dans les opérations des missionnaires aux îles Sandwich. Ceux qui, dans des vues religieuses, contribuent au soutien de ces entreprises, devraient s'assurer si leurs dons, passant par tant de canaux détournés, finissent par atteindre leur but, la conversion des Hawas. J'insiste sur ce point, non que je soupçonne la probité de ceux qui les dépensent, mais

---

¹ *Annuaire historique universel*, p. 255 (1854).
² *Voyage round the World*, vol. II, p. 225, 261.
³ *Voyage H. M. S. Blonde*, p. 117.
⁴ *Narrative of a Voyage round the World*, par le capitaine sir Edward Belcher. vol. I, p. 264, 270.

eux-mêmes, irrités de la présomptueuse fierté de ces touristes prodigues, comme « un voyage à la recherche du pittoresque[1]. »

Nous avons à retracer les fruits de ces énormes dépenses, alimentées surtout par les généreuses contributions du peuple américain, qui dans son vif intérêt pour les missions chrétiennes déploie une libéralité sans limites pour les soutenir. Ce peuple a certainement un droit de demander jusqu'à quel point ces sommes ont atteint le but auquel elles étaient destinées. Mais nous devons d'abord signaler un fait antérieur aux opérations des missionnaires américains, et trop important comme présage des événements futurs pour être omis.

En 1819, année qui précéda l'arrivée des ministres protestants, l'abbé de Quélen, cousin de l'archevêque de Paris, visita les îles Sandwich avec la frégate française *l'Uranie* dont il était l'aumônier. Parmi ceux qui vinrent à bord de la frégate, était le premier ministre du roi; cet homme, après une conférence avec M. de Quélen, se convertit et fut baptisé. La croix venait de faire sa première conquête ; et c'est peut-être à cette circonstance qu'il faut attribuer le phénomène observé avec surprise par les missionnaires américains, qui virent disparaître l'idolâtrie *comme par miracle*, avant même qu'ils eussent commencé leurs travaux.

En 1843, M. Jarves publiait une histoire des îles Sandwich dans la seule intention, ce semble, de diffamer l'Église catholique et de venger ses compatriotes des reproches qu'on leur adressait de tous les côtés ; il affecte de regarder le succès des missions dans la mer du Sud comme une lutte de suprématie entre la France et l'Amérique, et une question d'avantages commerciaux. Ce point de vue paraît être celui d'un grand nombre de ses compatriotes. M. Hursthouse observe avec justesse qu'il s'agissait de rendre les îles de la mer du Sud une « délicieuse réserve de chasse pour une poignée de missionnaires[2]. »

Il est incontestable que les ministres protestants parurent avoir d'abord un grand succès. Les naturels de Hawaï, comme ceux de la Nouvelle-Zélande et de Tahiti, comprirent facilement les avantages d'une association avec des hôtes aussi opulents. M. Jarves reconnaît lui-même que « l'intérêt, plus encore que l'intelligence, avait concouru à obtenir une soumission extérieure, et que les sauvages acceptèrent la religion de leurs maîtres afin d'acquérir de l'importance[3]. » « Mes sujets désirent naturellement, disait le

---

[1] Forbes, *Unrefuted Charges*, etc., p. 31.
[2] *New Zealand*, etc., par Charles Hursthouse, p. 51.
[3] *History of the S. Islands*, ch. x, p. 299.

d'autres, et reconnaît les bienfaits de l'administration française, plus tolérante que celle des missionnaires protestants.

Tandis que les femmes de cette contrée, dont la réhabilitation est une des principales gloires du christianisme, étaient plongées dans la débauche sous la domination des ministres qui les éloignaient même de leurs propres enfants, plusieurs d'entre elles, grâce aux nouvelles influences, sont devenues des mères de famille dignes de respect[1]. « L'importante île de Tahiti, ajoute un juge anglais en 1863, forme maintenant ce qu'elle n'aurait jamais été sous l'ancien régime, une population civilisée et prospère[2]. »

ILES SANDWICH.

Ce fut en 1820, que les missions américaines s'établirent dans les îles Sandwich. Déjà en 1804, Lisiansky, navigateur russe, observait que les naturels étaient très-attachés aux mœurs européennes et les déclarait prêts à recevoir la civilisation[3]. « Elles sont aujourd'hui habitées, nous apprend M. Caswall, par un grand nombre d'Américains, et les indigènes disparaissent rapidement. Le gouvernement est de fait entre les mains des Américains[4]. » Depuis quarante ans, ils règnent sur le groupe Hawaï. S'ils ont échoué, comme les Anglais à Tahiti, ce n'a pas été manque de ressources. Ils avaient en 1844 soixante-dix-neuf missionnaires dans les îles Sandwich, et ils avaient distribué cent millions de pages de traités religieux, en langue hawaïenne[5]. En 1853, les salaires distribués jusqu'à cette époque aux missionnaires s'élevaient à plus de cinquante mille livres sterling (1,250,000 fr.) : somme qui peut paraître exorbitante, mais qui s'explique, lorsqu'on sait que neuf de ces familles de missionnaires, et il y en avait quarante, comptaient cinquante-neuf enfants[6]. Le coût total de l'entreprise évangélique dépassait neuf cent mille dollars[7]. La dépense d'une députation de la Société des missions de Londres à ses agents dans les mers du Sud, s'élevait à sept mille neuf cent vingt livres (198,000 fr.), et cependant cette expédition fut représentée par les missionnaires

---

[1] Tilley, ch. xviii, p. 541; ch. xxvi, p. 552.
[2] *Reminiscences of N. S. Wales*, par le juge Therry, ch. xvii, p. 508.
[3] *Voyage round the World*, ch. vii, p. 128 (1814).
[4] *The Western World Revisited*, ch. ix, p. 257.
[5] *Religion in the U. S. of America*, par le Rév. Robert Baird, livre VIII, ch. iii, p. 691.
[6] Cheever, *the Island World of the Pacific*, app., p. 397.
[7] *Sandwich Island Notes*, par A. Haolé, app., p. 483.

leurs idées que l'on pressentait, hélas! combien sous une telle influence, leurs funestes doctrines allaient se répandre. Ils ont déjà beaucoup de néophytes; tous les jours ils en augmentent le nombre; il y avait certainement plus de tolérance et de charité parmi eux que dans l'autre mission; on n'oserait pas établir de comparaison entre ces missionnaires rivaux[1]. »

Il est intéressant d'apprendre de M. Walpole, que les missionnaires français, après avoir obtenu la permission d'annoncer au peuple de Tahiti les vérités de l'Évangile, s'attirèrent la vénération et virent les sombres pratiques, qui jusque là avaient tenu lieu du véritable culte, faire place à une joie innocente et à la paix. Toute l'île célébra sa résurrection par des réjouissances publiques; et selon les paroles de M. Walpole, « les jeunes filles, n'étant plus retenues par la crainte salutaire des missionnaires, reprenaient leurs assemblées et leurs danses avec toute la gaieté d'une liberté reconquise. » Un protestant nous décrit cette fête nationale en l'honneur de la chute du protestantisme. Le révérend Henry Cheever nous apprend combien cette chute a été complète. Il nous dit en 1850, dans son grossier langage : « Le lion rugissant et l'ours furieux du *Francisme* et du *Romanisme* viennent de dévorer toutes les îles de la Société. » Cette fin du protestantisme paraît surtout odieuse à M. Cheever, parce que « la France n'avait jamais envoyé qu'une seule cargaison de marchandises[2]. » N'est-ce pas intolérable de se voir battu par un peuple qui ne possède pas même de *marchandises?*

Onze ans après ces lamentations de M. Cheever sur l'usurpation du *Francisme* et du *Romanisme*, un Anglais protestant visitait Tahiti et nous donnait son appréciation sur M. Cheever et sur ses rivaux. Kekuanaoa, père du roi de Hawaï, avait été dépeint officiellement par M. Cheever comme un *modèle de piété et un vase d'élection*. « Loin d'être le pur et saint personnage ainsi décrit, nous assure M. Tilley, il est un des plus joyeux viveurs des indigènes; il fit exécuter en notre honneur le Hula-Hula, danse licencieuse et prohibée, et nous rendit une visite le dimanche matin, au lieu d'aller au temple[3]. » Kekuanaoa figure encore et continuera sans doute de figurer dans l'hagiologie protestante.

M. Tilley nous dit de Tahiti, autrefois domaine favori des missionnaires protestants : « Dans tout le pays il n'y a plus qu'un ministre protestant européen ! » Il prédit qu'il n'y en aura jamais

---

[1] *Four Years*, etc., ch. xvi, p. 569.
[2] *The Island World of the Pacific*, ch. vi, p. 117.
[3] *Japan, the Amoor, and the Pacific*, par Henry Arthur Tilley, ch. xvi, p. 307 (1861).

de l'histoire, que les violences des ministres protestants aveuglés par un faux calcul sur leurs intérêts commerciaux furent sur le point de faire éclater la guerre entre l'Angleterre et la France ; la modération de M. Guizot, dont l'ardeur patriotique était peut-être tempérée dans cette circonstance par des sympathies religieuses, évita cette collision. M. Pritchard, le héros d'un conflit dans lequel le sang innocent fut répandu et celui des coupables épargné, paraît avoir regretté la part qu'il prit dans ces menées. Il reçut, il est vrai, une indemnité et le rang de consul ; mais nous ne pouvons pas parler sévèrement d'un homme qui, pour réparer des fautes antérieures, en est venu plus tard à offrir sa propre maison pour servir de résidence aux missionnaires catholiques. Depuis plusieurs années, sa famille s'est convertie; sa fille aînée est Ursuline en Angleterre[1].

Nous avons vu les premiers missionnaires catholiques transportés par leurs bienveillants rivaux à l'île Wallis. Ils y entrèrent comme fugitifs, et commencèrent immédiatement leur apostolat au milieu de ces tribus sauvages. « Les missionnaires catholiques se sont mis à l'œuvre, relate M. Wilkes, et ils ont agi avec succès. » Il pouvait parler ainsi, puisque déjà, à l'en croire lui-même, ces missionnaires avaient gagné plus de la moitié de la population[2]. Bientôt après il ne restait plus une seule âme à convertir. Ce ne fut pas l'unique fruit de cette déplorable tyrannie. « Dans le groupe Fidji, rapporte le même écrivain, j'ai appris qu'une mission catholique avait été fondée, qu'elle était prospère et qu'elle avait sauvé un vaisseau anglais, en lui donnant avis à temps de la poursuite des pirates. » C'est ainsi que les catholiques se vengeaient de leurs persécuteurs.

Toutefois, leurs adversaires continuèrent à se montrer inexorables, jusqu'à ce que le bruit de l'artillerie française eût retenti à leurs oreilles, et que l'amiral Dupetit-Thouars eût obtenu une égalité parfaite entre les missionnaires catholiques et les missionnaires protestants. Ainsi à Apia, dans le groupe Samoën, ils ne voulurent pas même permettre aux missionnaires catholiques d'aborder, mais ils les renvoyèrent au large avec leur charité ordinaire, leur refusant les plus minces provisions. Ces hommes ainsi chassés nous sont dépeints par un Anglais : « Les prêtres de Faleata, district où ils vivaient, étaient polis, affables, parlaient plusieurs langages européens et montraient tant d'élévation dans

---

[1] *Le Monde*, 26 avril 1864.
[2] *Exploring Expedition*, vol. III, ch. v, p. 149.

leur furent refusés. Nous ne nous arrêterons pas davantage sur le témoignage d'un catholique, quelque honorable et véridique qu'il puisse être. Des Américains protestants, témoins eux-mêmes de tous les détails, vont nous les décrire. « Toujours traités d'une manière humiliante, affirme M. Herman Melville, les missionnaires catholiques ont aussi quelquefois rencontré la violence; ils ont été contraints de s'embarquer sur une petite goëlette marchande, et furent déposés à tout hasard sur le rivage de l'île Wallis, habitée par des sauvages et située à deux mille milles de Tahiti (670 lieues) ! Que les missionnaires anglais, résidant à Tahiti, aient autorisé le bannisement de ces prêtres, c'est un fait avoué par eux. J'ai appris aussi de bonne source, qu'ils avaient provoqué par leurs invectives publiques l'émeute qui avait précédé le départ de la goëlette. Quelque triste que paraisse cet exemple d'intolérance de la part des missionnaires protestants, il n'est pas le seul ni le plus frappant qu'on pourrait citer[1]. »

Le révérend Walter Lawry, que ses associés nous ont dépeint comme usurier et trafiquant dans la Nouvelle-Zélande, et que, dans les rapports des missions, on appelait gravement *le patriarche du Pacifique*, nous révèle les sentiments dont ils étaient tous animés. « Ce peuple, dit-il, en parlant de Tonga, pourrait être maintenant moulé comme on veut, » — nous avons vu comment le peuple de Tahiti avait été moulé dans leurs mains, — « mais si un prêtre romain venait à l'aborder que deviendrait notre belle moisson ? Daigne le Seigneur préserver ce champ de la présence du Romain : *ce sanglier hors de la forêt*[2] *!* » La prière de l'usurier ne devait pas être exaucée. Le chef d'escadre Wilkes, après avoir rapporté plusieurs exemples de la cruauté des collègues de M. Lawry, ne peut s'empêcher de mentionner leur effet inévitable. « Leur intolérance, assure-t-il, a froissé les indigènes, » et l'on ne peut douter que l'on doive à cette impression la rapide désertion qui se manifesta à l'arrivée des missionnaires catholiques, et l'introduction d'une ère nouvelle de liberté et de paix.

Ce ne fut pas là le seul fruit de pareils procédés. « Ces îles, rapporte un Allemand protestant, comme le groupe des îles Sandwich, doivent à l'intolérance de leurs missionnaires les difficultés qu'elles ont eues avec la France, difficultés qui renversèrent toute leur politique, leur coûtèrent l'indépendance et réduisirent des centaines de familles à la misère et à la mort[3]. » C'est aujourd'hui une page

---

[1] *Omoo*, ch. xxxii, p. 124.
[2] *Friendly and Feejee Islands*, p. 19, 95.
[3] Gerstaecker, *Voyage round the World*, vol. II, ch. vii, p. 235.

actuel des indigènes : « Ces peuples autrefois si gais, si heureux, si propres et si généreux envers les étrangers, sont devenus sombres, dégoutants, abrutis, fourbes et menteurs. Telle est la condition où Tahiti et son intéressante population ont été réduites par les missionnaires protestants, quelles qu'eussent été d'ailleurs leurs bonnes intentions[1]. »

MISSIONNAIRES CATHOLIQUES A TAHITI.

Nous ne devons pas terminer l'histoire religieuse des îles de la Société et des groupes adjacents, sans une courte allusion à l'arrivée des missionnaires catholiques et au sort qui les attendait. A Tahiti, comme dans la Nouvelle-Zélande, ils débarquèrent sur un rivage hostile ; ce n'étaient pas les idolâtres, mais bien leurs maîtres chrétiens, qui devaient leur donner les premiers coups. Quelque froide que fût la réception aux Antipodes, quelque pénibles que fussent leurs épreuves, ils n'avaient pas à redouter la violence. Il y avait dans la Nouvelle-Zélande un gouvernement responsable, guidé par les règles de la politique européenne, et qui, malgré son irritation et sa haine, ne pouvait tolérer dans ses subordonnés une tyrannie inutile dont toute l'ignominie serait retombée sur lui. A Tahiti, les missionnaires étaient en même temps les fondateurs et les administrateurs du gouvernement civil. Le pouvoir qui avait écrasé les indigènes et supprimé leur vie nationale, qui les avait dépouillés de leurs possessions, décimés par la guerre et initiés à de nouveaux genres de libertinage, ce pouvoir n'était guère disposé à épargner des étrangers sans défense, dont la présence était un reproche pour le passé et une menace pour l'avenir. Nous allons apprendre des mêmes autorités impartiales déjà citées, comment les missionnaires marchands de Tahiti se mesurèrent avec leurs nouveaux ennemis, et quel fut l'issue finale de la lutte.

Les premiers missionnaires catholiques, heureusement pour le progrès de la religion, à Tahiti, appartenaient à un peuple qui ne souffre pas que ses nationaux soient impunément outragés; c'étaient des Français. A peine débarqués, ils furent arrêtés comme le raconte avec indignation le capitaine Laplace. Jetés dans une petite embarcation et lancés à la mer, les vêtements et les provisions nécessaires pour le voyage qu'on les forçait d'entreprendre

[1] *Campagne de l'Artémise*, tome V, p. 589.

à se trouver fort embarrassés ; les effets de l'opposition se produisaient déjà ; leur mission à Papawa était abandonnée ; la maison était vide, à l'exception du siége de Pomaré Ier qui était conservé, je suppose, comme une relique[1]. »

En 1854, le docteur Lang nous dépeint ainsi ses frères en Polynésie : « Des missionnaires qui sont partis accompagnés des vœux du peuple Anglais et des bénédictions de la Société des missions de Londres, pour convertir les infidèles du Pacifique, ont été enfin convertis eux-mêmes en astres de la quatrième ou cinquième grandeur, dans les constellations du Bélier et du Taureau ; ou en d'autres termes, en marchands de moutons et de bœufs de la Nouvelle-Galles du Sud[2]. »

La même année, le révérend Henry Cheever qui, dans d'autres passages, ne tarit pas d'éloges sur lui-même et sur ses collègues, s'oubliant un instant, laisse échapper ces paroles : « En se faisant missionnaires, ils n'ont pas été pour cela transformés en saints, ni délivrés des infirmités ordinaires de la fragilité humaine ; nous ne trouvons pas en eux ce parfum de sainteté, cette auréole imaginaire de vertu dont certains mémoires les ont environnés[3]. »

En 1853, le capitaine Erskine, chaud protecteur des missionnaires, remarque avec indignation leur insupportable arrogance et leur esprit de domination. « L'un d'eux, raconte-t-il, reprit brutalement en ma présence un des personnages les plus marquants du pays nommé Vuke, parce qu'il avait osé rester debout en lui adressant la parole[4]. »

En 1855, M. D'Ewes répète encore ce que tant de témoins ont avancé : « Les indigènes qui portent le nom de chrétien suivent quelques observances extérieures, mais ne connaissent pas le véritable esprit du christianisme[5]. »

Qu'il nous soit permis de citer enfin un témoignage catholique. Le capitaine Laplace, après avoir exprimé son étonnement de trouver les missionnaires « en possession des maisons les plus somptueuses, des meilleurs établissements, des plantations les plus étendues de sucre et de café, et du monopole de tout le commerce avec l'Europe, » donne ainsi son jugement sur l'état

---

[1] *Hist. Miss. Societes*, ch. xvi, p. 568.
[2] *Hist. N. S. Wales*, vol. II, ch. xi, p. 439.
[3] *The Island World of the Pacific*, par le Rév. Henry T. Cheever, ch. vi, p. 135.
[4] *The Islands of the Western Pacific*, par John Elphinstone Erskine, Capt. R. N., ch. iv, p. 131.
[5] *China, Australia, and the Pacific Islands*, p r J. D'Ewes, esq., ch. v, p. 144 (1857).

rapports avec les blancs¹. » Les exemples donnés par MM. Lewis, Broomhall et autres missionnaires anglais du *Duff*, étaient de nature à produire de tels résultats. Si l'immoralité des indigènes était devenue incurable, elle pouvait malheureusement s'appuyer sur l'exemple de leurs prédicants chrétiens.

La même année M. Coulter, médecin anglais, après avoir visité pour la seconde fois cette île malheureuse, disait : « J'ai trouvé Tahiti comme je l'avais laissée ; la seule différence que j'ai pu observer, c'est que les indigènes progressent rapidement dans le mépris de la tempérance². »

En 1849, nous avons le témoignage de M. Walpole et de M. Pridham. Ce dernier, qui préfère le boudhisme à la religion catholique, nous atteste « qu'un trop grand nombre de missionnaires protestants, dans le Pacifique comme dans les Indes occidentales et dans le sud de l'Afrique, regardent la sordide avarice, la confiscation des terres, le mensonge audacieux, la basse hypocrisie, l'impudente indiscrétion et l'insolence éhontée, comme les qualités inhérentes à leur caractère de missionnaire, et ont ajouté par leur présence un nouveau fléau à ceux qu'ils étaient appelés à guérir³. » M. Walpole, plus doux dans la forme, s'exprime ainsi : « Il y a danger à toucher aux missionnaires ; cependant, en toute humilité, je demanderais qu'on s'assure dans la mère patrie si les prédicateurs sont dignes de leur tâche... Qu'ils ne viennent pas raconter avec une exagération emphatique leurs périls et leurs misères ; la fausseté de ces récits fait douter de tous les autres. »

« Il est triste, avoue-t-il en parlant du résultat de leurs travaux, d'arrêter son regard sur le petit nombre d'indigènes qu'on rencontre dans les églises, et de voir comment tout le bien qu'ils ont pu faire s'évanouit... On ne peut nier que ce sont leurs fautes et leurs erreurs qui ont amené ces résultats⁴. »

Cependant, il fut un temps où ces hommes exercèrent la plus grande influence sur les indigènes et leur enseignèrent tout ce qu'ils savaient eux-mêmes de la religion chrétienne. Le docteur Smith nous apprend qu'ils avaient un temple tellement vaste à Tahiti, que trois missionnaires pouvaient prêcher à la fois dans trois chaires différentes⁵.

Écoutons encore M. Walpole. « Les missionnaires commençaient

---

¹ *Omoo*, ch. XLVI, p. 177; ch. XLVIII, p. 187.
² *Adventures on the Western Coast of South America*, vol. II, ch. XVIII, p. 269.
³ *Ceylon*, etc., vol. I, ch. VII, p. 444.
⁴ *Four Years in the Pacific*, vol. I, ch. VII, p. 162; ch. V, p. 84.
⁵ *Hist. Miss. Societes*, vol. II, p. 77.

Ces dernières îles, cependant, sont dans une situation assez déplorable.

En 1842, année où M. Osmund présentait les vertus extraordinaires des Tahitiens, comme mettant ce peuple au niveau des chrétiens de n'importe quelle partie du monde, M. Daniel Wheeler, philanthrope américain, membre de la Société des amis, nous donnait une relation sur ces contrées. Cet écrivain a été lui-même prédicant en certaines occasions, et nous ne saurions désirer d'autorité plus grave. « Il n'y a peut-être rien de plus déplorable dans les habitudes des Tahitiens que leur vie molle et énervée. Certainement, dit-il ailleurs, les apparences en ce qui concerne la religion dans ce pays, ne promettent rien ; et quoiqu'il m'en coûte de produire une telle conclusion, je dois convenir que tout porte à croire que les principes chrétiens n'y existent guère [1]. »

M. Wheeler n'était pas l'agent salarié d'une société de missions ; il n'avait donc rien à craindre du ressentiment de ses directeurs en avouant la vérité. Il dit de *Rarotonga*, cette île dont Williams nous a donné une peinture si ravissante : « De toute sa population, la centième partie à peine peut être regardée comme incorporée à l'Église [2]. » D'*Eimeo*, il rapporte : « Le même système de contrainte employé à Tahiti assure pour le moment à Eiméo l'assistance aux offices ; mais l'usage de ces détestables moyens révèle assez le misérable état de ces populations. Il est tellement contraire à nos idées actuelles de voir de pauvres indigènes soumis à un châtiment s'ils manquent aux offices, et de les voir conduits de leur village à la chapelle par un homme armé d'un rotin, que je ne puis me rappeler ce spectacle, dont j'ai été souvent témoin, sans éprouver du dégoût [3]. »

En 1845, M. Wilkes, Américain protestant, affirme que « malgré la dévotion manifestée *dans* le temple, la conduite des femmes, après le service divin, portait à croire que la nouvelle religion n'avait pas encore fait disparaître leurs habitudes de licence. »

En 1847, un autre écrivain américain, M. Herman Melville nous représente l'hypocrisie en religion comme très-commune parmi les convertis de la Polynésie. Il remarque, comme M. Wilkes, que leurs missionnaires tenaient leurs enfants éloignés des indigènes pour les préserver de leur contact dangereux ; « cependant la dépravation des Polynésiens, qui rend aujourd'hui de telles précautions nécessaires, était en grande partie inconnue avant leurs

---

[1] *Memoirs of Daniel Wheeler*, app., p. 457.
[2] *Ibid.*, p. 778.
[3] *Ibid.*, p. 765.

Le docteur Brown parle aussi de l'introduction des missionnaires catholiques dans ces îles, et il émet son opinion bien formée que la vengeance divine a détrôné Louis-Philippe pour les avoir envoyés à Tahiti. Nous nous permettrons de ne pas adopter ce sentiment sur la chute de ce prince dont toute la politique fut dirigée contre, et non en faveur de la religion.

En 1840, nous avons le témoignage de M. Bennett, naturaliste anglais et apologiste des missionnaires autant que la vérité le lui permettait. « Ceux-ci, dit-il, parlent du caractère des indigènes avec un souverain mépris. » Nous les avons vus cependant, dans leurs rapports publics, en parler avec admiration. M. Bennet décrit ensuite l'état actuel de Tahiti où il a vu « des scènes de débauche et de libertinage, dont rougiraient les banlieues de Londres les plus dévergondées. On chercherait en vain à reconnaître dans ces habitants dégradés, hébétés et maladifs, les belles figures des Tahitiens tel que Cook les a dépeintes ! »

M. Bennett semble avoir été aussi impressionné par la prospérité des missionnaires que par l'affreuse misère de leurs disciples. Il fait remarquer leurs habitations magnifiques et richement meublées, et il atteste que les principales plantations de sucre de Tahiti sont devenues la propriété de MM. Bicknell, Henry et Pritchard, tous missionnaires.

Parlant de Raiatea, l'une des îles de la Société, où Williams résida plusieurs années, il dit que la chasteté y était tout à fait inconnue, dans le célibat comme dans le mariage; les membres les plus dévots de l'Église protestante ne tenaient aucun compte de cette vertu. Les plus tristes effets de la débauche s'y rencontraient partout. Nous verrons plus tard ce même témoin faire l'éloge de la modestie et des autres qualités des néophytes *catholiques* de la même classe [1]. Ajoutons que vingt-deux ans après, en 1862, la Société des missions de Londres, loin de mentionner aucune amélioration dans l'état de Raiatea, publiait le rapport suivant en douces et mélodieuses paroles : « Notre vénérable frère, le révérend Georges Platt, s'attriste de voir son peuple ne pas paraître assez apprécier les avantages religieux qu'il possède depuis si longtemps [2]. »

En 1841, d'après M. Francis Olmsted, « Tahiti est bien en retard sur les îles Hawaï, en industrie, en politique et en religion [3]. »

---

[1] *Narrative of a Whaling Voyage*, par F. Debell Bennett, esq., F. R. G. S., vol. I, ch. III, p. 84, 87; ch. IV, p. 109; ch. VII, p. 220; ch. XI, p. 350.
[2] *Report for* 1862, p. 49.
[3] *Incidents of a Whaling Voyage*, par Francis Olmsted, ch. XXVI, p. 312.

mercantiles. Ils ajoutent : « nous avons lieu de croire que cette pratique, en avilissant le caractère des missionnaires, les a souvent engagés dans une rivalité haineuse et dégradante avec leur propre troupeau, dont les intérêts se trouvaient liés dans les mêmes affaires[1]. » Ces reproches s'appliquent particulièrement à l'infortuné Williams. Augmenter sa fortune et celle de ses enfants, avait été son principal but. Le commodore Wilkes dit « avoir visité le modeste chantier de M. John Williams son fils, qui fut amené par le missionnaire en Angleterre et se rendit habile dans les arts mécaniques... Aidé de quelques indigènes il a construit un navire de vingt-cinq tonneaux qu'il destine à faire le trafic entre les îles[2]. »

M. Walpole jette encore plus de lumière sur cette triste histoire, en nous disant que « *le fils d'un missionnaire à Tahiti* avait monté un brick, l'avait armé, et qu'accompagné d'un bon nombre d'indigènes de Borabora il avait fait une descente sur l'une des îles Fidji, avait repoussé les habitants dans les montagnes, avait coupé tous leurs bois de sandal, et brûlé leurs villages[3]. » Ces faits peuvent expliquer la fin tragique du seul *martyr* des missions protestantes. Saint Augustin parle quelque part des droits d'un *martyr* du même genre, et se contente de dire à ses admirateurs : « *Et cum vivatis ut latrones, mori vos jactatis ut martyres;* après avoir vécu comme des voleurs, vous vous vanteriez de mourir comme des martyrs[4] ! »

PROGRÈS DE LA MISSION A TAHITI.

Le révérend William-Orme, secrétaire pour l'étranger de la Société des missions à Londres, avait livré au public un compte-rendu de ces missions, afin d'obtenir un surcroît d'aumônes ; et sauf l'inconvenance et la puérilité du langage, ce rapport aurait pu passer pour l'histoire des saints et des martyrs des premiers siècles. Le docteur Brown avait raison de l'appeler « une déplorable exagération. » M. Timkin, missionnaire dans les îles Sandwich, eut le courage d'avouer que « c'était une peinture de la mission de l'Océan du Sud, dont il n'existe aucun original dans le Pacifique et dont, à son avis, il n'en existera jamais[5]. »

---

[1] Cité par le docteur Brown, vol. II, p. 184.
[2] *U. S. Exploring Expedition*, vol. II, ch. IV, p. 95.
[3] *Four Years*, etc., vol. I, ch. XIII, p. 289.
[4] *Contra Litteras Petilian*, lib. II, Opp., tome IX, p. 431.
[5] *Hist. Prop. Christianity*, vol. II, p. 196.

toute la force du mot[1]. » Les exemples qu'il nous donne de la morale de Pomaré, ne sont pas de nature à faire concevoir une haute idée de ce royal personnage. « Les chefs de ces tribus, affirme l'honorable Frederick Walpole, qui avait été leur hôte, formaient un corps trop puissant pour se laisser atteindre par les missionnaires et par leurs prescriptions ; et comme les missionnaires leur devaient les moyens d'existence, ils leur permettaient de retenir un grand nombre d'anciennes licences de sauvages, entre autres l'impudicité, le vol et l'ivrognerie[2]. » Lord Waldegrave, après nous avoir dépeint la maison de ce « digne sujet de la grâce, » comme l'un de ces lieux infâmes qui ne peuvent être nommés en aucun langage, en fait une description qu'une plume honnête répugne à transcrire[3]. Ses *notions* purent être excellentes, mais sa morale fut détestable.

M. Williams fut tué par les indigènes, comme l'avait été le capitaine Cook, et il est impossible de ne pas s'apitoyer sur cette fin malheureuse. Frappé à la fleur de l'âge, son corps fut rôti et dévoré[4]. Toutefois l'histoire, en déplorant cette terrible destinée, ne peut admettre ses droits au titre de *martyr*. Si cet infortuné provoqua par lui-même ou par ses enfants les représailles de ces sauvages qu'ils avaient cruellement outragés et dépouillés, son châtiment effrayable peut inspirer le regret, mais rien de plus.

D'après le rapport de M. Ritchie, M. Williams était au premier rang « de ceux qui avaient usurpé les fonctions du gouvernement, et qui avaient profité de leur position pour accaparer le commerce[5]. » La société avait censuré officiellement son délégué pour sa participation à des transactions de ce genre, et surtout, pour son trafic en tabac dans la mer du Sud. « Il était fort lancé dans des spéculations privées, nous assure l'archidiacre Grant[6]. » M. Ebenezer Prout, son enthousiaste biographe, qui semble disposé à prendre sa défense, même à cette occasion, ne peut s'empêcher de dire que « M. Williams reçut une lettre des directeurs condamnant ses spéculations et censurant sa conduite[7]. »

En 1841, les mêmes directeurs reconnurent « que plusieurs des missionnaires s'étaient fort compromis dans des transactions

---

[1] Turnbull's *Voyage round the World*, ch. xi, p. 281-5.
[2] *Four Years in the Pacific*, vol. I, ch. xi, p. 245 (1849).
[3] *Journal*, etc., cité plus haut.
[4] *Incidents and Adventures in the Pacific Ocean*, par Thomas Jefferson Jacobs, ch. xxvi, p. 255 (New-York, 1844).
[5] *The British World in the East*, vol. II, p. 416.
[6] *Bampton Lectures*, lect. VII, p. 259.
[7] *Life of the Rev. John Williams*, ch. iv, p. 194.

naturels, se repentant de leur premier choix, alléguèrent que, s'ils avaient connu l'indissolubilité de leur union, ils auraient fait un choix différent[1], on leur permit de choisir de nouveau. Cette licence devait obscurcir leurs notions sur la sainteté du mariage chrétien. M. Williams, vers la fin de sa carrière, nous fournit une appréciation exacte du caractère de ces néophytes, bien qu'elle ne s'accorde guère avec ses premiers rapports. Plus de vingt fois, il avait décrit Rarotonga comme un paradis terrestre, et ses habitants comme des chrétiens modèles ; il avoue cependant dans son livre que « le plus grand nombre de ceux qui avaient embrassé le christianisme avaient été entraînés par l'exemple, et retournaient aux habitudes de leur enfance, aussitôt que l'enthousiasme de la nouveauté avait cessé. » Parlant d'un autre groupe, il dit : « Je ne veux pas affirmer que plusieurs ou même qu'un seul des Samoens ait été changé dans son cœur[2] » Il est à regretter que ces aveux aient été différés jusqu'à ce que des révélations étrangères et inattendues soient venues les arracher.

Il y avait cependant quelques néophytes que M. Williams n'avait pas voulu comprendre dans cette nomenclature ; le plus illustre d'entre eux était le roi Pomaré. M. Williams fut son ami pendant sa vie et l'assista sur son lit de mort. « J'ai confiance entière, assure-t-il, qu'il était un digne sujet de la grâce divine ; » il en était même parfaitement certain, puisqu'il ajoute : « Je l'ai visité dans sa dernière maladie, et j'ai trouvé ses notions sur le salut claires et distinctes. »

Malheureusement, les rapports de témoins plus impartiaux ne nous permettent pas de partager l'heureuse conviction de M. Williams. « Pomaré, raconte M. Ellis, fut le premier qui se convertit au christianisme dans l'île dont il était roi... Pendant la dernière partie de sa vie, sa conduite laissa à désirer sur plusieurs points, ce qui veut dire, qu'il avait des habitudes d'intempérance et d'autres vices[3]. »

Tâchons d'acquérir une connaissance plus exacte du vrai caractère de ce *digne sujet de la grâce*. « Ce roi si zélé, nous avoue le docteur Russell, n'était pas le seul indigène de Tahiti à qui la conscience permît d'allier le culte de Jéhovah avec une morale relachée. » « Il était aussi adroit voleur qu'aucun de ses sujets, » prétend M. Turnbull, qui déclare que « les Tahitiens sont voleurs dans

---

[1] *Narrative*, etc., ch. viii, p. 55.
[2] *Ibid.*, ch. xxxii.
[3] *Polynesian Researches*, vol. II, ch. xviii, p. 532-4.

cairn, viennent d'arriver, je crains que leurs mœurs ne soient bientôt corrompues *par les Tahitiens*[1]. »

On se rappelle que le révérend M. Osmund, dans un rapport destiné à attirer de nouvelles souscriptions, dépeignait ces mêmes Tahitiens, comme « des modèles de moralité ayant une connaissance exacte des Écritures et un attachement irrévocable à l'Évangile. »

En 1834, la société des missions de Londres, ne pouvant plus cacher la vérité qui se faisait jour de toute part, dit dans son compte-rendu annuel : « Les nouvelles reçues par les dernières malles sont plus défavorables que jamais[2]. »

En 1835, le révérend M. Williams, dont les récits triomphants ressemblaient à ceux de M. Osmund, écrivait au directeur de cette même société : « Bien qu'il dût m'être plus agréable de vous apprendre que notre prospérité première continue, ce bonheur m'est aujourd'hui refusé[3]. »

Les rapports officiels des missionnaires commençaient à s'accorder avec leurs aveux privés et avec le témoignage spontané d'autorités plus indépendantes. Leur seule consolation était que l'idolâtrie n'existait plus ; mais un écrivain protestant nous assure, en parlant des îles Sandwich, que « l'idolâtrie avait, comme par miracle, disparu *avant* le commencement de la mission[4]. »

LE RÉVÉREND JOHN WILLIAMS.

L'ouvrage bien connu du révérend John Williams, dont la trente-cinquième édition fut publiée en 1841, réclame notre attention. M. Williams fut tué dans l'une des îles du Pacifique, et il est regardé par ses coreligionnaires comme un martyr.

D'après ses aveux, le genre de christianisme qu'il enseignait n'avait été introduit dans aucune des îles sans la guerre. Il admet, aussi, que la polygamie avait été sanctionnée par les missionnaires, alors même qu'ils faisaient des lois pour la supprimer. Ils avaient averti chacun de leurs néophytes polygames de choisir une de leurs femmes pour lui être unie par une cérémonie religieuse. On se soumit en apparence à cette injonction ; mais lorsque plus tard, les

---

[1] *Asiatic Journal*, vol. VII, p. 107.
[2] *Report of London Missionary Society*, 1834 ; dans *Asiatic Journal*, vol. XIV, p. 196.
[3] Cité dans *Asiatic Journal*, vol. XVIII, p. 115, nouvelle série.
[4] *Voyage of H. M. S. Blonde to the Sandwich Islands*, par le capitaine lord Byron, p. 147.

Bligh évalue la population de Tahiti a plus de cent mille[1], lord Waldegrave la réduit à cinq mille en 1830.

« Les jolies habitations des indigènes et leurs petites plantations ont été détruites, continue le même témoin ; le reste des habitants est descendu des lieux élevés et fertiles vers les rivages plats et marécageux de la mer ; ils sont tous devenus vassaux des sept établissements des missionnaires qui les ont dépouillés de leur commerce pour s'en emparer. Formant eux-mêmes des magasins, ils sont devenus agents d'affaires, et monopolisent tout le bétail de l'île. » Cet écrivain ajoutait avec raison : « Combien est déplorable un pareil changement ! Combien il est pénible de voir une île sur laquelle la nature a semé ses dons avec tant de largesse, réduite à une pareille destinée[2]. »

Voilà donc les Tahitiens qui jouissent à leur tour des avantages qui découlent de la présence des ministres protestants. En Chine, ils augmentent leurs revenus en prenant part aux enchères ; dans l'Inde, ils ne cessent de crier : « *De l'argent, de l'argent ;* à Ceylan, ils habitent, au milieu de plaines spacieuses, de magnifiques maisons de campagne où ils donnent des soirées ; aux antipodes, ils trafiquent en terres et en denrées ; à Tahiti, ils dépouillent les pauvres indigènes de leur humble commerce pour s'en emparer. Ce sont leurs compagnons et leurs protecteurs qui nous apprennent ces faits.

Cette même année 1831, un célèbre écrivain révisant l'ouvrage du capitaine Beechey, appréciait de la sorte l'influence des ministres, à Tahiti : « Malheureusement, les missionnaires, en extirpant l'idolâtrie, n'y ont pas substitué de meilleurs principes : le seul effet du changement fut d'abaisser le christianisme au niveau de la plus brutale idolâtrie, sans faire un *seul pas* pour élever ces pauvres païens au rang de chrétiens. Le peuple est donc aussi barbare et aussi sauvage que jamais, ou plutôt, *ils sont pires*, n'ayant pris de la civilisation que les vices qui la déshonorent[3]. »

L'année suivante, en 1832, un des rédacteurs de l'*Asiatic Journal*, comparant les rapports publics et officiels de ces prédicants avec leurs aveux privés, exprime de cette façon la discordance qui existe entre eux. « Comme preuve de ce que les missionnaires pensent des Tahitiens, je vais vous citer l'extrait d'une lettre écrite par eux à l'un de mes amis : Des habitants de Pit-

---

[1] Bligh's *Voyage to the South Sea*, ch. vi, p. 80.
[2] *History of the Mutiny of the Bounty*, ch. i, p. 57-59.
[3] *Edinburg Review*, n° 53, p. 247.

terreur parmi ses camarades qui lui demandèrent aussitôt ce qui allait lui advenir si les ministres l'apprenaient. Ce peuple opprimé, ajoute-t-il, et plusieurs autres témoins viennent confirmer ce fait, se laisse conduire à la prière par le rotin. La religion des missionnaires n'a rien fait pour éclairer les Tahitiens ou pour les rendre heureux. En revanche, chacun de ces missionnaires possède une portion de terre cultivée par les indigènes, et elle rapporte avec abondance tout ce qui leur est le plus nécessaire[1]. »

En 1830, lord Waldegrave, bien connu pour ses sympathies religieuses, nous dit : « Tous les missionnaires sont engagés dans le commerce, ce qui doit nuire à leur ministère. Pour le moment, ils ont le monopole du bétail, en sorte que les vaisseaux sont approvisionnés par eux. Ils paraissent aussi trafiquer en huile de coco et en arrowroot[2]. »

En 1831, le capitaine Beechey « se croit obligé de déclarer la vérité et de ne pas augmenter les illusions générales » créées par les relations des missionnaires. Les indigènes, comme ceux de la Nouvelle-Zélande, relate-t-il, avaient déjà reçu de ces prédicants des leçons de cupidité ; ils avaient pris l'habitude de vendre des perles fausses, adroitement extraites de coquillages, et se réjouissaient du succès de leur fraude. « Privés de leurs amusements, et naturellement d'une indolence extrême, ils mettent leur bonheur dans l'oisiveté et l'intempérance. Les Tiokiens sont encore cannibales, bien qu'ils aient embrassé la religion chrétienne. » Lui aussi confirme les autres témoignages sur la tyrannie des missionnaires, et leur triste manière de vivre[3].

La même année, un autre écrivain, auteur protestant de *Mutiny of the Bounty*, parle ainsi des indigènes de Tahiti, après avoir dépeint avec admiration leur caractère primitif : « Il est désolant de voir ce qu'ils sont aujourd'hui ! Leurs amusements ordinaires si innocents ont été proscrits par les missionnaires, et ont été remplacés par des habitudes de complète apathie et d'indolence ; cette simplicité de caractère, qui pouvait excuser bon nombre de leurs fautes, a été changée en ruse et en hypocrisie ; l'ivrognerie, la misère, les maladies ont diminué la population de cette île d'une manière effrayante. » Et il atteste que, d'après le recensement fait par les missionnaires, la population, dans l'espace de trente ans, a décru des deux tiers ! Ce rapport est même trop favorable ; car tandis que

---

[1] *Voyage round the World*, vol. II, p. 172-203.
[2] *Journal of the Royal Geographical Society*, vol. III, p. 180.
[3] Beechey's *Voyage to the Pacific*, vol. I, ch. ix, p. 2 6-307.

tique. » « Les plus grandes difficultés sont celles qu'il rencontre pour l'éducation de sa famille... Il éprouve une lutte constante et douloureuse entre les sentiments de son affection paternelle et les devoirs de sa charge pastorale[1]. » *Il est partagé,* selon la parole de saint Paul, faisant allusion à cette perplexité : « Je voudrais vous voir sans sollicitude. Celui qui n'a pas de femme est uniquement occupé des choses de Dieu et comment il doit plaire au Seigneur ; celui, au contraire, qui a une femme, est plein de sollicitude pour les choses du monde et s'inquiète comment il pourra plaire à sa femme, *et alors il est partagé*[2]. »

M. Ellis paraît avoir éprouvé les inconvénients de cette situation, qui a fini par priver les Tahitiens de sa présence ; car la longue et grave maladie de madame Ellis le ramena en Angleterre, quoiqu'il eût protesté vingt fois dans son livre que rien ne l'arracherait jamais au champ de ses travaux. Il devait visiter bien d'autres contrées, et écrire un livre sur chacune d'elles. Il ajoute donc avec un sang-froid admirable : « Nous fîmes nos adieux aux îles de la Polynésie et au peuple intéressant qui les habite[3]. » Jusqu'à quel point son séjour avait été utile à ce peuple, nous l'apprendrons mieux d'autres témoins qui nous aideront, selon les paroles du professeur Merivale devant l'université d'Oxford, « à corriger les fables de M. Ellis. »

L'année qui suivit la publication de son livre, Von Kotzebue, écrivain impartial, décrivait ainsi, d'après ses observations, l'état religieux de Tahiti : « La religion enseignée par les missionnaires n'est pas le vrai christianisme ; elle contient peut-être quelques-unes de ses doctrines, mais elles ne sont qu'à demi comprises par les prédicants eux-mêmes. Une religion qui consiste dans l'éternelle répétition de prières officielles, qui défend tout plaisir innocent, qui gêne ou anéantit tout exercice de l'intelligence, est une insulte au divin fondateur du christianisme. » Ce célèbre navigateur donne ensuite la description du sombre et tyrannique système sous la pression duquel les Tahitiens gémissaient déjà lors de sa visite, système qui les opprima jusqu'à ce que l'intervention de la France vînt les dégager de leurs chaînes. « Par ordre des missionnaires, assure cet écrivain, la flûte qui accompagnait autrefois d'innocents plaisirs, ne se faisait plus entendre. Un de nos amis, tout joyeux d'avoir reçu un présent, s'étant mis à chanter, jeta la

---

[1] *Polynesian Researches,* ch. xviii, p. 542-4.
[2] I Cor., vii, 33.
[3] *Lectures on Colonization,* etc., par Herman Merivale, professeur d'économie politique, lecture XIX, p. 561.

elle portait un si vif intérêt, nous pouvons douter que sa joie fût beaucoup augmentée. Voyons comment s'y prit M. Ellis pour évangéliser ces insulaires.

« Nous avons appris aux païens, assure-t-il, à regarder le baptême comme dépourvu de toute efficacité pour le salut et de tout avantage spirituel, mais comme un devoir faisant parti de nos fonctions, et, de leur part, comme une déclaration publique d'être nos disciples[1]. » Voilà pour le sacrement de baptême.

« Nous n'avons pas hésité, continue-t-il en parlant de la Cène, à nous servir de gâteaux de fruits, rôtis ou cuits au four, dont les morceaux furent rangés dans le plat ordinaire. Nous avons craint quelquefois de nous trouver dans la nécessité de substituer le jus du coco à celui du raisin ; » et il avoue que plusieurs de ses collègues en sont venus là[2]. Ce missionnaire peut certainement se vanter d'avoir positivement supprimé les deux seuls sacrements conservés dans son Église[3].

Après avoir ainsi traité les sacrements de Baptême et d'Eucharistie, ce ministre essaya d'abolir toutes les croyances. « Nous ne présentâmes à ces peuples, dit-il, ni symbole ni article de foi. » On sera peut-être tenté de se demander, en voyant les sacrements et les symboles de foi abolis, quelle portion du christianisme M. Ellis avait réservée dans cet abatis général? Nous ne saurions répondre. Il nous déclare, il est vrai, que le jour du repos chez les Tahitiens ressemblait plus au sabbat des juifs qu'au dimanche des chrétiens, qu'il paraît avoir considéré comme une substitution équivalente aux sacrements et aux articles de foi ; mais nous cherchons inutilement dans son livre ce qu'il enseignait à ce peuple.

Nous y trouvons d'une manière plus claire, ce qu'il pense de la position d'un missionnaire dans un tel pays. « La seule consolation temporelle, prétend M. Ellis, qu'un missionnaire puisse goûter au milieu d'un peuple sauvage, à l'exception de celle que lui procurent ses propres labeurs, repose dans les agréments de son cercle domes-

---

[1] *Polynesian Researches*, ch. ix, p. 256.
[2] *Ibid.*, ch. xi, p. 309.
[3] Plusieurs années après, un évêque anglican de la Haute-Église fit la même chose et s'en glorifia. Le docteur Hobhouse, évêque anglican de Nelson, dans la Nouvelle-Zélande, rapporte avec satisfaction que, désirant donner le sacrement à un indigène sur le point de mourir, et ne trouvant ni pain ni vin, il agit ainsi : « Je fis alors, dit-il, des vases avec les magnifiques coquillages dont le rivage abonde ; je remplis l'un avec de l'eau, je plaçai sur l'autre un morceau de biscuit de mer, et je commençai la célébration, etc. » Ces paroles furent citées par un membre de son clergé dans une conférence tenue à Oxford, comme digne d'admiration. Il pensait, sans doute, que des hommes qui avaient créé une église étaient aussi capables d'établir des sacrements. (*Oxford Herald*, cité dans le *Weekly Register*, 15 novembre 1862.)

connaissance des Écritures, l'attachement profond à l'Évangile, et en somme, leur louable fidélité, comme membres de l'Église, je suis fier de dire que nos néophytes peuvent être avantageusement comparés avec les chrétiens de n'importe quelle Église et de n'importe quel pays[1]. » Chaque parole de ce rapport mériterait d'être pesée. C'est le langage ordinaire des ministres dans toutes les lettres qu'ils adressaient aux Sociétés de missions. Nous allons voir combien peu ces rapports sont justifiés par les faits.

Le docteur Russel, évêque protestant, dans son compte rendu des missions de la Polynésie, observa il y a vingt ans, comme s'il eût prévu la révélation que recevrait un jour l'Europe, qu'il « est dans les habitudes d'un missionnaire non inspiré d'exagérer ses succès. » Déjà de son temps, la triste vérité commençait à se faire jour. « L'impression généralement produite, admet-il, est que les prédicants européens ont à répondre d'un mal trop grand pour que leurs services les plus signalés puissent jamais le compenser[2]. » Pour prouver ce fait, nous suivrons comme ailleurs l'ordre des dates dans une période de trente ans, de 1829 à 1863.

Notre premier témoin est le révérend William Ellis, ministre protestant trop connu par ses écrits sur la Chine, la Polynésie et Madagascar. M. Ellis regarde la religion catholique comme « l'une des illusions les plus absurdes et les plus fatales, inventées jamais par la puissance des ténèbres pour la ruine du genre humain. » Tel est son jugement sur une religion qui, dans ces derniers temps, fut prêchée par Bossuet et par Fénelon; proclamée divine par Pascal, Leibnitz et Grotius; et qui de nos jours a su ravir l'esprit et le cœur d'hommes tels que Stolberg et Schlegel, Galitzin et Schouvaloff, Hurter et Overbeck, Vogel et Schadow, Tieck et Werner, Newman et Faber. Mais M. Ellis a décidé qu'elle était une illusion absurde.

M. Ellis a visité Tahiti. Parlant de l'influence bienfaisante de sa présence dans cette île, il dit : « Avec quel accroissement de joie la comtesse de Huntingdon, cette sainte distinguée et honorable qui, sur son lit de mort, manifesta le désir de voir entreprendre une mission dans l'Océan du sud, a dû contempler l'heureuse transformation qui s'est opérée[3]. » Nous ne sommes pas, comme de raison, renseignés sur les sentiments de cette aimable dame; mais si son regard avait pu suivre les procédés des missionnaires, passagers du *Duff*, qui ont inauguré la mission à laquelle

---

[1] Docteur Brown, vol. II, p. 185.
[2] *Ibid.*, ch. III, p. 113
[3] *Polynesian Researches*, ch. X, p. 261.

nos dieux qui ne nous ont jamais rien donné de semblable. *Nous avons tous besoin de ces objets*, et je propose que le Dieu qui les fournit soit aussi le nôtre[1]. » Il était impossible de raisonner avec plus de justesse. Sa conclusion fut admise, et tous résolurent de prêter la main aux missionnaires pour forcer les autres tribus à adopter une religion, dont les heureux sectateurs étaient pourvus de si beaux vêtements et de si excellents couteaux.

« Lorsque Pomaré embrassa le christianisme, raconte lord Waldegrave, toute l'île en fit autant pour lui obéir, mais c'était une conversion toute politique, ni intelligente ni sincère[2]. » « La vérité est, prétend le docteur Russell, que les chefs des tribus avaient entrevu tant d'avantages temporels attachés au christianisme, qu'ils désiraient, pour des motifs tout à fait humains, établir ses principes parmi leurs sujets. » Il cite ensuite la lettre de Pomaré II à la Société des missions de Londres. Après avoir demandé un renfort de missionnaires, ce prince adroit ajoutait : « Amis, envoyez-nous des cadeaux et des vêtements, et nous adopterons aussitôt les mœurs anglaises[3]. » M. Stewart, missionnaire américain, nous parle d'un autre souverain de la Polynésie qui pressait le président des États-Unis d'envoyer des émissaires dans ses États, parce que, disait-il, « nos ports sont sûrs et les provisions abondantes[4]. » Enfin M. Bargill, autre missionnaire, rapporte qu'un chef auquel il demandait s'il croyait que ce qu'il lui enseignait était la vérité, lui répondit : « Comment, la vérité ! mais tout ce qui vient du pays des hommes blancs c'est la vérité : les mousquets, les canons, la poudre sont vrais ; la religion doit aussi être vraie[5]. »

Les missionnaires protestants étaient définitivement établis à Tahiti. Dès ce moment, pendant plusieurs années, ils purent envoyer en Angleterre des rapports sur leurs succès non interrompus, bien capables de stimuler les espérances et les sympathies de leurs protecteurs. L'idolâtrie, assuraient-ils, avait fui devant eux, et la piété de leurs disciples était telle, d'après les relations des missionnaires, que Tahiti était devenu le mot d'ordre parmi les partisans des entreprises évangéliques. « Nos réunions s'augmentent, écrivait le révérend M. Osmund en 1842, et nos églises sont encombrées. Quant à la droiture du caractère, la conduite générale, l'exacte

---

[1] *Narrative*, etc., ch. xxxii, p. 149.
[2] *Journal of the Geographical Society*, vol. III, p. 182.
[3] *Polynesia and New Zealand*, ch. iv, p. 151.
[4] *A Visit to the S. Seas in the U. S. Ship Vincennes*, par C. S. Stewart, A.M., vol. II, lettre VII, p. 50.
[5] Docteur Brown, *Hist. Prop. Christianity*, vol. I, p. 542.

autrefois si douces. La sanglante persécution excitée à l'instigation des missionnaires fut, pour ces peuples, aussi meurtrière que les ravages de la peste. L'ambition s'était associée au fanatisme[1]. »

Le commodore américain Wilkes, témoin désintéressé, mais anti-catholique, dit en 1845 qu'une guerre désastreuse à Tongataboo était un conflit religieux excité par les missionnaires; en vain leur reprocha-t-il de pareils procédés. « Je fus très-surpris, raconte-t-il, de l'indifférence avec laquelle M. Rabone me parla de la guerre ; il était évidemment plus désireux de la voir continuée que d'y mettre un terme, la considérant comme un moyen de propager l'Évangile ! J'eus peu d'espérance d'être un instrument de paix, lorsque je découvris des vues anti-chrétiennes où je les aurais le moins soupçonnées[2]. »

Les missionnaires catholiques, dans tous les pays, savent offrir leur vie en sacrifice, mais ne contribuent jamais à sacrifier celle des autres. Lorsque nous parlerons de l'Amérique, nous rencontrerons des exemples de missionnaires protestants qui égorgent des sauvages de leurs propres mains, et s'en glorifient; remarquons en attendant, comme l'admet M. Williams, que le protestantisme n'a été introduit nulle part dans les îles du Pacifique sans y amener la guerre, premier signe auquel on peut le reconnaître.

On se demande comment les indigènes de Tahiti ont pu être gagnés à une religion introduite par de tels maîtres, et propagée par de tels moyens? M. Williams, l'un des principaux agents de ce système nous l'apprend : « Quelques-uns pensèrent qu'en embrassant le christianisme, ils s'attireraient les visites des navires ; plusieurs espéraient qu'en adoptant la nouvelle religion, ils prolongeraient leur vie. » Il cite ensuite l'allocution d'un de leurs chefs, qui recommandait ainsi la religion anglaise à son peuple : « Considérez la sagesse des adorateurs de Jéhovah, et voyez combien ils nous sont supérieurs sous tous les rapports. Leurs vaisseaux sont comme des maisons flottantes qui leur permettent de traverser l'Océan sillonné de tempêtes. Ils passent des mois entiers en parfaite sécurité ; tandis que si la brise vient à souffler sur nos canots, ils sombrent en un instant, et nous sommes ensevelis dans la mer. Ils sont recouverts, de la tête aux pieds, de très-beaux habits, tandis que nous n'avons qu'une ceinture de feuillage. Leurs couteaux comparés à nos lames de bambou, quelle chose précieuse! Comme ils dépècent rapidement nos porcs. J'en conclus que le Dieu qui a donné à ses adorateurs blancs des objets de si grand prix, doit être plus sage que

---

[1] Kotzebue's *New Voyage Round the World*, vol. I, p. 159. 169 (1830).
[2] *United States Exploring Expedition*, vol. III, ch. i, p. 12.

Les protestants ont choisi pour leurs exploits des terrains plus paisibles ; M. Herman-Melville décrit ainsi l'île où ils ont fait leurs premières opérations. « Le charme ineffable et la beauté du paysage sont tels que les Européens croient jouir d'un beau rêve, et qu'il leur paraît impossible que dans la réalité il y ait des scènes aussi délicieuses[1]. » Longtemps avant que cet écrivain eût visité Tahiti, M. de Bougainville remarquait avec admiration les mœurs paisibles des indigènes ; il était enchanté de « la beauté de ses montagnes et de ses vallées, de ses collines verdoyantes, de ses frais ombrages, de ses riches prairies arrosées par de limpides ruisseaux. » Il y a plus de soixante ans, de la Richarderie rendait aussi témoignage à cette douceur de mœurs, à ces dispositions bienveillantes, dont parlent d'un commun accord tous les premiers navigateurs, mais dont il ne reste plus aucune trace. Les vices qui ont fait de Tahiti le synonyme du vol, de l'ivrognerie, de la cruauté, du mensonge, de l'avarice et de la fraude, datent, comme leurs amis l'attesteront, de l'arrivée des missionnaires protestants ; ils étaient presque entièrement inconnus avant eux.

Ce fut à cette bonne et bienveillante peuplade, habitant une des plus belles contrées du monde, que les émissaires des sociétés anglaises se présentèrent d'abord en guise d'apôtres, chargés d'un message du ciel. Le premier effet de leur présence fut d'introduire une dépravation effrontée, et de montrer aux indigènes combien il était facile, même à ces prédicants, d'apostasier leur propre religion ; le second effet, comme ils l'avouent eux-mêmes, fut de détruire pour toujours la paix dans ces beaux pays, et d'allumer dans ces bois et ces vallées les flammes d'une guerre sans merci.

« C'est un fait remarquable, admet le missionnaire Williams, prononçant ainsi sa propre condamnation et celle de ses collègues, que le christianisme n'ait pu être introduit dans aucune île importante, sans y *amener la guerre*[2].

Les néophytes agirent, il en convient, avec beaucoup de cruauté envers leurs ennemis, les coupant en morceaux, lorsqu'ils demandaient grâce. Déjà ces peuples étaient devenus cruels et sanguinaires, et les autorités les plus impartiales assurent qu'ils le devaient aux missionnaires. « La nouvelle religion, affirme Von-Kotzebue, fut établie par la violence, et quiconque refusait de l'embrasser était mis à mort. Grâce à leur zèle pour se faire des prosélytes, les envoyés protestants changèrent en tigres féroces ces populations

---

[1] *Omoo*, ch. viii, p. 66.
[2] *Narrative of Missionary Enterprises in the S. Sea Islands*, par le rév. John Williams, ch. xii, p. 49.

duisit la religion chrétienne en Polynésie dans « sa pureté primitive, » nous est ainsi dépeint par le docteur Russel. « Il était évident que la frayeur l'avait paralysé ; son ardeur était éteinte, sa fermeté ébranlée. » Ce n'étaient point là ses seules faiblesses. « Il exprimait un profond dégoût pour la nourriture et la manière de vivre dans ce pays ; enfin, après que ce missionnaire tout tremblant eut passé toute une nuit sur le rivage, les gens d'un vaisseau vinrent à son secours et le trouvèrent dans une situation lamentable et presque fou[1]. »

Le révérend Francis Oakes, qui semble avoir pris part à l'expédition du Duff, « abandonna l'île douze mois plus tard, à cause d'une démonstration hostile de la part des indigènes et s'établit comme chef constable à Parramata[2]. »

Enfin, le docteur Smith, leur zélé partisan, nous apprend que *onze* de ces missionnaires quittèrent ces îles par crainte des indigènes, « et qu'au lieu de rien faire pour l'honneur de l'Évangile, plusieurs ont donné de tristes preuves que les Otahitiens avaient gagné à leur départ[3]. » De pareils hommes, cependant, ont souvent servi de thème, en Angleterre et en Amérique, à des discours sur les missions ; ils sont encore cités par des revues anglaises comme des missionnaires modèles, des bienfaiteurs de l'humanité !

TAHITI.

Le capitaine Laplace, commandant de la frégate française, l'*Artémise*, qui a visité presque toutes les îles du Pacifique, remarquait en 1855, que les ministres méthodistes n'ont jamais osé entreprendre la conversion des terribles et sanguinaires tribus de la nouvelle Calédonie, des nouvelles Hébrides, de la nouvelle Guinée, etc. Ils ont préféré laisser ces redoutables disciples à des missionnaires d'une autre croyance ; ceux-ci, au rapport du même officier, « se sont courageusement aventurés au milieu d'eux, et poursuivent aujourd'hui leurs travaux avec succès, principalement dans la Nouvelle-Calédonie, où ils comptent déjà un nombre considérable de néophytes ; leurs efforts ont opéré un merveilleux changement dans les mœurs de ces sauvages[4]. »

---

[1] *Polynesia and New-Zealand*, par le Right Rev. M. Russell ; ch. v, p. 181. Cf. Fanning's *Voyages round the World*, ch. x, p. 151.
[2] *History of N. S. Wales*, vol. I, ch. v, p. 105.
[3] Vol. II, p. 41.
[4] *Campagne de circumnavigation de la frégate l'Artémise*, tome V, ch. iv, p. 425.

« Depuis quelque temps, dit le révérend docteur Brown, sa conduite envers les femmes tahitiennes avait été extrêmement inconvenante[1] ; » ce n'était là que le commencement du mal. « Un peu plus tard, ajoute M. Ellis, M. Lewis communiqua à ses compagnons son intention d'épouser une indigène. Ses compagnons protestèrent contre ce projet, considérant que cette femme était idolâtre[2]. » Lorsque *le premier modérateur*, sourd à leurs remontrances, eut épousé une femme sauvage et païenne, leur journal du dimanche parle de son apparition à la chapelle en ces termes méprisants : « M. Lewis avec une femme assistait au service. » Ce malheureux périt misérablement. On crut qu'il avait été frappé par un des parents de sa femme ; on le trouva gisant la face contre terre, le crâne brisé.

Le plus distingué après M. Lewis dans cette glorieuse compagnie, est le révérend M. Broomhall. Lui aussi, était « une lumière brillante » parmi ses collègues ; habile dans l'interprétation des Écritures, « il avait rendu pendant quelque temps, assure M. Ellis, d'importants services à la mission[3]. » Après la chute de M. Lewis, il fut le premier à lui adresser de solennelles admonitions. Par malheur, malgré ses qualités éminentes, dit le docteur Smith, « il vécut successivement avec deux femmes otahitiennes, et garda l'une d'elles comme sa maîtresse jusqu'à son départ de l'île[4]. » Avant de partir, nous apprend le même historien protestant, « il parut se donner tout entier aux principes de l'incrédulité. » Ses compagnons observent, dans leur journal envoyé à la Société des missions en Angleterre, que « l'état d'esprit de M. Broomhall est très-alarmant ; il professe hautement qu'il a cessé d'être chrétien et qu'il ne veut plus l'être[5]. »

Le troisième en dignité de cette troupe trop célèbre, était le révérend M. Veeson. Habile comme ses amis à commenter les textes, il « cohabita avec une femme de Tonga, rapporte le docteur Brown, et commença à frayer avec les païens, montrant une forte inclination à suivre leurs voies dans lesquelles il fit de rapides progrès, et finit par jeter même complètement le masque du christianisme[6]. »

Le révérend M. Harris, autre héros de l'anglicanisme qui intro-

---

[1] *History of the Propagation of Christianity*, etc., vol. II, p. 125.
[2] *Polynesian Researches*, par le rév. William Ellis, vol. 1, ch. iv, p. 95.
[3] *Ibid.*, p. 103.
[4] *History of the Missionary Societies*, vol. II, p. 56.
[5] *Otaheitan Journals*, cité dans *Missionary Transactions*, vol. I, p. 184.
[6] *Hist. Prop. Christianity*, vol. II, p. 200.

missionnaires protestants en Océanie semblent avoir eu pour but d'établir dans toutes ces îles « un fief théocratique et commercial pour leurs nombreuses familles. » La dernière partie de ce projet a été accomplie dans certaines îles, la première est restée complétement sans succès ; visitons le théâtre de leurs travaux et commençons par les îles de la Société, où ils débutèrent.

Sur le navire appelé *le Duff*, plus honoré que la galère sacrée d'Athènes ou la barque chargée de la fortune de César, l'Angleterre envoya aux îles favorisées de l'océan Pacifique ses premiers missionnaires. Nous n'avons pas besoin de rappeler ici les instructions adressées à M. et à madame Wilson, le capitaine et sa femme, les injonctions solennelles faites aux missionnaires confiés à leur sollicitude, ni les hymnes de triomphe qui saluèrent le vaisseau à son départ. Tous les Anglais connaissent ce roman. En 1859, une des plus importantes revues anglaises parle encore « du voyage du *Duff* » avec enthousiasme, comme une des grandes « manifestations du zèle religieux au dix-neuvième siècle, riche d'espérances bien supérieures à celles des croisades du moyen âge[1]. » Les croisades, qui sauvèrent la religion et la civilisation, ont été, d'après cet auteur, un incident vulgaire à côté du vaisseau missionnaire *le Duff*.

Abordons ce vaisseau historique et faisons connaissance avec ses passagers. « Tout l'équipage, nous assure en 1840, le révérend docteur Campbell, était aussi dévot que les missionnaires eux-mêmes, dont la vocation et le caractère étaient purement spirituels. » aussi cet historien des missions tressaille-t-il, après plusieurs années, au consolant souvenir « que le christianisme, lors de sa première apparition, se présenta aux Polynésiens dans le rayonnement de sa pureté primitive[2]. »

Le révérend M. Lewis était le chef de ces célèbres missionnaires dont la louange retentit toujours dans les Églises protestantes ; il fut choisi par ses collègues comme leur « premier modérateur ; » il présidait à leurs exercices journaliers, au choix et à l'explication des textes de l'Écriture[3]. Une telle distinction fait assez ressortir les rares mérites du futur missionnaire. Dans l'accomplissement de ces graves fonctions, il arriva au terme du voyage, aux applaudissements de ses compagnons. Enfin, débarqué à Tahiti, il justifia sa bonne renommée de la manière suivante.

---

[1] *Quaterly Review*, July, 1859, p. 176.
[2] *Maritime Discovery and Christian Missions*, par John Campbell, D. D., ch. vii, p. 260.
[3] *Missionary Voyage to the South Sea*, ch. v, p. 46.

de leur foi est un reproche pour les chrétiens d'Églises plus anciennes.

Impossible de nous occuper du protestantisme dans les Philippines ; il n'y existe pas. « Je le dis à notre honte, écrit un officier anglais en 1859, il n'y a pas un seul temple protestant dans l'île, et le cimetière à notre usage est tout à fait inconvenant[1]. »

Jusqu'ici nous avons parlé d'apôtres qui abandonnent tout ce que l'homme peut naturellement désirer, patrie, parents, amis, afin de proclamer avec plus de liberté les inénarrables richesses du Christ. Nous avons à étudier d'autres hommes, prenant aussi le titre de missionnaires, mais uniquement dans le but d'améliorer leur position temporelle. Tous ont réussi à atteindre le but de leur ambition : les uns ont trouvé les fatigues et le martyre, les autres les richesses et le repos.

ILES DE LA SOCIÉTÉ.

Lançons-nous au milieu du vaste Océan. Laissons les côtes de l'Asie pour chercher des îles perdues dans l'immensité des mers. Elles ont été nommées les dernières conquêtes des navigateurs. Il était naturel que, situées au milieu de la route entre l'Orient et l'Occident, elles fussent les premières abordées par les vaisseaux des deux nations, dont le commerce cherche à unir les deux hémisphères en multipliant les stations sur la voie qui les sépare. L'Angleterre et l'Amérique, rivales dans un trafic qui embrasse le monde et qui fait honneur à leur habileté joint à leur esprit d'entreprises, ont porté leur pavillon vers les moindres îlots semés sur l'Océan. Avec leurs marins, race hardie et aventureuse, sont allés des hommes d'une autre profession, sous prétexte de convertir les païens. Ils sont partis de l'Angleterre et de l'Amérique. Un écrivain de cette dernière nation, leur plus chaud défenseur qui, contrairement à la plupart de ses compatriotes, parle de l'Église catholique dans un langage bas et inconvenant, nous fait connaître le but de leur voyage. « Le divin précepte : *Allez, et enseignez toutes les nations*, a été suivi par ce peuple, qui avait le premier compris tous les avantages que le commerce pouvait en tirer[2] ! »

Un écrivain français, après avoir examiné les faits que nous allons passer en revue, remarquait, il y a quelques années, que les

---

[1] *Hong-Kong to Manilla*, par H. T. Ellis, R. N.; ch. VIII, p. 244.
[2] *History of the Sandwich Islands*, par James J. Jarves, ch. XI, p. 557.

avec lesquels j'ai eu des rapports, m'ont paru pleinement convaincus, et pratiquant avec foi leur religion dans toute sa pureté. » Ces aveux sont une bien large concession de la part d'un Écossais. Il s'exprime sur l'archevêque actuel de Manille avec le plus grand respect, louant surtout sa piété et sa bienveillance envers tous les hommes, quoiqu'il soit naturellement sensible au refus de sépulture fait aux protestants; et il termine son rapport par cette appréciation des missionnaires espagnols actuels : « Ces hommes généreux ont pénétré où les soldats n'osèrent entrer les armes à la main, et il est vrai de dire que le glaive a cédé à la robe, avec les meilleures conséquences pour soumettre ces Indiens sauvages à la foi catholique romaine, en introduisant chez eux les arts et la civilisation. Des centaines, je dirai même des milliers de ces sauvages sont maintenant de paisibles cultivateurs, ayant appris de ces bons Pères à labourer le sol, au lieu de vivre, comme ils l'avaient fait jusque-là, du produit de leur chasse, et en hostilité continuelle les uns contre les autres [1]. »

Huit ans plus tard, sir John Bowring, malgré son peu de sympathie pour les catholiques et leur religion, bien qu'il écrive toujours avec calme et modération, avoue « avoir trouvé dans le clergé catholique des hommes dignes d'affection et d'estime, et rapporte qu'en 1859, dans le diocèse d'Ylocos, il y eut quinze mille sept cent soixante-quinze baptêmes, et que le nombre des chrétiens s'élevait à trois cent cinquante-sept mille deux cent dix huit [2]. »

Voilà les pacifiques triomphes de la religion dans cette partie de l'Océanie orientale, que la Providence, comme pour montrer sa fécondité intarissable, a confiée au pouvoir bienfaisant de l'Église. Des nations entières de sauvages, comprenant plusieurs millions d'hommes, furent converties, civilisées, instruites par des générations d'apôtres, et n'ont cessé de récompenser les efforts de leurs missionnaires par l'amour, la confiance, la soumission, le dévouement et une constance inébranlable dans la foi. Cependant il fut un temps où ce peuple, aujourd'hui entièrement chrétien, était complétement soumis à l'empire des ténèbres; « les mères, au seul nom de baptême, cachaient leurs enfants ou les emportaient dans les montagnes, tandis que les hommes ne pouvaient pas même souffrir d'entendre le nom de Jésus-Christ [3]. » Maintenant l'ardeur

---

[1] *Recollections*. etc., ch. xxxiii, p. 290.
[2] Ch. vii, p. 213.
[3] Jouvency, *Hist. Soc. Jesu*, pars 5ᵃ, lib. XXII, p. 665.

Le docteur Ball, voyageur américain protestant, s'accorde avec tous ces écrivains sur le caractère du clergé espagnol. Il dit d'un prêtre qu'il avait rencontré à Manille : « Cet homme a des connaissances approfondies sur toute espèce de sujets, il parle six ou sept langages, et il n'a pas accepté les fonctions de supérieur du séminaire, préférant rester simple missionnaire [1]. »

Enfin, pour entendre les différentes autorités, sans cependant multiplier trop les témoignages, citons un autre écrivain protestant, faisant connaître, en 1861, l'impression qu'il reçut de l'état de la religion aux îles Philippines, malgré ses préjugés de croyance et de nation, si propres à tromper son jugement. M. Mak-Micking, qui passa plusieurs années dans ces îles, où il ne put qu'en partie se débarrasser des préjugés de son éducation, assure en parlant des indigènes, « qu'ils ne furent pas conquis à l'Espagne par ses guerriers ni par ses chevaliers bardés de fer, mais par les soldats de la croix, par les prêtres qui les embrasèrent de leur propre ardeur pour la cause du Christ. » Il avoue aussi que la suppression des Jésuites, bannis des îles Philippines en 1768, eut les effets les plus désastreux pour le commerce et l'agriculture. Ces peuples sont si bien ce que M. Abeel nomme « des papistes enragés, » que les processions religieuses se voient aussi souvent dans les rues que si on était dans les contrées catholiques de l'Europe. « L'Église, ajoute-t-il, a prouvé depuis longtemps qu'elle était l'instrument le moins coûteux et le plus efficace de l'ordre et du bon gouvernement, en même temps qu'elle apprend au peuple à lire au moins dans leurs livres de prières et autres manuels de piété. Il y a fort peu d'Indiens qui ne sachent lire, et j'ai remarqué que les habitants de Manille servant à bord des vaisseaux et composant leur équipage, sont beaucoup plus souvent capables de signer leur nom que les marins anglais [2]. »

« Le gouvernement éclairé et paternel de don Pascal Enrile, capitaine général des Philippines, affirme le même auteur, et son administration tout entière ont obtenu pour ces peuples les plus heureux résultats. » Ce rapport a été confirmé en 1859 par le secrétaire de lord Elgin, qui visita Manille et qui trouva que « le gouverneur actuel marchait sur les traces de don Pascal Enrile, appliquant et développant même ses idées de progrès [3]. » M. Mac-Micking parle ainsi du clergé : « Le plus grand nombre des prêtres

---

[1] *Rambles in Eastern Asia*, ch. xxiv, p. 200.
[2] *Recollections of Manilla and the Philippines*, par Robert Mac Micking, Esq., p. 45.
[3] *Narrative of Lord Elgin's Mission*, vol. I, ch. v, p. 82.

du capitaine Morrell américain, qu'à Manille, il y a plus de couvents que dans aucune autre ville du monde d'égale population, et il y a unanimité parmi les naturels et les étrangers pour reconnaître qu'ils suivent des règles excellentes. Tous paraissent occupés à des travaux utiles; la paresse en est bannie ; leurs exercices de dévotion commencent à l'aube du jour et sont répétés pendant la journée sous différentes formes. Née protestante, ajoute cette dame, je crois que je mourrai protestante ; mais désormais j'aurai plus de charité pour tous ceux qui font profession d'aimer Dieu et la religion, quelle que soit leur croyance [1]. »

En 1855, M. de la Gironière, qui passa vingt ans dans les Philippines, affirme que les missionnaires actuels ne sont pas indignes d'être comparés aux martyrs leurs prédécesseurs. Il raconte comment le Père Miguel de San-Francisco, son ami, réunissait dans sa demeure des jeunes gens quatre à la fois, les gardait quinze jours en leur donnant une instruction soignée, puis les renvoyait dans différentes directions pour communiquer aux autres les leçons qu'ils avaient reçues de son infatigable charité. De cette manière, il arriva à répandre sa bonne influence dans la province [2].

Un écrivain américain adressait à M. Ingersoll le rapport suivant sur les Philippines : « La colonie est très-florissante ; presque tous les naturels *Tagalos* et *Horaforos* ont été convertis à la foi catholique. Il y a trois évêques suffragants dans la province ; l'un d'eux, l'évêque de la Nouvelle-Ségovie, île de Luçon, m'écrivait en 1857, que son diocèse contenait plus de six cent mille chrétiens [3]. » Que le lecteur compare ces résultats avec l'histoire des missions hollandaises et anglaises dans l'archipel Indien.

L'influence du clergé, malgré la petite proportion des Espagnols avec les indigènes, est attestée par beaucoup d'écrivains. Dans la première partie de ce siècle, M. de Guignes observe, d'après ses propres remarques, que « les prêtres européens sont très-respectés par ces Indiens, qui les consultent toujours dans leurs entreprises, et même en ce qui regarde le payement des impôts [4]. » Sir John Bowring, en 1859, confirme le témoignage de M. de Guignes : « Le clergé catholique, dit-il, exerce une influence qui semblerait magique si elle n'était pas regardée comme divine par leurs partisans [5]. »

---

[1] *Narrative of a Voyage*, par Abby Jane Morrell, ch. II, p. 44; ch. v, p. 90.
[2] *Vingt années aux Philippines*, par P. de la Gironière, p. 89 (1855).
[3] *Letter to the Hon. Charles J. Ingersoll*, etc., par Aaron H. Palmer, p. 14.
[4] *Voyages à Pékin, Manille*, etc., tome III, p. 591.
[5] *A Visit to the Philippine Islands*, par sir John Bowring, L. L. D., F. R. S., ch. XII, p. 210.

les îles Ladrone. Assurément le martyre était une fin convenable pour un serviteur de Dieu tel que Sanvitores ; avant de quitter la terre, il annonça la conversion future des îles de l'Océanie, quoiqu'il n'en connût encore que deux, les îles Pelew et le groupe des Carolines[1].

Dans les Philippines, le succès des missionnaires fut si complet, qu'à la fin du seizième siècle Mendoza pouvait dire : « Qu'à cette époque il y avait plus de quatre cent mille convertis et baptisés. » En 1598, comme le remarque un ardent protestant dans son récit du voyage d'Olivier Noort, en parlant des îles Lusson : « Il y a peu d'Espagnols et un seul missionnaire qui jouit d'une grande estime ; s'ils avaient plus de prêtres, toutes les peuplades voisines se soumettraient à l'Espagne, » car il ajoute : « Les néophytes regardent les Jésuites comme des demi-dieux[2]. » Cette grande œuvre continua jusqu'à ce que les quatre millions d'habitants de ces îles eussent embrassé la foi catholique ; ils ne l'ont jamais quittée depuis. Des témoins protestants vont nous l'assurer.

Le révérend David Abeel, missionnaire protestant qui paraît avoir voyagé dans les pays au delà du Gange, cherchant à employer son zèle sans en trouver l'occasion, et dont le livre est un simple registre des triomphes des catholiques et de sa colère à la vue de leurs succès, écrit des Philippines : « L'Église de Rome a ici gagné la population tout entière, les naturels sont devenus des *bigots papistes*; l'influence des prêtres est sans borne. » Ce ministre voit dans ce fait un exemple remarquable de « la puissance de la bête[3]. »

En 1858, M. Crawford, qui était dernièrement gouverneur de Singapore, faisait la déclaration suivante dans un meeting pour les missions : « Dans les îles Philippines, les Espagnols ont converti à la foi catholique plusieurs millions d'indigènes, et une immense amélioration dans leur condition sociale en a été la conséquence[4]. »

« De grands éloges sont dus aux Espagnols, avoue sir Henry Ellis malgré son incurable prévention, pour l'établissement des écoles dans toute la colonie et pour leurs efforts incessants à préserver et à propager le christianisme par le meilleur des moyens, la diffusion de l'instruction chrétienne[5]. » « On dit, remarque la femme

---

[1] Henrion, *Histoire des missions catholiques*, tome II, 2º partie, p 559
[2] Purchas' *Pilgrims*, vol. I, lib. II, ch. v, p. 75, 76.
[3] *Journal of a Residence in China*, ch. viii, p. 442.
[4] *Times*, December, 2, 1858
[5] *Journal of an Embassy to China*, ch. viii, p. 442.

fut facilement expulsée, comme l'atteste Mendoza, par l'Évangile du Christ[1]. »

Selon Gémelli, dans son histoire des îles Ladrone, les Philippines découvertes par Magellan en 1521, furent soumises et colonisées par les Espagnols. A une époque plus récente, les habitants de ce groupe « n'avaient, d'après Le Gobien, aucune notion de la Divinité, ni temple, ni prêtre, ni culte extérieur. Leur seule religion consistait dans quelques idées confuses d'un enfer et d'un ciel[2]. » Vers la fin du seizième siècle, comme nous l'apprenons d'Argensola, plus de six mille chrétiens avaient déjà été martyrisés dans la seule province de Ternate, « et ainsi, ajoute-t-il, la fondation de notre foi est partout cimentée dans le sang des fidèles. Les persécuteurs coupaient les membres, brûlaient les jambes et les bras, en laissant, par un raffinement de cruauté, les troncs intacts ; ils empalaient les femmes et arrachaient leurs entrailles ; des enfants étaient déchirés sous les yeux de leurs mères[3]. »

Cependant toutes ces tortures furent endurées avec courage par des néophytes, qui avaient vu leurs pasteurs parcourir d'un pas ferme la *voie douloureuse*; les enfants même avaient appris à suivre l'exemple de tels maîtres. « Un vaisseau portugais, longeant la côte d'Amboyna, recueillit une foule de fugitifs qui nageaient près du rivage, et vit que pas un d'entre eux n'avait plus de douze ans. Ce fut à ce moment de persécution si cruelle que les idolâtres et les mahométans se convertirent, et que nos missionnaires prêchèrent et catéchisèrent sans crainte de la mort, dont ils se croyaient indignes. »

En 1697, dix missionnaires avaient été martyrisés dans les îles Ladrone, et les autres, obligés de fuir, reparurent aussitôt que l'orage fut passé[4]. Dans l'île de Saypan, le Père de Medina, d'une naissance illustre, fut en 1670 le premier martyr. En 1672, Sanvitores, qui aussi appartenait à une des plus nobles maisons d'Espagne, fut martyrisé dans l'île de Tinian. Par son premier discours, il convertit quinze cents idolâtres et avait, avant sa mort, établi la foi dans treize îles, fondé trois séminaires et baptisé cinquante mille païens. En 1699, l'idolâtrie était presque éteinte dans

---

[1] *Historie of the Kingdome of China*, vol. II, ch. VIII, p. 261 ; publiée par la Société Hakluyt.
[2] *History of the Ladrone Islands*, in Callander's *Terra Australia Cognita*, vol. III, p. 53.
[3] *Discovery and Condquest of the Molucca and Philippine Islands*. par B. L. d'Argensola, livre III, p. 63 (1708).
[4] Gemelli, in Churchill's *Collection of Voyages*.

violemment supprimées par leurs maîtres anglais. Avec elles périrent les lois, les chants et les légendes qu'ils avaient reçus de leurs ancêtres.

Dans le groupe des îles dont nous allons raconter l'histoire, quelques-unes ont été visitées par les catholiques seuls, d'autres ont été habitées exclusivement par des protestants, et d'autres ont été occupées par les deux ensemble. Dans les premières, la religion a gagné sa victoire accoutumée; dans les secondes, d'énormes dépenses n'ont amené qu'une corruption générale et un insuccès avoué; dans les troisièmes, l'hérésie, employant ses armes habituelles, la violence et la calomnie, a été combattue par une charitable patience, au milieu des plus dures souffrances, et a enfin confessé sa défaite.

ILES PHILIPPINES.

Les îles Philippines et les groupes adjacents eurent l'heureuse fortune d'être découvertes par des hommes qui, travaillant pour Dieu plutôt que pour eux-mêmes, portaient, avec les lumières de la foi, la charité pour la répandre.

Argensola, historien exact et consciencieux de ces contrées, dont la véracité et l'intelligence ont mérité l'approbation du conseil espagnol des Indes ainsi que des Anglais qui ont traduit son ouvrage, a raconté tous les détails de ce généreux apostolat qui gagnait les Philippines à la foi du Christ. Il fait connaître comment le culte du faux prophète a pénétré dans ces îles; comment les Perses et les Arabes ont apporté la peste de l'islamisme qui avait atteint la moitié du globe. Par une longue suite d'efforts, le Siége romain eut seul la gloire de préserver l'Europe de ces légions destructives qui avaient inondé la terre, depuis les colonnes d'Hercule jusqu'aux déserts de la Tartarie, et qui menaçaient d'arborer sur tous les temples de la chrétienté la bannière impure plantée par elles sur la montagne de Sion.

Contre de pareils adversaires, les premiers apôtres des Philippines élevèrent la croix. Ils tombèrent comme leurs frères les martyrs, par le glaive des musulmans ou des païens; ils furent livrés aux flammes ou déchirés dans les tortures; mais ils vainquirent par la mort. La lutte ne fut pas longue; le ciel avait décrété le triomphe de la croix. « La religion fausse et corrompue de Mahomet

sienne. Mais sir George Simpson, gouverneur des territoires de la baie d'Hudson, dit en 1847 que « tout le groupe des îles Sandwich continue à s'élever de la mer, comme s'il sortait des mains du Créateur, » et parle en ces termes de l'origine de la race polynésienne : « De quelle partie donc de l'Asie sortaient les Polynésiens ? On a, pour ainsi dire, la certitude morale qu'ils étaient originaires des extrémités de Malaca ou des contrées septentrionales du Japon[1]. » Plusieurs considérations se réunissent pour appuyer cette opinion. L'origine des Malais eux-mêmes est cependant encore incertaine, et pendant que quelques-uns cherchent leur berceau sur les rivages sud-est de la Chine, Bopp pense que leur langage est dérivé du sanscrit[2].

On n'a pu recueillir aucun éclaircissement des Polynésiens eux-mêmes. L'abbé Carette, étudiant l'archipel des îles Gambier où il a longtemps résidé comme missionnaire, nous avertit qu'il serait inutile de chercher parmi ces peuples des éclaircissements sur leur origine : «Toutes nos questions, dit-il, resteraient sans réponse, leurs traditions n'en parlent pas. Peut-être ces tribus remontent à la plus haute antiquité, car il faut de bien longs siècles pour qu'un peuple oublie l'histoire de son origine. J'ai entendu les Indiens les mieux informés, énumérer jusqu'à cinquante rois qu'ils disent avoir présidé successivement au gouvernement de l'Archipel. »

Il existait jadis, dans plusieurs de ces îles, une sorte d'archives qui auraient pu servir à former des fragments d'histoire; elles ont été imprudemment détruites. « Les missionnaires méthodistes, assure le savant Mosblech dans son traité sur les dialectes de l'Océanie orientale, ont par un zèle déraisonnable détruit toutes les compositions poétiques de ce peuple. On ne peut dissimuler le tort impardonnable qu'ils ont fait à la science et à l'histoire. Les missionnaires catholiques guidés par leur chef, l'archevêque de Chalcédoine, dignes appréciateurs de ce qui appartient à la religion ou à la science, agissent avec bien plus de sagesse[3]. »

Il paraît que les compositions mythologiques et pastorales des indigènes, dont quelques-unes étaient sans doute d'une pureté douteuse, mais qui avaient au moins une valeur scientifique, furent

[1] *Narrative of a Journey Round the World*, vol. II, ch. I, p. 7. « En 1833, le naufrage d'une jonque japonaise sur les côtes de l'Orégon montra comment les habitants de l'ancien monde ont pu être transportés sur la plus grande étendue de la mer Pacifique, » etc., Wilson, *Prehistoric Man*, vol. II, ch. xx. p. 158.
[2] Mohl, *Rapports faits à la Société Asiatique*, tome II. ch. I, p. 8.
[3] *Notice sur la langue de l'Océanie Orientale;* Journal Asiatique, tome III, p. 411, 4ᵉ série (1844).

CHAPITRE VI

MISSIONS EN OCÉANIE

Dans cette vaste étendue des mers dont les flots roulent depuis des siècles entre les vieux et les nouveaux continents, océan immense où l'oiseau ne trouvait pas d'asile, une centaine d'îles ont surgi et présentent aux navigateurs des ports de refuge. Autrefois nues et dépouillées, elles montrent une gracieuse parure de prairies, d'arbres et de fleurs ; on voit s'élever sur leurs collines le myrte au sombre feuillage et le palmier qui s'élève dans les airs ; à travers les vallées riantes serpentent de limpides ruisseaux. Ici la canne à sucre et le fruit de l'arbre à pain mûrissent sans culture, mille racines alimentaires, inconnues dans d'autres climats, se cachent sous le sol. Ces belles îles, protégées contre les vagues par des bancs de corail, furent abordées par des hommes dont on ne peut connaître ni le pays ni l'origine ; les anges seuls savent quand et comment ils arrivèrent dans ces lieux. Par quelles migrations étranges elles furent peuplées, l'histoire ne le dira jamais.

Cependant la science, vouée à de tels problèmes, leur a consacré de patientes recherches ; si elle n'a pas absolument déterminé comment les îles de l'Océan oriental et occidental ont été peuplées, elle a du moins fait pressentir comment elles auraient pu l'être. M. Guillaume de Humboldt pense avoir établi l'identité des Malais et des Polynésiens ; et Prichard, qui adopte sa conclusion, appelle les derniers « Malao-Polynésiens[1]. » M. de Rienzi, de son côté, donne comme certain qu'ils étaient originaires de l'île de Bornéo. D'autres écrivains sont d'avis que les naturels de plusieurs des îles du Pacifique doivent à peine être distingués de la famille cauca-

---

[1] *Natural History of man*, p. 32.

Les vrais apôtres apprennent facilement à ces esprits incultes « les principes de l'Église » et les grandes vérités évangéliques ; tandis que leurs rivaux, au milieu de luttes continuelles et de reproches réciproques, ne parvenant pas à leur enseigner les mystères de la Trinité et de l'Incarnation, font de la religion l'occasion de nouveaux crimes, de la Bible elle-même une excuse pour en commettre, et après un demi-siècle d'efforts, ont fait de ces contrées une « solitude souillée de sang. »

Enfin les annalistes de la Nouvelle-Zélande confessent avec honte et douleur que les indigènes, témoins des divisions et des conflits inapaisables entre les sectes, ont rendu ce mémorable verdict, si souvent invoqué contre le protestantisme par l'instinct des nations païennes, ce verdict qui est à la fois la mesure de son influence, le monument de ses résultats et le résumé de ses triomphes : « Vous nous avez appris que le paganisme avec la charité, vaut mieux que le christianisme sans elle. »

avaient déjà obtenues et pour lesquelles ils n'avaient rien à leur offrir, avaient néanmoins réussi à les arracher aux ténèbres du paganisme. Nous sommes loin, cependant, de prétendre que tous les convertis soient des chrétiens modèles ; une pareille assertion serait condamnée par le témoignage de leurs pasteurs.

Malgré leur respect pour leurs nouveaux guides, quelques-uns avaient été trop profondément corrompus par des habitudes d'hypocrisie et de mensonge pour être corrigés facilement ou d'une manière durable. Le christianisme leur avait paru une religion vaine dont les prédicants contrastaient même avec les païens, et dont les ministres étaient pour eux des exemples d'incontinence, de cupidité et d'injustice. Quelques-uns aussi, quoique délivrés de pareilles influences, n'étaient pas encore assez instruits. Leurs pasteurs, en petit nombre et pauvres des biens de la terre, incapables de cultiver le vaste champ ouvert à leur zèle et rencontrant la résistance de l'autorité, purent quelquefois jeter leur semence à côté du chemin et continuer ensuite leur route, espérant qu'un jour ils trouveraient le temps de veiller à sa croissance et d'arracher les plantes nuisibles. Cependant il est beau de lire au sujet des bons indigènes convertis, la page suivante écrite par un homme qui les connaît.

« Je suis souvent ému jusqu'aux larmes, dit le vénéré prélat dont les adversaires ont si souvent reconnu les mérites, quand je vois le chef de quelque tribu faire des lieues à travers les forêts pour me consulter sur quelque point qui embarrasse la délicatesse de sa conscience[1]. » Ici encore nous avons une preuve de cette puissante « influence du confessionnal, » que sir Emerson Tennent remarquait à Ceylan, et sans laquelle les missionnaires catholiques seraient impuissants pour conserver aux hommes les habitudes chrétiennes. « A peine ont-ils reçu les premières notions de la loi de Dieu, continue l'évêque Pompallier, que leur seule étude est d'y conformer leur conduite. Avec quelle simplicité ils ouvrent leur esprit au ministre du salut, et avec quel attachement sincère ils nous rendent des services en échange de ceux que nous leur rendons... A leur costume et à leur extérieur, on les prendrait pour une bande de voleurs ; ce sont des agneaux inoffensifs qui suivent les traces du prêtre que Jésus leur a donné pour pasteur. Ceux qui ne sont pas encore catholiques, ajoute l'évêque, ont appris à distinguer le *tronc*, comme ils appellent l'Église catholique, des branches séparées. »

[1] *Annales.*

tion. Dans une lettre du 21 juillet 1863, adressée à l'évêque protestant d'Adélaïde, nous trouvons : « Nos travaux s'exercent sur des débris ; débris d'un peuple en décadence, débris d'une foi qui s'éteint. Les faits dont vous entendez parler ne sont pas imputables aux païens, mais aux chrétiens, ce sont des actions d'hommes baptisés..., un reste d'idées chrétiennes leur occasionne plus de mal que de bien, parce qu'il les pousse à l'orgueil. Ils condamnent nos soldats pour ne pas observer le dimanche, et trouvent légitime le massacre des enfants, parce qu'il entre dans les usages des Maoris. Nous ramons contre la marée ; autant que je puis prévoir notre barque aura bientôt échoué. »

Un témoignage plus récent encore demande ici sa place. Une lettre écrite de la province d'Auckland et datée du 2 août 1863, a mérité les honneurs du *Times*, 28 octobre de la même année. « Les missionnaires, dit cette lettre, aussi bien que les colons, ont été forcés de fuir et d'abandonner leurs demeures à la merci de leurs prosélytes. Ils ont bien mérité ce châtiment, car sur eux doit retomber la honte de l'insurrection. De tous les imposteurs les missionnaires sont les pires, et aussi longtemps qu'un public aveuglé fournira des fonds pour leur entretien dans une vie de paresse, ils se permettront des milliers de mensonges pour le tromper. »

CONCLUSION.

Lorsque le sauvage, malgré son insouciance, se retrace l'histoire des missions dans la Nouvelle-Zélande, ou qu'il en raconte à ses enfants les phases successives, il découvre facilement de quel côté se trouvent Dieu et ses anges. Différents missionnaires ont attiré son attention : dans les uns, il a vu pendant de longues années, avec de rares exceptions, la corruption, la vanité et le luxe ; dans les autres, la pureté et une vie irréprochable. « La chasteté des missionnaires catholiques produit une impression profonde sur l'esprit des indigènes, » affirme le docteur Thomson.

Avec les premiers, se sont introduits la confusion et le désordre d'une doctrine vague et incohérente jointe à des luttes religieuses passionnées ; avec les seconds vinrent la paix, l'unité et l'amour. Tandis que les uns ne pouvaient attirer que de prétendus convertis, dont ils attestaient eux-mêmes les vices en faisant appel aux grossiers instincts de l'intérêt et aux appétits les moins nobles de notre nature ; les autres, obligés d'enjoindre aux indigènes à demi-civilisés d'abandonner les récompenses temporelles qu'ils

1862, M. Hodder comptait les survivants au nombre de trente mille! En 1864, un autre voyageur protestant affirme que la Nouvelle-Zélande sera bientôt « *une solitude souillée de sang.* »
« Quelle fin, ajoute cet auteur, à tous nos beaux projets sur l'avenir de ces aborigènes[1]! »

« Malgré les instances de l'évêque protestant et des membres de son clergé, dit une grave autorité, le drapeau du roi des Maoris a été publiquement arboré dans les provinces d'Auckland et de Wellington; au nombre des symptômes les plus formidables, est la tendance à revenir aux *anciens usages barbares* et l'*influence décroissante des missionnaires*[2]. » Ils vont nous dire eux-mêmes les résultats de cinquante ans d'efforts. Nous citons le rapport officiel de la Société *Church Missionary* en 1862.

« Le nombre de nos disciples, écrit le révérend M. Ashwell, est réduit de plus de moitié; l'effet démoralisant de la guerre se manifeste sur nos catéchistes par leur tiédeur et leur indifférence, quelques-uns nous ont abandonnés. »

« Toutes les stations sur le Waikato ont été gravement atteintes par les influences de la guerre. »

« A Touranga, sur la côte de l'*est*, dit l'évêque protestant de Waiapu, la religion se perd, les indigènes deviennent indifférents, beaucoup ont apostasié. »

En parlant de son propre district l'archidiacre Brown s'écrie : « Divers événements ont diminué le nombre des naturels; la discipline dans nos églises est affaiblie, et le char de nos missions se traîne péniblement. »

Les rapports du district de l'*ouest* sont encore moins encourageants. « La tribu des Ngatiruani a *défendu expressément aux missionnaires de la visiter.* Le retour de beaucoup d'individus aux usages païens est très-décourageant... Les effets de la décadence religieuse se manifestent surtout depuis ces dernières années ; la génération baptisée a été élevée dans un christianisme nominal. » Nous retrouvons ici l'histoire des prétendus convertis Hindous et Cyngalais, qu'on montre toujours plus pervers à proportion du temps qu'ils ont joui des avantages du baptême.

Après un séjour de vingt-six ans dans la Nouvelle-Zélande, le révérend M. Taylor écrit à la même société : « La décadence spirituelle des indigènes est *universelle*[3]. »

Pour terminer, le docteur Selwyn va nous donner son apprécia-

---

[1] Muter, déjà cité.
[2] *The Times,* 14 septembre 1860.
[3] *Church Missionary Society's Report,* 1862, p. 205-213.

et la propreté des indigènes de cet endroit forme contraste avec ceux d'Otaki ; elle était tout à l'avantage de ces derniers [1]. »

Vers la même époque, sir George Grey, gouverneur de la Nouvelle-Zélande, adressa au comte Grey une dépêche qui contenait ces mots : « Les écoles catholiques dans ce pays sont excessivement bien tenues et font non-seulement honneur à l'évêque et au clergé catholique, mais elles leurs donnent droit à toute la considération qu'on peut leur témoigner [2]. »

Il est donc évident, sans ajouter d'autres témoignages, que les missionnaires catholiques avaient triomphé de l'opposition de leurs puissants ennemis. Ils avaient remporté une de ces victoires dans lesquelles il n'y a pas de vaincus. N'eussent-ils fait aucun disciple, leur vie suffisait pour prouver leur religion ; ils étaient purs au milieu de la corruption, patients dans l'adversité, charitables envers tous les hommes, particulièrement envers ceux qui les insultaient, et si irréprochables dans leur carrière humble et désintéressée que la calomnie se taisait en leur présence.

Lorsque les jours de vengeance arrivèrent, et que des tribus protestantes de nom, eurent soif du sang de leurs maîtres, la demeure des missionnaires catholiques fut un lieu sacré, et le colonel Mundy raconte que « la station présidée par Mgr Pompallier fut la seule partie de la ville respectée par les envahisseurs [3]. »

LA GUERRE DE 1861 ET SES SUITES.

Il suffit d'une épreuve quelconque pour montrer combien sont illusoires les conversions protestantes. En voici un nouvel exemple.

Avant la guerre de 1861, dernier effort des indigènes pour se soustraire à la domination anglaise, il ne restait que cinquante-six mille naturels, dont plus du tiers encore païen, sur les quatre cent mille trouvés par le capitaine Cooke. Au commencement de

---

[1] *A Summers Excursion in New-Zealand*, p. 157-165.
[2] *Parliamentary Papers*, vol. XIV. p. 12 (1857). — Un témoin plus récent, M. Edwin Hodder, observe en 1862 en parlant du zèle des catholiques, qu'ils font volontiers un voyage de plusieurs milles tous les dimanches pour entendre la messe. « La régularité et la patience qu'ils montrent dans ces pèlerinages de chaque semaine est vraiment exemplaire, aussi bien que l'ardeur infatigable de leurs prêtres. » Quant aux membres de l'Église anglicane, il en parle ainsi : « Il y a des centaines d'individus, qui n'entrent jamais dans une église d'un bout de l'année à l'autre, qui ne montrent pas le moindre souci pour la religion et ses observances, et qui cependant se disent membres de l'Église anglicane. » *Memoirs of New Zealand Life*, p. 102-103.
[3] *Australasian Colonies*, par le colonel Mundy, vol. III. ch. vi. p. 179.

Dans un autre district, nous apprend le même auteur, « le vicaire apostolique les visita, et avant qu'il sût leur langage il faisait des convertis, dont la plupart étaient disciples de l'Église anglicane. » L'auteur protestant de l'*Évangile dans la Nouvelle-Zélande* avait raison de dire : « ils causent à nos missionnaires beaucoup d'anxiété. »

Dans la province de Cantorbéry fondée par des puséyistes, avec le but de montrer la puissance de leurs doctrines, un auteur protestant trouva, en 1864, cette preuve de leur insuccès. « Ici du moins, où chaque rue porte le nom d'un évêque protestant, les colons pouvaient s'attendre à trouver des églises où les places ne manqueraient pas. Ils les chercheraient en vain. La cathédrale n'est qu'un château en l'air, il n'y a pas même d'église paroissiale, à moins d'appeler église une construction en bois soutenue par des poteaux branlants [1]. »

D'un autre côté, dans ce district qui devait être le domaine exclusif de l'anglicanisme, M. Rochfort nous dit « qu'il y a beaucoup de catholiques et leur cathédrale est le plus beau monument de la ville de Wellington. » Le nombre des catholiques dans cette province s'élève à dix mille environ, dont deux mille naturels.

« A Taupa, dit M. Angas, beaucoup des indigènes sont catholiques ; » il ne craint pas d'exciter le rire de ses lecteurs en ajoutant que « les nouveaux Zélandais sont une communauté de naturels jésuites. » A Motupoi aussi « le chef est catholique, plusieurs de ses subordonnés ont embrassé le papisme ; au coucher du soleil ils chantaient leurs vêpres devant sa maison [2]. »

A Kororarika, le chef d'escadre américaine Wilkes observe que la mission catholique faisait beaucoup de convertis qu'il attribue à des « cadeaux, » quoique la valeur des croix, des images de piété et autres dons faits aux indigènes *après* leur conversion excédât rarement la modeste somme de deux sous. Ils n'auraient guère abandonné leurs maîtres protestants pour une pareille récompense [3]. On compte dans la province d'Auckland environ vingt mille catholiques, dont dix mille Maoris.

En 1854, un voyageur anglais se trouve à Otaki au milieu d'une tribu catholique : « Je recueillis d'excellents rapports, dit-il, sur le prêtre résident ; l'état de la mission indiquait l'influence d'un esprit supérieur. » Le plus près village est protestant, et il continue en ces termes : « Une différence notable dans l'habillement

---

[1] *Travels and adventures in India, China and New Zealand*, par M. le colonel Muter, vol. II, ch. xii, p. 239 (1864).
[2] *Savage Life*, vol. II, ch. iii, p. 118-22.
[3] *Exploring expedition, etc.*, vol. I, p. 316.

avec celle vraiment chrétienne des ministres de la religion catholique [1]. »

Si les voyageurs protestants s'exprimaient de la sorte, les missionnaires tenaient un autre langage. Le chef de la mission catholique, Mgr Pompallier, homme digne de compter parmi les apôtres que la France envoie dans tous les pays, « fut assailli, avoue M. Wakefield, par les missionnaires des deux sectes, de la manière la plus violente. » Un prêtre de son clergé nous dit en 1840 : « A peine avions-nous quitté la tribu de Mototapu, que les ministres sont venus semer la discorde parmi ses membres. Un d'entre eux se permit d'insulter notre vénérable évêque et de donner son nom à des animaux immondes ; tous les indigènes furent outrés de cette conduite [2]. »

M. Wakefield et M. Perry, hommes instruits, protestent contre la brutalité des ministres en disant, le premier, que tous les laïques appréciaient le mérite de l'évêque, et le second, que « ses qualités expliquent facilement l'impression qu'il a produite sur les indigènes [3]. » « Mgr Pompallier, ajoute un journal protestant, a fait beaucoup de conversions parmi les naturels de Hokianga ; quelques-uns des principaux chefs lui ont promis de s'associer à son culte [4]. »

En 1841, d'après M. Bright : « Le vicaire apostolique paraît très-populaire parmi les Maoris qui le connaissent. Il a converti le chef le plus âgé dans la Baie-des-Iles, ses fils et son peuple, quoiqu'ils fussent membres de l'Église anglicane [5]. » A de pareils incidents, le docteur Selwyn répondrait sans doute, « qu'une station catholique fait tache dans l'œuvre des missions. »

« Lorsque je m'embarquai, continue M. Bright, pour visiter le pays sur la côte orientale, je fus surpris de rencontrer sur le même navire Moka, un des chefs de la Baie-des-Iles, avec une trentaine d'hommes, de femmes et enfants de sa tribu ; trois fois par jour durant tout le voyage, leurs voix discordantes s'élevaient ensemble pour chanter les prières de la messe ou quelque autre service de la foi catholique. » A Opo-tee-kee, il rencontra le même fait. « Les enfants aussi fredonnaient dans leurs jeux quelques parties de la messe. Deux fois par jour, leur chapelle était remplie [6]. »

[1] *Narrative of the Discovery of the fate of La Pérouse*, par le capitaine P. Dillon, vol. II, ch. v, p. 321-31.
[2] *Annals*, vol. III, p. 26.
[3] Terry, p. 190.
[4] Voir *Asiatic Journal*, vol. XXIX, p. 199.
[5] *History of New Zealand*, ch. vi, p. 126.
[6] *Ibid.*, p. 121.

dont elles étaient les fruits et les témoignages. Ainsi dans la Nouvelle-Zélande, dès 1842, quatre ans après leur arrivée, nous apprenons du docteur Dieffenbach, que dans une des provinces les plus peuplées, « le nombre des convertis aux deux croyances est à peu près égal, quoique la mission catholique fût établie beaucoup plus tard que celle de l'Église d'Angleterre[1]. » Voyons par l'entremise de quels hommes s'accomplit cette transformation.

Le docteur Dieffenbach, après avoir remarqué avec une répugnance évidente les mœurs mondaines et avides des hommes vers lesquels ses propres sympathies l'attiraient, avoue franchement, que « la manière de vivre humble et désintéressée des prêtres catholiques jointe à l'éducation supérieure qu'ils ont généralement reçue, leur ont fait beaucoup d'amis parmi les Européens et les indigènes, et aussi beaucoup de convertis parmi ces derniers[2]. »

D'autres voyageurs protestants signalent le même contraste avec plus de détails. « J'ai visité, raconte M. Earle, bien des missions catholiques, j'ai remarqué chez leurs prêtres une tout autre conduite; ils se sont acquis l'estime de ceux qu'ils voulaient convertir, et malgré la différence dans nos croyances religieuses, il faut bien reconnaître le succès de leurs missions[3]. »

M. Rochfort avait remarqué comme M. Earle et bien d'autres, l'égoïsme des missionnaires protestants ; « je suis forcé d'avouer, nous dit le premier, que les catholiques sont généralement plus généreux, » malgré l'exiguïté de leurs ressources[4].

Le capitaine Dillon, après avoir eu de nombreuses occasions de faire la comparaison et de voir le luxe des missionnaires protestants, « leurs troupeaux nombreux, etc. » rapporte qu'un équipage anglais malade et affamé, demanda vainement assistance à ces opulents prédicateurs ; ils « le laissèrent en proie à la maladie, sans aucune espèce de secours. » Enfin un colon leur envoya des vivres avec ce message ironique: « Les marins ne doivent pas prétendre aux bonnes choses de ce monde, réservées pour les élus. » Un indigène païen eut pitié de cet équipage en détresse. Il leur donna cinq gros porcs et près de mille livres de pommes de terre. « Que le lecteur compare, ajoute-t-il, la conduite généreuse et désintéressée de ce païen, avec l'égoïsme insensible de ces dévots prédicants; la conduite de ces maîtres de la doctrine réformée,

---

[1] *Travels*, vol. I, ch. xxvii, p. 407.
[2] *Ibid.*, ch. ix, p. 169.
[3] *Nine Months Residence*, p. 271.
[4] *Adventures in New Zealand*, par John Rochfort, ch. III, p. 26.

pouvoir dans lequel seul ils se confiaient ; l'unique forme de christianisme connue des indigènes et imposée par l'irrésistible autorité de leurs dominateurs, était une protestation contre la foi catholique. On avait dit aux indigènes que si les nouveaux venus étaient admis, ils les égorgeraient ou les chasseraient de leurs terres. « Satan, pour ajouter à ses moyens d'attaque, va recevoir de France une nouvelle importation d'auxiliaires, » écrivait gravement le révérend M. Strachan[1]. Les missionnaires protestants leur persuadèrent d'adresser un mémoire à Guillaume IV. « Nous avons appris, disait-il, que la tribu de Marian (les Français) est proche, ils arrivent pour s'emparer de notre pays[2]. » Ils prient Sa Majesté de les protéger contre ces formidables pirates. Lorsqu'enfin arrivèrent quelques étrangers sans défense, dédaignés par le gouvernement et par toutes les autorités que les indigènes étaient habituées à redouter, n'apportant ni argent ni marchandise, mais une doctrine détestée par la race dominante ; défendant la convoitise, le mensonge et l'impureté ; est-il étonnant, comme M. Bright l'observe, « qu'ils ne fussent pas portés vers eux ? » A leurs yeux, ajoute le même écrivain, un grand commerce rend respectable. Les missionnaires catholiques annoncèrent tout d'abord qu'ils ne voulaient ni commercer ni avoir rien à démêler avec le commerce.

Il était impossible d'appeler d'une manière plus certaine le mépris des indigènes, ou de les convaincre plus efficacement qu'ils n'avaient rien à gagner et qu'ils avaient tout à perdre, en offensant leurs maîtres en faveur d'auxiliaires aussi dénués de tout appui. La conclusion était évidente, et les indigènes ne pouvaient manquer de l'adopter. Cependant, les missionnaires catholiques, malgré leur faiblesse et leur pauvreté, avaient une chose en leur faveur.

Il est dans la nature de l'homme civilisé ou sauvage de respecter la pureté et le désintéressement. On peut ne pas vouloir les imiter, mais on ne peut leur refuser son admiration. Voilà le secret des triomphes des missionnaires catholiques. Comme les premiers apôtres, ils se frayaient un chemin par la sagesse, la sainteté et la charité. Leurs vertus désarmèrent d'abord la main qui s'était levée pour les frapper, et attirèrent ensuite le respect à la religion

---

[1] *Life of the Rev. S. Leigh*, par le rév. A. Strachan, ch. IV, p. 439 (1855).

[2] *The New Zealand Question*, par A. Chamerovzow, ch. III, p. 69, et *Colonial Constitutions*, par Arthur Mills, p. 331. Il raconte que « trente-cinq chefs se constituèrent en État indépendant, » à l'effet de résister à l'attaque des Français qu'on leur avait dit d'attendre !

firmer que « dans les colonies anglaises, il n'y a pas de sentiments religieux et que les membres de l'Église anglicane manifestent le plus d'indifférence. Souvent dans les églises de cette province, dit-il, j'ai remarqué la *tenue anglaise* des assistants ; c'est-à-dire que tout était prétention et hypocrisie ; notre Église n'a qu'à rester dans ses formes actuelles, et nos enfants deviendront catholiques ou athées [1]. » « Déjà, observe un autre écrivain protestant en 1862, des centaines de colons ne mettent jamais le pied dans une chapelle ou église ; dans les recensements, ils figurent cependant toujours comme des membres de l'Église anglicane [2]. »

Nous n'avons plus qu'un mot à ajouter sur le docteur Selwyn et sur sa carrière de missionnaire, dont ses amis nous ont raconté les résultats. Nous avons vu qu'il a des paroles de douceur pour les sectes hostiles à la sienne ; pour les catholiques, il n'a que des paroles de haine.

En voyage, il rencontre une mission catholique ; il prend sa plume et écrit dans son journal destiné à l'Angleterre : « Une station romaniste est *une tache à l'œuvre des missions* [3]. » Nous ne savons pas si ces paroles étaient l'expression de ses préjugés, ou seulement à l'adresse de ses patrons ; dans tous les cas, il est pénible d'entendre d'un pareil homme un langage aussi contraire à la vérité et au bon goût.

« Bien des personnes, d'après un auteur spirituel dont la pensée trouve ici sa place, ont pour les perfections de Dieu moins de terreur que de haine. En présence d'une manifestation de sa puissance ou d'une marque de sa tendresse, » comme par exemple en face de la vie surnaturelle des missionnaires catholiques, « elles sont comme des possédés ; elles s'exaspèrent jusqu'à oublier la décence du langage, et les plus simples convenances de la bonne compagnie [4]. »

MISSIONS CATHOLIQUES.

On aurait peine à concevoir une entreprise plus difficile que celle qui fut tentée par les missionnaires catholiques dans la Nouvelle-Zélande. Ils y arrivèrent en 1838. Les protestants les avaient devancés d'un quart de siècle. Tout était contre eux, excepté le

---

[1] *Ultima Thule*, par Thomas Cholmondeley, ch. xvi, p. 196 ; ch. xviii, p. 271 et 281.
[2] *Memories of New Zealand Life*, par Edwin Hodder, p. 102-105.
[3] *The Melanesian Mission*, p. 19.
[4] Le rév. Père Faber, *The Creator and the Creature*, ch. iv, p. 251.

premier appel, à porter la foi à quelque région que ce soit, fût-ce à des milliers de lieues. Ils n'ont pas à pourvoir une famille. Dieu est leur Père, tous les hommes sont leurs frères, le monde est leur patrie. Une vertu aussi haute que les cieux, aussi vaste que l'océan, n'est-elle pas bien au-dessus de la pure fidélité conjugale? Nous ne condamnons pas le mariage ; ceux qui se marient ne pèchent pas ; mais nous qui sommes missionnaires, nous nous en abstenons, en admettant que tous ceux qui observent le célibat ne sont pas des saints[1]. »

Il est à remarquer qu'au moment même où le docteur Selwyn « se donnait du cœur » dans ses fatigues, l'évêque catholique de la Nouvelle-Zélande, dont des témoins protestants nous exposeront le caractère, écrivait à sa vieille mère en France, non pas pour se plaindre de sa solitude ou pour regretter tout ce qu'il avait quitté en Europe, mais pour demander ses prières ; les prières de sa mère, afin que Dieu voulût bien lui accorder la grâce du martyre et lui permît de finir sa carrière apostolique en répandant son sang pour son maître.

Pour faire voir combien grand fut l'insuccès du docteur Selwyn malgré ses talents, nous nous contenterons de citer quelques autorités. Loin de faire des indigènes un peuple vraiment chrétien, il n'a pas même réussi à obtenir de l'influence sur ses coreligionnaires. « L'évêque Selwyn, rapporte le docteur Thomson, se plaignait amèrement de l'indifférence de ses ouailles[2]. » Il se rendit en Angleterre pour demander le secours du gouvernement, seul moyen à la disposition d'un évêque protestant ; mais le secrétaire d'État lui répondit que c'était aux colons de régler leurs affaires religieuses comme ils l'entendaient.

De retour dans la Nouvelle-Zélande il convoqua, en 1857, une assemblée de l'Église anglicane. « Le public, assure le docteur Thomson, ne prit aucun intérêt à ses délibérations ; » et M. Fuller relate en 1859, ce fait curieux. Dans la province de Cantorbéry, on avait réservé dès l'origine, le tiers des fonds provenant de la vente des terrains au service de l'Église anglicane ; « les colons annulèrent ce règlement et décrétèrent qu'à l'avenir, les fonds seraient répartis entre les ministres des différentes sectes[3]. » Cette mesure doit être attribuée à leur peu d'estime pour les doctrines du puzéysme, patronnées par le docteur Selwyn[4]. M. Cholmondeley ne craint pas d'af-

---

[1] Père Ricci, *Lettres édifiantes*.
[2] Thomson, vol. II, p. 264.
[3] *Five Years' Residence in New Zealand*, par Francis Fuller, ch. 1, p. 17-21. (1859).
[4] Voir *Description of the Province of Canterbury*, par S. Hodgkinson, p. 15 (1858).

Il commençait un voyage, pas plus difficile que ceux entrepris tous les jours par les hommes ordinaires pour leurs affaires ou leurs plaisirs, mais il avait laissé sa famille. Un sentiment de découragement s'empara de lui, et il nous raconte à quelle source il puisa la force et le courage. « Je me consolai, dit-il, avec une lettre de madame Selwyn me donnant d'excellentes nouvelles d'elle-même et de William ; ce qui me donna du cœur[1]. » Nous admettons parfaitement qu'un tel sentiment soit très-convenable dans la bouche d'un évêque protestant ; mais si nous voulons comprendre tout ce qu'implique un pareil langage, essayons de nous représenter saint André ou saint Barthélemi, ou même le plus obscur missionnaire catholique du dix-neuvième siècle, écrivant gravement que, lui envoyé du Très-Haut, il se redonna du cœur en recevant de bonnes nouvelles de sa femme et de ses enfants.

« Comment prêcherons-nous au monde le détachement et le mépris des choses terrestres ? disait le grand apôtre de la Chine dans un traité d'une éloquence et d'une force incomparables adressé aux *lettrés* de ce pays, si nous ne luttons pas contre l'avidité par la sainte pauvreté, et contre la volupté par la chasteté. Nous abandonnons librement ce qui est à nous, afin d'enseigner au monde à ne pas convoiter ce qui appartient aux autres ; nous nous abstenons du mariage légitime, pour prémunir le monde contre les plaisirs défendus. Il ne manquera jamais de pères de famille pour donner l'exemple des vertus domestiques, et cependant beaucoup de ceux-ci sont plus occupés à détruire la religion qu'à la répandre. Nous ne respectons pas l'homme pour ce qu'il a de commun avec les brutes. Tendre à la perfection est sa véritable destinée. L'homme peut plus sûrement se passer de pain que de justice, et le monde vaudrait mieux sans habitants que sans religion. L'importance de la religion est donc un motif suffisant pour quelques hommes de négliger le mariage. Mais le mariage est-il si important, que nous devions pour lui négliger la religion ? La mort elle-même ne doit pas nous empêcher de suivre la volonté divine ; pourquoi donc, la nécessité de renoncer au mariage nous en empêcherait-elle ? Notre devoir est de prêcher la foi par toute la terre. Si nous échouons à l'est, nous nous portons vers l'ouest ; si on refuse de nous entendre dans le midi, nous tournons vers le nord. Nous ne sommes pas fixés à un lieu, mais le mariage lie un homme et l'attache à sa famille. Les personnes mariées ne peuvent plus se séparer.... Les membres de mon ordre sont prêts, au

---

[1] *Church in the Colonies*, nº VIII, p. 17.

rent qu'un pareil adversaire ne leur ferait pas grand mal. Les ministres de l'Église anglicane sont toujours les mêmes ; ils sont si tolérants avec l'erreur qu'ils condamnent officiellement, qu'après avoir prêché, comme le docteur Selwyn, contre « l'énormité du schisme, » ils finissent toujours comme lui par « éprouver beaucoup de plaisir » en s'agenouillant avec des schismatiques.

Ce fut peut-être pour faire l'apologie de sa conduite dans la colonie, que le docteur Selwyn, prêchant plus tard devant l'université d'Oxford, s'exprima en ces termes : « L'indigène aux yeux perçants reconnaît bien vite une différence dans l'enseignement; et ainsi, la religion enfante la discorde au lieu de l'harmonie et de la paix. Avant tout, ajouta-t-il, il est de notre devoir de ne pas leur infliger les malédictions de nos divisions mutuelles, depuis que nous faisons, dans chacune des îles de l'Océanie, la contre-partie de notre Église divisée et contentieuse. » Pour cette raison il était nécessaire d'affecter une union qui n'existe pas, afin de tromper les indigènes, en trahissant des vérités d'un ordre aussi élevé, et en accordant aux wesleyens et aux indépendants le titre de « nourrices fidèles. » Ses collègues, aux Antipodes, ont bien soin de l'imiter. « Le vénérable évêque anglican de Melbourne, dit le révérend M. Young, affirmait en public que le méthodisme wesleyen est particulièrement adapté aux populations de ce continent[1]. » L'évêque Selwyn se contenta de reconnaître que les ministres wesleyens étaient peut-être aussi bons que lui ; l'évêque de Melbourne affirma publiquement qu'ils étaient beaucoup meilleurs.

Son insuccès auprès des païens comme auprès de ses ouailles ne nous étonnera pas. M. Fox nous dit, en citant ses paroles : « L'évêque Selwyn se plaint que les missionnaires n'ont aucune prise sur l'esprit des indigènes[2]. » Le docteur nous parle d'un chef orgueilleux qui voulait un jour réciter les prières dans l'église au moment où l'évêque montait en chaire ; il avoue que cette prétention était absurde, mais on ne devait pas offenser le chef indocile. Nulle anecdote semblable ne se trouve dans les annales des missions catholiques ; le converti d'aujourd'hui, hier païen, a déjà compris que la religion a ses sanctuaires qu'il n'est pas permis de profaner.

Puisque nous parlons du docteur Selwyn, comme missionnaire, sans nous occuper des qualités de l'homme privé que ses amis admirent avec justice, nous ne pouvons pas omettre le fait suivant.

---

[1] Rév. R. Young, *The Southern World*, ch. XIII, p. 402.
[2] *The six Colonies*, p. 59.

l'Église anglicane occupé principalement à faire fortune, et se souciant fort peu des principes de la « haute Église, » ne se distinguait que par son opulence, des wesleyens, des indépendants ou des presbytériens. Les diverses sectes vivaient en harmonie, et étaient trop absorbées par des intérêts plus pressants, qui ne leur permettaient pas de se quereller sur des distinctions ecclésiastiques. Le docteur Selwyn avait des idées plus élevées. Il ordonna à son clergé de faire savoir aux indigènes, pour la première fois, que les wesleyens n'avaient ni ordre ni mission. Mais les wesleyens refusaient de quitter un champ qu'ils avaient cultivé pendant un quart de siècle, et répondaient comme il suit au docteur Selwyn.

« Pendant plus de vingt ans, disait M. Turton représentant officiel des wesleyens, votre clergé a toujours agi avec nous ; ou il avait tort alors, ou bien vous avez tort maintenant ; à moins que l'Église d'Angleterre n'ait le privilége de changer ses principes tous les vingt ans. » Ensuite M. Turton parla de l'effet probable de cette controverse sur les indigènes. « Ils sont sagaces, et nous demanderont pourquoi ils entendent parler pour la première fois de cette Église schismatique. Est-ce une nouvelle Église anglicane qui vient d'être fondée parmi nous ? diront-ils. Que fait ce nouvel évêque qui attendit vingt ans avant de nous avertir de ces dangers[1] ? »

Le docteur Selwyn était trop intelligent pour ne pas comprendre que les wesleyens allaient avoir le dessus. Il abandonna sans hésitation les principes de la haute Église et se conforma aux usages adoptés par son clergé. Malgré notre expérience sur la manière dont l'Église anglicane trahit toujours les vérités qu'elle affecte d'enseigner, ce n'est pas sans étonnement que nous lisons les paroles suivantes du docteur Selwyn : « Les missionnaires wesleyens m'accueillent avec beaucoup d'amitié et d'hospitalité. Toutes nos dissidences semblent oubliées en présence de la conversion des païens.... Il importait peu que ces petits enfants fussent nourris par leur propre mère ou par d'autres nourrices fidèles[2]. »

Ce champion de la haute Église voyait des « nourrices fidèles » partout. « Je puis avouer, dit-il écrivant d'un autre endroit, le plaisir que j'ai éprouvé en m'agenouillant dans la maison du missionnaire résident, ministre je crois, de la *persuasion indépendante*[3]. » Il serait inutile de reproduire les passages semblables du journal du docteur Selwyn. Les wesleyens et les indépendants compri-

---
[1] Voir l'appendice de Brown, p. 259.
[2] *The Melanesian Mission*, lettre J, p. 17.
[3] *Ibid.*, p. 25.

présenter aux païens le christianisme comme le symbole du désordre, dépouiller le sauvage des nouvelles vertus qu'il était prêt à acquérir et faire revivre les anciennes inimitiés qu'il se disposait à oublier, voilà la mission que l'Angleterre protestante a choisie.

« Vous autres Européens, disait un chef puissant, vous n'êtes pas même d'accord entre vous, pour savoir quelle est la vraie religion. Quand vous aurez cessé de disputer pour savoir le chemin qu'il faut prendre, il peut se faire que je me décide à l'adopter[1]. » « S'il n'y avait eu qu'une croyance et qu'un clergé, atteste le colonel Mundy, on ne peut douter que le succès des missions chrétiennes eût été beaucoup plus grand et peut-être littéralement universel dans toute la population de ces îles. » Le Maori observateur ne peut s'aveugler sur des séparations aussi vives et aussi profondes, ni rester sourd à la violence et à l'animosité des sectaires. « Ils disent, s'écrie un missionnaire protestant, et ils ont raison de le dire, que le paganisme avec la charité vaut mieux que le christianisme sans elle[2]. »

LE DOCTEUR SELWYN.

Il nous reste à parler des efforts d'un homme dont il serait inconvenant de confondre le nom avec celui de ses prédécesseurs et de ses collègues. Les Anglais le citent avec raison comme un des membres les plus honorables de leur Église. Ayant choisi la carrière ecclésiastique, cet homme distingué devint naturellement évêque. On l'envoya dans la Nouvelle-Zélande et il fut le premier à introduire dans une colonie anglaise les doctrines du puséyisme.

« Il ne se contentait pas, rapporte un membre du conseil colonial, que nous avons déjà cité, de prêcher les doctrines du christianisme, mais il faisait la guerre à ses collaborateurs, en déclarant leur enseignement vicié. » Or, les anglicans et les wesleyens avaient travaillé de concert pendant un quart de siècle, et ces reproches tardifs provoquaient ces deux réponses : « D'abord qu'il venait trop tard, et ensuite qu'il condamnait sa propre Église et sa capricieuse inconséquence plus sévèrement que celle des wesleyens, qui avaient au moins l'avantage de dire toujours la même chose. »

Avant l'arrivée du docteur Selwyn dans la colonie, le clergé de

---

[1] *New Zealand*, par William Swainson, avocat général de Sa Majesté. 1856.
[2] M. Turton, cité dans l'appendice de M. Brown, p. 268.

« Il n'y a pas lieu de nous étonner, dit l'évêque protestant de la Nouvelle-Zélande, des controverses qui règnent avec fureur en Angleterre, quand, dans les parties les plus reculées de cet empire, le même esprit prévaut partout jusqu'à l'entière exclusion de toute simplicité dans la foi[1]. »

« La contention, l'animosité, la méfiance et l'intolérance, affirme le révérend M. Hoole, ne sont que les traits extérieurs de notre peuple divisé. L'esprit du christianisme se perd dans la forme, et cette forme elle-même est devenue le sujet de disputes incessantes très-vives[2]. »

Jadis ces peuples se faisaient la guerre entre tribus ; retenus par la main du gouvernement ils déploient leur férocité dans les sectes. « Des tribus héréditairement hostiles, rapporte le docteur Thomson, adoptaient par jalousie différentes croyances, et s'injuriaient les unes les autres pour des opinions religieuses qu'elles ne comprenaient pas et dont elles méprisaient les préceptes. »

« Très-souvent les wesleyens et les épiscopaux se tiraient des coups de fusil et s'entretuaient, » nous dit M. Polack. « Toute la population, ajoute M. Wakefield, était dans l'état le plus repoussant et le plus pitoyable. Ils étaient tous « missionnaires » mais séparés en sectes. Les divisions les plus profondes se produisaient chaque jour entre parents les plus proches. »

« Les indigènes ont abandonné leurs anciennes animosités pour en adopter de nouvelles. A moins de remédier aux progrès de ces luttes, tout le bien au pouvoir des missionnaires sera bientôt réduit à rien en comparaison du mal qui l'accompagne[3], » déclare M. Brown.

Enfin, le révérend M. Turton, missionnaire wesleyen, complète ce récit en ces termes : « Nous avons le triste spectacle d'un père et d'un fils, d'une mère et d'une fille se haïssant d'une haine mutuelle. Dans certains cas ils se divisent en *pas* séparés, dans d'autres par sections différentes du même *pas*. Dans un village à huit milles de l'établissement, l'esprit de parti s'est élevé à un tel point entre proches parents, qu'un de ces *pas* a construit une palissade à travers le Kainga, et l'a doublée avec une épaisse couche de fougère, non pour servir d'abatvent ou d'abri, mais, nous dit-il, afin qu'un parti ne puisse pas même regarder l'autre[4]. »

[1] *Church in the Colonies*, n° VIII, p. 25.
[2] *Year Book of Missions*, p. 219, 222.
[3] Nous supprimons, avec l'agrément de l'auteur, plusieurs témoignages du même genre ; ils fournissent des détails déplorables que nous pouvons supposer.
(*N. du trad.*).
[4] Cité par M. Brown, *New Zealand*; app., p. 261.

rement à leurs anciennes divinités... L'œuvre du christianisme dans la Nouvelle-Zélande est à peine commencé. »

Dans la même année, un document officiel fut imprimé par l'ordre du gouvernement colonial. On y cite plusieurs colons et missionnaires interrogés par une commission pour savoir l'état actuel des indigènes. « A mon avis, disait M. Fenton chargé de réunir les témoignages, la condition sociale des Maoris est inférieure à ce qu'elle était il y a cinq ans. Leurs maisons sont dans un plus mauvais état, leurs cultures plus négligées, leur manière de vivre n'est pas améliorée. La pauvreté du peuple est généralement extrême. Nous avons raison de craindre que rien ne puisse sauver une population atteinte d'un pareil état de décrépitude. »

M. Halse rapporte à la commission que l'ivrognerie augmente « dans les deux sexes, qui ont recours à tous les moyens pour se procurer des liqueurs fortes. »

Les missionnaires avouent à la même occasion que « la cause principale de la dépopulation est le désordre extérieur et intérieur dans toutes leurs pensées, leurs paroles et leurs actions. » Le document que nous citons a été imprimé par le gouvernement à Auckland, et nous force à croire que l'œuvre de la conversion à peine commencée, selon le docteur Thomson, sera enfin terminée quand il n'y aura plus au monde un seul Zélandais, et que le paganisme aura disparu quand le dernier païen sera mis au tombeau.

EFFETS DE LA RIVALITÉ ENTRE LES SECTES.

Nous avons vu ce que le protestantisme a fait pour la plus noble race de barbares. Anéantir leurs vertus naturelles pour y substituer des vices inconnus; leur apprendre que la religion chrétienne avait si peu de valeur que ses ministres même pouvaient être des types de luxe et d'égoïsme; les priver de leurs terres et de ses produits, la Bible d'une main et un contrat frauduleux de l'autre; voilà selon l'aveu de leurs associés l'œuvre des missionnaires protestants dans la Nouvelle-Zélande.

Il y avait encore un autre mal, qui a rendu l'Angleterre la honte de la chrétienté et qu'elle a transplanté dans sa colonie la plus éloignée : don fatal, sujet d'effroi même pour les païens, s'ils en avaient prévu les suites. Après de longs siècles d'impénitence, le protestantisme avec ses dissensions est le dernier châtiment infligé au paganisme.

signer les fonctions de ministre et ne pas souiller doublement son âme et son corps, en faisant tomber le mépris sur la cause des missions et en se montrant aux païens comme un dérisoire interprète de la parole de Dieu. Au lieu d'avoir amélioré le caractère indigène, les missionnaires ont ajouté à leurs autres mauvaises qualités l'hypocrisie la plus noire[1]. »

En 1855, une dame anglaise, comme il n'en existe qu'en Angleterre et en Amérique, fit paraître un livre qu'elle intitula : « L'Évangile dans la Nouvelle-Zélande. » Si les indigènes se moquent des missionnaires qu'elle dépeint comme rivaux pour le moins des premiers apôtres, elle les appelle « des barbares dont l'extermination est bien plus à désirer que la conversion. » Sentiment dans lequel le zèle paraît triompher de la charité. Malgré son désir de représenter ses amis les missionnaires comme au-dessus des mortels, elle ne fait qu'un triste tableau de leurs succès, et termine ses lamentations en disant : « Les dangers du papisme s'ajoutent à ceux de l'esprit du monde ! Les efforts que fait cette religion fausse sont incessants ; et quoique dans les districts qui ont joui longtemps de la prédication Évangélique, ils n'aient pas encore obtenu beaucoup d'effets durables, » — nous verrons bientôt ce qu'il faut en croire, — « dans d'autres districts ils n'ont eu que trop de succès, et causent à nos missionnaires beaucoup d'anxiété[2]. »

En 1857, M. Paul résume très-bien l'histoire du protestantisme dans la Nouvelle-Zélande, par l'annonce habituelle que les Nouveaux-Zélandais diminuent chaque année ; il se risque à prophétiser que le résultat final de la domination anglaise sera « leur extinction presque totale sinon complète. » « Nous avons implanté l'Angleterre dans la Nouvelle-Zélande, dit un législateur anglais, dans un débat récent à la Chambre des communes ; l'Anglais détruira le Maori ; et plus tôt le Maori sera détruit, mieux cela vaudra[3]. »

En 1859, le docteur Thomson, dont les sympathies étaient acquises aux missionnaires protestants, décrit ainsi le résultat final de leurs travaux d'un demi-siècle. « Plus du tiers de la population survivante est encore païen. » Quant aux prétendus chrétiens : « La religion de beaucoup d'entre eux est un grossier mélange de paganisme et de christianisme. Les missionnaires nieront ce fait ; mais les indigènes chrétiens quand ils sont malades s'adressent ordinai-

---

[1] *Rovings in the Pacific*, vol. I, ch. ix, p. 225.
[2] *The Gospel in New Zealand*, par miss Tucker, ch. x, p. 117 ; ch. xx, p. 255.
[3] *The Times*, March 14, 1862.

M. Shortland, en 1851, nous déclare que les indigènes les plus instruits employés comme prédicants auxiliaires se faisaient un revenu considérable en imposant des taxes aux naturels que leur confiaient les missionnaires.

La même année, M. Fox nous donne plusieurs exemples du caractère réel des naturels convertis. « Voici, dit-il, comment un ministre intelligent nous dépeint un des plus remarquables de ses prosélytes, Rauperaha. Il répétait chaque matin, à sa place accoutumée, ces bienheureuses vérités qui lui enseignaient à aimer le Seigneur de tout son cœur. » Nous pouvons nous figurer la sensation que ce charmant tableau devait produire à une réunion pour les missions en Angleterre, et les dons nombreux qu'il ne pouvait manquer de faire naître. Par malheur, cependant, les vertus de cet éminent converti n'existaient que dans l'imagination du « ministre intelligent. » « Peu de jours avant sa mort, nous raconte M. Fox, deux colons allèrent le voir. Pendant leur visite, un missionnaire voisin entra et lui offrit les consolations de la religion ; Rauperaha se conduisit dans cette circonstance de la manière la plus convenable. Mais dès que le missionnaire fut parti, il se retourna vers ses autres visiteurs et leur dit : À quoi bon toutes ces bêtises, ça ne nous fera pas de bien au ventre ; et il mit la conversation sur les courses de Wanganui, où un de ses hôtes avait fait courir un cheval[1]. »

Le capitaine Cruise raconte une histoire semblable du chef Tooi qui avait été longtemps en Angleterre, où on l'exhibait comme un converti modèle[2], et M. Hursthouse nous apprend que son coreligionnaire Rauperaha avait coutume de dire du capitaine Fitzroy, le gouverneur aussi facilement trompé que l'intelligent *clergyman* : « Il est mou, il est comme une citrouille. »

M. Fox termine ses observations par ces paroles remarquables : « On m'a souvent demandé quel a été l'effet de l'influence des missionnaires ; ma réponse a été : Jusqu'à un certain point favorable, au delà nuisible à un très-haut degré. »

Notre dernier témoin de cette année est un négociant qui dépeint ainsi les missionnaires : « Il faut que le monde sache, qu'il y eut autant de loups que de pasteurs dans le bercail. J'estime et je révère les hommes intègres qui agissent selon leur profession ; je sais qu'aucun mortel n'est impeccable ; mais quand on se trouve dans l'impuissance de réprimer ses passions sensuelles, il faut ré-

---

[1] *The Six Colonies*, p. 73.
[2] Capitaine Cruise's *Journal*, p. 38.

beaucoup de l'influence limitée qu'elle s'était acquise avant l'année 1840. » Jusqu'ici, les protestants n'avaient eu que des amis pour témoins; ils allaient perdre cet avantage pour toujours. « Les catholiques romains, ajoute-t-il, sont entrés dans le champ qui, jusqu'en 1838, était exclusivement protestant[1]. »

En 1847, M. Angas, ami du docteur Dieffenbach, signale encore la force des anciennes superstitions et rapporte « que les indigènes qui ont embrassé le christianisme sont soumis à leurs influences, particulièrement à la terreur de la sorcellerie[2]. »

En 1849, car on doit poursuivre une telle histoire jusqu'au bout, un officier anglais visita la Nouvelle-Zélande ; il fut étonné de se trouver en lutte avec les indigènes protestants, dont il ne connaissait sans doute que les descriptions fleuries des missionnaires, et fait ces réflexions : « Il me semble inexplicable, cependant il faut l'admettre, que presque tous les indigènes qui prirent le parti de John Heki contre le gouvernement dans la Baie des Iles, *étaient protestants*[3]. »

Quatorze ans plus tard, un autre officier distingué remarque avec la même surprise que Wiremeu, chef des rebelles dans la guerre actuelle (1864), « fut élevé par les missionnaires anglicans et se distingua par son intelligence et son désir de s'instruire[4]. »

Heki lui-même était un remarquable spécimen d'une conversion protestante. Cet homme avait aussi été élevé par les missionnaires, atteste le docteur Thomson, et avait acquis une connaissance profonde de la Bible. « Il avait été baptisé en présence de résidents anglais, et les larmes qu'il répandit à cette occasion montrèrent combien il sentait vivement la grandeur de ce sacrement. » Quel fut l'effet du protestantisme sur ce noble sauvage, « dont l'esprit était de ceux que l'on trouve au premier rang du développement intellectuel ? » Voici la réponse : « Il retomba dans le paganisme et prit goût aux disputes religieuses. Il argumenta contre les vérités de l'Écriture et battit les chrétiens avec leurs propres armes. » La forme de christianisme, qu'on lui avait présenté, avec ses divisions, en fut cause ; il l'appréciait ainsi par son dicton favori : « une ruche est très-bonne, plusieurs sont importunes[5]. »

---

[1] *Remarks on New Zealand in* 1846, par Robert Fitzroy, ch. VII, p. 64.
[2] *Savage Life*, vol. I, ch. IX, p. 331.
[3] *Reminiscences of Twelve Months' Service in New Zealand*, par le lieutenant Mac-Killop, p. 86.
[4] *Incidents of the Maori War*, par le colonel sir James Alexander, ch. XI, p. 226.
[5] Dr. Thomson, vol. II, p. 96.

celui qu'un nombre égal de colons respectables aurait fait ; seulement les colons auraient enseigné aux indigènes beaucoup d'arts utiles et introduit l'industrie parmi eux, ce que n'ont pas fait les missionnaires. Beaucoup de ce que ces derniers ont essayé d'apprendre aux Nouveaux-Zélandais est loin d'avoir produit un bon effet[1]. »

En 1843, M. King, missionnaire plus candide que les autres, nous dit : « Le nombre des indigènes recevant l'instruction chrétienne est très-grand, mais le nombre des vrais chrétiens est très-petit[2]. »

L'année 1845 fournit plusieurs témoignages. Le chef de l'escadre américaine Wilkes, qui commanda l'expédition d'exploration des États-Unis, raconte que les missionnaires de l'Église anglicane « semblent se tenir à l'écart des indigènes ; la roideur et l'orgueil paraît les dominer ; ils semblent faire peu de choses pour les conversions[3]. » M. Brown, membre du conseil législatif, assure que « les ministres anglicans n'ont pas trouvé accès au cœur des indigènes et ne sont pas respectés comme ils devraient l'être. » M. Wakefield confirme les mêmes faits. « A Wellington, comme à Wanganui et autres endroits où il n'y avait pas de colons blancs, le seul résultat paraissait être une adhésion stricte et rigide aux formes extérieures du christianisme ; mais on ne doutait pas que les conversions s'arrêtaient à la surface. *Ils étaient évidemment inférieurs dans leur caractère moral aux indigènes païens qui demeuraient attachés à leurs anciennes coutumes*[4]. »

Dans la même année, un autre témoin écrit de Wanganui : « Je déclare être convaincu que les missionnaires ont fait très-peu, si même ils ont rien fait, pour l'amélioration de la condition civile ou morale des Maoris. » Il ajoute comme M. Wakefield, en s'appuyant sur le sentiment universel des colons, que « tout le monde avait beaucoup plus de confiance dans les païens que dans les prétendus chrétiens[5]. » Un autre, écrivant du même endroit, juge ainsi les convertis protestants : « En général, ils se distinguent des indigènes païens comme fripons, voleurs et menteurs[6]. »

En 1846, M. Fitzroy, ami et compagnon des missionnaires, fait un rapport encore plus défavorable. « La religion, dit-il, a perdu

---

[1] *Travels*, vol. I, ch. vii, p. 110.
[2] *Polynesia and New Zealand*, par le très-Rév. M. Russell, ch. x, p. 564, 2ᵉ édit.
[3] *United States Exploring Expedition*, par Charles Wilkes, vol. III, ch. xii, p. 400, 491.
[4] *Adventure*, etc., vol. II, ch. i, p. 11.
[5] *Letters from Wanganui*, p. 8.
[6] *Ibid.*, p. 35.

l'Église anglicane, dont les opérations commerciales dans les vivres ont déjà été indiquées. Voici une conversation tenue et rapportée par lui avec un de ses convertis.

M. YATE : « A quoi le cœur nouveau ressemble-t-il ? » — RÉP. : « Au vôtre ; il est très-bon. »

M. YATE : « En quoi consiste sa bonté ? » — RÉP. : « Il est tout à fait bon ; il me dit de me coucher et de dormir tout le dimanche, et de ne pas aller me battre. »

M. YATE : « Quand avez-vous prié pour la dernière fois ? » — RÉP. : « Ce matin. »

M. YATE : « Pourquoi avez-vous prié ? » — « RÉP. : « J'ai dit : ô Jésus-Christ, donne-moi une couverture de laine, afin que je croye[1]. »

Ce but des prières semble avoir été général chez les protestants nouveaux zélandais. Voici une lettre que M. Yate reçut d'un de ses néophytes, et son livre renferme de semblables spécimens de leur style épistolaire. « M. Yate, comment vous portez-vous ? Malade est mon cœur pour une couverture de laine. Oui, avez-vous oublié les petits cochons que je vous donnai l'été dernier. Ma pipe est éteinte, et je n'ai pas de tabac pour la remplir ; où aurais-je du tabac ? Rappelez-vous les cochons que je vous ai donnés ; vous ne m'avez rien donné pour eux. Je vous ai nourri avec des cochons de lait ; c'est pourquoi je dis : ne m'oubliez pas[2]. » M. Yate était évidemment condamné à se voir rappeler un animal avec lequel sa carrière de missionnaire ne l'avait que trop mis en rapport.

En 1840, M. Polack nous assure qu'après des efforts de vingt-six ans leurs essais pour communiquer une connaissance réelle de la religion chrétienne ont échoué complètement.[3]

En 1841, M. Bright observe que « le peu de prise qu'a la religion sur les naturels est fréquemment attestée par leurs égarements dans les tentations ordinaires[4]. » « Je dirais que plus d'un quart de la population indigène peut lire et écrire sa propre langue, et qu'elle a le sens des obligations morales. Mais je ne peux lui accorder davantage, et je doute que la piété soit entrée dans leurs âmes. »

En 1842, M. Heaphy, qui avait visité les différentes provinces de la Nouvelle-Zélande, raconte ainsi les résultats de ses observations : « J'estime que le bien produit par les missionnaires ne diffère pas de

[1] *Account of New Zealand*, ch. v, p. 222.
[2] P. 271.
[3] *Manners and Customs*, etc., vol. II, ch. xxii, p. 255.
[4] *A History of New Zealand*, par John Bright, M. R. C. S., ch. i, p. 127.

ment est-il possible, demande un autre écrivain protestant, que leur avarice soit réprimée, quand ils voient ceux *qui sont venus prêcher l'Évangile* s'emparer ouvertement de grandes propriétés, ou se déshonorer par le vice[1] ? »

Il paraît aussi qu'ils avaient déjà appris à citer la Bible protestante pour défendre leur avidité et leur impureté. M. Fox en donne des exemples, tels que les suivants : « Un d'entre eux, à qui le gouverneur reprochait d'avoir vendu le même terrain trois ou quatre fois à différentes personnes, se justifiait en citant ces paroles de saint Pierre à Ananie : Après que tu l'avais vendu, ne t'appartenait-il pas encore! Et un indigène intelligent, à qui je démontrais qu'il était inconvenant d'avoir trois femmes, répondit : Oh! qu'est-ce que cela fait, c'est tout comme Salomon! » Un abus beaucoup plus sérieux des Écritures eut lieu durant la dernière guerre, alors qu'ils déchirèrent leurs Bibles pour bourrer leurs fusils[2]. Même les prédicants indigènes, que les missionnaires avaient envoyés dans l'intérieur pour les représenter, et qui étaient naturellement la fleur de leurs « convertis, » se firent un revenu très-considérable, nous dit M. Shortland, sous la forme de pots de fer, de couvertures de laine et d'armes à feu qu'ils prirent comme honoraires des cérémonies de mariage, d'enterrement, etc.[3].

Ajoutons seulement le témoignage de M. Wakefield, écrivain plus à même que tout autre de juger le caractère des indigènes et les effets des missions protestantes, à cause de sa position dans cette colonie. « La remarque la plus désagréable et la plus attristante que je fis, dit-il, fut que les indigènes semblent avoir complétement abandonné leur belle et primitive hospitalité, ce grand trait du caractère des naturels *païens* les plus féroces et les plus intraitables, qu'aucune influence n'a encore pu améliorer ou arracher aux coutumes de leurs pères. »

LES PRÉTENDUS CONVERTIS.

Voyons par des exemples quelle est la nature de la religion que les indigènes ont été amenés à professer, et jusqu'à quel point elle ressemble au christianisme.

En l'année 1835 nous trouvons un M. Yate, missionnaire de

---

[1] *Lettres de Wanganui.* p. 59 (1845).
[2] *The Six Colonies of New Zealand,* par William Fox. p. 82 (1851).
[3] *The Southern Districts of New Zealand,* par Edward Shortland, M. A., p. 268 (1851).

y a une nouvelle mission à ouvrir, le gouverneur ne dédaigne pas d'accompagner en personne le missionnaire, et de le conduire à son poste, entouré de toute la pompe que lui permet son pouvoir quasi royal[1]; et ainsi il avertit clairement les indigènes que le pouvoir auquel ils ne doivent jamais plus espérer de résister, et duquel seul ils peuvent désormais attendre grâce et faveur, est assuré, d'une manière stable, à leurs maîtres protestants. C'est d'eux qu'ils doivent attendre la prospérité, l'instruction dans les arts domestiques, et même le travail quotidien.

M. Wakefield fait ainsi la description des agents choisis parmi les indigènes pour être catéchistes « ou prédicateurs assistants. » « Les principaux prédicants, sous les missionnaires, sont presque toujours en même temps leurs domestiques ; ils cirent leurs souliers, nettoient leurs fenêtres, font leurs lits, pansent leurs chevaux, font leur dîner. » Nous ne pouvons être surpris que des barbares dont la finesse est reconnue, et qui ont des occasions de l'exercer chaque jour, réfléchissent sérieusement sur les amples ressources dont leurs maîtres disposent. Ils peuvent ignorer l'exact revenu annuel des différentes sociétés de missions, mais ils ont découvert qu'il est assez grand pour justifier leurs calculs; que même la vie large des missionnaires ne l'épuiserait pas entièrement, et qu'un surplus considérable pourrait s'appliquer à leurs propres besoins.

Les indigènes avaient donc des motifs nombreux de s'allier aux ministres protestants. Ils voyaient clairement qu'ils avaient tout à gagner et rien à perdre par une profession extérieure de protestantisme ; des considérations intéressées vainquirent chez le plus grand nombre la répugnance que leur avait inspirée l'avarice des missionnaires. « On soupçonna, comme l'observe le docteur Dieffenbach, que les ministres ne cherchaient à les convertir qu'en vue de leur propre agrandissement[2]; » mais si les indigènes pouvaient partager les bénéfices d'un commerce plus actif, ils faisaient bon marché des défauts de leurs maîtres et tâchaient même de les imiter de leur mieux : ce en quoi, tous les témoins l'affirment, ils réussissent entièrement.

« Ils sont devenus avides, soupçonneux et misérables, » assure le docteur Dieffenbach, l'ami et l'associé des missionnaires protestants. « Au lieu de se divertir comme autrefois avec le chant et la danse joyeuse, observe M. Brown, ils sont absorbés dans la pensée de savoir quel sera le prochain marché avec les Européens. » « Com-

---

[1] Voir sir George Grey's *Overland Expedition from Auckland to Taranaki*, 1850.
[2] *Travels*, etc., vol. I, ch. VIII, p. 169.

TRAVAUX DES MISSIONNAIRES PROTESTANTS.

Il est incontestable qu'un nombre considérable d'indigènes ont été amenés, comme les Cyngalais pendant l'occupation hollandaise, à professer un christianisme nominal. Des motifs irrésistibles se sont réunis pour les faire adhérer, en apparence, à la religion de leurs maîtres. Ils leur doivent la connaissance de beaucoup d'arts européens tendant à augmenter leur bien-être, et « leur belle intelligence les rend capables de comprendre la valeur des arts industriels[1]. » Ils leur doivent de connaître le prix de la terre et de ses produits, dont ils comprirent bien vite que les étrangers seraient les meilleurs acquéreurs. « Le succès des missionnaires dans la Nouvelle-Zélande, remarque M. Brown, est dû principalement, non pas au désir de l'instruction religieuse de la part des indigènes, mais à l'espérance de vendre leurs terrains, de bâtir des maisons, ou de se livrer au négoce. »

Beaucoup d'autres écrivains ont fait la même observation. « Les motifs d'utilité, déclare le colonel Mundy, ont été certainement des auxiliaires très-puissants à leur acceptation de la foi chrétienne[2]. » D'après M. Carne Bidwill, « la plus grande partie des soi-disant chrétiens ne se sont convertis que pour jouir de la vie aisée qu'ils trouvaient dans les missions[3]. » « Ils semblent peu comprendre, et se soucier encore moins, des principes de la foi chrétienne, assure un autre témoin indépendant, mais ils apprécient les nombreux arts utiles que les missionnaires peuvent leur apprendre, et ils comprennent facilement qu'il est de bonne politique de les supporter et de les encourager[4]. » « Tous regardent le missionnaire et ses biens comme leur propriété[5], » dit le docteur Thomson.

Il est donc évident que, loin de rencontrer ces premières difficultés qui arrêtent ordinairement le progrès des missions dans les terres païennes, tout, dans la Nouvelle-Zélande, tendait à les favoriser; de sorte que M. Brown reproche aux missionnaires, avec quelque apparence de raison, d'avoir à « s'en prendre à eux-mêmes si le succès n'a pas été beaucoup plus grand. » On mit à leur disposition tous les moyens humains qui pouvaient les faciliter. S'il

---

[1] Brown's *New Zealand*, ch. II, p. 60.
[2] *Australasian Colonies*, vol. II, ch. IV, p. 135.
[3] *Rambles in New Zealand*, p. 136.
[4] *Rovings in the Pacific*, par un négociant de Tahiti, vol. I, ch. IX, p. 227.
[5] *Journal of the Royal Geographical Society*, vol. I, p. 516.

propriétés achetées aux indigènes[1]. Plusieurs de ceux qui essayaient d'égaler leurs prédécesseurs furent brusquement interrompus dans leurs rêves de richesses, et obligés même d'abandonner la proie qu'ils croyaient s'être assurée. « Un grand nombre de contrats, dit M. Chamerovzow, quoique dans ses reproches il comprenne les colons aussi bien que les missionnaires, ont été déclarés non valides par le gouvernement local, les possesseurs indigènes y ayant renoncé pour cause de compensation insuffisante, de tromperie ou de fraude actuelle[2]. » « Les missionnaires de l'Église anglicane, dit un écrivain en 1860, — car c'est un fait remarquable des missions protestantes, comme nous avons vu aux Indes et en Chine, que leurs *derniers* historiens se permettent autant de reproches que les premiers — réclamèrent deux cent seize mille arpents de terre; » et les artifices par lesquels les missionnaires se les sont appropriés sont assez révélés par le fait que la dernière décision juridique les oblige à en résigner cent cinquante mille !

L'archidiacre Henri Williams et quelques autres furent enfin avertis que le public anglais ne voulait plus tolérer leurs manières d'agir ; « qu'ils devaient ou abandonner leurs immenses propriétés, ou quitter la mission. » L'archidiacre choisit ce dernier parti. Après avoir été suspendu pendant cinq ans, sa charge lui fut rendue, et il devint une fois de plus un guide pour les païens et un ornement de l'Église anglicane dans la Nouvelle-Zélande.

Les missionnaires n'eurent désormais d'autre alternative que de se contenter de leurs appointements, ou de faire des opérations commerciales par l'entremise d'autres personnes. Mais les sociétés en Angleterre leur avaient préparé au moins une compensation partielle, en décidant que le traitement de leurs agents varierait selon le nombre de leurs enfants. Nous apprenons du docteur Dieffenbach, que le tarif des récompenses accordées aux missionnaires était ainsi fixé : « Quand on traita au comité de la société de Londres la question de pourvoir les enfants, on regarda comme appointement convenable deux cents arpents par enfant. » Il ajoute que « dix arpents de terre labourable doivent être regardés comme suffisants pour tous les besoins d'un individu. » Mais nous avons vu que les revenus des sociétés de missions sont grands, et la bienveillance de leurs souscripteurs inépuisable[3].

---

[1] *Remarks on the Past and Present state of New Zealand*, par Walter Brodie, p. 52 (1845).

[2] *The New Zealand Question*, par Louis Chamerovzow, ch 1, p. 4.

[3] De la même manière « les chapelains de la Nouvelle-Galles du Sud furent gratifiés de mille six cents acres *par enfant.* » (*Excursion in New Zealand*, p. 50.)

parler ainsi d'hommes qu'il désirait louer : « Les missionnaires de l'Église dans la Baie-des-Iles possèdent, dans ces districts, de grandes propriétés, ce qui, peut-être, est la raison pour laquelle ils n'ont pas pénétré plus avant dans l'intérieur où ils auraient été beaucoup plus utiles qu'à la Baie-des-Iles, qui est un lieu d'embarquement. Quelques-unes des stations qu'ils occupent sont presque abandonnées par les indigènes, et ils n'ont pas de congrégation à moins qu'ils ne veuillent, comme saint Antoine, prêcher aux poissons. Leur utilité eût été plus grande, sans doute, ajoute doucement le docteur Dieffenbach, s'ils avaient eu l'esprit aventureux des colons et s'ils eussent vécu parmi les tribus de l'intérieur. » Mais une telle vie n'avait aucun attrait, et il s'ensuivit que « beaucoup des anciens missionnaires sont devenus propriétaires, et que beaucoup par d'autres moyens tels que l'établissement d'une banque ou la vente de leur bétail, ou des produits de leurs terres, sont devenus très-riches... Quelques-uns sont *maintenant retirés dans leurs propriétés*[1]. » Leurs fils, devenus marchands héréditaires, apprirent à imiter leurs vertus ; « les parents des missionnaires, rapporte le colonel Mundy, passaient des contrats pour fournir la flotte et l'armée ; leurs enfants recueillirent sans doute une riche moisson[2]. »

Ce chapitre, assez caractéristique dans l'histoire des missions protestantes, n'est pas le seul du même genre ; nous en trouverons de semblables dans tous les pays que nous avons encore à visiter.

En attendant, qu'on nous dise si on peut s'imaginer saint Paul réclamant des milliers d'arpents en Thrace ou une propriété dans les environs de Corinthe ; saint Barnabé échangeant des ustensiles domestiques contre une vigne dans l'île de Chypre ; saint Augustin prenant le porc des Saxons pour le vendre aux Gallois ; saint Boniface prêtant de l'argent à vingt pour cent sur les rives du Danube ; ou saint François Xavier, marchand de bétail florissant sur les côtes du golfe Persique.

Dans cette déplorable histoire il y a cependant une consolation. Le jour de l'expiation arriva enfin, et l'Angleterre, par la voix de ceux qui la gouvernaient, désavoua les turpitudes de ses missionnaires dans la Nouvelle-Zélande. Quelques-uns d'entre eux avaient prévu l'orage et s'étaient « retirés dans leurs terres ; » mais leur cupidité fit rendre une loi déclarant non valides tous les titres de

---

[1] *Travels in New Zealand*, vol. II, ch. v, p. 75.
[2] *Australasian Colonies*, vol. II, p. 262.

que vente nouvelle. Il parle de retourner en Angleterre ; c'est un narrateur parfait, il possède des matériaux fort intéressants, *il pourrait donc produire une impression favorable pour cette mission*. Mais je prie Dieu que nous ne revoyions jamais son visage à moins qu'il ne revienne converti[1]. »

En 1857, cinquante ans environ après que Marsden eut fait le premier contrat dans la Nouvelle-Zélande, M. Hursthouse dépeint ainsi ses successeurs, — qui pourra le blâmer s'il emploie la raillerie? « Il paraît que ces messieurs de l'Église anglicane se plaisaient à la Nouvelle-Zélande. Les indigènes étaient encore cannibales et conservaient les têtes de leurs ennemis, mais ils étaient chrétiens de par les missionnaires, assidus à la chapelle et de bons ouvriers aux champs des ministres. Enfin, les missionnaires, prodigues de leurs couvertures de laine et de leur tabac, avaient déjà acquis pour leurs treize chefs confédérés quelque trois cent mille arpents de terre[2]. »

La conduite de ces ministres était devenue si notoire qu'en écrivant officiellement à lord Stanley, aujourd'hui lord Derby, M. Charles Buller n'hésite pas à en parler comme n'osant pas eux-mêmes défendre leur conduite. « Les missionnaires ne peuvent soutenir un interrogatoire sur leurs procédés, et recevraient assez humblement les conditions qu'on leur offrirait[3]. »

Cependant ils trouvaient encore des défenseurs. Sir Robert Inglis, député de l'Université d'Oxford, disait devant la Chambre des communes où on avait établi le contraste entre ces messieurs et « la conduite des missionnaires catholiques : » « On ne doit pas oublier que les missionnaires catholiques n'auront jamais de famille à nourrir. » Nous laissons la réponse au docteur Thompson, qui dit avec plus de vérité : « Les missionnaires de l'Église catholique obéissent toujours au précepte évangélique : Ne prenez rien pour votre voyage, ni bâton, ni sac, ni pain, ni argent, n'ayez pas deux vêtements : » contraste que nous avons vu énergiquement exprimé par un autre témoin, lorsqu'il citait ce mot à la Chambre des communes : « Le Christ a dit : *laissez tout;* nos missionnaires disent : *prenez tout.* »

Enfin, le docteur Dieffenbach, leur ami et leur défenseur constant, fut contraint par sa propre expérience et ses observations de

---

[1] *A Voice from New Zealand*, par le Rév. Joseph Fletcher, missionnaire wesleyen à Auckland, p. 2, 3.
[2] *New Zealand, the Britain of the South*, par Charles Hursthouse, vol. I, ch. 1, p. 57.
[3] *Eighteenth Report of the Directors of the New Zealand Company*, p. 42.

aventureux, mais parce qu'il préférait acheter à deux sous la livre ce qu'il revendait à dix [1].

En 1842, M. Heaphy déplore encore, en termes énergiques, « la rapacité des missionnaires [2]. » En 1845, un membre du conseil législatif regrettait que « beaucoup des missionnaires soient commerçants et spéculateurs en terre [3]. » « A peine *un seul* est-il pur de la tache d'intérêt personnel [4]. » « Les missionnaires de la Société *Church Missionary* dans la Nouvelle-Zélande, » dit le docteur Lang, « furent *les chefs* dans cette grande conspiration des habitants européens d'enlever leurs terres aux indigènes [5]. » Nous entendrons ces commerçants et ces agioteurs parler d'eux-mêmes avec complaisance, comme ministres dévoués et pleins d'abnégation, et outrager leurs rivaux catholiques en termes qu'eux seuls pourraient employer.

Quelques-uns sans doute étaient meilleurs que les autres ; mais toutes les autorités représentent les ministres anglicans comme les moins scrupuleux de tous. Lorsque M. Earp fut interrogé devant la Chambre des communes par lord Jocelyn pour savoir s'il y avait quelque différence « entre les missionnaires wesleyens et les anglicans, » il répondit : « Il n'y en a guère. Je crois cependant les missionnaires anglicans plus grands spéculateurs en propriétés que les wesleyens. »

Pourtant, parmi ces derniers, il y avait de formidables rivaux à l'archidiacre Williams, à M. Shepherd, à M. Taylor et aux autres membres du clergé anglican. Le docteur Lang nous assure que M. White, missionnaire wesleyen à Hokianga, fut obligé de se retirer par suite « d'immoralité » connue, et il ajoute : « cet estimable gentleman est maintenant un marchand de premier ordre. » En 1850, un des collègues du révérend Walter Lawry, surintendant général de la mission wesleyenne à Auckland, nous dit de lui : « Il prête de l'argent, et en a maintenant de placé au modeste intérêt de vingt pour cent ; c'est son bonheur, ajoute-t-il, de suivre les marchés, d'acheter, de vendre, de louer, d'hypothéquer au plus haut, de sorte qu'aujourd'hui à Auckland il est un des plus riches. Il fait autant d'affaires que jamais ; presque chaque semaine, nous entendons parler de quelque acquisition ou de quel-

---

[1] *Parliamentary Papers*, tome VII, p. 156. — M. Earp dit au comité : « Ce fait s'est reproduit souvent dans l'histoire des missionnaires. »

[2] *Narrative of a Residence in various parts of New Zealand*, par Charles Heaphy, ch. I, p. 5.

[3] *New Zealand and its Aborigines*, par William Brown, ch. II, p. 89.

[4] *Adventure in New Zealand*, vol. II, ch. XVII, p. 449.

[5] *New Zealand*, p. 55.

le loisir. Nous ne sommes pas surpris d'apprendre qu'il possède « encore une propriété vers le cap Nord, où il est fixé comme missionnaire. » Le succès de ces messieurs a été si complet qu'on nous assure que le bois de construction dans les vastes propriétés de MM. Fairburn, Williams et autres vaut un demi-million sterling. Ces exemples d'habileté des missionnaires à mettre à profit leur emploi sont assez instructifs, et il n'est que trop facile de les multiplier.

Le révérend Richard Taylor, auteur d'un livre plein d'onction et de textes, au sujet de la Nouvelle-Zélande, nous est dépeint par M. Wakefield comme réclamant cinquante mille arpents auprès des commissaires du pays[1]. Dans son livre il ne parle que de zèle évangélique et de tendre intérêt pour les âmes des naturels. Il abandonna, il est vrai, de bonne heure à d'autres le soin de leur salut, parce qu'un si grand propriétaire pouvait avec raison prétendre à de plus grandes dignités en Angleterre. Plus tard, la décision des autorités lui enleva plus de quarante-huit mille arpents qu'il réclamait, et « un journal proposa, remarque le docteur Thomson, de suspendre son portrait dans la salle de la Société *Church Missionary* avec ces mots inscrits au-dessous : *cinquante mille arpents.*[2] »

Le révérend William Yate demande une attention particulière. Il écrivit aussi sur la Nouvelle-Zélande. On y envoya, dit-il, trois missionnaires avec un salaire annuel de cinq cents livres (12,500f.), rente qu'il méprise ; il est surpris qu'on « s'attende à ce qu'il puisse faire quelque bien avec une somme aussi insuffisante. » Cependant cette somme, qui suffirait pour soutenir vingt-cinq missionnaires catholiques pendant un an en Chine ou aux Indes, était sûrement assez forte pour des hommes qui avaient encore tant d'autres moyens d'ajouter à leur revenu et dont leur confrère parle ainsi : « Quelques-uns d'entre eux déshonorèrent complétement les doctrines de renoncement chrétien qu'on les avait envoyés enseigner ici ; la société se trouva obligée d'effacer leurs noms de la liste des ouvriers évangéliques[3]. »

Dans un comité de la Chambre des communes on cita ce fait de la part de M. Yate, malgré son estime pour le « renoncement chrétien. » Il défendait, dit-on, aux indigènes de vendre leur porc aux baleiniers, non par un sentiment contraire à ces marins

---

[1] *Adventure*, etc., tome II, ch. xiv, p. 544.
[2] Tome II, p. 156.
[3] *An Account of New Zealand*, par le Rév. William Yate, ch. iv. p. 168, 2ᵉ édit.

Hokianga et dans la baie des îles seules, vingt-sept mille carrées furent achetées par *des missionnaires*[1]. »

« D'abord, nous apprend M. Byrne, ces achats furent faits pour quelques grains de verre, un fusil, quelques couvertures de laine; un peu de poudre et des balles suffisaient pour acquérir des propriétés qu'on mesurait par *milles*, d'après le langage des missionnaires[2]. » Parmi les réclamants, jusqu'en 1841, il y avait bon nombre de ministres qui étaient acquéreurs depuis deux mille cinq cent jusqu'à dix-huit mille arpents. Le révérend H. Williams en réclamait vingt-deux mille[3].

D'après M. Wakefield « le révérend H. Williams, président de la mission anglicane dans la Nouvelle-Zélande, sous prétexte d'obtenir une pièce de terre pour un catéchiste indigène, s'était adjugé quarante arpents de la meilleure partie du lieu en question[4]. » Et il paraît avoir déployé de semblables talents pendant de longues années. En 1852, le docteur Shaw raconte que, près d'Auckland, traversant des terrains incultes de plusieurs milles, il apprit que la stérilité en était due aux projets de spéculation de son révérend propriétaire. « On l'expliqua, ajoute-t-il, en disant qu'un des missionnaires, un archidiacre Williams, en était le maître et ne voulait pas les vendre, pour mettre ainsi des bornes à la culture et à l'industrie rurale dans cette partie du pays[5]. » Le docteur Lang parle d'un révérend M. Williams, qu'il appelle « le chef sacré de la mission de la Nouvelle-Zélande, » et qui devint plus tard évêque anglican de la colonie. Si c'était le même individu, sa carrière peut être regardée comme un heureux exemple d'une prospérité continue et progressive.

Mais s'il ne fut jamais surpassé, M. Williams fut quelquefois égalé par ses confrères. Un historien protestant nous apprend que, « pour deux chemises à carreaux et un pot de fer, M. Shepherd acheta une grande étendue de terres excellentes ayant un front de quatre à cinq milles sur un des fleuves navigables de la Baie-des-Iles[6]. » Mais ce marché n'était pas assez beau. Avec l'aide de chemises à carreaux et de pots de fer, il sut accomplir des entreprises encore plus brillantes, lorsque ses occupations spirituelles lui en laissaient

---

[1] *The Story of New Zealand*, par Arthur S. Thomson, M. D., vol. I, p. 268.
[2] *Twelve Years*, etc., vol. I, p. 48.
[3] Terry, p. 122.
[4] *Adventure in New Zealand*, par Edward Jerningham Wakefield, vol. I, ch. vii, p. 190.
[5] *Notes of a Ramble in Australia and New Zealand, in 1852*, par J. Shaw, M. D., F. G. S., p. 289.
[6] Lang, *New Zealand in 1839*, p. 34.

savait si bien unir les talents de ministre à ceux de fermier. Sa première entreprise montra qu'ils ne s'étaient pas trompés, et M. Marsden inaugura la mission naissante par l'achat, pour douze haches, de deux cents arpents de terre choisis par lui [1]. Ce n'était peut-être pas très-apostolique, mais les directeurs de la Société auraient souri d'une objection aussi intempestive ; ce n'était même pas honnête, car les pauvres sauvages, comme ils s'en plaignirent ensuite, ne connaissaient pas la valeur de leurs terres ; mais c'était un excellent marché et un très-bon commencement pour la mission de la Nouvelle-Zélande.

Malheureusement, la bonne affaire de M. Marsden inspira à d'autres, aussi capables que lui d'apprécier un négoce habile, le désir ardent d'un commerce qui conduisit bientôt à des résultats notables. Le clergé anglican et le clergé wesleyen qui s'étaient rendus avec promptitude dans cette Terre-Promise, rivalisèrent en achats dont la renommée traversa la moitié du globe, et commença à frapper les oreilles d'hommes actifs et réfléchis sur tous les marchés et dans toutes les villes d'Angleterre. Elle pénétra dans les palais de justice et trouva même un écho dans les murs du parlement. Ce fut là le terme de ses progrès ; car il s'éleva alors une telle protestation mêlée d'indignation et de railleries, que le gouvernement prit immédiatement des mesures pour arrêter la cupidité exorbitante des missionnaires et de leurs employés. Un peu plus tard, une grande partie du sol de la Nouvelle-Zélande eût passé entre les mains de l'Église anglicane et des ministres wesleyens.

L'exemple de M. Marsden porta des fruits ; « cinq ans après, en 1819, comme nous l'apprend le docteur Morrison, historien de la Société des *missionaires de Londres*, cinq missionnaires et artisans, — ils cumulaient souvent les deux professions, — achetèrent treize mille arpents pour quarante-huit haches [2]. » Ce commerce lucratif continua pendant trente ans, les partis contractantes étant d'un côté des hommes qui s'appelaient missionnaires, et de l'autre des sauvages ignorants et sans expérience auxquels ils s'étaient présentés comme des envoyés de Dieu. « Dans plusieurs cas, relate M. Terry, les indigènes ignoraient ce qu'ils cédaient. Par ces marchés si vite conclus, des étendues de terrains, plus grandes que des comtés d'Angleterre, furent vendues pour une bagatelle ; on accusait déjà trente-deux millions d'arpents [3] ! De 1830 à 1835, à

---

[1] *New Zealand*, par J. L. Nicholas, esq., vol. II, ch. VII, p. 193.
[2] *The Fathers of the London Missionary Society*, vol. II, app., p. 598.
[3] *New Zealand*, etc., p. 73.

que ce rapport nous présente. La divine Providence semble avoir toujours regardé la mission de la Nouvelle-Zélande avec colère ; les foudres et les malédictions du ciel l'ont poursuivie jusqu'à présent. » Dans son livre, il cite les exemples suivants pour justifier un tel début. « Le premier chef de la mission de la Nouvelle-Zélande fut chassé pour adultère, le second pour ivrognerie, et le troisième, pas plus tard que 1836, pour un crime encore plus énorme [1]. »

D'autres témoins continueront jusqu'à nos jours ce rapport publié en 1839 : cette même année, le docteur Lang termine comme il avait commencé en 1824. « Il y a encore, écrit-il, des abus flagrants tolérés et pratiqués par la grande majorité des membres de la mission, capables de paralyser les efforts d'un collége entier d'apôtres. » Sombre commencement d'une histoire qui ressemble plutôt à des annales criminelles qu'aux récits de missions chrétiennes.

Dans la Nouvelle-Zélande, le protestantisme était *seul*, libre de se développer suivant sa nature et ses instincts. Voyons ce qu'il a fait, pendant un demi-siècle, pour la race la plus noble de l'hémisphère du sud.

Un protestant naturaliste et médecin, le docteur Ernest Dieffenbach, déclare que « de tous les naturels de la race polynésienne, les Nouveaux-Zélandais montrent la plus grande disposition à une civilisation complète [2]. » La Providence, pour des raisons que nous ne pouvons sonder, permit que la religion chrétienne fût d'abord annoncée dans ce champ fertile par les agents du protestantisme. La mission de la Nouvelle-Zélande, après des efforts infructueux de 1800 et 1807, fut fondée en 1814 par M. Marsden [3]. On nous apprend : « qu'il fut d'abord forgeron [4] » et devint ensuite ministre de l'Église anglicane dans la Nouvelle-Galles du Sud, où pendant des années il cumula les fonctions de prédicateur et d'agriculteur. Ayant amassé une fortune considérable par l'élève du bétail, sans préjudice pour ses fonctions spirituelles, et ayant acquis une connaissance très-exacte de la valeur des terres, des troupeaux, des récoltes et d'autres choses encore, il semble avoir visité la Nouvelle-Zélande comme représentant de la Société *Church missionary*. Les directeurs de cette institution firent preuve de discernement en choisissant un agent qui, par une longue expérience,

---

[1] *New Zealand in* 1859, par J. D. Lang, D. D., p. 50.
[2] *Travels in New Zealand*, par Ernest Dieffenbach, M. D., vol. II, ch. IX, p. 159.
[3] *New Zealand*, par E. Brown Fitton, ch. I, p. 17.
[4] *The Gospel in New Zealand*, par miss Tucker, ch. IV, p. 36.

s'accorderaient pas avec le comte Strzelecki, qui ne connaissant que les missions protestantes disait : « Tous les efforts pour civiliser et convertir les aborigènes ont été inutiles ; » ni avec le révérend M. Young, « que c'est une entreprise désespérée ; » ni avec M. Gerstaecker, « qu'ils ont renoncé aux conversions ; » et moins encore avec le docteur Broughton, assurant à la chambre des communes « qu'il était impossible de leur donner aucune idée du christianisme. »

LA NOUVELLE-ZÉLANDE.

En abordant la Nouvelle-Zélande, notre première impression est l'étonnement, à la lecture des rapports que les écrivains protestants de différentes sectes ont donnés de l'histoire religieuse dans cette colonie. Ils semblent si empressés à proclamer les turpitudes de ceux mêmes qu'ils font profession d'estimer comme prédicateurs de la foi des Écritures, que nous sommes forcés de nous rappeler en écoutant leurs méprisantes invectives, que ce ne sont pas des témoins hostiles et prévenus, mais des témoins pleins de partialité et répugnants à la franchise. Il semble incroyable que des écrivains de tant de sectes différentes, mais tous chaudement intéressés au succès des missions protestantes, dont beaucoup sont les défenseurs ardents des missionnaires et leurs associés ou amis personnels, aient pu consentir à faire des révélations sans précédents, excepté peut-être dans les annales des mêmes agents de l'Afrique du Sud et de la Polynésie.

L'histoire des missions protestantes de la Nouvelle-Zélande s'ouvre de cette manière : « J'ai dressé moi-même un rapport, dit un missionnaire, d'après des autorités incontestables, dès l'année 1824, sur chaque missionnaire ayant mis le pied dans la Nouvelle-Zélande et sur tous les faits importants de cette mission ayant eu lieu jusqu'alors [1]. » L'histoire n'est pas souvent écrite par un témoin aussi compétent et aussi impartial, et il est impossible de ne pas attendre avec une certaine curiosité les résultats d'une étude aussi minutieuse. Il continue en s'adressant ainsi à lord Durham, qui occupait alors un poste élevé dans le gouvernement anglais : « Je suis certain, milord, qu'il serait impossible de trouver dans l'histoire d'aucune mission protestante depuis la réforme, des faits égaux en impuissance et en indignité morale à ceux

[1] *New Zealand in* 1839, par J. D. Lang, D. D., p. 30.

Les habitants protestants de la colonie semblent entrevoir que les bénédictins ne travailleront pas en vain. Ainsi un journal de cette contrée cite, en la désapprouvant, une lettre récente du supérieur, « montrant l'énergie infatigable et incessante de l'Église de Rome à faire des prosélytes jusque sur le territoire de la Grande-Bretagne. » Attendu que la Grande-Bretagne n'a rien fait pour les habitants que de les priver de leurs terres et de leur vie, le reproche semble déraisonnable. « Notre manière d'agir est celle-ci, dit l'évêque cité par le journaliste protestant : Nous nous joindrons à la première tribu sauvage que nous rencontrerons, nous la suivrons, nous partagerons sa vie nomade jusqu'à ce que nous puissions la fixer dans quelque lieu favorable où nous lui enseignerons par notre exemple à obtenir sa subsistance de l'agriculture ; quand nous l'aurons ainsi attachée au sol, nous commencerons à lui parler de religion et à l'initier aux sciences ecclésiastiques, afin qu'un jour, parmi les enfants de l'Australie, nous puissions trouver des missionnaires qui nous aident à instruire leurs frères encore sauvages. Quand nous aurons le bonheur de voir arriver d'Europe de nouveaux confrères, nous les établirons dans des cabanes monastiques, les laissant consacrer leur travail aux tribus déjà attachées au sol. Ceci nous permettra d'avancer dans l'intérieur et de gagner d'autres tribus à la foi de Jésus-Christ. Si nous pouvons former ainsi une chaîne de monastères, la conversion et la civilisation de l'Australie seront complètes. »

Plus tard, Mgr Salvado nous apprend que ces espérances commençaient à se réaliser. « Les naturels riaient, quand ils virent pour la première fois les moines labourer et semer. » Mais quand les religieux rentrèrent les premières moissons, ces travaux d'agriculture leur parurent dignes d'être imités. Et tandis que les missionnaires protestants racontent que les enfants indigènes se cachaient ou s'enfuyaient à leur approche, les bénédictins louent le zèle avec lequel les parents les envoient s'instruire, et la bonne tenue des élèves. Ils rapportent aussi que cinq Australiens étaient déjà partis pour compléter leurs études en Europe, et ajoutent ce fait remarquable, que deux autres avaient été reçus comme novices dans le monastère de la Sainte-Trinité della Cava dans le royaume de Naples[1]. Le jour de l'Épiphanie 1865, au collège de la propagande, une composition fut récitée par un étudiant australien dans sa propre langue.

Nous pouvons conclure que les évêques Serra et Salvado ne

---

[1] *Mémoires historiques sur l'Australie*, 2ᵉ partie, p. 145, 198.

Ici, cependant, comme partout ailleurs, le missionnaire catholique eut à lutter avec cet obstacle presque insurmontable qu'on ne trouve que dans les pays idolâtres dominés par les protestants : le dédain ou la haine des païens pour une religion qu'ils ont déjà appris à mépriser avant d'avoir connu les ministres d'une croyance plus sainte. Si les apôtres s'étaient présentés accompagnés chacun d'une femme et pour la plupart avec des enfants, avides, comme les autres hommes, d'argent, de plaisirs et de bien-être, se contredisant l'un l'autre, et ne se distinguant de leurs auditeurs païens que par la prédication de vérités dont leur vie journalière eût été la réfutation la plus évidente, — en d'autres termes, s'ils avaient été missionnaires protestants, — le christianisme se serait à peine étendu hors des murs de Jérusalem, et n'eût pas inspiré beaucoup d'intérêt au dedans.

Malgré les grandes difficultés que les missionnaires doivent s'attendre à rencontrer dans tous les pays, particulièrement dans ceux où domine l'Angleterre, les Bénédictins ont commencé, dans l'Australie occidentale, une de ces entreprises généreuses que les premiers compagnons de saint Benoît ont si souvent inaugurée pour la conversion des anciens barbares de l'Europe. Plus de quarante bénédictins, — le premier vicaire général de l'Australie, aujourd'hui évêque anglais, avait été membre de cet ordre illustre, — procédèrent, le 2 juin 1859, sous la conduite des évêques Serra et Salvado, à la bénédiction solennelle d'un nouveau monastère dans le district de Perth. Depuis lors, l'espoir naquit pour l'indigène de l'Australie. Mgr Serra a communiqué dernièrement à ses amis d'Europe cet exposé de l'état actuel de sa communauté.

« L'exemple des habitudes industrieuses a déjà été suivi par un certain nombre d'indigènes qui, abandonnant leur vie errante, ont tourné leur attention vers la culture du sol *et vivent maintenant de ses produits*. De plus, comme toute fondation bénédictine est traditionnellement regardée comme un berceau de la science, aussi bien que comme un asile de prière et de pénitence, un collége a été établi sous la direction des Pères, et parmi les jeunes païens qui ont été reçus gratuitement comme élèves, trois Australiens ont déjà été envoyés à Rome pour y terminer leur éducation [1]. » Peut-être cette colonie de l'Angleterre, abandonnée jusqu'ici à de profondes ténèbres, est destinée à recevoir des enfants de saint Benoît les mêmes avantages inestimables que la mère patrie doit à la famille de ce glorieux saint.

[1] *Annals*, May, 1860, p. 120.

« l'Église catholique romaine, avec son zèle ordinaire, a élevé des écoles et des séminaires sur tous les points de la colonie[1]. » « Ils ne perdent pas un de leurs membres, dit M. Brain, et rien n'abat leur zèle. » M. Jobson regrette que dans l'Australie occidentale « les catholiques entretiennent des collèges de première classe auxquels les protestants, trop confiants peut-être, envoient leurs enfants pour leur éducation[2]. »

Enfin, le colonel Mundy fait les observations suivantes sur les divisions religieuses incessantes qui ne sont pas moins évidentes aux Antipodes qu'en Chine, aux Indes, à Ceylan et dans tout autre pays où la religion nouvelle a déployé ses formes multiples. « Ici, comme généralement dans les colonies, les catholiques semblent avoir augmenté en nombre et en importance beaucoup plus que les autres communions. La raison en est évidente. L'union fait la force. Les protestants sont divisés en sectes, — chaque homme doit se faire sa croyance[3]. »

Ce qu'il y a de singulier, c'est le sang-froid avec lequel les protestants chargent d'infamie leur propre religion et ne semblent jamais en avoir conscience. Ils adressent à des cœurs troublés les plus terribles admonitions que l'expérience humaine puisse offrir ou recevoir, et les débitent avec une froide et monotone indifférence, comme si elles n'avaient ni signification ni importance. Ils donnent des conseils profonds qu'ils ne suivent pas, ils poussent à l'action en restant inertes, prêts à répéter demain, sans émotion, les aveux qu'ils faisaient hier sans regrets.

MISSIONS CATHOLIQUES EN AUSTRALIE.

L'aveu des efforts des missionnaires catholiques pour civiliser les indigènes, après les longs et infructueux essais de leurs rivaux, est ainsi rapporté par un auteur américain : « Le clergé catholique romain possède un établissement de missions indigènes à Victoria-Plains, où il utilise les naturels en employant tous les moyens pour les civiliser. De très-bons rapports existent entre les indigènes et les catholiques[4]. » M. Townsend remarque aussi « que la bienfaisance du clergé catholique romain et celle des sœurs de charité sont très-grandes[5]. »

---

[1] *Australia and the East*, ch. x, p. 525.
[2] *Ibid.*, ch. vii, p. 194.
[3] *Australasian Colonies*, vol. III, ch. ii, p. 42.
[4] *Voyages to India, China*, etc., par W. S. Bradshaw, ch. vi.
[5] *Ibid.*, ch. xii, p. 271.

élevés, dans les dix-neuf provinces, sans parler des terres en dehors des frontières, sans aucune instruction religieuse[1]. »

« Le lecteur ne peut se former aucune idée du langage des classes ouvrières en Australie, » assure en 1853 le révérend Berkeley Jones. On n'entendit jamais de pareils jurons, de pareils blasphèmes et de pareilles obscénités[2]. » Ceci s'applique à la Nouvelle-Hollande et à la Tasmanie. M. Puseley rapporte en 1858 « que le nombre des crimes commis dans la ville d'Hobart avec une population de vingt-trois mille habitants, excède de cinquante pour cent celui de Liverpool avec ses deux cent quatre-vingt-seize mille habitants[3]. » Et M. Jones dit de Melbourne que « si l'on tient à la vie il ne faut pas se risquer à sortir après le coucher du soleil, tant l'insolence et la force de ces brigands prévalent[4]. »

Il ne paraît pas que les classes élevées aient contribué par leur influence ou leur exemple à contrebalancer ces mœurs : « Je fus très-surpris, écrit un auteur protestant en 1862, de trouver combien les églises anglicanes étaient peu fréquentées ; et combien il y avait de gens en Australie, ayant reçu de l'éducation et dans une position aisée, qui n'entraient jamais dans un temple, même parmi les colons qui, par habitude sinon par un meilleur motif, assistaient régulièrement au service divin en Angleterre[5]. »

Somme toute, le protestantisme ne semble pas avoir compensé en Australie ses mésaventures dans d'autres pays. Ses partisans même reconnaissent son infériorité en face du catholicisme. Ainsi le docteur Lang est irrité contre sir Thomas Brisbane, le plus franc des gouverneurs australiens, pour avoir répondu brutalement à son mémoire presbytérien qui demandait des subsides, sous prétexte qu'on en avait donné aux catholiques, « qu'il serait temps pour les presbytériens de demander d'être assisté par le gouvernement quand ils sauraient se conduire aussi bien que les catholiques de la colonie[6]. » Un autre observateur parfaitement impartial, M. Hood, se risque jusqu'à suggérer à ses coreligionnaires : « que la population protestante ferait bien d'imiter en faveur de la génération naissante les efforts de leurs frères catholiques ; » et tandis que M. Henderson nous assure que parmi les protestants, l'éducation est au plus bas degré, M. Hood remarque avec franchise que

---

[1] Phipps Townsend, ch. vii, p. 140.
[2] *Adventures in Australia in* 1852 *and* 1853, par le Rév. H. B. Jones, M. A., ch. xi, p. 149.
[3] *Australia and Tasmania*, par D. Puseley, p. 196.
[4] Ch. xxi, p. 229.
[5] *Three Years in Melbourne*, par Clara Aspinall, ch. x, p. 150.
[6] *Hist. N. S. Wales*, vol. II, ch. xi, p. 461.

protestante que, « dans les desseins de la divine Providence, le wigwam indien de l'Amérique du Nord et le misérable ajoupa de la Nouvelle-Hollande doivent être balayés par la marée montante de la colonisation européenne..., et que les restes d'une race autrefois *pleine d'espérance* disparaissent graduellement de la terre de ses ancêtres[1]. »

LES ANGLAIS EN AUSTRALIE.

Nous avons esquissé l'histoire religieuse de l'Australie par rapport aux indigènes; nous ajouterons avec le docteur Lang quelques mots sur le clergé et le peuple anglais de cette colonie. En parlant des missionnaires, ce célèbre ministre protestant qui faisait partie du gouvernement, rapporte « qu'il y eut des exemples nombreux d'hommes dont la conduite était flétrie en Angleterre et qui furent néanmoins recommandés comme bons pour les colonies[2]. »

D'après son récit, le peuple était digne de tels pasteurs. M. Lancelott[3] et d'autres écrivains sur les Antipodes déplorent énergiquement l'immoralité profonde « des citoyens les plus considérés, » tandis que le docteur Lang en dit autant « des premières classes de la société coloniale. » « Leur profession même de christianisme fait encore plus de mal que de bien à la cause de la religion. Enfin, l'influence de la majeure partie des hautes classes de la Nouvelle-Hollande a toujours été très-fâcheuse pour la morale et la religion du pays. »

« Toute la population, relate en 1860 un naturaliste célèbre, est divisée avec aigreur sur presque tous les sujets. Parmi ceux qui, vu leur position sociale, devraient être les meilleurs, un grand nombre vivent dans un désordre tellement flagrant, que des gens qui se respectent ne peuvent les fréquenter[4]. »

« La corruption des classes ouvrières des émigrants est profonde, observe en 1851 M. Henderson. L'état de l'éducation est généralement déplorable; dans la plus grande partie de la campagne il n'y en a pas, excepté celle que les parents peuvent donner eux-mêmes[5]. Les hommes vivent et meurent, et les enfants sont

---

[1] *History of N. S. Wales*, vol. I, ch. II, p. 26.
[2] *Ibid.*, vol. II, ch. XI, p. 432.
[3] *Australia as it is*, par F. Lancelott, esq., vol. II, ch. V, p. 72.
[4] *Naturalist's voyage round the World*, par Charles Darwin, ch. XIX, p. 445, 10e édition.
[5] *Excursions in N. S. Wales*, par John Henderson, esq., vol. II, ch. IV, p. 288.

ethnologique également triste et inexplicable. » Il le motive cependant pour l'Australie, en parlant « d'un usage atroce de mêler de l'arsenic au pain que les colons distribuent de temps en temps aux naturels. » Il cite un endroit où on trouva vingt-quatre cadavres d'indigènes ainsi empoisonnés[1]. Quand les Anglais arrivèrent, « les indigènes montrèrent les dispositions les plus amicales; » et l'on reconnut leur confiance par un massacre général dirigé par le gouverneur de la colonie[2]. Une seule expédition militaire destinée à les détruire *en masse* coûta trente-deux mille livres (800,000 fr.), et manqua son but. Ils périrent enfin jusqu'au dernier, affamés ou assassinés, ayant appris de leurs maîtres saxons une nouvelle liste de crimes inconnus, et gardant « un impuissant mais insatiable désir de verser sans pitié le sang des visages pâles. »

De la nouvelle colonie de Victoria, M. Westgarth rapporte que, tandis qu'en 1854 il y avait de vingt à vingt-cinq mille indigènes dans les limites du territoire actuel de cette province, ils ont diminué si rapidement sous la domination anglaise, « qu'il n'y en a plus que deux mille cinq cents dans tout ce pays. » Les neuf dixièmes ont péri en vingt ans ; ce faible reste a même été relégué dans une contrée stérile « inutile aux colons[3]. » En 1865, nous apprenons que ce nombre est encore diminué, que « l'ivrognerie fait des progrès, et qu'il y a peu d'espoir d'une amélioration sensible dans la condition de cette race[4]. »

Par rapport à la Nouvelle-Zélande, M. Paul affirme que « les nouveaux Zélandais décroissent annuellement et, d'ici à quarante ou cinquante ans, auront presque, sinon entièrement disparu[5] : » destinée que lord Goderich assure au gouverneur Bourke être inévitable ; quoique, ajoute-t-il, il soit impossible d'en parler « sans honte et sans indignation[6]. » Il semble, dit le révérend docteur Lang, passant en revue les résultats de la colonisation

---

[1] *Queensland*, ch. 1, p. 55. Ch. vi, p. 167. — Pour des faits analogues, voir l'ouvrage le plus récent sur l'Australie : *Tracks accross Australia*, par John Davis, ch. ix, p. 596 (1863).

[2] *Thirty-three Years in Tasmania and Victoria*, par George-Thomas Lloyd, ch. ix, p. 213 (1865).

[3] *Victoria and the Australian Gold Mines*, p. 51.

[4] *The Times*, January 28, 1865.

[5] *Australia, Tasmania, and New Zealand*, par R. B. Paul, p. 252 (1857).

[6] *New Zealand; its Advantages and Prospects*, par Ch. Terry, F. R. S., F. S. A., p. 112. — Dans les deux ou trois premières années après l'établissement de la colonie à la baie des Iles, pas moins de cent naturels furent massacrés par les Européens dans leur voisinage immédiat. (*The British Colonization of New Zealand*, publié pour l'Association de la Nouvelle-Zélande, p. 167 (1857).

on découvrit par hasard qu'il était occupé à de paisibles travaux agricoles, auxquels ses appointements de missionnaire avaient notablement aidé, et qu'il était le pasteur d'une mission qui n'existait que dans ses ingénieux rapports.

En 1849, des membres du conseil colonial « s'enquirent de la condition des indigènes. » Après avoir déclaré que les premiers essais avaient manqué, « ils demandèrent l'abolition du protectorat, pour cause d'insuccès ; ils informèrent la Chambre qu'il était inutile d'accorder de nouveaux fonds. Quoique recommandée par le secrétaire d'État, ils regardaient l'éducation des adultes comme ne menant à rien, et celle des enfants comme ne pouvant réussir qu'en les éloignant de leurs parents et de leurs tribus. » Puis ils ajoutèrent : « Sans contester les motifs philanthropiques du gouvernement de Sa Majesté pour le progrès des indigènes, un bien plus réel s'effectuerait par des efforts semblables en faveur de la religion et de l'éducation parmi les *blancs* dans l'intérieur de la colonie ; leur amélioration sous ce rapport profiterait, sans doute, aux indigènes[1]. »

En 1855, M. Gerstaecker dit que de désespoir : « Les missionnaires ont abandonné l'œuvre de la conversion. » En 1858, M. Minturn déclare « que tous les efforts des missionnaires parmi eux n'ont abouti à rien. Les naturels déclinent rapidement et disparaissent devant la race blanche[2]. » En 1862, le docteur Jobson ajoute : « Ils ont constamment résisté à tous les efforts pour les civiliser et les convertir[3]. » Enfin, en 1863, le juge Terry prétend, que « le problème d'amener même un seul naturel de la Nouvelle-Hollande à la civilisation est encore à résoudre[4]. »

C'est là, quant aux indigènes, le seul résultat de la domination anglaise en Australie. Elle avait une nation à convertir, elle a créé un désert. « Encore dix ans, assure M. Byrne, et un indigène sera une curiosité aussi remarquable à Sydney, ou dans les limites de la colonie, qu'il l'est à présent en Europe[5]. »

On nous dit par rapport au même fait dans la Tasmanie : « L'extermination de presque toute une race a été l'œuvre de vingt années[6]. » « La disparition rapide des naturels dans toutes les colonies anglaises, observe le docteur Lang, est un phénomène

---

[1] Flanagan, vol. II. ch. IV, p. 219.
[2] *From New York to Delhi*. ch. III. p. 24.
[3] Ch. VII, p. 198.
[4] *Reminiscences of New South Wales and Victoria*. par George-Thomas Lloyd, ch. IX. p. 315.
[5] *Ibid.*, vol. I. ch. V. p. 279.
[6] *The catholic mission in Australia*. par W. Ullathorne, p. 47.

depuis 1856 d'environ cinq cents livres (125,000 fr.). « Mais ici encore le pouvoir exécutif reconnut l'inutilité des efforts pour civiliser les indigènes, et on ne donne maintenant à la mission de Colac que cent livres par an, somme juste suffisante, sous la surintendance du révérend M. Tuckfield, pour allonger son existence sans espoir d'en retirer aucun avantage[1]. » M. Young, ministre wesleyen, reconnaît, six ans après, « que l'entreprise avait été pour ainsi dire abandonnée comme tout à fait inutile. »

« Dans Victoria, on dépensa plusieurs milliers de livres à former des établissements pour l'instruction morale et religieuse des enfants. Ils étaient bien vêtus et bien logés, mais le résultat fut un insuccès douloureux. Les instituteurs, vaincus sur tous les points et, après neuf ans d'efforts, furent obligés d'abandonner leur œuvre. » Ce témoin ajoute que le seul effet de tous ces dons en nature, en vêtements, en instruction, fut que les « indigènes s'engraissèrent, devinrent paresseux et désobéissants ; et déclarèrent énergiquement que les ouvrages trop durs ne sont pas faits pour les hommes noirs ; ils ne sont bons que pour des hommes blancs, parce qu'ils les aiment[2]. »

Dès l'année 1842, « les frais de toutes les missions aux indigènes de la Nouvelle-Galles, relate un de ses historiens, montaient à cinquante et un mille huit cent sept livres (1,295,875 fr.). Nous devons franchement avouer que cet argent n'a que peu ou point rapporté. » Il cite aussi un missionnaire qui fait ce singulier récit : « De quelque côté que j'aille, même à une distance de cinquante à soixante milles, les parents cachent leurs enfants, aussitôt qu'ils apprennent l'approche d'un missionnaire ; et, quand je leur arrive par surprise, j'ai le chagrin de voir ces petits êtres se jeter dans les buissons ou dans le lit de la rivière avec la plus grande rapidité[3]. »

Si les indigènes fuyaient les missionnaires, ceux-ci n'en abandonnaient pas pour cela leurs fonctions lucratives. Il y a quelques années, les journaux de la colonie racontèrent, avec un commentaire approuvé, l'histoire d'un ministre protestant qui reçut régulièrement pendant des années un subside pour une mission qu'il était censé diriger dans l'intérieur du pays, et sur les progrès de laquelle il envoyait annuellement des comptes rendus. A la fin,

---

[1] *Twelve Years' Wanderings*, etc., vol. I, p. 367.
[2] *Thirty-three Years in Tasmania and Victoria*, par George Thomas Lloyd, ch. xviii, p. 433.
[3] *History of N. S. Wales*, par J. H. Brain, esq., principal du collège de Sydney, vol. II, ch. vi, p. 237.

à la mission, tuaient plus tard leurs enfants[1]. M. Rienzi parle d'un indigène qui, ayant été élevé dès l'enfance par un généreux Anglais, fut envoyé en Angleterre et parut dans plusieurs assemblées publiques comme modèle du succès de l'éducation protestante ; de retour dans la colonie, il s'enfuit vers ses forêts natales, où il vécut dans un état de nudité complet, et fut enfin exécuté pour rapt[2]. « On cite de nombreux exemples, dit un ministre wesleyen, en 1862, de colons européens qui ont employé et élevé des indigènes, mais presque toujours les domestiques ou les servantes sont retournés vers la peuplade sauvage à laquelle ils appartenaient, et sont retombés dans la barbarie[3]. »

« Il n'y a pas d'exemple qu'ils aient accepté les dogmes du christianisme, » affirme un témoin oculaire en 1849. Cependant, comme s'il eût voulu prouver que leurs maîtres n'étaient que des agents humains à qui Dieu avait refusé tout don surnaturel, il ajoute que quelques-uns sont élevés avec assez de succès pour en faire d'utiles *policemen*[4].

On fit un autre essai onéreux dans la mission du lac Maquarie. « De grandes dépenses furent faites dans cette mission, dit le docteur Lang; ce sol par trop ingrat fut bientôt abandonné par la société découragée[5]. »

En 1837, la mission de la baie de Moreton fut fondée avec deux missionnaires allemands et dix-huit catéchistes laïques. « Quoique soutenue par le gouvernement, on ne la sauva de la ruine, en 1842, que par un appel au public, et vingt ans plus tard il fut de nouveau avoué que les résultats étaient insaisissables[6]. »

Le docteur Lang nous dit, en 1861, que cette mission a été définitivement abandonnée, « parce qu'on trouva impossible d'exciter assez l'intérêt des Anglais habitants du district pour la soutenir. » En revanche, il nous assure que, pour le temporel, les missionnaires avaient parfaitement réussi et qu'ils étaient devenus pères de vingt-deux enfants[7].

M Byrne cite un autre fait arrivé au lac Colac, où les wesleyens jouaient un rôle en 1848. Une grande étendue de terres et un subside annuel en argent furent donnés par le gouvernement ; il était

---

[1] *Australia and the East*, par John Hood, ch. vii, p. 207.
[2] *Océanie*, tome III, p. 507.
[3] Docteur Jobson, *Australia*, etc., ch. vii, p. 200.
[4] *Rambles and Observations, in N. S. Wales*, par Joseph Phipps Townsend, ch. vi. p. 103.
[5] *History of N. S. Wales*, vol. II, ch. xi, p. 507.
[6] Flanagan, vol. II, ch. i, p. 57.
[7] *Queens-Land, Australia*, ch. xii, p. 394, 395.

pelant un catholique schismatique ressemble à Ismael appelant Isaac un bâtard[1]. »

Le second fait, qui a rapport au docteur Broughton et à ses collègues, est le suivant. Il n'y a pas longtemps, paraît-il, eut lieu à Sydney une espèce de conférence des évêques protestants, dans laquelle la majorité exprima une opinion *quasi* officielle en faveur de la doctrine du baptême, dont ils recommandèrent l'observance à leurs inférieurs ecclésiastiques. Le « clergé de l'Australie » cependant déclara que si on maintenait l'opinion des évêques, « cela équivaudrait à un nouvel article de foi. » Les laïques aussi protestèrent contre cette convocation, tandis que le clergé de la Tasmanie s'adressa solennellement à son évêque pour exprimer son regret qu'après la décision du conseil privé et de deux archevêques, il pût conserver des idées aussi malsaines[2]. Devant de pareils faits nous n'avons aucune raison de nous étonner, lorsque le comte Strzelecki nous apprend que les efforts pour civiliser et christianiser les indigènes avaient *complétement échoué*[3].

Le colonel Mundy, en parlant des aborigènes australiens, dit que le zèle et l'argent ont été prodigués pour les civiliser et les convertir, mais en vain. Il cite un rapport sur la plus vaste des missions de ce continent, pour laquelle on a dépensé pendant neuf ans des sommes considérables à nourrir, instruire et prêcher les indigènes. « Parmi tous les jeunes hommes, qui pendant des années ont été plus ou moins attachés à la mission, relate le bulletin de 1842, il n'y en a qu'un donnant quelque satisfaction et quelque encouragement[4]. » Les résultats de tous ces soins et d'une éducation prolongée pendant de longues années, sont décrits en 1843, avec des couleurs encore plus sombres, par M. Hood. On dit qu'il s'est présenté des exemples de personnes qui, ayant été élevées

---

[1] En 1841, les colons adressèrent à la reine une requête condamnant « son esprit de secte » et demandant « que ce personnage fût exclu du corps législatif. » Lorsqu'il fut question d'une cathédrale catholique à Sydney, « les protestants souscrivirent généreusement, et le gouverneur, avec l'agrément de tous les magistrats, promit de donner du trésor public une somme égale à celle qu'on obtiendrait des particuliers. » Flanagan, vol. I, ch. iv, p. 225; vol. II, ch. i, p. 51.

[2] *New Zealand and its Inhabitants*, par le Rév. Richard Taylor, M. A., ch. xx, p. 504. — Un ministre wesleyen raconte avec complaisance qu'en 1862 : « lorsque j'étais à Sydney, l'évêque fut bien chagriné de trouver, dans une décision légale portée contre lui par la haute cour des colonies, qu'il pouvait être exclu d'une église où on avait publié que l'évêque ferait une ordination, parce qu'un membre du clergé s'y opposait! » Docteur Jobson, *Australia*, ch. vi, p. 163.) La discipline de l'Église anglicane ne fait guère de progrès dans les colonies.

[3] *Physical Description*, etc., sect. VII, p. 350.

[4] Colonel Mundy's *Australasian Colonies*, vol. I, ch. vii, p. 241.

après de longues recherches, qu'on puisse civiliser les Australiens[1]. » « Il y a raison de penser, ajoute M. Bennett, que les indigènes croient à la métempsycose[2] : » opinion confirmée par M. Parker, qui avait l'emploi de protecteur des indigènes et qui affirme que « leurs enfants montrent autant de capacité que les enfants anglais[3] ; » et par Mgr Salvado, qui a demeuré parmi les peuplades de l'intérieur, et qui donne des preuves concluantes de leur aptitude remarquable[4]. « L'œuvre de leur conversion peut être décourageante, dit M. Young, missionnaire wesleyen, mais elle ne présente pas plus de difficultés qu'on en a vaincu dans d'autres parties du monde païen[5]. » Enfin, M. Gerstaecker, voyageur allemand expérimenté, rapporte ce fait décisif pour prouver l'intelligence et les talents de l'aborigène australien. Il visita une école où les enfants indigènes lisaient le Nouveau Testament « avec beaucoup plus d'expression et de sentiment que ne le font ordinairement les enfants dans les écoles de campagne en Angleterre; ils donnaient ensuite une explication qui indiquait leur excellente mémoire[6]. » Il y avait certainement là un terrain à défricher. Cependant le docteur Broughton a décidé que lui et ses riches collègues ne pouvaient rien avec un tel peuple.

Ce docteur qui regardait l'Australien comme incapable de recevoir les vérités adressées également à toutes les créatures de Dieu, s'inquiétait beaucoup plus du progrès de la religion catholique dans la Nouvelle-Galles du Sud que de la conversion des sauvages ; il se distingua surtout par les protestations chagrines qu'il envoyait en Angleterre pour se plaindre de ce que l'archevêque de Sydney, le docteur Polding, « le schismatique, » portait un titre qui lui avait été donné par le successeur de saint Pierre, tandis que lui, docteur Broughton, portait le même titre donné par le successeur de Henri VIII. Le prélat catholique ne fit aucune attention à ces diatribes, qui ne provoquèrent d'autres observations que la remarque d'un écrivain français dans *le Correspondant* : « un anglican ap-

---

[1] *Océanie*, par M. G. L. Domeny de Rienzi, tome III, p. 517.
[2] *Wanderings in N. S. Wales*, par George Bennet, esq., F. L. S., F. R. C. S., vol. I, ch. v, p. 154.
[3] *The races of the Old World*, par Charles L. Brace, ch. xix, p. 469 (1863).
[4] *Mémoires historiques sur l'Australie*, par Mgr Rudesindo Salvado, 3ᵉ partie, p. 258 éd. Falcimagne, 1854).
[5] *The Southern World*, ch. v, p. 111 (1854).
[6] *Voyage*, etc., vol. III, ch. ii, p. 88. — En 1836, les missionnaires de la vallée de Wellington écrivirent « qu'il y avait parmi les noirs une idée générale d'un créateur, qu'ils croient à l'immortalité de l'âme et à un ordre d'êtres supérieurs à l'homme. » Flanagan, vol. I, ch. viii, p. 515.

cinq cents livres (12,500 fr.), qui leur furent payés en plus de leurs demandes ordinaires[1]. L'archidiacre Scott, dit-il encore, après avoir fait banqueroute en Angleterre, devint secrétaire ou commis, enfin dignitaire de l'Église, et fut envoyé en mission avec des appointements de deux mille livres (50,000 fr.)

L'excessive opulence du clergé anglican expliquera peut-être certains faits dont nous allons parler. Quand le docteur Broughton, qui était leur évêque, fut interrogé devant le parlement sur les conversions des aborigènes, on obtint de lui la réponse suivante : « Avez-vous trouvé absolument impossible de leur donner une idée exacte de la Divinité et du christianisme? — Absolument impossible, » répliqua-t-il[2]. Pour être juste envers les témoins wesleyens devant ce même comité, il faut dire qu'ils rejetèrent énergiquement cette opinion, et avec raison en apparence. Un savant qui avait étudié la question comme physiologiste se prononce en faveur des wesleyens. « L'examen et la comparaison ont montré, assure-t-il en parlant des caractères physiques distinctifs de la race australienne, qu'au lieu de différences, on trouve des analogies frappantes avec les crânes des blancs[3]. » Et un autre témoin confirme ce *dictum* de la science par le fait décisif de l'apparence de traditions religieuses distinctes ne manquant pas parmi eux[4].

Un grand nombre d'écrivains sur l'Australie paraissent même désireux de réfuter l'excuse du docteur Broughton. « Ils sont aussi vifs et aussi intelligents qu'aucune race d'hommes que je connaisse, » dit sir George Grey, qui avait étudié leurs habitudes et leurs dispositions[5]. Le docteur Lang, juge compétent, parle même de « l'intelligence supérieure de la race papuane » à laquelle cette population appartient[6]. « Leur croyance aux esprits est universelle, » nous dit M. Angas. « Il est certain, prétend M. Marjoribanks, qu'ils croient à l'immortalité de l'âme et à l'existence des esprits mauvais[7]. » « Le terme dont ils se servent pour désigner le mauvais esprit, assure M. Latham, appartient généralement à la théogonie océanienne[8]. » « Il n'y a point de doute, remarque M. de Rienzi

---

[1] *History of New South Wales*, par John Dunmore Lang, D. D., vol. II, ch. xi p. 465 (1852).
[2] *Parliamentary Papers*, vol. VII, p. 14. Cf. p. 201.
[3] *Physical Description of N. S. Wales*, par P. E. de Strzelecki, sect. VII, p. 355.
[4] *Savage Life and Scenes in Australia and New Zealand*, par George French Angas, vol. II, ch. vii, p. 224.
[5] *Journals of Two Expeditions in Australia*, vol. II, ch. xviii, p. 374.
[6] *Queensland*, ch. xii, p. 569 (1861).
[7] *Travels in New South Wales*, par Alexandre Marjoribanks, ch. iv, p. 92.
[8] *The Ethnology of the British Colonies*, ch. v, p. 222.

cial qu'au point de vue religieux, il fut saisi, mis en prison et enfin renvoyé en Angleterre[1], sa présence étant gênante pour des hommes qui semblaient avoir instinctivement senti que son ministère était un reproche sanglant pour leur cruauté et leur impiété.

Nous verrons, par la suite, que la destinée invariable des sauvages en Australie, dans l'Amérique du Nord, dans l'Afrique du Sud, dans la Polynésie, partout où ils ont trouvé des maîtres protestants, a été de disparaître; tandis que dans les îles des Philippines, dans l'Océanie, dans l'Amérique de l'Ouest et du Sud, sous des maîtres catholiques, ils ont vécu en paix et dans la prospérité, ils se sont augmentés et même multipliés. Retraçons cette histoire d'abord en Australie.

MISSIONS PROTESTANTES EN AUSTRALIE.

Le sujet est aride et ne nous retiendra pas longtemps. Il serait inutile d'en poursuivre tous les détails; ils se résument dans ces deux faits : le premier, que pas un seul indigène de Tasmanie ou de la Nouvelle-Hollande n'a jamais été converti; le second, que les tribus aborigènes de celle-ci ont cessé d'exister sous la domination anglaise, tandis que les tribus de celle-là ont presque disparu. Quelques faits caractéristiques suffiront. Ce sont des témoins protestants qui nous raconteront l'histoire ordinaire de missionnaires mondains et avides, de colons anglais immoraux, de l'argent dépensé inutilement, et enfin d'un échec complet et reconnu. Le docteur Lang, historien de la Nouvelle-Galle du Sud, écrit en 1852 : « Il n'y a pas encore de conversion bien authentique d'un noir au christianisme, » et il nous assure que ce résultat n'est pas imputable au manque de ressources temporelles. Dans l'année 1828, dit-il, quand la population entière n'excédait pas trente-six mille cinq cent quatre-vingt-dix-huit individus (environ la moitié appartenant à d'autres communions), les dépenses de l'Église anglicane, pour la colonie, montaient à vingt-deux mille livres (550,000 fr.) Mais apparemment cette somme ne suffisait pas à satisfaire ceux auxquels elle était distribuée. Des comptes de la nature la moins honorable furent fournis par des ministres ayant en outre d'amples salaires et des bénéfices de toute sorte. C'est ainsi que les deux ministres anglicans de Sydney présentèrent, l'un, un mémoire de sept cents livres (17,500 fr.), et l'autre, de

[1] *History of New South Wales*, par Roderick Flanagan, vol. I, ch. iv, p. 215.

condamner. Ce n'est sûrement pas une offense, à moins de nier la maxime fondamentale de la jurisprudence romaine, de bannir le traître et le meurtrier de la société qu'ils ont outragée. Mais il était cruel et impie de traiter ces malheureuses victimes comme des brutes condamnées à la mort, et de n'avoir préparé pour elles dans le lieu de leur exil que le gibet ou la hache[1]. Plus que les autres enfants des hommes ils avaient besoin, c'était leur seule ressource, de l'espoir du pardon et des promesses de l'avenir. Ils n'étaient plus les maîtres de leurs actions et ne pouvaient désormais mouvoir la main ou le pied que d'après l'ordre de leurs gardiens; mais leurs âmes étaient libres, et dans cette liberté ils pouvaient encore chercher à s'unir à Dieu, et à se rendre favorable un Juge qui essuie les pleurs qu'il fait répandre et qui, même en châtiant, a déjà pardonné. Cependant le premier vaisseau qui emporta sa charge de désespoirs, de cœurs brisés, de douloureux souvenirs et de terribles craintes, aurait quitté les rives d'Angleterre sans un seul ministre de la religion, s'il ne s'était trouvé un homme pour en faire souvenir à temps. Les autorités civiles crurent leur œuvre complète quand elles eurent donné le signal de lever l'ancre et de mettre à la voile; tout le reste leur était indifférent.

Un demi-siècle plus tard, le même fait se renouvela. Lors de l'expédition récente à Port-Issington, le même oubli se commit, dit le juge Burton, en 1840. A cette occasion, « le vaisseau de Sa Majesté, *l'Alligator*, partit de l'Angleterre avec plus de cinq cents âmes à bord, sans aucun ministre de la religion[2]. »

En Australie, comme aux Indes, les autorités ne fournissaient pas de ministres et ne voulaient permettre à personne d'y suppléer. Parmi les émigrés vers ce nouveau continent il y avait des enfants de l'Irlande, que la Providence semble avoir dispersés parmi toutes les demeures de la race anglo-saxonne pour y rallumer un jour la lumière de la foi que leurs malheurs n'ont jamais pu éteindre. Il était nécessaire de porter les secours de la religion à ces exilés. Le premier prêtre catholique qui arriva en Australie pour sa mission de charité, et que la politique de l'intérêt bien entendu aurait dû faire accueillir avec bonheur, fut traité avec mépris et on lui demanda de montrer son permis, ou de se tenir prêt à partir par le prochain navire[3]. Il était seul, et quoique ses services n'eussent pas eu moins de valeur au point de vue so-

---

[1] L'auteur fait allusion aux criminels des Trois-Royaumes condamnés à être exilés en Australie. (*N. du trad.*)
[2] *State of Religion and Education in N. S. Wales*, p. 72.
[3] *A Reply to Judge Burton*, par W. Ullathorne, D. D., p. 10.

CHAPITRE V

MISSIONS DES ANTIPODES

Pour la première fois nous avons à parler de contrées où, par exception, le missionnaire protestant a précédé le missionnaire catholique. Pendant une longue suite d'années, les agents des sociétés anglaises pour les missions continuèrent leurs opérations en Australie et dans la Nouvelle-Zélande devant des témoins amis. Il n'y avait pas de concurrents pour retarder leurs progrès, point de rivaux pour disputer leur influence. Trois nations de païens et de sauvages, dont les terres semblaient avoir invité depuis longtemps un nouveau possesseur, avaient ouvert leurs portes à l'Angleterre et à ses émissaires. Avec des ressources illimitées et soutenus par toute la puissance d'un des plus grands empires du monde, ils n'avaient qu'à régner en paix et commander à ces déserts de revivre et de fleurir comme un champ sur lequel est descendue la rosée du ciel. Ici enfin la religion réformée pouvait montrer ce qu'elle valait pour la conversion des gentils, dans une sphère où sa domination était incontestée. Elle s'était vantée souvent de son pouvoir; le moment était venu d'en donner des preuves. L'Australie, la Nouvelle-Zélande et la Tasmanie étaient ajoutées à la longue liste des colonies conquises par la Grande-Bretagne; nous verrons si elle y a joué un rôle plus noble qu'aux Indes et à Ceylan.

Nous ne ferions que répéter la plainte de ses enfants, si nous disions que de ces trois pays, grâce à l'Angleterre, deux sont devenus un cloaque moral. Mais ce reproche, qui d'un côté est dur et injuste faute de limite convenable, ne tient de l'autre aucun compte de crimes beaucoup plus réels que ceux qu'il se hâte de

jugements téméraires des hommes que le prince des apôtres appelle, dans un langage qu'un apôtre seul pouvait employer : *Animaux sans raison, blasphémant ce qu'ils ignorent*[1]. »

CONCLUSION.

Dans ce chapitre comme dans les autres, nos témoins sont protestants ; nous citerons un seul fait rapporté par une plume catholique. Dans le vicariat de Colombo, en 1857, quatre cent onze protestants adultes abjurèrent l'hérésie ; en 1858, quatre cent vingt-deux ; en 1859, deux cent quatre-vingt-neuf ; en somme, onze cent vingt-deux protestants furent convertis dans une seule province ecclésiastique de Ceylan[2].

Ce n'est pas chose nouvelle de voir le Tout-Puissant employer les ennemis de l'Église à proclamer sa gloire. La stérilité inguérissable du protestantisme, malgré les talents, les vertus même de quelques-uns de ses ministres, trouve partout et toujours un historien protestant pour la découvrir et la signaler. Dieu est absent de leurs conseils, ils proclament le vide affreux causé par cette absence. Missionnaires, touristes, fonctionnaires, ils quittent l'Angleterre ou l'Amérique avec l'intention de raconter l'influence funeste de la foi ancienne et de chanter les triomphes de la nouvelle. Enfin leurs livres sont publiés ; le monde s'étonne de voir qu'ils ont obéi à l'inspiration divine, et que les gloires de l'Église sont divulguées par ses ennemis les moins scrupuleux, et l'impuissance du protestantisme soigneusement démontrée par les plus enthousiastes de ses disciples.

[1] IIe épitre de saint Pierre, ch. II, v. 12. — Même dans leurs rares contemplations du ciel ils voient toujours l'*homme*. « Parmi les chrétiens protestants, dit un homme d'État américain, le cœur n'est pas touché à la perspective de la vie éternelle. » (*Footfalls on the Boundary of another World*, par Robert Dale Owen, ancien chargé d'affaires à Naples, livre VI, ch. I, p. 362.) « La rencontre des amis dans l'autre monde, le renouvellement des liens avec les âmes décédées, » sont les titres ordinaires des discours protestants sur le ciel. — Par rapport à Dieu, leur théologie est muette. « Je meurs content, disait un célèbre ministre anglican de la Haute-Église, je verrai Hugh James Rose et l'évêque Otter. » La seule chose à laquelle ils ne pensent pas dans leurs rêves du ciel est la vision béatifique. L'idée anglicane de l'union avec Dieu semble à peine s'élever au-dessus des « heureuses terres de chasse » des Indiens à peau rouge. Il n'est pas étonnant que des hommes qui ont inventé des autels sur lesquels il n'y a pas de tabernacle se fassent un ciel où il n'y a pas de Dieu.

[2] *Madras Catholic Directory*, pour 1860, p. 178-180.

Les protestants, il est vrai, ne se font pas cette idée du culte catholique. Pour eux, le cérémonial n'est rien, parce qu'ils ont rejeté l'autel. Quand M. Selkirk entre dans une église catholique à Ceylan, et lorsqu'il nous dit : « Je ne pouvais rien comprendre au service ; » il représente exactement la capacité des protestants dans l'examen du culte catholique. Quand le docteur Clark remarque la dévotion silencieuse d'une réunion de fidèles dans la cathédrale de Séville, et observe avec mépris qu'un *tableau* était l'objet de l'adoration, il ne savait pas que dans cette foule recueillie il était le seul peut-être qui en eût remarqué la présence. Quand un autre ministre assiste à la messe de Saint-Pierre, célébrée par le Souverain Pontife, et court ensuite chez lui écrire dans son journal : « Hélas ! aucun sentiment religieux ne pouvait y trouver place[1] ; » il prouve seulement qu'il cherchait *l'homme* et prêtait l'oreille pour entendre la voix d'un homme, là, où la compagnie des fidèles voyait Dieu seul. Il en est toujours ainsi avec de pareils spectateurs. Comme les Juifs qui remplissaient les rues de Jérusalem en se rendant aux fêtes de Pâques, ils voient un Enfant et une Vierge à ses côtés se frayant un passage dans la foule ; mais ils continuent leur chemin et ne savent pas que c'est le Roi du ciel et sa Mère immaculée qu'ils viennent de rencontrer. « Le Roi sacramentel » est autant caché aux sectaires que l'était le Dieu incarné aux Juifs. Ils entrent dans le temple, ils entendent la musique, ils voient les luminaires, mais ce que signifient ces genoux pliés, ces yeux baissés, pourquoi ce célébrant est-il vêtu de drap d'or et agit-il comme s'il était devant la cour céleste, tout cela leur est aussi caché que si la croix n'avait jamais été élevée sur le Calvaire ou l'oblation sainte offerte pour le salut du monde.

N'ayant pas conscience de ce magnifique mystère, la joie et la vie du chrétien, ils ont banni Dieu de leurs temples pour élever un trône à l'homme. Ils ne savent que sourire, tandis que le chrétien qui a connu Dieu depuis son enfance respire à peine en présence du Saint des saints, et oublie jusqu'à l'intrusion de ces critiques moqueurs, qui, debout et la tête haute, prononcent un jugement inspiré par leur superbe ignorance.

S'il était possible aux sectaires de connaître, seulement pendant une heure, ce qu'est la présence de Dieu dans l'Église, ils comprendraient que le « cérémonial, « supposé par eux si important dans le culte catholique n'a de charme ni pour fasciner les chrétiens, ni pour convertir les païens. Ils apprendraient aussi à détester les

---

[1] *Memorial of the Holy Land*, par le Rév. George Fisk, p. 25.

Partout, les païens mettent en doute si le protestantisme est une religion. « Ils demandent si les Anglais en ont une, » nous rapporte M. Forbes. Les Persans, d'après M. Walpole et d'autres, font la même remarque. Les Turcs, dit M. Warburton, les appellent « sans-prière. » Les Chinois, le docteur Morrison en gémit, « s'en moquent. » Les Kurdes les réclament pour coreligionnaires, parce qu'ils « ne jeûnent pas et ne font pas de prières. » Les Druses, ces athées de la Syrie, regardent la religion protestante comme « une espèce de franc-maçonnerie qui ressemble beaucoup à la leur. »

Pourquoi donc sir E. Tennent essaye-t-il d'expliquer les succès des missionnaires catholiques et les mécomptes des protestants, par des raisons qui s'arrêtent à la surface? Il n'est pas question de rituel mais de doctrine. Le catholique réussit, parce qu'il peut ériger un autel *sur lequel Dieu est réellement présent*; le protestant échoue, parce que les païens reconnaissent qu'il n'est qu'un homme comme eux, et quoiqu'il se prétende ministre d'une religion divine, n'a rien de plus divin à leur offrir que le son de sa propre voix.

S'il y a dans ce monde des hommes qui, dans un certain sens, soient indifférents au cérémonial en célébrant les mystères de la religion, ce sont les catholiques. S'ils assistent au saint sacrifice, acte principal du culte, ou à tout autre office de l'Église, leurs yeux et leurs cœurs sont fixés non pas sur les objets sensibles, mais sur cette présence redoutable — *stupendum supra omnia miraculum*, — tantôt cachée dans le tabernacle, tantôt exposée aux regards des fidèles. Les ornements, la musique et l'encens, tout ce qui frappe l'œil et l'oreille, le fidèle le voit, l'entend à peine, car il y a là un mystère qui parle à son âme et qui absorbe toutes ses puissances. Que le cérémonial soit pauvre ou magnifique, c'est en chrétien et non pas en artiste qu'il s'aperçoit de son existence. Il demande à n'être pas distrait; en présence de ces réalités ineffables, peu importe le reste. Comme Marie et Salomé, il pense au Corps qu'il est venu adorer et non aux « onguents précieux » qu'il a apportés pour l'embaumer. Tous les accessoires du culte, le nuage d'encens, les lumières éclatantes, les chœurs de voix et les riches vêtements n'ont que la valeur d'une offrande à Celui qui leur donne tout leur prix en daignant les accepter. « Ce ne sont que des signes et des symboles; la dévotion envers le Saint-Sacrement est l'adoration de la Majesté sacrée [1]. »

---

[1] Père Faber, *the Blessed Sacrament*, liv. IV, ch. II, p. 452.

voilée à son intelligence par des hommes dont la vie répond à son idéal d'un maître de la loi divine, il tombe à genoux, adore et confesse la majesté suprême de cet autel et de ce sacrifice redoutable par lequel, comme l'a prédit le dernier des prophètes, le nom de Dieu « *deviendrait grand parmi les gentils*[1]. » Là se trouve le secret des conversions, et non pas dans le cérémonial, qui n'en est que l'auxiliaire.

Nos sentiments et nos émotions les plus purs, nos supplications les plus ardentes ne peuvent jamais être dignes de Dieu. Fussent-elles unies à celles des saints et des anges, elles ne constitueraient pas un acte d'adoration proportionné à ses droits souverains. Les catholiques seuls peuvent offrir un véritable culte. « Le Christ, *victime dans notre sacrifice*, est la source inépuisable d'une dévotion sans bornes[2]. » Une seule messe surpasse infiniment en efficacité toutes les prières qui furent ou seront jamais offertes par des créatures. « Là nous voyons la majesté ineffable du Très-Haut entourée d'une adoration égale à lui-même ; là nous voyons son infinité adorée infiniment[3]. » « Vous seul savez, disait sainte Gertrude à Notre-Seigneur, avec quelle énergie d'amour vous vous offrez chaque jour à Dieu sur l'autel. »

D'un autre côté, les religions purement humaines inventées au seizième siècle, que les païens de tous les pays regardent avec indifférence ou mépris, sont ainsi décrites par leurs défenseurs les plus éminents : « La marque distinctive du monde protestant, dit Menzel, est l'indifférence religieuse. Dans le culte protestant, tout dépend du prédicateur. Pour le catholique, sa piété subsiste sans le prêtre, peu lui importe celui qui officie, » puisque tous offrent le même sacrifice. « Chez les protestants, tout dépend du caractère personnel du ministre ; pour lui seul et seulement quand il est présent on va à l'église, on ne regarde que lui, on ne s'occupe que de lui, parce que lui seul attire l'attention dans une église protestante[4]. »

Cette autorité protestante s'arrête devant l'aveu qu'on ne pouvait attendre d'elle, — qu'une religion ainsi décrite est l'apostasie dénoncée par le prophète, lorsqu'il parlait d'un culte qui devait mettre l'homme à la place de Dieu, et qui, « *ayant aboli le sacrifice, amènerait l'abomination de la désolation*[5]. »

---

[1] Malachie, ch. i, v. xi.
[2] Moehler.
[3] Le Rév. P. Faber, *the Creator and the Creature*, ch. iv, p. 223.
[4] *German Literature*, par Menzel, vol. I, p. 147 (éd. Felton).
[5] Daniel, xi, 31.

priserait l'imposture d'un vain faste religieux. Ce ne sont pas les idoles qu'il adore, mais « les symboles du pouvoir suprême [1] ; il n'attache aucune importance à l'idole en elle-même [2]. » Il est vrai qu'il adore les démons, mais au moins il adore. Différent en cela des protestants, il comprend ces grands principes que ceux-ci, seuls parmi les hommes, semblent répudier dans la pratique — les droits souverains du Créateur sur sa créature, l'obligation et l'efficacité de la pénitence pour une race déchue, et le principe du *sacrifice* comme l'essence du culte. Aussi est-il plus facile de le convertir que les enfants de Luther ou de Calvin qui ont perdu ces notions primitives.

Malgré leur indigence spirituelle, les disciples de Bouddha et de Confucius, de Brahma et de Mahomet, rejetteraient la pâture insipide d'un vide cérémonial, incapable d'apaiser la faim de leurs âmes. Ils ont montré dans bien des pays, qu'ils savaient distinguer entre le rite solennel qui voile et symbolise les mystères augustes de l'autel chrétien, et les formes glaciales du protestantisme qui ne symbolisent rien : sombres accessoires d'une religion qui évite avec raison le cérémonial, parce qu'elle n'a rien à cacher et rien à révéler, parce qu'elle commence et se termine avec l'homme, et ne renferme pas de mystères plus profonds que les accents variables de la parole humaine.

De là, il arrive, comme nous l'avons vu, que les païens passeront immédiatement du service protestant à l'adoration de leurs propres divinités, parce qu'ils ont découvert que, dans le premier, il n'y avait pas même l'apparence d'un culte. Ils n'ont pas soupçonné qu'une cérémonie aussi froide, dans laquelle ils n'ont vu qu'un homme lisant dans un livre à d'autres hommes, sans grands signes d'intérêt de part et d'autre, eût la prétention d'être un service religieux. Ils n'y ont rien vu qu'une formalité ennuyeuse, une nouvelle excentricité de leurs maîtres incompréhensibles. Au premier coup d'œil, cependant, en entrant dans la plus humble chapelle catholique, ils ont compris qu'il y avait là des hommes qui adoraient Dieu.

Il n'est aucune religion dans le monde, a montré M. de Maistre, excepté le protestantisme et l'islamisme, dont le sacrifice ne soit l'acte principal. « Les idées de Sacrifice, d'Incarnation et de Trinité sont déjà familières à l'Hindou, » observe un savant Anglais [3]. Lorsque la vraie notion de ces grands mystères est dé-

---

[1] *The Wonders of Elora*, ch. xiv, p. 547.
[2] Sir William Hooker, *Himalayan Journals*, vol. I, ch. xiv, p. 524.
[3] *Life of Baber, Emperor of Hindostan*, par R. M. Caldecott, esq., p. 336.

CULTE EXTÉRIEUR COMME MOYEN DE CONVERSION.

Dans toute l'histoire des missions, il n'y a pas un exemple de païens attirés vers la religion catholique uniquement par le culte extérieur. Une ignorance volontaire ou une légèreté incurable ont seules pu attribuer les conversions de l'Inde ou de la Chine à un tel moyen. Dans tous les autres pays, où l'œuvre des missionnaires est en progrès, le dénûment des évangélistes catholiques n'est que trop reconnu. Dans les îles de l'océan Pacifique, nous verrons les missionnaires manquer des choses les plus nécessaires à la vie et leurs évêques se servir du squelette d'une baleine comme trône épiscopal; en Amérique, même à présent, ils n'ont pas toujours de quoi se nourrir. Dans quelques provinces tels que le Texas, l'Orégon et la Californie, leurs repas ordinaires auraient peu d'attraits pour un Européen. Dans l'Amérique du Sud, ils partagent volontiers la vie des pauvres Indiens qui les honorent, malgré ou plutôt à cause de leur pauvreté apostolique.

Un protestant américain, qui visita récemment la vallée des Amazones et qui rencontra dans ces solitudes des missionnaires, les appelant l'idéal des évangélistes, fait cette remarque : « Je fus frappé de la pauvreté de l'église et je résolus de faire appel aux catholiques des États-Unis pour des aumônes[1]. »

Un officier anglais, traversant les mêmes régions de Lima à l'océan Atlantique, trouva aussi des missionnaires traités « avec la plus grande vénération par des indigènes qui ne montraient de déférence qu'au *padre*; » il dit que les églises sur sa route « ne valaient guère mieux que de vastes granges[2]. » Cependant on voudrait nous faire croire que l'Église ne gagne des âmes à Dieu que par les fascinations d'un « cérémonial pompeux. »

Cette explication vulgaire contredit non-seulement les faits admis par tous les témoins compétents, mais aussi les phénomènes les plus notoires de la vie païenne.

Le païen, quoiqu'il ait élevé bien des temples splendides, en Grèce, en Égypte et dans l'Inde, n'a jamais conçu l'idée d'adopter un cérémonial spécieux pour remplir l'office d'un culte intellectuel. Partout il garde, malgré ses erreurs, les traditions primitives de *sacrifice*, de *prière* et de *mortification*. L'Hindou lui-même mé-

[1] Lieut. Herndon's *Valley of the Amazon*, ch. xi, p. 225.
[2] *Narrative of a Journey from Lima to Para*, par le lieutenant W. Smyth, ch. viii, p. 148, et ch. xi, p. 215.

des obligations humiliantes et contraires à la nature. Le sacrement de pénitence a fortifié les Cyngalais dans la pratique de la religion; mais ce n'est pas son attrait qui les a tentés de l'embrasser.

La seconde supposition de cet écrivain distingué a moins de droits à notre respect. Le « cérémonial pompeux » de l'Église catholique, prétend-il, a retenu les Cyngalais dans cette communion. C'est là l'explication ordinaire des protestants pour le succès des missionnaires catholiques. « L'appareil extérieur, assure le comte Hogendorp, fascinait les Japonais[1]. » Il le proclame comme si personne ne pouvait le nier; cependant il savait très-bien que des milliers de Japonais se convertissaient à la voix d'hommes qui ne possédaient qu'un crucifix et un bréviaire. Ce fait s'applique à tous les pays idolâtres.

Sir E. Tennent suppose-t-il que le Père Vaz errant dans les marais et les jungles de Ceylan convertissait trente mille païens par un « cérémonial pompeux ? » Saint François-Xavier, qui n'avait pour tout appareil qu'une sonnette et un catéchiste, convertissait-il sept cent mille idolâtres par un cérémonial éclatant? Le vénérable Jean de Britto gagna-t-il ses milliers d'âmes dans les forêts du Marava par les splendeurs du culte? Était-ce à l'aide de pareils accessoires que les apôtres martyrs de la Chine et de la Corée, dont les églises furent des cabanes et les vêtements de pauvres lambeaux, accomplissaient leurs conquêtes? Était-ce un éclat fastueux qui arracha au démon quinze cent mille indiens dans l'Amérique du Sud, et fit adorer le saint nom sur les bords de l'Ohio et du Mississipi, et plus tard dans les plaines de l'Orégon et les vallées des Montagnes-Rocheuses? Est-ce par ces moyens extérieurs que les Franciscains renouvellent en ce moment leurs anciennes victoires dans l'intérieur reculé du Brésil, ou les Lazaristes en Syrie, ou les Jésuites dans la Colombie américaine, ou les Maristes dans les îles de l'océan Pacifique?

Que penser donc d'une cause qui essaye de cacher son humiliation et d'excuser ses mécomptes sous un prétexte faux, en attribuant les conquêtes qu'elle n'a jamais su faire à des moyens impossibles à employer et insuffisants quand même on en eût fait usage?

La seule explication insinuée par les protestants sur le succès de nos missionnaires mérite un examen sérieux. Leur argument unique est opposé aux faits de l'histoire, à la pratique universelle des païens et des chrétiens comme aux instincts de la nature. D'abord il est opposé aux faits historiques.

---

[1] *Coup d'œil sur Java*, par le comte de Hogendorp, ch. XI, p 589.

Europe, mais confondent et remplissent d'étonnement les peuples idolâtres[1]. » Tous les écrivains qui n'ont pas un intérêt personnel à servir emploient le même langage, et disent avec M. Baker que les païens, à la vue des divisions protestantes, « restent stupéfaits[2]. »

EXPLICATION PROTESTANTE DU CONTRASTE.

Comment les protestants expliquent-ils ce nouvel exemple, indiqué par eux, du contraste entre les missions catholiques et protestantes parmi les idolâtres? La plupart gardent le silence et se contentent de reconnaître un fait que leurs amis ont révélé. Sir E. Tennent, qui réprouve les cruautés des Hollandais et les calomnies des Anglais, est trop sérieux pour ne pas essayer de résoudre ce problème ; il condamne d'abord, comme il convenait à un homme aussi distingué, les fictions immorales des écrivains anglais qui prétendent « que les catholiques de Ceylan forçaient les indigènes à suivre leur religion. » « Je ne trouve rien, dit-il, dans les procédés des Portugais à Ceylan, pour justifier l'imputation de violence ou de contrainte ; malheureusement en ce qui concerne les calvinistes hollandais, leurs propres archives démontrent la sévérité de leurs mesures et l'insuccès qui les attendaient. »

Deux considérations paraissent avoir impressionné sir E. Tennent ; il les développe dans un langage digne de lui. « La fermeté inflexible et la moralité supérieure des indigènes catholiques peuvent être attribuées, dit-il, à la puissante influence du confessional sur les pénitents. Si on demande la preuve de cette puissance, on la trouve dans la générosité des indigènes pour l'entretien de leur culte. »

Nous ne trouvons rien à redire à cette appréciation. Nul doute que le sacrement de pénitence ne produise d'excellents effets à Ceylan comme ailleurs. Nul doute que son pouvoir n'y soit très-salutaire. Mais la fréquentation de ce sacrement est l'effet et non la cause des conversions. Les hommes abordent le tribunal de la pénitence lorsque leur conscience a été éclairée ; ils l'ont en horreur lorsqu'ils sont esclaves de leurs passions. Ils y viennent de leur propre volonté, mûs par la grâce divine et par les besoins impérieux du cœur. Loin d'expliquer les conversions des païens, le confessional est plus capable de les éloigner puisqu'il impose

---

[1] *A Visit to Ceylon*, par Ed. Sullivan, ch. VII, p. 78.
[2] *Eight Years*, etc., ch. XI, p. 361.

journal; on avait fait appel à toute la population : pas un vingtième ne fit réponse. S'ils avaient été catholiques au lieu de protestants, croyez-vous au même résultat ?

K. Non, sans doute. La malheureuse désunion qui existe parmi nous est la cause de ce mécompte.

M. Encore un effet du libre examen !

K. Peut-être; mais nous nous éloignons du bouddhisme[1]. »

La conversation devenait difficile à soutenir; le ministre protestant se hâta de la diriger vers un sujet moins délicat.

RIVALITÉ ENTRE LES SECTES.

« La variété des sectes a toujours été un obstacle sérieux aux progrès du christianisme parmi les bouddhistes cyngalais, dit sir E. Tennent. Dans les persécutions contre les catholiques par les Hollandais, dans la substitution de l'Église anglicane à celle de Hollande, les rivalités entre les épiscopaliens et les presbytériens, les baptistes et les wesleyens, etc., les Cyngalais trouvent qu'on leur offre une croyance douteuse et mal fixée à la place de leurs anciennes superstitions. Incapables de décider des questions que les plus sages de leurs maîtres européens n'ont pu concilier, ils hésitent à substituer des idées vagues et contradictoires à des pratiques reçues de leurs ancêtres, ayant l'appui de l'antiquité. Quand même la vérité aurait ébranlé leur confiance dans la religion nationale, le choix des sectes qu'on leur offre les conduit à une confusion dont il leur est impossible de sortir[2]. »

Les instincts de la nature humaine suffisent pour condamner une forme de religion qui ne peut même unir ses disciples dans une profession uniforme. Le païen sourit aux prétentions d'une doctrine dans laquelle il ne voit qu'incohérences et contradictions. Il comprend que la vérité ne peut avoir ces apparences. « A Ceylan, aux Indes, assure un voyageur protestant qui avait parcouru bien des pays et recueilli partout la même impression douloureuse, l'Église protestante n'a pas de chance en présence de l'Église catholique. L'unité de cette dernière contraste avec les formes variables et les doctrines opposées de la religion protestante, qui non-seulement l'affaiblissent et la réduisent à rien en

---

[1] *Forest Life in Ceylon*, par W. Knighton, M. A., vol. II, app., p. 411, 412.
[2] Sir E. Tennent, ch. v, p. 196. — Voir aussi, pour les mêmes faits, *Eleven Years in Ceylon*, par le major Forbes, vol. I, ch. v, p. 112.

leurs pasteurs catholiques à verser des offrandes, bâtissent des églises dans des endroits où il n'y en a pas, dans l'espoir que cette générosité engagera les missionnaires à se laisser toucher et à leur procurer les secours de la religion [1]. Un témoin oculaire, autrefois ministre protestant à Ceylan, aujourd'hui prêtre catholique, nous rapporte ce fait.

De tous ces aveux, nous pouvons conclure que les catholiques de Ceylan sont très-nombreux, que des conversions nouvelles s'opèrent tous les jours, que rien ne peut ébranler leur constance, qu'ils sont moraux, fervents, soumis à leurs pasteurs et prodigues dans leurs aumônes. Les païens ne sont pas insensibles à tant de bonnes qualités, et savent distinguer les indigènes catholiques d'avec les prétendus chrétiens des sectes dissidentes.

TÉMOIGNAGES DES PAÏENS.

L'évêque protestant de Colombo, dans son journal de 1850, nous explique comment les païens envisagent une conversion au protestantisme. Un chef Kandian, invité par un missionnaire anglais à faire baptiser son fils, lui répondit : « Quoi ! voulez-vous que j'en fasse un ivrogne [2] ? »

M. Knighton rapporte en 1854 ses conversations avec Marandhan, bouddhiste instruit qu'il s'efforçait de convertir au christianisme. Marandhan lui dit qu'il avait remarqué « la haine existante entre les protestants et les catholiques, » et continua en ces termes : « Eh bien, par rapport à ces deux grandes sectes de chrétiens, voici mes observations ; j'espère que ma franchise ne vous offensera pas.

KNIGHTON. Non certainement, j'écouterai avec plaisir vos remarques sur ce sujet.

M. Les voici : les protestants *parlent* de religion ; les catholiques y *croient*. Beaucoup des premiers paraissent incrédules et pas un des seconds. J'ai aussi la conviction que les catholiques feront de plus grands sacrifices que les protestants. »

Le Kandian s'interrompit pour citer un fait récent, un essai infructueux de souscription pour un missionnaire protestant parmi les planteurs et continua :

« Vu le nombre des planteurs dans cette province, combien peu sont disposés à encourager ce projet ! J'ai lu la liste dans un

---

[1] *Revue de Dublin*, vol. xxv, p. 106.
[2] *Colonial Church Chronicle*, vol. v, p. 269.

ceptes du christianisme que toutes les autres sectes de cette île[1]. »

Ce missionnaire était tellement surpris de leur constance dans les épreuves, qu'il ne pouvait s'empêcher de les admirer. « Plus de deux siècles, dit-il, après le départ des Portugais on découvrit au fond des jungles de Kandyan deux colonies de catholiques romains. Privés de prêtres, ils avaient conservé leur attachement à la foi chrétienne. On trouva en leur possession une copie du Nouveau Testament, traduit dans leur langue par un prêtre catholique européen ; ce fait démontre la sincérité de ceux qui avaient fondé cette mission[2]. »

Sir Alexandre Johnston, grand juge à Ceylan, avait la bonne foi de déclarer à l'archevêque de Goa, comme preuve de la moralité des indigènes catholiques : « Que dans tout son parcours à travers l'île, pas un seul catholique n'avait été amené devant son tribunal. »

Un autre trait doit être signalé. Un missionnaire anglican qui avait passé treize ans à Ceylan rapporte en 1862, que « les indigènes protestants se montrent partout peu disposés à payer eux-mêmes pour le maintien du christianisme[3]. »

Sir Emerson Tennent, après avoir déploré « les contributions insignifiantes des convertis protestants, » nous dit : « Les convertis catholiques sont très-portés à contribuer par eux-mêmes pour l'entretien du clergé et des églises ; leurs offrandes vont jusqu'à la libéralité la plus large. » Cette générosité se rencontre sans exception dans toutes les classes, « quoique la pauvreté existe à Ceylan, d'après M. Bertolacci, plus que dans d'autres pays, à cause de l'absence des manufactures[4]. » « Tous les pêcheurs sont catholiques, dit un autre écrivain protestant, et donnent chaque année une dîme de dix mille livres (250,000 fr.)[5]. » M. Selkirk ajoute « que les pêcheurs catholiques de Negombo construisent une nouvelle église à leurs frais. Ils refusent même l'argent que leur offrent les autres catholiques. Ils consacrent à cette œuvre le produit de leur pêche un jour par semaine[6]. » Le révérend M. Robinson, ennemi acharné, s'écrie : « Le zèle de ces pauvres catholiques romains de Ceylan pourrait faire rougir beaucoup de protestants anglais[7]. »

Il est à remarquer que les indigènes, loin d'être contraints par

[1] Harvard's *Narrative*, introd., p. 67.
[2] *Ibid.*, p. 64.
[3] *Church Missionary Society's Report*, 1862, p. 178.
[4] *View of Ceylon*, par A. Bertolacci, esq., p. 205.
[5] *Six Years in India*, par C. Mackenzie, vol. III, ch. IV, p. 110.
[6] *Recollections*, etc., p. 391.
[7] *Romanism in Ceylon*, p. 163.

LES INDIGÈNES CATHOLIQUES.

Des témoins protestants nous ont parlé du nombre toujours croissant des catholiques indigènes de Ceylan. Sir Emerson Tennent nous assure que ni la corruption ni la violence ne pouvaient les forcer à abandonner leur religion. Baldœus avait avoué longtemps avant que « les plus cruelles persécutions des rois de Jaffnapatam ne pouvaient ébranler la foi des convertis catholiques, quoique la plupart, après avoir reçu le baptême d'eau, reçussent celui du sang[1]. »

Les écrivains protestants parlent aujourd'hui de la même manière ; ils déplorent que les missionnaires catholiques seuls réussissent à gagner les cœurs et les âmes. « L'influence qu'eurent les prêtres romains sur l'esprit de leurs ouailles, déclare M. Pridham, est très-complète, beaucoup plus grande que leurs prédécesseurs bouddhistes. » Le révérend Jacques Cordiner, chapelain de la garnison de Colombo, rapporte avec tristesse que « la majeure partie des habitants persévèrent dans leur soumission à l'Église romaine. » Il avoue que « le clergé catholique, infatigable au travail, fait tous les jours des prosélytes. Leurs chapelles, bâties et fondées par les seules contributions des indigènes, sont propres et bien ornées[2]. » Ils en bâtissent continuellement de nouvelles, sans le secours du gouvernement ni d'aucune société. Quinze églises catholiques étaient en construction, l'année 1857, dans la seule province de Jaffna. « Il est incontestable, assure un écrivain officiel déjà cité, que les indigènes sont attachés à leur foi, depuis trois cents ans, avec une fermeté remarquable[3]. »

Le même auteur observe comme digne d'attention que « le nombre de *chrétiens de nom* est infiniment moindre parmi les catholiques romains que parmi les sectateurs de tout autre religion à Ceylan[4]. » Ce fait est trop important pour être laissé à un témoin seul, malgré son impartialité. Un missionnaire wesleyen fait l'aveu suivant : « Les catholiques de Ceylan, c'est une justice à rendre à cette classe de chrétiens indigènes, sont en général plus détachés de leurs habitudes païennes, plus réguliers dans leurs exercices religieux, et leur conduite mieux en rapport avec les pré-

---

[1] Dans Churchill's *Collection*, vol. III, p. 716.
[2] *A Description of Ceylon*, par le Rév. J. Cordiner, vol. I, ch. v, p. 154.
[3] Sir E. Tennent, ch. II, p. 68.
[4] Sir E. Tennent, ch. III, p. 16.

Les wesleyens ont essayé de réparer ces échecs en fondant des écoles. « Ces écoles, déclare le docteur Brown, autrefois si nombreuses et si bien fréquentées, sont tombées dans un état fort triste et ont fait peu de bien. Des enfants qui avaient reçu là toute leur éducation, *devenus adultes, fréquentaient les temples des idoles*. A peine voit-on un jeune homme aux exercices religieux, à moins qu'il ne soit encore écolier. En un mot le mécompte était général dans toutes les parties de la mission[1]. »

Les baptistes[2] ont eu le même succès que les anglicans et les wesleyens. « A Colombo trois indigènes ont été baptisés pendant l'année... nous avons peu de succès. » A Grand-Passe, dit leur missionnaire, un seul a reçu le baptême. Dans un autre endroit « quatre, » « un fut admis comme cathécumène, trois sont morts et deux ont été chassés ; » les opérations de l'année sont donc représentées par zéro. A Hendella « où les catholiques sont en grand nombre, notre congrégation est un peu augmentée. » Il ne dit pas ce qu'elle était auparavant, mais il ajoute : « les membres de notre Église sont au nombre de trois. » Dans un district très-peuplé « où je prêche tous les jours l'Évangile, avoue le rapport officiel, le progrès est imperceptible. »

Nous avons eu sous les yeux une foule de rapports semblables ; il suffit de citer l'explication donnée par un missionnaire baptiste sur leur constant insuccès. « Les indigènes de l'Église anglicane nous répètent : Nos ministres sont autorisés par le gouvernement anglais ; si nous les abandonnons, nous encourons sa disgrâce. D'autres disent : Nous appartenons à la Société *church missionary* ; nos enfants sont nourris et vêtus à ses dépens : cela vaut mieux que de fréquenter vos temples. D'autres répondent : Nous sommes bouddhistes, c'est la religion principale et, de plus, il nous est facile de faire baptiser nos enfants sans cesser d'être bouddhistes. Enfin d'autres affirment : Nous sommes catholiques, nos congrégations sont nombreuses, nos églises sont très-belles ; pourquoi les quitter ? » L'auteur de cette explication résume ainsi ses propres travaux : « J'avais vingt-cinq candidats ; six sont morts, sept ont pris la fuite, six hésitent, et six n'avancent pas. » Les missionnaires baptistes avaient raison de dire : « Notre progrès est imperceptible ; » mais ils se consolent en reconnaissant que « le revenu de l'année présente est plus abondant que jamais[3]. »

[1] *History of Prop. of Christianity*, vol. I, p. 515.
[2] Les baptistes n'admettent pas la validité du baptême donné aux enfants et insistent sur l'immersion complète pour les adultes ; quant au reste ils ressemblent aux wesleyens, dont ils sont les plus formidables rivaux.
[3] *Seventieth Report of the Baptist Missionary Societ*., p. 46-51.

n'est pas d'endroits trop reculés pour être le théâtre de leurs travaux[1]. »

MISSIONS WESLEYENNES ET BAPTISTES.

Un officier anglais qui avait été étonné du « grand nombre des missionnaires de la secte wesleyenne, » nous dit que « leurs efforts et leurs privations sont très-exagérés. Leur zèle se déploie plutôt dans la diffusion de leurs idées particulières que dans la lumière de la foi chrétienne. Au lieu de visiter et d'habiter les stations lointaines où se trouve la majeure partie de la population, ils ne voyagent que dans les limites des parties les plus agréables de l'île[2]. »

Les wesleyens semblent s'occuper principalement à combattre les anglicans et à corrompre sans grand succès les indigènes catholiques. Leurs rapports officiels nous donnent les faits suivants. Dans une de leurs missions, ils déplorent « la tendance de leurs auditeurs à recourir secrètement aux cérémonies païennes dans *les moments d'affliction*. » Dans une autre, « douze personnes ont été admises dans l'année, mais la perte par les décès et les apostasies a été plus grande. » Dans une troisième, « notre œuvre a été entravée par les bouddhistes et les romanistes. » Dans une quatrième, « un esprit mondain se montre parmi nos disciples. » Dans une cinquième, « tandis que quelques païens cherchent la vérité » ou plutôt l'argent des missionnaires, « nous avons la douleur d'en voir quelques autres participer aux cérémonies païennes. » Dans une sixième, « l'insouciance trop générale pour nos réunions de prière, » que les indigènes trouvent insupportables, « nous causent beaucoup d'anxiété. »

Tous les rapports sont du même genre ; cependant à Trincomala « l'œuvre de Dieu a pris dernièrement un certain accroissement, » ce qui veut dire, « pendant l'année nous avons eu trois baptêmes d'adultes et une conversion de romaniste. » A Batticotta aussi, « nous avons été singulièrement favorisés par les effets de la présence de Dieu, » — c'est-à-dire « quatre païens ont été admis dans notre Église, » jusqu'à ce qu'ils en soient fatigués[3].

---

[1] Baker, p. 360.
[2] *Rambles in Ceylon*, par le lieutenant de Butts, ch. xiv, p. 279. — Les wesleyens ont été fondés à la fin du dix-huitième siècle par le Rév. docteur Wesley, ministre de l'église anglicane, comme protestation contre l'apathie de l'Église établie. Leur principale doctrine est la conversion immédiate et instantanée, dont le prédicateur est l'agent. Ils n'ont guère d'autre exercice de culte que les prières, leurs prières ressemblant encore à des sermons. De cette façon l'homme a supplanté Dieu.
[3] *Report of the Wesleyan Methodist Missionary Society*, 1862, p. 16 33.

ait dominé si inutilement sur les nations de l'Orient devenues ses provinces depuis un demi-siècle, et qu'elle n'ait pu leur faire connaître encore ni sa langue ni sa religion[1]. »

En 1857, un autre protestant zélé s'écrie : « Le christianisme n'a jusqu'ici exercé aucune influence parmi les indigènes de cette île ; l'œuvre de l'Évangile est à peine commencée[2]. » L'année suivante, un missionnaire anglican écrit de Jaffa : « L'état actuel de ce peuple nous force à dire qu'ils sont très-indifférents et très-dépravés ; » mais il se console avec cette réflexion : « Quand l'esprit du Seigneur aura soufflé, on peut attendre de grandes choses[3]. »

Enfin, en 1862, nous allons juger des résultats par les rapports officiels des missionnaires de diverses sectes. En parlant de la mission anglicane à Badajamma, on dit qu'une réunion de cinquante-trois adultes est vraiment un résultat pitoyable après quarante ans de travaux. De celle de Kandy, « mon œuvre comme les années précédentes, dit M. Oakley, s'est opérée parmi les chrétiens de nom, quoique baptisés pour la plupart dans leur enfance. » Son collègue, M. Parsons, ajoute que les indigènes, pour mieux s'opposer à leurs efforts, ont établi des écoles païennes ! De la province de Jaffa, où on a travaillé depuis 1818 avec cent dix-sept collèges et écoles et cent cinquante et un agents laïques indigènes, les missionnaires se contentent de dire : « Nous n'avons rien de très-précis à vous rapporter[4]. »

Un intrépide voyageur qui avait parcouru l'île de Ceylan en tous sens pendant huit ans et qui déplore les sommes énormes dépensées jusqu'ici par les missionnaires avec peu ou point de fruits, sera notre dernier témoin. « J'ai traversé, dit-il, toutes les provinces de Ceylan, dans toutes les saisons. J'ai rencontré bien des choses étranges pendant mes voyages, mais je ne me rappelle pas avoir jamais rencontré un missionnaire. » Il veut dire missionnaire protestant, car il ajoute : « malgré la rareté des ministres protestants dans les jungles de l'intérieur, et si jamais ils y ont pénétré, tout vestige de leurs visites est complétement effacé ; cependant dans les endroits les plus écartés on voit une humble cabane surmontée d'une croix, indice certain de quelque prêtre intrépide de l'Église romaine. Ces hommes déploient un zèle infatigable et il

---

[1] *Eight Years*, etc., ch. xi, p. 351.
[2] *Two Years' Travel in Persia, Ceylon*, etc., par Robert Binning, esq., vol. I, ch. vii, p. 101.
[3] *Proceedings of the South India Missionary Conference*, p. 62.
[4] *Church Missionary Society's Report*, 1862, p. 177-185.

M. Selkirk nous décrit une mission de l'Église anglicane composée de cent vingt-trois familles indigènes. « Quatre-vingts enfants ne sont pas baptisés, beaucoup de parents n'étaient pas mariés; presque tous vivent comme s'ils n'avaient point d'âme et agissent comme s'ils croyaient avec leurs voisins idolâtres qu'il n'y a pas de Dieu[1]. » C'étaient cependant là « les convertis » dont on fait l'éloge pompeux dans « les rapports annuels, » et dont l'instruction et l'entretien coûtent chaque année à l'Angleterre la rançon d'un roi.

Il paraît que les missionnaires indigènes salariés par les Anglais sont payés à proportion des baptêmes qu'ils administrent. Ils s'emparent de tous les enfants qui leur tombent sous la main et les baptisent, dit M. Selkirk, « étant eux-mêmes aussi ignorants du christianisme que s'il n'existait pas, et n'ayant souvent pas, pour leur compte, reçu le baptême. » Comme s'il ne trouvait pas assez complète cette déplorable caricature des missions chrétiennes, il ajoute : « *presque tous les prêtres bouddhistes dans les provinces maritimes ont été baptisés dans leur enfance*[2]. »

M. Pridham confirme les autres témoignages, malgré sa haine pour le catholicisme. « Les résultats de la mission anglicane ont été presque entièrement *négatifs; le christianisme va à la dérive*[3]. »

En 1856, le révérend M. Tupper fait cet aveu : « Toutes les personnes à qui j'ai demandé leur avis me disaient que le prétendu christianisme des Cyngalais n'était qu'une profession illusoire[4]. » Les ministres ne le disaient pas en écrivant en Angleterre à leurs patrons qui auraient refusé de recevoir une expression aussi imprudente, mais ils se consolaient de leurs fictions en avouant la vérité à tout autre.

Dans la même année, le révérend docteur Hawks, ministre américain, témoin oculaire, écrivait : « Il y a des missionnaires de diverses sectes qui s'efforcent d'évangéliser les indigènes, mais on ne voit pas le succès de leurs travaux[5]. » A la même date, M. Baker, qui connaît Ceylan mieux que personne, avoue que « la position de l'Église protestante, parmi les païens, est stationnaire sinon rétrograde; » et il déplore avec éloquence « que l'Angleterre

---

[1] *Recollections*, p. 217.
[2] *Ibid.*, p. 515.
[3] *Ceylon*, etc., p. 441.
[4] *Out and Home*, par le Rév. W. Tupper, M. A., p. 128.
[5] *American Expedition under Commodore Perry*, par Francis Hawks, docteur en théologie, ch. III, p. 120.

Parfois cependant ils trouvent plus prudent de s'avouer protestants en public et de n'être bouddhistes qu'en secret. « Ceux qui professent le christianisme, prétend le colonel Forbes, cachent avec soin les coutumes idolâtriques qu'ils pratiquent chez eux[1]. » « Je trouve souverainement ridicule, ajoute le colonel Campbell, le rapport fait au gouvernement par les missionnaires anglicans.... Sur mille six cent quarante-quatre prétendus chrétiens dans le village habité par ces messieurs, la plupart continuent d'adorer leur multitude de démons[2]. » M. Sullivan rapporte, d'après sa propre observation, que « les Cyngalais assistent au service protestant qu'ils écoutent avec attention, mais ils passent de la chapelle au temple de leurs idoles, de la prédication chrétienne aux abominations de leur culte, sans le moindre signe de changement dans leurs idées[3]. » « A peine une seule famille indigène sur cent, ajoute M. Benett, ardent soutien des missionnaires, s'abstient des cérémonies et des pratiques du culte des démons[4]. »

D'un autre côté, le révérend James Selkirk s'écrie : « Nous sommes constamment affligés de voir ce nombre immense d'individus infatués des momeries du papisme[5]. » « L'Église de Rome, ici comme ailleurs, dit sir Georges Barrow, attire dans son bercail tout ce qu'elle peut séduire[6]. » L'Église d'Angleterre apparemment essayait de faire de même, personne ne le lui reproche ; mais pourquoi cette tentative serait-elle louable quand elle échoue, et criminelle quand elle réussit?

Le témoignage de M. Selkirk nous est précieux : nous voulons encore l'utiliser. Après bien des lamentations sur son insuccès et celui de ses collègues, il résume ainsi le résultat de leurs travaux : « Les bouddhistes restent toujours attachés à leurs mœurs ; les catholiques sont inébranlables dans leurs vaines superstitions ; mais la majorité des protestants, européens et indigènes, montrent une indifférence déplorable pour la religion[7]. » Est-il possible d'avouer plus naïvement que le protestantisme est la plus impuissante de toutes les religions connues parmi les hommes?

---

[1] *Recent Disturbances in Ceylon*, p. 59 (1850).
[2] *Excursions in Ceylon*, vol. I, ch. vi, p. 121. — Voir, pour des témoignages analogues, l'ouvrage du lieutenant Baker, *Rifle in Ceylon*, p. 85, et celui d'Henry Marshall, *Ceylon : an Historical Sketch*, p. 256.
[3] *A Visit to Ceylon*, par Ed. Sullivan, ch. vii, p. 75.
[4] *Ceylon and its Capabilities*, par J. W. Bennett, esq., ch. vii, p. 61.
[5] *Recollections of Ceylon*, par le Rév. James Selkirk, ch. vii, p. 201.
[6] *Ceylon, Past and Present*, ch. vii, p. 168 (1857). — Voir aussi l'ouvrage du capitaine Perceval, *Account of the Island of Ceylon*, ch. ix, p. 226.
[7] *Recollections*, etc., ch. vii, p. 204.

TÉMOIGNAGES DES MISSIONNAIRES ET DES VOYAGEURS.

Les missionnaires vont nous dire eux-mêmes ce qu'ils ont accompli à Ceylan. « J'ai raison de croire, dit le révérend M. Perceval en 1854, que de prétendus convertis ont été baptisés plusieurs fois par le même ministre, et ont été présentés par un catéchiste mercenaire pour augmenter le nombre des candidats et faire croire que l'œuvre de la conversion avançait régulièrement. » Il ajoute que les catéchistes agissaient ainsi dans l'espoir d'obtenir de l'avancement [1]. »

Deux historiens des missions protestantes racontent ainsi leurs œuvres à Ceylan. « Cette mission existe depuis trente ou quarante ans avec moins d'entraves que tout autre, assure le docteur Brown ; elle n'a cependant fait aucun progrès pour la conversion des âmes. Une complète indifférence à toute religion plutôt que de l'hypocrisie exprime la condition réelle de la plupart des prétendus convertis [2]. » « Les païens, les mahométans et les catholiques, ajoute le docteur Smith, sont tous ardemment attachés à leurs croyances ; la grande majorité des protestants sont parfaitement indifférents à la religion qu'ils professent. Bouddhistes au fond du cœur, ils sont chrétiens par politique [3]. »

Nous avons vu qu'aux Indes les Anglais refusaient tout emploi à un indigène qui se disait chrétien. A Ceylan, ils exigaient la profession du christianisme comme condition d'une place quelconque. Le secrétaire de la Société biblique de Columbo nous dit que, « loin de se trouver déshonoré comme aux Indes par la profession du christianisme, de nouvelles positions de fortune et de distinction lui sont offertes, et le chrétien indigène peut espérer un avancement que le gouvernement refuse aux païens [4]. » Les Cyngalais repoussaient cependant le protestantisme anglais, même à ces conditions favorables, à l'exception d'un petit nombre de pauvres hères avilis et affamés, ainsi décrits par leurs maîtres : « La grande majorité des prétendus chrétiens de la réforme, dit le révérend M. Harvard, ne le sont guère que par le baptême. Ils ne font aucune difficulté pour affirmer qu'ils sont en même temps bouddhistes et chrétiens [5]. »

[1] *The Land of the Veda*, ch. xvii, p. 406.
[2] *Hist. of Prop. of Christianity*, p. 365.
[3] *Hist. of the Missionary Societies*, vol. II, p. 479.
[4] Owen's *History of the B. and F. Bible Society*, vol. II, p. 272.
[5] *Narrative*, etc., introd., p. 61

ceci : « Hier, M. Winslow avait à peine commencé son sermon qu'il devint évident que le Saint-Esprit était proche. Il entrevoyait des idées accablantes qui pour un temps le rendaient incapable de parler. C'était un moment solennel. » Un pareil fait n'était pas rare. « A Batticotta, dans l'après-midi, le Saint-Esprit descendit avec force et remplit toute la maison où nous étions assis. Le frère, qui pour la première fois dirigeait les prières en fut tellement bouleversé, qu'il fut incapable de continuer. Ce n'était pas la prière ordinaire, mais une lutte avec l'ange de l'alliance, accompagnée de cris et de larmes. C'était terrible et solennel, aucune langue ne peut l'exprimer. Nous rentrâmes à la maison complètement épuisés [1]. »

Le révérend docteur Hallock, biographe de cette dame, a enregistré d'autres exemples de ce même genre de spiritualisme. Un petit enfant, un fils de madame Winslow, fut soupçonné d'avoir volé, peut-être des « bonbons et des confitures. » Ce n'était nullement certain : mais le docteur Hallock dit : « Qu'elle pensa que l'enfant lui avait fait un mensonge. » Là-dessus mistress Winslow, les yeux sur le public religieux de l'autre côté de l'Océan, et peut-être aussi sur les directeurs quelque peu exigeants de la mère patrie, prend la plume et écrit ce qui suit dans son journal officiel : « Je savais par avance que c'était un pécheur, mais maintenant c'était une réalité. Avoir porté un enfant ennemi de Dieu, un rebelle, un héritier de l'enfer, c'était humiliant, accablant. Immédiatement je résolus de ne laisser au Seigneur aucun repos, jusqu'à ce que ce tison fût retiré du brasier. »

Si nous comparons ce type avec la classe plus nombreuse de ceux qui se contentent de vivre comme d'opulents seigneurs et qui n'affectent pas un plus haut degré de piété que ne peut le comporter leur manière de vivre, nous trouverons peut-être difficile de décider qui a le moins de titre à notre estime. La cupidité et la mollesse sont à peine plus répugnants à un chrétien que le sombre fanatisme qui confond la fragilité d'un enfant avec la malice délibérée d'un pécheur, et la vanité qui prend ses propres babils pour des inspirations du Saint-Esprit.

---

[1] *Biographical and Historical Sketches of Distinguished American Missionaries*, édité par H. W. Pierson, A. M., p. 147-150 (1852).

Ce tableau est trop instructif pour ne pas mériter d'être examiné de près. « Dans les lieux où plusieurs missionnaires se sont établis, ils ont, trois ou quatre fois par semaine, ce qu'on appelle des *meetings*, en apparence consacrés aux affaires, mais qui ne sont guère autre chose que des assemblées auxquelles leurs femmes et leurs enfants viennent en toilette. Chez l'un des missionnaires, le *meeting* sera un déjeuner, chez l'autre un dîner, chez le troisième un thé ; vous verrez plusieurs équipages et des domestiques stationnant dans la cour. Or, dans ces occasions on parle bien un peu d'affaires et ces messieurs restent ensemble peut-être une demi-heure à les discuter, mais le reste du temps se passe en purs amusements[1]. » Il est heureux de savoir que les revenus des Sociétés vont toujours en augmentant par l'effet des aumônes de personnes honorables qui croient bonnement aider à la conversion des païens. Les missionnaires ont évidemment besoin de toutes leurs richesses. Que leurs souscripteurs restent fidèles, il n'y a aucun danger que les paisibles jouissances de leurs agents soient retranchées ou leur agréable carrière compromise.

Il ne paraît pas qu'il y ait le moindre danger pour l'un ou pour l'autre. « Certaines rumeurs nous parviennent quelquefois, dit en 1862 le secrétaire de la Société anglaise *Church Missionary*, sur les maisons confortables et la vie commode dont jouissent nos missionnaires. *Notre comité ne s'inquiète pas de ces accusations;* il connaît le caractère de ses hommes qui, étant appelés à braver les souffrances, ne seront pas trouvés en défaut. Dieu soit loué ! » Ainsi termine-t-il son rapport.

Il est vrai que dans la multitude des soi-disant missionnaires, qui doivent à l'imprudente générosité de leurs coreligionnaires anglais ou américains le luxe qu'ils n'auraient jamais goûté chez eux, il s'en trouve quelques-uns d'un genre tout différent. Ils peuvent apprécier aussi vivement que les autres les jouissances du bien-être et de l'opulence, « les sofas d'acajou et les fourchettes en argent, » mais ils ont au moins de temps en temps des aspirations plus élevées. Leur zèle peut être aussi inutile et leur piété aussi excentrique, mais ils ne passent pas tout leur temps « en purs amusements » de société. Cependant, on peut mettre en doute si leur religion ne présente pas un tableau encore plus repoussant que la fastueuse mondanité de leurs confrères.

Mistress Winslow, femme de l'un des plus éminents d'entre eux et elle-même « femme missionnaire » très-distinguée, nous raconte

---

[1] Ida Pfeiffer, *Voyage round the World*, p. 221-2.

Un historien des missions protestantes, qui enregistre avec des éloges passionnés toutes les œuvres des missionnaires, dépeint ainsi leur manière de vivre à Ceylan : « L'imagination d'un poëte pourrait à peine concevoir un lieu plus approprié à la résidence d'un ministre chrétien. » Vous en conclurez peut-être qu'il parle des facilités qu'offre sa position pour la conversion des païens du voisinage. Ce n'est pas sa pensée; il contemple seulement avec admiration les « vastes pelouses[1] » qui entourent la demeure des missionnaires, et tous ces pittoresques et attrayants accessoires qui parfois excitent l'étonnement des païens, mais n'attirent pas leur respect. Le révérend Howard Malcolm, chargé par une Société de missions de faire un rapport sur ses collègues en Orient, s'exprime comme suit : « Les gouverneurs et les princes n'ont pas toujours les moyens de vivre comme les missionnaires. Il est triste de voir leurs meubles somptueux, leurs canapés couverts de soie rouge et leur vaisselle en argent; leurs demeures ressemblent à nos plus belles habitations de campagne. Beaucoup d'entre eux ont avoué qu'en arrivant dans l'Orient, ils étaient très-choqués du train de vie mené par nos frères. Ils avaient été entraînés par l'exemple des autres; leurs successeurs les imiteront[2]. »

Nous comprenons par conséquent que même les amples largesses des généreux souscripteurs d'Angleterre, malgré leur abondance, ne sont pas superflues. Les missions protestantes, nous l'avons déjà remarqué, sont coûteuses; mais des témoins, écrivant pour le public plutôt que pour les missions, nous introduiront dans l'intérieur de ces charmantes « maisons de campagne. » Ces visiteurs non officiels nous procureront l'occasion de contempler leurs hôtes opulents dans le tranquille repos de leur vie ordinaire.

« En Perse, en Chine, dans l'Inde, *partout*, dit un voyageur qui demeura parmi eux dans beaucoup de pays, « je les trouvai vivant tout autrement que je ne m'étais imaginé. Ils mènent tout à fait la vie de riches *gentlemen*, et ont de belles maisons meublées avec tout le luxe et le confort désirables. Les missionnaires reposent sur des divans bien rembourrés, leurs femmes président à la table à thé, leurs enfants se régalent de bonbons et de confitures; leur position est sans comparaison plus agréable et plus exempte de soucis que celle de beaucoup d'autres; leurs appointements sont exactement payés, et ils prennent leurs fonctions très à l'aise. »

[1] Smith's *History of the Missionary Societies*, vol. II, p. 641.
[2] *Travels in S. Eastern Asia*, vol. II, p. 319.

religieuse proclamée. Après dix années d'hésitation, ils jugèrent qu'il valait mieux pour leurs intérêts commerciaux laisser les catholiques tranquilles.

Le premier fait qui se produit dans l'histoire de la période anglaise est peut-être le plus curieux de tout le chapitre. S'attendant, par leur expérience du passé, à être encore persécutés par le gouvernement, « les convertis » hollandais ne perdirent pas de temps pour s'annoncer, par précaution, comme protestants anglais, au nombre de trois cent quarante-deux mille! M. Lambrick, le premier missionnaire de l'Église d'Angleterre à Cotta, raconte « qu'ayant un jour demandé à un indigène de Cotta de quelle religion il était, il répondit, de *Bouddha*. — Ainsi donc vous n'êtes pas chrétien? — Oh oui, sans doute je le suis ; je suis chrétien de la religion réformée hollandaise [1]. » Mais aussitôt que les indigènes comprirent que le règne des Hollandais était fini, ils adhérèrent à une nouvelle religion, dont ils entendaient parler pour la première fois. Il était toujours plus sûr d'être de la religion de leurs maîtres.

Lors cependant, que par les nouvelles ordonnances, ils eurent été assurés qu'ils « ne devaient plus être payés pour l'apostasie, » et que le monopole des offices et des emplois publics ne devait pas être réservé à ceux qui professaient servilement la religion de l'État, ils montrèrent leurs véritables tendances ; il se joua alors une des scènes les plus remarquables des annales protestantes. L'heure de la liberté était venue pour ces pauvres Cyngalais, et pendant que les indigènes catholiques dans cette nouvelle ère de tranquillité adhéraient fermement à la foi qu'ils avaient professée à travers de longues années de supplices, les soi-disant protestants rejetèrent avec joie l'odieux déguisement, et l'Église d'Angleterre perdit ses trois cent quarante-deux mille membres avant même d'avoir eu le temps de les compter. « En 1802, les chrétiens protestants de nom parmi les Tamils de Jaffa étaient de cent trente mille ; quatre ans plus tard, en 1806, Buchanan qui visita Ceylan, représente la religion protestante comme *éteinte*. » Peu de temps après, « les seuls chrétiens qui se trouvaient dans l'île *étaient des membres de l'Église de Rome* [2]. »

Il est probable que, dans cette seule île, le protestantisme a dépensé, nous allons voir combien c'était en vain, autant d'argent qu'il en faudrait pour soutenir, pendant un quart de siècle, les missions catholiques par toute la terre.

[1] Tennent, ch. vi, p. 313.
[2] Tennent, ch. iii, p. 86.

MISSIONS DE CEYLAN.   527

demandes, mais une difficulté se présenta. « C'est impossible, observa le gouverneur, il n'y a pas assez de protestants pour en fournir[1]. » Le consistoire de Colombo avait trop demandé.

Mais le règne de ces farouches calvinistes touchait à sa fin ; en 1796, cette colonie fut acquise par l'Angleterre, et on découvrit enfin ce que les Hollandais avaient fait pour y propager la religion chrétienne. « *Sur deux cent quatre-vingt mille prétendus chrétiens tous baptisés*, dit le révérend M. Palm, les ministres eux-mêmes ne reconnaissaient comme chrétiens quelconques que cent cinq individus[2]. »

Il est un fait remarquable, dit le même auteur, que, malgré les centaines de milliers de Cyngalais enrôlés autrefois comme prosélytes, la religion des Hollandais est presque éteinte parmi les indigènes de Ceylan[3]. L'immense majorité de ces prétendus chrétiens, ajoute-t-il, abandonnait le protestantisme « dans les moments d'anxiété ou de maladie ; depuis longtemps le souvenir même de la religion hollandaise est effacée de Ceylan. »

OCCUPATION ANGLAISE.

Les Anglais avaient à peine commencé à gouverner leur nouvelle conquête, qu'ils aperçurent, avec cet infatigable bon sens, qui les trompe rarement quand leurs intérêts sont en jeu, et qui les rend capables de réfréner leur bigoterie, même dans ses accès les plus violents, qu'on ne pourrait conserver l'île de Ceylan en l'administrant d'après les maximes hollandaises.

Ils donnèrent la liberté religieuse au Canada, comme le remarque Burke, parce qu'ils craignaient de perdre ce pays[4] ; ils la refusèrent à l'Irlande, parce qu'elle était à portée de leurs bras. A Ceylan, ils désiraient poursuivre en paix leurs opérations commerciales, et les indigènes catholiques avaient montré qu'ils ne pouvaient être ni corrompus ni effrayés. Il y eut cependant un combat momentané entre la prudence et les préjugés. Ce ne fut qu'en 1806, sous le gouvernement de sir Thomas Maitland et aux pressantes sollicitations du juge en chef, sir Alexandre Johnston, que les anciennes lois de persécution furent rapportées et la tolérance

[1] *Ibid.*, p. 64.
[2] Tennent, ch. II, p. 65.
[3] *Ibid.*, p. 71.
[4] « Dernièrement le gouvernement jugeait très-convenable d'établir la religion catholique romaine dans le Canada. » (*Works*, vol. IX, p. 221.)

vain protestant, ils résolurent de les faire revenir à l'idolâtrie, et dans ce but ils allèrent chercher aux Indes des prêtres pour rétablir le Bouddhisme[1] ! »

Leurs actes subséquents ne démentirent pas ces débuts. « Ils agirent froidement, dit lord Valentia, et firent de la profession extérieure du protestantisme la condition des emplois publics[2]. » « Tout ce que les ministres hollandais demandaient, dit le docteur Morrison, des prosélytes cyngalais, était de répéter l'Oraison dominicale et les dix commandements, en ajoutant que tous les emplois seraient fermés pour ceux qui ne seraient pas membres de l'Église protestante. Les Cyngalais, ajoute-t-il, adoptaient en foule une foi aussi lucrative[3]. »

En employant alternativement les menaces et les promesses, ils jetèrent le discrédit « sur la profession officielle de la foi[4]. » Sir Emerson Tennent, représentant du gouvernement anglais dans l'île, nous dira les fruits qu'ils ont retirés de tous leurs efforts. « En 1748, ils défendaient à tout catholique de se préparer aux saints ordres et ne toléraient pas la célébration de la messe. Malgré cette persécution la religion catholique conserva toute son influence à Ceylan. Ni la corruption ni la violence ne pouvaient forcer les indigènes à y renoncer[5]. » Ils inventèrent des tourments de toutes espèces qui firent s'écrier à un ministre protestant : « Leur cruauté aveugle et pharisaïque ne peut inspirer que l'horreur[6]. » « Après avoir défendu toute éducation aux catholiques, ils ne leur permettaient ni mariages ni enterrements; enfin, la liberté fut offerte aux enfants d'esclaves protestants, tandis que ceux de catholiques furent condamnés à une servitude perpétuelle[7]. »

Cependant « le nombre des catholiques s'augmenta sous la persécution; et le clergé protestant de Galle, en désespoir de cause, cessa la lutte; dès l'année 1745 la province fut abandonnée par les ministres[8]. » Comme dernier effort, le consistoire de Colombo pria le gouvernement, en vertu de sa suprême autorité pontificale, « de ne pas reconnaître la validité du baptême administré par un prêtre catholique et de ne nommer que des chefs protestants dans tous les districts. » L'autorité civile eût agréé ces

---

[1] *The Theory and Practice of Caste*, ch. v, p. 130.
[2] *Travels*, vol. I, ch. vi, p. 261.
[3] Morrison, vol. I. p. 66.
[4] *Ceylan*, par M. de Jancigny; *Univers pittoresque*, tome VIII, p. 655
[5] *Christianity in Ceylon*, ch. ii, p. 42.
[6] *Romanism in Ceylon*, par le Rév. Ed. Robinson, p. 17 (1855).
[7] Sir E. Tennent, ch. ii. p. 55.
[8] *Ibid.*. p. 58.

Nouveau Testament[1]. » En 1853, M. Gerstaecker rapporte, d'après ses propres observations, que les mahométans sont en tous points supérieurs aux prétendus chrétiens, et que c'est pour cette raison que le gouvernement refuse tout appui aux missionnaires[2].

Sir John Bowring et M. Oliphant parlent ainsi ; le premier faisant le contraste entre l'esprit mondain des Hollandais et le zèle religieux des Espagnols, dit que « les intérêts commerciaux ont toujours été la grande affaire des Hollandais[3] ; » le second observe que « les Japonais en appliquant leur atroce politique à l'égard des chrétiens ont toujours trouvé dans les Hollandais d'ardents auxiliaires. C'étaient eux qui mitraillaient à la demande du gouvernement japonais trente-sept mille chrétiens enfermés dans les murs de Samabarra. Cependant, ajoute-t-il, ils n'ont pas même eu les profits d'un commerce lucratif pour les consoler de l'ignominie qu'ils se sont attirée ; leur commerce a diminué en proportion exacte des affronts subis[4]. » « Les négociants hollandais, dit M. de Fonblanque, se sont engraissés sous des lois si humiliantes que le mépris des Japonais pour eux n'est pas étonnant[5]. »

Enfin le docteur Hartwig, parlant de leur « cupidité insatiable, » dit que dans les Moluques où les « indigènes furent traités avec une cruauté impitoyable et où le sang coulait à flots pour maintenir le prix des clous de girofle et des muscades, ils ont perdu le monopole qu'ils s'efforçaient de conserver par de tels moyens ; les ports se sont ouverts au commerce de toutes les nations[6]. »

Un voyageur protestant apprécie en ces termes le résultat des missions hollandaises dans l'extrême Orient : « Pendant plus de deux siècles trois millions de Hollandais chrétiens ont été les maîtres de sept générations d'environ quinze millions de mahométans et de païens. Ils n'ont réussi qu'à remplir les coffres des bourgeois d'Amsterdam et de Rotterdam. Après deux siècles, les indigènes montrent la même ignorance de la religion que leurs maîtres professent[7]. »

En entrant à Ceylan les Hollandais trouvèrent cette île sous l'influence des missionnaires catholiques. « Ayant essayé en vain de convertir les indigènes catholiques au calvinisme, dit un écri-

---

[1] *The Fathers of the London Missionary Society*, par John Morrison, D. D., vol. I, p. 74, 75.
[2] *Voyage*, etc., vol. III, p. 257.
[3] *Visit to the Philippine Islands*, ch. v, p. 94.
[4] *Lord Elgin's Mission*, vol. II, ch. ii, p. 49.
[5] *Niphon and Pecheli*, par E. Barrington de Fonblanque, p. 175.
[6] *The Tropical World*, par le docteur G. Hartwig, ch. xx, p. 228.
[7] *The Prison of Wetevreden*, etc., par Walter Gibson, p. 155, 446.

pression. A une époque plus récente, il déclare « qu'il n'y a guère nulle part des gens aussi tièdes que les membres des Sociétés bibliques hollandaises; ils sont aussi insipides que leur pays. » Leurs compatriotes semblent avoir confessé qu'ils étaient du même avis. Le capitaine d'un vaisseau de guerre hollandais lui disait : « Nos missionnaires dans les colonies hollandaises firent beaucoup de conversions, mais le gouvernement ne leur permettrait pas d'en augmenter le nombre, parce que les convertis s'enivrent et refusent de travailler le dimanche[1]. »

Le docteur Wolff n'est pas seul à juger de cette façon les missionnaires hollandais. Dans le grand Archipel indien, à Ceylan, dans l'Amérique du Sud, partout et toujours ils ont été les mêmes, et ils ont provoqué les mêmes commentaires. Au Japon, où ils possédèrent pendant si longtemps une sorte de souveraineté commerciale, leur caractère réel paraît avoir été exactement jugé : « Les Hollandais assurèrent aux Japonais, dit Golownin, qu'ils *n'étaient pas chrétiens* et ils obtinrent la permission de trafiquer avec eux[2]. » « Je me suis permis, dit le comte Benyowski, qui visita ce pays vers la fin du dix-huitième siècle, de demander au roi s'il croyait que les Hollandais étaient chrétiens ; il répliqua que les marchands n'avaient pas de religion; leur seule foi consistant à gagner de l'argent, ils s'inquiètent très-peu de croire à un Dieu[3]. » Leurs efforts pour les missions ont justement produit les résultats en rapport avec l'esprit qui leur était attribué par ce monarque sagace. Ainsi M. Kolff, Hollandais, nous dit que dans leur île de Damma, « la plus grande partie des habitants est composée de païens ou d'individus autrefois chrétiens qui sont revenus à leurs anciennes habitudes. » Tandis que des îles Arru, le même témoin rapporte à regret : « Notre religion a rétrogradé pendant que l'islamisme a beaucoup avancé[4]. »

Les mêmes faits sont exactement rapportés avec les mêmes réflexions par plusieurs écrivains anglais, malgré leurs sympathies religieuses.

Le docteur Morrison, historien d'une Société protestante, parlant des colonies hollandaises dans l'Archipel, où les habitants « avaient été obligés par la loi » de se faire chrétiens, s'exprime ainsi : « dire que ces gens-là sont chrétiens, c'est se moquer du

---

[1] *Journal*, p. 14.
[2] *Recollections of Japan*, par le capitaine Golownin, ch. III (1819).
[3] *Travels of comte de Benyowski*, vol. I, p. 399 (1790).
[4] *Voyages of the Dourga*, par D. H. Kolff, ch. VI, p. 65; ch. XII, p. 195.

de Ceylan, le Père Vaz, oratorien : « Il allait de village en village, à travers les marais et les terres couvertes de broussailles, faisant beaucoup de conversions parmi les païens par l'austérité de sa vie. Son amour de la pauvreté ne lui permettait pas d'accepter d'argent ; il se privait souvent de toute nourriture ou se contentait d'aliments grossiers. Le catholicisme semblait revivre à Jaffa, et les Hollandais l'attribuaient au retour de quelques jésuites déguisés. »

Mais les Hollandais qui n'avaient que la violence pour tout argument, arrêtèrent l'oratorien et le mirent en prison. « Là, dit M. Pridham, il s'appliquait à l'étude de la langue cyngalaise, qui lui devint familière. » Comme saint Pierre, le Père Vaz recouvra sa liberté ; et la peste venant à sévir, M. Pridham, qui trouve la religion de Vaz « plus avilissante » que le bouddhisme, nous dit ce qu'il a fait. « Il suivait les malades dans les forêts, et construisant des cabanes selon que le temps et le lieu le permettaient, il les abritait contre les éléments et les attaques des bêtes féroces. En un mot, il subvenait à tous leurs besoins, spirituels et temporels, remplissait les plus humbles fonctions, créait des hôpitaux dans les maisons abandonnées et bravait tout pour venir à leur secours. Le résultat fut la conversion d'un grand nombre de ceux qui avaient été guéris, et le baptême de leurs enfants. L'admirable conduite de Vaz lui gagna la confiance du roi, qui ne put lui faire accepter la moindre récompense. » M. Pridham continue son récit : « Il serait trop long de raconter toutes les entreprises du Père Vaz et de dépeindre son énergie, son intrépidité, son dévouement, son austérité. Qu'il suffise de dire que les Hollandais ne purent jamais déraciner la foi que son courage avait implantée, et le catholicisme continua de s'accroître à Ceylan jusqu'à nos jours [1]. »

OCCUPATION HOLLANDAISE.

Les Hollandais calvinistes, que le démon employait pour tourmenter les catholiques, n'ont pas acquis une haute réputation comme missionnaires, même parmi leurs coreligionnaires. « Je n'ai jamais vu des gens plus froids et plus calculateurs que les membres des Sociétés hollandaises des missions, » dit le docteur Joseph Wolff [2]. Plus il en fréquenta, plus il fut confirmé dans cette im-

---
[1] *Ceylon and its Dependencies*, par Charles Pridham, esq., vol. II, app., p. 808-11.
[2] *Journal*, p. 39.

que ni les afflictions, ni les tentations, ni les persécutions cruelles des Hollandais, ni les séductions plus dangereuses encore des Anglais et des Américains, n'ont eu d'autre effet sur les indigènes catholiques que celui de prouver, d'après le témoignage des protestants, leur constance invincible.

L'île de Ceylan, comme toute autre terre où la foi a été plantée, fut fertilisée par le sang des martyrs. En 1546, des hommes qui étaient venus de contrées lointaines avec une mission de paix, ont trouvé une mort glorieuse. En 1548, un des rois de l'île se convertit, et les Franciscains comptaient déjà douze mille chrétiens indigènes dans Columbo[1]. » En 1602, les fils de saint François reçurent de nouveaux auxiliaires ; de Guzman, de Mendoza, et autres Pères de la Compagnie de Jésus venaient partager leurs travaux. En 1616, les Pères Jean Metella et Louis Pelingotti, de la même société, ayant pénétré dans l'intérieur, donnèrent leur vie en témoignage de la vérité qu'ils prêchaient. Quatre nouvelles victimes s'empressèrent de s'offrir pour les remplacer. Sociro fut le premier mis aux fers et le premier martyrisé. L'année suivante, 1628, Mathieu Fernandez et Antoine Pecci subirent le même sort. Les païens, comme un historien moderne le remarque, n'étaient pas les plus implacables ennemis de ces généreux apôtres. Les Pères de Lyma et Moureyra furent attaqués en mer par les Hollandais, et leur vaisseau fut brûlé. Moureyra, s'étant jeté à la mer, est poursuivi par les calvinistes, et tué avec des harpons. Antoine de Vasconcellos, qui avait renoncé aux plus hautes dignités pour embrasser la vie apostolique, meurt empoisonné en 1633; l'année suivante, Andrada périt de la même manière[2]. Ces généreux martyrs furent suivis par d'autres, qui, à leur tour, ont combattu le bon combat, et ont pu inspirer aux Cyngalais efféminés le courage d'affronter le même sort. Hâtons-nous de passer à des temps plus près de nous.

M. Pridham, qui a récemment écrit sur l'île de Ceylan, ose avouer qu'il préfère de beaucoup « les doctrines du Bouddhisme » avec leur folle idolâtrie et leurs superstitions, « aux doctrines insensées et infiniment plus avilissantes de Rome, » c'est-à-dire de la religion de Fénelon et de saint François-Xavier. Il est curieux de voir cet homme forcé par une puissance à laquelle des préjugés aussi aveugles ne pouvaient pas résister, venir prononcer une bénédiction, quand il n'avait que des malédictions dans le cœur. M. Pridham dépeint ainsi un des derniers missionnaires catholiques

---

[1] Henrion, tome I, 2ᵉ partie, p. 465.
[2] Crétineau-Joly, tome III, ch. IV, p. 280.

CHAPITRE IV

MISSIONS DE CEYLAN

Une société de missionnaires protestants, réunie dans une occasion solennelle, appréciait dans les termes suivants l'œuvre des trois grandes puissances qui ont dominé sur cette terre des épices et des perles. « Les catholiques romains ont fait plus pour la conversion des indigènes que les Hollandais. Ceux-ci en ont fait plus que les Anglais ; c'est dans la même proportion que ces trois puissances possèdent de l'influence sur l'esprit des indigènes[1]. » L'influence des Anglais en ce qui concerne la religion est encore à acquérir ; celle des Hollandais, si longtemps dominante, a disparu sans laisser de trace ; pendant que celle des catholiques, qui les ont précédés, a survécu à la dissolution de l'une et a remporté de paisibles triomphes, malgré l'hostilité jalouse de l'autre. Nous allons établir ces trois situations par le témoignage des protestants de toutes croyances et de diverses positions sociales.

Pour abréger, nous dirons peu de mots sur la première période de l'histoire du christianisme à Ceylan. Sous la domination portugaise, les missionnaires catholiques furent tels que nous les avons déjà vus en Chine et dans l'Inde. Saint François fut un de ses missionnaires. Les Cyngalais reconnurent en lui un prophète du vrai Dieu, et des milliers d'entre eux furent convertis à la foi par ses compagnons et leurs successeurs. « Les missionnaires de la foi catholique romaine, dit un wesleyen, ont fourni d'illustres exemples de dévouement à la cause du Sauveur[2]. » Les Jésuites, les Franciscains et les Oratoriens ont rivalisé en sagesse et en charité ; leur œuvre était si bien affermie, ici comme partout ailleurs,

---

[1] *Report of the Society for Missions to Africa and the East*, 10ᵉ anniversaire, p. 79.
[2] *A Narrative of the Mission to Ceylon*, par le Rév. William Harvard, introd., p. 63.

les missionnaires catholiques, et ce qu'ils ont accompli ; nous avons vu aussi par quels moyens les émissaires protestants cherchent à gagner les Hindous et quel fut le fruit de leurs travaux. Impuissants pour amener au christianisme les païens, que leur propre exemple, leur étroite et incohérente philsophie, leurs maximes mondaines, leurs habitudes luxueuses, leurs disputes et leurs jalousies, ont appris à mépriser ; ils n'ont fait qu'entraver les efforts de ceux qui seuls avaient la puissance de rendre la liberté aux captifs, et qu'ajouter aux vices originaires des Indiens, l'hypocrisie, l'intempérance et l'incrédulité. Ils leur ont appris que leurs dieux sont des imposteurs, mais en leur persuadant que leur propre Dieu l'est aussi.

tes les classes de l'Hindostan. « Ils n'ont pas plus de foi en Jésus-Christ que dans leur propre religion. *Ils croient que le Jésus des Anglais et le Krishna des Hindous sont également des imposteurs*[1]. »

CONCLUSION.

Ces faits effrayants n'ont pas besoin de commentaires. Si tous les missionnaires protestants dans les Indes avaient été, depuis l'origine, tels que Middleton, Kiernander ou Buchanan, nous n'aurions pas été surpris de voir des résultats si uniformément désastreux. Mais parmi les agents des sociétés protestantes il y eut des hommes, de différentes sectes, qui avaient un sincère désir de faire le bien, et qui, par leur éducation comme par leur caractère personnel, étaient propres à exercer sur les Hindous une certaine influence morale. Néanmoins ils ont apporté la mort! Elle est dans l'air et sous leurs pieds, elle s'exhale de leurs lèvres, elle est engendrée par leur contact. L'Hindou, le plus religieux parmi les races non chrétiennes, perd tout vestige de foi aussitôt qu'il prête l'oreille aux enseignements protestants. L'homme qui était hier absorbé dans la prière, ou qui déchirait sa chair pour se rendre propice un Dieu qu'il craignait sans le connaître, se moque aujourd'hui du Christ et de Vishnou. Parce qu'un missionnaire protestant a passé, cet homme est transformé. Pendant des années il suit ses conseils et ses instructions ; il étudie avec lui les mystères de la doctrine chrétienne ; il pénètre les secrets de la science européenne ; et lorsque enfin son éducation est terminée, il n'est plus qu'un sensualiste et un blasphémateur. D'où vient cette lèpre hideuse? D'où vient ce contraste entre l'Hindou enseigné par les missionnaires de la croix et s'attachant avec une constance invincible à la foi du Christ au milieu des plus rudes épreuves, « vraiment chrétien, » comme nous a dit un païen indigène, et s'élevant parfois à la grâce suprême d'une vocation religieuse; et le même Hindou, formé comme dans un moule par le ministre protestant, pour ne devenir enfin que plus criminel et plus impie qu'il ne l'était auparavant? C'est ici une question que nous pourrons plus facilement résoudre quand nous aurons retracé les mêmes faits dans toutes les autres contrées du globe.

Nous avons vu pour l'Inde comme pour la Chine ce qu'ont été

Six Years in India, vol. III, ch. VIII, p. 277.

jeunes hommes sur la religion de leurs ancêtres, chose qui n'est pas à déplorer en elle-même, mais elle a fait des milliers d'athées[1]. »

« Les écoles forment des hommes très-entendus dans les affaires temporelles, sous le clergé de diverses dénominations, mais elles ne produisent guère autre chose[2]. » « Les résultats manifestés jusqu'ici, dit le révérend M. Clarkson, sont contraires non-seulement à l'Évangile, mais même aux principes de la religion naturelle... Ce missionnaire continue : Quelques-uns ont pensé que les Indiens, en recevant une éducation qui attaque leurs superstitions, sont mieux préparés pour recevoir le christianisme. Nous croyons au contraire qu'ils y puisent des tendances très-opposées. Plusieurs documents des missionnaires à Bombay, Poonah, Surat, Calcutta, Delhi, Madras et Benarès corroborent notre assertion. Nul ne peut douter que l'infidélité, dans son sens le plus complet, n'augmente... *Il n'y a aucune connexion entre le fait des indigènes cessant d'être Hindous, et devenant chrétiens*[3]. » « Nana Sahib, dit M. Bruce Norton, en 1858, a été regardé comme le modèle d'un indigène instruit, peut-être l'est-il moralement[4]. »

« Un missionnaire peut publier en Angleterre qu'il a fait un chrétien, lorsqu'en réalité il devrait dire qu'il a détruit un Hindou[5]. » « Nous avons trouvé un Hindou, disait M. Leith devant un comité de la Chambre des communes, et nous laissons un athée[6]. » « Nul doute que la génération actuelle des indigènes instruits ne devienne déiste[7]. »

« Il paraît être universellement admis que toute la population intelligente élevée en dehors du système hindou n'a aucune religion[8]. » « L'indigène instruit, » on l'a dernièrement proclamé à la Chambre des lords, « est ou un hypocrite ou un latitudinaire, avec le cœur d'un athée sous la robe d'un idolâtre ; et la plupart ne tendent que trop sûrement vers un état moral plus bas encore que celui d'où l'éducation les a tirés[9]. » Enfin, un professeur indigène, de l'Institut Elphinstone, révèle cet épouvantable résultat de l'éducation protestante sur la masse des élèves de tou-

[1] *A Sermon*, par Narayan Sheshadri, p. 40 (1853).
[2] *Observations on India*, par un Résident, p. 35.
[3] *India and the Gospel*, lect. V, p. 279.
[4] *Topics for Indian Statesmen*, ch. xii, p. 375.
[5] *Edinburg Review*, vol. xii, p. 177.
[6] Cité par M. Bruce Norton, ch. xii, p. 355.
[7] Stocqueler, *Handbook of India*, p. 532.
[8] *Suggestions towards the Future Government of India*, p. 110.
[9] *Speech of the Duke of Marlborough, the Times*, July 5, 1860.

D'autres écrivains rapportent, comme nous l'avons vu, que ces orphelins reviennent à la religion de leurs parents, et montrent en général de plus mauvaises dispositions que ceux qui n'ont jamais reçu l'instruction des missionnaires. — Ces tristes résultats de l'éducation protestante dans les Indes sont bien connus; ceux même qui ont le plus à cœur de cacher cette vérité sont forcés de l'admettre; c'est ainsi que le docteur Bickersteth, dans une réunion de la Société pour la propagation de l'Évangile, a fait cet aveu : « Que les Hindous abandonnent leurs propres superstitions, sans adopter les leçons de l'Évangile du Christ; ils deviennent des athées accomplis[1]. » C'est à l'Angleterre et à ses émissaires que ce peuple, jadis remarquable parmi toutes les nations païennes par son instinct profondément religieux, doit ce malheur irréparable. « On ne sait peut-être pas, a dit le docteur Samuel Wilberforce, évêque d'Oxford, qu'il y eut dans les Indes une plus grande réimpression des ouvrages déistes qu'il n'en a jamais été réimprimé en Angleterre[2]. » Ce fait est confirmé par une communication envoyée des Indes au conseil américain des missions protestantes; il rapporte que « probablement aucun ouvrage anglais n'est lu davantage dans la population indigène que ceux des écrivains incrédules[3]. » Ainsi, quand les Parsis de Bombay ont soutenu une controverse publique avec certains missionnaires protestants, leur principal avocat « a essayé de réfuter le christianisme en se servant des arguments de Voltaire contre les catholiques[4]. »

L'Hindou, plus logique que ses maîtres, tourne contre le christianisme les armes qu'ils voudraient lui donner pour combattre l'Église. « Pourquoi nous ferions-nous chrétiens, — argument qu'il rétorque aux missionnaires qui n'ouvrent jamais la bouche sans injurier la foi catholique, — lorsque vous nous dites que les trois quarts du monde chrétien ont adopté un symbole qui n'est nullement supérieur au nôtre[5]? »

« Dans presque toutes les parties de l'Inde, » dit le révérend M. Percival, « l'extension du langage et de la littérature anglaise arrivent à grands pas à changer l'esprit hindou en le livrant au scepticisme[6]. » « L'éducation protestante, remarque un professeur indigène, employé par une des sectes, a troublé les idées de milliers de

---

[1] *The Times*, October 25, 1858.
[2] *Ibid.*, October 27.
[3] *History of the American Bible Society*, ch. xxvii, p. 247.
[4] Mohl, *Rapports faits à la Société asiatique*, tome II, p. 45.
[5] *Thirty Years in India*, par le major H. Bevan, vol. II, ch. xvi, p. 240.
[6] *The Land of the Veda*, ch. xx, p. 472.

chacune par an, « qu'on ne voit aucunes preuves évidentes que l'on ait réussi à briser cette rude écorce d'incrédulité. On ne voit même aucun symptôme qui puisse laisser espérer qu'on réussira sur un seul individu[1]. »

A Bombay, « aucune conversion n'a eu lieu à l'école de l'église d'Ecosse. » Cependant les écoliers n'étaient pas seulement catéchisés avec soin et instruits dans la Bible, mais on leur apprenait à citer les textes les plus habituellement employés « contre les romanistes, adorateurs des images. » Les missionnaires rendaient ainsi compte, il y a quelques années, des écoles américaines de la même ville : « Elles sont bien fréquentées. Presque tous les enfants apprennent rapidement. Nous ne pouvons cependant réjouir votre cœur par l'annonce d'une seule conversion[2]. »

Le révérend M. Tracy reconnaît, en 1858, « qu'après trente ans de peines, dans la mission américaine de Madura, et l'assiduité d'environ quatre mille étudiants à la fois, tous instruits dans le protestantisme, et obligés de suivre régulièrement le service religieux le dimanche, bien peu de conversions eurent lieu, *s'il y en eut*, parmi les élèves ou parmi les maîtres[3]. »

A Loodiana, mistress Mackenzie, en parlant d'enfants baptisés, nous rapporte « qu'aucun d'eux n'avait la moindre idée de l'Évangile. » Elle ajoute, il est vrai, que beaucoup « des enfants soi-disant chrétiens » des Européens dans l'Inde en ont encore moins.

Le même témoin a observé, dans un autre établissement du nord de l'Inde, « que l'école des orphelins est en vérité dans un état décourageant pour les missionnaires. Madame Rudolph, femme d'un missionnaire, lui dit qu'elle leur avait enseigné l'Écriture sainte jusqu'à ce qu'elle fût tout à fait lassée de la leur répéter. »

Ces écoles d'orphelins qui existent dans différentes parties des Indes, étaient cependant la dernière tentative faite par les missionnaires protestants. Le baron Von Schomberg raconte qu'à Secundra, dans un moment de famine, « six cents enfants furent *achetés* pour dix-huit cents roupies, ce qui n'était certes pas un prix exorbitant[1]. » Mais la même fatalité qui avait poursuivi toutes ces autres œuvres, s'attacha à celle-ci ; mistress Mackenzie nous assure que bien souvent « les enfants baptisés dans les écoles d'orphelins tournent mal et jettent par là un discrédit tout particulier sur l'Église chrétienne. »

---

[1] *Report of Church Missionary Society*, 1862, p. 69.
[2] *Foreign Missionary Chronicle*, June, 1833, p. 145 (Pittsburgh).
[3] *Proceedings of the South India Missionary Conference*, p. 20.

nière soit donnée par des professeurs chrétiens, tandis que « les professeurs des écoles du gouvernement sont habituellement des Hindous bigots ou déistes [1]. »

D'après une autorité très-compétente, « les écoles des missionnaires ne font pas plus de conversions que celles du gouvernement. Un missionnaire zélé m'assura, les larmes aux yeux, qu'après vingt-cinq ans d'expérience, il regardait la conversion des Hindous dans les circonstances présentes comme impossible sans l'intervention d'un miracle [2]. »

Les élèves de ces écoles lisent tous les jours les Écritures pendant des années, et reçoivent avec une soumission parfaite telles leçons qu'il plaît à leurs professeurs. C'est ainsi qu'un presbytérien, qui a été six ans l'avocat et l'associé des missions protestantes, raconte en parlant du collége de l'église libre du docteur Duff, à Calcutta, « que, sur un millier d'élèves, douze environ professent le christianisme ; » quoique, lorsqu'ils peuvent comprendre l'anglais, « ils soient instruits exactement comme le seraient des enfants chrétiens, et qu'en vérité ils soient mieux instruits en religion que la moitié des jeunes gens en Angleterre. » A Baranagar, le même auteur nous dit « que les élèves montrèrent une connaissance parfaite de tous les points sur lesquels on les interrogea, particulièrement sur le point essentiel de la justification, *qu'ils expliquèrent de la manière la plus claire*[3]. » Pas un d'eux cependant n'était chrétien ni n'avait la plus légère intention de le devenir.

A Benarès, où il y a quatorze écoles de mission, « tous les garçons lisent le Nouveau Testament... pas une conversion n'a eu lieu dans cette école. »

Le correspondant du *Times* à Calcutta, en 1862, dit « que Coimbatore, dont les habitants ont récemment demandé au gouvernement de payer des prêtres afin qu'ils fassent descendre la pluie, nous appartient depuis quatre-vingts ans ; et pourtant l'ignorance dans cette ville est aussi profonde que dans un hameau africain où jamais le pied d'un blanc n'a passé. Ceci est plus ou moins vrai pour *toutes les populations* de l'Inde, car nous n'avons jamais commencé à les éclairer [4]. »

On dit de l'institution de Robert-Money à Bombay, qui compte seize professeurs, et des bourses d'environ deux mille francs

[1] Storron, ch. III, p. 51.
[2] *The Times*, November 24, 1858.
[3] *Six Years in India*, vol. I, ch. II, p. 84.
[4] *The Times*, November 28, 1862.

ni eux ni leurs familles n'ont négligé les usages religieux de leurs ancêtres. »

Cette assertion est appuyée par le révérend J. Weitbrecht et par d'autres autorités dignes de toute croyance. Voici les paroles de M. Weitbrecht : « Il y a des cas où les pères hindous ont défendu à leurs fils de fréquenter le collége de Calcutta, par la raison que *tous* les élèves qui acquièrent un peu de savoir deviennent *nasticks*, c'est-à-dire athés[1]. »

Si on demande pourquoi les étudiants indigènes sont tentés de fréquenter les institutions dont on reconnaît les fruits, Von Orlich répond « que c'est seulement dans le but d'obtenir une position, et que la majorité appartient aux classes inférieures. » Ceci est confirmé par tous les écrivains anglo-indiens[2].

Mais cette considération d'obtenir *un emploi* n'existe pas pour les enfants de *castes* supérieures, dont beaucoup vont à l'école en voiture et ne la fréquentent que dans le but d'acquérir la science et le développement intellectuel.

« Dans l'Hindostan, dit M. Arnold, le brahmane a eu l'esprit, en perdant son pouvoir religieux, de saisir celui que l'éducation peut donner ; nos écoles et nos colléges anglais sont encombrés de gens de cette caste[3]. » Mais l'éducation anglo-protestante a produit sur eux le même effet que sur tous les autres. « Elle a produit, dit M. Knighton, un grand développement intellectuel et un manque absolu de principes moraux, une absence complète de religion jointe à une adoration enthousiaste de la raison et de l'argent[4]. » « Dans les circonstances les plus favorables, dit sir Emerson Tennent, les résultats ont été déplorables quant à l'abandon de leurs idées superstitieuses[5]. »

Sur dix-sept mille trois cent soixante élèves des écoles entretenues aux frais du public, trois cent trente-six seulement professaient, d'une manière quelconque, la religion officielle[6]. » Et nous savons ce que valait cette profession.

Il n'y a, d'ailleurs, aucune distinction entre l'influence du gouvernement et l'éducation des missionnaires, quoique cette der-

---

[1] *Missions in Bengal*, ch. v, p. 219.
[2] *The Stranger in India*, vol. II, ch. III, p. 137.
Plusieurs faits sont encore cités à l'appui par l'auteur ; nous croyons les preuves déjà assez accablantes. (*Note du traducteur.*)
[3] *The Marquis of Dalhousie's Administration of British India*, par Edwin Arnold, M. A., vol. I, ch. xi, p. 348.
[4] *Tropical Sketches*, préface, p. vii.
[5] *Christianity in Ceylon*, ch. vi, p. 276.
[6] *Parliamentary Papers*, vol. XXXVIII, p. 176.

secte a la sienne, et elles sont établies, comme du temps d'Heber, en opposition les unes avec les autres. En 1854, on nous dit qu'il y a au *Bengal* cinq colléges anglo-indiens pour les classes populaires, et que des écoles zillah ont été établies dans presque tous les districts. On dit encore « que, dans la présidence de *Bombay* et de *Bengal*, le genre d'éducation donné dans les colléges anglo-indiens est le même[1]. »

On nous dit aussi qu'à *Madras*, en 1853, « il y avait deux mille élèves recevant l'instruction chaque jour dans trois écoles tenues par les missionnaires[2], » sans parler d'autres institutions du même genre. Dans la seule ville de *Benarès*, « il y avait quatorze écoles dirigées par la mission. » Nous pouvons juger ce que les efforts du gouvernement, joints à ceux des vingt-deux sociétés rivales, ont dû nécessairement essayer pour la propagande dans d'autres parties de l'Inde.

Ils n'ont pas rougi d'ajouter à leurs propres ressources celles léguées par un catholique français. « L'école Lamartinière de *Calcutta*, dont le revenu annuel peut s'élever à dix mille livres, fut fondée et dotée exclusivement par un catholique, le général de Lamartine. Il est bien reconnu que l'intention du général était de fonder et de doter un établissement pour l'éducation catholique; cependant, les principes d'après lesquels cette école est conduite sont tels, qu'aucun catholique ne peut en profiter[3]. »

Nous allons voir quels sont *les résultats* de cette éducation protestante, donnée par le pouvoir civil ou par les missionnaires.

« On avoue universellement, dit le docteur Grant, que fort peu des enfants ainsi élevés embrassent la foi chrétienne[4]. »

D'autres témoins, connaissant mieux les faits que ce ministre anglican, nous diront que les élèves indiens refusent non-seulement d'adopter la religion de leurs professeurs, mais apprennent presque sans exception à abandonner toute religion.

« Une question très-importante, dit le luthérien Von Orlich en 1845, est de savoir quelle influence l'éducation a produit sur les sentiments religieux des Indiens. On sait déjà que les jeunes gens deviennent déistes et qu'ils ont même quelquefois converti leur famille au déisme[5]. Cependant, à très-peu d'exceptions près,

---

[1] *Parliamentary Papers*, vol. XLVII, p. 17 (1854).
[2] Mead, *the Sepoy Revolt*, ch. XXIII, p. 508.
[3] *Notes on the Present Position of Catholics in India*, par le Rév. W. Strickland, p. 18 (1853).
[4] Lecture IV, p. 254.
[5] *Travels*, etc., vol. III, p. 276.

traités, les évêques et les missionnaires, ne servaient à rien, résolurent avec ténacité d'essayer un nouveau système de propagande, et d'inaugurer un vaste plan nouveau dans l'espérance de changer la défaite en victoire. N'ayant pas réussi à convertir les Hindous par la Bible ou la prédication, ils résolurent d'essayer par l'éducation. Quand nous aurons appris ce qu'ils ont tenté dans cette voie et quels succès ils ont obtenus, nous aurons complété notre tâche et épuisé l'histoire des travaux du protestantisme dans les Indes.

Il y a plusieurs années, le fait est digne d'attention, les observateurs intelligents habitant l'Inde prévoyaient déjà que les projets d'éducation des missionnaires n'auraient pas plus de résultats que leurs sermons. « Si les naturels abandonnent les religions hindoue et mahométane, dit un homme qui passa sa vie dans ce pays, sommes-nous bien sûrs qu'ils embrasseront le christianisme? Ne produirons-nous pas, ajoute-t-il, un genre de religion négatif, une indifférence à toute croyance positive et l'abandon de toute forme extérieure de culte [1]? » Nous allons entendre la réponse.

« L'expérience a prouvé, dit un témoin oculaire en 1857, que les jeunes étudiants des colléges indiens qui tiendraient un rang honorable dans les universités d'Europe, retombent, aussitôt qu'ils les ont quittés, dans les pratiques dégradantes des religions que leur jugement éclairé condamne. Les colléges de l'Inde reçoivent des idolâtres fanatiques et ne rendent à la société que des hypocrites [2]. » Nous prouverons cette triste vérité par une telle accumulation de témoignages protestants, que le doute sera impossible.

La dépense pour l'éducation des naturels de l'Inde était, en 1860, d'environ trois cent vingt-quatre mille huit cent cinquante-sept livres sterling (8,124,625 fr.), et le nombre des élèves indiens d'environ cinq cent mille. Déjà en 1836, il y avait dans une seule province, trente institutions pour l'éducation de la jeunesse, qui coûtaient trente-cinq mille cinq cent dix-neuf livres onze shellings [3]. L'année suivante elles s'étaient élevées au nombre de trente-huit, qui coûtaient un peu plus de mille livres chacune.

Depuis cette époque, elles se sont multipliées dans toutes les directions; car outre les institutions du gouvernement, chaque

---

[1] *Thirty Years in India*, par le major H. Bevan, ch. xiv, p. 259 (1839).
[2] *Les Anglais et l'Inde*, ch. iii, p. 169.
[3] *Travels in India*, par L. von Orlich, vol. II, p. 267.

« Avec les Mahométans, vous n'avez fait aucun progrès ; avec les Hindous, vous n'en avez pas fait du tout. Vous en êtes juste au même point que *le premier jour où vous vîntes dans l'Inde*[1]. »

En 1859, le capitaine Evans Bell dit encore : « Je doute que les missionnaires fassent *jamais* quelque bien[2] ; » et M. Ludlow ajoute : « Nous devons tenir compte de la méfiance *croissante* et de l'antipathie pour le christianisme de la part des Hindous et des Mahométans[3]. »

« En 1860, M. Russell annonce sérieusement qu'en désespoir de cause, beaucoup de chrétiens dans l'Inde demandent que de manière ou d'autre on convertisse, s'il le faut, les Indiens par le sabre[4]. »

Et dernièrement, en 1862, un chapelain anglican confirme tous les témoins précédents « en recommandant franchement à ses coreligionnaires *d'abandonner tout à fait les Indes* et de tenter la fortune en Chine. Les Indes, comme les sables de leurs déserts, engloutissent tout ce que les missionnaires déposent et ne rapportent rien[5]. »

Les efforts de vingt-deux sociétés de missions protestantes dans l'Inde employant environ mille agents, possédant des ressources matérielles illimitées et secondées par la plus heureuse combinaison de tous les avantages qui peuvent faciliter l'accomplissement d'une telle œuvre, ont abouti, d'après leurs aveux, à de pareils résultats.

« En voilà assez, dit en 1860 un des champions de l'anglicanisme, pour briser le cœur de ceux qui espéraient voir l'Inde évangélisée par l'Église d'Angleterre[6]. » Une semblable histoire aurait pu suggérer d'autres pensées que de vaines lamentations, surtout à ceux qui décrivaient ainsi toutes ses phases.

RÉSULTATS DE L'ÉDUCATION.

Les agents des religions anglaises et américaines, qui ne manquent pas d'énergie, après avoir découvert que les sermons et les

---

[1] *Speech at Liverpool; the Times*, September 29, 1858.
[2] *The English in India*, p. 185.
[3] *Thoughts on the Policy of the Crown towards India*, lettre XVI, p. 214.
[4] *Diary in India*, vol. II, ch. VIII, p. 150.
[5] *How we got to Pekin*, par le Rév. R. J. L. M'Ghee, chapelain de l'armée, ch. XIII, p. 291.
[6] *Christian Remembrancer*, July, 1860.

gnerie, mais nullement par leurs vertus. Ils trouvent donc beaucoup de difficulté à obtenir des emplois de la part des Anglais ; soit par inclination ou par nécessité, on les voit errants dans le pays, une Bible d'une main et un placet de l'autre, sollicitant les aumônes des Européens. Leur immoralité, leur mauvaise conduite a choqué, en bien des occasions, les sentiments de leurs concitoyens idolâtres. » Il conclut enfin en disant que « les convertis, tels qu'ils figurent dans les brochures des missionnaires, ne sont qu'une fiction immorale et intéressée. On les représente d'abord comme des païens couverts de crimes et ensuite comme des chrétiens ornés de toutes les vertus [1] ! »

En 1856, M. Walter Gibson cite cette confession intime que lui fit un missionnaire américain : « Des millions et des centaines de millions d'hommes meurent dans les Indes sans avoir été influencés le moins du monde par la domination et les lumières européennes [2]. »

En 1857, M. de Valbezen, qui semble affecter en religion cette froide impartialité que quelques Français prennent à tort pour de la largeur dans les idées, dit : « La prédication des missionnaires protestants n'a pas produit la moindre impression ; » et il ajoute ensuite que s'il survenait quelque changement dans le gouvernement de l'Inde, « il y a bien peu de convertis qui ne retomberaient aussitôt dans les grossières erreurs de l'idolâtrie [3]. »

« On a observé avec raison, dit un autre, comme pour confirmer cette assertion, que si nous étions chassés demain du pays, il resterait dans les lieux où les Anglais se sont établis bien peu de traces de religion prouvant que le christianisme y ait jamais régné [4]. »

En 1858, nous avons le témoignage de M. Minturn : « Les convertis, dit-il, sont peu nombreux, et, pour la plupart, de classes les plus dégradées [5]. » Quant aux indigènes convertis au christianisme, écrit M. Malcolm Ludlow vers la même époque : « Je ne les ai pas même classés dans la partie chrétienne, leur *influence étant nulle* [6]. »

Sir James Brooke, gouverneur de Bornéo, résume ainsi toute l'histoire quand il dit aux Sociétés des missions en Angleterre :

---

[1] *The Theory and Practice of Caste*, p. 146.
[2] *The Prison of Wetevreden*, etc., p. 399.
[3] *Les Anglais et l'Inde*, ch. III, p. 164.
[4] *Narrative of a Journey to India*, par le colonel Elwood, vol. II, lettre LIV, p. 109.
[5] *From New York to Delhi*, ch. XVIII, p. 178.
[6] *British India*, vol. I, p. 102.

les missionnaires en comptent moins d'un sixième comme véritables. » Dans la même année, M. Ward avoue que le nombre des convertis quels qu'ils soient, n'est pas un dixième de celui porté sur les rapports [1].

« Les convertis deviennent chaque jour plus vicieux, dit encore le capitaine Hervey ; les plus mauvais sujets dans nos régiments sont les chrétiens, et il ajoute ce fait : Lorsqu'un indigène se présente pour être domestique, il est refusé s'il se dit chrétien, parce que tous les chrétiens, à peu d'exceptions près, sont regardés comme de grands vagabonds : ce qui signifie coquins, ivrognes, voleurs et impies [2]. »

Aussi, après une longue expérience, le révérend William Clarkson affirme, dans la même année, « que l'on a tellement épuisé les moyens de propagande qu'ils sont devenus impuissants !... Chaque porte semble fermée, chaque canal desséché, par lequel auraient pu couler les sources de l'Évangile [3]. »

D'après M. Mackenna, en 1854, « de nombreux missionnaires ont perdu leur temps, leur argent, leurs paroles pour convertir bien peu d'idolâtres ; et si par hasard ils ont réussi à faire adopter leurs idées à un ou deux individus, ils ne manquent pas de faire du bruit dans les journaux et des brochures, quoique très-souvent ils ne soient pas sûrs de garder longtemps leurs nouveaux convertis [4]. »

En 1852, M. Campbell nous dit : « Il faut admettre que les essais pour convertir les Indiens au christianisme *ont complétement échoué*; nous avons fait quelques infidèles, mais fort peu de chrétiens sincères, et nous ne sommes pas en voie d'en faire beaucoup plus [5]. »

En 1853, le baron Eric von Schonberg écrit ceci : « Les missionnaires qui annoncent la conversion isolée d'un Hindou parmi des milliers d'idolâtres, sont souvent eux-mêmes membres de quelque secte errante et les instruments d'une bigoterie fanatique [6]. »

M. Irving observe, dans la même année, que les Hindous soi-disant chrétiens ne « montrent guère d'autres signes de leur conversion qu'en mangeant du bœuf et en s'adonnant à l'ivro-

---

[1] *India and the Hindoos*, par F. de W. Ward, ancien missionnaire à Madras, ch. XXII, p. 337.
[2] *Ten Years in India*, vol. I, ch. v, p. 105.
[3] Lecture V, p. 221.
[4] *Ancient and Modern India*, ch. XXVII, p. 516.
[5] *Modern India*, p. 208.
[6] *Travels in India and Kashmir*, par le baron Eric von Schonberg, p. 195.

Le docteur Bryce, ministre presbytérien, s'écrie dans un sermon prêché à Calcutta : « Hélas ! on peut douter que la mission chrétienne puisse se glorifier d'avoir fait *un seul prosélyte véritable*[1]. »

« Les proscrits se sont en effet joints aux missionnaires, dit un autre ; mais leur conduite a généralement prouvé qu'ils confessent ce qu'ils ne croient pas, et a nécessairement influencé les classes supérieures contre le christianisme[2]. »

« Les missionnaires ont avoué depuis longtemps que leur anxiété pour obtenir des convertis semble changée en anxiété plus grande encore sur leur conduite, » dit M. Bowen[3].

Le capitaine Seely entendit un cipaye qui avait été fouetté et chassé honteusement de son régiment pour vol, répondre à cette parole : « Vous avez perdu votre droit de caste, » par ces mots : « Vraiment ! Je puis toujours me faire chrétien[4]. »

Cette raison de professer le christianisme est encore signalée par un écrivain en 1855 : « Un homme arrêta M. Janvier, missionnaire, dans le bazar de *Loudiana*, en lui disant qu'il désirait être chrétien, mais qu'il voulait avant tout savoir combien il lui donnerait. Un autre vint et dit au missionnaire que les chrétiens étaient si bien vêtus et si bien nourris qu'il désirait être des leurs[5]. »

D'après le comte de Warren, en 1845, « l'influence des missions anglaises est absolument nulle ; les missionnaires n'obtiennent d'autres prosélytes que quelques orphelins qui se vendent et qui retournent bientôt à leurs idoles, dès qu'ils ont atteint l'âge de l'indépendance[6]. »

En 1844, M. Wilkinson, missionnaire, signale l'inconvénient de la multiplicité des sectes chrétiennes et reconnaît qu'elles n'obtiennent leurs adhérents qu'aux dépens les unes des autres ; il rapporte « qu'un criminel se croyant découvert va, pour éviter la punition, se présenter à l'une des différentes communions chrétiennes avec espoir d'y être admis[7]. »

« Dans le nombre des convertis indiqués par les rapports sur toutes les provinces de l'Inde, observe en 1850 le général Briggs,

---

[1] *Missionary Incitement*, etc., p. 71.
[2] *The Dangers of British India*, par David Hopkins, of the E. I. C. Bengal medical establishment, p. 27.
[3] *Missionary Incitement*, etc., p. 66.
[4] *The Wonders of Elora*, ch. xix, p. 176.
[5] *Six Years in India*, vol. II, ch. iii, p. 78.
[6] *L'Inde anglaise*, tome III, ch. xii, p. 229.
[7] *Sketches of Christianity in N. India*, par le Rév. M. Wilkinson, p. 304.

chrétiens à Punjabee, ajoute : « Ils sont faibles et ignorants, mais malgré leurs chutes et leurs fautes, je crois qu'ils s'améliorent[1]. »

TÉMOIGNAGES DES VOYAGEURS.

« Le christianisme, dit un voyageur souvent accueilli par les missionnaires, fait peu ou pas de progrès. J'avais l'habitude de leur demander lorsque j'en trouvais l'occasion combien ils avaient converti d'hindous ou de mahométans, ils répondaient ordinairement : *un* et quelquefois *aucun*[2]. »

« Après un séjour de trente ans aux Indes, nous dit M. Peschier, président de la Société des missions de Genève, un de ses résidants essaya de prêcher parmi les idolâtres ; il nous a déclaré qu'il avait été incapable d'obtenir une seule conversion[3]. »

« Quiconque a vu des chrétiens hindous se sera bientôt aperçu que celui qui porte ce nom est généralement un misérable ivrogne, qui se croit le droit de manger et de boire tout ce qui lui plait[4]. » Ce témoignage est celui d'un écrivain célèbre.

M. Malcolm Lewin nous raconte qu'en 1857, « d'après une enquête faite à Bangalore par une députation d'une des sociétés anglaises, « on découvrit que la plupart des convertis et leurs familles étaient stipendiés par la mission[5], » et un autre auteur dit que les convertis baptistes « furent tirés de la misère et qu'on leur procura une position aisée en *récompense de leur conversion*[6]. »

M. Marsh donna à la Chambre des communes, dans un discours déjà cité, la description suivante des convertis dans l'Inde : « On les prend parmi les *Chandalahs* ou *Parias*, *proscrits*, partie de la population à laquelle la religion hindoue est même interdite et qui, condamnée aux occupations les plus basses et à la plus grande misère, est trop heureuse d'obtenir, par ce que les missionnaires nomment conversion, la nourriture qu'elle serait incapable de se procurer autrement pour vivre. » Il ajoute que toutes les classes se réunissent « dans un sentiment unanime de mépris pour les *Parias*, parmi lesquels on classe également le missionnaire chrétien et son converti, la brebis et son pasteur. »

---

[1] *Church Missionary Report*, p. 156.
[2] Ida Pfeiffer, *Voyage round the World*, p. 116.
[3] *Asiatic Journal*, vol. xix, p. 230.
[4] *Edinburg Review*, vol. XII, p. 161.
[5] *The Way to Lose India*, p. 17 (1857).
[6] *Observations on the Present State of the E. I. Company*, p. 64.

pable, en 1860, que les opérations des missions ont atteint et même dépassé leurs limites ; il y a des signes certains, des preuves positives, qu'avec le système actuel elles n'avanceront pas davantage ; au contraire elles rétrograderont et cela rapidement. » « Après 1846, ajoute-t-il, le mouvement progressif du christianisme dans l'Inde semble s'être arrêté. La moisson est finie, l'été est passé[1]. »

Dans les provinces plus éloignées les faits sont encore plus tristes. Au *Népaul*, un officier anglais nous dit que les protestants n'ont pu convertir un seul homme, quoiqu'ils aient en leur faveur l'influence politique ; « mais la tribu Rewar a embrassé le catholicisme[2]. »

Le même contraste est indiqué pour le *Khondistan* par un général anglais d'une grande capacité. Le gouvernement envoya à ses frais dans cette contrée deux missionnaires d'Orissa : « ils n'ont rien fait, dit le général Campbell, gouverneur de cette province ; je regrette, ajoute-t-il, que ces messieurs aient résolu d'habiter le pays bas et qu'ils aient attendu que les Khonds vinssent à eux. » Le même général rencontra deux missionnaires français qui obtenaient beaucoup de conversions et dont il fait l'éloge ; il termine ainsi : « Leur demeure était une espèce de cabane couverte de chaume ; ils n'avaient que du riz pour nourriture, et se privaient de tous les agréments de la vie, voulant donner aux indigènes l'exemple de la plus complète abnégation. C'étaient des hommes d'une éducation distinguée ; leur travail incessant, leur renoncement entier et leur bienveillance envers tous auraient dû provoquer l'admiration des ennemis les plus acharnés de leur croyance[3]. »

Le colonel Addison parle en 1858 du Punjab et d'un M. Clarke, qui fut envoyé comme missionnaire par une société anglaise. « Il avait des talents remarquables, un zèle bien connu, et l'on espérait que sa mission serait couronnée d'un plein succès. Après beaucoup d'efforts pour convertir les indigènes, le pauvre Clarke s'en retourna désolé à Calcutta, ayant même bonne envie de rentrer en Europe, tant ses mécomptes l'avaient découragé[4]. » Un autre M. Clarke, après s'être glorifié en 1862, d'avoir quelques soldats

---

[1] *Christian Remembrancer*, July, 1860, p. 65 5.
[2] *Five Years at Nepaul*, par le capitaine Smith, vol. I, ch. VI, p. 143.
[3] *Thirteen Years Service amongst the Wild Tribes of Khondistan*, par le major général John Campbell, commandeur de l'ordre du Bain, ch. I, p. 21; ch. IX, p. 146 (1864).
[4] *Traits of Anglo-Indian Life*, par le lieutenant-colonel Addison, p. 165 (1865).

idoles¹. » Ce fait est confirmé en 1858 par toutes les principales sociétés de missions dans l'Inde, qui avouent, dans un rapport collectif de cette année, « que les missionnaires de Tinnevelly sont persuadés que le christianisme est encore dans cette contrée à l'état d'enfance². » Cependant depuis bien des années Tinnevelly a été le point central des réunions des missions anglaises, et a été cité comme « le lieu où les missionnaires ont obtenu des triomphes sans exemple³. »

Un écrivain luthérien dit de *Benarès :* « La propagande ne prend guère ici, quoiqu'il y ait quatorze écoles de missions⁴. »

Un ministre protestant raconta à mistress Colin Mackenzie, en 1853, « qu'il attribuait les récits exagérés de toutes les conversions de *Kishnagurh,* à la nécessité de produire sensation dans les réunions publiques en Angleterre, afin d'obtenir de l'argent; » cette dame ajoute « que leur foi chrétienne consiste seulement à ne plus adorer leurs idoles... et que l'un d'eux ne savait pas même ce qu'était Jésus⁵. »

Un autre missionnaire disait de l'*Inde centrale :* « J'ai rencontré des chrétiens indigènes, quelques-uns sur la côte orientale, quelques autres sur la côte occidentale, et d'autres dans les parties plus au sud; il est triste d'avouer qu'ils ne différaient des païens, que de nom⁶. » Le même témoin déclare que dans l'*Inde occidentale* « les conversions ont été rares... Depuis plus de deux cents ans les habitants de cette contrée ont vécu avec des Européens, et malgré cela ils ont cédé peu des leurs à la religion du Christ⁷. » En 1862, la Société des missions se plaint encore dans son rapport officiel du « peu de succès obtenu⁸. »

Lorsqu'il s'agit du *Nord de l'Inde,* le docteur Hoffmeister, qui accompagnait le prince Waldemar de Prusse dans la campagne contre les Sikhs, dit : « Quoique, en apparence, les natifs viennent à l'église, c'est seulement par curiosité; ils envoient leurs enfants à l'école, et cependant aucun d'eux n'a été baptisé⁹. »

Quant à l'*Inde du Sud,* centre principal de l'action protestante : « Nous sommes arrivés à conclure, nous dit un témoin ca-

---

¹ *Hist. of Prop. of Christianity,* etc., vol. II, p. 545.
² *Proceedings of the South India Missionary Conference,* p. 18 (Madras, 1858).
³ *Report of the Church Missionary Society* (1862), p. 152.
⁴ *Travels in India,* par Léopold von Orlich, vol. II, p. 157.
⁵ *Six Years in India,* vol. I, ch. II, p. 75.
⁶ *India and the Gospel,* lect. VI, p. 324.
⁷ *Ibid.,* lect. V, p. 251.
⁸ P. 67.
⁹ *Travels in Ceylon and Continental India,* p. 474.

rageant à annoncer. L'indifférence des habitants et leur ignorance des vérités les plus élémentaires sont telles que je me demande ce qui peut les engager à embrasser le christianisme[1]. » « L'évêque actuel de Bombay déclare de nouveau qu'il y a bien peu de chrétiens natifs dont la bonne foi ne puisse être mise en doute[2]. » « Il est évident pour moi, ajoute encore en 1862 le révérend M. Davidson, que parmi ceux qui expriment le désir de recevoir le baptême, la plupart sont poussés par des motifs peu avouables[3]. »

En présence de faits semblables, que nous aurions pu multiplier à l'infini[4], il ne faut pas s'étonner des résultats avoués jusqu'aujourd'hui par les missionnaires protestants dans les trois présidences de Bengal, de Madras et de Bombay.

RÉSULTATS DES DISTRICTS PARTICULIERS.

Après plusieurs années de dépenses excessives à *Tranquebar*, un ministre protestant nous raconte « qu'en 1816, trois missionnaires seulement restaient en relation avec cette mission, autrefois si florissante, et encore deux d'entre eux étaient-ils subventionnés par les Anglais[5]. » Vingt-trois ans plus tard, suivant le récit d'un missionnaire américain, « on trouve à peine la trace des efforts précédents, la mission est entièrement abandonnée. Plusieurs personnes prétendent que la plupart des missionnaires sont des hommes sans foi aucune[6]. » Un ministre protestant nous a dit qu'à *Tanjore*, témoin des travaux de Schwartz, « aucune religion réelle ne se trouve chez les chrétiens indigènes, » et un autre, « qu'être appelé chrétien de Tanjore est devenu un terme de mépris. »

Quant aux convertis de *Tinnevelly*, dont le clergé anglican s'est imprudemment vanté, l'historien des missions protestantes en parle ainsi : « Quoique beaucoup d'entre eux ne puissent être considérés comme chrétiens et qu'un petit nombre seulement ait été baptisé, on se glorifiait de leur avoir fait abandonner leurs

---

[1] *Hist. of Prop. of Christianity*, etc., vol. II, p. 555.
[2] *Out and Home*, par le Rév. H. Tupper, p. 152.
[3] *Report of Church Missionary Society*, p. 81.
[4] Trouvant la thèse suffisamment prouvée, nous avons retranché plusieurs faits du même genre, avec l'agrément de l'auteur.
(*Note du traducteur.*)
[5] *The Land of the Veda*, ch. XVIII, p. 426.
[6] Howard Malcolm, ch. II, p. 69.

attirés par l'espoir d'un bénéfice. » Si ce rapport fut venu d'autres personnes que de leurs propres agents ils l'eussent taxé de calomnie[1].

Quant à l'important établissement de Sérampore, le comité en donne les rapports les plus favorables. Cette institution compte en effet bien des années d'existence, et a coûté des sommes si énormes qu'ils hésitent à en dire du mal; ils ne peuvent cependant s'empêcher de révéler son véritable caractère, en disant « que le fruit immédiat n'est pas la conversion des âmes. » « Depuis quelques années, avouent les professeurs, l'athéisme se répand parmi les jeunes Bengalais, et quelques-uns se vantent d'appartenir à la religion intuitive[2]. »

Le comité baptiste ajoute sans la moindre intention de plaisanter sur un aussi grave sujet : « En 1861, notre église n'a pu enregistrer aucun baptême; mais vers la fin de l'année précédente, le missionnaire Robinson eut la satisfaction de baptiser deux de ses propres enfants. »

L'on écrit ensuite d'Agra : « Ce que nous devons encore déplorer, c'est l'indifférence complète avec laquelle sont reçues les vérités que nous prêchons : la foule nous écoute, mais bien peu semblent trouver que le sujet soit digne d'attention. »

Les wesleyens, à Bangalore et les environs, ont beau prêcher « quarante sermons par semaine, » ils disent eux-mêmes : « Nous regrettons de ne pas connaître *un seul exemple* du triomphe de la vérité[3]. »

De Madras, en 1859, un missionnaire protestant écrit : « Quant à des conversions réelles, l'un de nous prétend que l'on n'en trouverait pas plus de deux ou trois dans toute la ville et les faubourgs ; un autre ajoute, une demi-douzaine au plus[4]. »

M. Baber, président de la Cour de Madras, disait au comité de la chambre des lords : « Un converti par nos missionnaires anglais *est chose inconnue*[5]. » Et cependant un chapelain anglican, de la présidence de Madras, déclare avec emphase « qu'elle est par excellence le diocèse des missionnaires de l'Inde[6] ! »

Les rapports venus de Bombay continuent sur le même ton. En 1858, le révérend M. Gray écrit ceci : « Je n'ai rien d'encou-

---

[1] *Soixante-dixième Rapport de la Société des Baptistes*, 1862, p. 6.
[2] *Ibid.*, p. 22.
[3] *Report of the Wesleyan Methodist Missionary Society*, 1862, p. 39.
[4] Howard Malcolm, vol. II, ch. II, p. 59.
[5] *Asiatic Journal*, vol. IV, . 316, nouvelle série.
[6] *Sketch of the Established Church in India*, par Ed. Whithead, chapelain de l'évêque de Madras, ch. VII, p. 100.

ne pouvons pas nous vanter d'avoir fait chez eux une grande impression. » Il ajoute aussitôt : « Mais nous continuerons à ouvrir la bouche jusqu'à ce qu'il plaise au Seigneur de la remplir[1]. »

Laissons-le dans cette attitude et arrivons à Agra, d'où M. Schneider écrit ce qui suit : « Les naturels n'embrassent le christianisme que dans le but d'obtenir un emploi et des secours matériels. Après avoir été baptisés, loin d'honorer la religion chrétienne, ils en sont le scandale. » En d'autres termes, le seul résultat des missions protestantes est de conférer des baptêmes sacriléges et de livrer le christianisme au mépris des naturels plus encore qu'à leur haine.

M. Schneider, regardé comme un missionnaire distingué, apprécie bien les Anglicans-Hindous en disant : « Je suis résolu à ne plus baptiser un néophyte avant de savoir s'il pourra vivre en honnête homme ; si l'on ne peut pas subvenir à ses besoins matériels, il sera *un déshonneur pour l'Église*[2]. » Il est à remarquer que ces aveux sont récents, et doivent être attribués à la candeur d'écrivains laïques qui abondent aux Indes et mettent ainsi les missionnaires protestants dans la dure nécessité d'user de prudence et de réserve.

De *Meerut* nous avons l'histoire habituelle renforcée d'un rapport de M. Hœrnle, qui constate que lui et ses collègues anglicans s'étaient pris de querelle avec les baptistes de Delhi, circonstance qui nuisit beaucoup aux progrès de la mission chrétienne. Il se plaint de ce que « ces turbulents baptistes, ont bâti une chapelle à quelques pas seulement de la nôtre ! Par cette violation du principe de mutuelle amitié et de non-intervention, les progrès de l'œuvre du Seigneur ont été gravement entravés[3]. » Ces messieurs s'étonnent que les païens méprisent une religion qui est, pour eux comme pour les autres, le symbole du désordre, des disputes et de la vanité.

Un mot sur les farouches concurrents des anglicans, les baptistes de Delhi. D'après leur rapport de 1862, « soixante-six personnes ont reçu le baptême, soixante-quinze ont été chassées de l'église. » Avec un tel procédé la mission baptiste aura bientôt cessé.

Comme explication donnée aux souscripteurs alarmés, les missionnaires assurent que « quelques-uns des baptistes n'avaient pas renoncé à leurs habitudes païennes, et que d'autres avaient été

---

[1] *Church Missionary Society's Report*. p. 116.
[2] P. 121.
[3] P. 127.

M. Vaughan eût pu ajouter que ces « réprouvés » qui, d'après son aveu, « n'ont jamais été chrétiens que de nom, » furent baptisés avec empressement par les missionnaires protestants et représentés dans les rapports anciens comme des disciples dévoués, de même que les convertis de la même espèce le sont encore dans les nouveaux.

Parmi les villes citées, Calcutta n'est pas la pire; de toutes les parties du Bengal nous avons les mêmes indications. « Une plus grande déception fut éprouvée à l'institution disciplinaire de Santipore, où la Société avait concentré toutes ses ressources et réuni ses meilleurs sujets. Voici ce qui arriva : « L'on découvrit qu'un de leurs agents, indigène converti, sur lequel on comptait beaucoup, avait entrepris un système de corruption qui entama si profondément la discipline et les mœurs des étudiants, qu'il ne resta pas d'autre alternative que de suspendre les cours et de renvoyer les élèves dans leurs familles[1]. »

Au district de Kishnagurh, représenté comme un élysée protestant, « il n'y aurait, d'après le rapport des missionnaires, aucun progrès dans la condition générale des peuples chrétiens, ni aucune conversion parmi les païens. » L'on ajoute « qu'aussitôt la nourriture, le vêtement, l'entretien et l'instruction gratuite refusés aux enfants, les parents reprennent leurs habitudes païennes. »

Un ancien missionnaire cite en preuve de l'esprit mercenaire qui prévaut dans le peuple, ce propos : « Si le Sahib voulait seulement me donner quatre roupies par mois, j'irais à l'église et j'y ferais aller tout le peuple de mon village[2]. » Cet homme était prêt à singer le protestantisme, lui et tous ses frères, pour la modique somme de cent vingt francs par an. Ces conversions sont célébrées en termes pompeux accompagnés de hourrahs dans toutes les parties de l'Angleterre. Ce que les missionnaires ont dit de Santipore et de Kishnagurh, ils le répètent de Tinnevelley et de Travancore.

Le révérend M. Fuchs écrit de Benarès : « L'état de nos indigènes chrétiens n'est pas satisfaisant; leur nombre est loin de s'accroître[3]. »

Parmi les maux qui affligent la mission de Gorruckpore, M. Reuther signale d'abord, avec une admirable naïveté, « l'indifférence religieuse, l'ivrognerie et les querelles qui en sont la suite. Nous

[1] *Church Missionary Society's Report*, p. 101.
[2] *Ibid.*, p. 101.
[3] *Ibid.*, p. 110.

RÉSULTATS OBTENUS DANS LES TROIS PRÉSIDENCES.

En commençant par la présidence du Bengal, nous trouvons, en 1809, le récit suivant d'un anglican zélé partisan de son Église : « Les missionnaires aux Indes, depuis un siècle environ, n'ont obtenu aucune conversion importante ni même gagné autant de familles qu'ils en formaient eux-mêmes dans le pays[1]. » Treize ans plus tard, M. Townley, missionnaire protestant, nous dit: « Lorsque je quittai le Bengale, il y avait *un seul* Hindou sur lequel les missionnaires de Calcutta fondaient quelque espoir... Il a été baptisé[2]. »

Trois ans après, la Société des missionnaires de Calcutta ajoute qu'ils sont sérieusement impressionnés de leur peu de succès chez les païens.

En 1855, M. Campbell fait encore cet aveu : « Nous n'avons fait jusqu'ici, et nous ne sommes guère en train de faire aucune impression religieuse dans les provinces du Bengal et de l'Hindostan[3]. » Il ne veut pas dire sans doute qu'il ait manqué de convertis prétendus ; mais à leur égard on nous donne les indications suivantes : « En 1858, un voyageur américain apprit d'un indigène qu'à Calcutta, tous les Khitmutgras sont chrétiens. Surpris, je demandai à quelle église ils appartenaient. — Ah ! monsieur, répondit l'indigène, ils n'appartiennent à aucune église, mais ils veulent bien consentir à manger du porc et à boire de l'eau-de-vie[4]. » Notion populaire de l'Hindou sur le christianisme.

A l'appui de cette appréciation, nous avons les rapports officiels de 1862, donnés par les missionnaires protestants de presque toutes les sectes.

« La ville de Calcutta, d'après le révérend James Vaughan, est depuis longues années le repaire des plus mauvais chrétiens des stations de Mofussil, véritable caverne de voleurs.... La plupart d'entre eux sont plus dépravés que les païens au milieu desquels ils vivent, ce qui doit produire sur ces derniers un effet déplorable. Ces malheureux se disent chrétiens, et le baptême reçu avec une certaine *instruction religieuse* semble leur avoir donné deux fois la mort[5]. »

---

[1] *The Dangers of British India,* par David Hopkins, p. 27.
[2] *An Answer to the abbé Dubois,* par H. Townley, p. 109.
[3] *India as it may be,* ch. viii, p. 395.
[4] *From New York to Delhi,* par Robert B. Minturn, Jun., ch. xvi, p. 152.
[5] *Church Missionary Society's Report,* 1861-1862, p. 90.

Corrie, où le missionnaire puisse faire autant de bien avec moins de difficulté[1]. » Il semble à peine rencontrer la moindre opposition, car « tous ceux qui ont observé de près les dispositions des naturels à l'égard des missionnaires n'ont trouvé que la plus parfaite indifférence[2]. » « Le missionnaire, dit l'un d'eux, n'a rien à démêler ici avec les privations; la générosité avec laquelle il est pourvu à son entretien l'en empêche[3]. » « Nous sommes maîtres de toute la péninsule et nos missionnaires jouissent par là même d'une foule d'avantages[4]. »

Parmi les facilités qui découlent de leurs relations immédiates avec le pouvoir et les motifs qui portent les naturels à accepter l'instruction de leurs patrons et de leurs maîtres, il faut tenir compte des immenses ressources matérielles dont les missionnaires disposent. Bâtir des églises, fonder des écoles, doter des orphelinats, donner d'énormes salaires aux instructeurs, et enfin attirer une race appauvrie et sordide par l'appât d'une existence assurée, tout cela était aussi facile aux missionnaires protestants qu'impossible aux catholiques. « Vingt-cinq sociétés évangéliques anglaises, américaines ou allemandes, en 1859, sont entretenues par le magnifique subside annuel de cent quatre vingt-sept mille livres sterling (4,675,000 fr.)[5], somme dépassée de beaucoup dans la suite.

Quatre-vingt-dix chapelains coûtaient annuellement à la Compagnie, il y a vingt ans, quatre-vingt mille livres sterling[6]. Leur nombre s'est accru depuis lors. Dans la province de Maduré, soixante-deux missionnaires catholiques ne dépensaient que quinze cents livres; de sorte que chaque missionnaire protestant coûte exactement quarante fois autant que le catholique. Rien que les frais de voyage des premiers s'élevaient déjà en 1859 à deux cent soixante mille livres sterling.

En 1851, les frais seuls de l'établissement anglican revenaient à cent douze mille livres sterling (2,800,000 fr.) et l'année suivante un presbytérien se vantait, avec plus de vérité que de prudence, de ce que la dépense annuelle des missions protestantes, aux Indes seulement, dépassât d'un cinquième ce qui est annuellement donné aux catholiques pour toutes les parties du monde[7]. » Voyons les résultats.

[1] R. John Cormack.
[2] *The Indian Mutiny, Thoughts and Facts*, p. 26 (1857).
[3] *Memoir of John Adam*, ancien missionnaire à Calcutta, p. 226.
[4] *The Theory and Practice of Caste*, ch. v, p. 119.
[5] *Les Anglais et l'Inde*, par E. de Valbezen, ch. iii, p. 162.
[6] Howard Malcolm, vol. II, p. 525.
[7] *The Darkness and the Dawn in India*, par John Wilson, D. D., p. 60.

« La sensation que ce fait produisit parmi les tribus des montagnes fut immense, dirent-ils, et peut être comparée à un tremblement de terre qui eût ébranlé les montagnes dans leurs fondements. » Les montagnes cependant n'enfantèrent rien, et le tremblement de terre pas davantage. Leur rapport officiel se termine, en 1858, par ces mots : « Deux âmes nous ont été données! »

En treize années fécondes en résultats pécuniaires, les conquêtes spirituelles de la compagnie tout entière, se réduisirent à deux disciples très-douteux, et sur l'avenir desquels les rapports discutés ne donnent aucune information.

Quatre années plus tard, en 1862, ces messieurs reçurent la visite de M. Cléments Markham, qui observa leurs travaux avec une bienveillante sympathie, mais ne fit que confirmer dans ses notes ce qui avait été dit déjà. « Ils ont des écoles et sont à l'œuvre chez les Badagas, mais jusqu'ici sans le moindre succès[1]. »

RESSOURCES ET CONDITIONS DES MISSIONNAIRES.

Nous avons vu dans les premières parties de ce chapitre ce qui a été accompli aux Indes par les missionnaires catholiques et quel fut leur genre de vie. Nous avons également mis en relief quelques-uns des contrastes qui existent entre ceux-ci et les émissaires protestants, dans leurs caractères personnels et le résultat de leurs travaux.

Les missionnaires catholiques eurent à lutter dès les premiers instants de leur arrivée contre des difficultés et des obstacles de tout genre; cependant ils ont réussi, de l'aveu même de leurs ennemis[2]. Les ministres protestants n'avaient nulles entraves.

« L'Angleterre, dit un auteur américain, gouverne par ses lois et son armée cent cinquante millions de païens, et par son influence et sa politique elle en domine trois cents millions de plus, tous accessibles aux influences du christianisme, dans les conditions les plus favorables pour entamer l'idolâtrie païenne[3]. » En d'autres termes, l'Angleterre a longtemps occupé aux Indes une position plus favorable que l'Église dans l'Empire romain après trois siècles de persécutions. « Il n'y a pas de pays idolâtre, disait le docteur

---

[1] *Travels in Peru and India*, ch. XXII, p. 572.

[2] « Ubi vis naturalis est maxima, effectus autem minimus, et ubi vis naturalis est minima, effectus autem maximus, ejusmodi effectus a causa seu vi naturali repeti nullâ ratione potest. » (Perronne, *Prælect. Theolog.*, t. I, p. 344; *Sterilitas Protestantismi in suis Missionibus apud Infideles*.

[3] Docteur Stephen Olin.

La mission des baptistes a-t-elle droit de se vanter après de pareils faits révélés par leurs coreligionnaires, malgré leurs efforts pour les cacher? « Les missionnaires baptistes de Sérampore, dit Rammohun Roy dans une de ses lettres au révérend H. Wade, répondent toujours par un démenti formel à tous ceux qui expriment le moindre doute sur leurs succès; mais les baptistes de Calcutta sont plus sincères, et avouent franchement, qu'après six années de travaux pénibles, le nombre de leurs convertis n'excède pas quatre ; de leur côté les indépendants, dont les ressources sont bien plus considérables, sont forcés de reconnaître qu'au bout de sept ans ils n'ont gagné qu'un seul prosélyte[1]. » Le docteur Brown malgré ses sympathies protestantes, dit en parlant de la mission de Sérampore : « impossible de n'être pas impressionné en voyant combien les résultats sont en dessous des espérances ; dans chaque branche de leurs entreprises ils ont échoué. Il semble que Dieu ait inscrit sur la mission de Sérampore cette sentence : Je flétrirai l'orgueil de toute vaine gloire[2]. »

En 1845 une société de Bâle commença une mission dans les Neilgherries ; elle fut inaugurée par quatre missionnaires allemands. « Accueillis avec une grande indifférence, » ils essayèrent de fonder une école en payant une centaine d'élèves ainsi qu'ils l'avouent franchement « soi-disant pour les travaux de jardinage, mais en réalité pour les attirer. » Ce premier pas fait, « ils se mettent à prêcher le glorieux évangile. » On voudra bien nous pardonner de répéter de telles paroles : « Quelques-uns d'entre eux réussirent à introduire Jésus dans leur Panthéon en invoquant son nom avec une multitude d'autres. » Voilà ce que les missionnaires appellent un succès ! Ils amassèrent beaucoup d'argent, et une personne semble leur avoir légué toutes ces propriétés. Cependant « il y eut plusieurs cas pleins d'espérances, mais pas une seule conversion ne s'opéra ; de sorte qu'en définitif ce fut une terrible épreuve de foi et de patience, de prêcher ainsi dans le vide à une génération qui ne donnait aucune garantie. »

Enfin en 1856, le courage se ranima par l'arrivée d'un nouvel auxiliaire, le frère Kettle, événement d'heureux augure, « une aurore nouvelle allait se lever; » mais cette aurore fut si pâle qu'on put à peine la distinguer de la nuit. « En juin 1857, *un seul homme* se présenta, en exprimant le désir de recevoir le baptême qui lui fut conféré, » avec d'autres dons probablement.

---

[1] Cité dans les *Annales*, tome IV, p. 194.
[2] *Hist. Prop. Christianity*, vol. II, p. 75.

pas plus pour accuser tous les missionnaires de les tromper par de fausses promesses, que ceux-ci pour dire de leurs prosélytes qu'ils sont des ennemis de la croix du Christ[1]. »

Les baptistes eux-mêmes avouent ce fait, « qu'une grande partie des convertis présentèrent au docteur Middleton une pétition pour se plaindre d'avoir été séduits par le docteur Carey dans l'espoir d'obtenir protection et appui, promesses dont ils reconnurent bientôt la fausseté après que leur adhésion les eut rendus un sujet de raillerie parmi leurs coreligionnaires[2]. » — Un procès fut entamé; un témoin oculaire en raconte l'issue de cette façon : « Environ deux ans avant mon départ des Indes, les missionnaires protestants de Sérampore furent obligés d'expulser de leurs ateliers d'imprimerie tous les nouveaux convertis qu'ils employaient pour leur procurer des moyens de vivre. » — Il fut répondu aux observations du docteur Middleton pour appuyer leur pétition, « que cette mesure avait été nécessaire; ces misérables, devenus chrétiens, étaient tellement vicieux et intempérants, qu'on craignait que la contagion du scandale journalier ne finît par perdre tous leurs ouvriers païens[3]. »

En 1859, nous avons un échantillon des convertis baptistes qui nous rappelle les néophytes anglicans de la Chine. D'après M. Lang, un naturel instruit employé dans les bureaux du gouvernement assurait que chez tous les protestants de n'importe quelle secte, « le christianisme n'est qu'une feinte, dans un espoir d'avancement, et qu'ils abandonnent leur foi hypocrite dès qu'ils se voient frustrés dans leur attente, se moquant et riant de notre crédulité. Je pourrais vous en donner des exemples par centaines ; un seul suffira.

« Il n'y a pas longtemps qu'un musulman, nommé Ally Khan, fut converti par M. Jones, missionnaire à Calcutta, et obtint bientôt après un emploi avec un traitement de cent roupies par mois dans la compagnie des missionnaires baptistes. Mais là, il parvint à détourner une somme de seize cents roupies ; pour ce fait, il fut traduit devant la cour suprême, reconnu coupable et condamné à un an de détention dans la prison de Calcutta. En entendant prononcer cette sentence, il s'écria : De par le diable, est-ce là ma récompense pour avoir renoncé à ma religion ? Adieu au christianisme ! je redeviens musulman[4]. »

---

[1] *Defence of the Precepts of Jesus*, par Rammohun Roy. p. 74.
[2] P. 76.
[3] *Asiatic Journal*, vol. XIX, p. 765.
[4] *Wanderings in India*, par John Lang. p 224.

naissait parfaitement les mésaventures de certain prédicateur baptiste, le révérend M. William Adams par exemple, missionnaire à Serampore qui, d'après la relation du docteur Wolff, « entama avec ce Rammohun Roy une controverse dans laquelle se sentant battu, le malheureux finit par nier Dieu et la révélation, et devint ouvertement païen[1]. » Il y a encore le révérend M. Thomas qui, après une carrière assez agitée en Angleterre, fut envoyé aux Indes chez les baptistes d'où l'on adressa sur son compte ce rapport un peu prématuré : « Les bénédictions du ciel couronnèrent ses efforts[2]. » Cependant il raconte ce qui suit : « Tandis que je me trouvais sans ressources pour nourrir ma famille, l'un des miens, — apparemment il avait épousé une indienne, — offrit de me sauver de la misère à la condition de m'agenouiller devant une idole : après quelque hésitation je cédai, mais je suis toujours attaché à la religion chrétienne[3]. »

Si nous voulons apprécier leurs soi-disant convertis, eux-mêmes ou des protestants qui les connurent vont nous instruire. « On accuse leurs convertis, dit M. Bowen, de se plonger dans tous les vices qui déshonorent la nature humaine ; » nous entendrons plus loin les baptistes confirmer cette accusation. « D'après leurs correspondances, ajoute M. Bowen, il est prouvé qu'ils ne sont pas étrangers à certaines pratiques vicieuses entre eux. Les crimes des Hindous sont dépeints avec une virulence sans égale, tandis que ceux de leurs coreligionnaires sont taxés simplement d'imprudences, d'*irrégularités*, d'intimités fâcheuses ; voilà les termes employés pour la fornication et l'adultère, quand les partis engagés sont des leurs[4]. »

« Les convertis de la mission baptiste, écrit quelques années plus tard un ardent protestant, sont les plus misérables créatures qu'on puisse imaginer : tout est froid et sec dans cette religion. Le néophyte ne reçoit que la lettre ; on le laisse ensuite marcher seul dans les ténèbres à travers des obstacles qu'un sur cent ne surmonte pas[5]. » Rammohun Roy, que le colonel Macdonald avec son ardeur militaire appelle un « autre Luther » et que les sociniens réclament comme un de leurs convertis, dit à propos des baptistes : « ce ne sont pas seulement des scélérats paresseux et débauchés, mais des ennemis fanatiques du christianisme; ils ne se gênent

---

[1] Wolff's *Journal*, p. 44.
[2] *Report of the Committee of the Baptist Missionary Society*, October 7, 1819.
[3] *History of the Missionary Societies*, par le Rév. T. Smith, vol. I. p. 528.
[4] P. 27-34. Il ajoute, en note, que ces expressions adoucies se présentent souvent dans la correspondance des missionnaires.
[5] *Fifteen Years in India*, p. 365.

membres les plus distingués, comme professeur de sanscrit et de bengali, ses qualités de linguiste semblent avoir été d'une nature douteuse, puisque nous apprenons d'un missionnaire protestant qu'après plusieurs années de professorat, pendant lesquelles il saisissait toutes les occasions de prêcher aux Hindous, quand ceux-ci voulaient bien l'écouter, « il fit un jour la mortifiante découverte qu'il n'était pas compris[1] ! »

Un autre écrivain nous fournit un rapport plus détaillé de ses travaux, dont quelques passages sont trop curieux pour être omis.

Après avoir fait remarquer que Carey eut le courage de publier des traductions de la bible en *trente-cinq langues différentes*, dont il n'en connaissait que très-peu et encore imparfaitement, le reste pas du tout, le docteur Brown ajoute : « Il est désolant de constater qu'un pareil labeur et de si grandes dépenses furent prodiguées en pure perte. Si le docteur Carey n'avait produit qu'une seule bonne traduction, il eût rendu un plus grand service à la cause des missions qu'il ne l'a fait par toutes ces versions réunies... elles sont généralement regardées comme des productions sans valeur[2]. »

L'échec littéraire des baptistes ne fut pas le seul. L'aspect général de la mission prouve qu'ils ne réussirent nulle part ; ils se posent cependant en « émules des apôtres dans leurs travaux et leurs triomphes. » En Angleterre l'on recevait sans cesse de la mission de Sérampore des récits de ce genre : « Notre église s'étend de tous les côtés à la fois[3] » et leur biographe écrit qu'on ne peut rien imaginer de plus désolant que l'état de la Société des missionnaires de Sérampore, « car ils sont tous en lutte, se querellant sur les textes de l'écriture. » « Marshman, dit-il, jalouse tous les jeunes gens de talent ; on tâche de rendre le séjour désagréable aux nouveaux venus, afin de s'en débarrasser et de les faire aller ailleurs. Ils se querellaient aussi sur la question d'argent. Nous ne connaissons pas de plus triste chapitre dans l'histoire des missions que celui des controverses de Sérampore[4]. »

Ce Marshman auquel on fait allusion dans ce récit est celui que Rammohun Roy s'amusait à mettre dans l'embarras en lui demandant comment il discuterait ses principes avec un catholique, tâche à la hauteur de laquelle l'Indien rusé semble avoir compris qu'il ne pouvait atteindre. Ce n'est pas sans raison puisqu'il con-

---

[1] Howard Malcolm, vol. II, p. 265.
[2] *Missions in Bengal*, par M. Weitbrecht, ch. v, p. 200.
[3] *Periodical Accounts from the Serampore Mission*, passim.
[4] Docteur Brown, vol. II, p. 63-65.

ajoute cette réflexion : « Les Indiens se demandent si les Anglais reconnaissent un Dieu [1]. »

Nous trouvons encore dans l'ouvrage de M. Forbes ce fait assez instructif : « Plusieurs fois les naturels m'ont demandé si réellement nous croyions à la vérité de nos Écritures, » et, comme pour justifier cette singulière question, il dit un peu plus loin qu'il est impossible de nier les fatales tendances vers l'apostasie de la part des Européens aux Indes, surtout parmi les plus jeunes [2]. M. Walpole admet également, et semble prouver par son exemple l'instabilité des opinions protestantes, dans les pays où règne le paganisme. Il avoue qu'en « demeurant au milieu des païens on finit par oublier sa propre foi, tout en méprisant la leur [3]. »

AUTRES MISSIONS PROTESTANTES.

Nous passerions volontiers sous silence les autres églises protestantes qui envoyèrent des émissaires aux Indes. Deux ou trois cependant méritent un coup d'œil, l'une surtout, dont les opérations se sont étendues sur une plus vaste échelle et dont les agents ont tenu un langage plus arrogant que les autres. Les baptistes prétendent avoir éclipsé tous leurs rivaux.

Leur principal champ d'action paraît avoir été Sérampore, où ils érigèrent un collége et s'efforcèrent d'agir sur l'esprit des naturels par l'éducation. Jusqu'en 1829, il ne fut pas dépensé à cet établissement moins de vingt-un mille huit cent trente-huit livres sterling [4]. Ces dépenses ne doivent guère avoir été proportionnées aux ressources dont on pouvait disposer, puisque, d'après leurs aveux, en 1837, ils étaient surchargés de dettes [5]. L'ambition les entraînait dans toutes leurs entreprises. A Calcutta ils possédaient une imprimerie qui leur « coûtait au delà de vingt mille livres sterling [6]. »

De ces deux villes, ils inondèrent le pays de bibles et de traités, tous plus falsifiés les uns que les autres. Malgré le traitement annuel de huit cents livres donné au docteur Carey, un de leurs

---

[1] *Christianity in India*, ch. IV, p. 90.
[2] *Oriental Memoirs*, par James Forbes, F. R. S., vol. III, ch. XXVIII, p. 52, et ch. XXXI, p. 185.
[3] *The Ansayrii*, etc., par l'Hon. F. Walpole, vol. III, ch. XIII, p. 318.
[4] *India and Europe compared*, par le lieutenant-général Briggs, F. R. S., ch VI, p. 167.
[5] *Asiatic Journal*, vol. XXIV, p. 231, nouvelle série.
[6] *Ibid*.

vraiment déplorable. D'après ce fait, la religion n'était qu'un cérémonial dérisoire, une façon ingénieuse de passer l'une des journées de la semaine de manière à faire contraste avec les autres[1]. »

Un autre auteur anglais raconte également ses impressions : « Si la présence d'un ministre n'était pas nécessaire pour l'accomplissement des rites *civils* prescrits par les canons de l'Église anglicane, la plupart des chapelains pourraient tout aussi bien demeurer en Angleterre qu'aux Indes[2]. »

Un fonctionnaire indien dit en 1845 : « Je suis un des opposants à l'érection de la nouvelle cathédrale aux Indes, et cela pour des raisons qui me paraissent invincibles. Sur six églises au pouvoir de la religion anglicane à Calcutta, une seule, la plus ancienne, paraît fréquentée assez régulièrement par un certain nombre d'habitués[3]. » Ceci se passait trente ans après l'introduction des évêques comme remède suprême.

Enfin un missionnaire protestant nous fait ce rapport : « L'état de la religion n'est pas brillant. J'ai desservi la plupart des églises protestantes et en faisant le relevé des paroissiens; j'ai trouvé que l'auditoire le plus nombreux n'excédait jamais deux cent cinquante personnes, quatre-vingts était le nombre ordinaire[4]. »

Présentée sous cette forme, la religion anglicane a peu d'attrait pour l'Hindou ; il préfère la sienne et s'imagine que les Anglais n'en ont pas : opinion généralement reçue parmi les peuples orientaux. Il paraît cependant qu'un Anglais plein d'énergie devint l'objet du culte d'une réunion de Shanars. Dans cette circonstance même, ils manifestèrent leur appréciation critique du caractère anglais, puisque « les offrandes déposées sur son tombeau consistaient en spiritueux et en cigares[5]. »

D'un autre côté ils savent distinguer parfaitement, de même que les païens, dans toutes les parties du monde, la différence entre les protestants et les catholiques. « Vous vous appelez chrétiens, disaient les Hindous ; les catholiques romains qui abondent dans l'Inde le sont aussi : mais ceux-ci fréquentent tous les jours leurs églises, jeûnent, prient et font pénitence, tandis que vous ne paraissez nullement vous inquiéter d'une obligation aussi importante ; » et M. Kaye, qui rapporte ces paroles de M. Forbes,

---

[1] *Tropical Sketches*, par William Knighton, A. M., p. 196.
[2] *Modern India*, par Henry H. Spry, M. D., vol. I, ch. v, p. 196.
[3] *The Stranger in India*, par G. W. Johnson, avocat à la cour suprême de Calcutta, vol. I, p. 297.
[4] Howard Malcolm, vol. II, ch. i, p. 55.
[5] Kaye's *Administration of the E. I. C.*, p. 652.

Son palais était somptueusement meublé, dit son gendre avec une émotion digne du sujet; il dépensa 4,500 livres st. (120,000 fr.) pendant les six premiers mois de ses fonctions et ne se refusait pas le plaisir d'avoir dans ses remises deux superbes voitures, ce qui grossit sensiblement les notes de ses fournisseurs[1]. Il ne convertit aucuns Hindous, qui n'entendirent jamais parler de lui.

Avant de terminer cette notice sur l'Église anglicane aux Indes, nous allons ajouter quelques appréciations de cette Église, par les païens et par ses propres membres.

Notre premier témoin est un brahmane dont le récit pittoresque des offices protestants, qu'on a dit ressembler à « une cérémonie funèbre pour une religion défunte, » donne une idée de l'impression produite sur l'esprit d'un païen intelligent. « La curiosité, dit-il, m'entraîna un jour dans une de leurs églises; un jeune homme vêtu de blanc commença la cérémonie; sans la négligence de sa tenue, j'aurais pu croire qu'il offrait des prières à la divinité... Les cérémonies du jour furent terminées par un prêtre âgé en robe noire qui lisait d'un ton languissant et monotone, dans un petit livre qu'il tenait à la main, une sorte d'exhortation dont les vérités semblaient également indifférentes à lui et à son auditoire[2]. » Le brahmane qui traçait ce tableau ne prévoyait pas qu'il serait un jour reproduit par un voyageur anglais au sujet de « l'église fashionable de Calcutta. »

Le lecteur jugera si l'aspect que présente à l'Hindou l'anglicanisme en 1855, pouvait attirer sa vénération.

« En regardant autour de moi dans l'église, je fus surpris de voir que les seuls indigènes présents étaient des esclaves qui agitaient les *punkahs* (éventails). D'après les rapports enthousiastes que j'avais lus en Angleterre et à Ceylan sur les succès des missionnaires aux Indes, ceci devait nécessairement m'étonner; mes regards cherchaient à découvrir quelque endroit dans le temple réservé aux néophytes et aux prosélytes. Il ne s'en trouvait pas. Avant la fin du sermon, l'aspect de l'auditoire me rappela le tableau d'Hogarth : *la Congrégation endormie*, avec cette différence qu'Hogarth du moins représente son clerc bien éveillé, tandis qu'ici le clerc était tout à fait endormi. A l'entour on voyait des yeux fermés et des têtes doucement inclinées, autant que le permettaient les bancs et les grillages servant d'appui. Ça et là quelques-uns ronflaient énergiquement. Parodie burlesque de dévotion, spectacle

---

[1] *Life of Daniel Wilson*, etc., par le Rév. Josiah Bateman, vol. 1, ch. xii, p. 317, 320, 325, 331 (1860).

[2] Hamilton's *Letters of a Hindoo Rajah*, vol. I, p. 96, 5ᵉ édition.

va faire une inspection de son diocèse, il dit avec simplicité : « Je quittai, le cœur gros, ma chère femme et mes enfants pour faire la tournée de Madras et du sud de l'Inde[1]. »

Le monde est raisonnable : il n'attend pas qu'un évêque anglican manifeste des sentiments plus élevés que ceux-ci. Il peut être affable, généreux, plein de droiture ; mais suivre les avis de saint Paul ne lui est pas possible. Il a soif des mêmes jouissances que les autres hommes ; si l'Écriture indique un état plus parfait et promet des récompenses spéciales à ceux qui l'embrassent, son ambition est satisfaite d'un sort plus humble. Pour Heber, la vie de saint Paul, de saint François et de leurs émules n'eût pas été supportable pendant huit jours. Heber était le vrai modèle du gentleman anglais; mais il n'avait pas plus du missionnaire apostolique, mort au monde et à lui-même, que le feu duc de Wellington ou le président de la chambre haute.

Comme preuve marquée de la légèreté de certains écrivains anglicans, l'une de leurs principales autorités a pu s'aventurer jusqu'à dire que « Rome aurait canonisé depuis longtemps des hommes comme Henri Martyn et comme Heber[2]. » Sans aucun doute, Rome, c'est-à-dire l'Église, eût refusé de les employer comme *ostiarii*.

Inutile de suivre la liste obscure des évêques protestants aux Indes ; ils ont cependant trouvé des biographes. La vie du dernier vient d'être écrite par son beau-fils ; elle est aussi édifiante que les autres. Le docteur Daniel Wilson ne paraît pas avoir eu plus de succès qu'Heber ou Middleton dans ses rapports avec les Hindous, et parmi ses compatriotes il a rencontré les mêmes difficultés.

« Le bouleversement du diocèse, dit-il dans une de ses premières lettres, a été désolant depuis l'évêque Middleton ! » De son temps, nous l'avons vu, il était déjà assez déplorable.

Le docteur Wilson semble avoir imité Heber plutôt que Middleton dans ses rapports avec les autres sectes protestantes. « Mon cœur affectionne, dit-il, tous les membres de toutes les Églises, » expansion de sympathie qui eût sans doute étonné saint Paul. Wilson fut tourmenté par les débordements de l'incrédulité, et surtout par la circulation du livre *Paine's age of Reason*, destiné à pervertir les naturels instruits et avides de savoir. » Il se consola, racontait lord Macaulay dans ses conversations intimes, par l'entourage de tout le luxe et du confort que peuvent procurer les richesses.

---

[1] *Journal*, vol. II, ch. xxviii, p. 172.
[2] *Christian Remembrancer*, October, 1859. p. 575.

cas de maladie. De plus, il faut leur bâtir une cure ou presbytère et l'entretenir en bon état [1]. » Voilà les « sacrifices » dont se plaignent messieurs les ministres anglicans aux Indes.

Le progrès des années ne rend pas leur vie beaucoup plus apostolique. Une lettre écrite en 1858 par la femme d'un des missionnaires et communiquée à l'auteur renferme ce qui suit parmi d'autres faits semblables : « Le docteur ... évite le travail autant qu'il peut, alléguant sa faiblesse. N'est-il pas assez plaisant de voir un homme aussi robuste feindre une santé débile pour éviter le travail; il se porte assez bien cependant pour courir les plaisirs et accepter tous les soirs des fêtes et des dîners. Vous seriez choqué du genre qu'adoptent ici les membres du clergé. Ils ne restent, semble-t-il, qu'en vue du salaire sans s'inquiéter de leur ministère, mettant à part tout scrupule ; *de l'or, de l'or*, est ici le cri général. Cette dame ajoute : Dieu merci, mon cher mari n'est pas de ce nombre. »

En 1859, nous voyons le docteur Cotton, évêque actuel de Calcutta, obligé dans une lettre pastorale de consoler son clergé à l'occasion des reproches amers de la *Revue de Calcutta*. « Ces censeurs prétendent, dit-il, que les missionnaires sont confondus avec l'aristocratie et avec les Anglais exclusifs, traînés dans de brillants équipages, servis par des valets aux riches livrées et se donnant tous les raffinements d'un luxe ruineux. » Le docteur Cotton assure ses collègues que de tels reproches sont déraisonnables ; et afin de leur fournir une réfutation péremptoire de toute cette critique, il leur suggère un argument efficace : « Vous pouvez répondre, dit-il, que *l'ascétisme ne fait pas partie du système évangélique* [2]. »

Il est probable qu'Héber eut beaucoup à souffrir dans le milieu où l'avaient placé ses fonctions. Mais quoique sa délicatesse d'homme du monde fût souvent blessée, sa nature spirituelle supporta l'épreuve sans s'émouvoir beaucoup. Il serait facile de montrer combien cet homme aimable, dont la triste mort [3] ne provoque aucun commentaire de la part de ses biographes, avait peu de disposition pour une mission surnaturelle. Mais la preuve en serait inutile : il n'affecte vraiment aucun autre caractère que celui qui était bien le sien. C'était un homme d'un esprit cultivé et d'un goût délicat, mais il ne prétendait guère être un apôtre. Quand il

---

[1] *Colonial Church Chronicle*, vol. V, p. 305.
[2] *Primary Charge of the Lord Bishop of Calcutta*, cité dans *the Overland Bombay Times*, November 26, 1859.
[3] Il mourut subitement en prenant un bain; sa veuve épousa un musulman.

« Il paraît, ajoute un autre auteur, que vers la fin du siècle dernier, les missionnaires de la Compagnie étaient une race de gens battant monnaie. L'on trouve dans les notes de M. Kiernander, vieux missionnaire danois, un curieux article : « Le révérend M. Blanshard, dit-il, se prépare à rentrer en Angleterre sur un vaisseau américain portant cinq *lakhs* de roupies ; M. Owen avec deux *lakhs* et demie; et enfin un troisième, M. Johnson, avec trois et demie. Ce qui suppose des économies annuelles de deux mille cinq cents livres sterling (60,000 fr.). Ces pasteurs doivent en vérité s'être occupés de soins plus lucratifs que de guérir les âmes et d'enterrer les morts[1]. »

On ne dit rien sur le genre de trafic auquel il est fait allusion. Nous aimons à croire qu'il n'avait rien de plus déshonorant que les faits condamnés par cette phrase caustique de Bernoulli : « Tout ce qui va dans l'Inde, militaire, médecin, missionnaire, est marchand ou le devient[2]; » ou bien encore cette assertion si précise de Haafner : « Personne ne part pour l'Inde que dans l'intention de faire fortune[3]. »

Nous avons d'autres citations à l'appui de celles-ci ; elles mettent en lumière ce trait particulier des tendances protestantes.

« Pendant plusieurs années, dit M. Shore, homme de grande autorité aux Indes, nos missionnaires avaient la manie de se plaindre des difficultés de leur position et des sacrifices qu'ils avaient dû faire en quittant leur patrie, leur famille et leurs amis, donnant ainsi des impressions très-erronées sur leur vie à leurs patrons en Angleterre. La plupart de ceux qui viennent aux Indes comme missionnaires s'y trouvent beaucoup mieux pour les moyens d'existence, la position et le comfort en général, qu'ils l'eussent été chez eux. Les hommes de la plus basse origine s'y donnent les plus grands airs; cette affectation, je pense, est à son déclin et l'on n'en tient plus compte[4]. »

Rien d'étonnant qu'elle n'excite la risée aux Indes, où l'on sait parfaitement la véritable position de ceux qu'on appelle missionnaires. On n'ignore pas qu'en dehors de leurs énormes appointements, « la Compagnie *du clergé diocésain* de Calcutta impose aux Anglais résidants une taxe de cent cinquante livres sterling pour le voyage et l'équipement de leurs missionnaires, et exige une caution de deux cent cinquante livres sterling pour leur retour en

---

[1] Kaye's *Administration of the E. I. C.*, p. 630.
[2] *Description de l'Inde*, tome III. supplément, p. 105.
[3] *Voyages dans la Péninsule occidentale de l'Inde*, par M. Haafner, tome I, p. 8.
[4] *Notes on Indian Affairs*, par l'Hon. F. J. Shore, vol. II, p. 470.

travaillent pour leur compte en établissant des écoles à côté des nôtres ; ils trouvent plus commode d'attirer nos élèves que d'en attendre d'autres, et de chercher par leurs entreprises des champs nouveaux et plus éloignés [1]. »

Cependant le clergé de l'évêque Heber paraît avoir usé des mêmes moyens. Le vingtième rapport de la Société auxiliaire des Missionnaires baptistes de Calcutta, « se plaint que des missionnaires anglicans reçoivent dans leur église les ministres indigènes expulsés par eux pour cause grave d'inconduite [2]. » Tout récemment encore, un écrivain presbytérien reproche à cette église « l'état de relâchement de ces missions, parce qu'elle accueille avec empressement dans son sein les convertis chassés des autres sectes [3]. »

Le triste résultat de ces continuelles migrations de convertis d'une secte à l'autre, a enfin engagé un prélat anglo-indien, à défendre toute tentative de prosélytisme parmi les autres églises protestantes [4].

Le clergé luthérien a donné, paraît-il, des embarras sans fin à M. Heber, étant obligé d'employer ses membres comme ministres de l'Église anglicane. « Le temple des missionnaires à Calcutta était alors desservi par le révérend Ringeltaube, ministre de l'Église *luthérienne*; envoyé aux Indes sous le patronage de la Société pour répandre la connaissance du christianisme [5] ! » Il n'était pas au pouvoir d'Heber de les corriger ou de les réprimander.

On peut donc conclure que la religion anglicane échoua aussi complétement sous Heber que sous Middleton, soit en voulant attirer les païens, soit en voulant rétablir dans son sein l'ordre et la paix.

Ces évêques n'ont pas même pu inspirer à leur clergé des sentiments plus nobles que ceux qu'il avait avant leur arrivée. Lorsque Heber et Middleton eurent quitté pour toujours les richesses et les honneurs de ce monde, la cupidité du clergé anglican était reconnue dans la société indienne ; les hommes d'État les plus graves et les plus religieux en faisaient le sujet de leurs railleries. « Owen, chapelain général, mourut l'an dernier, dit lord Teignmouth, en laissant plus de cent mille livres sterling (2,500,000 fr.). Je suis certain de ce chiffre, puisque j'en parle sur l'autorité d'un homme qui a vu une copie du testament [6]. » Ce n'est pas un cas isolé.

[1] *Asiatic Journal*, vol. II, *Correspondance*, p. 189
[2] *Ibid.*, vol. XXXVI, p. 8.
[3] Mackenzie, *Six Years in India*, vol. III, ch. IV, p. 145.
[4] *Asiatic Journal*, vol. XXXVI, p. 275 (1841).
[5] Pearson's *Memoirs of Buchanan*, vol. I, p. 147.
[6] *Life of lord Teignmouth*, vol. II, p. 465

vide autour de lui. Sans elle, le monde était un désert aride ; cette pensée le jetait dans le découragement[1]. » L'indiscrétion des biographes est proverbiale. Mais lorsque M. Le Bas se donne tant de mal pour décrire le vrai caractère de Middleton, pourquoi s'obstiner à nous le faire accepter pour un héros et pour un saint ?

Parmi les successeurs de M. Middleton, un seul a laissé son nom à la postérité. Nous voudrions parler avec tous les égards possibles de l'aimable et accompli Heber ; si nous pouvions le considérer simplement comme un homme du monde, un poëte et un savant, nous ajouterions volontiers nos couronnes à celles que la sympathie populaire lui a décernées. Mais nous avons à l'apprécier comme missionnaire. On a souvent remarqué qu'Heber, dont la nature poétique fut nourrie de bonne heure de contes orientaux, et dont l'imagination regardait l'Inde comme une terre de merveilles, manquait même de ce spiritualisme qu'une religion comme la sienne pouvait inspirer. Dans les trois volumes qui révèlent les pensées secrètes de son cœur et où sont consignées les aspirations quotidiennes de son âme, il est à peine une seule marque de sentiment pieux et chrétien. Il écrit toujours en touriste élégant et réfléchi, jamais en missionnaire ; « ses voyages dans l'Inde, dit un auteur protestant, n'ont rien de religieux[2] ; » cette remarque n'est pas trop sévère.

On aime à lire cependant des volumes où ne se trouve aucune trace de cette phraséologie nauséabonde, base ordinaire de ces compositions. Dans Heber il n'est pas question « d'appels » qu'il ne reçut jamais ni de « conversions » qui n'eurent jamais lieu. Dans toute l'armée des missionnaires protestants, il est peut-être seulement deux hommes, Heber et Livingstone, dont les pages ne soient pas remplies d'un verbiage déclamatoire, et dont les natures dédaignent de sacrifier aux divinités bizares du méthodisme, dignes représentants du Pan et du Silène d'autrefois.

Il ne paraît pas qu'Heber plus que Middleton ait exercé la moindre influence sur le monde païen, ni qu'il soit parvenu à réprimer les désordres de sa propre secte. Il ne peut s'empêcher de parler souvent avec amertume de sa position au milieu de rivaux qui se disputent jusqu'en présence des païens : « Ceux qui font partie des églises dissidentes, dit-il, nous empêchent de réussir. Ils affectent d'être aimables et d'applaudir à nos succès, mais ils

---

[1] *Life*, vol. II, ch. xvii, p. 309.
[2] Howard Malcolm, vol. II, ch. ii, p. 77.

naître le fâcheux effet de ces dissensions dans l'enseignement apostolique, il faut l'avoir éprouvé soi-même comme missionnaire[1]. » Le docteur Grant semble oublier que chacune des sectes est née dans l'église d'Angleterre, qui les a nourries et ensuite envoyées aux Indes.

Le clergé protestant est souvent le premier à autoriser dans sa pratique ces divergences qu'il condamne officiellement. En expliquant ce phénomène aux païens, les missionnaires emploient ce langage : « Je n'en disconviens pas, dit le docteur Rowland Williams, dans un ouvrage destiné à ramener l'Indien au christianisme, il ne faut pas vous en étonner : si les chrétiens s'entendent sur les dogmes principaux de leur foi, ils se divisent sur d'autres points envisagés de diverses façons[2]. » On espère après de semblables aveux cacher au rusé païen le vrai caractère du protestantisme !

Pour en revenir au docteur Middleton, la merveille de sa vie est d'avoir trouvé un biographe. Dans le cours de l'ouvrage en deux gros volumes de M. Le Bas, on trouve pour unique incident, l'établissement d'un collège qui fut un véritable échec. Les naturels refusent d'y envoyer leurs enfants, parce que les élèves y deviennent athées! M. Middleton proposa aux professeurs un salaire énorme ; ce qui provoqua, même aux Indes, les commentaires suivants : « Le but peu louable de l'évêque est évidemment d'attirer à son collège des hommes capables par un appel aux sentiments étroits qui décident souvent le choix d'une profession[3]. » Les maîtres, à ce qu'il paraît, ne manquèrent point ; mais M. Howard Malcolm assure qu'en 1839 « il n'y avait plus que dix ou douze élèves. Le traitement du supérieur est de 25,000 fr. par an, et celui des sous-maîtres de 14,500 fr. [4]. » « En 1857, quarante ans après sa fondation M. de Valbezen, sur les lieux mêmes, observe que « le collège épiscopal est presque entièrement abandonné[5]. » Cependant d'après le comte de Warren, qui visita l'établissement en 1845, « on admettait les enfants *chrétiens*, européens ou natifs[6]. »

M. Le Bas raconte que le docteur Middleton, vers la fin de sa carrière, était fort tourmenté par l'état de maladie de sa femme « dont la perte, dit-il, devait le réduire au désespoir en faisant le

---

[1] *Bampton Lectures*, app., p. 516.
[2] *Christianity and Hinduism*, par Rowland Williams, B. D., p. 597 (1856).
[3] *Asiatic Journal*, vol. IX. p. 559.
[4] *Travels in S. Eastern Asia*, vol. 1, ch. i, p. 17.
[5] *Les Anglais et l'Inde*, par E. de Valbezen, ch. iii, p. 162.
[6] *L'Inde anglaise*, tome III, ch. xii, p. 233.

« Tous les protestants, nous dit-il, les wesleyens, les baptistes et les puritains américains fraternisent assez cordialement, le clergé anglican s'y prête autant que possible, sans faire des concessions inconvenantes. De cette façon le travail avance, autrement il ne se ferait pas du tout[1]. » « L'un des principaux ennuis du premier prélat anglais aux Indes, nous dit le général Parlby, naquit d'une demande faite par les presbytériens pour que *la cathédrale de Calcutta servît alternativement à tous les cultes*[2]. » Le docteur Cotton, évêque actuel de Calcutta, paraît avoir accordé aux presbytériens plus même qu'ils ne réclamaient. Une société anglicane reçut récemment cet avis de M. Beresford Hope : « L'évêque de Calcutta a ordonné à ses chapelains de permettre aux ministres presbytériens de se partager l'emploi de leurs chapelles[3]. » Tel est le progrès obtenu depuis le docteur Middleton.

Il est vrai que celui-ci déplorait les divergences et les contradictions qui existaient entre les différentes doctrines des missionnaires. Ce n'est pas sans raison apparemment. « Sans rappeler cette idée fixe que les Européens en général n'ont aucune religion, le grand obstacle à l'Évangile, chez les idolâtres, vient de la multiplicité des formes que revêt, à leurs yeux, le protestantisme. Ils auraient, disait-il, beaucoup meilleure opinion du christianisme, s'il n'y en avait pas autant d'espèces différentes[4]. »

« La religion romaine est une, dit un auteur dont nous parlerons plus tard, le mahométisme est un, le paganisme est un, mais *nous ne sommes pas un*. Et jusqu'à ce que nous obtenions cette unité, nous ne parviendrons jamais à convaincre le monde[5]. »

« La stérilité de nos missions, dit le docteur Grant, vient en grande partie de ces dissidences ; » et il répète ces inutiles aveux sous toutes les formes. « Ne doit-il pas s'élever, ajoute-t-il, dans l'esprit de l'incrédule de fortes préventions contre la divine origine d'une doctrine ou d'un système qui ne peut pas être clairement démontré, et dont les défenseurs ne parviennent pas à s'entendre[6] ? » Il rapporte encore cette observation : « Pour bien con-

---

[1] *Life*, ch. xii, p. 347.
[2] *The Establishment of the Anglican Church in India*, p. 18.
[3] Cité dans *the Times*, June 6, 1861.
[4] *Life*, ch. v, p. 152.
[5] Reed's *Visit to the American Churches*, vol. II, p. 293.
[6] Il y a deux siècles, un auteur protestant bien connu écrit, dans un traité sur la conversion des païens : « Unde Christiani ferè prius deveniunt gentiles, quam gentiles Christiani, » tout en admettant d'ailleurs que les *disputationes et rixæ inter Christianos* sont les déplorables résultats de la Réforme. (Hoornbeek, *de Conversione Indorum et Gentilium*. lib. I. p. 3 (1669).

Middleton, son petit chien sauta sur ses genoux comme frappé de terreur. » Quelques-uns de ses lecteurs peuvent penser que la terreur n'était pas le trait dominant de cette scène, et que le spectacle d'un soi-disant évêque consolant sa femme pendant une tempête avec un aide de cette sorte, pourrait justifier d'autres émotions. Mais M. Lebas réprouverait cette légèreté, puisqu'il considère « les progrès du premier évêque protestant de l'Inde comme un sujet de *grave intérêt*[1]. »

Pourtant, malgré son enthousiasme, il devra convenir que des hommes, pour lesquels les actes des apôtres et les annales des missions catholiques sont une lecture familière, ont le droit de prendre moins au sérieux que lui les récits du docteur Middleton, et peut-être même d'être absous s'ils ne voient rien de fort extraordinaire dans ces inoffensives excursions d'un respectable gentleman accoutumé à lutter pour la prééminence sociale, qui se croyait mal payé par un traitement annuel de cinq mille livres sans compter les honoraires, et qui conduisait avec lui, partout où il allait, une femme et un petit chien[2].

S'il est vrai, insinue lord Valentia, que « les Hindous se laissent influencer par les apparences extérieures, » nous pouvons aisément nous imaginer l'impression que dut produire sur eux le docteur Middleton et ses compagnons. « Le brahmanisme, dit le critique M. Kaye, ne fut pas effarouché à la vue de son habit épiscopal[3]. » Ce que les brahmanes pensèrent, avec leurs notions assez justes sur le missionnaire, il n'en est pas fait mention. Nous pourrions peut-être deviner leur jugement par les remarques de leurs princes à Héber, son successeur, auquel ils offraient souvent des châles et des voiles avec cette courtoise explication « qu'il pourrait les utiliser dans son Zenana (harem). » On peut donc en conclure que le premier évêque anglais, envoyé aux Indes, ne produisit pas tous les résultats qu'on en attendait. « Nous ne voyons pas, dit un historien en faisant allusion à ses travaux, que la diffusion de notre religion parmi les Hindous, les mahométans ou les Parsis ait fait de grands progrès[4]. »

Il fut même impuissant à porter remède au désordre et à la confusion qui régnaient dans le camp de ses coreligionnaires.

---

[1] Ch. vi, p. 200.
[2] « Ed è un tal uomo che deve predicare il Mistero della Croce e le vertù del Vangelo? Quale derisione! quale impostura! quale follie! » (Ventura, *la Belleze della Fede*, tome II, p. 97.
[3] *Administration of the E. I. Company*, p. 646.
[4] *History of British India*, par Charles Macfarlane, ch. xxx. p. 375 (1857).

juridiction soit limitée au Bengal, tandis que la mienne s'étend sur l'Inde entière. » Cette différence en faveur des cadets lui paraît une indignité, et son biographe déclare désapprouver cette répartition anormale. « Il témoigna son mécontentement au sujet de la modicité de son salaire ; mais le gouvernement, insensible à ses plaintes, fit la sourde oreille et l'abandonna à sa pauvreté. Il lui semblait qu'avec un revenu dix fois celui d'un archevêque français, le docteur Middleton ne risquait pas de mourir de faim.

A son avis, un dignitaire dont la juridiction embrassait toute l'Inde, quoique personne ne s'en doutât, avait droit à un juste tribut d'honneur. Il fut encore sur ce point frustré dans son attente puisqu'il nous dit : « Quant à l'accueil qu'on me fit à mon arrivée, il fut bien au-dessous de ce que je devais en attendre. »

Dans de pareilles dispositions, il commença ses travaux d'évêque. On ne pense pas qu'ils s'étendirent jamais au delà des rangs de ceux qui formaient ce qu'on appelait son clergé, quoique la plupart de ses membres eussent un autre évangile que le sien. Cependant sa position lui fournissait bien des occasions de visiter les diverses provinces indiennes, et de constater des faits qui durent lui être aussi pénibles que l'insuffisance de son revenu et la froideur inattendue de sa réception. Les seuls signes de vie et de progrès qui se montrèrent à lui, furent dans les missions catholiques ; celles dirigées par les protestants tombaient en décadence. « A Cuddalore, il eut de tristes preuves de l'état précaire de la mission. L'établissement autrefois si vanté de Tranquebar, pour lequel tant d'argent avait été prodigué, était pour lui une source continuelle de vexations et d'inquiétudes, car il marchait rapidement vers sa ruine. » Les Anglais mêmes témoignaient une coupable indifférence pour les droits de sa juridiction.

« Les baptistes, dit-il avec une ironie sévère, semblent avoir abandonné toute autre conversion que celle *des Européens* ; mais ils vantent leurs succès parmi les soldats de l'armée anglaise ; » ce qui, semble-t-il en convenir, n'est pas précisément leur but avoué en se rendant aux Indes. D'un autre côté, il put s'apercevoir « que l'Église romaine faisait des merveilles en Orient. »

Parmi les nombreux voyages du docteur Middleton dans l'Inde, il en est un, le premier, qui reçut une mention spéciale de son biographe, c'est aussi le seul qui mérite la nôtre. Ce zélé missionnaire consentait rarement à se priver de la société de sa femme, et il raconte à ce propos qu'un jour, étant en mer, une violente tempête vint contrarier les douces jouissances conjugales de sa tournée apostolique. « Tandis que je m'efforçais, dit-il, de rassurer mistress

Lorsqu'elle aurait le loisir d'envoyer un de ses « évêques » aux Indes, le monde verrait son caractère véritable sous un jour bien différent. Il restait quelques difficultés ; il fallait obtenir l'approbation du gouvernement, déterminer les honoraires ; une fois ces obstacles levés, une ère nouvelle allait briller sur l'Inde. Enfin un évêque est choisi : ce fut le docteur Thomas Middleton.

Il était grand temps de recourir à ce remède suprême. « Par suite de l'absence de tout contrôle, disait lord Valentia, peu de temps avant l'arrivée de Middleton, on remarque avec peine que la conduite d'un grand nombre de membres du clergé est loin de faire honneur aux doctrines qu'ils professent, ce qui, joint aux contestations peu édifiantes en usage parmi eux, tend à avilir la religion et ses ministres aux yeux des indigènes de toutes sortes[1]. » Lord Valentia recommandait comme un remède la nomination d'un évêque, « les naturels de l'Inde se laissant influencer par les apparences extérieures. »

M. Kaye, avec une naïveté incomparable, nous rapporte que Middleton, étant encore en Angleterre, avait obtenu les bénéfices de Tansor et de Bythams, une place de chanoine à Lincoln, l'archidiaconat de Huntingdon, le rectorat de Puttenham dans le Hertfordshire et la direction de la grande paroisse Saint-Pancrace à Londres. Craignant que ce catalogue assez respectable ne suffise pas pour nous donner une idée exacte du caractère de Middleton, il nous le décrit comme « un formaliste froid et rigoureux, ayant un goût marqué pour les saluts militaires et pour ses droits aux préséances sociales[2]. » Malgré ces dispositions, l'Église d'Angleterre l'envoya aux Indes, et M. Le Bas écrivit son histoire. Nous devons recourir à ce dernier pour connaître ses œuvres et l'influence qu'elles eurent sur la religion dans l'Hindostan.

M. Le Bas nous apprend que Middleton avait stipulé pour lui un salaire de cinq mille livres par an (125,000 fr.), et de deux mille livres pour chacun de ses archidiacres (50,000 fr.), deux mille roupies supplémentaires chaque fois qu'il se rendrait à Madras et dix mille, lorsqu'il visiterait Bombay; « sans compter l'usage d'un navire » que le gouvernement mettait à sa disposition. Mais il avait joui de trop d'avantages en Angleterre pour regarder ce traitement comme une compensation suffisante. Ses correspondances prouvent combien il ressentait cette injustice. « Pour ce qui est de mon salaire, répétait-il souvent, le *chief-justice* reçoit quatre mille livres de plus et les *cadets* deux mille livres, quoique leur

[1] *Travels*, vol. I, ch. v, p. 199.
[2] *Christianity in India*, ch. viii, p. 286, 301.

enfants. Lorsqu'il quitta l'Orient, elle s'embarqua avec lui pour l'Amérique, mais elle mourut pendant la traversée à Sainte-Hélène, et Judson qui assistait à ses derniers moments « la vit s'envoler vers les régions célestes. »

Le missionnaire débarqua seul à Boston en 1845. Son biographe nous dit qu'il refusa les ovations qui l'accueillirent à Massachusett. Ces manifestations publiques étaient pénibles à un homme dont « le cœur était tout saignant de la blessure qu'il avait reçue, » et qui d'ailleurs connaissait une source de consolations bien supérieures à toutes celles qu'on pouvait lui offrir. Or donc, huit mois après son arrivée à Boston, il contracta devant les autels une troisième alliance avec une miss Emilie Chubbuck, autre génie féminin qui « abondonna la Société de ses amies d'enfance et d'agréables travaux littéraires, pour succéder à d'illustres femmes dans les affections de la famille et les fatigues de la vie apostolique. » Cette madame Chubbuck Judson, comme l'appelle notre biographe pour la distinguer de madame Boardman Judson, survécut à son mari, et l'histoire, plus prodigue en aventures conjugales qu'en détails sur la mission, finit d'une manière convenable par ces mots : « Elle vit, pour être le type des grâces intellectuelles et de la force inépuisable de l'amour conjugal et maternel[1]. »

LES ÉVÊQUES ANGLO-INDIENS.

Il serait impossible de mentionner individuellement les divers agents qui ont représenté les sectes si nombreuses du protestantisme aux Indes, et dont les prétentions au titre de missionnaire sont au moins aussi fondées que celles de Judson et de Buchanan. Il est temps d'examiner séparément les opérations de l'Église anglicane dans l'Hindostan, lorsqu'elle prit enfin, en 1814, une forme d'organisation spéciale, et résolut de se présenter avec dignité en face des Hindous. Jusqu'à cette époque, elle avait salarié principalement les Danois et les Allemands, tous luthériens ou calvinistes, pour ce motif, qu'eux seuls se prêtaient à la servir. Mais si l'Église d'Angleterre, accoutumée à de pareilles alliances, confiait son honneur à des hommes qui avilissaient encore un nom déjà terni aux yeux des Orientaux, elle pouvait alléguer pour son excuse, que les écarts commis par eux n'avaient pas été jusqu'alors contrôlés par l'autorité ecclésiastique.

[1] *Biographical Sketches*, etc., p 99-111

catholiques, ayant la vocation et les grâces d'état, s'attirent sans peine l'amour et le respect de ceux auprès desquels Judson et ses compagnons étaient un sujet de dérision. « Il est fâcheux, disait le major Burney, résidant à la cour birmane pendant toute la carrière de Judson, qu'on ne puisse faire connaître au monde civilisé la vie du Père d'Amato qui vivait au milieu de ses néophytes comme s'il était des leurs, et en recevait des marques toutes particulières de vénération[1]. »

M. Gouger mentionne également le Père Ignace Britto, prêtre catholique indigène, qui, se trouvant en prison avec Price et Judson, « passait ses nuits à chanter les louanges de Dieu et de la Vierge Marie. Plus tard, rendu à la liberté, il devint le pasteur respecté d'une petite église établie dans ces régions[2]. »

Jusqu'ici nous ne découvrons pas dans le docteur Judson le caractère apostolique que son biographe lui attribue; mais nous le voyons se distinguer d'une autre façon, et mériter l'admiration d'un critique peu appréciateur de « l'esprit ascétique » qu'on trouve chez les catholiques, et qui le regarde comme « un élément étranger » dont les protestants peuvent parfaitement se passer[3]. M. Mullens remarque, en termes approbatifs, que les missionnaires protestants ne mènent pas cette vie solitaire qui prédispose au spleen. Judson se mit si bien en garde contre les dangers de la solitude, qu'il contracta trois mariages dans le cours de sa carrière et jouit du rare privilége de passer à la postérité dans les mémoires composés par sa troisième femme.

Le révérend docteur Worcester dit de la première femme de Judson, morte il y a plus de trente ans, que ce n'est pas une exagération de l'appeler la femme la plus remarquable de son siècle.

Le docteur Worcester, après avoir épuisé ce sujet, retourne à son héros : « M. Judson, dit-il, renonça bientôt à parcourir seul le sentier de la vie, et un nouveau caractère surgit dans notre narration. » Ce nouveau caractère, c'était la seconde femme de Judson : elle aussi, comme nous pouvions nous y attendre, présentait « le type le plus parfait, le plus achevé de la femme américaine. » Elle avait épousé en premières noces le révérend M. Boardman, dont on dit des merveilles. Il est fort naturel que madame Boardman pleurât une telle perte, et le docteur Worcester nous rapporte que son chagrin était profond, mais qu'elle s'appuya sur les consolations divines, c'est-à-dire qu'elle épousa le docteur Judson à qui elle donna huit

---

[1] *Asiatic Journal*, nouvelle série, vol. X, p. 274.
[2] Ch. XXIII, p. 256.
[3] *Saturday Review*, January, 1859.

écrits si complétement dénaturés par eux, qu'il défendit strictement d'imprimer ses lettres à moins de les publier en entier. »

Le docteur Price, collègue de Judson, avec qui il partage les éloges des sociétés de missionnaires, ne semble pas avoir été dans ses bonnes grâces. C'était un missionnaire-médecin, n'ayant pas la moindre notion de la science médicale. Sa seconde femme, indigène d'origine siamoise, était aveugle; il lui avait fait perdre la vue en lui faisant aux yeux une opération malheureuse; sort qu'il infligeait à la plupart de ses patients. Cette femme païenne se faisait remarquer par son ignoble visage, à tel point que Judson refusa de célébrer le mariage. M. Price, d'après M. Gouger, triompha de cet obstacle par « une menace d'une nature particulière. » « Mon frère Judson, lui répondit-il, les lois américaines et celles de la nature ont prévu le cas où le ministre ferait défaut[1]. »

Une fois sorti de prison le docteur Judson partit pour les Indes; comme partout, son histoire est la même. Il ne convertit personne, et, malgré ses louables mais stériles intentions, il ne réussit qu'à augmenter le mépris des infidèles pour la religion qu'il leur prêchait. Il était du nombre de ces hommes bien intentionnés, mais inutiles, qui veulent enseigner sans avoir jamais appris, dont la vie s'use en vaines émotions et en discours oiseux. M. Windsor Earl les a jugés sur les lieux lorsqu'il a dit : « On entend rarement parler de leurs œuvres si ce n'est par l'intermédiaire de publications qui nous arrivent de l'Angleterre[2]. »

C'est de ces hommes qu'un autre voyageur protestant, M. Kenett Mackenzie, déclare « que les soi-disant travaux des missionnaires en Birmanie font plus de mal en peu de temps, que toute autre influence dans le courant de plusieurs années[3]. » L'échec éprouvé par Judson, de même que celui de Schwartz, est d'autant plus significatif que, de l'aveu de tous ses biographes, il dirigea ses opérations pendant de nombreuses années sans obstacles ni entraves d'aucune sorte, ne rencontrant d'autre opposition qu'une dédaigneuse indifférence dont il n'a jamais pu triompher. « Les Birmans, écrivait en 1852 sir W. Sleeman à lord Dalhousie, gouverneur général des Indes, ne nous sont nullement contraires sous le rapport religieux ou politique[4]. »

Un autre fonctionnaire anglais raconte que les missionnaires

---

[1] *Personal Narrative of Two Years' Imprisonment in Burmah*, par H. Gouger, ch. XVI, p. 178; ch. XX, p. 227 (1860).
[2] *The Eastern Seas*, ch. XII, p. 598.
[3] *Burmah and the Burmese*, préf. (1855).
[4] *Journey through the Kingdom of Oude*, vol. II, p. 567 (1858).

Worcester, partirent avec la conviction de s'être trompés dans leur démarche[1].

Il était naturel que le docteur Judson se décidât à quitter la Birmanie. Déjà ses compagnons étaient partis comme il nous l'apprend dans une réclamation adressée à la Commission qui l'employait. « Je l'engagerai volontiers à ne plus envoyer de missionnaires dans ce pays, à moins qu'elle ne puisse avoir le moyen de les faire arriver à leur destination et de les obliger à y rester[2]. » Il partit en faisant aux Birmans cette dernière exhortation pour adieu : « Lisez les cinq cents traités que je vous ai laissés entre les mains ! » Tâche difficile qu'ils n'avaient aucune envie de commencer.

M. Gouger fut l'associé de Judson et du docteur Price dans la prison où ils furent enfermés par ordre du roi, sous l'accusation d'avoir été employés comme espions par les Européens. Devenus compagnons d'infortune, ils déposèrent toute contrainte. Le docteur Judson, dans un de ses moments d'expansion, raconta à M. Gouger qu'à l'époque de ses extravagances de jeunesse, il se joignit à une bande de comédiens ambulants. « Nous menions, dit-il, une vie dissipée et vagabonde, nous logeant où nous pouvions et trompant notre hôte quand l'occasion s'en présentait ; en d'autres termes, demandant la note pour décamper sans payer. » Nous avons vu que c'était aussi la façon du docteur Buchanan de se préparer aux œuvres apostoliques ; mais Judson qui l'emporta sur lui dans ses folies de jeunesse, le surpassa aussi par la vivacité de son repentir. « Plus tard, lorsque l'énormité de cette conduite commença à peser sur sa conscience, il retourna sur les lieux témoins des scènes de sa jeunesse et acquitta ses dettes. » Cette vie errante et peu réglée, nous dit M. Gouger, fut prônée avec une adresse remarquable par une société américaine de missionnaires. D'après le rapport communiqué à leurs souscripteurs, M. Judson réussit à s'engager dans une compagnie théâtrale non pas dans le but de paraître sur la scène, mais surtout pour se familiariser avec les règles dramatiques dans l'intention de se livrer à des œuvres littéraires !

Judson, plus sincère que ses chefs et qui se serait assez bien tiré de toute autre profession que celle de missionnaire, n'aurait pas toléré cette pieuse fiction. « Judson, nous dit son ami, connaissait si bien cette tendance des Américains et avait vu ses propres

---

[1] *Biographical and Historical Sketches of Distinguished American Missionaries*, p. 90.
[2] Wayland's *Memoir*, vol. II, ch. viii, p. 304.

rapport de sa femme, il se tenait toute la journée criant aux passants en se servant des paroles d'Isaïe : Ah! vous qui avez soif, venez vous désaltérer ; vous qui êtes pauvres, venez, prenez et mangez; oui, venez boire un vin et un lait d'une valeur inappréciable. Pouvait-on imaginer quelque chose de plus déraisonnable pour ne pas dire absurde? était-il possible que les passants comprissent le moins du monde cette belle métaphore? Les blâmera-t-on de lui avoir ri en face, le prenant pour un fou[1]? »

Il ne faut donc pas s'étonner lorsqu'un biographe enthousiaste nous apprend que ce docteur Judson passa six ans en Birmanie sans faire un seul prosélyte. A la fin pourtant, il réussit à faire un converti dont on ne dit rien, pas même la position qu'il occupait dans l'établissement de M. Judson, car le docteur Worcester s'empresse d'ajouter : « Il faut ici renoncer à entrer dans aucun détail, » mesure de précaution qui nous force à conclure que la carrière du docteur Judson fournissait bien peu de matériaux à l'histoire.

Contrarié d'un insuccès aussi persistant, il se décide à demander, comme moyen extrême, une audience du roi. « Quand êtes-vous arrivé? Êtes-vous marié? Pourquoi portez-vous ce costume? » Telles furent les questions imprévues avec lesquelles le roi de Birmanie l'accueillit. Il le comparait sans doute avec ces missionnaires catholiques qu'il avait vus ; évidemment, l'aspect de son singulier vêtement, — il portait une robe de chambre — et de la compagnie dont il était suivi, ne faisait pas une impression favorable sur l'esprit du monarque. Mais Judson qui comprenait l'insuffisance de pareils auxiliaires, ne se présentait pas les mains vides. Une pétition dans laquelle il sollicitait la faveur royale, un traité qui était présumé écrit dans la langue birmane, une Bible en six volumes richement reliés, voilà les présents qu'il apportait au souverain Birman. Sa Majesté, d'après ce que nous rapporte le docteur Worcester, se contenta de lire gravement la pétition sans répondre un mot; le traité *fut violemment lancé à terre*; quant à la Bible elle passa complétement inaperçue. Puis le roi s'éloigna avec la même froideur, en chargeant son ministre de communiquer à cet envoyé protestant la décision suivante : « A l'égard de votre pétition, Sa Majesté ne m'a pas donné ses ordres ; pour ce qui est de vos livres sacrés, Sa Majesté n'en a que faire ; vous pouvez les reprendre! » Les missionnaires, ajoute le docteur

---

[1] Irving. *Theor and Practice of Caste*, ch. v, p. 150.

LE DOCTEUR JUDSON.

Ce docteur fut choisi entre mille par les écrivains d'une revue célèbre, *Saturday Review*, comme un modèle digne d'être comparé à saint François, à Jean de Britto ou à tout autre missionnaire catholique. « Il sera une des gloires du protestantisme, qui n'a rien à craindre de la critique malveillante tant qu'il pourra montrer ce courageux champion. »

Le révérend Adoniram Judson commença sa carrière il y a cinquante ans environ. Contrairement à ce que nous voyons chez les missionnaires apostoliques auxquels on le compare, il était si peu préparé à enseigner aux infidèles un ensemble de croyances bien définies, qu'en quittant Boston, il n'était pas fixé sur ce qu'il devait croire lui-même. C'est ainsi qu'il changea d'opinion au sujet d'une des vérités les plus importantes du christianisme, non pas avant de partir pour les contrées orientales, mais en faisant le voyage. « Durant la traversée, nous dit M. Wayland, M. Judson acquit la conviction que le Nouveau Testament ne fournissait aucune autorité pour le baptême des enfants. » Le docteur Worcester, qui a également écrit sa vie, ne voit dans cet incident « qu'un passage d'une secte à une autre. » Un biographe plus sérieux s'en plaint comme ayant causé une pénible impression et des sentiments de dépit chez les membres de la commission qui l'avait envoyé [1].

Saint Paul parle de ceux qui se laissent emporter à tous vents de doctrine, qui étudient sans cesse et n'arrivent jamais à la connaissance de la vérité. La doctrine du baptême est comprise par lui au nombre des vérités fondamentales du christianisme [2]. Mais il est permis aux missionnaires protestants de changer d'opinion. Le docteur Judson usa d'abord de ce privilége; la suite répondit à ce début.

La destination directe de Judson était la Birmanie. Ses faits et gestes dans cette contrée sont racontés par un écrivain protestant dans un traité décoré d'un prix d'honneur à Cambridge. « Judson commença ses travaux apostoliques à Rangoun en Birmanie, par construire sur la route menant à la grande pagode une petite hutte de bambou et de chaume, à laquelle il n'y avait ni portes ni fenêtres, ni division aucune. C'est là que, d'après le

---

[1] *Religion in the United States*, par le Rév. Robert Baird, livre VIII, ch. v, p. 703.
[2] Hébr., vi, 1, 2.

cette secte et leurs résultats peu flatteurs méritent notre attention. Tant qu'elle conserva l'espoir de rallier les nestoriens contre l'Église catholique, elle les entoura de caresses, leur prodiguant ses Bibles avec son or, et leur donnant des marques de sympathie respectueuse en vantant surtout la « pureté et l'antiquité » de cette Église. Un demi-siècle avant Buchanan, La Croze avait fait ressortir « les marques éclatantes de *pureté* qui distinguaient l'Église nestorienne[1]. » Le clergé et les évêques protestants ont à leur tour exprimé la même admiration. « Il n'existe peut-être pas, dit un ministre anglican, d'Église qui offre à ce point les caractères de pureté, de simplicité, d'apostolicité[2]. » « Cependant ces Syriens, observe Dubois, détruisaient toute l'économie du mystère de l'Incarnation et admettaient deux personnes distinctes en Jésus-Christ[3]. »

M. Wredé, qui avait également vécu parmi eux, les accusait de « rejeter la nature divine de Jésus-Christ et d'appeler la Vierge mère du Christ et non pas mère de Dieu[4]. » C'est avec ces malheureux sectaires que les évêques et le clergé de l'Église anglicane aux Indes s'efforcèrent de conclure un traité d'alliance. Après avoir vu leurs avances repoussées, ils affectèrent de découvrir que ces anciennes Églises, selon l'expression du docteur Brown, « ne valent guère mieux, en définitive, que l'Église de Rome. Nous doutons cependant si l'on trouve chez elles ces exemples de piété qu'on rencontre quelquefois dans l'Église romaine[5]. » Mais déjà les Syriens avaient refusé d'avoir à l'avenir aucun rapport avec les protestants, et le docteur Wilson, évêque anglican de Calcutta, avait résolu « de rompre toute relation entre la Société des missions et l'Église syriaque[6]. »

Le docteur Buchanan, dans une visite à l'archevêque catholique de Goa, lui rapporta, avec un tact et un jugement merveilleux, les traditions répandues dans ce peuple au sujet des horreurs de l'Inquisition. Pour toute réponse à ces calomnies, le vénérable prélat se contentait de faire cette exclamation : *mendacium ! mendacium !* par laquelle il interrompait à peine le flux de paroles de son interlocuteur[7].

---

[1] *Histoire du Christianisme aux Indes*, tome I, livre I, p. 4.
[2] *Christianity in India*, par J. W. Cunningham, M. A., p. 117.
[3] *Asiatic Journal*, vol. III, p. 74.
[4] *Account of the St. Thomé Christians on the Coast of Malabar*, par F. Wredé. — *Asiatic Researches*, vol. VII, p. 370.
[5] *History of the Propagation of Christianity*, etc., vol. II, p. 348.
[6] *Missions in S. India*, par J. Mullens, p. 150.
[7] *Christian Researches*, p. 85.

prenante ; ce qui s'explique par son indépendance comme professeur de collège vis-à-vis de la Société des missions. Il fait souvent l'éloge des Jésuites, rend justice à la valeur de leurs renseignements « plus importants que ceux fournis par les missionnaires protestants, » et se loue de l'empressement qu'ils mettent à lui prêter tous les livres qu'il désirait et à lui donner des lettres de recommandation pour leurs confrères du Sud. La confiance qu'il accorda à leurs écrits et à leur autorité dans la composition de son ouvrage sur les Indes n'était pas déplacée, selon la remarque faite bien des années après par le comte de Bjornstjerna : « c'est à eux en réalité que nous devons les meilleures indications sur l'état des Indes au seizième et au dix-septième siècle[1]. »

Le seul incident remarquable de la carrière de Buchanan, qui n'eut jamais la prétention de convertir un seul païen, fut sa visite à l'église syriaque de Malabar dont il avoue franchement le motif et les résultats. « En songeant, dit-il, au pouvoir de l'Église romaine aux Indes et à notre impossibilité de combattre son influence par nos seuls efforts, il me semblait important de nous assurer la coopération de l'Église syriaque et l'appui de son ancienneté en Orient[2]. »

Les Syriens se trouvaient aux abois. La plupart d'entre eux avaient abjuré leur hérésie pour rentrer dans le sein de l'Église catholique ; il était à supposer que les autres accueilleraient favorablement les avances d'un émissaire qui leur représentait à la fois l'Église et le gouvernement d'une puissante nation dont ils étaient les sujets. Cependant ils n'hésitèrent pas à donner à son ambassadeur la même réponse pleine de mépris, que l'Église d'Angleterre avait tant de fois reçue d'autres sectes orientales, dont elle avait sollicité la « coopération. »

Voici le rapport de Buchanan sur sa visite à Mgr l'évêque Dionysius, métropolitain de l'Église syriaque. « Le chapelain de l'évêque m'avoua que ses coreligionnaires avaient des doutes sur la validité de l'ordination conférée par l'église anglicane. Les Anglais, disent-ils, sont un peuple puissant et guerrier ; mais leur Église, vous en convenez, est d'origine récente. » Tous ses efforts aboutirent à cette remarque faite par l'évêque « qu'il ne comprenait pas bien nos principes ecclésiastiques[3] ! »

Les efforts de l'Église anglicane aux Indes pour se rattacher à

---

[1] *The Theogony of the Hindoos*, par Count Bjornstjerna, p. 6 (1844).
[2] *Christian Researches in Asia*, p. 64.
[3] P. 66.

errant. » Les devoirs de la vie domestique lui avaient semblé trop pénibles ; il voulut se débarrasser de leur joug en se faisant musicien ambulant. Las de cette vie équivoque, il devint « clerc de notaire, » et, comme le fait remarquer sans scrupule M. Kaye à l'égard du futur missionnaire, il fréquentait les clubs et les autres amusements publics, « trouvant toujours de l'argent à dépenser en spectacles, lors même qu'il n'avait pas de quoi payer son dîner[1]. »

Mais ce détail ne refroidit pas l'ardeur de M. Kaye pour les reproches historiques, même lorsqu'ils s'adressent aux *illuminés* de sa secte. Passant rapidement aux fonctions de Buchanan comme missionnaire anglican aux Indes, il a soin de nous rapporter les paroles d'un des membres les plus intelligents de la Compagnie occidentale résidant auprès d'une cour indigène, qui disait de Buchanan : « J'ai la conviction que c'est un homme d'une vanité excessive et tout à fait antichrétienne[2]. » Il ne nous est pas permis de révoquer en doute la justesse de cette opinion. « Dans l'exil où je me trouve, nous dit Buchanan, il m'arrive souvent de me comparer à saint Jean dans l'île de Pathmos[3]. » La position de saint Jean à Pathmos et celle d'un ci-devant ménétrier devenu clerc de notaire, nommé ensuite professeur dans un collége à Calcutta et entouré dans son « exil » de toutes les douceurs de l'opulence, nous semblent d'une identité au moins contestable, surtout lorsqu'un de ses admirateurs vient nous dire que jusqu'à présent « Buchanan n'est qu'un témoin muet de la parole de Dieu dans ce nouveau Pathmos[4]. »

Mais s'il lui arrivait d'estimer trop haut ses propres mérites, il compensait cette faiblesse en faisant ressortir trop clairement les défauts des autres. Ainsi, en parlant de ses collègues aux Indes, il nous dit que le principal défaut des sociétés de missions en Angleterre est le mauvais choix des sujets. A son avis, les uns manquent de courage, les autres d'intelligence. Eu égard à ceux qui l'entouraient, il nous dit : « Toutes les sectes sont représentées dans notre congrégation ; les presbytériens, les indépendants, les baptistes, les arméniens, les grecs, les nestoriens, et plusieurs d'entre eux font partie de mon auditoire à l'Église d'Angleterre. Mais jamais je ne fais allusion à aucune secte du haut de la chaire[5]. » Précaution judicieuse en pareille circonstance.

Quelquefois il traite les catholiques avec une indulgence sur-

---

[1] *Christianity in India*, ch. vi, p. 167.
[2] *History of the Administration of the E. I. Company*, p. 656.
[3] Pearson's *Memoirs of Buchanan*, vol. I, p. 150.
[4] *Sketches of Christianity in India*, par le Rév. M. Wilkinson, p. 98.
[5] Vol. I, p. 524.

de sa vie et de ses travaux. Buchanan disait, en 1809, que Martyn dans ses dernières correspondances parlait de cet homme en termes d'admiration affectueuse. « La grande œuvre à laquelle travaille ce noble Arabe, ainsi parle Martyn, c'est la diffusion de l'Évangile parmi ses compatriotes[1]. »

Quel est donc l'effet produit sur cet ardent converti par les rapports intimes qui subsistèrent pendant si longtemps entre lui et Martyn? Le journal de ce dernier répond à cette question, « L'inutilité complète » de ses prédications produisit d'abord sur son compagnon une impression défavorable. Sabat tournait en ridicule son auditoire, qui diminuait de jour en jour. Martyn, humilié, répondit avec amertume : « Il aurait pu m'épargner ses remarques satiriques, car il est probable que bientôt personne ne viendra m'écouter[2]. » Enfin Sabat, qui méprisait jusqu'au fond de l'âme ce qu'il regardait comme une imposture, se sépara de son compagnon et retourna au mahométisme. Ainsi, non-seulement Martyn ne parvint pas à faire des conversions, mais l'expérience journalière de son incapacité et peut-être de son caractère fantasque détermina l'apostasie d'un homme qui avait été converti par un autre missionnaire.

Après de longues années d'inquiétude et de chagrin « d'émotions diverses » et de « souffrances morales les plus aiguës, » comme les appelle son biographe, il arrive au terme de sa carrière, plein de bonnes intentions qui, nous l'espérons, lui furent plus profitables qu'à ceux qu'il essaya de convertir.

CLAUDE BUCHANAN.

Le docteur Buchanan avait encore moins que Martyn les qualités du missionnaire; son nom mériterait à peine de figurer, s'il n'avait partagé avec ce dernier les éloges enthousiastes des protestants et fourni un thème à des biographies fantastiques.

M. Kaye, dont le rôle malheureux semble être de noircir l'un après l'autre les héros d'une cause qu'il s'efforce de relever, nous donne un aperçu de l'histoire de Buchanan : échantillon assez curieux de la naïveté avec laquelle les protestants se créent des héros et les préconisent.

« Buchanan, nous dit-il, était dans sa jeunesse un ménétrier

---

[1] *The Star in the East*, sermon par le Rév. C. Buchanan, p. 26.
[2] *Memoir*, p. 288.

de son jugement jointe à sa connaissance du persan et de l'arabe confondait les plus savants docteurs du Coran[1]. » Cependant, la stérilité de ses efforts fut si complète, que son biographe renonce à prendre sa défense. Il s'efforce même de prévenir les recherches, en les présentant comme déraisonnables. « Si l'on parle de succès, dit-il dans l'appréhension qu'on en vienne à cette question redoutable, nous répondons que ce n'est pas là ce que nous demandera celui de qui nous viennent toutes choses, dans cette vie comme dans l'autre. Mais il nous demandera quelles ont été nos intentions, le but de nos efforts et ce que nous aurons désiré dans la simplicité de notre cœur[2]. » Nous avons vu d'autres travailleurs, qui ne se contentent pas de bonnes intentions, et qui, malgré l'absence des avantages matériels offerts à Martyn, ne convertissent pas moins d'un millier d'infidèles par an.

Les succès apostoliques de Martyn, d'après son aveu, se réduisent à la conversion d'une vieille femme sur laquelle il croyait avoir produit une impression sérieuse, tandis que son biographe se borne à constater qu'il a « fait sensation à Schiraz. » « Tout ce qu'il entreprenait, dit un écrivain protestant bien connu, il le faisait avec toute son âme, et cependant il échoua; il fit très-peu de conversions et se vit forcé d'avouer dans son journal et dans ses lettres, qu'il recueillait peu de fruits visibles de son ministère[3]. » Enfin il dit lui-même en parlant de ses travaux : « on me néglige de toutes parts; et sans mon travail de traduction, ma présence aux Indes serait inutile. » Ses traductions ont reçu d'un missionnaire protestant cette appréciation peu flatteuse : « Le Nouveau Testament, traduit en persan par M. Martyn, est inintelligible au commun des lecteurs[4]. »

Nous arrivons à l'histoire de Sabat, l'incident le plus remarquable de la carrière de Martyn. Sabat était un Arabe né dans la religion mahométane et qui, après avoir reçu le baptême des mains du docteur Kerr, avait publiquement embrassé le christianisme. Le docteur Buchanan assure que sa conversion « offrait les mêmes signes non équivoques de l'inspiration divine que les conversions de l'Église primitive[5]. » Sabat fut pendant longtemps employé par Martyn comme auxiliaire dans ses ouvrages de traduction; vivant sous le même toit, il était le témoin journalier

---

[1] *Travels in the Persian Provinces*, par James Fraser, ch. xxi, p. 307.
[2] *Memoir of Rev. H. Martyn*, p. 432.
[3] *Quaterly Review*, n° 25, p. 443.
[4] Malcolm's *Travels in S. Eastern Asia*, vol. II, p. 307.
[5] *The Star in the East*, sermon par le Rév. C. Buchanan, p. 29.

telle conduite chez les héros de sa foi semble raisonnable et parfaitement naturelle.

M. Martyn arrive au terme de son voyage. Dès l'abord, sa présence excita parmi ses collègues des dissidences qui éclatèrent même dans leurs églises. Déjà, durant le trajet, sa violence et son manque de jugement lui avaient aliéné les passagers; « échec, dit M. Kaye, qu'on ne pouvait assez déplorer. » Étant encore en Angleterre, la véhémence indiscrète avec laquelle il soutenait ses opinions, lui avait attiré le blâme de ses compatriotes ; il lui restait encore à apprendre cette sagesse calme et prudente qui, tout en dédaignant les compromis, sait ménager les infirmités des autres. Emporté et peu conciliant, aussi violent dans ses idées religieuses que dans ses affections profanes, voilà l'impression qu'il semble avoir produite durant son séjour aux Indes sur les personnes le mieux disposés en sa faveur.

Sir James Mackintosh, juge habile et impartial, dit en parlant d'Henri Martyn, que « sa douceur artificielle produisait une impression désagréable par suite de ses efforts pour déguiser ses passions[1]. » Le capitaine Seely, dont les sympathies étaient acquises à des hommes de cette sorte, tout en déplorant que le clergé manquât souvent de bienveillance envers ceux qui auraient pu seconder leurs travaux, cite l'exemple de M. Martyn à l'appui de sa remarque[2]. Ses admirateurs constatent à regret l'instabilité de son caractère. « Tantôt vif et ardent, dit M. Kaye, tantôt abattu et découragé, son âme n'était jamais en repos. Ses émotions, ajoute-t-il plus loin, le maîtrisaient complètement en le livrant à une joie excessive ou à un chagrin profond, un jour à des espérances exagérées et le lendemain au désespoir. » Les vrais apôtres de l'Évangile ne varient pas du jour au lendemain; le degré de perfection de leur union avec Dieu ne dépend pas de l'état de leur santé, du flux et reflux de leurs émotions, des conditions où se trouvent leurs affaires domestiques. Leurs pieds sont appuyés sur le roc où viennent expirer les vagues, et si leur vie n'est pas une preuve suffisante de cette vérité, leur mort en donne un plus éclatant témoignage.

Il est superflu d'examiner quels ont été les travaux de M. Martyn aux Indes; sur ce point, la contestation n'est pas possible. Il eut beau posséder des talents remarquables et des connaissances étendues, au point que lors de son séjour en Perse « la subtilité

---

[1] Kaye's *Life of sir John Malcolm*, vol. II, ch. II, p. 64.
[2] *Wonders of Elora*, ch. XIX, p. 521.

circonstanciés. Cette histoire est pénible à retracer, mais elle caractérise trop bien le protestantisme et ses héros, pour la passer sous silence.

Martyn avait, paraît-il, une inclination pour une jeune personne qui, au dire de M. Kaye, ne répondait pas à ses sentiments, et montrait une préférence marquée pour un autre prétendant que sa mère ne jugeait pas acceptable. Nous n'avons pas à juger la conduite de la jeune fille. Il importe peu de savoir si sa résistance venait des motifs indiqués par M. Kaye, ou simplement d'une répugnance à suivre Martyn aux Indes.

Jamais on ne vit, chez un jeune homme à peine sorti de tutelle, moins de dignité de caractère et d'empire sur soi-même, que n'en montra notre héros. Les récits de ses biographes seraient plutôt un roman que la vie d'un missionnaire. Loin de sacrifier, comme plusieurs se l'imaginent, sa passion malheureuse au désir de convertir les infidèles, sa seule pensée, après avoir résolu d'aller aux Indes *par suite de pertes financières*, fut de la satisfaire et de triompher des résistances de celle qui fit descendre plus tard des ombres sur sa vie. Le vaisseau fut retenu à Falmouth par des vents contraires, et notre exilé, dont l'âme était, nous dit-on, tout enflammée des pensées de l'apostolat, quitta tout à coup le vaisseau pour soulager « son cœur lacéré » en revenant solliciter une dernière entrevue et tenter un dernier effort. Repoussé dans cette tentative suprême, « il pleura et se lamenta, dit M. Kaye, jusqu'à ce que, las de pleurer, son gosier fût desséché et sa vue altérée[1]! »

Il est difficile de faire sentir à un protestant qui repousse comme imaginaires « les conseils de la perfection », et qui accorde à tous les hommes ses propres faiblesses, le contraste entre le missionnaire catholique et le missionnaire protestant. Le moins porté vers les choses spirituelles, le libertin même, avouera cependant ne pouvoir se figurer saint Paul sur le point de s'embarquer pour l'île de Chypre avec l'intention d'évangéliser les païens, profitant d'un vent contraire pour quitter la côte et revenir en toute hâte à Antioche, afin de faire un dernier appel au cœur d'une jeune fille capricieuse et perfide. Une telle pensée paraît du dernier ridicule. Elle outrage nos sentiments de l'honnête et du vrai, elle blesse profondément les fibres les plus délicates de notre âme. Nous sentons qu'un fait semblable attribué au missionnaire catholique le plus obscur exciterait en nous des sentiments de pitié et ne serait reçu qu'avec un sourire de dédain. Aux yeux du monde protestant, une

---

[1] *Ubi supra.*

vertu et la grâce sont les conditions du retour à la vérité[1]. Pour ce motif, ils croient difficilement qu'on les trompe; lorsqu'une cruelle déception survient et qu'une idole populaire est dépouillée de son prestige, ils sont les premiers à gémir.

Si nous voulons connaître le vrai caractère du missionnaire comparé aux apôtres et même élevé au-dessus d'eux, il nous suffit de recourir au témoignage des protestants. Les amis et les compagnons de Martyn vont nous apprendre à l'apprécier.

D'après l'opinion généralement admise, il se rendit aux Indes avec l'esprit de sacrifice et de dévouement personnel; il montra dans ses actes tout ce que peut produire un homme, privé des secours surnaturels. Le fait est que, d'après son témoignage et celui de ses panégyristes, jamais dans aucun sens il ne fut missionnaire. Il abandonna son pays par des motifs honorables sans doute, mais capables d'influencer l'homme le plus ordinaire; jusqu'au jour de sa mort il fut si loin de convertir une seule âme, que son associé le plus intime, le compagnon de ses travaux, se fit apostat.

Le témoignage de M. Kaye présente des garanties exceptionnelles, puisqu'en prodiguant à Martyn les noms de héros et de martyr, il parle de l'Église catholique en termes injurieux : « Henri Martyn, comme Brown et Buchanan, Thomason et Corrie, nous dit-il, était un des chapelains de la colonie, sans avoir en aucune façon le titre de missionnaire. Il n'était pas dans ses attributions de prêcher l'Évangile aux païens, mais de célébrer le service divin en présence des membres de la Compagnie, de les marier, de les enterrer et de baptiser leurs enfants[2]. » On dit, il est vrai, qu'il sacrifia le brillant avenir promis à ses talents et à ses succès académiques en Angleterre; nous ne les contestons pas. Mais en parcourant l'histoire de sa vie, nous apercevons, dès la table des matières, le véritable motif qui le conduisit aux Indes.

Dans le mémoire pompeux de M. Sargent, qui préconise jusqu'à ses moindres actions et ses moindres paroles, nous trouvons à la première page cette accablante dénonciation : « M. Martyn, à la suite de pertes financières, se rend à Londres pour solliciter une place de chapelain dans la Compagnie des Indes orientales. » Cet aveu indique dans son voyage un motif de prudence, mais un titre insuffisant pour prétendre aux fonctions de missionnaire apostolique. M. Kaye, s'appuyant sur l'autorité de M. Siméon, l'ami et le conseiller de Martyn, nous fournit ailleurs des renseignements plus

---

[1] Les propositions suivantes sont condamnées : « Nullæ dantur gratiæ, nisi per fidem. » « Extra ecclesiam nulla conceditur gratia. »
[2] Ch. vi, p. 184.

MISSIONNAIRES ANGLAIS.

Enfin l'Angleterre se réveilla d'un sommeil qui avait duré deux siècles et prit part aux missions de l'Inde.

Nous avons vu que de longues années s'écoulèrent avant qu'elle voulût même permettre aux missionnaires d'entrer dans ses possessions, et, lorsqu'elle y consentit, elle produisit en scène des hommes tarés pour la plupart ou ayant des antécédents suspects. « Beaucoup d'entre eux, dit M. Cunningham, partis de l'Angleterre, ont déshonoré la cause qu'ils servaient et confirmé, au lieu de détruire, les préjugés répandus parmi les nations chez lesquelles ils se rendaient[1]. » Cependant, les voix n'ont jamais manqué pour protester avec sincérité contre les actes des mercenaires et pour réclamer hautement le secours d'hommes plus capables de faire honneur à ses croyances. Si elles furent par hasard entendues au milieu du monde païen, ce fut pour démontrer que même les talents supérieurs séparés de la véritable Église ne peuvent gagner des âmes à Jésus-Christ.

Le nom le plus célèbre dans les annales du protestantisme aux Indes, est celui d'Henri Martyn ; nous lui devons à plusieurs titres une sérieuse attention.

HENRI MARTYN.

S'il est un homme auquel les protestants s'accordent à donner le premier rang et qu'ils montrent comme le type de la perfection chrétienne, c'est Henry Martyn. Nul autre n'a plus acquis la sympathie générale. Quel était donc ce rare mérite, ce degré si éminent de dignité morale et de grâces spirituelles dont le sentiment populaire s'est fait l'écho ?

Un historien des missions indiennes ne pouvait s'empêcher d'examiner cette question, en décrivant une vie étudiée par les Anglais avec un intérêt tout romantique. L'auteur avoue même qu'il avait partagé jusqu'à un certain point les sentiments de partialité de ses compatriotes. Les catholiques sont si loin de méconnaître les grâces qui se rencontrent quelquefois en dehors de l'Église, qu'ils sont prêts à les admettre et à s'en réjouir, sachant que la

---

[1] *Christianity in India*, p. 147.

rajah avait donc de bonnes raisons pour lui témoigner sa reconnaissance.

Un mot seulement sur les conversions opérées par cet homme bien intentionné. Au dire d'un écrivain qui habita longtemps la même partie de l'Inde, le nombre de ses *convertis* était si insignifiant, que les plus zélés partisans des missions, tout en faisant un éloge mérité de son caractère, évitent soigneusement toute allusion aux résultats [1]. M. Montgoméry, secrétaire particulier du gouverneur général, dit des convertis de M. Schwartz : « Leur immoralité est connue de tout le monde [2]. »

Schwartz semble avoir avoué franchement son insuccès, lorsqu'il écrivait de Tanjore à Chambers : « Plût à Dieu que je pusse vous envoyer une liste de *vrais* convertis !… Mais hélas ! ils sont rares [3] ! » Quand même ils auraient existé, ils étaient achetés, puisque son biographe ajoute que « le gouvernement accorde un subside annuel de quarante pagodes pour les protestants pauvres, c'est-à-dire pour les convertis de Nagapatam. » Si nous demandons le résultat définitif de ses travaux, ses successeurs nous en informeront.

En 1839, deux ministres affirment « qu'on ne trouve chez *aucun* des prédicateurs ou des chrétiens natifs de Tanjore une religion véritablement solide [4]. » En 1850, M. Clarkson fait la réflexion suivante sur la mission tant vantée de Schwartz : « L'histoire des missions de l'Inde nous fait voir que des lieux, qui autrefois *étaient le jardin du Seigneur*, sont devenus un désert. Dans l'Inde méridionale, l'épithète de *chrétiens de Tanjore* devint une moquerie [5] : » résultats incontestés des travaux de M. Schwartz. « Nul missionnaire, dit M. Ross, ne put jamais acquérir autant d'influence… Il était infatigable dans ses efforts pour propager le christianisme, mais son zèle porta bien peu de fruits [6]. »

Les missionnaires catholiques, nous l'avons vu, réussirent *malgré* l'opposition de toutes les influences mises au service de Schwartz. L'insuccès d'un homme de sa trempe est un fait plus frappant et plus fécond en conséquences que les mésaventures d'une centaine d'autres adonnés au luxe comme un Kiernander, ou enflés d'orgueil comme un Rhenius.

---

[1] *Observations on the Present State of the E. I. Company*, par le major Scott Waring, p. 47.
[2] *Apology for the Christian Missions*, par Fuller, app., p. 5.
Pearson, vol. I, ch. XIII, p. 380.
[4] *Travels in S. Eastern Asia*, par le Rév. Howard Malcolm, vol. II, ch. II, p. 74.
[5] *India and the Gospel*, par le Rév. William Clarkson, lect. VI, p. 523.
The Cornwallis Correspondence, vol. I, ch. IX, p. 240.

rant Dieu et l'existence de son âme ; ou plutôt ils regardaient l'Église avec les mêmes sentiments de méfiance stupide et de crainte que les païens des trois premiers siècles.

Lorsque Schwartz dit des catholiques « qu'ils ont pour pères le diable et le Pape [1], » il répétait ce qu'il avait entendu professer plutôt qu'il n'énonçait une conviction personnelle. C'était le grossier jargon de son époque, et nous lui ferons la charité de croire qu'il le parlait machinalement. Schwartz avait des instincts religieux prononcés, et, à ce qu'il paraît, une morale beaucoup plus pure que celle de la plupart de ses coréligionnaires. Ce qu'il savait ou croyait savoir, il désirait sincèrement le communiquer aux autres, et s'il échoua comme missionnaire, ce ne fut pas faute de droiture et de loyauté : il lui manquait le don de la foi divine et les grâces apostoliques.

L'absence de ces grâces mit ses œuvres à néant, et ses bonnes qualités qui attiraient le respect furent comme le parfum des fleurs sauvages qui se répand inutilement dans l'atmosphère. Ce qui prouve sa supériorité sur une grande partie de ses confrères, c'est son opposition au mariage des missionnaires, « suivant le principe du grand apôtre des gentils, 1 Cor. vii. 32 [2]. » Ce fut là le trait le plus remarquable de son histoire, car il échoua comme les autres.

D'après l'observation de lord Valentia, qui parle avec bienveillance de M. Schwartz, « le respectable missionnaire danois, » et qui loue le zèle de ses compagnons, les résultats de leurs travaux, malgré des avantages incontestables, « furent si insignifiants, que le succès d'autres missionnaires est bien problématique. » Il raconte ensuite ce que le rajah de Tanjore avait fait pour les aider. « Est-il possible, s'écrie-t-il, de donner au christianisme plus de chances de réussite dans l'Inde! Cependant combien a été restreint le nombre des convertis [3]! »

Il faut avouer que Schwartz avait, humainement parlant, des avantages plus qu'ordinaires en sa faveur. « Il avait si bien su se concilier l'estime du roi de Tanjore, qu'il en avait obtenu un subside annuel de cinq cents *pagodes* pour aider les missionnaires [4]. » Il est vrai que son patron avait des motifs puissants pour lui témoigner une bienveillance marquée, puisqu'il devait à l'influence dont Schwartz jouissait auprès du gouvernement, la dignité qu'il occupait au détriment d'Ameer-Sing, son rival. Le

---

[1] Pearson's *Memoirs*, vol. I, ch. ix, p. 277.
[2] Vol. II, ch. xxi, p. 346.
[3] Lord Valentia's *Travels*, vol. I, ch. vi, p. 516.
[4] *Christianity in India*, par J. W. Cunningham, M. A., p. 156.

Le succès de ces invectives parmi ses collègues fut tel que cinq des missionnaires de Tinnevelley, ordonnés par des évêques protestants, donnèrent leur signature à une déclaration constatant « qu'ils n'avaient aucune sympathie pour les évêques[1]. » On l'accusa d'insubordination, mais il se défendit par cette réponse victorieuse : « Je n'ai contracté aucun engagement vis-à-vis de l'Église d'Angleterre et ne me suis dévoué aux missions qu'en qualité de ministre luthérien, à l'exemple des nombreux missionnaires allemands qui, avant moi, furent envoyés aux Indes par la Société pour la propagation des sciences chrétiennes. » Puis il ajoute avec un calme imperturbable : « J'ai publié une brochure indiquant les erreurs qui m'avaient frappé dans les usages de l'Église d'Angleterre, de même que j'ai publié bien des écrits sur les erreurs d'autres communions chrétiennes[2]. »

Ce système, particulier à l'Église anglicane, d'employer des hommes qui se moquent de sa doctrine et de son autorité, est encore à l'heure qu'il est en vigueur dans le monde entier, au grand étonnement des autres sectes protestantes.

« La mission de Tinnevelley se sépara complétement de la Société pour la diffusion des connaissances chrétiennes, » et reçut une organisation à part sous les auspices de Rhenius et de ses amis ordonnés par l'évêque anglican : événement qui eut son côté instructif aux yeux des païens, mais qui ne leur donna pas sujet de s'écrier comme leurs ancêtres en parlant des catholiques : « Voyez comme ils s'aiment ! »

M. Schwartz est le dernier des missionnaires allemands et danois dont nous ayons à nous occuper. Autant que nous pouvons juger de son caractère, c'était un homme aux intentions droites, zélé, actif et honnête ; ses notions sur le christianisme étaient, comme chez tous ceux de sa secte, vagues et incomplètes, mais au moins il était sincère en les publiant. Souvent il confondait le zèle avec la foi. A son point de vue, l'Église catholique, la communion des saints, les sacrements prodiges de l'amour divin, le sacrifice de la loi nouvelle, le sacerdoce d'après l'ordre de Melchizedeh, étaient des erreurs grossières. De son temps les protestants ne connaissaient pas mieux l'Église dans laquelle la vie du Christ est perpétuée, que le sauvage des bords du Pacifique igno-

---

[1] *Asiatic Journal*, vol. XVI, p. 164.
[2] Vol. XX, p. 153. — Un certain ministre anglican, dont les opinions sont très-répandues, publia un ouvrage portant ce singulier titre : *Du droit qu'a un ministre de la religion de combattre les erreurs de l'Église à laquelle il appartient*, par Henry Erskine Head, M. A., recteur de Féniton, chapelain du roi de Hanovre (1841).

Le riche et élégant missionnaire « s'occupait toujours avec ardeur à étendre les vérités saintes du christianisme. » Comment il mit ces vérités en pratique, l'histoire ne le dit pas. Peut-être saint Paul eût-il donné de préférence son approbation au régime d'herbes amères dont se contentaient un saint François, un Borghèse, un Mamiani et tant d'autres qui cependant appartenaient aux classes les plus élevées de la société et avaient, à l'exemple de Celui qui se fit pauvre, renoncé aux dignités et aux honneurs que Kiernander n'avait jamais possédés.

La prospérité merveilleuse du chapelain du Fort-William ne devait pas être de longue durée. Les fêtes, les banquets et les vins de prix ont démoli de plus grandes fortunes. Aussi, après avoir présidé à de nombreux festins, mutilé plus d'un texte et commis bien d'autres actes dignes de sa « haute vocation, » il tomba dans la pauvreté ; il en revint à sa première condition, et termina une vieillesse sans honneur par une mort obscure. Aucun Hindou ni mahométan n'avaient appris de ses lèvres le chemin de la vérité, et sa carrière joyeuse, si elle avait été connue, ne leur eût pas sans doute fait une impression bien salutaire.

Un mot seulement de Ziegenbalg. Il ne s'est jamais vanté d'avoir réussi dans la conversion des païens, mais il se plaint avec raison que « toute tentative dans ce but est rendue impossible par la conduite irrégulière et les vices des chrétiens de ce pays, livrés tout entiers aux plaisirs et aux richesses. »

Quant à Kohloff, tout ce qu'on peut en dire est renfermé dans ces quelques mots du biographe de Schwartz : « Kohloff eut le bonheur avant de mourir de voir son fils activement occupé aux missions, et le reste de sa famille établie dans l'aisance [1]. »

La carrière de M. Rhenius mérite plus d'attention ; elle démontre jusqu'à l'évidence l'inconvénient pour l'Église d'Angleterre d'employer des ministres luthériens. Blumhardt nous dit que « Rhenius et quelques-uns de ses auxiliaires allemands rompirent avec la société des missions [2]; » Rhenius lui-même nous explique les motifs de cette séparation. Comme tant d'autres de ses compatriotes aux Indes, en Europe, en Afrique et en Amérique où l'Église établie employa des calvinistes hollandais pour remplir sa mission [3], Rhenius se déclare ministre de l'Église d'Angleterre, mais il ne peut comprendre que ce lien superficiel l'oblige à accepter sa doctrine ; aussi l'attaque-t-il violemment dans ses écrits.

---

[1] Pearson's *Memoirs of Swartz*, vol. II, ch. XVI, p. 129.
[2] Blumhardt, *Christian Missions*, p. 59.
[3] *Discoveries of the English in America*. Pinkerston's collection, vol. XII, p. 415.

de ce dernier, quelques mots suffiront pour retracer leur histoire.

M. Kiernander, dont la carrière « chevaleresque et romantique » excite l'admiration du docteur Close, sans doute parce qu'il « portait des chaussures argentées [1], » était l'ami de Clive et recevait les encouragements des gouverneurs et des directeurs des sociétés établies en Angleterre. Le doyen de Carlisle est d'avis que les travaux de ce « riche et fashionable missionnaire ne laissèrent pas de produire des fruits spirituels. »

« Après que les Anglais eurent chassé les catholiques portugais, leur église, qui était commode et spacieuse, fut occupée par Kiernander [2]. » Tel fut le début de sa carrière. Il fut alors nommé chapelain anglican au Fort-William, sans avoir jamais eu la moindre prétention au titre de missionnaire dont on l'a gratuitement décoré. Le chapelain du Fort-William ne tarda par à épouser une personne « qui lui apporta une dot considérable. » A ce qu'on nous assure, il avait bien des fois échangé avec cette personne des regards significatifs du haut de la chaire, circonstance dont les membres de sa congrégation avaient auguré *la crise* matrimoniale qui s'ensuivit. Malheureusement sa femme vint à mourir, et Kiernander dut chercher ailleurs des consolations. « Les mêmes galanteries semi-dévotes qui avaient abouti à son premier mariage, dit son enthousiaste biographe, lui valurent le cœur sensible d'une riche veuve, madame Anne Wooley. » Elle était aussi une habituée de l'église du Fort-William, dont les catholiques avaient été expulsés pour céder la place à son prétendant. Cette église, jadis consacrée à un usage bien différent, fut pour la seconde fois le théâtre d'une intrigue qui se termina aussi heureusement que la première.

Madame Wooley était d'un « embonpoint quelque peu exagéré; » mais ce léger inconvénient n'arrêta pas M. Kiernander qui « par son mariage, s'assura vingt-cinq mille livres sterling (625,000 fr.), » somme importante vu l'intérêt élevé de l'argent aux Indes. Ceci « le mit à même de vivre dans un hôtel splendide et d'y tenir une table somptueuse. » La « renommée des vins qu'on y servait » s'étendit jusqu'en Angleterre. « La compagnie centrale fut bientôt instruite du luxe que déployait son missionnaire et des fêtes qui se succédaient dans sa demeure. Les festins qu'on y donnait ne passèrent pas non plus inaperçus. » Mais c'était là de la malveillance, car, au dire de son biographe, « les devoirs de sa haute vocation n'avaient rien à souffrir de l'exercice de l'hospitalité. »

---

[1] *Indian Retrospect*, p. 11.
[2] *Asiatic Journal*, nouvelle série, vol. XV, p. 67 et suiv.

Il ajoute que les plus capables d'entre les missionnaires protestants au service de l'Église d'Angleterre ont tous été non-seulement des Allemands, mais *des luthériens*. « En 1842, le nombre des ministres luthériens inscrits dans la *Church missions society* s'élevait à douze, et, à en juger d'après les noms, plus de quarante d'entre eux devaient être Allemands au moins d'origine[1]. » Ce fait est confirmé en 1855 par un autre écrivain : « Comme il y a plus de candidats aux missions en Allemagne que dans l'Église d'Angleterre, celle-ci est heureuse d'accepter des luthériens, qu'elle ordonne et qu'elle adopte[2]. » Cette répugnance pour les missions, dès qu'il ne s'agissait pas de promotion, était un sentiment si enraciné chez les ministres anglicans, que jusqu'en 1859, nous voyons un des organes principaux de l'anglicanisme s'en plaindre amèrement. « L'Église d'Angleterre devrait rougir d'avoir à employer auprès de ses membres toutes espèces d'avantages et d'encouragements temporels comme appât pour aller prêcher l'Évangile aux païens[3]. »

Des faits assez curieux résultent de cet usage adopté par l'Église d'Angleterre, d'employer des missionnaires qui nient ouvertement plusieurs points importants de la doctrine qu'elle tient, ou prétend tenir pour une partie de la vérité révélée, et qui tournent en ridicule *les ordres* qu'elle leur fait accepter en même temps que le salaire. D'après le docteur Jos. Wolff, qui connaissait à fond cette institution, « l'église luthérienne compte à peine dans son sein un seul chrétien orthodoxe. » L'ardeur des missionnaires allemands pour ces places s'explique selon le même docteur, par ce fait qu'un grand nombre de ferblantiers et de cordonniers n'ayant pas réussi dans leur profession, se rendent à Bâle sous prétexte de religion et dans le but de devenir missionnaires. Le docteur Wolff déplore « la vie luxurieuse qu'ils mènent, ainsi que la légèreté avec laquelle des ouvriers de différents états sont enrôlés, ordonnés et envoyés aux missions sur la simple recommandation de quelques connaissances fort incomplètes en matière religieuse : système d'enrôlement qui a souvent entraîné la perte de leur âme en les gonflant d'orgueil[4]. »

MISSIONS LUTHÉRO-ANGLICANES.

Les seuls noms qui appellent notre attention sont ceux de Kiernander, Ziegenbalg, Kohloff, Rhenius et Schwartz. A l'exception

---

[1] *Lect*. I, p. 15.
[2] *Six Years in India*, vol. I, ch. iv, p. 152.
[3] *Christian Remembrancer*, p. 382.
[4] Wolff's *Journal*, p. 552.

senter par des luthériens allemands et danois, parce que ses propres sectateurs refusaient d'accepter cette fonction. Et vraiment, on peut douter qu'elle eût jamais fondé aucune mission, si elle n'y avait été forcée par l'activité des diverses sectes auxquelles elle avait donné naissance. Lorsque ces sectes hostiles, dont l'existence était le plus souvent une protestation contre son apathie, commencèrent à remplir le monde du bruit de leurs luttes incessantes, l'Église établie se réveilla de son sommeil et consentit à engager au loin, dans l'intérêt de sa défense, la guerre qu'elle ne pouvait plus restreindre dans ses propres limites.

Son apparition dans l'Inde semble même avoir été plus tardive que partout ailleurs. « Pas un seul ministre anglican, dit le docteur Close, ne pouvait se résoudre à aller aux Indes. » Il constate que « tous les missionnaires secourus par la Société des connaissances chrétiennes et, aurait-il pu ajouter, par la Société pour la propagation de l'Évangile, étaient des luthériens étrangers[1]. »

« Pendant longtemps, nous dit le docteur Close, ils ne purent décider un seul missionnaire à quitter le pays. Un pasteur anglais qu'ils envoyèrent à Calcutta en 1789, « déserta peu de temps après son arrivée. » C'était peu encourageant. Ils envoyèrent donc « en 1797 un autre *clergyman*, cette fois un Allemand ; mais il déserta également[2]. » Il y avait cependant urgence, puisque jusqu'alors, au dire de M. Kaye, « la religion protestante ne faisait pas de progrès aux Indes ; les rares conversions avaient lieu malheureusement dans une direction fâcheuse. Un certain nombre d'Anglais, ajoute-t-il, étaient devenus catholiques, d'autres mahométans[3] ! »

« Le gouvernement établi aux Indes, nous dit un chapelain anglican, était si alarmé des progrès de l'Église romaine, qu'il résolut d'appliquer contre ses ministres la disposition pénale d'Élisabeth ; et lorsqu'il découvrit que Mathieu, fils de feu le lieutenant Thorpe, avait été baptisé par un prêtre portugais appelé Jean da Gloria, il le fit arrêter comme coupable de haute trahison pour avoir amené cette réconciliation avec l'autorité du Pape[4]. »

Cependant, ces faits ne purent vaincre la répugnance des docteurs anglicans pour l'œuvre des missions. « En vain cherchons-nous dans les annales de notre Église, avoue le docteur Grant, un seul nom qui brille de la gloire des apôtres aux yeux des païens. »

---

[1] Close, p. 26.
[2] *Ibid.*, p. 11.
[3] *Christianity in India*, ch. II, p. 56.
[4] *The English in Western India*, par Philippe Anderson, A. M., un des Hon. Cys. chapelains, ch. IV, p. 143.

confirmer le jugement de cet Hindou : « Un gouvernement, dit-il, qui pendant cent ans fut aussi mauvais que possible, a produit cet état de choses [1]. »

Faut-il s'étonner que ces indigènes, voyant les fausses manœuvres de ces prétendus réformateurs, « les supplient de commencer par convertir les chrétiens [2] ? » Ils savent si bien apprécier leur caractère à sa juste valeur, que le docteur Claude Buchanan put écrire des Indes à l'un de ses amis à Cambridge : « Votre profession de chrétien est devenue un sujet de moquerie et de dérision dans le monde entier [3]. »

PREMIÈRES MISSIONS ANGLICANES FONDÉES PAR DES ÉTRANGERS.

Nous allons examiner en détail les travaux récents des missions protestantes aux Indes. Les Anglais n'ayant rien fait pendant près de deux siècles pour la conversion des Hindous, nous devons les oublier un moment pour nous occuper des Allemands et des Danois. Ceux-ci, du moins, tentèrent l'œuvre refusée et même entravée par les maîtres du pays.

Des écrivains protestants nous apprennent que « pendant très-longtemps les subsides accordés par la Société pour la propagation du christianisme aux missions luthériennes des Danois, furent le seul acte de l'Église d'Angleterre, pour faire connaître l'Évangile au delà de la chrétienté [4]. » Ce fait étrange fut commenté par lord Teignmouth : « Il est à remarquer, dit-il, que dans l'histoire de ceux qui se dévouèrent à la propagation de l'Évangile, on rencontre peu ou même pas de docteurs de l'Église d'Angleterre [5]. » Récemment encore on a fait la même observation : « Nos jeunes gens, dit le docteur Tait, évêque protestant de Londres, sont toujours prêts à se rendre dans des contrées éloignées pour des motifs d'intérêt temporel ; mais on a beaucoup de peine à les décider lorsqu'il s'agit d'aller soutenir la cause de l'Évangile [6]. »

Dans les Indes, l'Église anglicane fut obligée de se faire repré-

seigne la charité, la douceur, la bonté ; nous cherchons, sans les trouver, ces qualités chez les Anglais. »
[1] *The Indian Religions*, par un missionnaire indien, ch. XIX, p. 157 (1858).
[2] Murray's *Discoveries in India*, vol. II, ch. v, p. 224.
[3] Pearson's *Memoirs of Buchanan*, vol. I, p. 183.
[4] *The Missionary Crisis*, par le Rév. A. Dallas, p. 6.
[5] *Life*, vol. II, p. 116.
[6] Cité par *the Times*, February 10, 1860.

aussi leurs succès¹. » A une époque postérieure, M. Barchou de Penhoën fait la même remarque : « Dans sa position de père et d'époux, attaché aux intérêts du monde, le ministre protestant ne saurait être un vrai champion de la foi, un soldat de l'Évangile². » Il a choisi une vocation moins noble et, de l'aveu même de ses coreligionnaires, les païens le méprisent, parce qu'ils ne lui voient aucune supériorité sur eux.

« A l'avenir, dit M. Raikes, l'Angleterre aura à lutter contre la malice, l'ignorance, la superstition de ses enfants de l'Orient, mais aussi contre l'orgueil, la paresse et l'égoïsme de ses propres fils³. » Ce langage n'est pas exagéré. M. Shore dit de son côté : « Le dédain superbe, l'arrogance, la conduite insolente que la plupart des Anglais s'imaginent devoir adopter vis-à-vis des indigènes pour conserver leur dignité à leurs yeux, dépasse toute croyance⁴. » Le même reproche est formulé par d'innombrables écrivains. « C'est dans l'Inde surtout, dit le comte Édouard de Warren, ancien officier au service britannique, que la certitude de l'impunité leur fait commettre des insolences et des oppressions à faire pleurer les anges, selon l'expression de Shakspeare⁵. » Ne soyons donc pas surpris de l'exaspération témoignée par les Hindous, ni du ressentiment des indigènes qui ont reçu quelque éducation, en présence de l'incapacité et de l'ignorance de ces « étudiants imberbes récemment sortis du collége de Haileybury, n'ayant qu'une connaissance superficielle de la langue nationale⁶; car, selon la remarque de M. Lang en 1859, « pas un sur cent, quel que fût d'ailleurs le grade ou le rang qu'il occupait, n'était capable d'écrire l'hindoustani ou le persan⁷. » « Plus d'un siècle de relations, dit un Hindou Bengalais, n'a pu suffire pour assurer la paix, loin d'avoir fait naître des sentiments d'amitié pour les Anglais. L'éloignement mutuel devient chaque jour plus marqué⁸. » Un ministre protestant vient

---

¹ Cité par de Warren, *l'Inde anglaise*, tome III, ch. xii, p. 230.
² *L'Inde sous la domination anglaise*, tome II, livre VIII, p. 154.
³ *Notes on the North Western Provinces of India*, par Ch. Raikes, collecteur de Mynpoorie, p. 77.
⁴ *Notes on Indian Affairs*, vol. I, p. 10.
⁵ *L'Inde anglaise*, tome III, ch. xiv, p. 257.
⁶ *The Civil Administration of the Bombay Presidency*, par Nowrosjee Furdoonjee, interprète à la H. M. cour, p. 31 (1855).
⁷ *Wanderings in India*, p. 213.
⁸ *Causes of the Indian Revolt*, par un Hindou du Bengale; édité par Malcolm Lewin, sq., p. 21. — En 1862, une dame anglaise protestante rapportait l'anecdote suivante, au sujet d'un honnête *monshie* qui avait lu l'*Histoire des Indes* de Mill : « Quelqu'un lui ayant dit que ses compatriotes haïssaient les Anglais, il répondit, en baissant les yeux avec un sourire affecté : « Le code religieux de votre nation est excellent; il en-

« esclaves mangeurs de bœuf[1]; » tandis que les Afghans les regardent comme une race « d'infidèles à face blanche, qui se nourrissent de porc, et dont la manie dominante est de boire, de se battre et de s'emparer des pays qui ne leur appartiennent pas[2]. »

Ce fut afin de ne pas heurter ces préjugés qui ne sont qu'une corruption de la grande loi de mortification chrétienne, que les missionnaires catholiques se dévouèrent à une vie d'austérités continuelles. « Il est absolument nécessaire, dit l'un d'entre eux, d'adopter cette manière de vivre, si l'on veut que la mission produise des fruits, puisque ces peuples sont persuadés que ceux qui enseignent et dirigent doivent mener une vie irréprochable[3]. » « Nous mangeons un peu de viande lorsque nous sommes dans le Midi, dit un autre, mais dans le Nord nous tâchons de nous en passer, car les païens n'en mangent jamais en public et professent la plus grande répugnance pour les instincts carnivores des Européens[4]. »

Ce sacrifice, les missionnaires anglais le refusent, malgré la recommandation du docteur Grant : « La capacité de souffrir les rigueurs et les privations, dit-il, si peu appréciée de nos jours, me semble indispensable. » Puis il ajoute : « Des missionnaires m'ont assuré que l'opinion entretenue à leur égard par les indigènes est qu'ils travaillent dans un but purement mercenaire[5]. »

Jacquemont disait, il y a déjà longtemps : « Les missionnaires anglais s'étonnent de ne pas opérer de conversions ! Ils ont une femme, des chevaux, des domestiques ; ils habitent des maisons vastes et commodes, et ils se disent missionnaires ! Mais il y a d'autres missionnaires qui parcourent le pays à pied, souvent même à pieds nus, dans le but de convertir les infidèles. Ces derniers en ont converti un grand nombre ; ils en convertissent encore tous les jours. Ils imitent l'exemple des apôtres, et souvent

---

[1] *Ceylon; an Historical Sketch*, par Henry Marshall, F. R. S. E, député inspecteur général des hôpitaux de l'armée, p. 83.

[2] *Journal of a Mission to Afghanistan* in 1857, par H. W. Bellew, ch. v, p. 274.

[3] *Lettres édifiantes*, tome X, p. 282. « Vestra siquidem castitas, écrivait un général de la Compagnie aux Jésuites établis dans l'Inde, non tantum ad propriam perfectionem, vel opem proximo qualemcumque suppeditandam refertur; sed eo etiam penetrat, ut vos idoneas reddat operas, quæ apostolice discurrant ad gentes vinculis, quibus implicatæ sunt, exsolvendas. » (Claude Aquaviva, *Epist. Præpos. General ad Patres et Fratres Soc. Jesu*, p. 252 (Romæ, 1615).

[4] *Annals*, vol. I, p. 173.

[5] *Bampton Lectures*. app., p. 316.

Ils ont peur de rire; mais ils vous regardent comme de grandes et puissantes créatures envoyées pour faire leur tourment, et dont les intentions et les actes sont pour eux totalement incompréhensibles[1]. »

Il est assez curieux de voir un officier de l'armée britannique porter le même jugement prononcé par les naturels de l'Afrique occidentale contre ses collègues établis dans ces contrées.

« Les Mahométans, dit le major Gordon Laing, voient avec pitié et souvent avec dégoût la légèreté de mœurs des Européens. » C'est ainsi que, dans une certaine circonstance, quelques-uns de ces hommes à moitié sauvages de la caste des Mandingos, qui avaient écouté à la porte d'une salle où les officiers anglais trinquaient bruyamment, confondirent leurs sentiments dans cette exclamation unanime : « Grand Dieu ! depuis le jour de ma naissance, je n'ai jamais vu d'hommes aussi *Caffres* que les blancs[2]. »

Il y aurait encore bien à dire sur l'impression produite par les Anglais protestants sur les naturels de l'Inde. « La plupart des Européens, assure-t-on, traitent les indigènes non pas comme des hommes, mais comme des brutes[3]. » Il n'est pas jusqu'aux enfants qui ne suivent l'exemple général. « On en a vu un âgé de cinq ans à peine, donner au domestique qui le surveillait les noms de brute et de coquin noir[4]. » Un homme qui a une longue expérience de la vie aux Indes, nous cite plusieurs circonstances qui donnent la mesure de cette brutalité, même de la part d'anciens officiers qui auraient dû donner un meilleur exemple. Aussi les indigènes déclarent-ils « qu'ils préfèrent rester ce qu'ils sont que d'embrasser une religion dont ceux qui la professent leur donnent de si tristes échantillons de leur sincérité[5]. »

Les missionnaires les scandalisent par leur « jargon barbare, » comme le fait remarquer M. Irving, et par le luxe de leur vie mondaine. Un Hindou instruit, que le révérend M. Perceval engageait à manger à la façon anglaise, lui répondit : « Nous autres Hindous, nous n'enterrons pas les morts dans nos estomacs; nous ne faisons pas des charniers de nos ventres[6]. » Les Kandyans, quoique classés bien bas dans l'échelle de la civilisation, se révoltent contre l'intempérance de ces faux missionnaires qu'ils appellent

---

[1] *Diary in India*, vol. II, ch. VIII, p. 149.
[2] *Travels in Western Africa*, par le major Alex. Gordon Laing, p. 389.
[3] Mackenzie, ch. III, p. 79.
[4] *Observations on India*, par a Resident there many years, p. 149 (1853).
[5] *Ten Years in India*, par le capitaine Albert Hervey, vol. I, ch. v, p. 104.
[6] *The Land of the Veda*, ch. XII, p. 272.

une ignorance complète des intentions et des projets de leurs subordonnés[1]. Comme le dit un indigène, « ils ont irrité même le rêveur Asiatique, et littéralement poussé à la révolte l'Hindou, dont la douceur et la patience sont proverbiales[2]. »

De tous côtés les témoignages viennent confirmer cette assertion. Les Santals, au nombre de deux cent mille, connus pour leur nature calme et docile, mais absolument dépourvus de religion, ne sont pas loin d'adopter les abominables superstitions des Hindous, par mépris pour les Anglais. « Il n'y a pas longtemps, dit un ministre protestant, les Santals éprouvaient le plus grand respect pour les Européens ; mais leur contact avec ces derniers a grandement contribué à diminuer leur estime pour les Anglais qui les gouvernent. Quelques paroles prononcées par un Anglais, il y a peu d'années, auraient produit plus d'effet que n'en auraient aujourd'hui plusieurs semaines d'un travail soutenu ; il est donc manifestement de notre devoir de ne pas attendre que les Santals aient perdu jusqu'au dernier vestige de respect pour les Européens[3]. »

M. Russell a exprimé, dans un des passages les plus remarquables de son ouvrage sur l'Inde, les sentiments professés par les naturels à l'égard de ces hommes qui, malgré leur qualité de chrétiens, se montrent moralement leurs inférieurs. Il dit, à propos des banquets licencieux donnés par les officiers anglais, « que les naturels qui les servent, restent dans une apathie et un calme complet ; les bras croisés, les yeux errants dans le vide, ils semblent absorbés et indifférents à tout ce qui se passe autour d'eux. » Mais en réalité, le domestique hindou, moins dégradé que son maître, commente en silence ces scènes ignobles.

Un indigène de qualité que M. Russell interrogeait à ce sujet, lui fit les confidences suivantes :

« Je dirai la vérité si le Sahib me promet de ne pas se fâcher.

« Parlez franchement. Je suis persuadé que vous n'avez pas l'intention de nous offenser. »

« Le Sahib voit-t-il ces singes ? Ils s'amusent beaucoup. Mais le Sahib ne saurait dire pourquoi ils jouent, ni ce qu'ils vont faire. Eh bien ! ces pauvres gens vous regardent absolument comme ils regardent ces singes ; mais ils connaissent votre force et votre violence, et ils savent que vous vous fâcheriez s'ils riaient de vous.

---

[1] P. 3-5.
[2] *Causes of the Indian Revolt*, p. 23 (1857).
[3] *Report of the Church Missionary Society*, 1862, p. 104.

des sentiments religieux. Ils n'expriment souvent que du mépris mêlé de haine. L'Hindou juge son maître comme il en est jugé. Il sait fort bien apprécier ceux qui, à côté de nombreux défauts, possèdent des qualités viriles. Il sait estimer et même chérir un homme d'État comme Laurence, un guerrier tel que Jacob ou Hodson. Mais lorsqu'il se voit outragé dans tous ses instincts par des maîtres frivoles et tyranniques, qui n'ont pas même cette dignité extérieure que les Orientaux ont en si grande estime, et à laquelle ils portent si rarement atteinte ; lorsqu'il est journellement en contact avec de prétendus chrétiens qu'il méprise comme grossiers, vicieux et vulgaires, dont les ministres ne sont à ses yeux que des types de vanité, d'ignorance et de cupidité ; est-il surprenant que parfois sa haine et son mépris, si longtemps refoulés dans son cœur, débordent et l'excitent à des actes insensés de violence et de carnage ? C'est là qu'il faut chercher la cause de la grande révolte des cipayes, fait qui caractérise l'influence de l'Angleterre protestante parmi les nations païennes.

Le colonel Hunter, se servant des expressions employées cinquante ans auparavant par sir John Malcolm, constate avec douleur « les sentiments de dégoût et souvent même de mépris amer qu'entretiennent les naturels à l'égard des chefs anglais[1]. »

« La plupart des fonctionnaires anglais, *tant civils que militaires*, dit le capitaine Evans Bell, diminuent l'influence morale de l'Angleterre aux Indes, abaissent le type idéal que les indigènes s'étaient formé de la science et de l'honneur britannique, et sont une cause permanente de tyrannie, de haine et de mépris, qui, en avilissant notre caractère national, constituent un danger pour notre gouvernement dans cette contrée. C'est là un vice, dont tout le système sur lequel repose notre pouvoir est profondément atteint. » Ce sont ces hommes grossiers et frivoles, « employés par le gouvernement civil ou militaire, qui appellent les indigènes *nègres damnés*. Des jeunes gens à peine sortis du collège, n'ayant d'autre passion que le jeu et la boisson, et qui méprisent et détestent leurs subordonnés dont ils ne connaissent ni le langage ni les coutumes, voilà les hommes que l'on met à la tête des compagnies de cipayes ! »

Voilà comment, lorsque éclata la révolte qui mit en péril tout l'empire des Indes, précurseur certain d'autres catastrophes semblables, les officiers européens se trouvèrent sans aucune autorité sur leurs troupes, et restèrent jusqu'au dernier moment, dans

---

[1] Ludlow, *Thoughts on the Policy of the Crown*, letter XXII, p. 299.

produite par la conduite des Anglo-Indiens ne peut manquer de flétrir notre honneur national : elle est le pire obstacle à l'introduction du christianisme. Loin d'élever le niveau de la morale, nous l'avons abaissé[1]. »

Nulle part sans doute l'influence anglaise ne souleva des plaintes aussi énergiques que dans l'Inde. « Quant aux Européens dans ce pays, dit en 1852 un écrivain anglais, on peut dire en général que le rapport le plus exact sur leur conduite serait le plus défavorable. Plusieurs d'entre eux, nous apprend-on, se regardent plutôt comme Hindous que comme chrétiens ; d'autres considèrent les fêtes des mahométans comme dignes de nos encouragements ; d'autres enfin, déconseillant aux jeunes gens de se faire chrétiens, et leur enseignant le déisme comme la vraie religion de l'homme, annulent ouvertement les instructions des missionnaires. Des milliers d'entre eux font voir dans leur manière de vivre qu'ils tiennent la charité, la douceur et la piété en moindre estime que les païens dont ils sont entourés[2]. »

Il est certaines maximes implantées dans le cœur de l'homme dès le moment de sa création, certains instincts, qui éclairent et dirigent les païens aussi bien que les chrétiens, certains désirs enfin, certaines aspirations qui relèvent même l'Hindou ; ces maximes, ces instincts, ces désirs, plus de cinquante écrivains protestants de différentes sectes l'attestent, ont été systématiquement outragés par les Anglais établis aux Indes. De tous les sentiments qu'ils ont inspirés aux races asiatiques, malgré leur condescendance affectée, aucun peut-être n'est si universel et si intense que celui du dédain et du mépris. Les historiens de ces contrées nous rapportent des exemples curieux de la manière dont les naturels expriment entre eux les sentiments de dégoût qu'ils n'osent manifester ouvertement. Ils nous racontent qu'à un grand banquet donné par un opulent propriétaire d'une splendide demeure, le maître, qui s'attachait à n'avoir que des domestiques de caste élevée, et qui les traitait magnifiquement, se rendit à la cuisine pour s'informer du motif qui faisait retarder le dîner. « Il y trouva ses gens rangés en cercle autour d'un superbe jambon sur lequel, comme preuve de leur orthodoxie, ils crachaient à tour de rôle avant de le servir aux invités[3]. »

On supposerait à tort que ces actes sont toujours inspirés par

---

[1] *Naval and Military Gazette*, p. 655, octobre 1859.
[2] *The Results of Missionary Labour in India*, p. 7.
[3] Mackenzie's *Six Years in India*, vol. II, ch. v, p. 140.

sujet de scandale. » Un écrivain de nos jours, s'appuyant principalement sur sa propre expérience, affirme que « la conduite des Européens, c'est-à-dire des Anglais aux Indes est telle, que les indigènes doivent nécessairement les haïr et les mépriser [1]. »

« Nous avons, dit un respectable ministre anglican, parcouru toutes les côtes avec la charge de faire pénétrer le bien ; mais, faut-il l'avouer? Nous n'avons introduit que le mal [2]. »

« Nos premiers colons, dit l'historien le plus récent des Indes, étaient, pour la plupart, des hommes de mœurs licencieuses, qui outrageaient la morale et profanaient leur qualité de chrétiens. L'Angleterre est responsable en grande partie des vices que ses enfants importent à l'étranger. » Il entre ensuite dans quelques détails : « Ce n'était pas chose rare de voir les Anglais posséder des harems.... Les mariages légitimes formaient l'exception [3]. » Mais nous ne pouvons rapporter ici en détail le spectacle que la majorité des Anglais présentaient aux païens dans leur vie ordinaire : spectacle qui aurait fait rougir même un Hindou, si une telle émotion lui eût été possible. La plupart d'entre eux avaient le courage d'afficher l'incrédulité dont leurs mœurs dissolues donnaient la mesure. Lord Teignmouth écrivait à Wilberforce que « l'incrédulité dominait au Bengale [4] à tel point, qu'on regardait comme un acte audacieux de reconnaître la vérité du christianisme, » et nous verrons bientôt, par des témoignages impartiaux, que les Anglais communiquaient rapidement aux malheureux Hindous ce fléau de l'incrédulité.

Les auteurs les plus récents, loin de constater aucun progrès, viennent par leur témoignage confirmer en tous points les détails fournis par les écrivains des premières années de ce siècle. Un missionnaire protestant visitant Runjeet-Singh, à Lahore, ce prince lui adressa ces paroles : « Vous voyagez, dites-vous, pour propager la religion ; pourquoi donc ne prêchez-vous pas aux Anglais qui habitent l'Hindostan : *ils n'ont aucune religion ?* » Lorsque le missionnaire rapporta ce fait à lord William Bentinck, le gouverneur général lui répondit : « Hélas ! c'est l'opinion de tous les indigènes dans l'Inde entière. [5] » Cette opinion n'a pas changé.

Un correspondant d'un journal anglais, écrivant de Calcutta, 22 août 1859, dit que « la dégradation du caractère indigène

---

[1] *Six Years in India*, vol. I, ch. vii, p. 333.
[2] *Bampton Lectures for* 1843, lect. I, p. 51.
[3] *Christianity in India*, p. 101.
[4] *Life of Lord Teignmouth*, par son fils, vol. I, p. 293.
[5] *Travels and Adventures of Dr. Wolff*, ch. xx, p. 375.

des Anglais pendant les deux premiers siècles de leur domination dans l'Inde. Un membre de leur propre clergé l'avoue, « c'est un fait sans exemple dans l'histoire du christianisme [1]. » Mais cette manière d'agir, qui briserait le cœur de toute autre nation, l'Angleterre la supporte sans sourciller, avec un air d'innocence capable de tromper les anges. Quelquefois il est vrai, elle affecte une contrition calme et mesurée. Une fois, au milieu d'une longue série d'années, saisie d'une panique soudaine, elle convoque ses enfants à un jeûne solennel. Au jour convenu, suivant l'édit de son chef suprême, elle se frappe la poitrine, pas trop rudement et d'une main discrète; elle écoute d'un air grave un prédicateur dont les reproches pourraient passer pour un panégyrique, puis elle rentre chez elle avec l'heureuse persuasion que les crimes d'un siècle sont effacés. Par cet effort d'une piété en rapport avec ses habitudes, elle apaisa les divinités douces et indulgentes auxquelles elle a recours dans ses moments de loisir.

Un de ces jeûnes solennels eut lieu en 1858, en commémoration de tous ces méfaits, dans le vaste empire qui s'étend entre l'Indus et le Gange. Un cri de douleur, de profonds gémissements s'étaient élevés dans les airs et avaient ébranlé toute la nation. Elle tomba à genoux, et pour un moment sembla se recueillir, mais elle se releva bientôt, et le cri qui avait traversé le vaste Océan devint plus faible et ne s'entendit plus. Quelques tombes nouvelles, quelques veuves prêtant l'oreille à une voix qu'elles n'entendront jamais : voilà ce qui restait pour dire que l'Angleterre avait reçu un nouvel avertissement du ciel.

Deux faits sont prouvés : le premier, que pendant deux siècles, l'Angleterre s'opposa, même par la violence, à la propagation du christianisme dans l'Inde ; le second, qu'elle affermit sa puissance par les temples des idoles, et qu'elle remplit son trésor au moyen des impôts sur leur culte. Avant d'examiner les œuvres de ses missionnaires, lorsqu'elle dut renoncer à réprimer leur zèle, nous avons encore à nous occuper d'un troisième fait qui, fût-il seul, suffirait pour expliquer leur insuccès.

CONDUITE DES ANGLAIS AUX INDES.

« Ce sont les infamies des chrétiens, a dit M. Ziegenbalg, missionnaire protestant aux Indes, qui ont fait du nom du Christ un

[1] Close, p. 28.

gères, en usage parmi les employés du gouvernement des Indes, est une manie qu'on ne peut encore faire disparaître [1]. »

Il y a quelque temps, disait le correspondant du *Times* dans l'Inde, un officier commanda son régiment pour égorger les boucs sacrifiés à l'occasion d'une des fêtes païennes. Puis il ajoutait que « dans ces solennités religieuses, on portait l'étendard national devant les idoles, et l'officier commandant tirait des arsenaux du gouvernement les munitions destinées à des salves de réjouissances! Les cipayes en grande tenue assistaient à ces cérémonies, adoraient les idoles et leur demandaient de bénir les drapeaux et les armes qu'ils portaient au service de la Compagnie. » M. Russell pouvait bien le dire, « pour une nation chrétienne, nous faisions de singulières choses aux Indes [2]. » Il est sans doute permis de douter que cette légère critique, à laquelle se borne l'indignation de M. Russell, fût tout à fait proportionnée à la gravité du sujet.

En 1852, la *Revue de Calcutta* renfermait le passage suivant : « Encore aujourd'hui, les Anglais résidants à Nagpore et à Baroda, prennent part au nom du gouvernement aux fêtes païennes. Dans la présidence de Madras, le mal s'étend dans des proportions effrayantes. Jusqu'en 1841, plus de quatre cent mille livres destinées aux temples païens passaient chaque année par les mains du gouvernement de Madras, et le profit qu'il en retirait s'élevait à dix-sept mille livres (425,000 fr.) [3]. » En 1857, un écrivain anglo-indien, faisant allusion à ces faits, et à ce qu'il appelle l'absurdité sans bornes de notre mode de gouverner, déclare que si les cipayes ne s'étaient pas révoltés, « nos méfaits dans l'Inde se seraient accumulés au point que Dieu se fût littéralement lassé de nous, et eût donné un grand exemple aux nations en permettant que nous fussions honteusement chassés de cette contrée [4]. »

Il n'est peut-être rien dans les annales d'aucun peuple chrétien, qui puisse être comparé, pour l'énormité des crimes, à la conduite

---

[1] *The Times*, March 16, 1859.
[2] *Ibid.*, April 12.
[3] *The Results of Missionary Labour in India*, p. 47.
[4] *The Sepoy Revolt, its Causes and its Consequences*, par Henry Mead, ch. xv, p. 185.
— En l'année 1860, un ministre anglican nous rapporte qu'un domestique arabe qui le servait en Algérie, et qui estimait la religion des Anglais « la meilleure après la sienne, » lui raconta le trait suivant, qui doit servir à nous éclairer : « A Constantinople, dit-il, je rencontrai un Hindou musulman qui me dit combien les Anglais respectaient les mahométans et s'inclinaient devant leurs croyances. Il en tirait cette conclusion, qu'il ne doit pas y avoir une bien grande différence entre nous, autrement nous aurions renversé leur religion, tandis que nous en avions le pouvoir. » (*The Great Sahara*, par H. B. Tristam, N. A., ch. IX, p. 139.)

Parlby « qu'il était ordinaire dans les hautes classes d'accepter de riches Hindous, des invitations à des fêtes en l'honneur des idoles[1]. »

« Le culte ignoble et sanglant de Juggernauth, dit M. Howitt, était non-seulement pratiqué mais approuvé et patronné par le gouvernement anglais; il prélevait un impôt sur les pèlerins qui se rendaient aux temples d'Orissa et du Bengale, et nommait des fonctionnaires anglais et des *gentlemens* pour présider les cérémonies de ce culte hideux et pour recueillir les sommes qui en provenaient[2]. » Ils s'ingénièrent même, paraît-il, à multiplier ces sources de revenus, car, d'après un missionnaire protestant, ils soumirent à un impôt « ceux qui sollicitaient le privilége de se noyer dans les eaux du Gange, et le rendement de cet impôt était estimé à deux cent cinquante mille roupies. » Ce missionnaire ne peut guère être taxé d'exagération quand il ajoute : « De tels procédés avaient assimilé les chrétiens aux idolâtres au point *qu'on ne les distinguait pas de ces derniers*[3]. »

Jusqu'en 1857, l'évêque protestant de Carlisle déclare publiquement que le même état de choses persiste. « Dans une des présidences établies pour le soutien de l'idolâtrie et des superstitions mahométanes, plus de cinquante mille livres sterling sont dépensées annuellement par notre pays pour maintenir ces cultes mensongers. Il n'est plus simplement question de mesures prohibitives, de l'opportunité de combattre ces croyances ou de les tolérer; voici qu'on les encourage ouvertement[4]. »

Nous citerons encore un témoignage à l'appui de ces faits étranges, celui d'un journal qui est censé représenter, mieux qu'aucun autre, l'opinion de la majorité des Anglais. Cette grande autorité, faisant précéder son observation d'une ingénieuse réserve, s'exprime ainsi : « La Compagnie anglaise semblait convaincue qu'elle ne maintiendrait sa position dans l'Inde qu'aux mêmes conditions que les Hollandais conservaient la leur au Japon, c'est-à-dire en foulant aux pieds la Croix. Et de fait, ces affreuses divinités indiennes recevaient des Anglais un culte plus servile que de leurs propres adorateurs. Leur seule préoccupation était d'amener les Indiens à leur faire connaître que ce qu'ils honoraient, ils l'honoraient en conséquence. Le respect pour les superstitions étran-

---

[1] *The Establishment of the Anglican Church in India,* par le major général Parlby, C. B., p. 115 (1851).
[2] *Colonization and Christianity,* ch. xviii, p. 295.
[3] *Pilgrim Tax in India,* par J. Peggs, missionnaire à Cuttack, p. 41.
The Fast Day Sermons, p. 59.

lord Wellesley, qui établit un *impôt sur les pèlerins* à Gaya, à Puri et à Allahabad. »

Ce système s'étendit rapidement et finit par atteindre, dans la présidence de Madras et de Bombay, un degré d'infamie dont on ne se fait guère une idée en Angleterre. « Des centaines d'employés s'y soumirent sans scrupule, y prêtèrent la main et recueillirent de grands profits de cette branche d'administration. On demeure stupéfait devant l'état d'avilissement auquel s'abaissa le gouvernement anglais[1]. »

Un autre écrivain affirme que « le gouvernement alla jusqu'à donner des sommes d'argent, à la demande des prêtres, pour défrayer leurs cérémonies[2]. » C'est par allusion à ces faits et à d'autres semblables qu'un missionnaire protestant s'écrie : « L'Angleterre chrétienne est le principal appui de l'idolâtrie aux Indes! »

Un écrivain anglais de notre époque nous apprend que la célèbre Jumna Musjed, la plus ancienne et la plus splendide mosquée de Lahore, avait été convertie en arsenal par Runjeet-Sing. « Aussitôt après l'établissement de la domination anglaise, cet édifice, ayant été restauré et réapproprié, fut abandonné aux soins des Moolhas de Lahore, pour être rendu à sa destination primitive[3] ! » Ce n'est donc pas chose facile de décider si l'Angleterre déploya plus d'énergie, dans les entraves qu'elle opposa au christianisme, ou dans les encouragements qu'elle prodigua au culte des idoles ; et nous ne devons pas nous étonner lorsqu'en 1859 un écrivain indigène, rejetant la supposition que ses compatriotes pussent regarder les travaux des missionnaires autrement qu'avec une profonde indifférence, s'écrie que « ce n'est pas la religion, mais l'absence de religion qui a attiré tant de maux sur son pays[4]. »

Un protestant zélé, après une longue résidence aux Indes, rapporte ainsi des faits du même genre : « Les actes de faiblesse commis par des hommes se disant Anglais et fonctionnaires, à l'égard des superstitions des mahométans et des Hindous, dépassent toute idée. Il existe à Delhi une mosquée construite par le colonel Skinner, et l'on a vu des Anglais, influencés par les femmes, se peindre et célébrer la fête de Poojah au bord du fleuve comme les païens[5]. » Il ne faut donc pas s'étonner d'apprendre du général

[1] *The Eclectic*, February, 1859, p. 141.
[2] *Orissa*, par William F. B. Laurie, p. 57.
[3] *The English in India*, par le capitaine Evans Bell, p. 51.
[4] *Thoughts of a Native of Northern India*, cité par Ludlow, *Policy of the Crown towards India*, letter XV, p. 201.
[5] *Six Years in India*, par Mme Colin Mackenzie, vol. I, ch. vii, p. 513.

adressé à ceux qui avaient agi contre cette règle, représentèrent au gouvernement local *que les missionnaires, en demeurant dans l'Inde, contrevenaient à cet ordre royal, et que par suite il était de leur devoir de les chasser sans délai*[1]. »

En présence de ces faits, nous pouvons admettre sans hésiter le témoignage d'une grande autorité du pays, et reconnaître que « les Anglais n'ont pas jusqu'à présent contribué par leur conduite à donner aux naturels une opinion favorable de leur religion. » S'appuyant sur sa propre expérience, il ajoute que « les naturels convertis au christianisme ont été trop souvent exposés à tous les genres de persécution, tant de la part du gouvernement anglais et de ses agents, que de celle de leurs propres compatriotes[2]. » Histoire à peine croyable, énergiquement résumée par M. Campbell en disant : « Pendant une longue période, le gouvernement a regardé et traité le christianisme comme une *innovation des plus dangereuses*[3]. »

Mais ce n'était pas assez pour la puissance qui régnait sur l'Inde de mettre les intérêts commerciaux au-dessus de ceux de la religion, et d'affecter l'indifférence afin de gouverner plus paisiblement une nation païenne. Non-seulement elle combattait les progrès du christianisme en bannissant et en emprisonnant ses défenseurs, mais elle se rendait volontairement complice des plus grossières superstitions répandues parmi ses nouveaux sujets. La religion du Christ pouvait devenir *une dangereuse innovation*, donc il valait mieux faire alliance avec les idoles de l'Hindostan. Laissons les protestants nous raconter l'histoire de cette alliance, puisque aucun autre témoignage ne pourrait servir de preuve.

PARTICIPATION DES ANGLAIS AU CULTE DES IDOLES.

« Autrefois, nous disent-ils, les relations entre le gouvernement et les deux religions principales de l'Inde, les religions hindoue et mahométane, étaient des plus suivies et d'une nature fort peu honorable. A la fin du siècle dernier, les pagodes de la présidence de Madras tombaient en ruine ; le gouvernement anglais s'empressa d'arrêter leur décadence. Juggernauth vint entre les mains de

---

[1] *The Times*, April 16, 1859.
[2] *Notes on Indian Affairs*, par l'Hon. F. G. Shore, vol. I, p. 458.
[3] *India as is may be*, par George Campbell, ch. viii. p. 594.

13 avril 1815, parmi les différentes résolutions votées, on remarque la suivante : « La Société apprend avec peine que des marques de découragement se manifestent parmi les chrétiens, parce que les indigènes convertis sont *généralement* exclus des fonctions officielles confiées sans réserve aux Hindous et aux mahométans. »

L'évêque protestant d'Oxford disait dernièrement dans un meeting, que le célèbre général sir Peregrine Maitland « fut forcé de revenir en Angleterre, pour avoir refusé de donner aux soldats anglais l'ordre de tirer des salves en l'honneur de la plus infâme des idoles indiennes[1]. »

Ces procédés inouïs reçoivent encore aujourd'hui la sanction et l'approbation des hommes d'État les plus éminents de l'Angleterre ! « À mon avis, disait sir John Malcolm, le gouvernement anglais ne devrait jamais se mêler directement ou indirectement de la propagation du christianisme[2]. » On trouve dans un document officiel signé du nom illustre de lord Macaulay le passage suivant : « Nous nous abstenons, et je compte que nous nous abstiendrons toujours, de donner aucun encouragement public à ceux qui s'occupent de convertir les indigènes[3]. »

En 1853, un directeur de la Compagnie des Indes orientales exprime la même opinion en ces termes : « Il me semble d'une nécessité absolue que nous évitions scrupuleusement de nous immiscer dans la religion des Hindous[4]. » Enfin, en 1859, lord Ellenborough donna ce conseil à la Chambre des lords : « Nous ne pourrions adopter une mesure mieux faite pour tranquilliser l'esprit des indigènes et pour regagner leur confiance, que de retirer l'appui du gouvernement aux écoles dont s'occupent les missionnaires[5]. »

Lorsque lord Ellenborough accusa lord Canning d'avoir souscrit à une société pour les missions, lord Lansdowne, malgré sa vive sympathie personnelle pour le vice-roi des Indes, s'écria que, « si ce fait était confirmé, celui-ci ne mériterait pas de remplir la dignité de gouverneur général des Indes[6] ! » En même temps, M. Kinnaird informait la Chambre des communes que les Indiens, interprétant la proclamation faite par la reine contre toute intervention étrangère dans leurs croyances religieuses, comme un reproche

---

[1] Voir le *Times*, 14 octobre 1863.
[2] Kaye's *Life of sir John Malcolm*, vol. II, correspondance, p. 362.
[3] *The Duties of Great Britain to India*, par Charles Hay Cameron, p. 77; cf. p. 149.
[4] *Memorials of Indian Government*, par H. St. George Tucker, p. 483.
[5] *The Times*, April 16, 1859.
[6] *The Sepoy Revolt*, par Henry Mead, ch. xx, p. 247.

La Compagnie des Indes orientales, suivant cette règle à la lettre, refusait de transporter sur ses vaisseaux tout missionnaire en destination pour la Chine ou pour l'Inde. En vain quelques-uns d'entre eux essayèrent de s'introduire dans cette contrée. « Deux missionnaires, qui débarquèrent sur les bords du Houghly, furent renvoyés en Europe par le vaisseau même qui les avait amenés[1]. » Avertissement péremptoire à tous ceux qui seraient tentés de suivre leur exemple. « En 1812, on *emprisonna* à Bombay les missionnaires chassés de Calcutta. S'étant évadés sur une embarcation du pays, ils furent poursuivis, repris et enfermés dans un fort[2]. » « Il existait, dit un autre écrivain, une loi contre les missionnaires du Bengale, et pas moins de cinq d'entre eux, Américains et Anglais, furent chassés du pays par les ordres formels d'un gouvernement implacable[3]. » « Jusqu'à l'année 1813, pas un seul missionnaire ne put s'embarquer sur un navire anglais[4]. » De leur côté, les Hollandais protestants combattaient énergiquement le christianisme dans l'Inde.

La Compagnie hollandaise des Indes orientales défendit rigoureusement l'admission des missionnaires dans toute l'étendue de ses possessions[5], et ses agents, conséquents dans leurs actes, s'emparèrent des églises catholiques établies sur la côte occidentale, pour les convertir en factoreries. Enfin, les marchands danois, uniquement occupés de leurs intérêts commerciaux, se montraient complétement indifférents à ceux de la religion[6]. Tels furent les actes des trois nations protestantes qui avaient succédé aux catholiques dans la domination des Indes.

« L'avilissement de notre religion, dit un écrivain protestant, ne pouvait guère être plus complet aux yeux des païens[7]. » Il restait cependant d'autres expédients plus efficaces encore pour entraver les progrès du christianisme, et l'on ne tarda pas à y recourir.

« Par une ordonnance gouvernementale de 1814, les chrétiens nés dans le pays furent exclus de toutes les fonctions publiques un peu importantes. On cite l'exemple d'un cipaye congédié de l'armée pour avoir embrassé la foi chrétienne[8]. »

Dans une réunion de la Société des *Missions de l'Église*, le

---

[1] *Missions in Bengal*, par J. J. Weitbrecht, vol. II, ch. xix, p. 325.
[2] Close, p. 9.
[3] *Christianity in India*, par J. W. Kaye, ch. vii, p. 256.
[4] Close, p. 27.
[5] Smith's *History of the Missionary Societies*, vol. I, p. 206.
[6] Peason's *Memoirs of Swartz*, introd., p. 12.
[7] Close, p. 27.
[8] *Ibid.*

publiée sur les succès du protestantisme aux Indes. « Plus d'un demi-siècle, nous disent-ils, s'écoula depuis la première apparition des Anglais dans l'Inde, avant qu'ils songeassent à s'y bâtir une église[1]. » Il n'était donc pas probable qu'ils s'occuperaient beaucoup de l'édification du prochain, et nous ne sommes pas surpris d'apprendre que plus d'un siècle se passa avant qu'ils fissent la moindre tentative pour recommander leur religion aux païens au milieu desquels ils étaient venus s'établir. Pendant une seconde période de cent ans, cette tentative, bien que timide, fut prohibée et punie par le gouvernement anglais. « On peut, dit le docteur Close, affirmer avec certitude, et prouver jusqu'à l'évidence par des détails circonstanciés, que tout le poids, l'influence et l'autorité de notre gouvernement dans l'Inde ont été dirigés *contre* les progrès du christianisme parmi les païens[2]. »

POLITIQUE DU GOUVERNEMENT DANS L'INDE.

« Les nations européennes qui succédèrent à la domination portugaise dans l'Inde, nous dit M. Murray, en faisant allusion aux Danois, aux Hollandais et aux Anglais, montrèrent pendant longtemps pour l'extension de leur foi un zèle beaucoup moins ardent que celui déployé par leurs prédécesseurs pour la propagation des croyances catholiques. » Puis, comme s'il avait conscience que ces paroles n'exprimaient pas toute la vérité, il ajoute aussitôt : « La conduite des Anglais dans l'Inde formait un constraste frappant avec le zèle, peu judicieux d'ailleurs dans le choix des moyens, qui distinguait les nations catholiques[3]. » Mais ce n'était pas seulement le zèle qui manquait aux Anglais ; bien d'autres traits les distinguent de leurs prédécesseurs catholiques. S'ils ne faisaient rien pour étendre le christianisme, ils déployaient les moyens les plus énergiques pour étouffer la voix de ses défenseurs en s'opposant brutalement à leurs progrès. Pendant deux siècles, les Anglais de toutes les classes avaient adopté cette maxime, qu'il ne fallait tolérer aucune tentative dans le but de convertir les Hindous et les mahométans. « Notre principe fondamental, disait lord William Bentinck, *est une stricte neutralité*[4]. »

---

[1] *An Indian Retrospect*, par le doyen de Carlisle, p. 6 (1858).
[2] *Ibid.*
[3] *Historical Account of Discoveries in Asia*, vol. II, ch. v, p. 22.
[4] *Asiatic Journal*, vol. XVIII, p. 8.

souvent couronner leurs travaux et assurer leur triomphe. L'Angleterre semble avoir pour mission de rendre impossible la conversion des païens ; lorsqu'elle n'aura plus un agent ni un représentant dans l'Inde, alors seulement les missionnaires de la croix pourront, comme autrefois, lutter à armes égales avec l'esprit du mal qui la gouverne. Jusqu'à ce jour, qui n'est peut-être pas loin, ils doivent se contenter de gagner isolément quelques âmes, et de mériter le succès qu'ils n'obtiendront pas toujours.

Les efforts constants de nos missionnaires dans ces contrées inspirèrent d'abord aux protestants l'idée de rivaliser avec eux. « Depuis des temps reculés, disait un écrivain anglais, les catholiques ont fait beaucoup de conversions dans l'Inde ; *pourquoi donc les protestants désespéreraient-ils d'en faire autant*[1] ? » Il oubliait que pour obtenir leurs victoires, il fallait leur ressembler. Les apôtres des Indes, depuis saint François-Xavier jusqu'à Andréa, dernier survivant, étaient des hommes soumis aux mêmes passions que nous ; mais ils trouvèrent la force de mener une vie surnaturelle, et de mourir comme savent mourir ceux qui pendant leur vie ont été « cachés en Dieu avec Jésus-Christ. » Les faibles expressions de la langue humaine ne peuvent dignement retracer leur carrière ; à Dieu seul appartient de les juger et de peser les œuvres qu'ils n'auraient pu réaliser sans le secours de sa grâce et la communication de sa puissance.

II

MISSIONS PROTESTANTES

Nous avons vu ce que peuvent les hommes élevés dans le sanctuaire de l'Église. Nous nous proposons d'examiner ce qu'ont accompli ceux dont les pères ont dépouillé le sanctuaire et renversé les autels, afin que leurs enfants les foulassent aux pieds[2].

Le premier fait qui nous est révélé par les écrivains protestants, sert parfaitement d'introduction à l'histoire étrange qu'ils ont

[1] *The Duty of Britons to Promote Christianity in India*, par Joseph Barrett, p. 20.
[2] Au commencement de la Réforme en Angleterre, les évêques apostats faisaient placer les autels à l'entrée des églises, afin que ceux qui entraient fussent obligés de les fouler aux pieds.
(*Note du traducteur.*)

Mais ceux-ci fréquentent journellement les églises; ils jeûnent et ils prient, etc. » Puis, continue-t-il, faisant allusion à nos usages protestants, « ils demandent si nous croyons vraiment à notre Bible[1]. » En 1859, un écrivain anglais nous rapportant ses entretiens avec Nobinkissen, Indien qui avait reçu de l'éducation, avoue que ce dernier traitait les protestants convertis de réprouvés et d'imposteurs, tournant en ridicule les ministres dont ils recevaient un salaire, et que malgré son animosité de païen, il reconnaissait aux néophytes catholiques la qualité de vrais chrétiens. Leur nombre, ajoutait-il, n'est pas grand, car ce n'est pas à Calcutta que l'Évangile est prêché librement ; mais même lorsque toutes les influences sont réunies pour combattre ses progrès, les travaux des missionnaires de la Croix attirent le respect des païens. « Les naturels se présentent *volontairement*, et ce n'est qu'après un examen rigoureux et l'avertissement réitéré qu'ils ne doivent espérer aucun avantage temporel, qu'on les admet dans l'Église. — Y en a-t-il beaucoup dans ces conditions ? disait M. Lang. — Fort peu, répondit l'Hindou, mais ceux qui sont admis deviennent *de véritables chrétiens*[2]. »

CONCLUSION.

Tels sont, d'après le témoignage des protestants et des païens, les travaux accomplis de nos jours par les missionnaires catholiques dans l'Inde, malgré leur pauvreté et les obstacles de toute nature dans une contrée païenne et sous un gouvernement protestant. « Les missionnaires dans l'Inde, dit un des derniers écrivains qui se soient occupés de cette contrée, ont obtenu, avec les ressources les plus modiques, le succès le plus signalé[3]. » Cependant, on ne pourrait concevoir une réunion d'obstacles plus formidables que ceux qu'ils rencontrent. Entravés par l'hostilité ouverte ou cachée d'autorités influentes, dénués de ressources matérielles, luttant, non plus seulement contre les préjugés et les vices des païens, mais contre l'opposition scandaleuse et bien plus funeste de prétendus chrétiens aussi méprisés que haïs, ils combattent dans des conditions moins favorables qu'à l'époque où le martyre venait

---

[1] *Oriental Memoirs*, par James Forbes, F. R. S., vol. III, ch. xxviii, p. 52, ch. xxxii, p. 185.
[2] *Wanderings in India*, p. 225.
[3] *Theory and Practice of Caste*, ch. v, p. 130.

moyens qui nous firent obtenir la possession de cette contrée[1]. » C'est au sujet de l'évêque catholique et des missionnaires de Pondichéry qu'un agent consulaire fait cette remarque impartiale : « Ils transmettent, dit-il, en une seule année, plus de documents utiles à l'Europe et contribuent plus à répandre la science et la civilisation dans le monde, que les autres agents des divers gouvernements, sans m'excepter moi-même, ne le font dans leur vie entière[2]. »

Si nous nous occupons d'une autre partie de l'Inde, nous remarquerons ces paroles de l'honorable F. J. Shore et du colonel Sleeman, au sujet de la grande colonie catholique, comprenant deux mille familles, établie à Bettiah, au nord de Chuprah. D'après le témoignage du premier, « leur évêque leur avait inculqué des principes si solides, que les chrétiens étaient beaucoup plus industrieux et plus moraux, et par là même, mieux partagés que les païens sous le rapport du bien-être matériel[3]. »

Le colonel Sleeman, de son côté, s'exprime ainsi au sujet de l'évêque catholique : « Ce saint homme avait passé près de cinquante ans au milieu de la colonie, ne recevant que peu ou point de secours de l'Europe ou d'aucune autre part. » Ailleurs il dit, en parlant de ce troupeau d'élite, dont une partie était employée à cette époque dans le camp anglais : « Nulle part dans l'Inde, je n'ai rencontré de meilleurs ouvriers; seulement rien au monde ne les aurait empêchés d'assister au service divin aux heures prescrites. »

Il ajoute que les domestiques chrétiens qui servaient l'évêque à table lui parlaient latin, langue que lui-même leur avait enseignée[4]. Déjà, un écrivain d'une époque antérieure (1816), avait remarqué cette intéressante communauté et « son vénérable chef, le Père Romuald, et constaté que leur nombre allait plutôt en augmentant qu'en diminuant[5]. »

Enfin, les païens rendent justice au zèle et à la sincérité des naturels catholiques, tout en distinguant parfaitement le caractère véritable des soi-disant convertis protestants. Depuis longtemps, d'après le témoignage de M. Forbes, ils avaient l'habitude de dire aux Anglais : « Vous vous donnez le titre de chrétiens; les catholiques romains, fort nombreux dans l'Inde, portent le même nom.

---

[1] *The Pillars of Hercules*, par David Urquhart, esq., M. P., ch. vi, p. 555.
[2] *Voyage dans l'Inde*, etc., par V. Fontanier, tome II, ch. xiv, p. 544 (1844).
[3] *Notes on Indian Affairs*, vol. II, p. 468.
[4] *Recollections of an Indian Official*, vol. I, ch. ii, p. 17.
[5] *Asiatic Journal*, vol. II, p. 63.

donnés. » Vous croiriez peut-être que ce trait aura touché son cœur et qu'il va rendre gloire à Dieu ? On aurait quelque raison de s'y attendre, mais il poursuit en ces termes : « Tout ceci est beaucoup plus facile à accomplir en se réglant sur les principes des jésuites, qu'il ne l'est d'être un ministre fidèle d'après les principes du Nouveau Testament [1]. » On aurait cru en vérité que vivre dans l'abondance, recevoir un fort salaire, et se contenter de parler « des principes du Nouveau Testament, » était une chose assez facile.

Le témoin que nous allons citer appartient au service militaire dans l'Inde. C'est un ennemi implacable des catholiques qui dépose en ces termes : « Je resterai bien en deçà de la vérité en évaluant à trois cent cinquante ou quatre cent mille le nombre des catholiques indigènes de la côte et des territoires dépendant du fort Saint-Georges, et encore dans ce nombre je ne comprends ni Bednore, ni Malabar, ni les contrées converties naguère par l'évêque et les prêtres de Goa. » Il ajoute plus loin : « Beaucoup de missionnaires catholiques ont sous leur direction de soixante à soixante-dix mille âmes, sur lesquelles ils exercent le pouvoir le plus despotique et le plus arbitraire [2]. » Henry Martyn, faisant allusion à ce pouvoir, se sert avec plus de vérité du terme de *discipline*.

Un autre écrivain, dont le témoignage se rapporte au vaste diocèse de Pondichéry dans lequel, comme nous l'avons vu, plus de quinze cents conversions eurent lieu en deux ans (de 1853 à 1855), s'exprime ainsi en parlant des jésuites missionnaires : « Quelles que puissent être les préventions contre cet ordre et les fondements sur lesquels elles reposent, on ne peut nier que les jésuites furent de grands maîtres dans l'art d'instruire, et les progrès que les chrétiens de Pondichéry ont fait dans le langage et dans les connaissances répandues en Europe, en sont une preuve irrécusable [3]. »

On peut ajouter qu'un grand nombre d'écrivains anglais, entre autres le capitaine Hervey, en 1850, constatent la supériorité remarquable des naturels et des *half-castes* dans le district de Pondichéry [4], où l'influence française a prévalu ; l'un d'eux n'a pas craint d'avancer que « ce furent les Français qui, dans l'Inde, ouvrirent les premiers une voie à la civilisation, établirent un système de gouvernement régulier, et fondèrent l'ensemble des

---

[1] *Missions in South India*, p. 139.
[2] *Strictures on the present Government of India*, par un Officier, p. 80.
[3] *An Essay on the Religious Prejudices of India*, p. 23.
[4] *Ten Years in India*, vol. II, ch. xi, p. 284.

distraction « qu'il est reconnu qu'il y a dans l'Inde, spécialement dans l'ancienne mission des Carmes à Madras, des chrétiens indigènes appartenant à l'Église romaine dont la bonne réputation ne peut être niée; ils occupent des postes de confiance dans les services publics... Quelques-uns ont donné des raisons suffisantes pour faire croire qu'ils sont des chrétiens sincères [1]. »

M. Harvard, missionnaire wesleyen, à qui son insuccès semble avoir donné d'amples loisirs pour examiner les travaux des autres, se risque à suggérer que parmi les chrétiens indigènes, « il en est quelques-uns qui adorent Dieu en esprit et en vérité, et même il nous dit que les chrétiens portugais, par leur ordre et leur propreté forment un contraste agréable avec leurs voisins païens [2]. »

M. Wylie, auteur d'un ouvrage sur les Missions du Bengale, remarque aussi qu'à Chittagong « les chrétiens sont presque tous catholiques romains, » et que le nombre des enfants qui fréquentent l'école catholique « dépasse la centaine. » M. Wylie nous fournit une nouvelle preuve de l'ardeur avec laquelle les habitants de ce pays embrassent la doctrine qu'on leur présente : « Il leur est interdit, ajoute-t-il, de fréquenter les églises ou les écoles protestantes, sous peine d'être expulsés de l'Église et de se voir refuser la sépulture chrétienne [3]. » Ils n'auraient guère eu souci de l'une ou de l'autre de ces peines, s'ils n'avaient été de fervents chrétiens.

Enfin M. Mullens, missionnaire protestant dont le langage ordinaire lorsqu'il parle de l'Église catholique, est une espèce de cri sauvage d'une fureur qui ne connaît pas de bornes, s'exprime en ces termes : « Actuellement, en 1854, les missions catholiques des jésuites se sont répandues par toute la présidence de Madras. Nous n'avons rien qui leur soit comparable dans l'Inde septentrionale, excepté dans le voisinage de Dacca, à Hussingabad, Furreedpore et Pubna, où il y a une population catholique de plus de treize mille âmes. »

Un peu plus tard, exaspéré par le contraste trop évident entre ses pareils et les missionnaires catholiques, il dit en parlant de ces derniers : « Je reconnais qu'ils s'habillent simplement, qu'ils vivent sobrement, qu'ils ont peu de confort chez eux ; je reconnais qu'ils voyagent beaucoup, s'exposent à de grands périls, vivent pauvrement et travaillent sans relâche. J'ai entendu citer un évêque qui vit de cinquante roupies par mois dans une caverne, et visite avec sollicitude les malades que leurs parents et leurs amis ont aban-

---

[1] *History of Christianity in India*, vol. II, p. 491.
[2] *Narrative of the Mission to Ceylon*, par le Rév. W. Harvard.
[3] *Bengal as a Field of Missions*, par M. Wylie, esq., p. 65.

toute espèce de curiosité, et leur ont soigneusement inculqué l'idée que nous sommes des hérétiques[1]. »

M. Thornton, l'une des autorités les plus accréditées quant aux renseignements statistiques sur l'Inde, évalue la population du district de Goa à trois cent treize mille deux cent soixante-deux âmes, il ajoute : « De ce nombre il est constaté que *les deux tiers* sont chrétiens de la communion catholique romaine[2]. »
Un témoin également impartial fait observer, au sujet de la même province : « Les catholiques romains ont opéré beaucoup de conversions parmi les naturels du pays et ont grandement contribué à les civiliser et à dissiper les ténèbres du paganisme[3]. » Le docteur Françis Buchanan, parlant de la classe ordinairement la plus diffamée par les protestants, et de plusieurs milliers de chrétiens qu'il alla voir à Tulava, tristes restes de cette population persécutée par Tippoo qui détruisit toutes leurs églises, ne peut s'empêcher d'écrire ces lignes : « Ces pauvres gens n'ont aucun des vices ordinairement attribués aux Portugais d'origine; leur activité et leur industrie sont plus facilement reconnues par les Hindous du voisinage qu'avouées par eux-mêmes[4]. » Un autre écrivain anglais très-opposé au catholicisme, parlant des Portugais dont il est maintenant de mode de décrier les travaux, fait la remarque générale suivante : « Partout où les Portugais ont passé dans l'Inde, ils ont laissé des traces de conversions, et le long de la côte, depuis le cap de Bonne-Espérance jusqu'à Canton en Chine, c'est-à-dire sur une étendue de douze mille milles, on parle la langue portugaise et on adore la croix du Christ[5]. » « Au milieu des ruines auxquelles sont réduites leurs possessions temporelles, dit le général Parlby, les vestiges qu'ils ont laissés de leur foi, semblent destinés à survivre aux débris de leur grandeur terrestre; ils sont si fortement enracinés, qu'ils ne seront jamais entièrement effacés[6]. »

Le révérend James Hough, qui n'a pas eu honte de parler avec dédain de saint François Xavier, confesse dans un moment de

---

[1] *Asiatic Journal*, vol. XXI, p. 446.

[2] *Gazetteer of India*, par Edward Thornton, esq., vol. II; Account of Goa.

[3] *Remarks on M. Twining's Letter*, par un Membre de la B. et F. Société biblique, p. 7.

[4] *Journey through Mysore*, etc., par Francis Buchanan, M. D. F. R. S., vol. III, ch. xiv, p. 24.

[5] *Fifteen Years in India*, par un Officier au service de Sa Majesté, p. 560 (1823). Comparez Julius von Klaproth, dans Timkowski's *Travels*, vol. I, p. 51, note.

[6] *The Establishment of the Anglican Church in India*, par le major général Parlby, C. B., p. 19 (1851).

membres de l'église syriaque... on les évalue à quatre-vingt-dix mille. » En même temps, parlant des missions attachées au collége de Verapoly, il dit : « Le nombre de chrétiens composant ces églises doit être grand, car les pêcheurs sont tous catholiques romains[1]. »

Le docteur Middleton, premier évêque protestant de Calcutta, qui trouvait « qu'un Hindou devenu catholique ne faisait guère autre chose que changer une idole pour une autre, » viendra à son tour nous apporter son témoignage. Il avait coutume de se promener dans la soirée sur le bord de la mer, avec madame Middleton. « Pendant une de ses promenades, nous dit M. le Bas qui partage ses idées sur la religion catholique, l'évêque rencontra un exemple de ce culte solitaire et écarté qui impressionne souvent les protestants dans des pays catholiques, et qui forme peut-être une des particularités les plus attrayantes de la religion romaine. Étant sur le rivage il parvint à un petit oratoire... éclairé par trois lampes suspendues à la voûte. Dans cette petite chapelle, se trouvait un vieillard si profondément absorbé dans la prière, qu'il ne parut pas d'abord s'apercevoir de la présence des étrangers qui l'observaient et ne fit aucune attention à l'évêque, avant que ses prières fussent terminées. Ils apprirent alors, que cette humble chapelle avait été construite par lui et par quatre ou cinq autres chrétiens indigènes, pour servir à leurs dévotions journalières, mais que le dimanche ils assistaient régulièrement aux offices dans l'église[2]. » Le docteur Middleton doit avoir regretté que ces chrétiens, en apparence si dévots, n'eussent fait que « changer une idole pour une autre, » d'autant plus, comme il en fait la remarque avec une certaine surprise, « qu'on trouve l'Église de Rome dans toutes les parties de l'Asie. Il y aurait pour nous fanatisme à nier que l'Église de Rome, ajoute-t-il, bien qu'elle ait pu souvent exagérer ses succès, *ait fait des merveilles en Orient*[3]. »

M. Rhenius, qui était en même temps ministre luthérien et anglican, et qui causa beaucoup d'ennuis à l'Église qu'il prétendait servir, parle, dans les mêmes termes que Martyn, de l'exacte discipline maintenue par les missionnaires catholiques, et de ses propres mésaventures dans ses tentatives pour séduire leurs ouailles. « Leurs prêtres, dit-il, s'entendent fort bien à les prémunir contre

---

[1] *Report on the State of the Christians of Cochin and Travancore*, par le Rév. docteur Kerr, chapelain du fort Saint-George, p. 10-12.
[2] *Life of Bishop Middleton*, par le Rev. C. Webb. Le Bas, vol. I, ch. IX, p. 265.
[3] Vol. II, ch. XIV, p. 96.

faire des prédications les dimanches, *mais sa proposition fut rejetée*[1]. »

Le docteur Claude Buchanan, qui laisse souvent parler sa franchise au détriment de sa cause, vient également témoigner en notre faveur. « Le docteur Buchanan, dit le major Scott Waring, rend justice aux missionnaires romains dans l'Inde; il les dépeint comme des hommes pieux et zélés, qui ont fait beaucoup de bien par la pureté de leur vie et l'influence de leurs exemples[2]. » Mais écoutons Buchanan lui-même : « Il y a actuellement dans l'Inde, dit-il, des membres de l'Église de Rome qui méritent l'affection et le respect de tous les gens de bien[3]. »

L'on sait que cet écrivain voyagea beaucoup dans l'Inde méridionale; or voici quelques-unes de ses observations. « Du cap Comorin jusqu'à Cochin, on trouve, rien que sur le rivage de la mer, *environ cent églises*; ce sont presque toutes des églises syrio-latines ou pour parler plus exactement syrio-romaines. Devant chacune d'elles, dans le sable du rivage est plantée une croix élevée qui avec l'église, est visible à une grande distance. » Quelquefois il en rencontre de construction plus récente. « Le magistrat civil de l'île de Leyden m'a montré trois églises catholiques romaines nouvellement bâties, et m'a assuré que tout le monde dans l'île était chrétien. » Il se rend ensuite à Jaffna et dans l'église de cette localité, « le plus grand édifice de construction légère qu'il eût jamais vu, se réunissent tous les dimanches environ mille à douze cents personnes, et les jours de fêtes environ trois mille. » A Manaar « ils sont *tous* catholiques. » A Tutycorin, « la tribu tout entière est chrétienne de la communion romaine. » J'ai visité Mahé et Calicut, dit-il, « les chrétiens romains y sont nombreux. » Puis il nous explique quels étaient ces chrétiens et quelle ferveur il remarquait jusque chez les pauvres matelots dont il se servait. Avant de hisser la voile, tous s'unirent dans la prière pour implorer la protection de Dieu; chaque homme à son poste et la main sur les cordages, prononça sa prière... L'un des catéchistes de M. Schwartz qui m'accompagne partout, paraissait fort édifié de ce spectacle[4]. »

Un autre ministre anglican à Calcutta, le docteur Kerr, confirme le récit de Buchanan et nous apprend que « les catholiques syrio-romains sont à ce que l'on croit beaucoup plus nombreux que les

---

[1] P. 274.
[2] *Letter to the Rev. John Owen*, par le major Scott Waring, p. 15.
[3] *Christian Researches in Asia*, p. 75 (1810).
[4] Pearson's *Memoirs of Buchanan*, vol. II, p. 49 à 60, 3ᵉ édition.

	de païens	886
Conversions	d'hérétiques	84
	de schismatiques	670
		1,640

Communions des fidèles, 103,571.

Le nombre des enfants infidèles baptisés en danger de mort va toujours en augmentant. Ces beaux résultats sont obtenus malgré le dénûment et les privations; des étrangers témoins oculaires en ont été étonnés, et n'ont pu s'empêcher d'en exprimer leur admiration [1].

Les écrivains catholiques n'ont rien exagéré, ils ont raconté avec la même simplicité leurs consolations et leurs épreuves. L'ignorance, disent-ils, causée par l'abandon dans lequel leurs troupeaux ont été laissés, est leur plus grand malheur; c'est à combattre ce mal que tendent leurs premiers efforts. Ils se plaignent aussi de l'influence démoralisante des Européens, particulièrement dans les grandes villes des côtes, où les chrétiens indigènes, exposés à toute espèce de mauvais exemples, sont trop souvent pour leurs pasteurs un sujet de douleur et d'inquiétude. Ils déplorent aussi avec raison la multiplicité des sectes, toutes luttant entre elles sous les yeux des païens, et enchérissant les unes sur les autres pour acheter des convertis, comme pourraient le faire d'avides marchands, appelant ainsi le mépris et la dérision sur la religion qu'ils prétendent professer. Mais, malgré ces difficultés sans nombre, ils sont tous unanimes à reconnaître la constance de leurs disciples, les vertus de beaucoup d'entre eux et leurs progrès dans la foi.

Ces témoignages vont se trouver confirmés par les protestants de différentes sectes, malgré leur haine générale à l'égard de l'Église catholique.

Commençons par le célèbre Henry Martyn. Par ses aveux, il nous apprend en même temps l'influence morale du clergé et la fermeté inébranlable de son troupeau. Cette influence que Martyn envie, il l'atteste dans la déclaration suivante : « Il règne une discipline beaucoup plus exacte dans l'Église romaine que dans la nôtre, et si jamais je dois devenir le pasteur de chrétiens indigènes, » — espoir qui ne devait pas se réaliser, — « je m'efforcerai de les gouverner avec la même sévérité [2]. » Quant au second point, le biographe de Martyn le proclame sans s'en apercevoir en nous disant que ce ministre « offrit aux catholiques romains de Patna de leur

---

[1] *Les Chrétiens du Maduré* (1860-1863). *Études religieuses*, janvier 1864.
[2] *Memoir of the Rev. H. Martyn*, p. 288, 9ᵉ édition.

remarquable : « Dans un certain rayon autour de ce que nous appelons le centre de la mission, tous les villages sont chrétiens à de rares exceptions près ; au delà de ce cercle et un peu plus loin de la résidence des Pères, on entre dans la région du paganisme. Ce fait prouve combien la présence des ouvriers de l'Évangile dans ce pays était précieuse, et quelle influence vivifiante a été répandue par l'exercice de leur saint ministère. Si anciennement ils avaient été plus nombreux, toute cette partie de l'Inde serait maintenant éclairée par la lumière de la foi[1]. »

L'année suivante, en 1843, monseigneur Borghi, vicaire apostolique d'Agra, disait : « Il y a dix ans les conversions étaient rares parce que les pasteurs manquaient. La religion était alors presque inconnue ; maintenant quel contraste ! trois nouvelles églises, récemment construites, le service divin célébré avec solennité, un nombre double de prêtres, et je puis ajouter aussi un nombre double de conversions, car celles-ci sont toujours proportionnées au nombre des ouvriers évangéliques... Environnés, comme nous le sommes, par les sectes, la religion progresse au milieu d'elles, d'un pas lent mais ferme[2]. »

En 1845, un missionnaire écrit de Trichinopoly : « L'empressement de ces pauvres gens à s'instruire, est l'un des plus beaux traits de leur caractère. Nous pourrions garder les fidèles à l'église pendant vingt-quatre heures de suite, sans lasser leur attention ; » puis il fait observer avec attendrissement « l'émotion qu'ils manifestent, répandant des larmes et courbant leurs têtes jusqu'à terre quand l'image du crucifié leur est montrée[3]. » Cette ardeur des catholiques indigènes pour l'instruction religieuse dont ils avaient été privés si longtemps est attestée par un missionnaire protestant : « Il est remarquable, dit-il, que les livres publiés à Pondichéry se répandent si facilement. Ceux qui ne peuvent donner le prix d'un exemplaire imprimé, obtiennent qu'on leur en prête un, et ils le transcrivent sur des feuilles de palmier[4]. »

« Le résultat le plus consolant de nos efforts pendant l'année 1862, écrit monseigneur Canoz, se traduit par les chiffres suivants, » ils parlent assez d'eux-mêmes pour ne pas avoir besoin de commentaires :

---

[1] Vol. IV, p. 70.
[2] Vol. V, p. 367.
[3] Vol. VII, p. 245.
[4] *The Land of the Veda*, par le Rév. P. Percival, ch. vi, p. 122.

fait sa tournée dans le district, tous approchent des sacrements. Malgré ces excellentes pratiques, il y a encore ici beaucoup d'ignorance et de superstition ; nous aurons beaucoup à faire pour en former un peuple de vrais chrétiens. C'est là que doivent tendre nos efforts avant de diriger notre attention vers les païens ; leur tour viendra lorsque nous serons plus nombreux. Parmi eux, il en est beaucoup qui ne sont pas éloignés du royaume de Dieu, puissions-nous bientôt les y introduire[1] ! »

En 1859, le P. Bertrand, écrivant du Maduré, s'exprime en ces termes au sujet des *Sanars* : « On pourrait croire qu'ils n'ont pas goûté avec Adam de l'arbre de la science du bien et du mal, et qu'ils ont été créés dans les jours d'innocence originelle. Parmi ces Indiens il en est qui, lorsqu'on leur demande s'ils ont commis quelque faute, répondent : « Autrefois j'en commettais, il y a longtemps ; je m'en suis confessé au Père, il m'a défendu de recommencer, et depuis je ne les ai plus commises. » Nous comptons dans cette caste plus de sept mille chrétiens[2]. »

Le même missionnaire dit des *Odéages*, « qu'ils jouissent d'une aisance relative et se considèrent comme nobles. Ils nous donnent de grandes consolations par leur foi éclairée, le soin qu'ils ont de leurs familles et leur entière docilité. »

A propos des brahmanes, « pour ainsi dire les dieux du pays, » voici quelles sont ses paroles : « Je ne crains pas de les nommer, à peu d'exceptions près, des sépulcres blanchis. Le christianisme fait parmi eux peu de progrès[3]. » « Après les brahmanes viennent les *Modeliars* et les *Vellages*, dont un grand nombre ont été convertis au christianisme. Chez eux, à part quelques honorables exceptions, le missionnaire trouve peu de consolations, mais beaucoup de chagrins et d'afflictions. Nous avons cependant deux congrégations entièrement composées de *Vellages*, qui, par leur ferveur, nous récompensent des peines que nous nous donnons, et nous encouragent à prendre de cette caste un soin particulier. De plus, ce sont les hommes les plus distingués du pays. » Enfin il ajoute qu'au milieu de tant de croix, et continuellement en butte aux attaques des schismatiques, les chrétiens ont été fermes dans la foi et constants dans leur persévérance.

En 1842, le Père Louis de Saint-Cyr fait cette observation très-

---

[1] *Annals.* vol. I, p. 168. Édition anglaise.

[2] *Annales,* vol. II, p. 142.

[3] Déjà longtemps auparavant saint François Xavier écrivait à saint Ignace : « Si non obstarent isti deploratæ malitiæ homines, gentes omnes nullo negotio fierent Christiani. » (*Epist. Indicæ,* p. 17 ; ed. Berg., 1566.)

de Notre-Dame des Sept-Douleurs, cinquante-huit religieuses indiennes, onze religieuses européennes de la Congrégation de Marie Réparatrice, qui se dévouent à recueillir les malheureuses veuves victimes de la superstition pour en faire des instruments de civilisation chrétienne; des catéchistes enfin, au nombre de cent cinquante, telles sont les ressources, les œuvres et les charges de la mission. En vingt-quatre ans, quarante-cinq missionnaires ont succombé sous le faix, victimes d'un excès de fatigues et de privations.

Il nous reste à constater le caractère des chrétiens indigènes actuels. Nous pourrons voir jusqu'à quel point ils ont persévéré dans leur attachement inébranlable à l'Église.

CONDITION DES CHRÉTIENS.

Écoutons d'abord les missionnaires qui, pendant les vingt dernières années, sont entrés dans la vigne que d'autres avaient plantée. Ils n'avaient aucune expérience préalable des chrétiens d'Asie et leurs louanges, s'ils en donnent, échapperont au moins à tout soupçon de motifs personnels ou intéressés. C'était l'œuvre d'autres hommes et non la leur propre, qu'ils étaient pour la première fois mis à même d'apprécier; de plus leur témoignage, quel qu'il puisse être, sera comparé avec celui des protestants.

Voici en quels termes un missionnaire européen, écrivant de la côte du Coromandel, nous transmet ses premières impressions : « Je suis étonné de la foi de ces chrétiens [1]. »

Un peu plus tard, en 1829, M. Bonnand, qui dans la suite devint évêque, constate que cette foi, qu'un demi-siècle d'épreuves n'avait pu détruire, fut facilement communiquée à d'autres, même parmi les castes supérieures [2].

En 1838, le Père Garnier, de la Compagnie de Jésus, écrit ce qui suit : « Les chrétiens de ces contrées sont généralement bien disposés, et très-attachés à la foi. Les usages introduits chez eux par les jésuites subsistent encore. Ils disent en commun la prière du matin une heure avant le lever du soleil ; la prière du soir est accompagnée d'une lecture spirituelle, le catéchisme est enseigné tous les jours aux enfants par un catéchiste ; enfin les dimanches ils assistent aux offices dans la chapelle. Lorsque le missionnaire

---

[1] *Annales*, tome IV, p. 152.
[2] *Ibid.*, p. 158.

Il est donc prouvé que les églises fondées par saint François et ses successeurs, ont non-seulement gardé le nombre de leurs membres, mais qu'elles se recrutent dans la proportion de plusieurs milliers par année dans les rangs des Hindous, des mahométans, des nestoriens et des arméniens, aussi bien que parmi les nombreuses sectes, anglicans, anabaptistes, presbytériens, wesleyens et autres, qui déploient aux yeux des habitants de l'Inde, les formes diverses et toujours changeantes du protestantisme. En 1859, le nombre d'adultes convertis dans la seule province du Maduré, s'éleva à deux mille six cent quatorze, et dans le diocèse de Verapoly, « indépendamment d'un certain nombre de nestoriens et de quelques protestants indigènes, plus de mille païens reçoivent chaque année le baptême[1]. »

Les documents sur le vicariat du Maduré, publiés par le Père Saint-Cyr en 1859, mentionnent le retour à l'Église catholique de plus de cinq mille schismatiques et la conversion récente de cinq cents idolâtres et de quatre cents protestants. A cette date, la mission comptait quarante-trois Pères jésuites, et pendant les vingt et une années précédentes, il en était mort trente-cinq dans l'exercice de leur ministère. Le collège indigène de Negapatam, exclusivement fréquenté par des jeunes gens de la caste élevée, avait déjà produit sept prêtres, huit étudiants en théologie, un grand nombre de catéchistes, de professeurs et plusieurs fonctionnaires du gouvernement. Cinq orphelinats et trois hôpitaux avaient été fondés par les Pères, outre des couvents de Carmélites et de Franciscaines qui observaient, dit le Père Saint-Cyr, avec une régularité et un zèle admirables toutes les obligations de la vie religieuse[1]. Que des femmes hindoues puissent mener la vie austère des Carmélites ou des Franciscaines, cela paraîtra chose incroyable à tous ceux qui ne savent pas quelles grâces accompagnent une vocation religieuse.

D'après les derniers rapports de Mgr Canoz, vicaire apostolique du Maduré, il y avait dans les trois circonscriptions qu'il gouverne, cent soixante-trois églises et quatre cent soixante-neuf chapelles à desservir et à entretenir ; un séminaire à Maduré, treize écoles de garçons et quatre de petites filles, sept hôpitaux et deux fermes-écoles, un personnel actif de trente-six missionnaires européens, quatre missionnaires nés dans le pays, sept missionnaires étudiants en théologie, huit frères coadjuteurs, vingt-six religieux indigènes

---

[1] *Madras Catholic Directory for* 1860, p. 154.
[2] *La Mission du Maduré*, par Louis Saint-Cyr, S. J., p. 5 (1859).

guère moins d'un million de catholiques, et si nous ajoutons à ce chiffre celui des chrétiens attachés au schisme de Goa, qui se considèrent aussi comme catholiques et dont la réconciliation complète avec l'Église peut être prévue avec certitude, nous arrivons à un total approximatif de douze cent mille témoins vivants des travaux des missionnaires catholiques.

L'Église indienne, malgré ces épreuves capables d'obscurcir la foi et d'épuiser la patience de ses enfants, n'a pas vu diminuer leur nombre et elle a pu de nouveau conduire ces brebis dans de tranquilles pâturages; mais ce fait même n'est pas le plus étonnant de son histoire. Une des prérogatives de l'Église, une des marques spéciales de sa divine origine a toujours été qu'elle seule, tout en conservant sa vie distincte, et confondant les attaques des écoles et des sectes qui restent hors de son sein, ait le pouvoir d'attirer à elle, les uns après les autres, les enfants de l'erreur, quel que soit leur rang ou leur croyance. Nous en verrons plus tard des exemples remarquables dans les missions de Syrie et du Levant. Mais pourrait-on s'attendre à ce que l'Inde, après tous ses malheurs, viendrait elle aussi témoigner de cette vérité?

Le tableau suivant des baptêmes *d'adultes*, c'est-à dire de *conversions*, rendra évidente l'action de ce pouvoir divin qui n'appartient qu'à l'Église, et par lequel elle étend ses pacifiques conquêtes. On verra que nos renseignements sont incomplets et que dans quelques-uns des vicariats ils ne se rapportent qu'à une seule année ; tels qu'ils sont, ils prouvent amplement le fait que nous avons affirmé.

VICARIATS.	NOMBRE DE BAPTÊMES D'ADULTES	HINDOUS OU MAHOMÉTANS.	NESTORIENS OU PROTESTANTS.
1 Madras.	De 1850 à 1856.	742	134
2 Bombay.	De 1852 à 1854.	88	55
3 Bengale oriental.	.	»	»
4 Bengale occidental.	De 1844 à 1855.	112	221
5 Pondichéry.	De 1853 à 1855.	1,584	144
6 Madura.	De 1853 à 1856.	1,045	178
7 Hyderabad.	.	»	»
8 Nizagapatam.	De 1851 à 1855.	954	45
9 Mangalore.	En 1854.	100	8
10 Verapoly.	Annuellement plus de.	1,000	»
11 Quilon.	En 1854.	204	»
12 Mysore.	En 1853.	200	»
13 Coimbatore.	De 1848 à 1856.	590	»
14 Agra.	En 1855.	20	44
15 Patna.	En 1854.	10	13
16 Ava et Pegu.	En 1855.	103	1
17 Presqu'île de Malacca.	En 1855.	272	»
18 Siam.	En 1855.	100	»
19 Jaffna.	De 1852 à 1855.	1,348	124
20 Columbo.	En 1856.	526	372

l'Incarnation. Néanmoins, ce fait fut constaté, qu'après un demi-siècle de délaissement complet, plus d'un million d'Indiens restaient attachés à la foi prêchée à leurs ancêtres, et inclinaient respectueusement la tête, lorsque les noms des apôtres qu'ils avaient perdus étaient prononcés devant eux. Telle fut la conclusion d'une épreuve sans égale dans l'histoire de l'Église.

ÉTAT ACTUEL DE LA MISSION DE L'INDE.

Le tableau suivant qui donne l'état des missions catholiques de l'Inde en 1857, dans les vingt vicariats apostoliques dont se compose son territoire, montrera que le caractère de permanence qui distingue ces missions, aussi bien que celles de la Chine, n'est pas le privilége d'une ou deux contrées seulement, mais qu'elle se manifeste également sur tous les points du pays. On y verra que la mission du Maduré, fondée par de Nobili, *compte encore cent cinquante mille catholiques*, et que celle de Verapoly, champ fertilisé par les travaux de tant de missionnaires jésuites, en compte près de *deux cent trente mille*.

1857[1].

VICARIATS.	NOMS DES ÉVÊQUES.	NOMBRE DES CATHOLIQUES.
1 Madras.	Mgr J. Femelly.	44,480
2 Bombay.	Mgr Anast. Hartman. / Mgr Ignace Persico.	17,100
3 Bengale oriental.	Mgr Thomas Olliffe.	13,000
4 Bengale occidental.		15,000
5 Pondichéry.	Mgr Clément Bonnant.	100,046
6 Madura.	Mgr A. Canoz, S. J.	150,000
7 Hyderabad.	Mgr Daniel Murphy.	4,000
8 Vizagatapam.	Mgr T. E. Neyret.	7,150
9 Mangalore.	Mgr Michel Antony.	30,480
10 Verapoly.	Mgr F. R. Ludovico. / Mgr F. Bernardino.	228,006
11 Quilon.	Administrateur, F. Bernardino.	56,000
12 Mysore.	Mgr E. L. Charbonneaux.	17,110
13 Coimbatore.	Administrateur, C. Bonnand.	17,200
14 Agra.	Mgr F. C. Carli.	20,100
15 Patna.	Mgr A. Zubber.	3,400
16 Ava et Pegu.	Mgr J. B. Bigaudet.	5,320
17 Presqu'île de Malacca.	Mgr A. Boucho.	5,400
18 Siam.	Mgr J. B. Pallegoix.	4,900
19 Jaffna.	Mgr J. Bettachini.	65,500
20 Columbo.	Mgr Cajétan Antonio.	90,900

Par ce relevé qui reste évidemment bien au-dessous des chiffres actuels, nous apprenons que les missions dans l'Inde ne comptent

[1] *Madras Directory for* 1857.

versé, et ceux qui devaient le détruire furent retirés du combat au moment où ils semblaient près de remporter une victoire définitive.

Le jour qui s'était levé si brillant de promesses, s'était éteint dans d'épaisses ténèbres. L'Hindou se trouvait de nouveau abandonné aux idoles, et personne ne restait pour lui dire qu'il était dans les étreintes de la mort. Sans doute il avait mérité son sort, mais il y avait d'autres hommes, répandus sur les plages de cette grande péninsule, depuis la baie du Bengale jusqu'au golfe Persique, auxquels la parole de vérité avait été prêchée et qui avaient reçu le don de la foi. D'un côté, l'Hindou leur reprochant la perte de leur caste, les repoussait comme des proscrits; de l'autre, le féroce mahométan, voyant que leurs défenseurs n'étaient plus là, retrouvait son ancienne haine, et les attaquait avec une nouvelle fureur. Pendant la seule année 1784, *trente mille chrétiens* du Canara furent enlevés de force[1]. Outre ces ennemis mortels et le fléau également redoutable d'une invasion de Mahrattes, ils étaient entourés de sectaires de tous noms et de toutes croyances, Syriens, Danois, Hollandais et Anglais, qui, devenus plus hardis que jamais, leur dressaient à l'envi des embûches. « *Pendant près de soixante ans*, dit un homme qui les haïssait à cause de leur foi, c'est-à-dire depuis 1760 jusqu'en 1820, aucun soin ne fut pris des missions catholiques et de leurs nombreux néophytes, les anciens missionnaires mouraient l'un après l'autre et personne n'arrivait d'Europe pour les remplacer[2]. »

Était-ce donc là que devaient aboutir les travaux, les sacrifices, les prières des saint François, des Britto, des Laynez, des Borghèse et de leurs compagnons?

La réponse à cette question révèle un des faits les plus inattendus dans l'histoire du Christianisme. Il semblerait que Dieu avait résolu de justifier ses serviteurs et qu'il n'avait laissé leurs œuvres toucher à la ruine qu'afin de montrer que ni le monde, ni l'enfer, ne pouvaient éteindre la vie qu'elles renfermaient. Aussi, lorsqu'après soixante ans de silence et de désolation, des hommes vinrent et les regardèrent, ils trouvèrent une multitude vivante là où ils s'attendaient à ne compter que « des cadavres. »

Quelques-uns, il est vrai, avaient failli; le paganisme ou l'hérésie avait entonné sur ses victimes son chant de triomphe; d'autres n'avaient retenu que les grandes vérités de la Trinité et de

---

[1] *Historical Sketches of the South of India*, par le colonel Mark Wilks, vol. II, ch. xxx, p. 528 et suiv.

[2] *Missions in South India*, par Joseph Mullens, p. 135 (1854).

leur furent assignés pour demeures. C'est là qu'ils languirent pendant des années, résignés au milieu de souffrances intolérables, et pleurant plutôt sur leur troupeau privé de pasteurs que sur leur propre sort. Une seule fois, il leur fut permis de se voir, mais ce fut pour apprendre, chacun à la porte de son cachot, de la bouche d'un geôlier, digne envoyé et agent du marquis de Pombal, la suppression totale de la Compagnie. Trente-cinq d'entre eux moururent en prison pendant les seize premières années, et parmi ceux-ci Diaz, Albuquerque et Da Silva. Enfin lorsque la liberté leur fut rendue et qu'ils purent rentrer dans un monde où ils n'avaient plus ni demeure, ni famille, ni carrière, quarante-cinq Pères seulement étaient les survivants de tous les missionnaires de l'Inde, de la Chine et de l'Amérique, dont le nombre s'était élevé à plusieurs milliers.

EFFETS DE LA SUPPRESSION.

L'Inde était donc de nouveau abandonnée aux démons qui l'avaient si longtemps gouvernée. Les apôtres, qui par la force irrésistible puisée dans leur union avec Dieu, avaient su renverser les principautés et les puissances, étaient maintenant réduits au silence, ou s'ils élevaient encore la voix, c'était en compagnie de ceux que saint Jean « vit sous l'autel, » et auxquels il fut dit « qu'ils devaient reposer encore un peu de temps, jusqu'à ce que le nombre de leurs compagnons et de leurs frères, qui devaient souffrir la mort, fût complété[1]. » En attendant, leurs ennemis semblaient triompher. « Pendant deux cents ans, » dit un homme pour qui leur chute était un sujet de joie, « ces Pères ont lutté contre la haine qu'ils avaient pu se flatter de vaincre, ils ont fini par succomber. Ah! que cette haine, éternelle comme Dieu et terrible comme lui, est active et vigilante[2]! »

« Les jésuites, dit un auteur très-connu en Angleterre, se promettaient de convertir l'Inde et la Chine; si leur carrière n'eût pas été entravée par des événements politiques, *ils eussent fini* par réussir[3]. » Nous avons vu combien était grande l'œuvre qu'ils avaient déjà accomplie ; mais il entrait dans les desseins secrets du Tout-Puissant, que le royaume de Satan ne fût pas encore ren-

---

[1] *Apoc.*, vi, 2.
[2] D'Alembert, *Sur la destruction des Jésuites*, Œuvres, tome V, p. 244.
[3] *India as it may be*, par George Campbell, esq., ch. viii, p. 397.

génie philosophique, leur piété et leur douceur avaient rempli d'admiration : « Les jésuites ont été les plus grands missionnaires de la terre[1]. » A cette époque M. Perrin était arrivé aux Indes et il nous a cité, comme un exemple entre mille, le Père Busson « rivalisant encore de charité infatigable et d'austérités avec ceux qui l'avaient précédé, ne se nourrissant que de pain et d'herbes amères, cependant travaillant sans cesse, couvert de blessures et d'ulcères, mais insensible à la souffrance, toujours calme, plein de douceur et de gaieté, et rendant le dernier soupir au pied de son crucifix. » Nommons Xavier d'Andréa, le plus jeune et le dernier survivant de cette héroïque phalange, le seul que le rétablissement de la Société de Jésus par Pie VII, en 1814, trouvât vivant dans l'Inde. Avec son nom se ferment ces annales ; l'heure des ténèbres est venue, l'esprit du mal va remporter sa première victoire, après plus de deux siècles de confusion et de défaites.

SUPPRESSION DES JÉSUITES.

En 1754, Marie-Anne d'Autriche, sœur de Charles VI et femme de Jean V de Portugal, qui avait travaillé de ses mains pour les missionnaires de l'Inde, et les avait soutenus de toutes ses forces, prévoyant ce grand déchaînement de blasphèmes et de crimes, qui commença lors de la suppression des jésuites, et atteignit son apogée à la révolution française, s'était écriée peu de temps avant sa mort : « Malheur à ces missions quand je ne serai plus ! » Sa douloureuse prédiction fut promptement réalisée. L'année suivante, les secours que les missionnaires avaient constamment reçus d'Europe furent taris; depuis ce moment jusqu'au jour de leur mort, l'évêque de Cochin et l'archevêque de Cranganore vécurent d'aumônes. En 1755, des ordres arrivèrent du Portugal, alors abandonné, par un juste châtiment de Dieu, à l'administration de Pombal; cent vingt-sept jésuites furent arrêtés et emprisonnés à Goa. Quelques semaines plus tard, le 2 décembre, ils furent traînés à bord d'un bâtiment, malgré les protestations du capitaine qui déclarait ne pouvoir en prendre tout au plus, que quarante à cinquante. Mais les ordres du vice-roi, le comte d'Ega, étaient formels, et le vaisseau prit la mer. Vingt-quatre de ces pères moururent du scorbut pendant la traversée, et les autres arrivèrent à Lisbonne plus morts que vivants. De sombres cachots

---

[1] *Travels and Adventures of Dr. Wolff*, ch. vii, p. 144 (1861).

qu'ils mouraient misérablement dans une forêt voisine, il se hâta de voler à leur secours. Après avoir prodigué tous les trésors de sa patiente charité à ces pauvres délaissés et les avoir presque tous convertis au Christ, il succomba au fléau avec son catéchiste [1].

Comme leurs frères de Chine, aucun péril ne pouvait effrayer ces hommes apostoliques, aucune souffrance les décourager, aucune perfidie leur résister. Remplis de la présence de Dieu, enseignant tous la même doctrine, l'illustrant par la même sainteté de vie, ils gagnèrent d'abord l'admiration, ensuite l'amour et la confiance d'une race naturellement disposée à la contemplation des choses divines, et qui ne demandait qu'à trouver des maîtres dont les vertus prouveraient que Dieu était avec eux. « Le catholicisme, dit Ranke, sans se rendre compte de la valeur de ses paroles, était éminemment propre à vaincre un monde comme celui-là. » Pas un de ces missionnaires, avons-nous dit, ne convertit annuellement moins de mille païens. Ces triomphes continuèrent jusqu'à la dernière heure, malgré l'absence de tout secours humain. Les protestants confessent que si on ne les avait pas retirés de force, ils eussent certainement converti l'*Inde entière*. « Leurs succès, pour citer encore les paroles de Ranke, dépassèrent toute attente, et ils réussirent à vaincre, au moins en partie, la résistance de ces systèmes nationaux de religion, qui de temps immémorial ont été comme un produit naturel de l'Orient [2]. »

En l'année 1735, nous trouvons encore le Père Calmette avouant avec une pieuse reconnaissance le *don de miracles constant et assez ordinaire* dont ils étaient favorisés. Enfin, en 1745, le Père Possevin put encore dire : « Il n'y a pas au monde une mission plus florissante que celle de l'Inde ; pas une où les fidèles de toutes conditions offrent des exemples plus nombreux de ces vertus qui furent la gloire de la primitive Église [3]. »

Pendant plus de deux cents ans, les apôtres de l'Inde avaient poursuivi avec un succès toujours égal leur œuvre de dévouement et de miséricorde ; nous touchons à la dernière page de leurs annales. Les jours mauvais étaient proches, mais quand ils vinrent, ils trouvèrent les missionnaires semblables à leurs devanciers. Jusqu'à la dernière heure, et dans toutes les contrées favorisées de leur présence, ils déployèrent ces mêmes grâces apostoliques et arrachèrent cet aveu à un apostat que leur savoir, leur

---

[1] *Lettres*, tome XIII, p. 222.
[2] Livre VII. vol. II. p. 92-97.
[3] Tome XIV. p. 192.

sur leurs vaisseaux, et nous devons reconnaître nos obligations envers la Compagnie royale de Londres, pour les bons offices qu'elle nous a rendus.

En 1709, le martyr de Sidoti abordait seul les côtes du Japon, malgré les représentations des officiers du navire, et leur répliquait : « Je ne me confie pas en ma propre force pour soumettre ces peuples au joug de l'Évangile, mais en la grâce toute-puissante de Jésus-Christ et dans la protection de tant de martyrs qui, sur cette terre, ont répandu leur sang pour son nom. » Comme la barque approchait du rivage, on le vit s'absorber dans la prière, et en touchant terre, il baisa le sol. Don Carlos de Bonio, poussé par la curiosité, regarda dans le sac qui contenait les effets du Père ; il y trouva un autel portatif, une boîte contenant les saintes huiles, un bréviaire, l'imitation de Jésus-Christ, un crucifix, une image de la sainte Vierge et deux grammaires japonaises ; c'était là toute sa fortune. Il fut arrêté presque immédiatement, emprisonné à Yeddo, où il convertit ses geôliers qui tous souffrirent le martyre, et enfin il fut enfermé dans une fosse, n'ayant qu'une étroite ouverture. C'est là qu'il mourut d'une mort lente et cruelle [1].

A côté de ce témoin fidèle du Christ, peut aussi figurer dignement le Caron, quoique sa carrière apostolique ait été terminée dès son début. Ayant appris, immédiatement après son arrivée dans l'Inde, que de pauvres idolâtres avaient été chassés de leur village, parce qu'ils étaient atteints d'une maladie contagieuse et

[1] *Lettres*, tome XI, p. 278. Afin d'abréger nous avons dû omettre tout détail sur la mission du Japon, si glorieuse pour ses apôtres et pour leurs néophytes. Là aussi les intrigues du protestantisme et les crimes inouïs des calvinistes hollandais, secondés par la rivalité commerciale de l'Espagne et du Portugal, détruisirent une Église florissante et assurèrent le triomphe du paganisme. « La foi implantée dans les cœurs de quelques milliers de convertis, dit un écrivain protestant, n'était une foi purement nominale qui devait céder au premier choc de la persécution. Elle ne leur donnait pas seulement le courage, mais encore les arguments nécessaires pour répondre à leurs persécuteurs... Les annales de l'Église primitive ne nous donnent pas d'exemple d'un héroïsme plus inébranlable que nous n'en trouvons dans les récits du martyre auquel volèrent les Japonais de toutes les classes, lorsque l'heure de l'épreuve fut venue... Nous avons lieu de croire que la dernière étincelle n'est pas encore éteinte, et que le feu qui animait saint François-Xavier brûle encore dans les poitrines de quelques-uns de ceux qui ont reçu les traditions de son enseignement. » (Oliphant, *Lord Elgin's Mission*, vol. II, ch. II, p. 25.) Un autre fonctionnaire anglais confirme ce rapport et y ajoute, d'après ses observations personnelles, ces lignes bien remarquables : « J'ai des raisons de croire que dans la seule île de Yezo, où il y a plus de quatre-vingt mille personnes qui secrètement ont conservé les instruments du culte avec les livres de leurs ancêtres chrétiens et *qui, de nos jours, pratiquent encore leur religion à la dérobée*. Les Japonais sont une race réfléchie ; ils avouent que leur religion n'est pas bonne, et je n'hésite pas à croire que si le gouvernement l'autorisait, la religion catholique romaine serait saluée avec transports et proclamée à l'unanimité. » (*A Residence in Japan*, par C. Pemberton Hodgson, ancien consul H. B. M., ch. VI, p. 143 (1861).

reyra, Belmonte le martyr et Bouttari, nommé par les païens « le pénitent sans tache, » sur le corps duquel les Anglais répandirent des larmes de regret [1]; ni d'Almeida et da Cunha, tous les deux parents de martyrs et dont le dernier, battu jusqu'à la mort rendit comme saint Jacques le dernier soupir en prononçant le nom de Jésus. Rappelons aussi, afin d'obtenir leurs prières, Ribeiro et Louis de Vasconcellos, du Choisel et de Montjustin, Maury et de Saint-Estevan, Mamiani et de Faria, et Boves, qui, une chaîne au cou, fut amené pour entendre la confession du Père Fernandez, mourant en prison des suites de ses souffrances [2]; Paul de Mesquita, martyrisé par les calvinistes hollandais, et les trois dominicains, égorgés par les musulmans qui reconnurent les avoir vus trois jours après enveloppés de lumière; Beschi, ce prodige de génie et d'érudition, dont un missionnaire protestant a écrit en 1854 « qu'il était l'homme de son temps le plus versé dans la langue tamoule et que son nom était vénéré même parmi les lettrés hindous [3]; » le savant et chevaleresque Intorcetta, dignement célébré dans un magnifique éloge d'Abel Rémusat. Ajoutons encore, tout en regrettant de ne pouvoir citer les actions de tant de héros, le nom de l'apostolique Verjus; il disait à ses plus jeunes frères qui désiraient le suivre aux Indes : « Ce n'est pas au Thabor, mais au Calvaire et à la mort, que Jésus vous invite. » « Rappelez-vous, ajoutait-il, qu'un apôtre doit mourir tous les jours. Ne vous dissimulez pas les difficultés, elles sont grandes, et la mesure ordinaire de la charité ne suffit pas pour les surmonter. Mais la charité de Jésus-Christ qui vous anime, augmentera certainement la vôtre [4]. » Le même apôtre disait à un père mourant, prêt à déshériter un fils pervers et à laisser tous ses biens à la Compagnie de Jésus : « Vous n'avez pas les sentiments qui conviennent à l'heure de la mort. Appelez votre fils, parlez-lui en père, et alors faites ce que la raison, l'amour paternel et la religion vous inspireront. Mais, quelque décision que vous preniez, choisissez d'autres héritiers que les jésuites; quant à moi, soyez persuadé que, malgré mon désir d'établir ma mission, mon zèle ne servira jamais de prétexte à la vengeance d'un père ou à la ruine d'un fils. » Nous sommes heureux de pouvoir ajouter à l'honneur de l'Angleterre, la déclaration suivante de Verjus : « Les Anglais, quoiqu'en guerre avec nous, ont quelquefois fourni le passage à nos missionnaires

---

[1] Tome IV, p. 403.
[2] Henrion, tome II, 1re partie, p. 187.
[3] *The Land of the Veda*, par le Rév. Peter Percival, ch. vi, p. 118-120 (1854).
[4] *Lettres édifiantes*, tome X, p. 376.

venant qu'il mettrait en pièces toutes leurs idoles. Enfin, c'est lui qui disait : « Nos missionnaires, qui sont quelquefois obligés de visiter Madras, parlent avec éloges de la courtoisie des Anglais, et des marques d'amitié dont ceux-ci les honorent. Je suis heureux d'avoir l'occasion de leur en exprimer publiquement notre reconnaissance[1]. »

N'oublions pas Xavier Borghèse, en qui tous les dons semblent avoir été réunis ; il avait renoncé aux honneurs, pour aller avec son frère et deux autres membres de sa famille, s'offrir à Dieu dans la Compagnie de Jésus. Ayant un jour reçu, comme autrefois le prince des apôtres, la défense de prononcer le saint nom : « Croyez-vous, répondit-il, que j'aie quitté mon pays, tout ce que j'aimais sur la terre, pour garder le silence maintenant que je suis ici ? » Les païens l'ayant entendu se disaient : « Cet homme est un rocher au pied duquel les paroles et les menaces se brisent comme des vagues[2]. » Alors le juge fit placer sous ses yeux les instruments de torture, Borghèse sourit et dit : « C'est bon pour effrayer des enfants ; en venant prêcher l'Évangile, je m'attendais à souffrir bien davantage. — Nous verrons, répliqua le juge, si tes disciples auront autant de courage que toi, » et alors il ordonna aux soldat de rompre les os d'un des catéchistes. « Maintenant, s'écria ce dernier, je commence à être votre disciple ; ne craignez pas, mon père, que je fasse rien qui soit indigne d'un chrétien. Donnez-moi votre bénédiction, et je serai prêt à tout supporter[3]. »

Avec Borghèse citons encore les frères Simon et Joseph Carvalho, rivaux en vertu, martyrs tous les deux, l'un de désir et l'autre de fait, comme pourrait le témoigner la prison de Tanjore. Le Père la Fontaine destiné pour la Chine, mais retenu par son admiration pour la mission de l'Inde, y convertit une si grande multitude dans la classe élevée, qu'il fut appelé l'apôtre des brahmanes. De Proenza en trois ans gagna dix mille âmes, dont il attribua la conversion à l'exemple de ses néophytes et aux effets salutaires de la persécution plutôt qu'à ses propres travaux. La moisson spirituelle de Mello s'éleva en quatre années à quinze mille trois cent quatre-vingt-six âmes ; de Saa souriait à ses bourreaux et à leur demande leur donna sa bénédiction lorsqu'ils eurent terminé leur œuvre ; de Capelli, après avoir vainement cherché à entrer au Tong-King, trouva aux Indes la mort qui lui avait été refusée en Chine.

Nous ne devons pas omettre Diaz et Bertholdi, Rodriguez et Pe-

[1] *Lettres*, tome XIII, p. 105.
[2] *Lettres*, tome X, p. 210.
[3] Bertrand, tome IV, p. 94.

quelquefois aux missionnaires d'entendre les confessions de plusieurs villages sans rencontrer une seule personne coupable d'un péché mortel. » Parlant des riches néophytes, il rapporte que pendant le carême, quelques-uns s'engagèrent à soutenir cinq pauvres, en l'honneur des cinq plaies de Notre-Seigneur ; d'autres trente-trois en souvenir de sa vie sur la terre ; quelques-uns quarante en mémoire de son séjour au désert. Le Père Martin fut pris par les Arabes avec son compagnon le Père Beauvollier, en allant de la Perse aux Indes ; ils échappèrent à la mort parce que leurs persécuteurs les voyant lire, l'un des livres arabes, l'autre des livres persans, supposèrent qu'ils n'étaient pas Européens, malgré leur opposition énergique à l'islamisme. Le Père Martin nous apprend que les païens témoignaient une vénération si profonde pour saint François Xavier, « qu'on avait lieu de craindre qu'il ne fût placé au nombre de leurs faux dieux. » Il cite aussi ce fait, « *que de son temps aucun missionnaire ne baptisait par an moins de mille infidèles* [1]. »

On a dit de son compagnon le Père Bouchet qu'il aurait pu employer, pour chacune des villes qu'il habita, les paroles de saint Grégoire le Thaumaturge. « Il y avait ici dix-sept chrétiens quand je vins, et maintenant, grâces à Jésus-Chist, il n'y a que dix-sept infidèles. » Cet illustre missionnaire écrit en 1700 : « Notre mission du Maduré est plus florissante que jamais, » et il ajoute comme une explication suffisante de ce progrès : « Nous avons eu cette année quatre grandes persécutions [2]. »

A la même époque il écrit encore : « Je pense avoir entendu plus de cent mille confessions. » Par lui nous apprenons, que les catéchistes et les convertis supportaient la torture avec l'héroïsme des saints de la primitive Église ; rien d'étonnant, quand on considère ce qu'étaient leurs maîtres. « Dans l'Inde, dit sir James Macintosh, parlant de la Compagnie de Jésus, ils souffraient le martyre avec une constance héroïque [3] » et leurs disciples, là comme en Chine, apprirent à imiter leur courage.

Les païens ayant saccagé l'humble demeure de Bouchet, sa conduite dans cette circonstance leur arracha cet aveu : « Cet homme étrange s'inquiète aussi peu de nous que si nous pillions la maison de son ennemi ; il ne nous regarde même pas. » Une autre fois, l'ayant fait prisonnier, ses ravisseurs voulurent l'enfermer la nuit dans un temple d'idoles ; il les en empêcha en les pré-

---

[1] Bertrand, tome IV, p. 12.
[2] *Lettres édifiantes*, tome XIV, p. 192.
[3] *Review of the Causes of the Revolution*, Œuvres, vol. II, p. 254 (1846).

à discuter et à décider les questions les plus délicates, ils étaient tout à coup tirés de leur sommeil pour porter les secours de la religion à quelque mourant, peut-être à la distance de plusieurs milles[1]. »

Dans cette réunion de missionnaires, François Laynez, cent fois confesseur, tout excepté martyr, avait coutume de dire, en faisant allusion à ses immenses travaux, « qu'il y a un temps pour semer et un temps pour récolter; » il rappelait souvent l'origine de la mission du Maduré, lorsque plusieurs années s'écoulaient sans que l'on fît une seule conversion. Il aimait les bases solides et ne se hâtait pas d'édifier; cependant en 1700 il baptisa de sa main cinq mille catéchumènes, qu'il avait tous instruits[2]. L'année suivante il admit au même sacrement, depuis le mois de janvier jusqu'au mois de septembre, quatre mille sept cents païens, dont la plupart avaient été entraînés par l'exemple des premiers convertis. Pendant trente-deux ans il rendit témoignage au Christ, au milieu des épreuves et des souffrances qui peuvent atteindre le disciple d'un maître crucifié. Un jour tout son corps fut déchiré par les dents d'une troupe de païens fanatiques qui se jetèrent sur lui comme des bêtes féroces. Lorsqu'en 1704 on l'envoya à Rome pour répondre aux calomnies que l'esprit du mal avait répandues sur son compte et sur celui de ses frères, il avait déjà converti quarante mille idolâtres. C'est à Clément XI qu'il présenta son célèbre mémoire : *Defensio indicarum missionum*. Par l'ordre du souverain pontife, cet écrit fut imprimé à Rome en 1707, et valut à son auteur la dignité épiscopale qu'il n'avait pas désirée et dont il demanda en vain d'être déchargé. Consacré à Lisbonne en 1708, il retourna immédiatement aux Indes où il continua les mêmes austérités et persévéra dans les mêmes travaux, comme s'il eût été le plus humble du troupeau confié à sa direction par le premier Pasteur. En 1712, il visita Calcutta où il fut reçu avec honneur par le gouverneur anglais. Il mourut en 1715 après un apostolat de plus de trente ans, pendant lesquels il avait converti plus de cinquante mille idolâtres.

La France, patrie des missionnaires, donna aux Indes les Pères Martin et Bouchet. Le premier, surnommé le martyr de la charité, et qui parlait presque tous les dialectes de l'Orient, baptisa pendant la seule année 1698 deux mille catéchumènes. Il nous a fait connaître le caractère de ses convertis en rappelant « qu'il arrivait

---

[1] Perrin, *Voyage dans l'Hindostan*, tome II, p. 166.
[2] Prat, p. 496.

têtes, demandant à souffrir le même martyre que leur maître; mais les païens, loin de consentir, exprimaient un profond regret de ce qu'ils venaient d'accomplir. Peu de temps après *cette contrée entière embrassa la loi du Christ*[1]. »

LAYNEZ, BORGHÈSE ET LEURS COMPAGNONS.

A moins de donner à cet aperçu des proportions en dehors de notre plan, il serait impossible d'entrer dans les mêmes détails sur tous les compagnons et les successeurs de de Nobili et de Britto; chacun d'eux cependant aurait droit à une mention particulière, tous méritent de notre part la même vénération que leur accordèrent leurs contemporains. C'étaient des géants, comme on l'a dit à une époque plus récente et moins glorieuse de la mission des Indes[2]; ils triomphèrent à leur époque, parce que ni le monde ni le démon ne pouvaient résister à la puissance qui était en eux. Possédant pour la plupart les dons intellectuels les plus rares, versés dans toutes les sciences de leur temps, et remarquables même dans cette Société qui pendant plus d'un siècle attira dans son sein les plus belles intelligences de l'Europe, ils avaient joint à leurs dons naturels une telle perfection de vertus évangéliques, que toutes les puissances des ténèbres fuyaient devant eux, et que la croix du Christ, partout où ils l'élevaient, renversait les idoles. « J'avoue, dit Perrin, qui visita l'Inde peu de temps avant que le dernier de ces missionnaires en eût été banni, avoir sévèrement critiqué les jésuites de l'Hindostan; je les craignais avant de les connaître, mais leurs vertus m'ont vaincu et ont détruits tous mes préjugés. J'ai trouvé en eux des hommes qui savaient allier l'esprit de prière le plus élevé à l'activité pratique la plus énergique; des hommes entièrement détachés des choses de la terre, et dont les mortifications auraient épouvanté les plus fervents anachorètes; des hommes qui se refusaient même le nécessaire, tandis qu'ils ne cessaient de prodiguer leurs forces dans les travaux ardus de l'apostolat; patients dans toutes leurs afflictions, humbles malgré le respect qu'ils inspiraient et le succès qui accompagnait leur ministère, brûlant d'un zèle qui, sans jamais se ralentir, sut toujours être sage et prudent. Jamais ils n'étaient plus heureux que lorsqu'après avoir passé tout le jour à prêcher, à entendre des confessions, ou

[1] Prat, livre III, p. 367.
[2] L'abbé Dubois.

Le 3 février, veille de son martyre, il dit au Père da Costa, que depuis le commencement de l'année il avait baptisé quatre mille païens. Longtemps auparavant il avait annoncé à ses disciples qu'il mourrait et les circonstances de sa mort. Ses bourreaux, que la crainte et le respect avaient rendus pour ainsi dire incapables de remplir leur fonction, avouèrent qu'il s'était avancé vers le lieu du supplice comme un conquérant marche au triomphe. L'archevêque de Cranganore, en annonçant son martyre au Pape, écrivit : « Les gentils proclament sa gloire et affirment qu'ils ont vu, pendant trois nuits consécutives, des rayons d'une vive clarté au-dessus du poteau auquel il avait été attaché[1]. »

Pendant dix années, on recueillit sur les lieux, de la bouche de nombreux témoins, les faits rapportés dans les actes de sa béatification. Le catéchiste Mariadaghen, son fidèle compagnon, déposa, sous la foi du serment, que dans la plaine de Valetirel il baptisa en un seul jour trois mille païens. Un autre porta le témoignage qu'en dix jours, avec peu d'assistance, il avait conféré le même sacrement à douze mille catéchumènes, au point qu'on fut obligé, comme on l'avait fait pour saint François Xavier, de soutenir ses bras fatigués. Un autre déposa en ces termes : « Il est à ma connaissance que pendant sa deuxième expédition à Marava, où le saint avait fait élever de nombreuses chapelles dans les forêts environnantes, le vénérable Père a converti plusieurs milliers de gentils, baptisant quelquefois cinq cents et jusqu'à mille catéchumènes par jour. » Enfin le Père Bouchet, qui lui-même convertit trente mille idolâtres, déclare qu'il connaît peu de missionnaires qui aient gagné tant d'âmes à Dieu.

Les protestants hollandais, oubliant pour un moment leur haine, célébrèrent sa mort glorieuse, et le calviniste Jean Noot, commissaire de Hollande sur la côte du Coromandel, dans une lettre datée du 3 décembre 1693, c'est-à-dire dix mois seulement après son martyre, constata ce qui suit : « Son corps conserva toute sa souplesse, sans la moindre trace de corruption, quoique dans ce pays, par suite de l'extrême chaleur, les cadavres exhalent presque immédiatement une odeur pestilentielle. Bien plus, les bourreaux furent si frappés d'étonnement, qu'ils disaient aux chrétiens convertis par celui qu'ils venaient d'immoler : « En vérité c'était un homme de Dieu, » et les néophytes leur répondaient : « C'est lui qui nous a fait connaître le Dieu par qui nous avons été créés. » En disant ces paroles ils offraient leurs

---

[1] Prat, livre VI, p. 409.

la suite empalé vivant par les ordres d'un des princes de la contrée.

En 1688, de Britto fut pour les intérêts de la mission envoyé en Portugal, où Pedro II l'accueillit comme un frère, avec les marques de la vénération publique. Les nobles les plus illustres se pressaient autour de lui pour baiser les marques des blessures qu'ils avait reçues au service du Christ. En vain le roi s'efforça de le retenir, le suppliant d'entreprendre l'éducation de son fils, et lui offrant d'envoyer de nombreux missionnaires à sa place. « La mission des Indes, » répondit-il, « est celle où un homme peut espérer faire le plus pour la gloire de Dieu, et souffrir le plus pour son amour. » Ce ne fut qu'en menaçant le pieux monarque de la colère divine, qu'il lui arracha son consentement. Alors le roi chercha à arrêter son départ, en faisant sortir du Tage tous les vaisseaux, le jour où il devait s'embarquer ; de sorte que pour gagner le sien, il dut faire à force de rames plusieurs milles dans un bateau découvert. Le 5 novembre 1689, il était de nouveau aux Indes.

Pendant les quinze mois qui suivirent son retour, rempli d'une nouvelle force d'en haut, il baptisa huit mille infidèles. Un prince du pays, qui jouissait d'un pouvoir étendu et d'une grande influence, ayant été miraculeusement guéri, lui demanda de recevoir le baptême. « Vous ne savez pas, lui fut-il répondu, quelle pureté de vie exige la profession de chrétien. Je serais coupable devant Dieu si je vous accordais cette grâce, avant une instruction et une préparation suffisante. » Pour première condition, il devait renvoyer ses femmes à l'exception d'une seule ; il s'y soumit à l'instant.

Un auteur anglais a dit dans le langage énergique de son époque, « que la danse d'une femme impudique avait fait tomber la tête de saint Jean-Baptiste. » Pareil sort était réservé au vénérable Jean de Britto. Une des femmes répudiées du prince, était la nièce du roi ; elle s'adressa à lui pour obtenir vengeance, et le 8 janvier 1693 l'ordre fut donné d'arrêter de Britto. Comme on le traînait au supplice le sang coulait à flots des blessures qui lui avaient déjà été faites, et dans la crainte de le voir expirer trop tôt, on le mit sur un cheval. Afin qu'il sentît plus vivement ses souffrances on différa sa mort. De sa prison, où on l'avait reconduit, il écrivit à ses frères une lettre qui contient ces mots : « Je suis en prison, attendant la mort que je vais souffrir pour mon Dieu. C'est dans l'espoir d'obtenir ce bonheur, que je suis venu une seconde fois aux Indes. »

Au nombre des travaux qui remplissaient sa vie, il faut compter ses discussions avec les brahmanes les plus instruits. Il les réfutait à l'aide de leurs propres livres jusqu'à ce que, confondus par de constantes défaites, ils n'osèrent plus accepter la lutte et refusèrent toute controverse publique. Le pouvoir que Dieu lui avait donné se manifesta de plus en plus. En 1686, du 5 mai jusqu'au 17 juillet, il baptisa deux mille soixante-dix catéchumènes [1]. Comme saint Paul, il endura le fouet, les liens, la prison, la faim et la soif ; il erra sans trouver un asile, et quoique d'une constitution naturellement frêle, il survécut à des épreuves auxquelles beaucoup d'entre ses frères succombèrent rapidement. A Mangalore, où il fut jeté dans un réservoir à l'aide d'une poulie, on le plongea dans l'eau à diverses reprises, jusqu'à ce que sa vie fut presque éteinte, ses néophytes et ses catéchistes partagèrent avec lui le même supplice et furent ensuite flagellés ; quelques-uns moururent sous les coups, un seul acheta la vie en devenant apostat. Enfermés avec leur maître, ils trouvèrent des consolations et des forces dans les ferventes exhortations qu'il leur adressait sur la passion du Sauveur. Après une captivité de onze jours, on le fit comparaître et on lui ordonna d'invoquer le nom de Siva ; il répéta celui de Jésus avec une tendre dévotion. Le gouverneur furieux le frappa au visage, il lui présenta l'autre joue. Le jour suivant, on l'exposa sur un rocher, aux rayons brûlants du soleil des Indes, et on le battit de verges jusqu'à ce que sa chair en fut déchirée. Un de ses catéchistes, qui plus tard fut témoin de son martyre, reçut sur la tête des coups si violents, que l'un de ses yeux arraché de son orbite lui pendait sur la joue : « Dites à son maître de le lui remettre, » cria le gouverneur avec un odieux sarcasme.

Pour confondre son persécuteur, ce pouvoir fut donné à de Britto ; à peine eut-il fait le signe de la croix, l'œil de son disciple fut guéri. Le gouverneur ordonna que l'on apportât un livre, et ce barbare endurci, qui « aurait refusé de croire quand les morts seraient sortis de leurs tombeaux, » put s'assurer du miracle en voyant lire celui à qui Dieu venait de rendre la vue ; dans sa fureur il s'écria : « Il l'a fait à l'aide de la magie. » Cependant son premier secrétaire se convertit et confessa « qu'une religion qui donnait de telles preuves de son pouvoir, devait certainement venir du ciel [2] » Le persécuteur, par un de ces jugements dont l'histoire des missions fournit tant d'exemples, fut dans

---

[1] Prat, livre III, p. 199.
[2] Prat, livre III, p. 250.

prêtre, et la même année il s'embarqua pour l'Inde où, d'après son ardent désir, la Providence lui réservait la couronne du martyre [1].

Il ne lui fallut pas longtemps pour reconnaître le véritable caractère de la mission à laquelle il s'était voué. Comme ses prédécesseurs, il comprit que les Indiens ne pouvaient être ramenés vers Dieu que par des hommes ayant le courage de mener une vie surnaturelle. Dans leur erreur, les Indiens faisaient ordinairement cette réponse à ceux qui cherchaient à les convaincre : « Nous aimerions mieux descendre en enfer que d'être les disciples des *prangui*. » Les austérités et les vertus de de Nobili furent imitées par de Britto et s'il est possible, avec un plus grand succès encore. Le jour de Pâques de l'année 1678, il admit à la fois au baptême trois cents catéchumènes, qui tous avaient été de longue main préparés par lui. Dès ce moment les conversions devinrent si nombreuses, que les témoins entendus pendant la procédure de sa béatification se déclarèrent incapables de les énumérer. Lorsqu'une première fois il fut condamné à mort par le gouverneur de Tanjore, les chrétiens de cette province menacèrent de quitter le royaume *en masse*, à moins que l'édit ne fût révoqué. On fit droit à leur réclamation « dans la crainte de dépeupler le territoire. » Bientôt après, plus de dix-huit cents d'entre eux reçurent le même jour la sainte communion de sa main.

Parlant avec sa modestie habituelle des marques de la protection divine, il disait : « Les faveurs prodigieuses de Dieu sont si fréquentes, que nos chrétiens y sont accoutumés ; un néophyte nommé Jean est devenu célèbre, par les cures instantanées qu'il opère en récitant le Credo sur les malades ; les païens s'adressent ou se recommandent à lui dans leurs maladies. » Les exemples qu'il cite de possédés délivrés du démon au moment du baptême, se reproduisent presque à chaque page. Le Père Boucher atteste le même fait. « J'eus le bonheur, dit-il, de consacrer la plus grande partie de ma vie à prêcher l'Évangile aux idolâtres de l'Inde ; j'eus aussi la consolation de pouvoir constater que quelques-uns des prodiges qui contribuèrent à la conversion des païens dans les temps de l'Église primitive, se renouvellent journellement parmi les Églises que nous avons fondées sur cette terre infidèle [2]. » Il ajoute que plusieurs de ces prodiges eurent pour témoins des Anglais et des protestants.

---

[1] *Histoire du bienheureux Jean de Britto*, par le R. P. Prat (1855).
[2] *Lettres édifiantes*, tome XI, p. 43.

naires [1], » il demanda la permission de les garder dans son palais pendant une seule nuit. Les nobles de sa cour « et les docteurs musulmans, malgré l'aversion qu'ils éprouvaient pour toute espèce d'images, » témoignèrent la même curiosité respectueuse; et pendant vingt jours, l'église des jésuites de Lahore fut remplie du matin au soir par la foule accourue de toutes parts. L'élan était si général, que l'ambassadeur persan près la cour du Mongol, amena ses enfants pour les faire baptiser, et les Pères « s'acquittaient de leurs fonctions dans Lahore, comme s'ils eussent été au milieu de Rome [2]. » Pendant quelque temps, il sembla que l'Inde centrale allait se soumettre à la foi. Dans la citadelle même de la superstition et de l'idolâtrie de l'Orient, les missionnaires de la croix luttaient contre l'ennemi du genre humain et paraissaient être sur le point de lui arracher son empire. La piété et la constance de leurs disciples, qui s'élevaient déjà à plusieurs milliers, leur attiraient l'hommage des païens. Des écrivains protestants ont admis qu'à ce moment, l'édifice entier de la démonologie orientale était menacé d'une ruine que les événements politiques seuls arrêtèrent.

LE BIENHEUREUX JEAN DE BRITTO.

Le nom qui, après François Xavier et de Nobili se présente le premier dans l'Inde, est celui du bienheureux Jean de Britto. Fils du vice-roi du Brésil et ami intime de Jean IV de Portugal, il naquit en 1647 et fut élevé à la cour comme compagnon des princes.

A l'âge de quatorze ans, à la suite d'une maladie dangereuse, pendant laquelle il avait invoqué saint François Xavier, il embrassa la vie religieuse et en prit l'habit tout en continuant ses fonctions de page auprès du roi. Après des difficultés sans nombre, il obtint l'autorisation de quitter la cour et annonça à sa mère sa nouvelle destinée en ces termes : « Ma mère, il est temps que je vous quitte pour suivre Jésus-Christ. » A ceux qui s'étonnaient de trouver une humilité et une abnégation si grandes, dans un jeune homme d'une aussi haute naissance et dont l'éducation avait été entourée de soins si délicats, il avait coutume de dire : « J'ai seulement connu la vraie noblesse en devenant le compagnon des amis et des disciples de Jésus-Christ. » En 1673, il fut ordonné

---

[1] Elphinstone's *History of India*, vol. II, ch. III, p. 325.
[2] *Hist. Soc. Jesu*, pars V³, auctore Josepho Juvencio. lib. XVIII, p. 451-464.

rable. Sans doute, comme nous le verrons plus tard, les fruits en subsistent jusqu'à ce jour ; mais la conversion de cette classe particulière à laquelle le Père Robert s'était voué avec un si grand succès, fut suspendue et empêchée à l'avenir. « Ce grand mouvement produit parmi les brahmanes de 1606 à 1640, subit un temps d'arrêt ; on ne put le faire renaître que fort imparfaitement plus tard. Tant il est vrai qu'il est difficile de retrouver l'occasion quand une fois on l'a perdue[1]. »

Comme le fait remarquer un auteur anglais, « la vie pénible de Nobili produisit des fruits si abondants, qu'il pût voir avant sa mort, en récompense de quarante-cinq années de travaux, une église s'élever *dans chaque ville importante de l'Inde méridionale*[2]. »

Frappé de cécité dans sa vieillesse, il accepta cette infirmité comme un moyen pour se rapprocher de Dieu par la prière et la méditation. La ville de Méliapore, près de laquelle il avait longtemps vécu dans une humble cabane, fut saccagée et détruite vers la fin de sa vie et les pierres mêmes dont elle était construite furent transportées au loin ; « alors on vit avec étonnement la hutte du Père de Nobili, debout et intacte au milieu des ruines[3]. » Mais lors de cet événement, il avait déjà reçu sa récompense.

MISSIONS DANS L'INDE CENTRALE.

Presque à la même date et avec les mêmes caractères, se présentent, nous fait remarquer Ranke d'après Jouvency, les travaux non moins importants des missionnaires près de la cour de l'empereur Akbar. A la fin du seizième siècle, l'an 1599, « *la nuit de Noël fut célébrée à Lahore*, avec la plus grande solennité ; de nombreux catéchumènes portant à la main des branches de palmiers, se rendirent processionnellement dans les églises et reçurent le baptême... En 1610, trois princes du sang royal furent publiquement baptisés par la main du Père Geronimo Xavier, neveu de saint François[4]. » Akbar lui-même, d'après la remarque d'un historien anglais, « vénéra les images de Jésus-Christ et de la Vierge, qui lui furent montrées par les mission-

---

[1] *Histoire de la Mission du Maduré*. ch. v, p. 128.
[2] Irving's *Theory of Caste*, ch. v. p. 128.
[3] Bertrand, tome III, p. 114.
[4] Ranke, .

ment instruit des faits, écrivit au missionnaire pour le consoler dans ses épreuves et l'exhorter à poursuivre sa glorieuse carrière. Au Malabar où tous les faits étaient connus, l'archevêque de Goa, primat des Indes, quoiqu'il eût présidé le synode de Diamper qui condamna l'usage de la corde brahmanique, approuva solennellement la conduite de Nobili ; bien plus, son diocésain l'archevêque de Cranganore ajouta à son approbation ces paroles remarquables : « Plût à Dieu que le Père Robert eût autant d'imitateurs de sa vertu que de détracteurs de sa conduite ! Quant à moi, je porterais volontiers six cents cordes des brahmanes, si en le faisant je pouvais sauver une seule âme. » Le prélat savait sans doute que ce n'était là qu'un emblème du rang, et que le brahmane en en revêtant son fils disait : « *Ego te* NOBILEM *hac linea facio*[1]. »

En 1623, Grégoire XV, par une bulle datée du 31 janvier, donna sa sanction expresse à la méthode suivie par de Nobili, et en 1707, Clément XI confirma ce jugement. Clément XII ordonna de supprimer la distinction des castes ; mais cette décision, fondée d'ailleurs sur une interprétation exagérée de la théorie de cette institution, ayant été reconnue fatale aux conversions, Benoît XIV, par sa bulle du 12 septembre 1744, non-seulement applaudit à la conduite des jésuites, mais encore les autorisa à avoir deux classes de missionnaires, l'une pour les nobles et l'autre pour les parias. Cette décision fut accueillie avec joie dans l'Inde, et les Pères se disputèrent le privilège d'être désignés pour la dernière catégorie. Parmi les premiers qui se vouèrent aux parias se trouvaient d'Orbigny, Barbosa, Da Costa, Pimentel, d'Almeida et d'autres qui oublièrent leur noblesse pour devenir les serviteurs d'esclaves et de proscrits.

Telle fut l'issue de la célèbre controverse du Maduré, dont le fondateur de cette mission sortit vainqueur. « Toute sa conduite, dit un éminent écrivain protestant, condamnant dans cet aveu isolé les libelles de ses coreligionnaires, était si adaptée à ses fins, qu'il se trouva en peu de temps environné d'une foule de convertis, et quoique sa méthode d'enseignement ait été dans le principe un sujet de blâme en Europe, *il semble qu'elle était la seule propre à favoriser le succès de la cause*[2]. »

Mais son œuvre, justifiée d'une voix unanime par les autorités ecclésiastiques qui l'approuvèrent constamment pendant cent trente ans, avait éprouvé dans cette première lutte un dommage considé-

---

[1] Jouvency, lib. XVIII, p. 508.
[2] Ranke, *History of the Popes*, vol. II, livre VII, p. 93 ; ed. Austin.

la fit imprimer en secret. Condamné par son ordre, bien qu'il affectât de le défendre contre les attaques des jésuites, il se réfugia en Hollande et de là en Angleterre; dans ces deux pays il rencontra des esprits dont les dispositions répondaient aux siennes. En Angleterre, il établit d'abord une manufacture de suif et ensuite une fabrique de tapis, sous le patronage du duc de Cumberland; plus tard il mena une vie errante en Allemagne, et ayant obtenu sa sécularisation et déposé l'habit religieux, il passa en Portugal. Là le remords semble l'avoir surpris, et par un excès de charité on lui permit de reprendre la robe de capucin, que bientôt après il abandonna une seconde fois. Enfin, après avoir essayé de tromper jusqu'au souverain pontife, il mourut misérablement, dans un village obscur de France [1].

Voilà l'homme sur l'autorité duquel sont fondées toutes les histoires protestantes du christianisme au Malabar. Longtemps encore, soyons-en certains, les protestants continueront à le citer avec empressement. L'un d'eux, dans un ouvrage récent aussi superficiel que grossier, l'emportant sur tous ses prédécesseurs par la violence du langage, s'attache encore à ce témoin discrédité, et méprisant le jugement de la chrétienté aussi bien que le jugement plus redoutable dont celui-ci n'est que le précurseur, il n'a pas honte de parler de « l'impiété des jésuites, » de déclarer qu'ils se rendirent aux Indes « le mensonge dans la main droite, » que « le christianisme du Maduré était une idolâtrie non déguisée » et que ses apôtres « s'appuyaient sur une prédication inintelligible et sur un baptême sans valeur [2]. »

D'après lui, ils étaient menteurs parce qu'ils s'appelaient pénitents, et cependant leur vie tout entière n'était qu'un long martyre; ils étaient menteurs parce qu'ils se donnaient pour des rajahs, et cependant plusieurs d'entre eux appartenaient aux familles les plus illustres de l'Europe; ils étaient idolâtres, et cependant ils apprenaient à leurs disciples, en leur en donnant l'exemple, à sacrifier leur vie plutôt que d'encourager par une parole ou un regard les abominations des gentils.

Le cardinal Bellarmin, proche parent de Nobili, fut pendant quelque temps, il est vrai, troublé par des suppositions spécieuses et il écrivit pour demander une explication au sujet de cette complicité avec les coutumes barbares, que l'on attribuait à son neveu. L'explication lui fut donnée, et, comme Norbert le confesse, « il changea d'opinion [3]. » En 1615, le cardinal, parfaite-

[1] *Biographie universelle*, in voc.
[2] *Christianity in India*, par J. W. Kaye, ch. I, p. 75; ch. II. p. 75 (1859).
[3] *Mémoires historiques*, etc., tome I, p. 17.

ont attribué le succès de la mission du Maduré et ses résultats étonnants à une connivence coupable avec les superstitions païennes. Telle est l'explication qu'ils donnent des triomphes apostoliques qu'ils ne peuvent ni croire ni comprendre. La Croze, Geddes, Hough et d'autres écrivains de leur espèce, se servant à l'envi d'un langage que nous ne voulons pas employer, dirigent contre de Nobili et ses successeurs des accusations de faux, d'imposture, de superstitions, d'idolâtrie et divers autres crimes qu'il est inutile d'énumérer. Le docteur Grant lui-même, qui ne doit pas être confondu avec les précédents, est tombé dans la même erreur [1].

Ce n'est pas, comme on pourrait le croire, dans les pages de Mosheim, vaste arsenal de mensonges où puisèrent la plupart des écrivains protestants, que cette version a son origine ; il est un nom que nous rencontrons dans tous les ouvrages dont il est ici question, un témoin toujours invoqué et auquel il faut faire remonter la responsabilité de cette erreur historique. Ce témoin est le Père Norbert, ex-capucin et ex-missionnaire dans l'Inde.

Dans un ouvrage qu'il publia en 1744 [2], l'on trouve toutes les fables qui depuis ont été gravement répétées comme des faits historiques. Le docteur Grant le cite dans ses *Bampton Lectures* ; cependant avec bien peu de recherches, en recourant à la *Biographie universelle*, il eût découvert le peu de valeur réelle d'un témoin dont il n'a pas craint de se servir, pour diffamer des hommes héroïques qui consacrèrent leur vie au service de Dieu et au salut de leurs semblables.

Norbert était un de ces missionnaires qui, ayant échoué dans l'œuvre de la conversion des Hindous par les méthodes en usage, était aussi incapable d'imiter les austérités par lesquelles les jésuites préparaient leurs succès, que de se réjouir de ceux auxquels il n'avait pas participé. Poussé par une jalousie mortelle, et cédant aux suggestions d'une méchanceté qui allait presque jusqu'à la démence, il attaqua les jésuites avec furie du haut de la chaire. Le pouvoir civil fut forcé d'intervenir, Dupleix, gouverneur de Pondichéry, le fit embarquer et l'envoya en Amérique. Il y passa deux années, « moins occupé à travailler aux missions qu'à dresser ses plans de vengeance contre les jésuites. » La publication de l'ouvrage mensonger qu'il avait préparé sur la mission de Malabar, et dans lequel il traitait la Société de Jésus comme une bande de malfaiteurs, fut interdite par l'autorité ; il

---

[1] *Bampton Lectures for* 1843.
[2] *Mémoires historiques sur les Malabares.*

ajoute-t-il, après une longue énumération de ces grandes qualités, de ne pas attribuer ces résultats à une grâce spéciale, à un don extraordinaire de la bonté divine, plutôt qu'aux talents naturels du Père Robert[1]. »

Son succès fut si grand, que quelques-uns des hommes les plus intelligents de cette époque n'hésitèrent pas à dire qu'il avait accompli une des œuvres apostoliques les plus admirables des temps modernes. *La mission du Maduré* devient célèbre dans toute la chrétienté; en attribuant à son fondateur l'ensemble des travaux dont une part sans doute revenait à ses collègues, l'on disait qu'il avait converti plus de cent mille idolâtres, appartenant presque tous à la classe des brahmanes. Comme l'avaient déjà prouvé saint François et ses compagnons, l'Hindou n'était pas un sujet que la grâce ne pouvait atteindre; lorsqu'il voyait un saint, il savait le reconnaître. Si plus tard il a semblé rejeter le christianisme, ce fut seulement, comme nous le verrons, parce qu'il ne pouvait plus rien découvrir de divin dans les nouveaux maîtres qui venaient le lui offrir.

De Nobili se préparait à quitter le Maduré, dans lequel cent cinquante mille chrétiens indigènes témoignent jusqu'à ce jour de la solidité de ses œuvres. Accompagné de catéchistes indiens qu'il avait lui-même formés, il avait résolu de pénétrer à l'intérieur, et de porter le message de paix aux nations plus éloignées; mais à ce moment commença cette grande épreuve qui fut la crise de sa carrière apostolique, et qu'il importe de raconter brièvement[2].

Quiconque a puisé dans les écrits des historiens protestants des notions sur la célèbre mission du Maduré et sur son illustre fondateur, aura gardé une impression fâcheuse. Pleins de hardiesse et de présomption dans leurs assertions générales, circonstanciés et minutieux dans les détails reproduits par les écrivains qui les ont suivis, sans que ceux-ci se soient donné la peine de changer une phrase à leurs assertions, ces historiens ont séduit bien des lecteurs sans expérience. Qui eût soupçonné leurs accusations si graves et si formidables, appuyées d'un déploiement fastueux de noms et de dates, d'être les inventions d'une jalousie chagrine qui ne pouvait pardonner à d'autres leurs succès?

Tous les auteurs protestants, à deux ou trois exceptions près,

---

[1] Bertrand, tome II, p. 158.
[2] Un écrivain anglais moderne fait remarquer, comme preuve de l'influence de Nobili, que, dans les célèbres édifices hindous, à Madura, « la dissemblance avec le caractère général de l'architecture hindoue doit être attribuée aux inspirations du jésuite missionnaire Robert de Nobili. » (Robert's *Hindostan*, vol. II, p. 69.)

les saints Pères, des eaux génératrices qui doivent fertiliser la plante précieuse du christianisme, nouvellement semée sur ce sol inculte. Sans doute il peut y avoir des cas particuliers dans lesquels la simplicité exagère des faits naturels, et les attribue à des causes surnaturelles ; mais un homme doit être aveugle, il doit pousser l'obstination au delà de toute mesure, pour ne pas reconnaître dans ce pays l'existence d'innombrables prodiges. » Il est assez curieux de voir un auteur presbytérien avancer deux cent quarante ans plus tard le même fait, et assurer, en se fondant sur l'autorité des missionnaires protestants, que, « dans les contrées païennes comme celle-ci, Satan exerce *encore maintenant* un pouvoir qui lui était anciennement accordé, mais dont il est actuellement en grande partie privé dans les pays chrétiens[1]. »

« Le succès prodigieux » de la méthode adoptée par de Nobili, pour nous servir des termes employés par Laerzio, devenait de plus en plus manifeste. Par une austérité de vie à laquelle n'eût pu résister une charité moins ardente, il avait vaincu les premiers préjugés des Hindous ; par la science et par l'éloquence avec lesquelles il combattait les erreurs de leur religion et de leur philosophie, il les gagnait à la vérité. « Loué soit Notre-Seigneur Jésus-Christ » était devenu le salut ordinaire des chrétiens lorsqu'ils se rencontraient, et cependant la foi, dont cette formule était l'expression, commençait à peine ses triomphes.

Il est intéressant de lire le passage d'une lettre adressée à Claude Aquaviva, général de la Société de Jésus, par le Père Antoine Vico, juge compétent en hommes et en œuvres. « Quelque élevée, dit-il, qu'ait été mon opinion précédemment formée sur l'aptitude du Père Robert pour l'œuvre de la conversion des infidèles, elle était beaucoup au-dessous de la réalité. J'appellerais volontiers cet homme le type de perfection *idéale* du missionnaire, si je n'étais témoin par mes propres yeux de ce qui s'accomplit par son ministère. Comment décrire cette science consommée qui résout sans effort les questions les plus ardues de la théologie, cette souplesse de talent qui, tout en mettant la vérité à la portée des ignorants et des simples, sait en même temps charmer et fasciner les savants, cette fertile éloquence qui nous étonne par la richesse de son langage, et cela malgré la difficulté et la variété des idiomes de ces nations ? Il est impossible,

---

[1] *Six Years in India*, par Colin Mackensie, vol. I, ch. vi, p. 243. Comparez *Rambles and Recollections of an Indian Official*, par le lieutenant-colonel W. H. Sleeman, vol. I, ch xi, p. 89.

ration. » C'était là une preuve suffisante du succès qui avait couronné les travaux de Nobili.

A sa demande le Père Emmanuel Leitan fut désigné pour le rejoindre; c'est à lui que nous devons la relation suivante, datée du 28 septembre 1609. « Je voudrais pouvoir vous exprimer les sentiments que la vue de cette jeune Église a excités en moi, et la piété de ces anges gagnés à Dieu au prix de tant de travaux et de sacrifices. Je n'ai jamais rencontré de chrétiens qui, après un temps aussi court, aient été mieux instruits des choses de Dieu et de la religion. » Il entre alors dans quelques détails sur leur mode de vie et sur leurs progrès spirituels, et ajoute des exemples de nouvelles conversions opérées par son illustre collègue. Peu de temps après, celui-ci écrivit lui-même en ces termes au provincial qui se proposait de visiter sa mission. « Croyez-moi, mon révérend Père, vous goûterez ici une joie plus vive et plus abondante que vous ne pourriez l'imaginer. Le Seigneur accueille dans le bercail tant de nouvelles brebis, que bientôt mon église ne sera plus capable de contenir les néophytes, il faudra songer de nouveau à l'agrandir. Pendant le mois dernier, j'ai baptisé un grand nombre d'idolâtres, et si je n'en ai pas admis davantage, c'est parce que je suis incapable de suffire à un si grand travail. Dans les commencements et surtout dans ce pays, il est très-important de ne baptiser les catéchumènes qu'après les avoir soumis à une longue épreuve et les avoir instruits de toutes les vérités de la foi. Les chrétiens que nous formons sont le noyau d'une Église naissante. Nous ne pouvons en assurer la ferveur, la constance et la générosité dans les temps à venir, qu'en disciplinant avec le plus grand soin ces premiers éléments [1]. »

L'année suivante il écrit ces lignes remarquables au savant Antoine Vico, qu'il désirait s'associer à ses travaux : « J'ai à vous relater des choses si extraordinaires, que, si j'écrivais à tout autre qu'à un professeur de théologie, je croirais devoir, par précaution, faire précéder mon récit d'un exposé explicatif. Je préviendrais mon lecteur de ne pas s'étonner des sortiléges et des maléfices, puisque nous sommes dans une contrée où le démon exerce encore un empire effrayant et universel; ici l'action visible de Satan est un fait journalier, reconnu par le peuple indien tout entier; il forme le mobile et la base d'une grande partie du culte qu'il observe. Je le préviendrais aussi de ne pas s'étonner des merveilles que Dieu opère parmi nos chrétiens, puisqu'elles sont la source, suivant

---

[1] Bertrand, tome II, p. 75.

excitée par les brahmanes n'a eu d'autre effet que de fortifier notre position dans cette ville. Je viens de baptiser huit personnes, et je prépare de nouveaux catéchumènes. » Outre les devoirs ordinaires de la vie religieuse, c'est-à-dire la méditation et la prière, où il puisait la force de poursuivre la route qu'il s'était tracée, il s'occupait de l'étude des langues, composait un volumineux catéchisme, « adapté au génie et à l'intelligence de ce peuple, » faisait journellement quatre instructions aux chrétiens ou catéchumènes, et enfin donnait audience aux nombreux visiteurs qui désiraient conférer avec lui sur la loi spirituelle. « Mon église, dit-il, ne peut plus contenir les chrétiens, il est nécessaire de l'agrandir, mais je suis sans argent et je dois réclamer de votre charité quelque assistance. »

Peu après, deux de ses néophytes furent envoyés au collége de Cochin, et leur voyage nous fournit la première occasion de voir ce qu'étaient les chrétiens formés par son enseignement et son exemple. Dans une lettre par laquelle il annonçait leur prochaine arrivée, de Nobili informait ses collègues qu'ils étaient trop foncièrement instruits pour se scandaliser des différences extérieures de *castes*, telles que mode de vie, cérémonies en usage chez les chrétiens auprès desquels on les envoyait. « Ne craignez pas qu'ils soient scandalisés par ces différences, soit au collége, soit dans la ville; ils sont complétement instruits de toutes ces questions. Ils savent que, malgré l'extrême diversité de nos coutumes, nous servons tous le même Dieu, et pratiquons la même loi, et que, sous ce rapport, il n'y a entre nous absolument aucune différence. Loin donc de redouter que ce voyage puisse produire un effet funeste sur notre jeune Église, j'ai toute confiance qu'elle en retirera un grand avantage. »

Les espérances exprimées en ces termes se réalisèrent pleinement. Ce fut peut-être une entreprise hardie, mais l'événement prouva qu'avec la connaissance de la loi chrétienne, l'institution des castes n'était plus qu'une distinction purement civile et se réduisait à une simple question d'étiquette sociale. Les deux néophites, Visouvasan et Maleiappen, accomplirent leur voyage sans entrave, et voici en quels termes s'expriment les Pères de Cochin, dont ils étaient devenus les hôtes : « Ce qui nous toucha le plus fut de les trouver parfaitement instruits des vérités de notre sainte religion. Nos Pères prenaient plaisir à leur proposer toutes sortes de questions, sans en excepter les mystères les plus élevés, la sainte Trinité, la présence réelle, etc. Ils répondaient avec tant d'assurance, de promptitude et de netteté, qu'ils nous remplissaient d'admi-

lut de l'âme[1]. Il est prouvé que ce quatrième *véda* est perdu en grande partie, et qu'aucun homme n'est assez instruit ou assez saint pour le retrouver ; de plus, l'on avoue que les trois *védas* dont la connaissance a été conservée ne suffisent pas pour conférer la vie spirituelle[2]. Partant de ces aveux, je leur fais sentir qu'ils vivent dans une erreur funeste, qu'aucun des trois *védas* qu'ils reconnaissent n'a le pouvoir de les sauver ; que par conséquent tous leurs efforts sont vains, et je le leur prouve en citant les paroles mêmes de leurs livres sacrés. Ces hommes ont un désir ardent du bonheur éternel, et pour le mériter ils se vouent à la pénitence, aux aumônes et au culte de leurs idoles[3]. Je profite de cette disposition pour leur dire que, s'ils désirent leur salut, ils doivent écouter mes instructions ; que je suis venu d'une contrée éloignée dans le seul but de les sauver en leur enseignant cette loi spirituelle qu'ils ont entièrement perdue, de l'aveu même de leurs brahmanes. Je conforme ainsi mon langage à leurs idées, suivant l'exemple de l'apôtre qui prêchait aux Athéniens le Dieu inconnu. »

Au milieu de ses succès, il ne pouvait échapper aux épreuves et aux contradictions que les saints ont toujours désirées, et sans lesquelles leur œuvre semblerait imparfaite. Les brahmanes païens présentèrent au roi une pétition contre lui, à cause de son refus d'autoriser ses disciples à se couvrir de cendres ou de tout autre signe du culte des idoles ; on excita vivement l'opinion publique, et l'un de ses propres serviteurs brahmanes le quitta par peur. L'autorité du roi, qui visita en personne le Père de Nobili, et qui se déclarait son protecteur, découragea ses ennemis et compléta son triomphe. Peu de temps après, dans une conférence de huit cents brahmanes assemblés pour juger sa doctrine, la défense de la loi évangélique fut présentée avec tant de force par un de ses nouveaux convertis, que ses accusateurs furent obligés de se retirer humiliés et confondus.

Une lettre écrite par lui en 1609, de la ville de Madura, contient ce qui suit : « Chaque jour nos progrès deviennent plus visibles et la conversion des gentils moins difficile. La persécution

---

[1] Bertrand, tome II. p. 21.

[2] « Nous ne connaissons encore les *védas* que très-imparfaitement. » (Mohl, *Rapport*, p. 41.) « Sir William Jones ne poussa pas beaucoup plus loin que les versions modernes de passages détachés. » (Speir's *Life in Ancient India*, ch. 1, p. 42).

[3] « ... La société hindoue est encore bien plus profondément religieuse que les sociétés grecque et romaine. » (*L'Inde sous la domination anglaise*, par le baron Barchou de Penhoën, tome II, livre VIII, p. 145.)

que le temps n'était pas encore venu, répond qu'il est retenu par les devoirs de sa profession, et qu'il ne peut quitter sa demeure.

Enfin il fait sa première conquête. Un brahmane du plus haut rang, qui aspirait à la perfection, mais qui jusqu'alors avait dédaigné la religion du Christ, homme d'une grande intelligence et d'un esprit cultivé, auquel tous les systèmes philosophiques de l'Orient étaient familiers, se résout à lui rendre visite. La conférence dura vingt jours, vingt jours de lutte entre deux esprits vigoureux, dans laquelle tous les trésors de la science chrétienne sont dévoilés par la main d'un maître. Le brahmane n'était pas un adversaire ordinaire ; versé dans la logique et la métaphysique, et connaissant tous les écrits des platoniciens, il défendait pied à pied chaque position avant de se rendre. Enfin il s'avoua vaincu, embrassa « la folie de la Croix, » et, après avoir reçu l'instruction nécessaire, fut admis au baptême. Bientôt il prêcha lui-même l'Évangile.

Son exemple fut rapidement suivi par d'autres, convaincus par les raisons solides que le néophyte développait devant eux. Le 8 du mois d'août 1608, un brahmane du même ordre, mais éminent entre tous par les dons qu'il avait reçus de la nature, s'adressa au Père pour être instruit. Touché par les vérités de la foi, il rejeta au loin avec indignation les cendres qui couvraient son front, et défendit à ses trois fils de porter à l'avenir ces signes d'idolâtrie. Le baptême qu'il demandait lui fut refusé, jusqu'à ce qu'il eût donné des preuves de sa foi ; il eut bientôt l'occasion de les fournir, ainsi que toute sa famille.

Les fruits de cette grande entreprise du Père de Nobili commencèrent à se multiplier. Convaincus par le témoignage de ses serviteurs que sa vie cachée était une vie de prière et de mortification continuelle, de nouveaux convertis, incapables de résister à la sagesse qu'il manifestait, toujours recrutés dans les plus hautes classes, venaient s'ajouter à ses conquêtes. Lui-même en décrivant les triomphes de sa patiente et ingénieuse charité, disait : « Indépendamment de mon genre de vie, de ma nourriture, de mon costume et de l'usage exclusif que je fais des brahmanes pour me servir, il est une autre circonstance qui m'aide beaucoup à opérer des conversions, c'est la connaissance que j'ai acquise de leurs livres les plus secrets. J'y vois constaté que leur pays possédait primitivement quatre lois ou *védas* ; trois de ces lois sont celles que les brahmanes enseignent encore jusqu'à ce jour, la quatrième, purement spirituelle, pouvait rendre possible le sa-

Nobili résolut d'appliquer à ce mal un remède efficace. Suivant l'exemple de saint Paul qui se fit tout à tous, et celui du Verbe éternel qui se fit homme pour sauver les hommes, le Père Robert se dit : et moi je me ferai Indien pour sauver les Indiens. D'un coup d'œil il vit tout ce qu'embrassait ce projet sublime[1].

Autorisé par l'archevêque de Cranganore et par son supérieur immédiat, il se présente donc devant les brahmanes. « Je ne suis, leur dit-il, ni un *prangui*, ni un Portugais, mais un *rajah* romain, c'est-à-dire un membre de l'ordre le plus élevé de la noblesse ; je suis aussi un *saniassi*, c'est-à-dire un pénitent qui a renoncé au monde et à tous ses plaisirs. » Ces deux propositions étaient rigoureusement vraies, comme le fait remarquer un protestant de nos jours[2]; de Nobili pouvait les établir avec autant de justesse que saint Paul ayant déclaré une fois qu'il était Hébreu et une autre fois qu'il était citoyen romain.

Dès ce moment, se soumettant par un effort de charité à tous les préjugés de ceux qu'il voulait sauver, il se sépara de ses frères que l'on savait avoir eu commerce avec des hommes d'autres castes, et n'admit plus dans sa société que des brahmanes. Du riz, des herbes amères et de l'eau, pris une fois par jour, formèrent sa nourriture, une humble cabane fut sa demeure. Enseveli dans une solitude mystérieuse, il ne reçut plus de visiteurs qu'avec une extrême réserve. Peu à peu la renommée du grand *saniassi* venu de l'Occident se répand dans la contrée, et les docteurs des gentils sollicitent une audience de l'illustre pénitent. Le brahmane qui le sert leur dit, que le Père est occupé à la prière, ou à la méditation, ou à l'étude de la loi divine ; enfin, après avoir été deux ou trois fois éconduits, ils sont admis en sa présence. Fascinés par son éloquence et par la distinction de ses manières, charmés par la facilité et la pureté avec lesquelles il parle leur langue, par les citations qu'il leur fait de mémoire des auteurs indiens les plus renommés, ou par les vers qu'il déclame avec un goût exquis, ils se hâtent de proclamer partout les rares qualités de l'apôtre caché.

Leur récit parvient aux oreilles du roi, qui lui envoie un message, exprimant le désir de le voir. Le Père consentant, non pour lui-même mais pour Dieu, à recevoir ces vains honneurs, et jugeant

---

[1] Ce qui va suivre est principalement tiré des *Lettres* publiées par le Père Bertrand dans son *Histoire de la Mission du Maduré*, dont l'orientaliste Mohl disait, dans un rapport fait en 1841 à la Société asiatique de Paris : « Ce livre devrait se trouver dans la bibliothèque de tous les savants. » (*Rapport* du 31 mai, p. 19).

[2] *Theory of Caste*, ch. V, p. 127.

En quittant l'Europe et une position brillante qui eût séduit un cœur moins héroïque que le sien, il avait abandonné les honneurs et les dignités dont le monde s'efforce en vain de racheter le peu de valeur, en les offrant à de tels hommes. Il commença donc, en véritable apôtre, par renoncer à tout pour suivre Jésus-Christ; ce qu'il accomplit dans la suite fut digne de ce début. En 1606, accompagné du Père Albert Laerzio, provincial du Malabar, il entra dans la mission du Père Fernandez, et put contempler le terrible problème que Dieu l'avait appelé à résoudre. Avec le regard pénétrant d'un saint et l'énergie calme d'un cœur préparé au martyre, il examina le champ de bataille qui s'étendait devant lui. Dès cet instant sa résolution fut prise. Il voulut regarder en face le puissant démon qui tourmentait l'Inde de ses enchantements et de ses sortiléges, lutter avec lui en combat singulier et par la grâce de Dieu le fouler aux pieds; il lui fut donné d'accomplir cette résolution.

Saint Paul avait dit : « Tout m'est permis, mais tout n'est pas expédient; » il avait dit encore : « Si l'usage de la viande doit scandaliser mon frère, jamais je ne mangerai de viande. » C'était là une règle de conduite pour ses successeurs. Le nouvel apôtre de l'Inde comprit que pour gagner son frère il devait s'abstenir de viande, afin de ne pas lui être une cause de scandale, et sans hésiter il fit vœu de ne plus en manger; faible part des sacrifices qui lui étaient demandés.

L'institution des *castes*, considérée par plusieurs comme une distinction purement civile, analogue aux distinctions de rang qui existent en Europe[1], ne pouvait être reconnue et consacrée d'une manière permanente par l'Église, car elle était contraire au grand principe de la fraternité chrétienne; ce n'était pas une raison suffisante pour abandonner des âmes[2]. « Touché de l'aveuglement déplorable de ces hommes, ensevelis dans les ténèbres de la mort, dit son compagnon Laerzio, pénétré de la grande pensée que Jésus-Christ est venu sur la terre pour le salut de tous, que partout il doit triompher du démon, détruire son empire, et délivrer ceux qui en étaient les esclaves; reconnaissant aussi la cause véritable d'une obstination si effrayante et si invincible, le Père Robert de

---

[1] *The Theory and Practice of Caste*, par B. A. Irving, esq., ch. 1, p. 25.

[2] « L'institution des castes nous fournit un exemple entre mille de ces exagérations particulières dans lesquelles se complaît l'esprit des Hindous... Cette institution peut être modifiée et rendue moins sévère dans ses délimitations, mais jamais elle ne cessera d'exister. » (*Travels in Peru and India*, par Clements R. Markham, F. S. A., F. R. G., ch. xxv, p. 424 (1862).

des œuvres humaines ; lorsque la vie semble la plus vigoureuse, c'est alors qu'arrivent la décadence et la dissolution ; elles tombent par leur propre faute, l'Église seule subsiste toujours. Le nom portugais, jadis si pur, fut souillé par ceux qui le portaient, et la ville de Goa, métropole de l'Inde portugaise, devint un sujet de scandale parmi les païens. L'horreur que les Indiens éprouvaient pour le caractère des Européens et le mépris que leur inspiraient leurs vices et leur versatilité, acquirent toute l'énergie de la passion. L'usage des viandes grossières et des liqueurs fortes, condamné par la loi et par l'instinct de ces tribus asiatiques, inspirait une répugnance inexprimable à des hommes qui, de la religion, ne comprenaient que ses austérités, et prenaient les moyens extérieurs de purification pour le but à atteindre. « Rien, dit un voyageur moderne, n'égale leur frugalité [1], » et l'un des plus récents historiens de l'Inde ajoute qu'ils pratiquaient encore les mêmes mortifications et « affectaient d'imiter ainsi la pureté des brahmanes [2]. » Être un *prangui* ou seulement entrer en communication avec un *prangui*, était à leurs yeux le dernier degré du déshonneur ; aussi les rares vertus, que l'on pouvait encore trouver chez quelques individus de cette *race abhorrée*, ne parvenaient point à vaincre le mépris et la haine voués au nom chrétien.

Il était nécessaire d'apporter remède à ce mal immense. L'heure avait sonné qui devait fixer le sort du christianisme dans l'Inde, et décider, au moins pour une longue période, si la lumière ou les ténèbres couvriraient cette contrée.

A ce moment de crise, la main de Dieu fut étendue, pour attirer à lui l'homme qu'il avait choisi pour accomplir une œuvre en apparence impossible, et pour le guider vers le rivage où allait commencer une lutte suprême entre le bien et le mal. L'apôtre destiné à cette redoutable mission était le Père Robert de Nobili, de la Société de Jésus.

ROBERT DE NOBILI.

Robert de Nobili, comme tant d'autres parmi les anciens missionnaires catholiques, était de naissance patricienne. Il était neveu du cardinal Bellarmin et proche parent du pape Marcel II.

---

[1] Haussman, *Voyage en Chine*, tome I, ch. III, p. 129.
[2] Rickard's *India*, vol. I, p. 51, 272.

SUCCESSEURS DE SAINT FRANÇOIS.

Saint François s'approcha de la perfection plus qu'il n'est donné à la plupart des hommes; ses successeurs dans la mission de l'Inde ne furent pas indignes de lui. Lorsqu'il était encore sur la terre, il disait en parlant de ses compagnons : « Cette mission ne survivra pas à ses fondateurs, à moins de recevoir de nouveaux ouvriers. » Son appel fut entendu. A travers des fluctuations de bonne et de mauvaise fortune, mais avec une patience et une constance admirables, ses successeurs immédiats poursuivirent la tâche qu'il avait commencée. La province ecclésiastique de Goa, originairement constituée par saint François, fut divisée en deux districts, dont le second fut nommé province de Malabar; aux missions déjà florissantes établies sur les deux côtes, on joignit de nouvelles églises dans l'intérieur, partout où ces messagers de paix avaient trouvé accès. Ces églises subsistent encore de nos jours.

Nous passerons sous silence un intervalle de cinquante années, pour arriver à un nom illustre dans les annales apostoliques, et à une époque digne de notre attention la plus sérieuse. Peu de périodes ont été plus glorieuses à l'Église, il en est peu qui aient été moins bien comprises par ses ennemis.

Le Portugal avait été choisi par la Providence comme principal instrument pour propager la foi chrétienne dans les vastes régions de l'Orient. « Du cap de Bonne-Espérance jusqu'aux frontières de la Chine, c'est-à-dire sur une étendue de côtes de plus de douze mille milles, les principaux entrepôts de commerce étaient en son pouvoir [1]. » Par suite des découvertes de Vasco de Gama et des victoires d'Albuquerque, la croix avait été plantée sur toute la côte occidentale de la péninsule indienne. D'abord animés d'un zèle ardent pour la gloire de Dieu, les hommes généreux que le Portugal envoyait dans les contrées lointaines, brûlaient au moins autant du désir d'étendre les domaines de la foi, que de favoriser les intérêts de leur patrie, alors à son plus haut point de splendeur et de renommée. Mais ce premier élan ne dura pas longtemps. Les nobles traditions, qui avaient inspiré les conquérants de Malabar, cessèrent d'animer des hommes absorbés uniquement par la poursuite du gain, n'ayant plus d'autre objet que d'exercer sans scrupule un trafic intéressé. Il en est toujours ainsi

---

[1] *Discoveries in Asia*, par Hugh Murray, vol. II, ch. II, p. 70.

grand nombre de spectateurs qui s'étaient assemblés pour être témoins du miracle, tant son pouvoir était connu, « la pierre fut déplacée, le tombeau fut ouvert, et la jeune fille trouvée vivante[1]. »

Dans l'île de Moro, « il convertit la ville entière de Tolo, contenant vingt-cinq mille âmes, et à sa mort il ne laissa pas moins de vingt-neuf villes, villages et hameaux conquis au royaume du Christ et soumis à sa loi. » Dès l'année 1548 on pouvait compter plus de deux cent mille chrétiens, le long des côtes à partir du cap Comorin. Dans la suite, ils donnèrent une preuve évidente de leur foi par le courage avec lequel ils souffrirent les persécutions exercées contre eux ; tous, jusqu'aux enfants, présentèrent leur tête au bourreau, sans manifester ni hésitation ni crainte. »

Deux cent trente ans après la mort de François, son sépulcre fut ouvert, et alors s'accomplit la promesse faite par Dieu à ses saints, de partager avec leur divin Maître ce privilége, que même « leur chair ne verrait pas la corruption. » « Sa figure n'avait pas subi le moindre changement, au point qu'on aurait pu reproduire ses traits[2]. » Et c'est d'un homme ainsi distingué de ses semblables, jusque dans la mort, que les disciples d'une autre foi ont osé parler en termes que les païens mêmes eussent rougi d'employer. « François-Xavier, dit le Rév. James Hough, vécut pour la réputation de son ordre[3]. » Le docteur Geddes en fait ouvertement le sujet de ses railleries[4] ; le docteur Morrison déplore ses vues obscures et nuageuses[5] ; le docteur Grant lui refuse le don des miracles[6], et en 1857 un autre écrivain anglais, comme s'il tenait à prouver que le païen a des instincts religieux plus pénétrants que ceux qui se vantent d'avoir une connaissance spéciale des mystères de la révélation, affirme hardiment « que les principes de son christianisme étaient d'une orthodoxie fort douteuse[7]. »

---

[1] *Vie de saint François*, p. 140.
[2] *Annales*, tome VIII, p. 583.
[3] *History of Christianity in India*, vol. I, p. 211 (1859).
[4] *History of the Church of Malabar*, p. 42.
[5] *The Fathers of the London Missionary Society*, vol. I, ch. vii, p. 97.
[6] *Bampton Lectures*, app. p. 344.
[7] *Two Years' Travel in Persia*, etc., par Robert B. M. Binning, esq., Madras civil service, vol. I, ch. vii, p. 97

du saint apôtre. » Lui-même, dans une lettre à saint Ignace, avoue qu'il ne trouve pas de mots pour les décrire ; « souvent, dit-il, la multitude qui afflue vers moi pour recevoir le baptême est si grande, que je ne puis plus lever le bras pour faire le signe de la croix en administrant ce sacrement. Ma voix s'éteint par la fréquente répétition du Credo, des commandements et d'une instruction sommaire sur les devoirs de la vie chrétienne, les joies du ciel, les peines de l'enfer, et les actes bons ou mauvais qui conduisent l'homme à l'une de ces deux fins[1]. »

Au milieu de ces grands travaux, prenant à peine une nourriture suffisante pour soutenir sa vie, cherchant la nuit le repos dans la prière et la méditation, au point que ceux qui l'observaient pendant ces heures, les seules qu'il se réservât, le voyaient ravi dans de continuelles extases, François recevait ces « consolations abondantes » dont parle saint Paul et qui semblent lui avoir été accordées plus largement qu'à la plupart des saints. « Souvent, écrit-il à saint Ignace, comme s'il parlait d'un autre, j'ai entendu une personne travaillant parmi ces chrétiens, s'écrier d'une voix émue et tremblante : Seigneur, ne me donnez pas d'aussi grandes consolations dans cette vie, ou si, dans l'excès de votre infinie bonté et miséricorde, vous voulez me combler de vos faveurs, appelez-moi à votre gloire céleste, c'est un tourment trop cruel de vivre plus longtemps sans vous contempler. »

« Lorsque le saint entra dans le royaume de Travancore, il le trouva entièrement idolâtre ; après quelques mois de résidence, il le laissait entièrement chrétien. » Le long de la côte, « il fonda quarante-cinq églises. » De même que les travaux des premiers apôtres étaient « confirmés par les miracles dont ils étaient accompagnés[2], » ainsi d'innombrables prodiges attestaient la présence continuelle du Saint-Esprit, dans cet homme de Dieu. Des enfants munis de quelque objet qui avait touché sa personne, sa croix ou son rosaire, avaient le pouvoir de chasser les démons et de guérir les malades, et il les employait souvent à cet effet, lorsque ses occupations ne lui permettaient pas de se rendre aux invitations qui le pressaient de toutes parts. A Malacca, une mère dont l'enfant était depuis trois jours dans la tombe vint à lui avec foi et le supplia de lui rendre sa fille : « Dieu, disait-elle, accorde toutes choses à vos prières. » « Allez, lui répondit-il, ouvrez le tombeau, vous la trouverez en vie. » En effet, en présence d'un

---

[1] *Vie de saint François*, p. 73.
[2] Saint Marc, xvi, 20.

autrement que par la puissance de Dieu résidant en lui. « Il prêchait avec une âme et une force telles qu'on pouvait l'attendre d'un homme rempli du Saint-Esprit, et accoutumé aux clartés des vérités éternelles ; sa vie ajoutait tant de poids à ses paroles, que, même lorsqu'il se taisait, sa vue seule suffisait pour toucher les cœurs. »

Les traces de son œuvre subsistent encore malgré les malheurs qui suivirent, et qui devaient suffire, semble-t-il, pour déraciner entièrement la vigne plantée par lui. Lorsqu'à une époque plus rapprochée de nous, un ministre protestant s'efforçait de gagner ces infortunés, qui depuis longtemps avaient perdu leurs guides et erraient à l'aventure, comme des brebis sans pasteurs, ils eurent encore assez de foi pour répondre à cette doctrine nouvelle : « Lorsque vous pourrez ressusciter les morts, comme saint François-Xavier l'a fait *en ce lieu même*, alors nous vous répondrons[1]. » Les païens qu'il n'avait pu convertir, lui rendaient encore, plus de deux siècles après sa mort, un culte de vénération, mêlé toutefois à leurs grossiers usages. « On trouve près du cap Comorin, observe La Croze, une ancienne idole de saint François-Xavier, auprès de laquelle les païens se rendent en pèlerinage. Ils l'appellent la Pagode de Parapadri, c'est-à-dire, *du Père éminent*[2]. »

Saint François a décrit plusieurs fois sa méthode de prédication et d'enseignement. Autant que les mots peuvent rendre ce qui est au-dessus de toute expression, cette méthode était bien simple. Il commençait toujours par le Credo et les commandements, c'est-à-dire par ce que l'on doit *croire et faire;* il s'attachait à ces deux points avec un soin particulier, répétant ses leçons, lorsque les circonstances le lui permettaient, « deux fois par jour pendant un mois entier. » « Il est impossible, nous dit le Saint, de décrire l'admiration des gentils comme des nouveaux chrétiens, pour notre divine loi ; ils la proclament en conformité parfaite avec la loi de la nature et la saine raison. J'insiste sur le Credo et sur les commandements et je les répète souvent. »

Nous savons quels fruits produisit son enseignement ; à ce sujet, ses biographes nous disent : « Il serait difficile de donner une idée de la moisson d'âmes et de toutes les œuvres dignes d'une Église dans sa première ferveur, qui s'accumulaient sur les pas

---

[1] *Lettres édifiantes*, tome X, p. 118.
[2] *Histoire du Christianisme des Indes*, tome II, livre IV, p. 51. « Eo non Christiani modo ex omni finitima regione, sed ethnici etiam fama acciti, velut ad certum in rebus miseris perfugium, confluebant. » (Cordara, *Hist. Soc. Jesu*, pars VI³, lib. xvii, p. 605).

ils lui pardonnent ses vertus, mais ils ne peuvent aller plus loin. Comme Pilate ils craignent de condamner, mais ne peuvent se résigner à absoudre.

Ils sont si loin de comprendre le caractère d'un saint, qu'ils ne croient pas même à son existence. Pourquoi le Tout-Puissant aurait-il créé quelque chose de plus parfait qu'eux? Un homme de bien, d'un esprit bienveillant, qui fait des aumônes, pratique la prière et se nourrit des Écritures, voilà le type le plus élevé qu'ils puissent concevoir. Au delà, tout est chimère et vision.

Un homme comme saint François leur est aussi inconnu qu'il peut l'être aux créatures inanimées, à la roche informe, à l'eau des torrents, à l'arbre qui se balance sous l'action du vent. S'ils acceptaient ses miracles, ils devraient confesser sa doctrine ; aussi un auteur anglais d'une intelligence remarquable, dit en parlant des premiers apôtres de l'Inde : « La relation de leurs succès merveilleux ne peut être crue sans admettre, sur la foi des mêmes récits, les miracles de saint François-Xavier et de ses compagnons, car c'est à ces miracles que leurs succès sont attribués[1]. » Cela est tout aussi vrai des premiers apôtres qui furent les témoins de la transfiguration ; mais heureusement les Anglais sont inconséquents avec eux-mêmes, et leur respect pour la Bible, qui n'est trop souvent que pure superstition, les sauve des excès dans lesquels sont tombés des esprits plus logiques.

Saint François-Xavier eut donc le don des miracles, vérité aussi certaine que n'importe quel récit qui se prouve par le témoignage et par l'évidence. Quelques écrivains protestants semblent l'avouer[2]. Par son pouvoir divin, s'accomplit à différentes reprises ce que saint Paul rapporte d'autres serviteurs de Dieu, par la foi desquels « les femmes virent leurs morts rendus à la vie. » Un homme qu'il avait ressuscité, appelé François Ciavos, entra dans la Compagnie de Jésus[3]. Mais nous devons spécialement nous occuper des travaux ordinaires de son apostolat, qui, en effet, sont les plus grands de ses miracles. Il n'est pas nécessaire de citer dans tous leurs détails les prodiges qu'il accomplit aux Indes et au Japon : Qui les ignore? Il fit ce que jamais homme ne put faire

---

[1] Lord Valentia's *Travels*, vol. I, ch. v, p. 204.

[2] « Il délivrait ceux qui étaient possédés du démon, et *dans plusieurs circonstances il ressuscita des morts*; c'est pourquoi il obtint le nom de *père éminent* (*the name of the great Father*); mais l'on dit qu'il ne se laissa pas enorgueillir par l'autorité qu'il exerçait ni par la célébrité qu'il acquit. » (*History of Ceylon*, par Philalethes, A. M., Oxon. 1847, ch. xxxv, p. 225). « Ma plume, dit le calviniste Baldœus, est incapable de rendre la valeur d'un si grand homme. » (Churchill, vol. III, p. 545.)

[3] Henrion, tome I, 2ᵉ partie, livre II, p. 481.

ne leur appartient pas. Docteur, prophète et apôtre, il avait reçu du ciel tous les dons en abondance. Durant sa vie, peu d'hommes apprécièrent sa valeur, personne peut-être ne la comprit complétement. Il était réservé à la procédure juridique qui précéda sa canonisation, procédure dans laquelle furent apportées des preuves déclarées plus que suffisantes par le tribunal le plus jaloux, de révéler quelques-uns des faits de cette carrière étonnante. Converser en même temps avec des hommes de nations et de langages différents, de telle sorte que chacun croyait entendre sa propre langue; satisfaire par une seule réponse à des questions subtiles et contradictoires au point que chacun trouvait la solution de la difficulté qu'il avait proposée, dans les paroles mêmes qui répondaient à celles de tous les autres; guérir les malades, ressusciter les morts, ordonner aux flots de se calmer, au point de se faire appeler par les gentils, dans leur rude langage, *Dieu de la Nature*; tels furent quelques-uns des prodiges accomplis par ce grand apôtre. Et, cependant, ce ne fut pas encore là sa vraie grandeur. Son humilité, sa charité, sa vertu sans tache, son union intime avec Dieu, voilà surtout les marques de sa sainteté. Faire des miracles n'était pas une partie nécessaire de sa mission ; mais pour l'avantage de plusieurs, ce don fut ajouté à ceux qui l'avaient déjà rendu l'ami et le disciple de Jésus.

Pour ceux qui possèdent la foi, qui seule fait comprendre les choses divines, la vie de Xavier est un livre écrit de la main de Dieu. Elle excite l'admiration, l'amour, la joie, la reconnaissance, tous les sentiments excepté la surprise. L'Église depuis son union avec le Christ enfanta de tels hommes par milliers. Si elle cessait de produire des saints, elle cesserait d'être; mais cette heure ne sonnera que lorsque leur nombre sera arrivé à sa plénitude et que son œuvre sera achevée.

Pour tout autre, saint François est une « pierre de scandale. » Ses vertus, ils n'osent les nier, mais la seule mention de ses miracles les chagrine et les irrite. Pourquoi, disent-ils, ternir par ces fables vaines la belle histoire de sa vie? De tels faits ne sont pas de leur compétence et font injure à leur bon sens ; ils affectent donc de le défendre contre le langage imprudent de ses admirateurs. C'était, disent-ils, un homme dévoué, mais ne nous parlez pas de malades guéris, de tombes ouvertes. Nous sommes en plein dix-neuvième siècle. Les miracles pouvaient être tolérés dans les premiers âges, mais ces temps sont loin de nous. C'est ainsi que des hommes inconséquents font deux parts de la vie de saint François, admettant ce qui est naturel, rejetant tout ce qui est surnaturel ;

Indes[1]. » Bernouilli constate également cette tradition et rapporte comment, avec le temps, ceux que l'apôtre avait convertis, « retournèrent à l'idolâtrie[2]. » Enfin le roi Alfred envoya des présents à son tombeau[3].

Entre saint Thomas et saint François-Xavier, il y a un intervalle de quinze siècles. Des hommes qui ont fait de cette partie de l'histoire leur étude particulière, ont relaté ce qui pendant cette longue période a été accompli pour la conversion de l'Inde. Cette étude dépassait l'objet de nos recherches ; un champ assez vaste s'ouvre devant nous, il s'étend depuis le commencement du seizième siècle jusqu'aux temps présents.

Le 6 mai 1542, après un voyage de treize mois, saint François-Xavier abordait à Goa. Voici en quels termes saint Ignace lui annonça la difficile et glorieuse mission pour laquelle d'autres avaient d'abord été désignés, mais que Dieu voulait lui confier : « Par des conseils plus élevés que ceux de notre faible jugement, c'est vous François et non Bobadilla qui êtes destiné à la mission des Indes. Ce passage au delà des mers, vers des contrées barbares, que nous avons ardemment désiré et que nous avons si longtemps attendu à Venise, vous est offert maintenant à Rome. Ce n'est plus comme nous le demandions, une seule province de la Palestine que Dieu vous donne, ce sont les Indes entières, tout un monde de peuples et de nations. Voilà le sol qu'il vous confie, voilà le champ qu'il ouvre avec confiance à vos travaux[4]. »

Au moment de parler de saint François-Xavier, nous sommes arrêtés par ce mot d'un homme qui, bien qu'à la hauteur d'une pareille tâche, la récusa en disant : « Il faut être saint pour parler d'un saint. » Cependant en reproduisant avec simplicité les récits de ses biographes, notre indignité passera inaperçue, et nous espérons pouvoir, sans présomption, atteindre notre but.

Quand bien même Xavier aurait été depuis la mort du dernier apôtre, le seul chrétien de sa trempe, sa vie suffirait à prouver Dieu et la vérité de l'Église. Dieu seul pouvait créer un pareil instrument, l'Église seule pouvait s'en servir. Le monde et les sectes confessent avec un mélange de colère et de crainte qu'il

---

[1] *Collection of Voyages* de Churchill, vol. III, p. 575.
[2] *Description de l'Inde*, tome I, p. 41.
[3] Henrion, tome I, ch. iv, p. 69. « Même les juifs blancs de Cochin, dit le docteur Wolff, attestent, dans leurs annales gravées sur des planches de cuivre, que lorsqu'ils arrivèrent dans l'Inde ils y trouvèrent des nazaréens, c'est-à-dire des chrétiens, qui avaient été convertis par la prédication de l'apôtre saint Thomas. » (*Travels and Adventures of Dr. Wolff*, ch. xxvii, p. 456.
[4] *Vie de saint François-Xavier*, par Bartoli et Maffei ; édition oratorienne (1858).

Pendant de longues années, elle laissa l'Inde à ses idoles, enjoignant à ses propres enfants d'honorer les divinités du pays ; elle rétablit ses finances par un impôt sur le culte des faux dieux, moyen auquel n'eut jamais recours aucune nation chrétienne ; elle rivalisa en intempérance et en lubricité avec les sectateurs de Mahomet et de Ganesa. Ne trouvant personne parmi les Anglais qui voulût aller prêcher aux Indes ce qu'elle appelait l'Évangile, elle fut réduite à envoyer quelques aventuriers mercenaires appartenant aux sectes du Danemark et de la Suède, presque aussi ignorants que les païens de la doctrine des apôtres et des mystères du salut.

Après plus de cent ans, des hommes d'un caractère plus élevé, agissant d'après les inspirations de leur conscience, et ne méprisant l'aide de l'Église que parce qu'ils ne la connaissaient pas, pénétrèrent dans ce paradis de démons. Exorciser une pareille légion, était au-dessus de leurs forces ; ils furent épouvantés, comme le fut Martyn, devant le mépris et le ridicule dont ils avaient été couverts. Ils nous raconteront eux-mêmes leur histoire. Autant le ciel est élevé au-dessus de la terre, autant leurs prédécesseurs dans ces contrées les ont surpassés en dons et en grâces.

SAINT THOMAS ET SAINT FRANÇOIS XAVIER.

Deux faits paraissent incontestables, la prédication de saint Thomas dans l'Inde et son impression peu durable sur ses habitants : le premier est reconnu par des témoignages nombreux, l'histoire entière de l'Inde prouve le second. Aux traditions qui survivent dans la partie méridionale, on reconnaît le passage d'un apôtre ; mais on y trouve aussi que l'ivraie a presque effacé la trace de ses pas.

Quelques écrivains protestants, il est vrai, ont nié que saint Thomas ait visité l'Inde, comme d'autres avec une égale assurance ont nié que saint Pierre ait été à Rome. Un des plus savants orientalistes leur répond en ces termes : « L'apostolat de saint Thomas dans les Indes, est un fait attesté par *toutes* les annales ecclésiastiques, grecques, latines et syriaques [1]. » Baldœus lui-même reconnaît que « d'après l'opinion *générale*, l'apôtre saint Thomas vint dans les

---

[1] Asseman, *Dissert. de Syris Nestorianis*, tome IV, p. 459.

CHAPITRE III

MISSIONS DANS L'INDE

I

MISSIONS CATHOLIQUES

Les plus vifs reproches adressés à l'Angleterre pour sa manière de gouverner les Indes, viennent de ses propres enfants. « Si nous en étions chassés aujourd'hui même, dit l'un de ses hommes d'État les plus illustres, il ne resterait aucune trace de la période obscure de sa domination par des êtres supérieurs aux orangs-outangs ou aux tigres [1]. » Un de ses sujets dévoués pouvait dire encore en 1858 : « Derrière la cupidité, l'égoïsme, la dureté de l'Angleterre, se cache le crime du paganisme indien [2]. »

L'histoire de la Grande-Bretagne aux Indes, avouent ceux-mêmes dont les cœurs ne battent que pour elle, n'est autre que l'histoire de l'avarice et de l'incrédulité. « L'abîme de l'irréligion des Anglais dans ce pays, nous glace d'horreur [3]. » Des milliers d'écrivains se sont exprimés à ce sujet dans un langage qui fait frissonner. Mais si nous ne pouvons rejeter le témoignage des siens, nous désavouerons celui de ses accusateurs étrangers qui lui attribuent des crimes dont elle n'est qu'en partie coupable. Il n'est pas vrai, comme ses ennemis le proclament, qu'elle n'ait fait aucun effort pour convertir les peuples de l'Hindostan, mais elle s'y est prise trop tard et d'une manière qui ne pouvait attirer les bénédictions du ciel.

---

[1] Burke, *Speech on M. Fox's East India Bill*, Œuvres, vol. IV, p. 41.
[2] *British India*, par John Malcolm Ludlow, tome II, p. 367.
[3] *Ibid.*, p. 243.

mords. Ces missionnaires ont publié des rapports sur des conversions prétendues dont ils reconnaissaient confidentiellement la fausseté, confirmé les païens dans leurs erreurs, en leur rendant le christianisme ridicule et odieux, et entravé les travaux apostoliques d'hommes qu'ils décriaient sans les connaître, et dont ils avouent l'héroïsme, sans oser l'imiter. Pendant deux générations ils ont vu les braves se presser sur le champ de bataille et ils ont refusé de prendre part au combat. Ils manquaient de vocation pour ces luttes apostoliques. « Ces actions, semblaient-ils dire, n'appartiennent pas à des hommes de notre espèce. » Aussi, lorsque le sang commençait à couler, lorsque le moment était venu de confesser le nom de Jésus, ils tournaient le dos et s'empressaient de fuir. Tandis que la fournaise était chauffée, « sept fois plus qu'elle n'avait coutume de l'être, » « tandis que les vaillants marchaient au milieu des flammes, louant Dieu et bénissant le Seigneur [1], » lorsqu'on entendait des femmes et des enfants, hier encore idolâtres, s'écrier au milieu des tourments : « Faites-leur connaître Seigneur, que vous êtes seul vrai Dieu, » ces hommes se tenaient cachés dans leurs demeures et composaient des écrits mensongers contre la foi que les martyrs scellaient de leur sang et contre les apôtres qui la leur avaient apportée.

Le lecteur peut maintenant juger en connaissance de cause, et appliquer la règle divine : « *vous les reconnaîtrez à leurs fruits.*

[1] Daniel, III, 24, 45.

« Un vaste champ est ouvert aux travaux des missionnaires en Chine, dit un Américain, mais nous croyons que les fruits de ces travaux seront recueillis par les papistes et non par l'Église protestante. » Les relations du protestantisme avec les rebelles Tae-Pings, ainsi que leurs résultats forcèrent le même écrivain à admettre que les missionnaires catholiques seuls peuvent réparer les malheurs causés par les agents protestants, ou chasser les esprits impurs avec lesquels ceux-ci avaient fait alliance [1].

CONCLUSION.

Nous venons d'indiquer dans tous ses détails, le contraste que présentent les missions de la Chine considérées dans leurs agents, leurs méthodes et leurs résultats. Nous venons de voir les missionnaires de l'Église catholique durant l'espace de trois siècles, en liberté ou dans les chaînes, dans le palais des empereurs ou dans l'obscurité d'un cachot, dans toute la noblesse de leur vie et l'héroïsme de leur mort, confessant partout celui qu'ils étaient chargés d'annoncer.

Les enfants spirituels qu'ils ont engendrés se sont montrés dans chaque province de l'empire, depuis les déserts de la Tartarie jusqu'au golfe de Siam, dignes de leurs pères dans la foi. Saint Pierre aurait embrassé de tels apôtres comme ses frères ; saint Paul aurait dit à de tels disciples : « Vous êtes notre gloire et notre joie [2]. »

D'un autre côté, nous avons vu les missionnaires d'une religion différente tranquillement logés dans les villes maritimes de la Chine, « écoutant de loin ce qui se passe à l'intérieur ; » mais nous ne les avons jamais rencontrés dans le Su-Tchuen, dans la Corée, dans le Tong-Kin, le Mongol, la Tartarie ou le Thibet. Ils ont employé cinquante années à distribuer à grands frais, sans danger pour eux-mêmes, des livres que personne ne pouvait lire ni comprendre ; sujet de scandale pour les infidèles comme pour leurs amis, ils ont été nommés par les premiers, des *démons-prêche-mensonges*, et n'ont reçu des seconds que de méprisantes railleries ; ils ont réuni un petit nombre de disciples qu'ils hésitaient à recevoir, qu'ils étaient honteux de reconnaître, et qui touchaient leur salaire sans reconnaissance et pillaient leurs maîtres sans re-

---

[1] *New York Herald*, February 17, 1861.
[2] Thess., II, 20.

incompatible avec son caractère de missionnaire chrétien. On ne saurait trop sévèrement blâmer une pareille conduite. »

Afin de voir comment est apprécié, par ses sectateurs, l'influence réelle du protestantisme en Chine, citons les aveux suivants.

« Il est un axiome reconnu dans les livres et dans les manifestes des insurgés Tae-Pings, dit le docteur Scherzer, que les doctrines du christianisme tirées des livres distribués par les missionnaires, sont le principe fondamental de leur insurrection [1]. » Les chefs rebelles sont en général des serviteurs chassés par les résidents européens [2]. C'est pourquoi, ils sont familiers avec les pratiques et les théories du protestantisme, quelques-uns d'entre eux ont même été salariés pour assister les missionnaires ! « Kan-Wang, un de leurs chefs, avait pendant longtemps occupé la position de catéchiste indigène dans notre principale colonie chinoise [3]. »

« Nous voyons dans cette insurrection, dit M. Edkins, qui se réjouit encore des maux auxquels lui et ses collègues avaient coopéré, l'effet de la distribution des bibles et des traités chrétiens [4]. » « Cette révolution, dit le *China-Mail*, est le résultat de l'intervention étrangère en Chine, et *du christianisme prêché à ce peuple*. Vraiment, nous ne pouvons guère nous glorifier de pareils résultats! »

Voici ce que le protestantisme a fait en Chine, de l'aveu de ses partisans; il n'a pas pu convertir les Chinois, mais il a pu créer le code de religion et de morale des Tae-Pings; cet affreux mélange de principes protestants et d'interprétation païenne que le consul anglais à Ning-Po représente à M. Bruce, ambassadeur à Pékin, comme « l'imposture la plus gigantesque et la plus impie que le monde ait jamais vue [5]. » Après cinquante ans d'efforts ruineux, il a voulu racheter ses défaites par une alliance avec Siu-Tsuen et sa bande sanguinaire, conclusion des travaux de deux cents Anglais, Allemands ou Américains, ayant à leur disposition des ressources illimitées. Ceux qui désiraient le plus ardemment leurs succès, et étaient les mieux disposés à cacher un échec, décrivent ainsi l'issue de leur entreprise : « Toute notre expérience, dit le *Times*, confirme la triste vérité que les doctrines du protestantisme trouvent beaucoup plus difficilement accès parmi les païens et les idolâtres que la foi romaine. C'est un fait bien constaté. »

---

[1] *Voyage of the Novara*, vol. II, ch. xiv, p. 569 (1862).
[2] Voir *the Times*, March 11, 1862.
[3] Brine, ch. x, p. 242.
[4] Ch. xv, p. 278.
[5] *The Times*, June 13, 1862.

frontières du territoire chinois et *écoutent de loin les nouvelles de ce qui se passe à l'intérieur.* »

Le langage et les sympathies des missionnaires devaient enfin trouver des opposants parmi leurs coreligionnaires. « N'y a-t-il rien à espérer, demanda sir John Bowring, en 1860, de l'insurrection Tae-Ping? Rien. Sa marche a toujours été signalée par le pillage et les ruines ; elle détruit les villes et n'en fonde pas ; elle absorbe les richesses et n'en produit pas, elle remplace un despotisme par un autre plus lourd et plus cruel ; elle rejette une religion grossière pour en introduire une pleine de fourberies et de blasphèmes [1]. » « Les rebelles, dit M. Laurence Oliphant, vers la même date, font la guerre comme des juifs, ils vivent comme tout ce qu'il y a de plus pervers parmi les chrétiens et croient comme des Chinois [2] ! » « Leur notion de Dieu, dit un missionnaire américain, est inférieure s'il est possible, à celle des Chinois idolâtres [3]. » « Ils ne font rien autre, ajoute un voyageur anglais, que brûler, massacrer et détruire ; ils ne professent rien au delà [4]. » C'est un règne d'affreuses destructions, de désolations inénarrables, dit un autre témoin oculaire, et son caractère prétendu religieux est plutôt l'impiété la plus monstrueuse. Il ajoute qu'un certain nombre de missionnaires désespèrent complétement des révoltés, à cause de la hideuse profanation qu'ils se permettent de tout ce que nous vénérons [5]. »

Cependant, même en rompant avec ces barbares, les missionnaires se sont acquis un nouveau déshonneur. Les Anglais qui vivent en Chine sont les premiers à proclamer qu'ils ne méprisent maintenant les Tae-Pings, que parce que ceux-ci les ont rejetés. Lorsque M. Roberts, le précepteur du chef rebelle, dit en 1862 : « J'ai complétement changé à leur égard et je leur suis aujourd'hui autant opposé que je leur étais favorable ; » ce fut uniquement parce que Kan-Wang avait massacré son domestique sous ses yeux et l'avait grossièrement injurié lui-même, non content de le dépouiller de tout ce qui lui appartenait. « Bien des personnes conviendront, dit le *London and China Telegraph* du 31 mars 1862, que Roberts mérite tous les châtiments possibles. M. Roberts s'est efforcé de tromper les Européens sur le vrai caractère des Tae-Pings ; il a caché des faits, en a falsifié d'autres et s'est conduit d'une manière

---

[1] *The Cornhill Magazine*, January, 1860.
[2] *Lord Elgin's Mission*, vol. II, ch. II, p. 463.
[3] *The World*, New York journal, Décember 28, 1860.
[4] *The Times*, May 15, 1861.
[5] *Ibid.*, August 2, 1861.

des « visions » grotesques et impies du chef des rebelles : « Qu'il y attachait un haut degré de probabilité [1]. »

Les missionnaires protestants n'ignoraient pas les ridicules travestissements de la Bible et du christianisme que ces rebelles avaient adoptés, ils les soutenaient cependant dans l'espoir de pêcher dans l'eau trouble.

« J'ai honte, dit M. Lay, témoin de ces procédés, que des hommes qui portent le nom de chrétiens soient dans un pays idolâtre les instigateurs et les fauteurs de pareils crimes. » Ces protestations furent longtemps sans effet. « Les missionnaires mettent encore leurs espérances dans la cause des rebelles, » dit M. Cooke en 1858. Deux ans plus tard, M. Edkins prenait encore la défense de ces alliés barbares et protestait contre ce qu'il appelait « une condamnation en masse de ces hommes pour quelques erreurs sur certains points du christianisme; » quoique son collègue M. Russell, reconnaisse que « leurs idées religieuses sont tout à fait impies, et répugnent à l'esprit d'un chrétien [2]. »

« Il n'y a aucune raison de supposer, dit M. Oxenford, que les insurgés soient autre chose que des sectateurs de Confucius [3]. » Cependant ils ne méritaient pas même cette qualification. Un journal de la Grande-Bretagne, du 2 janvier 1859, dit « qu'il fut un temps où les sympathies de l'Angleterre furent acquises à ces brigands, grâce à nos missionnaires. Ils vivaient de rapines et de pillages, et mouraient comme des sauterelles, lorsqu'il ne restait plus rien à détruire. Mais ils s'étaient entourés d'un masque hideux et révoltant de religion, et les missionnaires se plaisaient à croire à une intention d'établir chez eux un véritable christianisme ; ces espérances sont déçues. Huit ans se sont écoulés, aucun missionnaire chrétien n'a été appelé ni même toléré chez eux. Toutes les parties de la Chine sont maintenant accessibles au zèle du missionnaire, excepté dans les villes dévastées où ces brigands ont trouvé un refuge. »

Le même journal, quelque temps après, déclare sur l'autorité d'un correspondant de Shang-Haï, « qu'ils ne possèdent pas même une connaissance superficielle de la religion chrétienne et moins encore de ses pratiques. Voilà, ajoute-t-il, la vérité sur ces impies, si bien vus d'abord par nos missionnaires qui se tiennent sur les

---

[1] *The Chinese Rebel Chief*, introd. p. 6.
[2] *Church Missionary Society's Report*, 1862, p. 198.
[3] *History of the Insurrection in China*, par MM. Callery et Yvan, chapitre supplémentaire, p. 312.

Nous allons parler de l'alliance entre les Tae-Pings et les prédicateurs du protestantisme.

Que les missionnaires protestants aient été les premiers fauteurs de la rébellion actuelle en Chine, et qu'elle ait dû son caractère quasi-religieux à leur direction, ce fait est admis par eux-mêmes. « Aucun doute, dit le révérend J. Edkins, que cette insurrection ne doive sa naissance à de fortes impressions religieuses, fruit de la lecture des Bibles et des traités protestants[1]. » D'autres écrivains confirment cette assertion. « Nous ne doutons pas, dit M. Macfarlane dans son histoire de cette insurrection, que Gutzlaff ait contribué à cette rébellion[2]. » Le chef a été longtemps sous la direction du missionnaire Roberts; et Kan-Wang, commandant en second, a passé plusieurs mois à Shang-Hai et a écrit un commentaire sur le Nouveau Testament sous la direction du docteur Medhurst[3]. Le rédacteur du *North China Herald*, après avoir découvert que le chef de l'insurrection était un imposteur adroit, fait observer qu'il s'appliquait à lui-même les termes employés dans la version du Nouveau Testament de Gutzlaff pour l'*Esprit consolateur* et celui dont Morrison se servait pour désigner le Saint-Esprit; dans toutes ses proclamations affichées sur les murs il se présente avec ces titres, le *Consolateur*, le *Souffle de la divinité*[4].

Malgré les désaveux tardifs de quelques missionnaires protestants de toute alliance avec cette révolte formidable, il est certain que cette alliance a été fomentée et saluée par eux avec acclamation. « C'est un *mouvement religieux essentiellement chrétien protestant* dans son origine et ses tendances, dit un de leurs écrivains[5]. » « S'il réussit, ajoute M. Gillespie, la Chine ouvrira ses portes aux efforts des missionnaires protestants. » « Le mouvement est essentiellement protestant dans ses principes, annonce triomphalement le commandant de l'*Hermès*[6]. » Tous ont tenu le même langage, bien qu'ils ne pussent ignorer le but de cette secte horrible.

Deux évêques anglicans, Hobson et Smith, ont successivement donné la main à l'insurrection en disant que les chefs étaient de « vrais protestants[7]. » Ce dernier n'hésita pas à dire, en parlant

---

[1] Gillespie, ch. xv, p. 269.
[2] *The Chinese Revolution*, par Charles Macfarlane, vol. II, p. 82.
[3] *The Times*, October, 1860.
[4] *Impressions of China*, par le capitaine Fishbourne, ch. vi, p. 270.
[5] *Calcutta Review*, vol. XXI, p. 102.
[6] *Impressions of China*, ch. v, p. 180.
[7] Macfarlane's *Chinese Revolution*, p. 118-122.

prètes pour son ambassade¹. » Le docteur Smith prétendit fonder un collége pour parer à cet inconvénient ; M. Wingrove-Cooke demande en 1858 ; « où sont donc les interprètes que devait fournir le collége de l'évêque qui recevait dans ce but une somme de deux cent cinquante livres chaque année (6,250 fr.), jamais il n'en est sorti un élève sachant le chinois²! »

TRAITÉ DE 1860 ET LES TAE-PINGS.

Pour compléter notre revue des missions protestantes en Chine, il ne nous reste plus qu'un seul point à examiner.

De grands événements se sont passés en Chine depuis le temps où Sanz fut battu de verges jusqu'à la mort et où Borie encourageait avec calme ses bourreaux maladroits à frapper avec plus de vigueur sur sa tête. Une nouvelle ère a été inaugurée dans cette contrée lointaine, par les armes de la France et de l'Angleterre. La croix a été plantée de nouveau au sommet de la cathédrale de Pékin, et le *Te Deum* a été chanté au milieu de ses murs si longtemps déserts en hommage de reconnaissance envers le Tout-Puissant³. Le cinquième article du traité de 1860 avec la France, stipule la restitution de toutes les terres et de tous les édifices appartenant autrefois à l'Église catholique dans l'empire⁴. Le règne de la persécution est passé. Bientôt peut-être en sera-t-il de même de la Corée, du Tong-King et du royaume d'Annam. « Les tourments ne sont plus à craindre » dit un missionnaire protestant, et il trouve dans cette sécurité inattendue un encouragement pour lui et pour ses compagnons⁵.

Il spécule déjà sur un avenir plus calme et plus propice ; cette espérance est fondée sur l'avénement d'un nouveau pouvoir, avec lequel le protestantisme s'est hâté de faire alliance, dans l'espérance d'obtenir enfin le succès qui lui a été refusé jusqu'à présent.

---

[1] Un officier anglais se plaint, en 1860, de ce que la carte de Chine dressée par les Jésuites sert de guide aux Anglais, et il ajoute qu'elle a été reproduite pour l'usage de leurs autorités navales et militaires en Chine, par le département topographique du ministère de la guerre. (*The Past and Future of British Relations in China*, par le capitaine Shérard Osborne, C. B , ch. III, p. 128 (1860).

[2] *China*. ch. xxvii, p. 559.

[3] *Narrative of the North China Campaign of* 1860, par Robert Swinhoe, ch. xiii, p. 561 (1861).

[4] De Kéroulée, ch. x, p. 196.

[5] Gillespie. *The Land of Sinim*. ch. v, p. 140.

« commentaires équivoques, » la religion qu'ils enseignent pour de l'argent, bien qu'ils n'y croient pas eux-mêmes, et n'aient aucune envie d'amener les autres à y croire.

En face de ces faits M. Malcolm s'écrie: « C'est un grand bonheur que la Chine nous soit maintenant fermée. En fût-il autrement, les protestants n'auraient personne à y envoyer, tandis que les prêtres papistes innombrables en Orient s'y jetteraient en foule et nous rendraient, s'il est possible, le terrain plus difficile qu'il n'est à présent. » Un demi siècle aurait dû suffire assurément pour surmonter les difficultés du langage, si elles eussent été abordées avec un esprit de zèle religieux et de charité chrétienne. « Elles sont grandes, dit le colonel Cunynhame, à moins d'être animé d'une énergie indomptable[1]. » Cependant les missionnaires catholiques sont capables, après un an ou deux au plus, d'entendre les confessions en chinois. « Le Saint-Esprit, dit l'un d'eux, est le grand maître des langages. » M. Edkins parlant des sœurs françaises de la Miséricorde à Ning-pô exprime sa surprise de n'avoir pas rencontré dans leurs écoles des maîtres ou des maîtresses indigènes comme chez les protestants, et de les avoir entendues enseigner elles-mêmes et lire le chinois[2].

Les missionnaires protestants au nombre de deux cents au moins en Chine, et toujours disposés à accepter les emplois lucratifs, ne peuvent fournir un interprète pour le service officiel ; tandis que le baron Gros et le général Montauban n'avaient qu'à s'adresser aux supérieurs des missions françaises pour en obtenir immédiatement[3]. « Le besoin d'interprètes, nous disent les officiers de l'expédition anglaise, se faisait vivement sentir, et ils ne cessaient de demander qu'on leur envoyât quelqu'un capable de remplir cette fonction[4]. »

En 1851, lord Jocelin suggéra l'idée de s'adresser à l'institution catholique de Macao pour obtenir un certain nombre d'interprètes à l'usage du gouvernement[5]. Rien d'étonnant; « ce fut la fondation du Père Ripa qui fournit à lord Macartney deux inter-

---

[1] *Recollections of Service in China*, par le colonel Arthur Cunynhame, ch. xv, p. 208. « Il y a en Chine, dans les provinces, environ dix-huit dialectes tellement différents que ceux qui les parlent ne s'entendent pas entre eux; il y a aussi des formes particulières de langage dans les montagnes de l'empire. » (Sir Charles Lyell, *the Antiquity of Man*, ch. xxiii, p. 461 (1863).

[2] *The Religious Condition of the Chinese*, ch. xii, p. 238.

[3] *Un Voyage à Pékin*, par Georges de Kéroulée, ch. iv, p. 55.

[4] *Services of the Nemesis*, ch. xix, p. 194.

[5] *Six Months in China*, ch. vi, p. 145.

saint Boniface ; et n'avons-nous pas vu que sous la direction des missionnaires catholiques, huit cent mille Chinois depuis 1805, abandonnèrent leurs biens, plusieurs même la vie, pour embrasser une religion bien autrement sévère que celle qui leur était offerte par les agents opulents du protestantisme.

MISSIONNAIRES NE SACHANT PAS LA LANGUE.

Une légion de missionnaires se trouve en Chine, mais il n'y en a pas un sur dix qui sache parler la langue même imparfaitement. Timkowski envoyé à Pékin par le gouvernement russe peu d'années avant l'arrivée de Morrison à Canton, avoue que les étudiants russes à Pékin n'ont jamais acquis une exacte signification des mots chinois [1]. Les Russes, malgré leurs avantages politiques, n'essayèrent jamais de convertir les Chinois ; leur chef à Pékin disait au Père Ripa qu'il n'avait baptisé que des Russes [2] ; ce qui fait dire à Gutzlaff, peut-être avec une innocente ironie : « Le gouvernement ne leur a jamais reproché leur zèle de prosélytisme. » Les protestants qui ressemblent à ces schismatiques pour leur stérilité, les égalent aussi dans leur ignorance des dialectes chinois.

Le révérend David Abeel fait observer que les missionnaires qui ne se sont pas donné la peine d'apprendre cette langue pendant des années entières, ne sont pas capables de remplir leur ministère. De là ils sont obligés de salarier des Chinois non baptisés pour remplir leurs fonctions ; le docteur Smith cite un de ces mercenaires qui était employé par un missionnaire à lire un traité religieux, après avoir reçu de celui-ci les instructions préparatoires, et malgré ces précautions, il hasardait ses propres commentaires qui avaient une tendance équivoque [3]. Si les missionnaires protestants se contentent d'employer des auxiliaires de ce genre, et ils le font dans tous les pays infidèles, cette singulière pratique trouve son explication dans la remarque du docteur Berncastle : « On peut trouver, dit cet auteur, quantité d'hommes qui, pour cinq pences par jour, liront et commenteront l'Évangile comme ils liraient et commenteraient les écrits de Confucius [4]. » De tels aides semblent gagner leur modeste salaire en compromettant par leurs

---

[1] Timkowski's *Travels*, vol. II, ch. 1, p. 27.
[2] Ripa's *Residence at the Court of Pekin*, ch. xvi.
[3] *Visit to the Consular Cities of China*, p. 416.
[4] *A Voyage to China*, par le docteur Berncastle, vol. II, p. 281.

l'influence sur les âmes par les soins donnés aux corps. Ce plan, excellent en lui-même, a complétement manqué son effet au point de vue de la propagande.

M. Malcolm avoue ingénument que la stérilité des travaux purement évangéliques « rend populaire l'envoi de médecins dont quelques-uns font un mal incalculable par leurs connaissances imparfaites de l'art de guérir [1]. » Les rapports de la Société médicale des missions en Chine sur ses hôpitaux nous montrent que des milliers d'indigènes profitent de l'adresse des praticiens anglais et américains et en font beaucoup d'éloges ; cependant ils ne pouvaient gagner les cœurs !

En 1861, M. Lockhart, médecin missionnaire, nous dit avoir donné ses soins à plus de deux cent mille malades, plusieurs de ses compagnons remplissaient le même office ; cependant cette multitude qu'ils avaient eue pour ainsi dire en leur pouvoir leur a échappé, pleine d'admiration pour leurs drogues et leur chirurgie, mais tout à fait indifférente pour leur religion.

En 1845, le docteur Hobson, après avoir dans l'espace de deux ans, donné ses soins à sept mille deux cent vingt-un malades, dans une seule ville, n'en recueillit, à son grand regret, aucune preuve de leur avoir inculqué les vérités morales ; il attribue cet insuccès non pas à l'absence de vocation de la part des maîtres anglais et américains, mais à l'indifférence de ses malades en matière religieuse [2]. Toutefois, un ministre décoré du titre singulier d'archidiacre de Ning-Po nous dit : « Vous entreriez rarement dans un temple bouddhiste sans y rencontrer des visages fixés sur le devin jusqu'à ce qu'il ait laissé tomber une de ses baguettes enchantées ; elle est aussitôt portée au prêtre pour qu'il en donne l'interprétation [3]. » « Dans quelle contrée protestante, demande le capitaine Blakiston, trouvons-nous un peuple aussi généreux pour son culte, qualité dont on peut juger par le nombre de chandelles, la quantité d'encens, de baguettes et de papier consumés tous les soirs ?... Il me semble que les païens chinois donnent à plusieurs d'entre nous l'exemple du zèle pour le culte [4]. » Ces hommes n'ont ils pas autant de sentiment religieux que les tribus barbares d'Angleterre ou d'Allemagne gagnées à la foi par saint Augustin ou

---

[1] *Medical Missionary Society in China*, p. 6. — Voir aussi *the Campaign in China*, par le capitaine Granville Locke.
[2] *The Medical Missionary in China*, par W. Lockhart, F. R. C. S., F. R. G. S., ch. ix, p. 207; ch. x, p. 281.
[3] *Pictures of the Chinese*, par le Rév. R. H. Cobbold, M. A., p. 14.
[4] *Five Months on the Yang-Tze*, ch. xviii, p. 318.

adresse qui lui fut présentée par les missionnaires de Schang-Haï[1].

« M. Colledge, ministre anglican en Chine, nous dit qu'il n'y a pas de plus grand obstacle à l'extension de l'Évangile du Sauveur parmi les païens que la division des différentes classes de chrétiens. Si nous demandons à un Chinois intelligent ce qu'il en pense, il nous répondra : « que sans doute ces personnes ne peuvent pas être sous l'influence du même principe, mais que l'*Europe et l'Amérique doivent avoir autant de Christs que la Chine a de divinités*[2]. »

« Une grande et fatale erreur à éviter, dit un autre écrivain, c'est la rivalité des sectes religieuses entre elles et leurs tentatives pour gagner des sectateurs aux dépens les unes des autres[3]. » De là l'indignation dédaigneuse des païens pour une religion dont les disciples ne peuvent pas même former un seul corps.

En même temps que des écrivains laïques déplorent les dissensions incessantes des protestants et leurs effets sur les Chinois, un fonctionnaire indigène donnait au dernier empereur Kien-Fung, comme l'un des principaux caractères de la doctrine du Seigneur du ciel, (il voulait dire la religion catholique), la *grande uniformité d'opinions* parmi les maîtres de cette doctrine[4]. Dix ans plus tard, un des chefs les plus impies des Tae-Pings, autrefois protestant de nom et longtemps employé par les missionnaires protestants comme catéchiste indigène, fit aux remontrances de l'un d'eux cette accablante réponse : « Je voudrais être votre ami, mais *votre variété d'opinions* et vos actes m'ont déterminé à me séparer de vous [5]. »

MISSIONNAIRES MÉDECINS.

Il est cependant résulté pour les Chinois un certain avantage de la multiplicité des sectes protestantes ; chacune d'elles cherchant à surpasser les autres et ayant en main des ressources presque illimitées, plusieurs villes maritimes de la Chine ont vu s'élever des hôpitaux dirigés d'après les méthodes de l'Europe. Les Américains ont formé une classe spéciale de missionnaires qui pratiquent la médecine avec le titre de *révérends* et qui cherchent à acquérir de

---

[1] Scarth, ch. xxiv, p. 267.
[2] *Suggestions with regard to employing Medical Practitioners as Missionaries in China*, p. 33.
[3] Bernard's *Services of the Nemesis*.
[4] Brine, *the Taeping Rebellion*, ch. iv, p. 95.
[5] *Ibid.*, ch. xii, p. 287.

et de refuser d'en être les échos. Ils peuvent être aussi malheureux dans leurs entreprises que les Edkins ou les Gillespie, mais ils ont trop de loyauté pour se servir de pareils termes ; ce petit nombre d'hommes honorables disparaît sous la multitude des mercenaires des différentes sectes rassemblés aujourd'hui dans tous les ports de la Chine. Il y a treize ans, les missionnaires américains seuls s'élevaient « au nombre de cent seize sans compter les femmes. » Combien s'en trouve-t-il d'autres? nous pouvons en juger par la liste suivante des sociétés qui déjà depuis vingt ans avaient des agents et des représentants en Chine.

1° Société des missions de Londres.
2° Société des missions de l'Église.
3° Société générale des Baptistes.
4° Société de l'Église libre presbytérienne.
5° Société méthodiste.
6° Société Évangélique de la Chine.
7° Société Évangélique rhénane.
8° Société Évangélique d'Allemagne.
9° Société Évangélique de Suède.
10° Société Évangélique de Berlin.
11° Le Conseil américain des missions étrangères.
12° Missions baptistes américaines.
13° Missions presbytériennes d'Amérique.
14° Missions épiscopaliennes d'Amérique.
15° Missions méthodistes américaines.
16° Missions baptistes de l'Amérique du Sud.
17° Missions baptistes du septième jour, américaines[1].

Tel est le protestantisme, fécond en sectes, mais non pas en œuvres. La liste que nous venons de donner s'est accrue depuis cette époque. Ce déluge de sectes a produit l'effet que l'on pouvait attendre. En Chine comme dans toutes les autres contrées infidèles, visitées par les missionnaires protestants, le résultat a été d'affermir les idolâtres dans leurs erreurs et dans une haine mêlée de mépris pour le christianisme.

« Il est à regretter, dit lord Elgin, en 1858, dans une dépêche à lord Clarendon, que l'existence des profondes divisions *entre nous* soit une des premières vérités que nous révélions aux païens, à la conversion desquels nous voulons travailler. » Ce rapport est d'autant plus remarquable qu'il paraît lui avoir été suggéré par une

---

[1] Docteur Brown's *Hist. Prop. Christianity*, vol. III, p. 370.

Chine est dû à leur condescendance aux passions humaines[1] ! »

Le rév. Joseph Edkins, missionnaire en Chine, exprime son mécontentement d'avoir vu dans le collége dont MM. Oliphant et autres nous ont donné la description, quelques élèves sculpteurs façonnant des statues de Joseph, de Marie et autres personnages de l'Écriture. S'ils eussent sculpté une Vénus ou un Bacchus, il aurait applaudi à leurs talents, mais il était indigné de les voir travailler comme les fabricants d'idoles des villes voisines, occupés à mouler des bouddhas, des dieux de la guerre ou des richesses, destinés à devenir des objets de culte[2]. M. Edkins se plaint, sans doute avec sincérité, de la politique mondaine des Jésuites, c'est-à-dire des Ricci, des Schaal, et des Verbiest! D'autres protestants anglais qui n'ont jamais vu la Chine se permettent le même langage. « Les conversions étaient faciles, nous dit gravement un journal publié par une société anglaise, puisque les néophytes recevaient le chapelet romain à la place de celui des bouddhistes. » Cette appréciation, des légions de martyrs et de confesseurs en Chine, fut donnée publiquement en séance solennelle à la Société royale de géographie en Angleterre[3] !

Enfin, puisque nous ne pouvons les citer tous, nous mentionnerons cette autre association anglaise qui, parlant du baptême des enfants jetés à la voirie ou en danger de mort, lancés dans ce que Barrow appelle l'horrible abîme de destruction près duquel se tiennent les missionnaires catholiques[4], dénonce cette administration si charitable et si périlleuse du sacrement de baptême, *sans lequel aucun homme ne peut entrer dans le royaume de Dieu*, « comme une infâme tromperie à l'égard des pauvres Chinois[5]. » Il ne manquait que ce dernier trait pour achever de discréditer les procédés de ces hommes qui cherchent à cacher leur humiliation en injuriant des apôtres qu'ils n'avaient pas le courage d'imiter, et en se moquant d'œuvres qu'ils n'avaient pas assez de foi pour entreprendre.

MULTIPLICATION DES SECTES.

Nous voulons bien croire qu'il y ait des individus parmi les protestants capables de répudier le langage que nous venons de citer

---

[1] *China*, section VII, p. 595.
[2] *The Religious Condition of the Chinese.*
[3] *Journal of the Royal Geographical Society*, vol. XIX, p. 129.
[4] *Travels in China*, ch. IV, p. 168.
[5] *Evangelical Christendom*, vol. I, p. 184.

COMMENT LES MISSIONNAIRES SE VENGENT DE LEURS MÉCOMPTES.

Si les missionnaires protestants n'ont pas réussi à s'attirer le respect des païens ou la sympathie de leurs coreligionnaires; s'ils ont eu le chagrin de voir les premiers embrasser par milliers la foi catholique, et d'entendre ceux-ci exprimer hautement leur admiration pour les prédicateurs de cette religion, ils ont au moins essayé, à leur manière, de venger leur défaite. S'ils n'ont pu faire eux-mêmes des prosélytes, ils ont pu diffamer les disciples gagnés par d'autres; s'ils n'ont pas osé imiter l'héroïsme de leurs rivaux, ils pouvaient affecter de s'en moquer. C'est ainsi qu'ils se sont vengés.

Nous avons déjà vu M. Gutzlaff, dont les travaux ont été plus profitables à lui-même qu'aux Chinois, se permettre de dire : « Les missionnaires catholiques ont converti des millions d'infidèles sans toucher leur cœur. » Le docteur Wells-Williams, l'un de ses successeurs, a poussé plus loin l'impudence en assurant à ses lecteurs que les néophytes catholiques, dont le sang a coulé dans toutes les provinces de l'empire pour le nom de Jésus, « n'étaient que des païens baptisés[1]. » Le rév. Williams Gillespie explique la conversion de ces milliers de Chinois, au péril de la liberté et même de la vie, en disant « qu'en devenant papistes ils ne font aucun sacrifice[2]. » Il a peut-être emprunté cette observation à un Hollandais protestant qui insinuait que la constance des martyrs du Japon au milieu de leurs tourments devait être attribuée à l'opiniâtreté de leur caractère national[3]! M. Montgomery Martin, sans plus d'égards pour l'intelligence de ses lecteurs, nous informe que si les missionnaires protestants ont échoué, c'est parce qu'ils ne veulent pas employer de moyens secrets pour faire progresser le christianisme[4]. M. Pierre Auber en convient avec lui et regrette que « les missionnaires catholiques aient eu recours pour propager leur foi à des procédés cachés au lieu d'agir directement et à découvert[5]. » S'il avait visité la Corée ou la Cochinchine ou même Nankin, il aurait sans doute fait prévenir les mandarins de son arrivée. M. Samuel Kidd, professeur de chinois à l'université de Londres, apprend au monde que « le succès des catholiques en

[1] *China*, par Peter Auber, ch. II, p. 47.
[2] *The Middle Kingdom*, vol. II, ch. XIX, p. 524.
[3] *The Land of Sinim*, ch. IV, p. 132.
[4] Montanus, ap. Charlevoix, *Histoire du Japon*, tome V, liv. XIII, p. 367.
[5] Vol. II, p. 491.

jusqu'au pied de l'escalier, et, apprenant qu'il s'agissait d'un cas de *delirium tremens*, il tourna le dos et s'en alla. Mais il y avait, ajoute M. Forbes, un missionnaire d'un autre genre. « Le père Barrentin se trouva au même moment dans l'hôpital. Il recevait à peine vingt livres sterling par an (450 fr.), et cependant il trouvait moyen de vivre en refusant toute autre offrande. A la requête des infirmiers, les entrailles du bon père s'émurent, il vint administrer au moribond les sacrements de l'Église catholique, dans le sein de laquelle le pauvre homme rendit le dernier soupir[1]. »

Le révérend Gustave Hines, ministre protestant américain, fut si vivement impressionné de faits semblables pendant son séjour en Chine, qu'il ne put s'empêcher d'exprimer son étonnement de voir les chapelains anglicans de Hong-Kong « se disposer à monter dans la chaire sacrée après s'être livrés le dimanche à la boisson et au jeu[2]. »

M. Walter-Gibson, protestant américain, exprimait en 1856 ses impressions pénibles recueillies sur les mêmes missionnaires. Un journaliste anglais ne craint pas de dire deux ans plus tard : « Des déclamateurs en mauvais chinois n'ont point de succès en Chine ; les missionnaires protestants ne s'attirent pas le respect accordé à leurs rivaux catholiques, mais ils avilissent leur ordre en se dégradant jusqu'à imiter les mœurs de ceux parmi lesquels ils cherchent à faire des prosélytes[3]. »

Pour clore cette série de témoignages attestés par les Anglais résidant en Chine, nous citerons le fait suivant. Il y a en ce moment huit enfants chinois en Angleterre ; celui qui écrit ces lignes a pu converser avec quatre d'entre eux, issus de quatre négociants anglais protestants et de quatre femmes chinoises païennes. Six de ces enfants sont dans des couvents en Angleterre et les deux autres sont confiés à de bons catholiques ; leurs pères quoique protestants ont désiré les faire élever dans la foi de l'Église, uniquement à cause de l'estime qu'ils ont conçue pour les missionnaires catholiques, et du mépris que les missionnaires protestants leur ont inspiré.

[1] *Five Years in China*, p. 186.
[2] *Plains of the Pacific*, ch. xiv, p. 270.
[3] *Manchester Guardian*, cité dans *the Times*, September 25, 1858.

l'Europe civilisée, pour s'ensevelir dans la pauvreté et l'obscurité d'un village chinois [1]. » En d'autres termes, il n'est pas raisonnable de demander au missionnaire protestant les vertus apostoliques.

La Presse de Singapore, du 15 avril 1843, dit des missionnaires de Cochinchine, que les païens, étonnés de leur constance au milieu des tortures qu'un mot, un signe aurait pu leur éviter, se disaient les uns aux autres : « Ces étrangers ont un secret pour amortir la douleur [2]. » Leurs pères disaient peut-être la même chose de saint Jean, en le voyant sortir sain et sauf de la chaudière d'huile bouillante.

M. Forbes rencontra un missionnaire ; il n'était pas Européen, c'était un prêtre indigène de Corée. « Il appartenait, par sa naissance, à une famille noble, et, par sa profession, au clergé catholique. Son père, son aïeul et son bisaïeul étaient tous morts pour la religion de Jésus-Christ. Il retournait à pied dans son pays, terre de martyre, éloignée d'au moins quatorze cents milles (470 lieues). Déjà il avait goûté les fruits de la persécution ; plus d'une fois il avait été témoin du malheur d'une partie de son troupeau ; il avait été lui-même poursuivi comme une bête fauve par des chiens. »

Ce descendant d'une race de martyrs allait affronter avec calme de nouveaux périls ; cependant il aurait pu prendre sa part des plaisirs de la vie ; les officiers anglais trouvèrent en lui un homme instruit, agréable, bien élevé, avec de l'érudition et de bonnes manières ; il parlait six langues [3]. Peut-être était-il l'ami de cet autre enfant de la Corée dont Morrison disait : « Il s'offre à Dieu en holocauste. » Les missionnaires protestants présentent des types bien différents. M. Forbes nous parle d'un ministre anglican qui refusait de visiter les hôpitaux militaires pour apporter aux malades les consolations de la religion, bien que payé pour remplir cette fonction. Aux reproches du chirurgien il répondit : « Vos soldats et vos marins sont si mauvais, qu'il est inutile de s'en occuper ; je n'aime pas à les approcher. » Les autorités militaires prirent à sa place un missionnaire américain pour soigner les âmes du régiment anglais, au salaire annuel de deux cent cinquante livres sterling (6,250 fr.).

Un jour on le demande au lit de mort d'un soldat anglais ; il alla

---

[1] *Twelve Years in China*, ch. vi, p. 61.
[2] *Chinese Repository*, vol. XII, p. 539.
[3] *Five Years in China*, p. 190.

affirmés par les écrivains de toutes les classes ; les défenseurs des missions protestantes, loin d'essayer de réfuter ces témoignages, se contentent de répondre : « Dédaigner des néophytes parce qu'ils sont moins parfaits que les chrétiens privilégiés, prouverait une grande ignorance de la nature humaine[1]. » Cette excuse est plus étonnante encore que le phénomène qu'ils veulent expliquer ; les protestants, à l'œuvre depuis un demi-siècle, ignorent donc que les premiers disciples des apôtres et ceux des derniers missionnaires catholiques ont été des saints et des martyrs !

Les autorités citées jusqu'à présent ne montrent pas encore tous les points de contraste que nous esquissons. Nous avons vu que les écrivains protestants parlent de leurs missionnaires avec mépris en masse ; quelquefois ils les nomment et les comparent avec les apôtres du catholicisme, comme M. Power le fit à l'égard des Pères Zea et Aguilar qu'il rencontra. Le commandant Elliot Bingham raconte qu'en 1842, sa frégate fut visitée par un missionnaire catholique français ; il sortait à peine de prison, où il avait failli mourir de faim : « Il vint à bord, dit cet officier, ne donnant aucun signe de joie d'avoir recouvré sa liberté. Il n'avait pas réussi dans sa mission, mais il voulait y retourner[2]. »

M. Fonblanque, en 1861, adressait au *Times*, de l'intérieur de la Chine, cet aveu : « La piété, le zèle, la vie pure et simple des missionnaires français en Chine produisent un grand effet sur le peuple ; les païens leur témoignent beaucoup de respect[3]. »

M. Scarth rapporte qu'en 1860, il a visité un village où résidait un digne missionnaire catholique : « Il avait environ deux cents néophytes. Sa maison était exactement semblable aux autres cabanes du village ; tous les paysans étaient de la classe la plus indigente. Le pauvre missionnaire, à peine sorti de prison, était revenu au milieu de son troupeau. Il paraissait en être vénéré, mais sa faible constitution n'était pas à la hauteur d'une tâche aussi pénible. Il était sur le point de faire trente milles pour aller visiter un malade. Son intelligence supérieure lui avait donné un grand ascendant parmi ces villageois ignorants ; il semblait ne vivre que pour faire le bien. Pourquoi tous les missionnaires ne sont-ils pas animés du même esprit de sacrifice ? Cependant, ajoute-t-il, pour excuser la manière de vivre bien différente de ses amis, il serait dur d'exiger d'hommes intelligents de s'arracher aux habitudes de

---

[1] *Missionary Records of the Religious Tract Society*, ch. II, p. 20.
[2] *Narrative of the Expedition to China*, vol. II, ch. III, p. 101.
[3] *The Times*, June 17, 1861. — *Niphon and Pe-che-li*, par Edward Barrington de Fonblanque, p. 216 (1862).

à la fois ridicule et odieux : voilà les fruits recueillis en Chine. Il est temps de montrer, d'après l'aveu des mêmes autorités, qu'il y a la même différence pour la *qualité* que pour la *quantité* entre les disciples conquis par l'Église, et ceux conquis par les sectes.

Nous avons vu quels sont les catholiques indigènes ; les annales de la Chine, de la Corée, de l'empire d'Annam au dix-neuvième siècle n'ont rien à envier à celles des premiers âges.

Au contraire, les conversions les plus vantées opérées par les protestants n'ont été que déceptions ; le rév. Théodore Hamberg s'est vu « obligé, dit-il, de renvoyer plusieurs de ses assistants ou *catéchistes* chinois, à cause de leur perfidie [1]. »

« Quelques-uns des nôtres, dit un missionnaire protestant, se sont trouvés fort embarrassés ; les meilleurs catéchistes qu'ils avaient pu se procurer étaient souvent abrutis par l'opium et incapables de rien faire [2]. » M. Hamberg nous apprend que « deux des assistants du missionnaire Roberts, craignant de voir Siu-Tsuen les supplanter à cause de ses talents supérieurs, s'il venait à recevoir le baptême, cherchèrent à s'en débarrasser pour qu'il ne reçût pas ce sacrement ; ils y réussirent [3]. » Voilà les catéchistes que les missionnaires protestants n'ont pas horreur d'employer.

Les prosélytes prétendus d'un rang inférieur n'étaient pas plus estimables. Que pouvaient-ils être en effet ? M. Forbes va nous le dire. Remarquant avec admiration que le nombre des catholiques s'élevait, dans le seul vicariat apostolique de Fu-Kien, à plus de quarante mille, il ajoute : « Je désirerais pouvoir en dire autant des succès des missions de l'Église d'Angleterre ; mais à Kou-lung-su, où j'ai passé près d'un an, les deux seuls chinois convertis au protestantisme étaient soupçonnés de s'être enfuis, en emportant le plat d'argent qui servait à la communion [4]. »

Leurs élèves sur lesquels ils ont tant d'influence, et qui sont heureux d'apprendre l'anglais, au risque d'entendre un sermon chaque semaine, rivalisent en inconduite avec les néophytes. Le docteur Ball rapporte, en 1856, qu'à Ning-Po, « quelques enfants Chinois appartenant à l'école ont engagé leurs habits et volé de l'argent [5]. »

Le contraste dont nous venons de donner quelques exemples, et l'incorrigible immoralité du petit nombre d'adeptes du protestantisme et de leurs catéchistes dissolus, sont continuellement

---

[1] *The Chinese Rebel Chief, Hung-Siu-Tsuen*, introd. p. 6 (1855).
[2] *Asiatic Journal*, nouvelle série, vol. XXXII. p. 529.
[3] P. 48.
[4] *Five Years in China*, ch. xi, p. 184.
[5] *Rambles in Eastern Asia*, ch. xxxi, p. 301 ; ch xxxviii, p. 517.

« Le missionnaire chrétien, dit encore le secrétaire d'une société des missions à Londres, en 1855, a travaillé pendant de longues et pénibles années pour ce peuple sans voir un seul fruit de ses travaux[1]. »

« Le nombre total des missionnaires protestants en Chine, dit M. Scarth en 1860, dépasse probablement celui des néophytes qu'ils ne salarient pas. »

Le docteur Grant nous semble résumer cette histoire quand il apprend à l'Université d'Oxford que « les tentatives des sectes protestantes pour évangéliser la Chine ont échoué d'une manière déplorable[2]. » M. Wingrove Cooke ne laisse rien à ajouter, quand il dit en 1858 : « Je ne dirai pas que les missionnaires protestants font des chrétiens sincères ; ceux qui le prétendent, sont victimes d'une illusion ou coupables de mensonge[3]. » Une autorité plus haute encore remarque, en 1861, que, « dans le sud de l'empire chinois le protestantisme, parmi les indigènes, est réduit à néant, tandis que dans le nord, il a engendré le blasphème ; » elle ajoute avec franchise : que « le travail des missionnaires est une duperie ; le dénoncer comme tel, au plus tôt, sera une bonne œuvre[4]. »

Enfin, en 1863, un officier anglais de haut rang qui a passé trois ans en Chine, en reconnaissant les mérites et les succès des missionnaires catholiques, termine ainsi son ouvrage : « On remarquera peut-être que je ne dis rien sur la mission protestante en Chine. Le fait est que j'en ai très-peu entendu parler et que j'en ai vu moins encore. » Il attribue en grande partie tous ces mécomptes au grand nombre des différentes sectes ; ensuite il ajoute : « Nos hôpitaux, pour les indigènes, sont un témoignage plus apparent de notre présence parmi ce peuple que nos églises[5]. » En d'autres termes, ils peuvent guérir les corps, mais ne savent pas toucher les âmes.

Voilà donc les résultats reconnus des dépenses prodigieuses faites en Chine, pendant ce siècle, par les sociétés des missions protestantes. Mépris de la part de leurs amis et de leurs protecteurs dont ils se sont aliéné les sympathies après en avoir abusé, dérision de la part des païens aux yeux desquels ils ont rendu le christianisme

---

[1] *Missionary Gleaner*, December, 1855, p. 245.
[2] *Bampton Lectures*, Lect. VI, p. 214.
[3] *China*, ch. xi, p. 181.
[4] *Hong-Kong Daily Press*.
[5] *Personnal Narrative of three Years service in China*, par le colonel Fischer, commandeur de l'ordre du Bain, ch. xxii, p. 355.

testants et l'Église catholique les compte par dizaines et centaines de mille[1]. »

« De grands progrès se sont faits en silence, dit sir Oscar Oliphant, en 1857, qui est loin de faire même allusion aux tentatives protestantes, et se font encore chaque jour dans le champ des missions[2]. »

« Il est inutile, dit M. Osmund Tiffany, au sujet de ses collègues protestants, de parler des travaux des missions, car ils ont peu ou pas d'importance[3]. »

Le voyageur américain, docteur Ball, après avoir passé tout son temps au milieu des missionnaires, et avoir été leur hôte constant et leur ami, décrit admirablement les avantages et les agréments de leurs demeures, mais ne fait pas une seule allusion dans toute sa longue correspondance aux conversions qu'ils ont pu obtenir.

« Il y a, dit le Rev. Howard Malcolm, dans la stérilité des missions protestantes quelque chose d'inexplicable : les missionnaires catholiques, avec de très-modiques ressources, ont fait un grand nombre de prosélytes ; leur culte est devenu populaire et attire partout l'attention du public ; » et ailleurs : « Jusqu'à présent, la plus grande partie des travaux de nos missionnaires n'a été que préparatoire[4]. »

En dehors de l'impression des livres, dit un autre, les missionnaires ont fait bien peu de chose en Chine[5].

« Les protestants, observe M. Ritchie, se sont bornés jusqu'ici à distribuer des livres le long des côtes, et leur résultat est de nulle importance[6]. »

« Nous n'avons aucune preuve, avoue un missionnaire américain, que les milliers de livres jetés parmi ce peuple aient converti un seul Chinois[7]. »

« L'activité des missionnaires de l'Église romaine en Chine, dit sir John Davis qui est loin de les aimer, n'a pas de rivale quant au nombre et aux travaux[8].

« Depuis la mort du docteur Morrisson, remarque le secrétaire de la société des traités religieux, bien peu a été fait en Chine, » mais nous avons vu que le docteur Morrisson n'avait rien fait du tout[9].

---

[1] *China political*, etc., vol. II, p. 491.
[2] *China, a Popular History*, ch. v, p. 45.
[3] *The Canton China*, ch. x, p. 181.
[4] *Travels*, etc., vol. II, ch. II, p. 263.
[5] *Points about China and the Chinese*, ch. xxxii, p. 514.
[6] *The British World in the East*, vol. II, p. 230.
[7] Cité par le docteur Brown, *Hist. Prop. Christianity*, vol. II, p. 256.
[8] *China*, vol. II, ch. vii, p. 235.
[9] *The People of China*, par les Religious Tract Society, ch. xi, p. 526.

caravane protestante, instruite des prétentions de ses coreligionnaires sur leurs missions, se livra aux réflexions suivantes : « A des hommes de cette trempe, dit l'historien faisant allusion aux missionnaires catholiques et à leurs travaux, sont dues des louanges, que je me reconnais indigne de proclamer ; aussi me bornerai-je à signaler le contraste entre ces hommes et les missionnaires protestants, » et il indique les points principaux de ce contraste dans des termes semblables à ceux de MM. Sirr, Power et autres témoins protestants : « Établis au milieu d'Européens et d'Américains dans les villes de la côte, les missionnaires vivent au milieu des agréments et du confort d'une société civilisée ; entourés de leurs femmes et de leurs enfants, ils habitent des maisons semblables et souvent supérieures à celles qu'ils habitaient dans leur patrie..... Je ne crois pas me tromper en disant qu'il n'y a pas un seul missionnaire protestant à une distance de cent milles (33 lieues) d'un établissement européen [1]. »

RÉSULTATS DES MISSIONS PROTESTANTES.

Les témoignages que nous venons de citer nous ont préparés à ceux qui vont suivre. Comme nous l'avons fait en parcourant l'histoire des missions catholiques, nous allons apprendre d'autorités protestantes les résultats de tous ces efforts dispendieux soutenus pendant près d'un demi-siècle par les agents des sociétés anglaises et américaines.

« Le nombre de conversions obtenues par les protestants, dit M. Hausmann, qui dédie son livre à M. Guizot et semble professer une égale indifférence pour toutes les formes de religions, est tout à fait insignifiant à côté de celui des conversions faites par les catholiques [2]. »

« La religion catholique, dit le baron Haxthausen, s'étend de plus en plus dans le nord de l'empire ; à Pékin même elle compte plus de quarante mille sectateurs [3]. »

M. Montgomery Martin, ardent adversaire du catholicisme, dit : « Il n'y a peut-être pas plus de vingt à trente Chinois chrétiens pro-

---

[1] *Five Months on the Yang-Tsze*, par Th. W. Blakiston, ancien capitaine de l'artillerie royale, ch. ix, p. 155 ; ch. x, p. 179 ; ch. xi, p. 182-5 ; ch. xviii, p. 319.
[2] *Voyage en Chine*, tome I, ch. iii, p. 129.
[3] *Études sur la Russie*, tome I, ch. xiv, p. 441.

L'année 1862 nous apporte le témoignage de la caravane anglaise conduite par le colonel Sarel et ayant dans son sein un membre du clergé protestant; cette expédition scientifique avait pour but le tracé d'une route aux Indes par les frontières occidentales de la Chine. Ces hommes ne sont point exempts des préjugés ordinaires à leurs compatriotes. Leur voyage, en y comprenant la navigation du Yang-Tsze, embrasse dix-huit cent milles (600 lieues). C'étaient des hommes d'honneur, d'un esprit cultivé, et ils n'auraient pas trouvé digne d'eux de manquer à la vérité de leurs récits.

Déjà la caravane avait remonté le Yang-Tsze, lorsqu'aux approches du courant nommé Tung-Yan, elle atteignit une jonque montée par un haut mandarin et sa famille, qu'elle découvrit être catholique. Les voyageurs purent ainsi constater qu'aujourd'hui, comme autrefois, la religion chrétienne fait des conquêtes même dans l'aristocratie chinoise. Arrivés à Wan, ils y trouvèrent matière à des réflexions plus graves. « Il n'y a guère lieu de douter, dit l'un des historiens de cette expédition, que les catholiques ont fait beaucoup plus en Chine qu'on ne le reconnaît généralement et depuis Wan nous découvrîmes sur notre route un grand nombre de chrétiens chinois. Le signe de la croix leur servait à se faire reconnaître. Le nombre des chrétiens dans la province de Sz-Tchuan s'élève, dit-on, à cent mille. Il y a deux évêques; nous eûmes plus tard le plaisir de rencontrer l'un d'eux avec deux de ses prêtres et leur souvenir rappellera toujours à mon esprit de vrais missionnaires. »

Le village de Hulin leur parut être presque entièrement catholique; les habitants, prenant leurs visiteurs européens pour des disciples de la croix, les conduisirent vers une église qu'ils venaient de terminer. Ils avaient dû accomplir cette œuvre en face de la persécution et ils édifièrent les voyageurs par le récit des mauvais traitements que leur avaient infligés les mandarins. « Ce n'est là, dit le docteur Barton, qu'un exemple sur mille dont nous avons été témoins, du bien que les missionnaires catholiques ont fait partout en Chine; pendant tout notre voyage, nous n'avons pas rencontré un seul protestant. »

« A Chung, nous avons été de nouveau visités par des catholiques; il nous en arriva de la ville dans des barques jusqu'à une heure avancée... Ils nous ont dit que les mandarins les avaient persécutés et avaient brûlé leur église. » Trois cents ans se sont écoulés sous le règne de la persécution dans cette contrée et les protestants nous apprennent le résultat de cette longue lutte.

Impressionnée par ces faits et d'autres du même genre, cette

Il paraît impossible de rien ajouter à ce tableau; cependant un autre protestant, membre d'une université d'Angleterre, y a réussi. « En Chine, dit M. Sirr, nous sommes blessés jusqu'au fond du cœur de voir les serviteurs de l'Église de Rome infatigables dans leurs œuvres de zèle, faisant des conversions, ne s'arrêtant ni devant les difficultés ni devant les sacrifices, tandis que trop de missionnaires protestants emploient leur temps à s'enrichir par le commerce et le trafic. Chose d'autant plus odieuse qu'ils ont tous de beaux salaires. Hélas! la manière de vivre de bien des missionnaires que nous avons rencontrés en Chine et ailleurs est tout à fait étrangère et opposée à leur vocation sainte ; ils consacrent la plus grande partie de leur temps à suivre les enchères, achetant à un prix pour revendre avec bénéfice, et cependant leurs salaires sont plus que suffisants pour leurs besoins... La conduite de plusieurs d'entre eux est tout à fait inconvenante au point de vue chrétien ou social. Aussi, ajoute-t-il, d'après ses propres observations, les Chinois païens, pleins de mépris pour ces prétendus docteurs de religion, les appellent généralement : des *démons prêche-mensonges*[1]. » Jamais, sans doute, il n'y eut de soi-disant missionnaires ainsi décrits par leurs propres associés ; et si le premier messager du protestantisme en Chine avait peu de droit à notre estime, nous devons avouer que ses successeurs en ont encore moins.

Observons aussi comme un trait spécial dans l'histoire des missions protestantes, que les rapports les plus récents sont toujours les plus tristes. En 1861, après un demi-siècle de stériles labeurs et d'incalculables dépenses, le *Hong-Kong Daily Press*, journal dévoué aux intérêts anglais et protestants, apprécie de cette façon les missionnaires et leurs œuvres. Après avoir mentionné, au milieu même des hommes dont il parle, l'insuccès sans espoir de tous leurs travaux, l'écrivain anglais continue en ces termes : « Au lieu de remédier à leur défaite, ils sont trop vaniteux pour l'avouer. Il y a autant de dévotion parmi les missionnaires protestants du sud de la Chine, qu'il y en a dans un tire-botte. Leur honteuse indifférence pour la stérilité de leurs missions est incroyable pour qui n'en a pas été témoin. Nous avons essayé plusieurs fois de réveiller en eux le sentiment du devoir, mais ils nous ont paru sourds à la voix de la vérité, et satisfaits de manger le pain de l'oisiveté aussi longtemps qu'ils réussiront à tromper leurs patrons. »

remarqué l'élégance et la splendeur des habitations à l'usage des ministres protestants.
(*Note du traducteur.*)

[1] *China and the Chinese*, vol. II, ch. x, p. 216.

Haï : « J'y ai trouvé les enfants à l'étude ; j'ai été ravi de voir ce petit bataillon si bien discipliné et de si bonne apparence ; ces enfants sont en tous points de beaucoup supérieurs aux autres enfants chinois que j'ai rencontrés ailleurs. J'avais rapidement visité les écoles protestantes de Ning-Po, peu de temps auparavant, et j'étais loin de m'attendre à ce constraste frappant ; je n'ai pu m'en rendre compte qu'après avoir eu connaissance de la différence des principes qui dirigeaient cette jeunesse[1]. »

Le colonel Armine Mountain, ancien adjudant général de l'armée anglaise dans l'Inde, défenseur zélé des institutions protestantes, nous fournit le témoignage suivant ; quoique mutilé prudemment par un éditeur circonspect, il n'en aura que plus d'importance. « Je ne sais rien, dit le colonel, au sujet des missionnaires protestants. Mais il y a une classe d'hommes en Chine auxquels nous ne saurions refuser notre respect, quelles que soient les erreurs de leurs croyances, ce sont les missionnaires catholiques romains : déguisés en indigènes, ils passent leur vie à l'intérieur de l'empire, inconnus au gouvernement, continuellement exposés à perdre la vie et n'ayant d'autres ressources que les secours précaires de leurs adeptes[2]. »

M. Power, au service de l'Angleterre, confirme en 1853 tous ces témoignages. Se trouvant à Kou-Lang-Sou il écrit ce qui suit : « Les dignes Pères Zea et Aguilar, tous deux à la fleur de l'âge, m'ont paru surpasser en dévouement, en charité chrétienne, en bienveillance, en esprit de foi, tous les hommes avec lesquels j'ai eu des rapports jusqu'ici ; ils étaient pleins d'oubli d'eux-mêmes, de pitié et de compassion pour les autres. Quant aux missionnaires protestants, dit-il ensuite, ils sont généralement hommes à ne pas avoir beaucoup de succès. Ils s'établissent dans les villes maritimes, s'entourent de confortable et bornent leur travail à distribuer des caisses pleines de traités religieux écrits ordinairement en très-mauvais chinois. L'indigène voit, d'un côté, un homme appliquant toutes ses forces à un seul but désintéressé, sacrifiant le confortable, la santé, la société, tout ce qui peut rendre la vie douce ; de l'autre, un homme qui vient, lorsqu'il n'y a pas le moindre danger, amenant sa femme et ses enfants, disputant pour avoir les meilleures habitations, marchandant à outrance et provoquant le mépris par une vie oisive[3]. »

---

[1] *The Taeping Rebellion in China*, ch. III, p. 53, 60.
[2] *Memoirs of colonel Armine Mountain*, C. B., ch. VIII, p. 212.
[3] *Residence in China*, ch. XV, p. 151, 157 (1853) Le témoignage de M. Power est complètement d'accord avec celui des officiers français qui ont résidé en Chine. Ils ont

démie impériale les compositions de quelques-uns des plus anciens élèves et elles furent renvoyées avec des corrections et des encouragements très-flatteurs¹. » M. de Kéroulée, plus récemment encore, nous parle d'un élève du Père Delamarre qui parlait le français et le latin avec une facilité et une élégance dignes de l'admiration d'hommes élevés dans les collèges de France².

M. Oliphant paraît avoir obtenu partout les mêmes convictions : visitant la mission catholique de Chusan, « un Père Lazariste lui en fit les honneurs avec beaucoup de simplicité et de cordialité. Nous inspectâmes, dit-il, son établissement agricole cultivé par les élèves, bande joyeuse de petits garçons au visage heureux et souriant, et bien différents par leur expression de ceux des enfants chinois en général. Leur affection et leur reconnaissance pour leurs maîtres étaient évidentes... Nous visitâmes ensuite, avec notre vénérable guide, un orphelinat de petites filles qui excitait la même admiration pour ses habiles directrices. »

Un autre jour, M. Oliphant entra dans la cathédrale de Tonk-a-dou : « Un des côtés de sa vaste enceinte était rempli d'une nombreuse assemblée de femmes chinoises catholiques ; leur attitude pieuse témoignait de leur sincérité, et leur mise propre, parfois élégante, jointe à leur tenue convenable, formait un agréable contraste avec la majeure partie des femmes que l'on rencontre dans les villes de Chine. »

« A Shang-Hai, dit-il encore, on m'apprit que les missions des catholiques comptaient des mandarins parmi leurs néophytes ; et l'on me citait de nombreux exemples de vertu et de dévouement envers les missionnaires et leurs convertis, de la part des Chinois appartenant déjà à l'Église, ou de la part de ceux auxquels ses institutions avaient été utiles. » D'un autre côté, constatant les résultats de l'éducation protestante particulièrement à Hong-Kong, il reconnaît, et nous verrons partout ailleurs les même faits, que « trop souvent les connaissances acquises par les adeptes ne font qu'accroître leur influence pernicieuse³. » « Tous les plans essayés jusqu'ici, dit le journal quotidien de Hong-Kong, ont échoué complétement. L'éducation anglaise a été donnée aux jeunes chinois sans autre résultat que d'en faire des hypocrites ou des escrocs. »

Le commandant Lindsay Brine, officier anglais de distinction, qui ne cache pas ses sympathies protestantes, dit encore, en 1862, en parlant de l'école catholique attachée à la cathédrale de Shang-

---

[1] *Souvenirs d'une Ambassade*, ch. vii, p. 180.
[2] *Un Voyage à Pékin*, par Georges de Kéroulée, ch. iii, p. 59 (Paris, 1861).
[3] *Narrative of lord Elgin's Mission*, etc., vol. I, ch. xii, p. 256 ; ch. xiii, p. 257.

le moindre progrès, on ne peut s'empêcher d'admirer l'abnégation et le travail opiniâtre de ces prêtres. Leurs élèves paraissent heureux de leur genre d'occupations et beaucoup plus intelligents que la généralité des Chinois avec lesquels j'ai eu des rapports[1]. »
M. Oliphant dit des écoles protestantes dans cette ville : « qu'on y enseigne seulement les arts les plus élémentaires à l'aide des classiques chinois ; aussi leur éducation peut leur être d'une bien petite utilité, soit parmi leurs compatriotes, soit auprès des étrangers[2]. »

M. Oliphant, dont les sympathies pour le catholicisme ne peuvent être soupçonnées, s'accorde donc avec M. d'Ewes au sujet de ces institutions protestantes ; il décrit ensuite un autre collége catholique situé à douze milles de la ville de Shang-Haï ; il y trouva « quatre-vingts jeunes gens ou enfants dans les différentes classes, très-avancés dans l'étude des classiques et de la littérature chinoise..... La mission était presque entièrement dirigée par les jésuites. La meilleure intelligence régnait entre eux et leurs élèves ; les visages de ceux-ci témoignaient de leur satisfaction et de leur bonheur. Douze heures par jour étaient consacrées au travail ou à la prière ; cependant l'établissement était d'une propreté remarquable, les dortoirs parfaitement tenus ; les pensionnaires y prenaient donc des habitudes étrangères aux usages domestiques des Chinois[3].

En 1862, un chapelain anglican nous parle encore de ce collége avec une admiration qu'il ne peut taire et il déplore que la mission anglicane à Shang-Haï ne soit pas plus florissante ; il la reconnaît même inférieure à la mission américaine, bien qu'il n'attribue pas une seule conversion à celle-ci. L'ouvrage écrit par ce membre du clergé anglais est remarquable par l'absence de toute allusion religieuse et il s'excuse même de n'avoir rien dit « de ce qui le concerne[4] ; » ses lecteurs en concluront sans doute qu'il n'avait rien trouvé à dire.

Le marquis de Moges, qui accompagnait le baron Gros, lors de sa première ambassade en Chine, visita ce même collége, à Zi-Kawei, et trouva « près de cent élèves dans une institution éloignée de tout secours européen, mais visitée souvent par des mandarins ; l'un de ces mandarins porta à Pékin à un membre de l'Aca-

---

[1] *China*, etc., par J. D'Ewes, esq., ch. VIII, p. 291.
[2] *Lord Elgin's Mission.*
[3] *Ibid.*
[4] *How We got to Pekin*, par le Rév. R. J. L. M'Ghee, chaplain to the Forces, ch. III, p. 41-42 (1862).

chercher en Europe un théâtre plus paisible et des circonstances plus favorables[1]. » Le révérend docteur E. H. Morton vint le remplacer dans les fonctions de maître spirituel, au milieu d'un peuple aussi peu disposé à recevoir le christianisme qu'il l'était lors de l'arrivée de son prédécesseur. Il s'en alla bientôt et le docteur Bettelheim n'y est pas retourné; cette mission sans doute ne sera pas reprise de quelque temps. En 1862, la Société des *Missions de l'Église* parlait encore de l'*ancien* comité des missions de Lou-Tchou et de nouvelles tentatives à faire lorsque la Providence en aurait ouvert les voies[2].

TÉMOIGNAGES DE VOYAGEURS PROTESTANTS.

Nous connaissons les destinées du protestantisme en Chine ; ses agents les plus importants de 1816 à 1862 nous les ont apprises. Si nous multiplions encore des témoignages qui peuvent paraître superflus, c'est parce que chacun d'eux nous signalera un trait spécial du contraste découvert et proclamé par tous.

En 1858, M. Minturn, zélé protestant américain, fut étonné de l'ardeur avec laquelle une nombreuse assemblée de Chinois chantait les offices romains dans la cathédrale de Shang-Haï[3]. Vers la même époque M. d'Ewes et un peu plus tard M. Oliphant établissaient ainsi le contraste entre les missionnaires et leurs travaux dans cette même ville : « Il y a, dit le premier, une école américaine et une école anglaise pour l'éducation des enfants chinois, mais elles sont fort peu suivies ; je n'ai pas pu découvrir de traces des travaux des missionnaires protestants dans l'intérieur du pays. En revanche, les deux établissements les plus remarquables que j'ai vus à Shang-Haï sont deux colléges de Jésuites..... Rien ne peut surpasser l'ordre, la régularité, la discipline observés dans ces deux établissements. Les Pères y enseignent la sculpture, la peinture, la musique, les langues, etc.; évidemment ils ont des professeurs habiles et distingués. Si l'on considère l'extrême difficulté d'obtenir une teinte quelconque de la langue chinoise et combien peu d'Européens de la classe commerçante et parmi nos missionnaires et nos diplomates arrivent à faire dans cette langue

---

[1] *The Medical Missionary in China*, par W. Lockhart, F. R. C. S., ch. xii, p. 356 1861.
[2] *Report of C. M. Society*, p. 11 1862.
[3] *From New York to Delhi*, ch. iii, p. 53.

sa juridiction spirituelle, on les regarde comme de dangereux ennemis. Non-seulement cela est mal, mais il est même dangereux d'écrire de telles choses. »

Cette appréciation semble être générale parmi les coreligionnaires de l'évêque anglican qui ont eu occasion de le juger. « La conduite de l'évêque est très-répréhensible, dit le *Hong-kong Daily Press*, dans la treizième année de son épiscopat. Pendant les trois dernières années, nous sommes sûrs qu'il n'a pas travaillé deux mois dans son diocèse. Il touche son salaire en raison de l'accomplissement de devoirs déterminés, et ces devoirs, il les néglige pour d'autres métiers plus lucratifs ou plus agréables, et nous le défions de concilier sa conduite avec une loyauté vulgaire pour ne rien dire de ses devoirs d'évêque [1]. »

LE DOCTEUR BETTELHEIM.

Nous aurions pu terminer notre relation par l'histoire du docteur Smith, qui jette une lumière si complète sur la nature de l'anglicanisme; mais l'exemple que nous voulons présenter encore remplira un double but, celui de nous introduire sur une nouvelle scène, et celui de compléter notre récit jusqu'à l'année 1862. Le docteur Bettelheim représentait une société anglaise parmi les paisibles habitants de Lou-Tchou. Ce peuple aimable avait épuisé tout son esprit en vaines tentatives pour l'éloigner par des moyens de douceur. « Les Lou-Tchouans, nous dit-on, avaient essayé de tous les moyens pour se débarrasser de lui; ils avaient adressé, par l'intermédiaire des Chinois, au ministre anglais, lord Palmerston, leurs remontrances contre la mission; elles étaient invariablement suivies d'une pétition pour le renvoi de Bettelheim. Ils disaient avec énergie qu'un missionnaire devait s'éloigner dès que sa présence était importune au peuple [2]. Mais le docteur Bettelheim, qui ne courait aucun danger et recevait exactement son salaire, ne voulait pas s'en aller. Vainement les agents de police de Lou-Tchou recueillaient les traités religieux distribués la veille, et les lui rapportaient chaque matin, empaquetés avec soin. Ils finirent cependant par le mettre en fuite. « Après avoir consacré huit ou neuf ans à cette lutte inégale, le docteur Bettelheim vint

---

[1] Cité dans *The Weekly Register*, November 16, 1861.
[2] *The Japan Expedition*, par J. W. Spalding, U. S. Steam frigate *Mississippi*, ch. vii p. 115; ch. xiv, p. 357.

Nous ne demanderions pas mieux que de passer de M. Smith à d'autres témoins méritant comme lui quelques instants d'attention, mais nous le retrouvons sous une nouvelle forme et sur un théâtre que nous avons déjà visité. En 1858, il est encore question de M. Smith ; cette fois l'agent d'une société de missions est devenu évêque anglican en Chine. Le laps des années n'a guère changé sa manière de voir sur les deux sujets dont il s'était précédemment occupé, les Chinois ou les catholiques. Il n'a pas commencé à convertir les uns, ni cessé de haïr les autres. Longtemps auparavant, il avait déclaré qu'il préférait les mahométans en Chine aux catholiques. « J'ai toujours éprouvé de la sympathie, dit-il, pour ces pauvres disciples de l'islamisme, dispersés au milieu des païens, et j'ai toujours regardé leur renonciation aux idoles et leur culte pour un Dieu unique comme se rapprochant comparativement *de notre propre* religion [1]. » La comparaison avait lieu avec la religion d'Alfred le Grand, de saint Anselme et de sir Thomas More. Le docteur Smith préfère les disciples d'Ali et d'Omar, blasphémateurs du Christ, aux enfants de saint François et de saint Bernard, ses adorateurs. Il est en 1858 ce qu'il était en 1844.

Le 18 octobre de l'année précédente, il écrivait de Shang-Haï à l'archevêque de Cantorbéry : « J'avoue que du peu de résultats de mes appels d'autrefois pour être aidé, j'ai appris à attendre patiemment. Au bout de dix ans d'épiscopat, je ne vois encore que des signes peu nombreux d'un mouvement soutenu de notre Église pour l'évangélisation de la race chinoise... Quant aux missions de notre Église parmi les Chinois, depuis quatorze ans que j'ai débarqué sur ces rivages pour la première fois, je ne vois, à une exception près, — nous savons ce que vaut cette exception, — que peu de progrès réalisés et des résultats sans importance. » La lettre en renferme beaucoup plus long, mais nous bornons là nos citations, parce qu'elle est appréciée de la manière suivante sur les lieux même par un écrivain protestant dans le *Hong-kong Register* [2]. « Nous ne pouvons que regretter le ton de jalousie qui règne dans cette lettre à l'endroit de ses frères catholiques romains. La cause de la vraie religion et du christianisme n'ont rien à gagner en Chine par les démonstrations d'un pareil esprit de secte... leur zèle est égal, leur dévouement, dans bien des circonstances, est *beaucoup* plus grand, et cependant, parce qu'ils ne sont pas d'accord avec l'évêque de Victoria ou ne reconnaissent pas

---

[1] Smith, p. 213.
[2] *Ibid.*, n° 43.

Mais sa provision n'était pas épuisée; il se décourageait difficilement. « Il donna un traité à un prêtre bouddhiste qui, ne pouvant le lire, le lui restitua. » D'autres gardaient ses présents; mais « comme il n'en était pas un, dit-il, qui sût lire; » cela devait en diminuer beaucoup la valeur. Puis il traversa la rivière et aborda de l'autre côté, mais il ne trouva aucun paysan en état de pouvoir lire. Il acquit cependant la certitude qu'il y avait quelques catholiques faisant exception à cette règle et leur envoya quelques-uns de ses traités.

Ne s'éloignant jamais des côtes comme tous ses confrères, il distribuait des traités partout où il allait; mais, habitué maintenant à voir des visages chinois, il s'arme de courage et se décide à faire « une pointe dans l'intérieur. » Or, pour lui, aller dans l'intérieur n'est qu'une simple excursion en barque sur une rivière fréquentée par les Européens; et un Français s'aventurant en *steamer* du Pont de Londres à Richmond ne ferait pas preuve de plus grande témérité. Il s'agissait, cela va sans dire, de distribuer des traités; le peuple ne pouvait les lire, et l'eût-il pu, ses amis nous l'ont dit, ces traités ne méritaient pas d'être lus. L'expédition se met en route, non sans que les cœurs battent un peu plus vite à l'idée des périls possibles du voyage. Les deux rives sont soigneusement visitées et les rameurs se tiennent prêts à battre en retraite en cas d'événement imprévu. M. Smith, un livre à la main, dirige ses regards inquiets de côté et d'autre, lorsque tout à coup un objet frappe ses yeux. « Prenant mon temps, dit-il, je fermai mon livre et... le jetai heureusement à un endroit où la rive était à sec[1]. » Ce haut fait accompli, le hardi missionnaire et ses compagnons se hâtèrent de reprendre le chemin de la ville voisine.

C'est ainsi que s'y prenait M. Smith pour convertir la Chine. S'il ne réussit pas, ce fut sans doute à cause de la nouveauté des moyens qu'il employa. Ni saint Paul ni saint Barnabé, autant que nous sachions, ne s'occupaient guère de distribuer des traités ou de ramer le long des rives de la mer Égée ou de l'Adriatique en cherchant « des endroits qui fussent à sec » pour y déposer leur message aux païens. Ils le remettaient en personne, sans s'inquiéter ni des verges, ni de la prison, ni de la mort, trop heureux qu'on les trouvât dignes de souffrir pour l'amour du Christ; les missionnaires catholiques ont toujours suivi leur exemple, non-seulement en Chine, mais aussi, comme nous le verrons, dans toutes les régions de la terre.

[1] Smith, p. 148.

sieurs reprises, sur le front, les lèvres et la poitrine, d'après le mode ordinairement suivi par les catholiques. Leur religion n'était certes pas une fiction et ils « ne rougissaient pas de la croix du Christ; » mais M. Smith ne fit pas cette réflexion. Il rencontre ensuite « une centaine de paysans; et voyant que la plupart d'entre eux sont catholiques, quelqu'un de ceux qui l'accompagnaient en prit occasion de les informer que la Mère de Dieu « n'était qu'une pécheresse coupable comme nous, » sur quoi il ajoute « qu'ils parurent un peu émus et le regardèrent d'un air incrédule et méfiant. » Ce regard significatif ne servit de leçon ni à M. Smith ni à ses compagnons; ignoraient-ils donc que les Turcs eux-mêmes reprochent aux protestants leur manque de respect envers celle que les mahométans honorent comme la mère du Christ[1]?

M. Smith eut d'autres aventures. « Je visitais, dit-il, une jonque de Corée, montée par des matelots catholiques, et qui était à l'ancre dans la rivière, près de la douane. » Le capitaine de cette jonque, qui avait traversé les eaux de la mer Jaune, non par amour du lucre, mais pour un motif religieux, avait eu « son père et son grand-père » martyrisés. Mais cela n'avait effrayé ni lui ni son équipage; et M. Smith nous dit que le seul but de ce long et périlleux voyage était « d'obtenir un évêque pour la Corée et de le ramener avec eux dans leur jonque. » Ils étaient restés ainsi à l'ancre pendant des mois, auprès de la douane, répondant aux questions des employés par tous les prétextes que leur esprit leur suggérait; et ils attendaient patiemment, tout en perdant un temps précieux et en s'exposant à être découverts, que Dieu leur envoyât leur évêque. M. Smith, oubliant qu'il avait devant lui des confesseurs de la foi, pour lesquels la religion était l'intérêt principal de la vie, offrit à ces intrépides chrétiens quelques-uns de ses livres; mais au bout d'une heure, ils en eurent reconnu la véritable nature, et vinrent « lui restituer le présent qu'il leur avait fait. » On est heureux d'apprendre de M. Smith qu'ils remplirent enfin le but de leur visite et purent emmener leur évêque et trois prêtres. L'évêque avait déjà été « pendant sept ans missionnaire dans une des provinces du centre[2]. » Et maintenant il s'en allait, escorté par les fils des martyrs, verser son sang partout où Dieu lui en demanderait le sacrifice. Il ne paraît pas que M. Smith ait songé à lui offrir ses livres.

[1] Voir d'Herbelot, *Bibliothèque orientale*, article *Miriam*, et lady Shiel's *Life and Manners in Persia*, ch. vi, p. 87.
[2] P. 154.

gréable rencontre de convertis catholiques. A Shang-Haï, le docteur Ball, à sa grande mortification, n'avait trouvé que « sept ou huit Chinois » pensionnés par la libéralité des protestants, bien que, d'après la remarque de M. Scarth, il y eût dans cette ville des missionnaires de toutes les sectes, « protestants, luthériens, calvinistes, calvinistes dissidents, baptistes, sabbatariens, etc.[1] » Voilà ce qu'en dit M. Smith : « Il y a dans la ville et ses environs un grand nombre de catholiques romains. On calcule que le diocèse de leur évêque en renferme environ *soixante mille*. » Si, pour charmer ses loisirs, il étudie le système du transport des grains en Chine, il apprend que « parmi les six mille jonques apportant chaque année du fond de la Tartarie des grains pour l'empereur, il y en a un grand nombre qui sont montées par des marins catholiques. » Ils se réunissent souvent le soir, au nombre d'une vingtaine d'embarcations, au milieu du fleuve, et là ils chantent en chœur leurs prières. Intéressante observation due à Mgr de Bésy, administrateur apostolique de Nankin en 1845.

A Ning-Po, nous dit M. Smith, les convertis catholiques n'étaient pas des pêcheurs, mais « appartenaient en général à la classe moyenne des commerçants[2]. Sir John Davis nous apprend que dans cette ville « il n'y a pas moins de treize missionnaires protestants[3]. » La majorité des habitants ne s'aperçoit réellement de leur présence que par les drogues qu'ils distribuent ; tel était le progrès de la religion catholique que « l'on vit en 1848 s'élever sans difficulté une église, pour laquelle les mandarins concédèrent le terrain[4]. »

Un peu plus tard, M. Smith se trouve dans le nord de la province de Fo-Kien; « à cent milles de Foo-Chow, il y a un évêque papiste, Espagnol, âgé de quatre-vingt-dix ans, qui habite le pays depuis cinquante ans. Il y a aussi un collège papiste, *et les convertis romains*, dit-on, *sont plus nombreux que les païens* dans quelques-uns de ces districts, si bien qu'ils sont trop puissants pour devenir les victimes de la persécution[5]. »

M. Smith se trouve quelquefois en contact avec des chrétiens chinois, et il ne manque jamais de raconter ses impressions au sujet de ces entrevues. Il est dans une barque sur la rivière Min, et les hommes de l'équipage, ne se doutant nullement sans doute, en montant à bord, du caractère de ce passager, se signent à plu-

[1] *Twelve Years in China*, ch. viii, p. 80.
[2] P. 244.
[3] *China since the Peace*, par sir John Davis, vol. II, ch. vii, p. 255.
[4] *Annals*, vol. I, p. 15.
[5] P. 352.

prisons chinoises, ou les tortures révoltantes de la question¹? » Cependant dans cette ville d'Amoy, où les missionnaires protestants tenaient leurs secrets conciliabules et parlaient à voix basse entre eux, et avec leurs timides visiteurs de ces prisons et de ces jugements redoutés, les catholiques chinois, « animés, » comme les premiers chrétiens, « de l'esprit du martyre, » agissaient ainsi que M. Smith va nous le raconter : « Les catholiques sont nombreux dans quelques districts du continent voisin. L'ambassadeur français et sa suite ont, pendant leur dernier séjour à Amoy, visité un village situé à une distance de quarante milles environ dont presque toute la population est catholique... Son Excellence a déclaré depuis que son cœur avait été enflammé d'un religieux enthousiasme, lorsqu'il avait eu la joie de contempler cette population venant au-devant de lui avec des croix et des médailles bénies suspendues à leur cou. Cinq cents personnes environ de ce village, et le même nombre dans quelques villages voisins, étaient chrétiens; » et ils l'étaient ouvertement, « sans crainte des persécutions, » car M. Smith ajoute qu'ils étaient sur le point de terminer la construction d'une chapelle dont la dépense devait s'élever à dix-huit cents dollars². »

M. Smith vit d'autres « visiteurs » à Amoy, en compagnie de ses collègues, mais « ils n'avaient pas encore donné de preuve bien décisive d'un changement d'idées. » « Ils n'adoraient plus les idoles, » au moins le disaient-ils, « mais généralement ils en conservaient encore l'image sous leur toit. » Et lorsque M. Smith dit à un Chinois qu'un individu du nom de Ta-Laou-Yay « avait mis ses idoles de côté, » celui-ci « le traita de vieil hypocrite et assura que, si l'on pouvait avoir accès dans l'intérieur de sa maison, il se faisait fort de trouver les idoles dans quelque autre chambre³. » Pourquoi, dans tous les pays idolâtres, ne voit-on graviter vers les émissaires du protestantisme que les gens méprisables ou sans valeur, tandis que ceux dont le cœur ne bat que pour de nobles et généreuses pensées s'allient instinctivement aux ministres de la foi catholique?

Nous avons vu que M. Smith ne trouve de la part des Chinois que de l'indifférence aux avances et aux caresses du protestantisme; mais il lui fut souvent permis de connaître comment ils appréciaient un autre ordre de prédicateurs. De quelque côté qu'il dirigeât ses pas, par terre ou par eau, il ne manquait jamais de faire la désa-

---
¹ *The Chinese as they are*, ch. vii, p. 72.
² P. 486.
³ *Visit*, etc., p. 399. Cf. p. 412.

tants à Amoy, ainsi que « l'intérêt sérieux et qui ne faiblissait jamais » avec lequel on les écoutait. Cinq ans plus tard, M. Lockhart confesse que ces prétendus convertis étaient « *pour la plupart des malades* » du dispensaire auquel il présidait ; mais il cite l'aveu de son collègue Hobson, déclarant qu'ils étaient parfaitement « indifférents » à la religion, et subissaient les sermons, parce qu'on les leur administrait en même temps que les drogues, tout en trouvant sans doute celles-ci moins désagréables à avaler que les autres [1]. » S'il reste une ombre de doute au sujet des triomphes des missionnaires à Amoy, là où le protestantisme « avait fait de si grands progrès et si complétement triomphé, » le témoignage du dernier protestant qui a écrit sur la Chine l'écartera d'une manière décisive. « Un membre du haut clergé protestant, dit M. Oliphant en 1859, m'a assuré que, sur tous les individus convertis jusque-là au protestantisme, il n'en était que cinq sur la sincérité desquels il crût réellement[2]. » Tel fut, d'après leur aveu même, après tant d'années d'énormes dépenses, le résultat de toutes les tentatives des protestants, non-seulement à Amoy, mais encore dans tout l'empire chinois ; comme les missionnaires étaient au nombre de deux cents, il s'ensuit, d'après « cette autorité du haut clergé, » que chacun d'eux a réussi, dans l'espace d'un demi-siècle, à faire la quarantième partie d'une conversion, tandis que chacune de ces conversions précaires a coûté probablement à l'Angleterre et à l'Amérique quelque chose comme deux cent cinquante mille livres sterling (2,250,000 fr.)

Revenons à Amoy. Nous y retrouverons M. Smith en relations avec un certain Ban-Hea, « visiteur assidu du missionnaire, » qui, nous dit-il, était « un vieillard, disposé autrefois à embrasser la religion catholique, mais en ayant été détourné par crainte des persécutions. » Ban-Hea semble avoir compris qu'avec ses nouveaux amis il n'y aurait pas à courir les mêmes périls. S'il n'y avait pas de dangers à affronter, disait ordinairement Morrison, « j'en connais plus d'un qui avouerait sa croyance à l'évangile, mais ils ont peur [3]. » Et M. Lay, missionnaire américain, se montre plein d'indulgence pour leur hésitation. « Je reconnais, dit-il, qu'ils sont souvent effrayés et qu'y a-t-il d'étonnant à cela ? car, à moins d'être animé de l'esprit du martyr, comment ne pas redouter l'enfer des

---

[1] Voir p. 504.
[2] *Lord Elgin's Mission*, vol. I, ch. XII, p. 254.
[3] *Memoirs*, vol. II, p. 369.

être suivies avec un intérêt sérieux et qui ne faiblit pas[1]. » Et en 1857, le secrétaire de la Société des missions de Londres dit, avec un sang-froid imperturbable : « Quels progrès la parole de Dieu n'a-t-elle pas réalisés et quel empire n'a-t-elle pas conquis ! » Les sociétés protestantes ayant autrefois représenté Amoy comme la seule exception à leurs mésaventures en Chine, il est bon de suspendre un instant notre récit afin de mettre à l'épreuve la véracité de leurs rapports.

Il ne nous faudra qu'un peu d'adresse pour découvrir toutes les inexactitudes dont cet ouvrage doit dans la suite présenter de trop nombreux exemples. Toutes les fois que nous entendrons dire que les missionnaires ont obtenu en quelque endroit des succès inusités, nous n'aurons qu'à interroger les voyageurs protestants qui les ont visités, et la fiction s'évanouira aussitôt. Voici donc le naïf témoignage d'hommes résidant actuellement en Chine, et intéressés dans l'œuvre, partant, disposés à en exagérer les succès. Le premier, écrivant d'Amoy, dévoile en ces mots le véritable caractère des opérations auxquelles il a pris part : « Dans la plupart des cas, il nous est difficile de décider si nous recevrons ou non les postulants[2]. »

Un ministre protestant, simple touriste en Chine et par conséquent parfaitement sincère dans sa relation, déclare plaisamment, en parlant des convertis protestants dans toutes les contrées livrées au paganisme, qu'il en a visité un grand nombre, et qu'il est beaucoup plus facile de les convertir que de les empêcher de retourner à leur idolâtrie[3]. Mais nous avons un troisième témoignage, plus précis et plus minutieux, qui va nous fournir tous les renseignements dont nous avons besoin.

En 1856, le docteur Ball, protestant américain, intime associé des missionnaires d'Amoy et leur hôte constant, assistait régulièrement au service du dimanche, bien que dans sa volumineuse correspondance il ne soit pas question d'une seule conversion, il fait cette révélation décisive justement à propos d'Amoy : « L'assistance se composait d'une douzaine de personnes environ[4] ! » Comme la moitié au moins de ces auditeurs clairsemés étaient probablement des Européens et le reste des serviteurs ou des « subordonnés » salariés par les missionnaires, nous pouvons apprécier enfin à sa juste valeur « le succès signalé » qu'avaient eu les sermons protes-

---

[1] *China and the Missions at Amoy*, p. 45 (1854).
[2] *The Chinese Missionary Gleaner*, vol. I, p. 51.
[3] Rév. G. Hines, *Plains of the Pacific*, ch. xv, p. 308.
[4] *Rambles in Eastern Asia*, par B. L. Ball, M. D., ch. xxxix, p. 520 (1856).

recueillir nous sera fourni par le premier évêque anglican envoyé pour offrir sa religion au peuple chinois. Son livre commence par constater « qu'un donateur anonyme a versé six mille livres pour inaugurer une mission en Chine; » on reconnaît là la noble magnificence de la nation anglaise. Hélas! pourquoi faut-il qu'un tel don, ainsi que tant d'autres, ait été follement dissipé pour soutenir des institutions telles que le collége de Malacca, ou pour payer les dépenses d'un Tomlin ou d'un Gutzlaff, ou encore pour donner des salaires à de prétendus convertis qui adoraient « Jehovah » tant que leur bourse était pleine, et Bouddha, lorsqu'elle était vide!

Le premier fait que nous empruntons à M. Smith concerne le jugement que les Chinois, comme les autres nations païennes, portent sur la religion anglicane. « Cette doctrine anglaise est peut-être fort bonne, lui dirent-ils, mais nous voudrions que vous en fissiez d'abord l'essai sur les Anglais eux-mêmes, car ce sont de méchantes gens. Lorsqu'elle les aura rendus meilleurs, alors revenez, et nous vous écouterons[1]. » Ce fait, en ce qui concerne les prédicateurs protestants, est plus que confirmé par M. Sirr, en 1849; il nous dit, pour prouver l'effet produit sur l'esprit des Chinois par la contradiction qu'ils remarquaient entre le genre de vie des missionnaires et leur prédication, « qu'en parlant de ceux-ci ils leur donnaient habituellement le sobriquet de *diables prêche-mensonges*[2]. »

Nous serons peu surpris si des prédicateurs appréciés avec tant de discernement par les païens ne pouvaient les convertir. Ils ont cependant opéré quelques « conversions. » M. Smith nous dira de quelle nature elles étaient. A Amoy, dit-il, « ceux qui assistaient le plus assidûment au service religieux (il admet qu'aucun n'avait même été baptisé) étaient, en quelque mesure, par leur position ou leur emploi, dépendants des missionnaires; leur sincérité pouvait donc être mise en doute[3]. » Ce furent cependant ces païens non baptisés qu'attiraient seulement des dons et des présents, et qui n'attendaient pour déserter que le moment où on cesserait de les payer; ce furent ces païens-là qui inspirèrent aux missionnaires pendant tant d'années ces rapports adressés aux sociétés en Angleterre et qu'elles attendaient pour obtenir de nouvelles souscriptions : « Un succès signalé, dit l'un d'eux, a couronné notre œuvre à Amoy. » « Nos réunions, écrit un autre, continuent à

---

[1] *Visit to the Consular Cities of China*, par le Rév. George Smith, M. A., p. 54.
[2] *China and the Chinese*, par Henry Charles Sirr, M. A., vol. II, ch. x, p. 216
[3] P. 398.

un lieu de repos? Non, ses pérégrinations ne sont pas encore terminées. A Calcutta ses enfants « tombèrent malades, et il se décida à mettre fin à une carrière si agitée, en retournant en Angleterre. Le feu éclata, dans la rivière de Calcutta, à bord du navire qui l'emportait, mais les passagers furent promptement sauvés par un autre navire. Sur quoi M. Tomlin et ses amis s'empressèrent de lire des textes sacrés de circonstance et particulièrement «le naufrage de saint Paul dans le chapitre xvii des Actes des apôtres. » Puis il entendit encore un autre « appel » : « Le Seigneur nous ouvrait le chemin de Cherrapungi, et M. Grey, un d'entre nous, admirait la conduite de Dieu à notre égard, pensant qu'il me donnait un ordre tout particulier. » Ils partirent donc pour Cherrapungi, après avoir lu d'abord « les second et troisième chapitres d'Ezéchiel, » parce qu'ils contenaient ces paroles de circonstance : « Fils de l'homme, je t'envoie dans la maison d'Israël. » Mais les Hindous, ou la maison d'Israël, résidant à Cherrapungi, ne le retinrent pas longtemps ; un nouvel « appel » vint les priver de sa présence. Son séjour cependant eut assez de durée pour lui permettre d'acquérir la certitude, — seule découverte qu'il ait faite dans l'Inde, — que « le Christ et son Évangile n'avaient pas de plus grands ennemis que le Pape, Mahomet et Brahma, » et que « les émissaires du Pape arrivaient comme une nuée de sauterelles. » Il les avait trouvés partout à l'œuvre, dans les lieux où il n'avait rencontré, lui, aucune chance de succès. Il résolut donc, pour la seconde fois, de quitter l'Inde, après avoir séjourné, comme le patriarche Jacob, observe-t-il, bien des années en Orient; ce dernier voyage accompli, il atteignit l'Angleterre sain et sauf, ayant la satisfaction de voir, après des voyages si nombreux et si divers, qu'il avait enfin reçu un véritable « appel. »

LE DOCTEUR SMITH.

Nous avons fait connaissance avec quelques-uns des « messagers » les plus éminents et les plus énergiques du protestantisme en Chine ; après trente années d'efforts laborieux et un gaspillage considérable d'argent, nous l'avons appris par leur propre témoignage, ils n'ont obtenu aucun résultat chez les populations de l'Asie orientale. Pas un seul martyr parmi les prédicateurs, pas un seul chrétien parmi leurs auditeurs. Notre récit va nous conduire jusqu'à l'époque actuelle, et le nouveau témoignage que nous allons

lique de Siam, un des missionnaires français que M. Neale visita avec tant de plaisir, rend ainsi compte des procédés des missionnaires protestants à Bangkok : « Ils impriment et répandent des traités, mais ne font pas le moindre prosélyte. En distribuant des médicaments, ils s'efforcent de réunir les dimanches un certain nombre d'individus. Voici la manière dont ils s'y prennent : à tous ceux qui se présentent le samedi pour avoir des remèdes, on leur dit qu'ils en auront s'ils reviennent à une certaine heure le lendemain matin. Lorsqu'ils arrivent le jour suivant, ils trouvent un déjeuner préparé à leur intention par les ministres ; après le repas, un catéchiste, *encore païen*, « Hing, par exemple, ou Chaou-Bun, leur fait une instruction ; puis, après qu'ils ont récité quelques prières, on les prie de manger encore. Enfin, la distribution des médicaments a lieu, et ceux qui sont venus pour en chercher, s'en retournent pour ne jamais reparaître. Je tiens ces détails de deux Chinois qui ont autrefois assisté à ces réunions, mais sont depuis quelques mois de fervents catholiques [1]. »

Un autre de ceux que M. Tomlin vit à Siam fut « le jeune prince La-Rat, » auquel il fit don, selon sa coutume, d'une Bible de poche ; le royal jeune homme ne parut pas apprécier ce cadeau, étant, dit M. Tomlin, « occupé de bagatelles ; mais il pourra, par la bénédiction du Seigneur, devenir plus tard sensible aux choses sérieuses, » — éventualité dont le court séjour de M. Tomlin ne lui a pas permis d'être témoin.

M. Tomlin dit alors adieu à Siam et se chargea de la direction du collége anglo-chinois de Malacca, après de nouveaux essais toujours infructueux à Batavia, à Singapore et dans beaucoup d'autres endroits. Il dit cependant, à chaque changement : « J'étais libre d'entreprendre une *autre* mission, à laquelle je me sentais appelé par la divine providence ; » puis il s'embarquait à Malacca et faisait voiles pour Calcutta. Le nombre d'appels que le Seigneur adressa à M. Tomlin fut très-considérable et eût embarrassé bien des hommes, car ils semblaient se contredire entre eux ; les différents lieux vers lesquels ils l'attiraient étaient séparés par de grandes distances, et il a dû passer en voyages une bonne partie de sa vie. Cette circonstance implique l'absence de toute méthode et de toute prévoyance et nous oblige à conclure que des « appels » si divers et si excentriques, n'aboutissant jamais à rien, venaient d'une source toute différente de celle à laquelle il les rapportait.

Cependant le voilà maintenant à Calcutta ; y trouvera-t-il enfin

---

[1] *Annals*, vol. I, p. 107.

en Chine, d'où il partit avec Gutzlaff, et enfin dans l'Inde. Il ne fit partout autre chose que de distribuer des milliers de bibles et de traités, que personne ne lisait ou ne pouvait lire. Cependant il ne manque aucune occasion d'affirmer confidentiellement qu'il était « appelé par le Seigneur. » Comme à peine arrivé dans une ville, il repartait immédiatement pour une autre, il semblait probable que le Seigneur lui avait enjoint de ne s'arrêter nulle part. Partout où il alla il nous dit: « Le bras du Seigneur s'est montré ; » partout aussi « le Seigneur fait des choses miraculeuses, » pas assez cependant pour le décider à rester pour les contempler. Il trouvait toujours « beaucoup de délassement dans ses travaux » et, bien qu'il n'ait pas la prétention d'avoir fait un seul chrétien dans tous ses voyages, il peut dire du moins que « la bénédiction du Seigneur descendit sur ses humbles travaux dans l'art médical [1]. »

A Siam, il s'attacha un certain Hing pour l'aider, moyennant une rétribution convenable, dans ces traductions auxquelles, nous dit-il, l'intelligent souverain de ce pays « ne pouvait trouver ni queue ni tête ; » et qui étaient, ajoute-t-il, « foulées aux pieds et déchirées par le peuple, et tournées en ridicule par les prêtres, à cause des bévues qu'elles renfermaient. » « Le vieil Hing, nous raconte-t-il, nous plaît beaucoup ; il a un esprit solide et curieux, il est doux et maniable et comprend la vérité. » Mais un peu plus loin il nous dit que ces espérances encourageantes « furent bien déçues ; » on découvrit que ce disciple curieux ne voulait faire, d'après les propres expressions de M. Tomlin, « qu'une alliance restreinte avec le Seigneur ; il tombait dans des habitudes relâchées, supportait avec impatience les entraves qu'on lui imposait, particulièrement en ce qui concernait le jour du dimanche, et lorsqu'il eut touché son salaire, il se décida enfin à nous abandonner [2]. »

Chaou-Bun, un autre de ces convertis « doux et maniables » parce qu'ils touchaient un bon traitement, après « avoir fait des copies complètes du Nouveau Testament, » retomba malheureusement « dans des ténèbres épaisses ; son esprit se révolta contre la vérité et il se mit à mépriser tous nos livres sacrés. »

Pendant son séjour à Siam, M. Tomlin avait « le dimanche un service religieux en chinois; » la congrégation, nous dit-il, « comptait de six à huit individus qui assistaient avec joie à la cérémonie. » Ils avaient raison d'être empressés, car jamais ils n'avaient reçu ou ne recevront de tels salaires. L'évêque Courvezy, vicaire aposto-

[1] Ch. vii, p. 180.
[2] Ch. vii, p. 188.

dans l'exercice de ses fonctions de missionnaire¹ ! » Il paraît être tombé encore plus bas. « M. Gutzlaff est attaché à l'état-major particulier du général en qualité d'interprète, » dit un officier supérieur anglais, « mais dans le fait, il est chef de la police, sous les ordres du général. » Il ne réussit même pas dans cette condition; car, d'après la même autorité, dans une occasion importante « les informations de Gutzlaff se trouvèrent tout à fait erronées². » Enfin, après avoir échoué comme missionnaire et comme agent de police, il essaya de faire de la médecine, mais sans être plus heureux. « Les chinois recherchaient avidement ses ordonnances, dit M. Downing, bien que son habileté fût des plus contestables³. » Tel était le célèbre missionnaire protestant qui reprochait à Ricci de ne pas servir le Rédempteur, et qui invitait les prédicateurs catholiques à « imiter » son zèle pour le Christ.

Nous ne savons quel fonctionnaire anglais en Chine a essayé de perpétuer la mémoire de M. Gutzlaff; il y a plus d'ironie que de respect dans cette tentative. « L'île de Gutzlaff près Chusan, » nous dit un voyageur récent, « n'est qu'un rocher stérile⁴. »

M. TOMLIN.

L'ami et le compagnon de M. Gutzlaff, le révérend John Tomlin de St John's collége, à Cambridge, réclame notre attention. La carrière de ce missionnaire anglican n'en est pas indigne. Il a visité d'innombrables localités en Orient, mais pour les abandonner toutes l'une après l'autre. Sa première visite fut pour Batavia; le climat l'ayant éprouvé, et le peuple encore plus, il fit ses paquets et écrivit dans son journal : « Le nom seul de cette ville frappe de terreur la plupart des Européens, si bien que peu de missionnaires se soucient d'y être envoyés⁵. » Cependant un voyageur laïque nous assure que « Batavia ne mérite pas, après tout, le mauvais renom que les étrangers lui font ordinairement⁶. » De Batavia, M. Tomlin alla à Singapore, de là dans le royaume de Siam, puis

---

habitant Hong-Kong, que M. Gutzlaff avait l'habitude de vendre de l'opium aux indigènes en leur donnant des Bibles gratis. C'est ainsi qu'il a fait fortune. (*N. du trad.*)

1. *Life on the Plains of the Pacific*, ch. xiii, p. 266.
2. *The Last Year in China*, par un Field Officer, letter XXI, p. 155.
3. *The Fan Qui in China*, par H. Downing, M. R. C. S., vol. II, ch. vii, p. 175.
4. *The Times*, August 28, 1860.
5. *Missionary Journals and Letters*, ch. ii, p. 51 (1844).
6. Gerstaecker. *Voyage Round the World*, vol. III, p. 175.

posait d'un évêque et d'environ dix prêtres français, sans compter un ou deux prêtres chinois. Les premiers étaient doués de tous les talents que peut procurer une éducation soignée, et les derniers se rendaient utiles, parce que, en dehors de leurs bons sentiments de chrétiens, ils pouvaient exposer les Écritures à leurs frères chinois[1]. » Ceci est confirmé par M. Neale; malgré des préjugés enracinés, il dit que les grands succès obtenus en Cochinchine et dans les autres parties de l'Asie orientale doivent être attribués « à leur entier dévouement à la cause pour laquelle ils sont enrôlés » et à leur profonde indifférence « pour les récompenses pécuniaires[2]. » Il est bon de rechercher des témoignages jusqu'au dernier moment; en 1857 donc, sir John Bowring dit « que les missionnaires catholiques ont certainement toujours montré un zèle, une patience et un dévouement au-dessus de tout éloge; » et, après avoir noté qu'il y a sept cent cinquante convertis dans le royaume de Siam, il ajoute, — près de quarante ans après le récit aventureux des triomphes de M. Gutzlaff et de ses amis : — « Il est permis de douter qu'ils aient fait *une seule conversion* parmi les Siamois[3]. » Nous avons suivi M. Gutzlaff jusqu'au pays de Siam, et notre excursion n'a pas été inutile.

Nous ne citerons plus qu'un seul passage du livre de M. Gutzlaff, il porte avec lui son commentaire. « Nous espérons sincèrement, dit-il, que dorénavant les missionnaires catholiques s'efforceront d'égaler les protestants en prêchant le Christ crucifié ! » Tel est le conseil qu'en partant M. Gutzlaff croit devoir leur adresser. Cependant ce donneur d'avis, qui engageait les autres à imiter son zèle apostolique, abandonnait pour un état plus lucratif les fonctions et même le nom de missionnaire. « Pendant les quelques années qui ont précédé sa mort, » nous dit le docteur Brown, « M. Gutzlaff a tout à fait renoncé au titre de missionnaire[4]. » Il trouva plus avantageux « de prendre une charge d'interprète auprès de la commission anglaise, dit le docteur William, avec un traitement de huit cents livres[5]. » « Il a beaucoup perdu de son influence comme ministre chrétien, » dit le Rév. Gustave Hines « parmi les indigènes et les étrangers. » On dit qu'il a quinze mille livres placées à la Banque d'Australie[6] et qu'il a accumulées

---

[1] *Residence*, etc., p. 59.
[2] *The Eastern Seas*, ch. xii, p. 394.
[3] *The Kingdom and People of Siam*, vol. I, ch. xii, p. 350, 371, 376.
[4] *Hist. Prop. Christianity*, vol. III, p. 371.
[5] *The Middle Kingdom*, vol. II, ch. xix, p. 541.
[6] Un ami de l'auteur, qui arrive de Chine en 1864, lui a dit avoir appris des Anglais

épreuve ; et lorsqu'ils lui dirent en face qu'il y avait « des milliers et des milliers » de catholiques dans leur pays, ce prédicateur protestant, qui n'avait pu ni en Chine, ni dans le royaume de Siam, ni à Batavia, se faire écouter de personne, fait ce commentaire sur la religion à laquelle ils avaient tout sacrifié : « Si la parole de ces hommes est digne de quelque confiance, jusqu'où n'a-t-elle pas propagé ses erreurs, et combien son influence en Cochinchine n'est-elle pas antichrétienne[1] ! » Un intéressant exemple de la nature de cette influence, en ce qui concerne leur instruction, est fourni par M. Finlayson; il avait été tout étonné de « rencontrer un indigène parlant latin avec une grande pureté et ayant été élevé au séminaire catholique du royaume de Siam[2]. » Mais la même influence se manifestait quelquefois d'une manière qui eût encore plus offensé M. Abeel. « Le premier ministre de Siam, nous dit M. Hugh Murray, ayant visité l'Angleterre vers la fin du dix-septième siècle, embrassa le protestantisme à Londres; mais le zèle des missionnaires de Siam le fit rentrer dans le giron de l'Église catholique[3]. » M. Neale dit « qu'il ne faut pas s'étonner si les Siamois écoutent volontiers les prêtres catholiques, enchaînés comme leurs propres prêtres dans les liens d'un éternel célibat. » Puis il parle de sept ou huit missionnaires protestants et de leurs familles, établis près de Bangkok sur les deux rives du fleuve. « Ceux de la rive droite étaient en guerre ouverte avec ceux de la rive gauche, touchant certains points de la doctrine de leur Église ; mais, comme ils étaient tous soutenus par la même société, ils se voyaient forcés de se réunir au conseil une fois par mois, pour rédiger leurs rapports et envoyer leurs traités pour la paye mensuelle[4]. »

Le capitaine Laplace remarqua aussi durant son séjour dans le royaume de Siam que « les missionnaires passaient surtout leur temps à se disputer entre eux, et à se condamner les uns les autres au feu éternel[5]. »

D'un autre côté, « la Société des missions catholiques de Bangkok, lorsque je me trouvais dans cette ville, dit M. Neale, se com-

---

reculées du globe, ceux que le Sauveur a rachetés salueront ce fidèle missionnaire sur les rivages de la vie, et que les âmes converties viendront de différents climats couronner sa joie dans ce jour. » (*Biographical Sketches of Distinguished American Missionaries*, p. 241; édité par H. W. Pierson, M. A., 1852).

[1] *Journal*, p. 150.
[2] Finlayson's *Mission to Siam*, ch. III, p. 136.
[3] *Discoveries in Asia*, vol. III, livre V, ch. I, p. 233.
[4] *Residence in Siam*, ch. II, p. 54.
[5] *Campagne de circumnavigation de la frégate l'Artémise*, tome IV, p. 117.

« Des divers individus cités dans les journaux publics de MM. Gutzlaff et Tomlin, comme donnant des espérances encourageantes, dit M. Malcolm qui avait heureusement visité le royaume de Siam, *pas un seul n'a persévéré*[1]. » Le docteur Ruschemberger dit un peu plus tard « que les missionnaires protestants travaillent pour une cause dont le succès semble désespéré[2]. » M. Abeel, après avoir protesté contre « ces favorables mais fausses conclusions que l'on déduit trop souvent du journal des missionnaires, » avoue, en parlant des prétendues conversions protestantes opérées chez les Siamois, qu'on « ne peut citer avec certitude un seul individu dont les idées aient été renouvelées[3]. » Longtemps après, en 1842, le conseil américain des Missions étrangères avoue involontairement que « l'on n'a pu réussir à établir une école permanente dans le royaume de Siam[4]. » Puis reparaît le contraste accoutumé. M. Crawford admet que, il y a plus de trente ans, les « catholiques commençaient à former un corps nombreux[5]. » Le docteur Richardson, envoyé en mission dans le pays par le gouvernement des Indes, fait l'éloge « des hommes respectables » qui instruisaient les catholiques dans la foi, et ajoute que, sans compter les chrétiens indigènes, « il y a quatorze cents Cochinchinois catholiques romains[6]. » M. Abeel nous raconte avec humeur qu'à Batavia « de nombreux Cochinchinois professaient la religion catholique et montraient une bigoterie et une prudence dont ils devaient sans doute l'inspiration aux calculs de ceux qui les dirigeaient. » Il paraît que ces Chinois confesseurs de la foi, chassés de leur pays par la persécution, repoussèrent ses traités avec mépris, et, d'après son aveu même, lui dirent, en réponse à sa remarque que les protestants ne convertissaient personne : — « La faute en est à vos doctrines; si elles étaient vraies, elles ne manqueraient pas de vrais prosélytes[7]. » La foi de ces Chinois avait été soumise à une rude

---

[1] *Travels*, etc., vol. II, ch. II, p. 159.
Voyage Round the World, par W. S. Ruschenberger, M. D., ch. XXXI, p. 510.
Journal of a Residence in China, par le Rév. David Abeel, ch. X, p. 234.
[4] *Reports*, p. 159.
[5] *Embassy to Siam*, etc., ch. VI, p. 162.
[6] *Journal of a Mission to the Coast of Siam*, in *Journal of the Asiatic Society of Bengal*, vol. IX, p. 257.
[7] Il est nécessaire de résister à la tentation, qui se présente presque à chaque page, de donner des échantillons du vrai caractère des missionnaires protestants et des pompeux mensonges de leurs biographes; mais nous ferons, cette fois, une exception à la règle. M. Abeel, qui n'était qu'un simple aventurier, n'ayant jamais converti une seule âme, est ainsi dépeint par le Rév. docteur Vermilye (il voulait réveiller l'intérêt de ses concitoyens et provoquer de nouvelles souscriptions) : « D'éclatants triomphes mondains n'ont pas marqué sa route. Mais combien il est doux de penser que, des parties les plus

un cachet superficiel [1]. » Après s'être moqué des missionnaires catholiques parce qu'ils « propagent les légendes des saints, » il louera leurs sublimes confessions devant les tribunaux; il leur reproche à cette page de ne point prêcher le Christ, bien qu'il fût le seul sujet de leur prédication, et, à la page suivante, il épousera la cause des nestoriens qui annulaient toute la doctrine de l'Incarnation, contre ce qu'il appelle « la froide orthodoxie » des Pères d'Éphèse. Cependant M. Gutzlaff était un membre éminent des missions protestantes en Chine, et nous sommes obligés de nous en référer à lui, à cause de son témoignage et aussi parce qu'il offre un modèle remarquable de prédicateur du protestantisme chez les païens.

M. Gutzlaff voyageait plus qu'aucun de ses collègues, et en tirait vanité; mais M. Malcolm, qui l'avait jugé, dit : « Jeter annuellement des millions de traités sur la même ligne de côtes, n'affronter les édits de prohibition que sous la protection des canons, se mettre en frais de voyages et de traités, dont la plupart sont à peine intelligibles, voilà franchement une manière bien imparfaite de diriger une mission. » Il dit encore ceci : « L'utilité de M. Gutzlaff ne s'étend guère au delà de son cabinet et de ses disciples[2]. » Comme Morrison, il cumula les fonctions de tuteur particulier avec celles de missionnaire, jusqu'à ce qu'il les abandonna toutes deux pour une profession plus lucrative.

Quelquefois, nous dit-on, M. Gutzlaff savait employer un humble langage. En voici un exemple : « Les protestants ont été plutôt jaloux d'occuper les avant-postes que de pénétrer dans le cœur même de l'empire chinois. » Il ne nous dit pas pourquoi ils montraient une jalousie si rare chez les missionnaires chrétiens; mais il ajoute que « dans les établissements extérieurs, où ils avaient *toute liberté* d'agir, ils ont fondé des écoles, etc… Cependant on ne peut dire que l'on ait encore commencé sérieusement à évangéliser la Chine. » Et puis : « Il y a dix indigènes de convertis; c'est vraiment bien peu de chose[3]. » Mais une telle modestie n'était pas ordinaire chez lui; il veut que l'on comprenne bien que, si lui et ses amis ont complétement échoué en Chine, ils ont été beaucoup plus heureux dans le royaume de Siam. Personne, espérait-il sans doute, n'entendrait jamais parler de ce dernier pays, mais il comptait sans la Providence. Suivons-le sur ce nouveau terrain.

---

[1] *The Chinese and their Rebellion*, ch. xviii, p. 376.
[2] *Travels*, etc., vol. II, ch. ii, p. 194.
[3] *China Opened*, vol. II, ch. xv, p. 235.

Les missionnaires catholiques enseignaient « la glorieuse doctrine de l'Unité divine, » dit M. Malcolm. « Le vrai Dieu était présenté aux Chinois. La discussion de la nouvelle foi avait pénétré dans toutes les parties de l'empire. Des milliers d'individus voyaient et connaissaient la vérité. » Aux yeux de M. Malcolm, c'était exclusivement l'œuvre des jésuites, et il avouait que la pureté de leur vie, leurs durs travaux, le nombre de leurs privations et la sérénité de leur martyre prouvaient que la plupart d'entre eux étaient des hommes saints et dévoués [1]. M. Hamilton aussi, prédicateur presbytérien, plus violent et plus prévenu que la plupart de ses cosectaires, semble étonné de son propre aveu lorsqu'il dit que « plusieurs de leurs convertis semblent avoir été des chrétiens exemplaires, et qu'ils expliquent clairement la Trinité et l'Incarnation, reconnaissant les perfections de Dieu, la corruption du genre humain et la rédemption par le Christ [2]. » Comment M. Gutzlaff pouvait-il affecter de mettre en doute que Ricci eût consacré ses travaux à notre Rédempteur [3] ! Quelques pages plus loin, oubliant ce qu'il venait de dire, M. Gutzlaff parle d'un évêque catholique moderne, Mgr de Saint-Martin, qui, nous dit-il, « rendit témoignage à Jésus-Christ devant les mandarins, — noble témoignage bien digne d'être rapporté. » Il raconte autre part que « les missionnaires se réunissaient et instituaient des congrégations en l'honneur de la sainte Vierge, et avaient, en même temps, des assemblées où les chrétiens les plus fervents méditaient sur la mort et les souffrances de notre Sauveur [4]. » Nous allons maintenant voir combien de ces assemblées M. Gutzlaff et ses amis réussirent à fonder.

Il existe une étrange contradiction dans les écrits de M. Gutzlaff, — tantôt arrogant et vantard, tantôt presque abject, — ce qui rend difficile d'attacher à ses paroles un sens déterminé. « Peu d'hommes probablement, dit l'interprète chinois du service civil de Sa Majesté, ont surpassé M. Gutzlaff pour la facilité avec laquelle il rédigeait des sentences contenant un ensemble de propositions dont pas une seule n'était juste. Dans le fait, tous ses travaux ont

---

[1] *Travels*, etc., vol. II, p. 225. On sait que la mission de Chine compte parmi ses apôtres des franciscains, des dominicains et des lazaristes.

[2] *China and the Chinese Mission*, p. 15.

[3] Un officier de la province de Kwang-Tung rapportait à l'empereur, en 1851, qu'il avait recueilli chez des catholiques indigènes « des livres en caractères chinois *qui traitaient tous de Jésus*. C'était ce Jésus cloué sur la croix. » (Cité par le commandant Brine. *The Taeping Rebellion*, ch. IV, p. 94.)

[4] *Journal of Three Voyages along the Coast of China*, p. 598.

en Chine¹ ? » Toute la question repose évidemment sur ce que ces Messieurs entendent par le mot : « Ouvert. » La Chine est tout aussi bien ouverte aux prédications chrétiennes, que la Thrace l'était à saint Paul ou la Bretagne à saint Augustin, — et même beaucoup plus encore. « Lorsque je quittai la Chine, dit M. Lay, il se trouvait au moins un demi-million d'indigènes dans le rayon de nos excursions quotidiennes; un missionnaire aurait pu avoir avec eux autant d'entrevues qu'il l'eût voulu². » Le lieutenant Forbes ajoute « qu'une parfaite tolérance est accordée à toutes les sectes du christianisme dans les cinq ports³; » et M. Tomlin déclarait en 1844 — il y a seize ans — « qu'un missionnaire anglais pouvait sans grande difficulté parcourir le pays en long et en large. Tous ceux qui avaient longtemps comme lui résidé au milieu des Chinois, pouvaient l'attester⁴. » Cependant les missionnaires protestants, quoique tout danger ait depuis longtemps disparu, au moins dans les régions fréquentées par eux, en sont encore à demander si la Chine est « ouverte, » répétant la question de M. Medhurst : « Pourquoi ne réussissons-nous pas à faire des conversions ? »

M. GUTZLAFF.

Le témoin suivant est M. Gutzlaff, le plus ambitieux et le plus actif de tous les « messagers » que le protestantisme a envoyés en Chine. Il est utile de faire connaissance avec sa personne et avec les résultats de sa vie agitée et de ses travaux.

M. Gutzlaff dit de Ricci : « Que n'eût-il pas fait s'il avait consacré ses labeurs à notre saint Rédempteur⁵ ? » Presque à la page qui suit, il cite la lettre de l'impératrice Hélène de Chine au pape Alexandre VII, dans laquelle elle prie de tout son cœur pour que « l'empereur et tous ses sujets apprennent à connaître et à adorer le vrai Dieu, Jésus-Christ. » M. Gutzlaff ne se demande pas qui lui enseigna ce nom, ou lui donna le courage de le confesser du haut de son trône impérial. Il eût pu connaître, et connaissait probablement ce qu'ont proclamé tant de ses coreligionnaires en Chine.

¹ *Missionary Gleaner*, August, 1854.
² *The Chinese as they are*, ch. vi, p. 58.
³ *Five Years in China*, ch. xi, p. 185.
⁴ *Missionary Journals*, introd. p. 17.
⁵ *History of China*, par le Rév. Charles Gutzlaff, vol II, p. 121.

la seule réponse possible, il ne voit d'autre explication à donner de ce fait que la « triste désunion » régnant entre les missionnaires protestants. Ce qu'il nous reste à dire, en fournira une plus complète.

Son insuccès, malgré ses talents et les ressources de son esprit, semble avoir été aussi manifeste à ses associés intimes qu'à lui-même; au moment où il allait battre en retraite à Shang-Haï, dans l'espoir de réparer le temps perdu, M. Davidson nous dit en parlant de lui : « J'ai été personnellement lié avec M. Medhurst pendant ces vingt années et il me croira si je lui dis que je souhaite de tout cœur qu'il réussisse, mais j'avoue que je ne puis m'empêcher d'en douter[1] ! »

M. Medhurst, trop honnête pour cacher ou dénaturer des faits qu'il pouvait observer journellement, résume en ces mots sa conviction au sujet des efforts impuissants de ses coreligionnaires, particulièrement en Chine : « Le public chrétien croit *que la Chine est fermée*; il peut conserver cette opinion tant que nous n'aurons pas trouvé des hommes de Dieu pour l'ouvrir. » Au moment où M. Medhurst prononçait cette sentence sur les missionnaires protestants, les dix-huit provinces de la Chine venaient d'être constituées en autant de vicariats apostoliques, ayant chacun un évêque catholique, quelquefois deux. Il y avait en outre d'autres prélats dans la Corée et dans le royaume d'Annam, et aucun d'entre eux n'était tenté de mettre en doute que la Chine fût « ouverte, pour bien des siècles, aux hommes de Dieu. »

C'est encore un sujet de débat parmi les écrivains protestants, de savoir si la Chine est ou sera jamais « ouverte » à leurs efforts. Les divergences d'opinions sont remarquables. « La Chine est aussi ouverte maintenant et l'a été pendant les vingt dernières années, dit le docteur Reed, autant qu'elle pourra jamais l'être, jusqu'à ce que nous nous efforcions d'y entrer[2]; » ses lecteurs seront probablement d'accord avec lui sur ce point. D'un autre côté, M. Howard Malcolm « est persuadé qu'en ce moment la Chine n'est pas ouverte aux enseignements des chrétiens et il se réjouit de penser que pendant longtemps encore elle sera fermée aux protestants[3]. » En 1849, un missionnaire protestant dit : « La Chine est mûre maintenant pour l'Évangile[4]. » Mais en 1854, la société qui l'employait se demandait encore « s'il était temps d'envoyer l'Évangile

---

[1] *Trade and Travel in the Far East*, ch. xvii, p. 279.
[2] *Visit to the American Churches*, vol. I, p. 76.
[3] *Travels*, etc., vol. II, p. 196.
[4] *Missionary Gleaner*, July, 1852.

nions¹. » Personne ne se présenta et, en 1842, il fut fermé et transféré à Hongkong, où il eut le même sort.

D'autre part, dès 1824, il y avait déjà trois mille catholiques à Malacca seulement; et le commodore Wilkes note qu'à Singapore, où les protestants « n'avaient eu aucun succès, les catholiques, au bout de peu de temps, ont déjà fait cent cinquante prosélytes². » Et M. Malcolm ajoute que dans cette ville, où des efforts extraordinaires avaient été déployés, pas un seul Malais n'avait encore été converti à la religion protestante; tandis que les missionnaires catholiques qui y avaient deux églises, avaient fait de nombreuses conversions parmi les Malais, les Chinois et les autres païens, et réunissaient tous les dimanches dans leurs églises un concours considérable de gens de toutes les religions. Quelle pouvait être la raison de cette différence? La seule que l'on puisse admettre, c'est que « les missionnaires papistes sont en général des hommes de mœurs pures et vivent beaucoup plus humblement que les protertants³. » Quelques années plus tard, en 1856, au lieu d'une poignée de catholiques, on en comptait sept mille, et cette seule année vit la conversion et le baptême de quatre cent quatorze païens⁴.

Plus tard, M. Windsor Earl rapporte « que les travaux des missionnaires *anglais* ont été complétement stériles. » Il remarque que, selon leur coutume, « ils sont invariablement restés dans les principaux établissements des Européens; que l'on entend rarement parler des résultats de leurs travaux, à moins que ce ne soit par l'intermédiaire des publications *venant d'Angleterre*⁵. » M. Walter Gibson raconte qu'en 1856, à Batavia, « le clergé catholique seul faisait des visites de charité⁶. » Enfin, lorsque M. Papin vit le défunt collége de Malacca, un des missionnaires protestants avoua franchement « que les dépenses énormes que sa construction avait entraînées étaient de l'argent jeté à l'eau et que tout ce qu'on en avait raconté en Europe était du pur charlatanisme⁷. »

Retournons à M. Medhurst. Dans une lettre à Morrison, qui ne faisait pas mystère de son complet insuccès, il lui demande *pourquoi il ne réussissait pas à opérer des conversions*⁸? Loin de faire

---

[1] *British Settlements in the Straits of Malacca*, par T. J. Newbold, Esq., vol. I ch. IV, p. 182.
[2] *United States Exploring Expedition*, vol. V, p. 596.
[3] *Travels in S. Eastern Asia*, III, 24.
[4] *Madras Catholic Directory* for 1860, p. 175.
[5] *The Eastern Seas*, ch. XII, p. 398.
[6] *Glance at the East Indian Archipelago*, p. 385.
[7] *Annals*, tome VII, p. 585.
[8] Morrison's *Memoirs*, vol. I, p. 14.

Voici ce que nous dit M. Medhurst d'un certain Chin, également converti : « C'est un fumeur d'opium ; huit à dix dollars par mois lui sembleraient, cela va sans dire, fort insuffisants. » Il paraît que c'était à ce taux qu'on achetait « des conversions. » « Il avait promis un jour, de bonne foi, d'être chrétien ; était-il affligé, il brisait ses idoles ; une fois remis dans son assiette ordinaire, il donnait libre cours à ses mauvaises habitudes. » Lee était un spécimen encore plus curieux des néophytes protestants ; Chinois de Malacca, il était évidemment un homme de beaucoup de ressources, spéculant avec une grande habileté sur l'isolement de ses riches prédicants. Laissant supposer à M. Medhurst qu'il songeait à le quitter, quoiqu'il fût bien loin de sa pensée d'abandonner sa lucrative amitié, ce dernier écrivit en hâte à M. Morrison, le suppliant de promettre à Lee de le nommer en qualité de « premier professeur de chinois au collège, » ce à quoi cet intelligent individu visait justement.

Le collège dont il est ici question était établi à Malacca, dans le but de pourvoir la Chine d'instituteurs protestants indigènes ; son histoire mérite de nous arrêter un instant. Plusieurs mille livres sterling furent dépensées ; en voici les résultats : M. Howard Malcolm, à la suite d'une visite officielle, rapportait que « les écoles, si vigoureusement et si longtemps maintenues, n'avaient produit aucun bien spirituel. *Des milliers d'individus* qui en avaient suivi les leçons étaient maintenant chefs de famille, *mais on n'avait pu lui apprendre s'il existait un seul chrétien Malais dans la localité*[1]. » Le docteur Wells Williams ajoute que « les missions protestantes chez les émigrants chinois de Malacca, de Penang, de Singapore, de Rhio, de Bornéo et de Batavia n'ont jamais eu beaucoup de prise sur eux et qu'elles sont toutes à présent suspendues ou abandonnées [2], » après une dépense qu'aucun rapport ne révélera jamais au monde. Le révérend docteur Brown, historien des missions protestantes, dit que « ces postes ont été maintenus pendant de nombreuse années, et, quoiqu'on y eût consacré beaucoup d'argent et de peine, on y avait obtenu peu de succès surtout en ce qui concernait la conversion des âmes. » « Le collège anglo-chinois, » ajoute-t-il, « traîna pendand des années une existence languissante[3]. » On fit une fois un effort convulsif pour arrêter sa décadence, en annonçant qu'on admettrait non des Chinois, auxquels il était destiné, mais « des chrétiens de toutes les commu-

---

[1] *Travels in S. Eastern Asia*, ch. II, p. 114.
[2] *The Middle Kingdom*, vol. II, ch. XIX, p. 551.
[3] *Hist. Prop. Christianity*, vol. II, p. 264.

M. MILNE ET M. MEDHURST.

M. Milne fut le second messager du protestantisme en Chine ; mais comme M. Morrison nous rapporte que « M. Milne s'occupait à prêcher à un petit nombre d'Européens » et que M. Medhurst ajoute que « trouvant difficile de prêcher publiquement l'Évangile en Chine et d'avoir de libres rapports avec les indigènes, il se retira à Malacca[1], » il est inutile de lui demander d'autres témoignages sur le caractère des missions protestantes.

M. Medhurst, homme d'une certaine habileté, fut le troisième messager du protestantisme en Chine. C'est lui qui cite, en l'approuvant, l'aveu de son collègue M. Milne au sujet de Ricci et de ses compagnons : « Peu d'hommes les égaleront et bien peu pourront les surpasser ; » et il ajoute : « Ils sont allés depuis longtemps rejoindre l'armée des martyrs et portent maintenant la couronne de ceux qui sacrifièrent leur vie, et triomphèrent par le sang de l'Agneau. » M. Medhurst va plus loin, et met en contraste, sans intention peut-être, l'héroïsme constant des missionnaires catholiques avec l'incorrigible pusillanimité de leurs contemporains protestants. « Des douzaines de prêtres catholiques, dit-il, s'introduisaient clandestinement chaque année en Chine, » tandis que « les missionnaires protestants bornèrent leurs efforts, pendant un quart de siècle, aux parties ordinairement habitées par les Européens et où la protection des gouvernements anglais et hollandais était assurée[2]. »

M. Medhurst nous parle des « convertis » protestants avec sa sincérité habituelle. Il dit de l'un des premiers qui furent baptisés : lorsqu'il sut qu'il ne devait recevoir d'argent qu'en échange de marchandises livrées ou pour la main-d'œuvre d'un travail quelconque, il devint indifférent et nous craignons qu'il ne soit maintenant apostat[3]. « Il était assez adouci pour adorer Jehovah, » dit-il en parlant d'un autre, « tout en continuant de rendre le même culte à ses idoles. » Ce converti avait sans doute adopté le culte universel des Romains et ne demandait pas mieux que d'admettre de nouveaux dieux, pourvu qu'il ne fût pas obligé d'abandonner les anciens.

[1] *China*, etc., ch. x, p. 264.
[2] *Ibid.*, ch. vi, p. 155.
[3] Ch. xi, p. 297.

contribution, il n'avança pas plus la conversion de la Chine que s'il n'eût jamais quitté les rivages britanniques. En 1834, année de sa mort, son journal renferma ce passage : « Il y a trente ans que j'ai été admis en qualité de missionnaire dans la maison de banque de M. Hardcastle. » Ce qu'était M. Hardcastle et comment il vint à accumuler les fonctions de négociant et de pontife, c'est ce qu'il nous laisse ignorer ; mais comme, dans ses dernières notes, il déplore encore son peu de succès, il semble avoir pensé qu'il devait l'expliquer, et le fait de cette manière : « Je pense qu'il est entièrement impossible à tout autre qu'à un missionnaire catholique, comptant déjà des adhérents dévoués à sa cause, de s'aventurer dans le pays. » A cette excuse peu digne, M. Medhurst, son collègue, fait cette loyale réponse, que « les missionnaires catholiques ne connaissaient point la Chine autrefois et n'y avaient aucun adhérent, mais qu'ils y vinrent, dans le principe, sans être protégés ; » et M. Morrison reconnaît, à différentes reprises, que les païens étant maintenant sur leurs gardes, les missionnaires courent peut-être des risques plus grands encore que naguère. « Trois missionnaires catholiques européens, » dit-il ailleurs, « sont arrivés en Chine, il y a près d'une année ;... il y a de fortes chances pour qu'ils perdent la vie, si le gouvernement les découvre. Un catholique indigène du séminaire de Macao, poursuit-il, se dispose à aller en mission dans la Corée ; il fait en partant le sacrifice de sa vie, sachant bien que beaucoup y sont allés qui jamais n'en sont revenus. *Il s'offre à Dieu*[1]. » M. Morrison s'arrête court au moment de faire un aveu qu'un de ses coreligionnaires plus candide fera pour lui ; « le missionnaire catholique ne craint pas de courir des risques ou de braver des dangers plus grands que ceux que le missionnaire protestant ne se sent appelé à affronter[2]. » En d'autres termes, le premier consent bien à écrire ou à prêcher, mais non à souffrir ou à mourir.

En 1834, M. Morrison, à l'apogée de sa fortune, était nommé vice-consul, avec un traitement de treize cents livres par an ; « position un peu anormale pour un missionnaire, » observe-t-il, tout en acceptant de bon cœur cette anomalie et étant disposé à en profiter sans scrupule ; mais il mourut cette année-là même, laissant sa place à d'autres, destinés comme lui à parcourir la même carrière, à répéter les mêmes aveux et à subir les mêmes échecs.

---

[1] *Memoirs*, vol. I, p. 403.
[2] *The Cross and the Dragon*, ch. xiv, p. 189.

même mois, arrive ce triste aveu : « Je vois avec peine que *personne* ne paraît sensible au pouvoir de la vérité; » puis, quelques dimanches plus tard, — car leur religion n'a ses manifestations que le dimanche, — il renouvelle la même réflexion, dans des termes presque identiques. L'année suivante, « le 28 février 1814, jour du Seigneur, » dit-il encore, « j'entretins cinq personnes sur le XII° chapitre des Hébreux. Ce sujet m'offrait un grand intérêt. » Malheureusement l'intérêt fut pour lui seul, et un an après, « il préside encore avec madame Morrison et madame Milne les cérémonies du culte, » sans que les « millions d'Orientaux prêtent davantage l'oreille aux faibles accents d'un héraut si prudent; « trois ans plus tard, rapporte M. Medhurst, ses travaux n'avaient pas dépassé la sphère étroite de son intérieur. »

En 1821 (les années n'apportent aucun changement), « le docteur Morrison se préoccupait beaucoup du piètre effet produit par ses travaux; » en 1822, il écrit encore que « l'on peut compter les indigènes sur la conscience desquels la vérité divine a fait quelque impression. » En 1832, après dix autres années d'énormes sacrifices pécuniaires, il n'y eut que dix personnes de baptisées; toutes reçurent un traitement et furent employées aux travaux de l'imprimerie. Quelques années après, le Rév. Howard Malcolm, envoyé en inspection dans les missions protestantes de l'Orient, informait ses patrons *qu'il n'existait aucun Chinois converti* à Canton. Ceci est confirmé par le docteur Wells Williams, missionnaire américain; la perspective, au moment de sa mort, était presque aussi sombre qu'elle l'était à l'époque de son débarquement dans le pays[1]; et Morrison rapporte aussi que même les imprimeurs baptisés étaient d'une moralité très-douteuse, s'adonnaient habituellement au vol et dérobèrent une fois plusieurs caisses de types[2].

« Le premier messager du protestantisme en Chine » avait avoué son insuccès. Tout ce que sa main touchait, tournait à rien. Il créa un journal qui ne vécut pas au delà du premier numéro; il fonda une école, et sur vingt-neuf élèves, neuf furent congédiés pour « leur mauvaise conduite » ou à cause de leur « stupidité; » trois s'enfuirent, et huit furent retirés par leurs parents[3]. Il publia des livres que l'on a depuis longtemps abandonnés comme n'ayant aucune valeur; et après avoir dépensé pour lui-même ou pour ses insuccès littéraires, cent mille livres environ (2,500,000 fr.), pour lesquelles les peuples d'Angleterre furent principalement mis à

[1] *The Middle Kingdom*, vol. II, ch. xix, p. 527.
[2] *Memoirs*, vol. II, p. 67.
[3] *Chinese Repository*, vol. XII, p. 623.

leusement renfermé chez lui, « toutes portes closes, » il reconnaît franchement, sans que le contraste lui serve en rien de leçon, que « les chrétiens, » c'est-à-dire les catholiques, « se font reconnaître par leur refus d'approuver les rites publics des idolâtres. » Parlant d'une persécution qui vient d'éclater dans le Su-Tchuen, il dit des catholiques : « Les deux chefs, *ayant refusé de se rétracter*, ont été immédiatement étranglés. Trente-huit autres, *qui avaient fait le même refus*, ont été envoyés en Tartarie, pour être livrés comme esclaves aux Eleuths[1]. » En peu plus tard, en 1820, il rapporte que quatre pauvres diables, barbiers de leur métier, à Pékin, furent arrêtés et *refusèrent d'abjurer* la religion européenne. » Ils étaient donc partout les mêmes, à Canton, à Pékin, ou dans les provinces de l'empire ; ces pauvres néophytes chinois, barbiers, boutiquiers, ou femmes ! ce sont pourtant de plus braves soldats de la Croix que ce représentant instruit et opulent du protestantisme anglais !

Il multiplie les exemples de pareils faits et se garde bien de modifier en rien son genre de vie. « Un missionnaire français, dit-il, sommé, à diverses reprises, de s'éloigner, a été obligé d'obéir ; quant à moi, on me laissa parfaitement tranquille. » Pourquoi l'eût-on tracassé ? on s'inquiétait fort peu d'un employé de factorerie anglaise. « Des édits ont été rendus, ajoute-t-il d'un air de triomphe, contre les missionnaires catholiques, les menaçant de peines sévères ; le gouvernement chinois, j'ai lieu de le croire, ignore même mon nom et mes occupations[2]. » Cela était fort probable, bien qu'il fût en Chine depuis six ans environ. Si saint Paul avait été aussi prudent que M. Morrison, il eût évité les fers, la flagellation et le dernier supplice ; mais les païens seraient restés païens.

Il inscrit ce qui suit sur son journal, à la date du 15 mars 1813 : « A-Fo, Low-Hëen, A-Pan et A-Yun ont seuls assisté à l'office. Au commencement de la cérémonie, ils ont ri d'une manière irrespectueuse. » Il en paraît étonné et cependant le spectacle d'un homme marié, faisant une lecture, commodément assis, n'était rien moins qu'imposant et devait paraître à cette joyeuse congrégation fort au-dessous de l'idée qu'elle pouvait se faire « du culte. » Le 18 avril, « il y en avait six de présents ; » et le 9 mai, il peut dire, « je me suis trompé en disant qu'il n'y en a jamais eu plus de neuf ; ce matin, » en y comprenant les dames de sa société et les domestiques, « dix personnes ont assisté à l'office. » Mais le 23 du

[1] *Memoirs*, vol. II, p. 35.
[2] *Ibid.*, vol. I, p. 209.

gâter leur œuvre. Sa version des Écritures a été abandonnée depuis longtemps comme inutile; sa grammaire, nous disent les protestants, « ne fait que rappeler combien son savoir laissait à désirer [1]; » tandis que son dictionnaire, bien que copié sur celui du Père Prémare, est « plein de fautes » d'après Klaproth, et « très-défectueux » suivant M. Taylor Meadows [2].

Mais ce n'était rien d'écrire des livres, tout médiocres et dispendieux qu'ils fussent, il fallait encore pouvoir les mettre en circulation. Il n'était cependant pas sans danger d'irriter les Chinois, et M. Morrison, nous le savons, était la prudence même. « Pour répandre les livres que j'ai fait imprimer, » dit-il avec une parfaite candeur, « il est nécessaire d'agir avec le plus grand secret et de manière à ce qu'on ne puisse pas remonter jusqu'à la source d'où ils émanent. » Cependant un zélé protestant nous assure que « les jésuites, » il veut dire les missionnaires catholiques, « ont toujours répandu sans difficulté les livres qu'ils avaient fait imprimer en chinois, et qu'ils furent obligés, après en avoir mis dans la circulation une première édition tirée à nombreux exemplaires, d'en faire imprimer une seconde [3]. » Des hommes qui exposaient leur vie à toute heure du jour, ne devaient pas s'inquiéter beaucoup de précautions à prendre à propos de leurs livres; et, en notant ce contraste, il nous est permis d'accepter l'explication d'un protestant anglais, dont les sympathies sont tout acquises au docteur Morrison et qui déclarait « que les travaux de celui-ci n'avaient rien d'héroïque ni de brillant [4]. » Jusqu'ici ce premier messager du protestantisme en Chine ne mérite guère nos sympathies; et nous ne pouvons admettre, avec son aimable biographe, que le « regard des anges » qui aime à contempler de courageuses et saintes actions, ait lieu de se réjouir du spectacle de ses procédés circonspects. Mais voyons, avant de passer à d'autres, comment il a réussi à faire franchir « les portes de vie » à « des millions d'Orientaux » réfractaires. Il va nous le dire lui-même.

« Le jour du Seigneur, j'ai prêché devant les Chinois dans ma propre maison, mais je n'ai pas eu le bonheur de les convertir [5]. » Et dans la phrase suivante il nous parle de quatre missionnaires catholiques, bannis récemment de Pékin pour avoir trop bien réussi dans la même tentative. Puis, tandis qu'il se tient scrupu-

---

[1] *Monthly Review*, vol. LXIV, p. 469.
[2] *Desultory Notes on the Government and People of China*, p. 24.
[3] *Memoir of sending the Scriptures to China*, par William Moseley, p. 22.
[4] *The Cross and the Dragon*, par John Kesson, ch. xv, p. 211.
[5] *Memoirs*, vol. I, p. 298.

avait enseigné le latin qu'il parlait couramment. Une autre fois, il porte dans son journal « qu'un autre Chinois catholique lui a fait don de trois petits volumes et que le jeune frère de celui-ci, enfant fort intelligent, lui a vendu un livre de Méditations [1]. »

Mais ses relations avec les catholiques ne se bornaient pas toujours à acheter ou à accepter leurs livres. Quelquefois, il visitait leurs églises, où il rencontrait une multitude de fidèles, un « nombre immense de chrétiens, » telles sont ses expressions, adorant Dieu, non avec « les portes fermées » ni « avec crainte et tremblement, » mais aussi ouvertement qu'ils eussent pu le faire à Londres ou à Paris. Il entra, un vendredi saint, dans la cathédrale catholique, où il trouva le peuple célébrant la Passion de Notre-Seigneur. Il y avait dans l'église, nous dit-il, « une image de Jésus » et « le prédicateur invitait les fidèles à regarder la place où la lance avait frappé, tout en la désignant du doigt. Dans un coin était une figure aussi grande que nature, couchée dans un tombeau et représentant le corps de Jésus. Chacun s'approchait tour à tour et baisait le pied de cette image [2]. » M. Morrison s'en retourna ensuite chez lui, en méditant peut-être sur ce spectacle instructif et en comprenant pourquoi les Chinois chrétiens étaient devenus familiers avec la Passion de leur Rédempteur et aussi à quelle source ils puisaient le courage de le confesser ouvertement devant les hommes et même, à l'occasion, de donner leur vie pour lui.

M. Morrison cependant, dit M. Ellis, continua « de pousser la prudence à l'excès. » Mais il se souvint qu'il avait été envoyé en Chine en qualité de missionnaire et qu'il devait au moins faire quelque chose pour en conserver le caractère ; ce missionnaire dévoué chercha donc s'il était possible d'imprimer une partie des Écritures. Les catholiques l'avaient devancé de quatre cents ans dans cette œuvre pie ; Néander nous l'a dit en parlant de Jean de Monte Corvino.

M. Morrison fit cette découverte et s'efforça d'en tirer bon parti. « Il s'attaqua d'abord, » nous apprend son biographe, « aux actes des apôtres, dont la traduction avait été l'œuvre de quelque missionnaire catholique [3]. » Il pouvait bien avouer ses obligations envers les catholiques qui, d'après Abel de Rémusat, composaient en chinois dans un style égal à celui des meilleurs écrivains de l'empire. Mais M. Morrison, avec l'aide de tels maîtres, ne sut que

---

[1] *Missionary Transactions of the London Missionary Society*, vol. III, p. 528.
[2] *Memoirs*, vol. I, p. 561.
[3] *Brief Notice*, etc., p. 61.

acceptaient le martyre dans tout l'empire, ces héros d'une autre religion se cachaient prudemment dans ce qu'un véhément prédicateur de leur secte appelle avec un noble mépris « une honteuse et précaire retraite [1]. »

Cependant M. Ellis, en rapportant tous ces incidents, est d'avis que, « pour persévérer dans de telles circonstances, » ce que bien des négociants et des commis faisaient alors à Canton, « il fallait une vigueur de principes peu commune, un ferme et vif amour pour le Christ, et un dévouement rien moins que passager pour le salut des âmes. » Quoi que nous puissions penser de ce sentiment, nous avouerons du moins que M. Ellis était, à tous égards, le biographe qui convenait à M. Morrison.

Il paraît que M. Morrison recevait à la factorerie un traitement annuel de cinq cents livres (12,500 fr.), et « que ce traitement fut élevé, au bout de peu d'années, au chiffre de mille livres [2]. » A propos de cette augmentation, qu'il gagna sans doute loyalement, sa veuve fait la remarque suivante : « *Ainsi* le suprême Dispensateur attestait la fidélité de son serviteur et aplanissait la route devant ses pas ! » Nous nous permettrons cependant de douter que l'acquisition d'un large revenu soit toujours une preuve concluante de l'approbation du « suprême Dispensateur. » Béni soit celui qui a mille livres de revenu par an : cela peut être l'expression d'une conviction populaire, mais ce n'est guère une version fidèle de la première béatitude.

Mais M. Morrison, déjà missionnaire et employé de factorerie, avait d'autres sources de revenu. Il était aussi tuteur particulier et fait mention d'un jeune Hollandais « son cinquième pupille [3]. » Il est peut-être heureux que les millions d'Orientaux n'aient jamais songé à lever le loquet de sa porte ; il eût eu peu de temps à leur consacrer. Il lui resta toutefois assez de loisir pour poursuivre l'étude du chinois ; il l'avait commencée avec l'Harmonie des Évangiles, composée par les Jésuites ; il continua jusqu'à la fin, à tirer parti des travaux des catholiques. « Je ne puis nier, dit-il, que les chrétiens chinois *de l'Église romaine* me sont d'un grand secours. » Dans un autre endroit de son journal : « qu'il lit une partie de l'exposition des dix commandements par *les catholiques.* » Il avait pour professeur immédiat Abel Yun, « Chinois catholique de Pékin, et un converti des Jésuites lui

---

[1] *China and the Chinese Mission*, par le Rev. James Hamilton, p. 20.
[2] *History of the Propagation of Christianity among the Heathen*, par le Rev. D\u1d63 Brown, M. D., vol. II, p. 252.
[3] *Memoirs*, vol. I, p. 293.

subi un changement fâcheux et il était seulement « assez *comfortable*. » Un peu plus tard, le temps s'assombrit de nouveau ; « il plie sous le lourd fardeau de ses péchés. » Mais tous ces passages et beaucoup d'autres semblables étant destinés à traverser les mers pour être publiés en Angleterre, il rejette ce cauchemar de péchés, prend un ton plus gai et se réjouit, dans un langage caractéristique, de se retrouver de nouveau « sous le doux empire de Jéhovah. »

Le langage habituel d'un homme est la meilleure pierre de touche de son caractère. Celui de M. Morrison était, pour ne pas dire plus, assez singulier. Écrit-il à un des directeurs de la Société des missions qu'il représentait, et fait-il allusion, selon son habitude, à quelque sujet religieux, il s'écrie tout à coup : « Pardonnez-moi, cher monsieur, si je m'arrête ici pour soulager mon esprit dans son agitation [1]. » Un homme réellement dominé par l'émotion religieuse eût peut-être mieux aimé la cacher que la publier. Quelquefois, il est plus naturel et dit crûment : « Si ce n'était par amour pour la cause que je sers, j'échangerais volontiers ma position actuelle pour une position en Angleterre ou en Écosse, qui me rapporterait quelques cinquante livres par an [2]. » Ce sentiment, s'il n'était pas apostolique, avait au moins le mérite d'être parfaitement naturel. Nous en savons assez maintenant sur le caractère de M. Morrison ; continuons l'examen de ses faits et gestes.

Nous le retrouvons installé à Canton. « A la fin de 1818, dit M. Ellis, il fut attaché à la Factorerie de l'honorable Compagnie et a conservé ce poste jusqu'à ce moment (1834), à la grande satisfaction de celle-ci, et d'une manière qui lui fait honneur, tout en ne perdant pas de vue l'objet important de sa mission. » Lorsque nous apprendrons, comme nous allons le faire, la manière dont cet objet important faisait du progrès, nous croirons sans difficulté qu'il eut bien peu à souffrir du conflit de ses occupations dans la factorerie. Son collègue, M. Milne, nous dit dans son tableau rétrospectif de la Mission : « Tout ce qu'il était permis aux missionnaires protestants en Chine de faire, c'était d'entretenir un individu ou deux avec crainte et tremblement, dans un appartement reculé, *les portes soigneusement fermées*. Il paraît qu'ils avaient recours à Canton, au même excès de précaution qu'avait eu Morrison à Macao ; tandis que les missionnaires catholiques et leurs convertis

---

[1] *Memoirs*, p. 166.
[2] P. 310.

pour Canton, et quelquefois lui donnant ou lui prêtant des livres. M. Ellis semble donc avoir raison d'ajouter « qu'il poussait la précaution plus loin que besoin n'était; mais il préférait se tromper du côté le plus sûr. » Il eût peut-être été plus sûr encore pour lui de rester en Angleterre, où il aurait au moins pu prendre de l'exercice en toute liberté d'esprit, tandis que « la première fois qu'il s'aventura dans la campagne voisine de la ville (nous citons toujours M. Ellis), il ne le fit qu'au clair de lune et escorté de deux Chinois. »

Mais ces excursions timides et fugitives, faible compensation d'un si long voyage, n'étaient évidemment pas sa seule occupation; pendant son séjour à Macao, nous dit sa veuve, « il s'éprit d'un tendre sentiment pour une personne qui tint dès lors une place importante dans toutes ses pensées. Si nous ne nous occupions de Morrison qu'à titre de citoyen anglais, il serait peut-être peu généreux de noter les incidents de sa vie domestique; mais ses biographes nous les présentent, dans la pensée sans doute qu'ils donnent plus de relief à la carrière du « premier messager du protestantisme en Chine; » nous ne pouvons donc nous dispenser d'en tenir compte pour mieux apprécier son caractère public.

A partir de cette époque, les pages du journal de M. Morrison sont remplies d'allusions passionnées à « sa bien-aimée Marie, » alternant avec les textes de l'Écriture, ou d'autres sujets plus ou moins convenables. — Si sa femme, car ils se marièrent promptement, avait un mal de tête, il raconte, dans un volume destiné à être imprimé, qu'il avait plu au Seigneur de la soulager d'une manière tout à fait inattendue; et s'il en avait un lui-même, sa *femme*, non la première, mais la seconde, nous dit qu'il ne faisait entendre « aucun murmure, » mais que « sa soumission absolue aux décrets de la divine Providence soutenait son courage [1]. » Telles étaient leurs réflexions mutuelles sur cette maladie vulgaire. Son journal est plein de faits du même genre. « Tout serait pour le mieux, » s'écrie-t-il une fois, « si Marie se portait bien! » L'instant d'après, refoulant ce mouvement passager de faiblesse, il ajoute : « Mais patience, ô mon âme! » Son âme, dont il nous révèle naïvement les secrets, avait, à ce qu'il nous semble, un besoin incessant de ces admonitions. Il dit une fois : « Mon esprit est dans une disposition sérieuse, un peu affaissé et un peu mélancolique, mais tenant toujours bon. » Un autre jour : « J'ai été aujourd'hui tout à fait *comfortable*. » Mais une autre fois, sa piété intermittente avait

---

[1] *Memoirs*, vol. I, p. 294.

historique, car il rend souvent justice involontairement, nous le verrons, aux nobles exploits des missionnaires catholiques; mais il était convenable d'oublier, en mettant son héros en scène, ce dont tout le monde se souvenait. Le docteur Morrison fut donc le « premier messager » sinon de l'Évangile, au moins du protestantisme en Chine; ses divers biographes nous invitent à prendre connaissance de sa vie et de ses œuvres dans ce pays. Nous ne connaissons pas plus l'une que les autres; mais ses compagnons et ses amis nous fourniront, à cet égard, tous les renseignements désirables.

Le docteur Morrison, nous disent-ils, commença sa carrière en qualité « d'apprenti chez un fabricant de formes et d'embauchoirs. » Par un travail honorable, il s'éleva de cette humble position à celle de prédicateur, et après avoir acquis une certaine expérience dans ces nouvelles fonctions, il accepta, malgré les remontrances de sa famille, l'offre de se rendre à Canton. Sa veuve — il fut deux fois marié — nous raconte que, pendant son voyage, « il restait assis patiemment devant l'Harmonie des Évangiles, composée en chinois par les jésuites, et en faisait une copie mot à mot pour son futur usage. » Il ne pouvait reconnaître plus franchement ses obligations envers les hommes qu'il venait assister ou supplanter, en convertissant l'empire chinois. Son biographe ajoute, avec un enthousiasme bien pardonnable, que peut-être « un ange regardait par dessus son épaule, et contemplait avec une admiration passionnée la sagesse et la bonté de Dieu, instruisant ainsi l'homme qui devait ouvrir les portes de la vie à des millions d'Orientaux[1]. » Comme, cependant, tous ses autres biographes attestent qu'il n'ouvrit jamais aucunes portes, pas même la sienne (il la tenait toujours soigneusement fermée), les millions d'Orientaux ignorèrent parfaitement sa présence. M. Ellis, missionnaire protestant bien connu, nous apprend qu'arrivé à Macao, le docteur Morrison « avait si bien le sentiment de sa conservation, et désirait si peu se faire connaître, qu'il ne mettait jamais le pied hors de sa maison[2]. » Il n'y avait que deux sortes de gens à Macao, des Chinois et des catholiques; il n'avait rien à craindre des premiers, puisque le gouvernement était aux mains des Portugais; quant aux derniers, il en parle ainsi : « Les catholiques portugais n'exercent aucune violence contre nous; » et il avoue ailleurs qu'ils le traitaient avec beaucoup d'égards, se chargeant de ses lettres et de ses paquets

---

[1] *Memoirs of Robert Morrison, D. D.*, par sa veuve, vol. I, p. 13.
[2] *Brief Notice of China and Siam*, par le Rev. W. Ellis, p. 59.

reculeront devant l'épreuve. Le protestantisme n'a pas l'habitude de présenter un front timide ou modeste. Sa voix a été jusqu'à présent haute et menaçante, et dans son passage du nord à l'occident de l'Europe il s'est montré en conquérant plutôt qu'en suppliant. Mais l'heure inévitable du contrôle arrive à la fin pour toutes les choses humaines, et le protestantisme doit accepter, quelle que soit sa répugnance, le jugement inexorable que l'histoire a pour mission de prononcer sur ses œuvres.

L'introduction du protestantisme en Chine a été racontée par M. Gutzlaff, un de ses premiers et de ses plus remarquables avocats; c'est à son livre que nous aurons d'abord recours. Une observation cependant est nécessaire, en manière de préface. Jusqu'à présent, nous avons parlé d'hommes sérieux, engagés dans une œuvre sérieuse. La douce, mais solennelle figure de Ricci, de Schaal, de Verbiest, de Parennin, de Sanz, de Dufresse et de leurs successeurs martyrs, n'est pas encore effacée de notre souvenir. Il nous faut écouter d'autres hommes, et nous devons nous efforcer de leur rendre justice, bien qu'ils ne partagent pas nos croyances. Si l'on trouve que la reproduction littérale de leurs propres paroles, que le simple récit de leurs actes, ressemblent à une satire, l'on ne devra pas s'en prendre à l'annaliste; il cite les unes et raconte les autres. Si l'histoire qu'une foule de témoins protestants ont tracée de leurs opérations en Chine semble nous transporter soudain de la région de l'héroïsme dans celle de la comédie, ne vous en prenez point à l'écrivain; son seul but est de présenter en abrégé leurs récits.

LE DOCTEUR MORRISON.

Le récit de M. Gutzlaff s'ouvre de la manière suivante : « Le docteur Morrison *fut le premier messager de l'Évangile* qui aborda sur les rivages de la Chine[1]. » Peu d'années après, le docteur White, évêque américain protestant, s'exprimait ainsi, dans ses *Instructions pour les missionnaires de Chine* : « Vous ne pouvez ignorer qu'à une époque reculée, la religion chrétienne, protégée par divers empereurs et d'autres grands personnages de l'État, fit de grands progrès en Chine[2]. » M. Gutzlaff n'ignorait pas ce fait

---

[1] *China Opened*, vol. II, ch. xv, p. 332.
[2] *Cyclopædia of American Literature*, par Duyckink, vol. I, p. 301 (1855).

II

MISSIONS PROTESTANTES

Nous allons maintenant présenter au lecteur le premier exemple de ce contraste que nous retrouverons dans chaque partie du monde et que cet ouvrage a pour principal but, de suivre partout où l'Église et les sectes se sont trouvées face à face. Nous avons vu ce que l'Église peut faire. Demandons aux sectes de nous dévoiler, à leur tour, les secrets de leurs annales. Le jour est à la fin venu où nous pouvons leur appliquer ce texte redoutable : *A leurs fruits vous les reconnaîtrez !* Nous n'avons pas lieu de supposer qu'ils

---

d'éclaircir, d'après toutes les autorités possibles, si les rites en question étaient, de leur nature, civils ou religieux. Partout ils ont rencontré la même réponse. L'empereur, appréciant parfaitement le sujet de leur sollicitude, les mandarins de tous les ordres, chrétiens ou païens, les lettrés et les membres de divers tribunaux, spécialement familiarisés avec ces sortes de questions, enfin les plus vertueux et les plus éclairés de leurs propres disciples, tous à l'unanimité déclarèrent que ces rites étaient purement civils.

4° Les dominicains, mus par le seul zèle de la religion, que cet ordre illustre a toujours honoré, mais placés peut-être moins favorablement pour juger la question, les dominicains interdirent à leurs convertis de prendre aucune part à cette pratique nationale. Il en fut référé à Rome.

5° La sentence, nécessairement provisoire, d'Innocent X condamna la pratique en question, « en attendant que le Saint-Siége en décidât autrement. » Mais ce premier bref, inspiré par une pieuse précaution, fut modifié par Alexandre VII et, plus tard, par Clément IV ; leurs décisions laissèrent en effet toute liberté à la conscience de chaque chrétien, suivant le précepte de saint Paul : « Pour celui qui juge qu'une chose est impure, cette chose l'est véritablement... Béni soit celui qui ne se croit pas condamné à faire ce qu'il tolère chez les autres. » (*Rom.*, vix.)

Quelque préjudiciable qu'ait pu être pendant un temps cette controverse au progrès des missions, parce que pour la première fois elle montrait aux païens une divergence d'opinion chez les chrétiens, il n'en faut pas moins reconnaître qu'elle révèle, chez les jésuites et les dominicains, le zèle le plus pur, la plus parfaite abnégation.

Le Saint-Siège préféra s'exposer à la perte de tout un empire qui semblait chaque jour plus près de l'époque de sa conversion, au risque de sanctionner une pratique douteuse.

Mus par le même esprit, les dominicains refusèrent d'accepter une responsabilité que des scrupules de conscience les portaient à rejeter.

Les jésuites, avec cette obéissance qui n'hésite pas et dont ils ont toujours été les plus parfaits modèles, acceptèrent le premier jugement, tout en le regardant comme une véritable erreur. « Le bref du Pape, dit un de leurs membres écrivant de Pékin, n'a nullement découragé les missionnaires. Le Saint-Père a parlé ; cela suffit. Il n'y a plus un mot à dire, ni même un geste à faire. Il faut se taire et obéir. » (*Lettres édifiantes*, tome XX, p. 525.)

Enfin, les femmes chinoises ayant embrassé la vie religieuse dans l'ordre de saint Dominique sont si nombreuses, qu'il y a peu d'années une persécution particulière était dirigée contre les *Tertiaires chinoises*[1], et que des familles entières étaient réunies sous la bannière de l'ordre.

La lutte n'est pas terminée. L'Église offre encore à Dieu ses plus nobles enfants; et jusqu'à l'heure où Jésus viendra pour la seconde fois, elle ne cessera de fournir au sacrifice les victimes marquées pour la mort. Dans les neuf premiers mois de 1861, et dans deux seulement des diocèses du royaume d'Annam, il y eut *seize mille martyrs* et près de vingt mille chrétiens condamnés à l'esclavage à perpétuité. Dans chacune des villes prises dernièrement par les Français, on découvrit que les chrétiens avaient été réunis ensemble et brûlés vifs. Cinq cents cadavres calcinés furent ainsi trouvés au fond d'une citerne. Mais en voilà assez. Chaque région de la terre fournira à son tour les mêmes scènes à notre contemplation et l'immensité du champ qui nous reste à parcourir nous avertit de ne pas nous arrêter pendant la route. En Chine, durant trois siècles, de la première heure à la dernière, les missionnaires catholiques sont toujours les mêmes; ils ont fait ce que l'homme ne fera jamais par sa seule puissance, ce qu'il ne tente jamais de faire que par l'inspiration divine et les conseils de l'Église, qui s'est montrée au dix-neuvième siècle ce qu'elle était au premier; les puissances des ténèbres sont forcées d'avouer que par leur foi et leur charité, la sainteté de leur vie et la majesté de leur mort, ses apôtres et ses disciples ne sont pas inférieurs aux hommes qui partagèrent les travaux de saint Pierre ou recueillirent la sagesse sur les lèvres de saint Paul[2].

---

[1] *Life of Saint Dominic*, ch. vii, p. 365 (1857).

[2] Il n'a point été fait allusion, dans une précédente édition de ce livre, à la controverse bien connue entre les jésuites et les dominicains, au sujet des rites célébrés annuellement par les Chinois en l'honneur de leurs ancêtres. On a supprimé cet incident pour être bref, ainsi que beaucoup d'autres qui devraient figurer dans une histoire complète des missions chinoises. Il ne pouvait y avoir d'autre raison de passer sous silence un évènement qui, à tous les points de vue, fait rejaillir un honneur égal sur le Saint-Siége et sur la Société de Jésus.

1° Le litige portait non sur une question de foi, ce qui est heureusement impossible entre catholiques, mais seulement sur une question de fait dans laquelle le vicaire même du Christ ne se déclare pas infaillible.

2° Le Saint-Siége a depuis longtemps autorisé les missionnaires à conserver les rites et coutumes païens qui ne se trouvent pas en contradiction manifeste avec l'esprit de l'Évangile. « Nulla ratione suadete illis populis, ut ritus suos, consuetudines, et mores mutent, ne sint apertissime religioni et bonis moribus contraria. » — *Histoire apologétique de la conduite des Jésuites de la Chine*, p. 5 (1700).

3° Pendant dix-huit années les jésuites, avec leur prudence habituelle, se sont efforcés

jetant à genoux, il s'écria : Gloire à Dieu, mon Père, nous avons encore des martyrs ! » Le récit de l'évêque se termine par ces mots : « Au moment où la tête de l'abbé Néel roula à terre, on dit qu'un nuage brillant descendit rapidement des cieux et disparut après être resté quelques moments au-dessus de son corps. La foule des païens fut saisie de frayeur, et le bourreau plus que tous les autres; et des gens qui sont venus nous conter la nouvelle nous disent que le chef chinois a l'esprit encore en grande perplexité et se croit coupable d'une très-méchante action. J'attesterai l'exacte authenticité de ce nuage miraculeux, quoiqu'il ne puisse surprendre en aucune manière ceux qui ont connu l'abbé Néel. C'était vraiment un saint [1]. »

Les chrétiens de Chine, depuis le temps de Ricci jusqu'à nos jours, n'ont pas changé. Nous n'avons raconté que quelques-uns des incidents les plus remarquables de leurs luttes, il n'est pas possible de les mentionner tous. On compte les martyrs par milliers.

Un mot seulement sur les résultats de tant d'héroïsme : En 1805, après plus de quarante ans d'abandon, sir George Staunton estimait à deux cent mille les chrétiens de la Chine proprement dite[2]. En 1840, d'après les calculs du commodore Read, il ne devait pas y avoir moins de cinq cent quatre-vingt trois mille catholiques[3]. En 1859, cinq cent trente mille dans la Cochinchine seule[4]. Quarante mille à Pékin, — quatre-vingt mille dans le diocèse de Nankin[5], « cent mille dans la province de Su-Tchuen[6], » — soixante mille dans le district de Shang-Hai[7], quarante mille dans le diocèse de Fu-Kien[8], — soixante mille dans la Corée, — dix mille en Mongolie, — neuf mille au Thibet, — autant environ dans la Mantchourie[9], et beaucoup dans la Tartarie, formant en somme plus d'un million. Le nombre des pasteurs, s'était accru, malgré d'incessants martyrs, en proportion des disciples. En 1859, il y avait *cinquante et un* évêques, et *six cent vingt-quatre* prêtres dont quatre cent vingt-huit indigènes. On comptait aussi dix-huit colléges ecclésiastiques.

---

[1] P. 332.
[2] *Laws in China*, p. 176, note.
[3] *Around the World*, par le commodore Georges Read, vol. II, p. 230.
[4] *Annals*, n° 119, p. 58.
[5] *Souvenirs d'une ambassade en Chine et au Japon*, par M. le marquis de Moges, ch. vii, p. 181 (1860).
[6] *L'Empire chinois*, tome I, ch. vii, p. 333.
[7] *Visit to the Consular Cities of China*, par le Rev. George Smith, M. A., p. 140.
[8] *Five Years in China*, ch. ix, p. 184 (1848).
[9] *Ravenstein*, X, 112.

décrit par le vénérable prélat : « l'*éclat* d'une pareille donation est immense, et vaut plusieurs décrets impériaux. » « J'ai voyagé pendant plusieurs mois, ajoute-t-il, en énumérant les merveilleux résultats de la liberté récemment acquise, non-seulement parmi nos vieilles congrégations chrétiennes, mais encore dans des villes et des villages où l'on ignorait jusqu'ici le nom du Seigneur. Presque toujours, j'ai prêché sur ces places publiques, dans les rues, partout, excepté sur le toit des maisons. Ce n'est pas en présence de quelques individus, mais devant d'immenses multitudes... Quelquefois, à la chute du jour, tombant de fatigue, je n'avais plus la force de prononcer une seule parole et mon auditoire cependant attendait, plein d'anxiété, pour m'entendre encore. Le jour suivant, c'était la même répétition. Dieu bénit nos efforts ; dans l'espace de quinze jours, j'avais fait plus de trois mille conversions... En ce moment, j'ai vingt catéchistes occupés à instruire des milliers de catéchumènes ; leur nombre est loin de suffire à cette tâche laborieuse, car il y a quatre-vingts nouveaux villages récemment convertis au christianisme [1]. »

Mais cette brillante peinture a un côté plus sombre. Si la religion renouvelle ses pacifiques triomphes dans quelques-unes des provinces soumises à l'autorité impériale, il en est d'autres encore où ces triomphes ne sont achetés qu'au prix du sang des martyrs. Presque au moment même où l'évêque Anouilh racontait ses tranquilles succès, l'évêque Faurie, vicaire apostolique de Koui-Tcheou, province confiée aux Missions Étrangères, faisait connaître ainsi des victoires d'une autre sorte : « Le sang des martyrs a coulé dans notre province. L'abbé Jean-Pierre Néel, missionnaire du diocèse de Lyon, et quatre assistants laïques ont été égorgés dans la capitale de cette province le 17 février [2]. » Le Père Néel n'était resté que deux mois à Kia-tcha-loung, dernier théâtre de ses exploits, et déjà il avait fait plus de cent conversions. Le général chinois Tienta-jen, aventurier mal famé, affectant de voir des rebelles dans les disciples du Père Néel, excita le mandarin Tay-lou-tche à les massacrer. Un catéchiste seul échappa, « marchant nuit et jour, dit l'évêque, sans prendre de nourriture, il me rejoignit enfin, et, se

---

[1] *Annals*, vol. XIII, p. 518.

[2] Il existe au séminaire des Missions Étrangères, à Paris, un monument authentique de l'héroïsme de ces grands athlètes. On a réuni, dans un sanctuaire appelé *salle des Martyrs*, plusieurs corps de ces généreux confesseurs de la Foi, divers instruments de leurs supplices, et, pour quelques-unes, des peintures faites sur les lieux représentant les scènes de leur mort. En contemplant ces dépouilles, on se croirait aux plus beaux siècles de l'Église militante.

(*Note du traducteur.*)

appliquer vingt-neuf coups d'une baguette de fer. A un second interrogatoire, elle en recevait dix-huit de plus, quatorze à un troisième et trente-huit à un quatrième ; et pourtant un mois après, elle existait encore [1].

La même année, Elisabeth Ngo refusait aussi de fouler la croix aux pieds; fouettée cruellement, elle invoquait à haute voix Jésus et Marie; le mandarin lui dit avec ironie : « C'est bien ; appelez votre Jésus, et qu'il vienne, à votre place, subir la torture. » A un troisième interrogatoire, ce mandarin furieux de se voir vaincu par une femme, perdit tout son sang-froid et ordonna qu'on la fouettât jusqu'à la mort. Elle avait reçu cent quinze coups lorsque le bourreau s'arrêta en s'écriant : « Elle est morte! » « Déliez-là, » dit le mandarin, décidé à triompher, ne fût-ce que sur un cadavre, « et traînez-là sur la croix. » A cet ordre, elle semble avoir pour un instant recouvré le sentiment ; elle se redresse en soutenant d'une main la cangue, afin de ne pas être étranglée, et saisissant de l'autre main le signe de notre rédemption, elle le lève en l'air, comme un trophée de victoire et un gage de salut, et s'écrie : gloire à Dieu !

En 1861, l'armée des martyrs compte au moins trois évêques de plus. L'évêque dominicain Melchior, successeur de l'évêque Diaz, a été littéralement mis en pièces. Le *Hong-Kong Register*, a raconté les détails de son exécution : cinq bourreaux étaient armés d'une espèce de serpe, ou de cognée *ébréchée à dessein*, pour faire souffrir davantage le patient. Ils lui coupèrent d'abord les jambes au-dessus du genou, assénant une douzaine de coups environ sur chaque membre avant de le détacher. On lui abattit le bras de même. Enfin, ils lui arrachèrent les entrailles, et cependant, tant qu'il lui resta un souffle de vie, il ne cessa d'invoquer le nom de Jésus; sa tête fut ensuite hachée en morceaux et jetée à la mer. La même année, l'abbé Vénard, d'un zèle prodigieux, d'après le témoignage de son évêque, fut martyrisé dans le Tong-King occidental, sans avoir consenti à faire abréger son supplice.

En 1862, les effets du traité français de 1860 commencèrent à se faire sentir, mais seulement dans quelques-unes des provinces de la Chine. Ce fut cette année-là que l'évêque Anouilh, vicaire apostolique du Pe-thi-li occidental obtint par l'influence de la légation de France le palais impérial de la ville de Tching-tin-fou pour y établir sa cathédrale, un séminaire, un orphelinat et des écoles. L'effet de cet événement sans exemple sur l'esprit public est ainsi

---

[1] *Annals*, n° 123.

des Missions Étrangères, fut martyrisé dans la province de Canton. Il avait subi la torture peu de jours avant et son visage était horriblement meurtri, ses bourreaux lui ayant asséné une centaine de coups sur la tête. Hors d'état de se soutenir, il fallut le reporter dans sa prison et cependant, à la stupéfaction générale, on le vit, peu de temps après, se lever et marcher comme en parfaite santé. Ses gardiens lui ayant demandé de leur dire secrètement comment il pouvait faire, le Père répondit en souriant que c'était par la grâce et la bénédiction du bon Dieu [1].

L'année 1857 vit des événements non moins remarquables. Le 31 janvier, un prêtre annamite et quatre chrétiens eurent la tête tranchée, le lendemain onze néophytes subissaient le même sort ; et deux jours après, dix autres, tous de la même ville. Le 6 avril, c'est le tour du Père Paul Tinh, âgé de 67 ans. Comme on le conduisait au supplice, le grand mandarin le prit à part et l'assurant de toute son estime, lui offrit la vie, s'il voulait renoncer à sa religion. «Grand mandarin, » répondit-il, « mon corps est dans vos mains ; faites-en ce que vous voudrez ; quant à mon âme, elle appartient à Dieu ; et rien ne pourra me déterminer à la sacrifier au bon plaisir du roi. » Il y eut d'autres martyrs pendant les mois d'avril et de mai, et le 20 juillet, après un long et fécond apostolat, l'évêque espagnol Diaz était décapité à son tour ; sa tête fut retrouvée en 1858, par des pêcheurs chrétiens et portée à l'évêque Melchior, destiné lui-même à un plus horrible martyre.

En 1859, le Père Paul Loc fut martyrisé à Saïgon, trois jours avant l'arrivée de l'expédition française, dont l'insuccès momentané ne fit qu'augmenter les maux des chrétiens. La foi des confesseurs laïques fut cette année-là, mise tout particulièrement à l'épreuve. On en prit quatre cents d'un coup dans le même endroit. Jean Hoa, chef d'un village, respecté par les païens pour ses vertus, fut tenté par le mandarin avec ces paroles flatteuses: « Votre faute n'est pas un crime, mais je dois vous prier de fouler la croix aux pieds, afin de pouvoir vous placer à la tête de votre district. Vous êtes un sujet distingué. Pourquoi montrer une telle obstination à vous dégrader et vous exposer ainsi à la torture ? » Hoa répondit qu'il préférait mourir, plutôt que renoncer à sa religion. Un mandarin voulut obtenir la même profanation de Marthe Lahn, supérieure d'une communauté religieuse indigène. Elle lui répondit : « Il est plus noble de mourir que d'être infidèle à Dieu, » alors que ce juge païen la faisait frapper au visage et lui faisait

---

[1] *Annals.* vol. XVII, p. 546.

depuis vingt ans sur cette terre étrangère, n'eussé-je pas dû recevoir avant vous la couronne du martyre? Comment osez-vous me supplanter ainsi? Mais puisque telle est la volonté de Dieu, je vous pardonne..... Partez donc en paix, enfant gâté de la Providence. Oui, je vous envie, mais avec l'envie de l'affection et la jalousie de la tendresse. Que vous êtes heureux d'aller rejoindre les Bovie, les Cornay, les Schœffler et tous les autres martyrs et apôtres de cette mission. Avec quelle joie ne vous verront-ils pas entrer dans leur glorieuse compagnie! »

Il se rendit à pied au lieu de l'exécution, la lourde cangue pendue au cou et soutenant sa chaîne d'une main. Ses liens étaient si serrés, que le sang suintait de ses doigts. Il fut enfin décapité et jeté à l'eau. Pendant la nuit, son corps fut repêché et l'évêque récita à voix basse sur lui, les dernières prières de l'Église. Les païens vendirent les lambeaux de ses vêtements tachés de sang et ses cheveux mêmes, aux chrétiens qui désiraient posséder de ses reliques.

En 1853, l'évêque Lefebvre raconta à l'Europe la noble confession et la mort du Père Philippe Minh, prêtre cochinchinois, distingué parmi ses collègues pour ses talents et sa sagesse. Traîné devant le tribunal, il prononça cette prière, digne des premiers saints : « Mon Dieu, puisqu'il vous a plu de soumettre votre humble et indigne serviteur à cette épreuve, accordez-moi, je vous en supplie, la grâce de sortir victorieux de la lutte où je suis engagé. Inspirez-moi des paroles de sagesse et de prudence; pour que je puisse répondre aux magistrats avec la force d'âme nécessaire. » Comme on lui avait ordonné de fouler sous ses pieds un crucifix placé à terre devant lui et qu'il avait refusé, les mandarins ordonnèrent à leurs satellites de le faire obéir de force. Ceux-ci s'emparèrent alors des chaînes dont il était chargé et commencèrent à l'entraîner ; mais le fervent confesseur s'étant assis, résista à leurs efforts de tout le poids de son corps et leur tentative fut inutile. Les magistrats abandonnèrent leur dessein, mais rédigèrent la sentence. Le 3 juillet, il fut martyrisé. Pendant qu'il était en prison, on entendit les soldats païens déplorer son sort, et lorsque le dernier sacrifice fut accompli, les assistants dirent à haute voix : « Le bon prêtre s'en est allé au ciel. » Sa tête fut jetée à l'eau, mais retrouvée par un chrétien, elle fut ensevelie secrètement avec son corps.

En 1856, le Père Huong mourut de même, avec un égal courage et une joie aussi vive.

Dans la même année, le 29 février, le Père Chapdelaine, aussi

renfermait deux cent quarante habitants, tous chrétiens. On les citait pour leurs vertus ; les païens mêmes des villages voisins, proclamaient bien haut que les habitants de Ly-tou-pa étaient sans reproche ; les mandarins de Kiu-Hien ne partageaient pas cet avis, et ils parurent un jour subitement dans le village condamné. Les maisons furent saccagées et pillées et les confesseurs bientôt soumis à la torture. « Voulez-vous renoncer à votre religion? criait un mandarin pendant les intervalles du supplice. — Jamais! répondaient-ils tous. » Étouffés à la fin par le sang, les confesseurs ne purent plus répondre ; une seule voix put encore dire ces mots : « Jésus, sauvez-nous ! — Oh! ils prient encore, s'écria le mandarin ; frappez, frappez ; tuez-les ! » Leur visage est meurtri ; le sang coule à flots de leurs bouches ; leurs mains pendent inertes et le rotin sanglant sillonne encore leur dos de plaies profondes. Cinq jours après, on les tirait de prison et on leur ordonnait de fouler la croix aux pieds. « Mandarin, répondait au nom de ses compagnons l'un d'entre eux ; il est inutile de nous parler d'apostasie ; nous sommes prêts à tout souffrir, plutôt que de renier notre foi. Vous pouvez nous emprisonner, nous exiler, nous décapiter si bon vous semble, mais vous ne nous priverez jamais de notre Dieu. En entendant ces paroles, le juge se frappe la poitrine d'un air égaré. Il semblait dire, hélas! qu'y a-t-il à faire avec de tels hommes? En un mot, il n'avait jamais vu de chrétiens. » La lettre renfermant ces détails était écrite par le Père Bertrand, de la Société de Jésus, datée de la ville de Kiu-Hien, le 23 août 1850.

En 1851, le Père Duclos mourut en prison, et le Père Augustin Schœffler, des Missions Étrangères, périt sur l'échafaud. En conduisant ce dernier au lieu de l'exécution, on porta devant lui un écriteau contenant ces mots : « M. Augustin est reconnu coupable d'avoir prêché la religion de Jésus. Son crime est patent. Qu'il soit donc décapité et jeté dans le fleuve. »

En 1852, le Père Bonnard, âgé de vingt-sept ans, conquit la couronne du martyre. « Foulez cette croix aux pieds, lui dit-on, ou vous serez flagellé et mis à mort. — Je ne crains ni vos fouets ni la mort, répondit-il. Je ne suis point venu ici pour renier ma religion ou pour donner aux chrétiens un mauvais exemple. »

Son évêque lui écrivait ainsi quelques heures avant sa mort : « Je suis jaloux de vous voir partir avant moi pour le Céleste Royaume ; vous partez par la route la plus sûre et la plus courte ; tandis que je suis condamné à rester encore le jouet des flots sur cette mer orageuse. Moi, votre évêque ! vieux capitaine au service

drer de nouveaux aspirants au même honneur. En 1841, l'évêque Retord consacra secrètement le Père Hermosilla dans une cabane couverte en chaume, dépendant d'un village, sur la lisière d'une épaisse forêt, où il pouvait, en cas de danger imminent, trouver un refuge. Puis le nouvel évêque arrêté plus tard, en 1861, à l'âge de 65 ans, après trente-quatre ans de ministère, se mit en route pour une autre partie de la contrée afin d'en consacrer un troisième et aussi afin que l'Église fut prête à tout événement. « Dans ces régions, dit l'évêque Retord, nous devons nous hâter d'oindre d'autres fronts avec le Saint-Chrême, de peur que notre propre tête ne tombe bientôt sous la hache du bourreau. » En 1842, le même courageux prélat pouvait dire : Depuis mon retour au Tong-King, j'ai déjà consacré deux évêques et onze prêtres. Nous avons seulement aujourd'hui un prêtre de moins qu'avant la persécution ; à mesure que les têtes tombent, d'autres se lèvent pour émousser le glaive du bourreau. »

Ainsi continuait cette vie militante. En 1844, dans un seul vicariat du Tong-King *occidental*, 1,237 adultes furent admis dans l'Église ; en 1845, 1328 et en 1846, 1308, c'était un total de 4,000 personnes environ, dans une seule province ayant, de propos délibéré, accepté le sort des chrétiens, avec toutes ses terribles conséquences. Entre 1820 et 1858, le nombre total des convertis au Tong-King seul était de cent quarante mille, accroissement d'autant plus extraordinaire, qu'il avait eu lieu pendant trente-huit années d'une persécution presque sans trêve et sans merci. Dans la seule année 1854, il y eut cinq mille trois cent soixante-dix adultes admis au baptême. Enfin, la situation de l'Église annamite en 1858 est ainsi sommairement décrite : « Malgré de continuels martyrs, il y avait à cette date quatorze évêques (sans en compter plus de trente dans la Chine proprement dite), soixante missionnaires européens, deux cent quarante prêtres indigènes, neuf cents étudiants, six cent cinquante catéchistes, seize cents religieux indigènes, et cinq cent trente mille chrétiens. Nos frères annamites, dit l'annaliste de cette merveilleuse mission, peuvent répéter avec raison aujourd'hui, ce que disait Tertullien aux persécuteurs de son temps : « Plus vous en abattez et plus il en repousse [1]. »

Cependant les païens, sans se douter qu'ils servaient d'instruments à l'esprit du mal, avaient tout fait pour les anéantir. En 1850, le village de Ly-tou-pa, près de la ville de Kiu-Hien,

---

[1] *Annals*, n° 119, p. 58. Voir aussi, pour le récit authentique des principaux détails, l'excellent ouvrage intitulé : *Mission de la Cochinchine et du Tonkin* (Paris, 1858).

imitassent; mon plan a échoué; ils ont montré la même constance que vous. Mais, dites-moi, ne tenez-vous donc pas à la vie?

Le Prêtre: « Mandarin, si vous épargnez ma vie, je vous remercierai; quel est donc celui qui ne l'aime pas?

..... Mais le chrétien, mourant pour l'amour de son Créateur, obtiendra dans le ciel une récompense plus précieuse que la vie passagère de ce monde. »

Le Mandarin: « Très-bien; mais comment savez-vous s'il existe un Paradis?

Le Prêtre: « Le souverain d'un royaume terrestre n'a-t-il donc pas des distinctions honorifiques et des places privilégiées pour ses fidèles serviteurs? et le maître suprême du ciel et de la terre n'en aurait pas pour récompenser ceux qui lui ont été fidèles jusqu'à la mort? »

Le Mandarin: « Mais comment savez-vous qu'il existe un maître du ciel?

Le Prêtre: « Illustre mandarin, l'univers est un livre ouvert qui le manifeste clairement. Considérez toutes les merveilles de la nature; vous comprendrez facilement qu'un Être suprême les a créées, qu'un maître les gouverne....

Le Mandarin: « Cela est vrai; je le reconnais. (A ses officiers): Il s'exprime d'une manière calme et réfléchie. En vérité, il parle d'or, ce n'est pas un homme ordinaire. Il croit à l'existence d'un paradis. (Au Père Khoan) Je dois avouer franchement qu'en vous écoutant, je me suis senti ému de pitié et je voudrais pouvoir vous sauver; mais les lois de ce royaume sont très-sévères. Vous ne pouvez éviter la mort qu'en foulant la croix sous vos pieds... mais c'est assez; vous m'avez convaincu; vous n'êtes pas un homme ordinaire. »

Le rapport fut envoyé au roi et bientôt après le Père Khoan fut martyrisé.

En présence de telles difficultés et d'une persécution sans relâche, le christianisme dût se frayer un chemin dans la Cochinchine. Ces terribles obstacles assuraient son triomphe. Les païens étaient forcés d'admirer la vie si pure de leurs compatriotes chrétiens et l'héroïsme mystérieux de leur mort. A la vue du martyre des prêtres de leur propre race ils avouaient ouvertement le respect que de semblables spectacles leur inspiraient, témoin ce mandarin s'écriant à la mort du vénérable Pierre On: « Oui, Pierre On est vraiment un saint! »

Chaque martyr, évêque, prêtre ou laïque, ne faisait qu'engen-

mort. Quatre de ses collègues, prêtres chinois, venaient de subir le martyre. Les Pères Thomas Du et Dominique Xuyen avaient été cruellement torturés. Les jambes de ce dernier furent brûlées avec des plaques de fer rouge, sa chair percée de pointes aiguës et tout son corps déchiré à coup de rotin. On lui enfonça des clous sous les ongles.... Loin de succomber à ces horribles souffrances, les deux vénérables prêtres ne montrèrent pas un seul instant de faiblesse. Ils furent enfin égorgés et peu de jours après, les Pères Thi et André Lung, prêtres annamites subirent le même sort. C'était après ces événements que le Père Khoan était tiré de prison pour discuter avec des juges ayant toujours en réserve l'argument final du glaive, si l'on était assez imprudent pour les vaincre dans la discussion.

Malgré ces circonstances décourageantes, le Père Khoan accepta le débat, en voici la substance :

Le Mandarin : « Le roi vous aime parce que vous êtes un de ses sujets. Il ne vous a emprisonné qu'afin de vous donner l'occasion de vous repentir. Il m'autorise à vous rendre la liberté, si vous foulez la croix aux pieds. »

Le Prêtre : « Votre bonté me touche et il m'est pénible de vous refuser. Je n'ai de grâce à vous demander, que de me faire connaître le jour de ma mort, afin de pouvoir régler mes affaires avant de quitter ce monde. »

Le Mandarin : « Je vous donnerai cette satisfaction. Mais vous tremblez de froid dans cette cour. Prenez une tasse de thé et asseyez-vous sur cette natte. J'ai pitié de vous ! Quel plaisir vous me causeriez en foulant cette croix aux pieds ! »

Le Prêtre : « J'ai bien réfléchi à ce que vous me dites, mais plus je réfléchis, plus je sens que ma religion satisfait ma raison et que je dois l'observer strictement jusqu'à la mort. Si je renonce à l'Évangile, j'éviterai la mort, cela est vrai ; et je pourrai suivre ma religion en secret dans ma demeure, ainsi que Gia-Loug, père de notre souverain, désirait que je le fisse ; mais un pareil acte manquerait de franchise. Je serais infidèle à Notre-Seigneur, objet de mon adoration jusqu'à ce jour, et ceux auxquels j'ai prêché, seraient scandalisés en me voyant manquer de constance et de foi. »

Le Mandarin à ses officiers : « Vous entendez ses paroles. Comment espérer triompher de la fermeté d'un tel homme !

Au Père Khoau : « J'étais déjà convaincu de votre inébranlable résolution. J'ai, pour cette raison, interrogé avant vous deux de vos disciples, de peur qu'encouragés par votre exemple, ils ne vous

tiens, tous les gouverneurs de provinces, les mandarins subalternes, les chefs de districts, les chefs de villages étaient chargés de leur adresser ces arguments : Ce Jésus, l'auteur de votre religion, est un homme d'une nation éloignée, d'une race différente de la nôtre... Ce que les missionnaires enseignent au sujet de leur croix à laquelle un petit enfant est attaché est en grande partie incompréhensible. Le mieux est de ne rien en croire du tout.

Vous direz que vous observez la religion de Jésus afin d'aller au ciel après votre mort. Avez-vous vu ce qui est arrivé aux prêtres Marchand et Cornay, aux chefs Trum-Hein et Trum-Hai (les Pères Fernandez et Henares)? Ne sont-ils pas morts misérablement? Leur châtiment n'a-t-il pas été pour tous un sujet de compassion et de terreur? Cependant ces quatre missionnaires observaient leurs lois plus parfaitement que le peuple, ce qui n'a pu empêcher leur mort. Ce sont là les hommes qui avaient l'habitude de raconter aux multitudes de si belles choses sur la destinée future! Mais la mort a révélé la perversité de leurs paroles! à parler franchement, comment un homme peut-il monter au ciel lorsqu'il ne vit plus!

Enfin, le décret ajoute naïvement : Telles sont les grandes pensées que nous devons développer pour les chrétiens, afin de les éclairer et de les convertir.

Si ces arguments eurent moins d'effet que ne l'avait espéré leur royal auteur, il semble au moins qu'ils furent mis fidèlement en pratique par ses agents. Cependant, ils rencontrèrent, de la part des chrétiens, d'autres arguments dont les mandarins furent tellement confondus, qu'ils ne tardèrent pas, en désespoir de cause, à renoncer à la logique pour en revenir au rotin et au sabre. Un exemple rapporté par l'évêque Retord donnera une idée suffisante de l'effet de leurs discussions publiques avec les chrétiens [1].

Le Père Paul Khoan, prêtre annamite, avait été tiré de prison pour représenter, dans cette occasion, ses frères les chrétiens, tandis qu'un mandarin, jouissant de la confiance du roi, était chargé de justifier la suprême sagesse de la philosophie de son maître. Il est vrai que l'avocat de la cause chrétienne ne pouvait comparaître dans des circonstances moins favorables. Plongé dans un cachot depuis plus d'un an, il était alors sous le coup d'une sentence de

---

[1] Nous avons hésité à reproduire tous les traits cités par l'auteur pour le public anglais, moins familier que nous avec les annales de l'Église. Cependant, après avoir réfléchi, il nous a semblé préférable, avant d'en venir au contraste offert par l'erreur, de retracer des faits contemporains trop souvent oubliés et qui ont pour unique défaut la seule apparence d'uniformité dans l'héroïsme.

(*Note du traducteur.*)

de leur admiration. Ce sentiment devint général; les geôliers des prisonniers chrétiens étaient souvent si touchés par leur dignité simple et leur vertu invincible, qu'au lieu de les maltraiter, ils les suppliaient et les exhortaient. Pourquoi persistez-vous à souffrir? leur demandaient-ils; est-ce un si grand mal que de dire un mot, de faire un signe pour plaire au mandarin? Vous pourriez encore être chrétiens chez vous. Quelquefois les officiers préparaient des billets d'apostasie et lorsque les chrétiens entraient au tribunal, ils les présentaient au juge qui disait : « Vous avez enfin renoncé au christianisme? — Non, répliquaient-ils, non, nous sommes encore chrétiens; — Allez, allez, reprenait le juge, je comprends, vous avez apostasié, retirez-vous. »

Le Père François Tchiou, lazariste chinois, raconte, en 1840, le martyre de son propre frère et mentionne ensuite l'étonnante constance d'une jeune chrétienne, Anna Kao, victime de la même persécution. Après lui avoir fait subir divers tourments, on imagina de la traîner au tribunal, exténuée de faim, et de lui présenter de la nourriture pour qu'elle en mangeât en signe d'apostasie. Sa réponse conquit les sympathies et l'admiration de la femme et de la fille du premier mandarin, qui manifestèrent hautement leur pitié pour cette vierge chrétienne. Si à vos yeux, dit cette jeune fille affamée, c'est apostasier que de manger, je vous déclare que je mourrai de faim plutôt que de prendre la plus légère nourriture; mais si vous considérez cela comme une action ordinaire, je mangerai. Vous êtes une femme entêtée, repartit le mandarin, mangez comme il vous plaira[1].

Si nous nous arrêtons encore à cette année 1840, c'est parce qu'il n'y a pas de date plus illustre dans les Annales des missions en Chine. C'est pendant cette année que Mgr Retord, si longtemps à la tête de l'Église du Tong-King occidental, annonça à l'Europe le singulier changement de politique, inauguré alors en Cochinchine mais auquel on devait renoncer trop vite. Fatigués de leurs échecs continuels et convaincus par l'expérience que le massacre des chrétiens ne faisait qu'en augmenter le nombre, les autorités païennes résolurent pour la première fois d'en appeler non pas aux passions, mais à la raison de leurs concitoyens; dans ce siècle la population chrétienne de Cochinchine a, en effet, plus que triplée et elle s'élève à plus de cinq cent mille âmes. Des édits furent publiés dans tout le royaume, l'évêque Retord en cite les passages suivants : Afin d'instruire et de détromper les chré-

[1] *Annales*, vol. II, p. 175.

efforts échouer devant son invincible fermeté, ses bourreaux lui offrirent de le mettre immédiatement en liberté s'il voulait apostasier. Un prêtre chinois, qui pénétra déguisé dans sa prison, rapporta que tout son corps n'était qu'une plaie, que sa maigreur était horrible à voir, qu'il avait à peine la force de proférer quelques mots, qu'il ne pouvait ni s'asseoir, ni rester debout; beaucoup de ses os étaient à nu, sa chair tombait en lambeaux ; ses vêtements étaient tout imprégnés de sang. Lorsqu'on lui présenta le crucifix en lui enjoignant de le fouler aux pieds, il ne put retenir ses larmes et répondit en pressant l'image du Sauveur sur son cœur et sur ses lèvres. Le 11 septembre 1840, il entra dans le repos du Seigneur après avoir subi pendant un an un des plus longs et des plus cruels martyres qu'un homme ait jamais souffert.

La même année, le Père Torrette, lazariste français, terminait sa carrière; ses dernières paroles furent les mots de l'Apôtre : *Mihi mori lucrum*, la mort m'est un gain. Cette année vit encore le martyre du Père Luke Loan, prêtre indigène, dont les vertus avaient inspiré une telle vénération aux païens, que les mandarins ne purent se procurer un bourreau qu'en offrant une forte somme. « Mon Père, dit cet homme en se présentant pour remplir sa tâche, je m'incline devant vous ; s'il ne dépendait que de moi, vous vivriez en paix, mais la volonté du roi doit être faite. Ne m'imputez pas votre mort, et lorsque vous serez au ciel priez pour moi[1]. »

Les officiers supérieurs du gouvernement seuls tourmentaient les chrétiens, et encore étaient-ils souvent désarmés par leur patience et leur courage surnaturels. Dans la persécution qui suivit l'arrestation du P. Perboyre, et qui enveloppa un grand nombre de chrétiens, le Père Clauzetto mentionne particulièrement deux femmes, une jeune fille et une veuve, comme ayant produit une profonde impression sur leurs juges et sur le vice-roi qui était présent à leur interrogatoire. Elles confessèrent hautement Jésus-Christ, répétant souvent à leurs juges ces paroles : Tranchez-nous la tête si vous voulez, mais n'espérez pas nous faire abandonner la foi. Les mandarins étaient stupéfaits, la fermeté de ces saintes femmes donnait tant d'autorité à leurs paroles que leurs persécuteurs, après avoir entendu leur défense du christianisme, reconnurent qu'ils n'avaient rien à répondre. En présence de tant de vertu, ils les dispensèrent de la torture. Quelques païens leur offrirent même des présents comme témoignage de leur estime et

[1] Vol. III, p. 201.

massacrés au mois de juillet. Trois pères espagnols du même ordre et sept prêtres indigènes ont versé leur sang pour Jésus-Christ. »

Les disciples, nous l'avons vu, étaient dignes de tels maîtres. Les exhortations ardentes d'apôtres doués de tant de vertus pouvaient seules élever ces timides asiatiques, jusque-là ignorants, grossiers, sans Dieu, à une perfection aussi soudaine. Ils avaient trouvé dans l'enseignement de l'Évangile et la participation des sacrements, la force d'imiter leurs guides. « Leur constance, observe le Père Marette, qui en avait été si souvent l'instigateur et le témoin, et dont le martyre approchait, est d'autant plus digne d'admiration, qu'ils ne sont ni Européens soutenus par la vigueur naturelle de leur genre de constitution, ni apôtres impatients de verser leur sang pour l'Évangile, mais bien de lâches asiatiques transformés par la grâce en héros. » « Insensé, disait un mandarin à l'un des martyrs laïques qui avait reçu plus de cinq cents coups de rotin en quarante jours, pourquoi t'obstines-tu à vouloir mourir? » Un sourire fut sa réponse. Lorsque le moment de sa mort fut venu, il fut accompagné au lieu du supplice par sa famille et ses enfants. Le bourreau lui offrit alors, pour une somme d'argent, de lui trancher la tête d'un seul coup. « Coupe-la en cent morceaux si tu veux, reprit le martyr; pourvu que tu la coupes, je serai satisfait. »

La vue de pareilles scènes, alors comme dans les premiers siècles, multipliait continuellement les rangs des néophytes. « Nous savons, disaient quelques-uns des mandarins pleins d'admiration pour les vertus surhumaines de leurs victimes, que vous ne méritez pas la mort, et nous voudrions vous y soustraire, mais les ordres du roi ne nous le permettent pas. Pardonnez-nous donc si nous sommes forcés de vous envoyer à la mort, et ne nous imputez point ce crime. » Rarement l'incrédulité a rendu un plus éclatant hommage à la foi et à la vertu.

En 1840, le Père Perboyre, lazariste français, fut martyrisé après avoir enduré de longues et d'horribles tortures. Il fut arrêté dans une vallée, épuisé de faim et de fatigue. « Trente piastres à qui me montrera un missionnaire! » s'écria un officier en apercevant le groupe fugitif. Ce fut un chrétien qui céda à la tentation, et, pour sauver sa propre vie, désigna le Père Perboyre. Le missionnaire fut conduit de tribunal en tribunal, et cruellement torturé devant chacun d'eux. On inventa de nouveaux genres de supplices pour ébranler sa constance et le forcer à découvrir le lieu où résidait l'évêque Rameaux, vicaire apostolique de la province de Kiang-Si, dont on désirait particulièrement s'emparer. Voyant leurs

sieurs fois fait naufrage, se cachant souvent dans les cavernes et dans les montagnes, épuisés par la faim et la soif, les pieds meurtris et ensanglantés, ne se hasardant que la nuit à venir au rivage, pour humecter leurs lèvres desséchées avec l'eau salée de la mer. Telle fut leur vie jusqu'à leur dernière heure, sans autre motif que celui d'annoncer à des étrangers le nom de ce Sauveur pour l'amour duquel ils embrassaient avec joie une telle carrière.

L'année 1838 devait être encore illustrée par une autre de ces luttes sublimes, où l'homme semble élevé par le secours de la grâce à la dignité des anges. Le 24 novembre, Mgr Borie, évêque élu vicaire apostolique du Tong-King occidental, fut décapité, après sept tentatives inutiles faites par le bourreau que le martyr encourageait avec calme à remplir sa tâche, tandis que les mandarins se cachaient le visage avec horreur. Quand l'évêque Borie eut refusé de répondre à certaines questions devant le tribunal, le président s'était écrié avec colère : « Lorsque votre chair sera déchirée par des verges de fer, pourrez-vous garder le silence? » « Je verrai alors ce que je pourrai faire, répliqua-t-il, je n'ose me flatter avant l'épreuve. » Il continua de prêcher Jésus-Christ dans sa prison avec une ardeur extraordinaire. La joie qui brillait sur son visage, malgré la lourde cangue dont ses épaules étaient chargées, excita l'admiration des païens : « Ce maître, disaient-ils entre eux, a vraiment un cœur digne d'un prédicateur de religion ; s'il peut plus tard continuer de nous instruire, nous aussi nous embrasserons ses doctrines [1]. »

L'Église, en Cochinchine, avait perdu quatre évêques la même année. Monseigneur Tuénot, destiné à se voir revêtu de la pourpre des prélats martyrisés, et à expirer en prison, en 1861, après avoir été condamné à mort, comme récompense d'un apostolat de trente-quatre ans, avait raison de dire, dans une lettre adressée en Europe : « Nos rangs diminuent rapidement, et si cette crise déplorable dure encore, notre pauvre troupeau sera bientôt sans pasteur [2]. » « L'année 1838, écrivait à la même époque le pro-vicaire apostolique, a été une année de tristesse et de misère pour le Tong-King et la haute Cochinchine. Le glaive de la persécution a fait d'affreux ravages, et le ciel s'est peuplé de nombreux martyrs. Les deux évêques dominicains du Tong-King oriental ont été

---

[1] *Annales*, vol. I, p. 551.
[2] Parmi plusieurs ouvrages de ce prélat, il s'en trouve un intitulé : *Exposé des vérités chrétiennes aux infidèles;* cet ouvrage excellent, en quatre volumes, est écrit dans un style si élégant et si conforme à la plus haute littérature annamite, qu'on a peine à croire qu'il soit sorti d'une plume étrangère. — *Annales*, vol. XXIII, p. 259.

tinue-t-il, pourquoi faut-il que nous soyons arrachés l'un à l'autre? Qui aurait pu supposer que le père et les frères seraient ainsi dispersés çà et là par l'orage?... Votre enfant ne manquera pas de suivre les avis salutaires que vous lui avez donnés sur la conduite à tenir dans ses derniers moments. » Il fait ensuite allusion à la glorieuse mort du Père Cornay et ajoute : « Priez pendant que votre enfant combat dans l'arène, pour que Dieu touché de vos supplications daigne lui accorder la force dans ses épreuves, et une mort semblable à celle de son Maître[1]. »

Le 18 décembre 1838, *les prisonniers de Jésus*, comme les appelaient les païens rassemblés en masse pour les voir marcher au supplice, reçurent leur couronne. La nuit suivante leurs corps secrètement obtenus par l'entremise d'un officier furent enterrés avec honneur. « Quelle joie pour moi, dit le père Marette, de revoir après leur triomphe ces chers enfants dont les âmes venaient de s'envoler dans le sein de Dieu! avec quelle satisfaction je baisai religieusement les traces que les instruments de mort avaient laissées sur leur chair meurtrie. » Deux prêtres indigènes qui offrirent le saint sacrifice en présence de leurs restes, deux catéchistes, cinq religieuses et environ trente fidèles assistèrent à cette scène nocturne. Le père Marette retourna ensuite dans sa cachette pour préparer d'autres athlètes à de nouveaux combats, ou pour les braver lui-même lorsque son heure serait venue; elle n'était pas éloignée.

L'année 1838 fut terrible pour l'Église de Cochinchine. Le 12 juin, le vénérable vieillard Mgr Ignace Delgado mourut en prison par suite de ses souffrances, après avoir rempli quarante ans l'office de vicaire apostolique du Tong-King oriental. Treize jours plus tard son digne coadjuteur, l'évêque Dominique Hénarez, fut conduit au martyre, malgré ses cheveux blancs, après quarante-neuf ans d'apostolat. Dix jours après sa mort, Mgr Havard, étendu sur une natte dans une pauvre cabane, mourut de fatigue et de faim, après tous ses glorieux travaux. Les Pères Candahl et Vialle moururent de même, après avoir erré longtemps, se cachant dans des cavernes et des tannières. Le Père Simonin devint aveugle par suite de ses souffrances. Observons ici que deux fois le père Candahl avait reçu le passage gratuit à bord d'un vaisseau anglais, quoiqu'il fût connu pour être missionnaire catholique. Le Père Vialle et lui avaient réussi à pénétrer dans le Tong-King, au printemps de 1835, après avoir affronté des périls de tout genre; ayant plu-

---

[1] *Annales*, vol. II, p. 202.

souffrir presque tout ce qu'il est possible à l'homme d'imaginer de tourments, et voici dans quel esprit ces chrétiens tonkinois acceptaient un sort dont une mort violente devait être le terme. « Puisque vous le désirez, dit Paul Mi dans une lettre au Père Marette. je parlerai de mes souffrances, bien que quelque grandes qu'elles soient, mes péchés soient plus grands encore. Il n'est pas de genre de misère que je n'aie enduré... La seule grâce que je demande à Dieu, c'est une constante conformité à sa sainte volonté. Demandez-la pour moi, afin que, malgré mon indignité, je puisse glorifier le Seigneur par ma mort. Hélas! pauvre pécheur que je suis, comment ai-je pu être choisi pour être placé au nombre des martyrs? Il y a certainement dans cette pensée de quoi me couvrir de confusion. »

Le Père Marette qui ne pouvait, sans la plus grande témérité, s'approcher d'eux, et qui nous a déjà appris comment il gardait avec lui dans sa cachette, les vêtements teints de sang d'un de ses collègues martyrisé, essaya de leur faire porter le saint Sacrement par un prêtre indigène; celui-ci devait se présenter à la prison comme simple visiteur. « Je ne me dissimulais pas, dit-il, le danger qu'il y avait à administrer la sainte communion sous les yeux de nos ennemis, mais la nécessité de soutenir par le pain des forts ces pauvres soldats si faibles et appelés au plus terrible des combats, me rendit insensible à tout autre considération. » Et ainsi ils communièrent en secret en présence même de leurs gardiens. Paul Mi était le plus âgé, mais ses compagnons étaient animés du même esprit. « Votre enfant, écrivait Pierre Duong au même missionnaire, se croit indigne de vous offrir ses remercîments et ses prières; mais, plein de confiance dans les mérites de Jésus-Christ, il supplie Dieu de vous prendre sous sa protection spéciale... Le bonheur qui nous attend, la pensée du ciel, dont nous approchons, font une telle impression sur mon âme qu'il ne s'y trouve pas de place pour aucun autre désir. Pécheur comme je le suis, je mets ma confiance dans les mérites de mon Sauveur et dans la protection de la sainte Vierge et des saints martyrs qui m'attendent dans le sein de Dieu. Je vous salue pour la dernière fois. »

Pierre Truat, le plus jeune de cette compagnie de confesseurs, chez qui l'on aurait pu craindre quelque marque de faiblesse, écrivit ainsi : « Votre petit enfant vous offre mille salutations. Je suis au comble de la joie d'avoir été choisi par Dieu pour être un martyr... Je quitte la vie sans regret ; mon seul chagrin est de me voir séparé de mon père. » L'amour de ces martyrs pour leurs apôtres est manifesté par mille tendres expressions. « Nous étions si unis, con-

nie, et le 30 janvier 1840, la dernière de sa maison et de sa race, à l'exception de celui qui devait nous apprendre sa chute et son triomphe, elle reçut la couronne du martyre que tant de tourments lui avaient méritée.

Tels sont les chrétiens de Corée et les fruits d'un apostolat qui a déjà fait plus de quinze mille prosélytes à cette foi qui demande tant de sacrifices à ceux qui la professent.

CHINE ET ROYAUME D'ANNAM.

Nous nous sommes arrêtés pour les missions de Chine en 1833. Chacune des années écoulées depuis mériterait une mention, puisque chacune d'elles a fourni son contingent de triomphes et de travaux apostoliques.

Le 20 septembre 1837, le père Cornay, des Missions Étrangères, fut conduit au martyre. Il mourut comme on peut l'attendre d'un véritable apôtre ; mais c'est plutôt de ses disciples que de lui-même que nous allons parler. Trois d'entre eux, Paul Mi, Pierre Duong et Pierre Truat, dont le premier appartenait à une famille de martyrs, étaient présents à l'arrestation du Père Cornay et devaient après de longues souffrances partager son sort. Ils écrivirent en français du fond de leur prison aux membres de la Société de la propagation de la foi : « Étrangers et indignes d'attirer votre attention, disaient-ils, nous n'aurions pas osé envoyer une lettre en Europe, de peur de paraître poussés par des motifs de vanité et désireux de faire parler de nous ; mais les conseils du Père Marette et les exemples des premiers chrétiens qui se communiquaient les uns aux autres leurs joies et leurs peines, nous ont encouragés et servi d'excuse... Nous espérons aussi que le souvenir de trois hommes, sur le point de mourir pour la foi que vous leur avez fait connaître, excitera encore plus votre zèle en faveur de nos frères persécutés et de nos parents idolâtres. » Ils racontent ensuite simplement ce qu'ils ont déjà eu à souffrir. Ils avaient été soumis à la torture et au rôtin sans montrer le moindre signe d'hésitation. « Que vous êtes insensé, dit l'un des juges à Paul Mi qui venait de recevoir cent trente coups, vous n'avez pas vu l'enfer de l'autre monde et en attendant vous vous exposez à l'enfer de celui-ci. » La réponse du martyr dut paraître un nouveau trait de folie au sage païen : « Je me soumets de grand cœur, dit-il, aux supplices de ce monde pour éviter ceux qui dureront toujours. » Pendant plusieurs mois, ils languirent en prison, ayant à

sourire de bonheur, dit son fils, il ouvrit le livre et commença à lire avec tant d'onction et de sentiment, que toute l'assemblée se leva dans un mouvement spontané d'admiration, et loua hautement notre sainte religion qui inspire une joie si pure et si sincère au milieu des plus effroyables tourments. » Pendant quarante jours on continua de lui faire souffrir des tortures toujours nouvelles; il les supporta avec une telle patience, que les bourreaux le surnommèrent *le roc* à cause de son apparente insensibilité. « Enfin le 12 septembre mon père, dit Thomas Tshoez, consomma son glorieux martyre. » Il y eut encore d'autres victimes, dont le sort fut rapporté par le même témoin, le seul prêtre peut-être à qui il fut jamais donné de vivre pour raconter le martyre de toute sa maison et de toute sa parenté, et de dévouer ensuite le reste de son existence à convertir les hommes qui leur avaient donné la mort. Vint ensuite le tour de sa mère. « Quoique descendant de l'une des plus nobles familles de la Corée, ma pauvre mère se soumit sans faiblir à toute espèce de privations. Toujours la même, c'est-à-dire toujours ferme et magnanime, elle vit sans émotion s'approcher le jour du combat. Dans la souffrance, douce et patiente comme un agneau, elle repoussa avec un calme admirable tout ce qui pouvait blesser la dignité d'une âme chrétienne. Déjà pendant le voyage elle avait porté dans ses bras son plus jeune enfant, et encouragé les autres en leur rappelant l'exemple de Jésus fuyant en Égypte avec Marie et Joseph. » Une épreuve plus cruelle devait s'offrir à cette mère chrétienne, veuve seulement depuis quelques heures. « Mise à la torture, elle vit sa chair déchirée, ses os disloqués, sans laisser échapper la plainte la plus légère. Mais tous ces tourments ne furent rien en comparaison de ce qu'elle éprouva à la vue du supplice de ses enfants. Leurs gémissements perçaient son cœur d'un glaive de douleur. Son sein ensanglanté n'offrit plus à l'enfant qu'elle nourrissait le lait qu'il réclamait en vain d'une source tarie. Celle qui avait défié les bourreaux et les tortures, qui avait enduré toute sorte de tourments, fut vaincue par la tendresse. Aveuglée par l'ardeur de son amour maternel, elle crut qu'il lui serait permis de prononcer une formule extérieure d'apostasie, tandis que dans son cœur elle protestait contre les paroles. » Mais cette faiblesse d'un moment, sous l'épreuve la plus terrible que puisse supporter la nature, devait bientôt être réparée. « Dieu, du haut de son trône, écrit son fils, témoin des angoisses de cette pauvre mère, étendit sa main pour soutenir sa servante. » Rétractant au milieu de ses larmes sa faute involontaire, elle confessa devant ses juges la foi qui l'avait soutenue dans toute son ago-

ron quarante personnes. Ils furent suivis par les émissaires du roi et traqués dans leur retraite, où ils se préparaient au martyre qu'ils prévoyaient être prochain. « Nous vous avons attendus longtemps, dit le chef de la noble famille aux satellites qui frappaient à sa porte, nous sommes prêts : mais le jour n'a pas encore paru, reposez vos membres fatigués et acceptez quelques rafraîchissements, nous partirons ensuite en bon ordre[1]. » Les émissaires du roi, saisis d'étonnement à la vue de tant de charité et de courage, s'écrièrent avec enthousiasme : « Cet homme et tous ceux qui lui appartiennent sont de vrais chrétiens! Nous n'avons pas à craindre qu'ils essaient de s'enfuir, prenons un peu de repos. Ils commencèrent alors le voyage qui devait être pour eux le dernier. Les petits enfants, ayant les pieds meurtris et accablés par la chaleur, — c'était en été — exprimaient leur souffrance par des cris plaintifs; cette épreuve ne put vaincre les parents. « Courage, mes frères, dit le vieux Tshoez, voici l'ange du Seigneur, une verge à la main pour mesurer vos pas. Voici Notre Seigneur Jésus-Christ portant devant nous sa croix au Calvaire. » Arrivés à la capitale, les pauvres enfants étaient attachés au cou de leurs mères; les martyrs furent accueillis par des soupirs de pitié ou par des malédictions et des blasphèmes. « O misérables et méchants que vous êtes, s'écriaient quelques païens, comment pouvez-vous aller à la mort avec ces tendres enfants? » C'était pour eux une conduite monstrueuse et dénaturée; ils n'avaient jamais entendu parler des saints innocents et ne savaient pas quelle gloire attend ceux qui meurent pour le nom de Jésus.

François Tshoez, père du prêtre qui rapporte leur martyre, fut torturé le lendemain et invité par le président du tribunal à apostasier. « Voudriez-vous me persuader de me parjurer? reprit-il. Si c'est un crime de manquer à sa parole envers un homme, quel plus grand crime ne doit-ce pas être d'être infidèle à Dieu ! » Cent dix coups de rotin mirent sa chair en lambeaux, mais il avait les yeux fixés, par delà cette heure si courte de souffrances, sur une félicité éternelle. Les autres furent soumis à leur tour au même tourment. « Quelques-uns, dit le père Thomas Tshoez, demi-morts et incapables d'avoir conscience de ce qu'ils disaient, murmurèrent une formule d'apostasie dictée par les juges. »

Le jour suivant, François fut de nouveau traîné au tribunal; on lui ordonna de lire quelques pages d'un livre catholique de piété qu'on lui présenta afin de pouvoir examiner sa doctrine. « Avec un

[1] *Annals*, vol. XV, p 7.

quel serait leur sort. Cependant, malgré ces terribles difficultés, les plus formidables que la religion ait jamais pu rencontrer, le sang des martyrs, selon les termes de Monseigneur Berneux, commence à produire des fruits..... C'est un fait incontestable qu'il y a dans ce peuple une tendance plus sensible que jamais vers notre sainte religion. Nos persécuteurs l'assurent ; les mandarins, comme l'empereur apostat d'autrefois, ont reconnu, il y a quelques mois, dans une de leurs assemblées, que le Christ triompherait. Que diraient-ils s'ils voyaient le fils d'un ministre du roi, mandarin lui-même, nous envoyer des présents et nous demander comme une faveur la permission de nous visiter ; s'ils savaient que la femme d'un des oncles du roi a sollicité les frères de celui-ci de se faire catholiques, et qu'au sein de ces palais, où le serment d'exterminer jusqu'aux dernières traces du nom chrétien a été prononcé si souvent, le vrai Dieu a ses adorateurs, n'attendant que des temps plus tranquilles pour se présenter au baptême ? » Enfin le vicaire apostolique rapporte que la Corée, où deux ans auparavant il n'y avait pas d'évêque, mais seulement deux missionnaires, cette terre dont les côtes étaient si bien gardées que l'accès en était presque impossible, possède maintenant deux évêques et cinq prêtres pour administrer les sacrements à quinze mille deux cent six chrétiens, dont chacun est un héros par l'acte même de sa profession, tous prêts à endurer pour l'amour de Jésus-Christ tout ce que la malice humaine pourrait inventer ; et leur nombre s'accroît annuellement de plusieurs centaines de prosélytes.

Des protestants voyageant en Chine vont bientôt nous parler à leur tour de la Corée et des ouvriers qu'elle possède ; qu'il nous soit permis, en attendant, de donner un exemple du courage et de la vertu non de ses apôtres étrangers, mais de ses confesseurs indigènes. Nous connaissons les obstacles qu'ils surmontent pour professer leur foi ; voyons avec quelle fermeté ils la manifestent lorsque l'heure de l'épreuve est venue.

En 1852, le père Thomas Tshoez, prêtre coréen indigène, appartenant à l'une des plus nobles et des plus riches familles du pays, écrivit au supérieur des Missions Étrangères à Paris. Ce missionnaire, qui avait passé trois ans sur la côte essayant vainement de pénétrer dans sa terre natale, avait enfin réussi. Parmi plusieurs martyrs, il en cite deux auxquels il portait un intérêt tout particulier, c'étaient son père et sa mère. Le premier, malgré son rang, avait accepté l'humble office de catéchiste en 1839, et depuis lors résidait dans la ville de Seoül ; il en fut bientôt chassé par la persécution ainsi que sa famille et toute sa parenté, s'élevant à envi-

à recevoir l'eau qui filtre à travers le toit de chaume de mon presbytère. » Puis, à la pensée, sans doute, de cette famille chérie qui lira sa lettre avec empressement, il énumère ses richesses : « Le prophète Elisée, chez la Sunamite, avait pour ameublement un lit, une table, une chaise et un chandelier, en tout quatre articles. Il n'y avait pas là de superflu. Pour moi, si je cherchais bien, je pourrais trouver aussi quatre pièces d'ameublement. Comptons : premièrement, un chandelier de bois ; deuxièmement, une malle ; troisièmement, une pipe ; quatrièmement, une paire de souliers : total, quatre. De lit, de siéges, de table, point. Avec un tel ameublement, suis-je plus riche ou plus pauvre que le prophète ? C'est là un problème dont la solution n'est peut-être pas facile ; car si, d'un côté, sa chambre était plus confortable que la mienne, il faut considérer aussi qu'aucun des meubles ne lui appartenait ; tandis que, pour moi, mettant de côté le chandelier, qui appartient à la chapelle, et la malle, que Mgr Berneux m'a prêtée, on ne peut nier du moins que la pipe et les souliers ne m'appartiennent. Je ne mets ces derniers que pour dire la messe. Quant à la pipe, elle ne sert qu'à me donner une contenance quand je voyage dans un pays où tout le monde fume, quoique je n'aie pas encore pu réussir à y trouver aucun charme, et que deux expériences, après lesquelles j'ai été malade, m'aient tout à fait ôté le désir d'en faire une troisième. » N'y a-t-il pas quelque chose de charmant dans cette gaieté simple, digne d'un apôtre qui avait dit un éternel adieu à toutes les joies, et qui pouvait ainsi plaisanter de la pauvreté dans son humble demeure, et même de la mort, qui guettait à la porte.

L'abbé Féron parle avec admiration des chrétiens de Corée. « Quand une fois ils ont reçu la vérité, aucun sacrifice ne leur coûte. Un noble ou le fils d'un mandarin se fera laboureur, s'il le faut. Il y en a vraiment peu qui soient retenus par les sacrifices, quand il s'agit du salut de leur âme. Plût à Dieu que tous les Européens leur ressemblassent à cet égard !

Dans une lettre écrite à la même date par le vénérable évêque de ce troupeau persécuté au baron Henri de la Bouillerie, nous trouvons les détails suivants : « Dans la capitale, dit-il, les plus sévères précautions sont encore observées ; les femmes, même du plus haut rang, ne visitent l'évêque qu'au milieu de la nuit, s'exposant aux plus grands dangers pour entendre la messe et recevoir les sacrements, avec la certitude d'être condamnées à la mort si elles étaient découvertes. Si, par hasard, leurs parents ou leurs domestiques païens se trouvaient éveillés à leur retour, elles savent

lorsque l'apparition d'une frégate française le fit mettre en liberté. Le Saint-Siége venait alors de le désigner comme chef de la mission de Corée, poste que ses souffrances précédentes l'avaient rendu digne de remplir. Le second compagnon de voyage était un jésuite de l'intérieur de la Chine ; le troisième, un missionnaire qui avait déjà évangélisé l'Inde ; le quatrième, l'auteur de la lettre que nous citons. Il aperçoit la Corée après un pénible voyage. Cette vue lui suggère cette réflexion : « Corée ! Corée ! ce nom qui résonne doucement dans tout cœur jaloux du salut des âmes, ce nom qui est en Europe le symbole de la persécution et du martyre, ce nom nous raviva et nous consola. Nous avions oublié le passé : tous nos désirs, toutes nos pensées étaient pour cette terre. » Dans la nuit du vendredi saint 1856, ils abordèrent dans une crique, et le jour suivant, escortés par le père Daveluy, que M. Maistre avait envoyé à leur rencontre, ils entrèrent dans la capitale, déguisés sous le costume national de deuil. Les rues étaient remplies de monde. L'auteur de la lettre ajoute qu'il ne pouvait s'empêcher de se dire, lorsque les passants le heurtaient de tous côtés : « Si vous saviez qui je suis, vous feriez plus que me donner des coups de coude. »

L'année suivante, le 8 septembre 1858, le père Féron, autre missionnaire de Corée, écrit à sa famille, de la vallée des Pins ; il étudiait, caché dans cette retraite, la langue du pays. « Il nous est difficile, dit-il, de rien envoyer de Corée, même une simple lettre. Pour l'expédier avec sécurité, il faudra la faire passer par la Mantchourie, cachée dans la botte d'un courrier ; ce courrier fera pour nous deux cents lieues à pied au plus fort de l'hiver, sous prétexte d'acheter des marchandises à une foire qui se tient chaque année sur les frontières ; il remettra nos lettres aux courriers envoyés par Mgr Vérolles, et nous rapportera la correspondance de la mission, ainsi que les autres objets empaquetés comme des ballots de marchandises chinoises. »

Si ces précautions étaient nécessaires pour l'envoi d'une lettre, qu'on juge celles que demandait la sécurité de ceux qui les écrivaient. Cependant le père Féron, parlant à sa mère et à ses sœurs, et par conséquent sans contrainte, pouvait plaisanter gaiement de sa terrible position, et la décrire ainsi : « Je demeure dans une des plus belles maisons du village, celle du catéchiste, homme très-opulent ; on estime qu'elle peut valoir vingt-cinq francs. Ne riez pas, il y en a du prix de seize sous. La porte de ma chambre est une feuille de papier..... La pluie tombe à travers mon toit aussi fort qu'en dehors, et deux grandes marmites suffisent à peine

ses travaux. Un journal français a dernièrement annoncé sa mort.

Dans la seule année 1839, l'évêque Imbert, des Missions Étrangères, et ses deux compagnons, les Pères Chastan et Maubant furent martyrisés avec deux-cent-cinquante de leurs disciples, dont soixante-dix furent décapités, et cent quatre-vingts étranglés.

En 1847, l'évêque Ferréol, qui était alors le chef de cette église affligée, décrivit, dans une lettre qui parvint en Europe, la générosité des martyrs de Corée. Il y faisait aussi le tableau de son genre de vie et de celui de ses compagnons. Leur nourriture se composait uniquement de riz et d'eau; ils ne pouvaient se hasarder à sortir qu'à l'aide du déguisement le plus complet, car s'ils avaient été reconnus, la mort aurait immédiatement suivi cette découverte; et les chrétiens eux-mêmes qui appartenaient aux classes les plus élevées ne pouvaient recevoir les sacrements qu'à minuit, pendant le sommeil des membres païens de leur famille, qui les auraient trahis sans pitié. « Cette conduite mystérieuse, ajoute l'évêque, est ici nécessaire, car toute personne arrêtée comme chrétienne est mise à mort, à moins qu'elle ne se rachète par l'apostasie [1]. » Cependant ils acceptaient avec joie cette existence affreuse, et dans le cours de cette même année, malgré le sort effrayant que la conversion impliquait, sept cent soixante-huit adultes reçurent le baptême; tant était puissante la grâce divine qui agissait avec ces missionnaires apostoliques. Quatre cent soixante-sept nouveaux catéchumènes furent reçus, ce qui formait un total de douze cent trente-cinq à ajouter au nombre de ceux qui ne craignaient pas d'acheter si cher les espérances et les priviléges des catholiques.

Dix ans plus tard, en 1856, nous avons un autre récit de la mission de Corée par un missionnaire qui venait de réussir à y pénétrer. Il écrit en France à un de ses amis, prêtre comme lui : « Les Européens ont fait ici de Shang-Haï le terme de leurs expéditions dans l'Est; mais le missionnaire catholique qui a entendu les paroles du divin Maître : *Allez, enseignez toutes les nations*, ne peut s'en tenir aux limites où les traités, les vaisseaux et les canons lui garantissent la sécurité. Son devoir l'appelle au milieu des dangers... Pour moi, je n'en ai qu'une très-petite part, indigne de souffrir pour Dieu. » Il était parti de Shang-Haï avec trois missionnaires comme lui. Le premier était l'évêque Berneux, le vétéran des missions, qui avait déjà passé douze ans en Mantchourie; il avait été flagellé et emprisonné dans les prisons du Tong-King, et attendait le martyre comme la couronne de ses travaux,

---

[1] *Annals*, vol. X, p. 268.

Le premier néophyte de la Corée fut un martyr ; son premier apôtre chinois le fut aussi. Son premier prêtre indigène, son premier évêque, ses premiers missionnaires européens, tous furent martyrs.

En 1788, le premier missionnaire qui y pénétra fut un prêtre chinois nommé Thomas King. Mais c'est seulement des efforts accomplis de nos jours, que nous nous proposons de parler ; notre récit commence avec l'année 1817. A cette époque, le prélat qui gouvernait cette terre des martyrs, et qui devait être martyr lui-même, fit appel à l'Europe, demandant de nouveaux ouvriers pour aider les missionnaires de Corée dans une tâche qui excédait leurs forces.

Voici les perspectives qu'il offrait à leur zèle : « Tout prêtre qui reçoit cette vocation, peut être sûr d'avoir le bonheur de souffrir beaucoup pour la gloire de Dieu, de faire de nombreuses conversions, et d'obtenir dans quelques années la couronne du martyre. » Cette invitation fut acceptée, et voici un exemple récent de l'esprit dans lequel le vrai missionnaire de Jésus-Christ répond à un semblable appel. M. Maistre, des Missions Étrangères, afin de pénétrer dans un royaume d'où ses prédécesseurs n'étaient sortis que par la mort, et dans l'intention de partager la pauvreté et la proscription de quelques étrangers fidèles, consacra dix ans de sa vie à errer autour de cette impénétrable frontière, sous toutes sortes de déguisements, à travers mille périls, depuis les ports de la Chine jusqu'aux déserts de Leao-Tong, cherchant en vain des guides pour la Corée, demandant alternativement aux barques chinoises et aux vaisseaux français de le faire aborder à ce rivage, où sa tombe était déjà marquée ! La mort devait si évidemment être le résultat de cette entreprise, que les marins les plus courageux refusèrent de devenir ses complices en lui prêtant leur aide. Il fallait le zèle d'un apôtre pour comprendre cet héroïsme et en seconder les efforts. Le Père Hélot sentit ce que la croix demandait de lui. Au milieu de la terreur générale, le jésuite devint le pilote d'une barque battue par les flots et conduisit avec assurance son intrépide passager vers une terre inconnue ; il le déposa sur le rivage, le suivit des yeux quelque temps, l'accompagnant de ses prières, puis il revint vers ses néophytes, sur les côtes de la Chine, avec la consolation d'avoir exposé sa vie pour une mission qui n'était pas la sienne [1].

M. Maistre se fraya un chemin dans l'intérieur, et commença

---

[1] *Annals*, vol. XIV, p. 190.

l'occasion de nouvelles victoires à ceux qu'il s'efforçait d'exterminer.

Une des plus éclatantes fut celle de M. l'abbé Marchand qui, sous l'action des tenailles rougies au feu, répondit avec calme à ces questions des mandarins : « Pourquoi les chrétiens arrachent-ils les yeux des mourants? faisant allusion aux dernières onctions sur les yeux. La victime, rassemblant toutes ses forces, répondit : « Jamais pareille chose ne s'est faite. » Alors on lui appliqua cinq nouveaux fers rouges. « Pourquoi les gens mariés, lui demandèrent-ils, lorsque les fers furent refroidis, se tiennent-ils debout devant le prêtre auprès de l'autel? » Pouvant encore parler, il dit : « Ils viennent dans l'assemblée des chrétiens demander que leur union soit bénie. » Pour la troisième fois son agonie recommence. « Quel pain enchanté donnez-vous au peuple, qui le regarde comme le plus puissant motif d'attachement à cette religion? — Ce n'est pas du pain, articulèrent ses lèvres mourantes, c'est le corps de Notre-Seigneur Jésus-Christ, incarné et devenu la nourriture de nos âmes [1]. » Ainsi, jusqu'au bout, il rendit témoignage à la vérité.

Sur tous les points de la Chine, les mêmes scènes se rencontrent ; mais il est une région dans laquelle elles présentent un tel caractère de sublimité, qu'elles ne furent jamais surpassées dans les annales de cette religion divine qui sut inspirer tant de généreux sacrifices.

CORÉE.

A l'extrémité méridionale de la vaste province de Mantchourie, s'étend la grande péninsule de la Corée, entre la mer Jaune et la mer du Japon. Là, règne un souverain, comme les rois d'Annam, vassal de l'empereur de Chine. Si nous semblons interrompre un instant notre narration pour parler des progrès du Christianisme en Corée, nos lecteurs nous pardonneront facilement cette digression. « Rien, dit un illustre écrivain français, dans toutes les annales des missions, ne ressemble autant à un martyrologe que les pages de l'histoire de l'Église en Corée ; elles sont toutes tracées avec le sang. Chaque date rappelle une persécution, chaque détail peint une scène de tortures, un cachot ou une exécution. Tous ceux que l'on découvre être chrétiens, deviennent invariablement des martyrs. »

[1] *Annales*, tome IX, p. 573. — Relation du martyre de M. Marchand.

d'hommes à demi barbares à un si sublime degré de vertu, nous n'aurions qu'à réfléchir un instant sur la condition de leurs compatriotes infidèles.

L'évêque Tabert, l'un des sept vicaires apostoliques du royaume d'Annam, parle ainsi de la persécution dont nous avons vu les fruits : « Dans mon vicariat seul, quatre-vingt mille chrétiens errent çà et là dans la plus profonde détresse. Nos chrétiens, m'écrivait un prêtre indigène, mourront de faim avant de pouvoir mourir pour leur religion. Près de quatre cents églises, créations de leurs labeurs et de leurs aumônes, sont détruites de fond en comble. » Le prélat ajoute ensuite : les forêts, les grottes, les cîmes escarpées sont aujourd'hui l'asile de nos missionnaires, les prisons ou l'exil celui de nos néophytes. » Ils ont pu cependant traverser cet orage comme les autres et en sortir plus nombreux que jamais. Il faudrait être aveugle pour ne pas voir la divinité d'une religion que de telles tempêtes ne pouvaient ébranler.

Certes, l'empereur Minh-Mênh, le Néron de la Cochinchine, n'était pas un faible adversaire. Il y a dans la méchanceté de ce monstre quelque chose de si infernal, dans tous ses actes une haine du nom chrétien si particulière et si insatiable, que l'on voyait à quels conseils il obéissait. Ce n'était pas une simple jalousie de l'influence étrangère, ni une basse partialité pour les mœurs de sa nation, qui pouvaient dicter ses édits barbares. Comme Yong-Tching, il savait ce qu'étaient les chrétiens et les abhorrait de sang-froid avec la rage d'un démon. Le fils de Gia-Long, son prédécesseur, avait été, nous fait observer un voyageur protestant, un sincère néophyte de la religion chrétienne, et avait accompagné l'évêque d'Adran en France, en 1787[1]. Un navigateur français rapporte que le mausolée érigé par Gia-Long à la mémoire de l'évêque d'Adran est un des plus curieux monuments de la ville de Hue-Fou[2]. Minh-Mênh n'était donc pas tout à fait étranger aux vérités du christianisme ni au caractère dont ses ministres étaient revêtus. Plusieurs de ses mandarins l'avaient averti, mais en vain, des tristes effets de sa politique dévastatrice. La guerre civile ravageait son royaume, et ses courtisans l'assuraient que les chrétiens étaient ses plus braves soldats et ses plus fidèles sujets. Il ne répondit que par une nouvelle explosion de fureur satanique. On aurait dit qu'une légion de démons s'était emparée de lui. Même avec de tels alliés, il échoua complètement dans sa guerre contre le christianisme, et il fournit

---

[1] Crawfurd's *Embassy to Siam and Cochin-China*, ch. xviii, p. 509.
[2] *Voyage de la Favorite*, tome II, p. 518.

jour. A leur arrivée au lieu où on avait coutume d'offrir quelques rafraîchissements aux criminels, Thomas se tournant vers le Père Jaccard, lui dit : « Voulez-vous prendre quelque chose, Père? — Non, mon enfant, répondit M. Jaccard en souriant. — Ni moi non plus, ajouta Thomas, nous attendrons d'être au ciel, mon Père ! »

Le Père Gagelin ne mourut pas seul. Un bon nombre de ses enfants l'accompagnèrent dans ce jour solennel ; leurs morts, non moins admirables que la sienne, nous montrent, dans l'Église au dix-neuvième siècle, le pouvoir de gagner, parmi les païens, des néophytes semblables à ceux conquis par ses ministres, dans les dix-huit siècles précédents. Quelques-uns furent battus de verges jusqu'à voir leurs chairs tomber en lambeaux ; cependant ces chrétiens rivalisaient de force d'âme et de générosité avec les vénérables pasteurs qui leur avaient appris à connaître le Sauveur pour lequel ils mouraient. Ils plaisantaient même avec une sainte gaîté jusqu'au pied de l'échafaud. Paul Doï-Buong, brutalement entraîné au supplice, se trouvant embarrassé dans ses chaînes, dit en souriant : « Allons plus lentement ; je connais le chemin et nous ne sommes pas exposés à le perdre. » Michel Kenou, ami de Paul, fut le lendemain interpellé ainsi par le roi : « Vous avez vu tomber la tête de Buong, lui dit le prince, eh bien, cela a-t-il éveillé un peu votre sensibilité? Si vous êtes prêt à renoncer à votre religion, parlez. — Certainement, repartit le confesseur, nous craignons tous votre puissance ; mais je ne consentirai jamais à abandonner ma religion. Si vous me faites mettre en liberté, j'en serai content ; si vous ordonnez qu'on me tranche la tête, je le souffrirai de bon cœur [1]. » Pierre Lieoù, un de ces héros chrétiens, arrivé à sa soixante-seizième année, mourut avec une résignation si parfaite que ses bourreaux, confondus à la vue d'une joie si mystérieuse, s'écrièrent : « Vraiment cette religion chrétienne est une bonne religion ! »

Jeunes et vieux, hommes et femmes, tous avaient reçu, par le ministère de leurs apôtres, une telle mesure de foi, un si ardent désir de jouir de la vue de Jésus-Christ, que la lâcheté, l'indifférence, l'amour-propre, leur étaient inconnus. Dans le fait, ils avaient déjà accepté le martyre par la pensée, le jour où ils consentirent à embrasser le christianisme ; ils savaient, que leur profession de foi n'était pas une vaine formule et que le baptême du sang suivrait sans doute de près celui de l'eau. Si nous voulions comprendre l'œuvre prodigieuse de la grâce, qui éleva des milliers

[1] *Annales*, tome VII, p. 529.

avoir d'amertume dans ma mort; toute mon ambition est de me séparer bientôt de ce corps de péché pour être uni à Jésus-Christ dans l'éternité bienheureuse. *Cupio dissolvi et esse cum Christo.* Je n'ai plus qu'un seul désir, celui de vous voir encore une fois ainsi que le Père Odorico. »

Cette consolation lui fut refusée, mais les trois missionnaires devaient bientôt se retrouver dans le ciel. Le 16 du même mois, le Père Jaccard, lui donnant les titres de vénéré confrère et de cher martyr de Jésus-Christ, lui déclare que toute espérance d'obtenir la permission de le voir est perdue, il poursuit ainsi : « Le Père Odorico et moi ne cessons de parler de votre bonheur. Ce bon père est tout rayonnant de joie, il voudrait partager votre sort. J'avoue que je serais peiné de voir le roi vous faire grâce, maintenant que vous êtes sur le point d'obtenir la palme du martyre et d'entrer dans le ciel. Pardonnez-moi, cher frère, tous les scandales et toutes les peines que je vous ai causés. »

Le 17, à sept heures du matin, l'heureuse victime était conduite hors de sa prison par une bande de soldats ayant deux mandarins à cheval pour fermer la marche. La foule païenne, remplie d'admiration en voyant son maintien calme et résigné, s'écriait : « Pourquoi mettre à mort un innocent et un juste comme celui-ci? A-t-on jamais vu quelqu'un aller au supplice avec moins d'émotion? » Peu de temps après le martyr avait gagné sa couronne [1].

Les Pères Jaccard et Odorico, ses amis et ses compagnons, furent tous deux condamnés à l'exil, avec ordre secret aux mandarins de les faire périr par la faim. Sans doute par des motifs de compassion, on n'obéit pas à cette injonction. Le dernier mourut en prison en 1834, sur le point d'être étranglé. Quatre ans après, le 21 septembre 1838, le Père Jaccard reçut à son tour la couronne du martyre. Les exécuteurs lui brisèrent dix bambous sur le corps; bien que chaque coup fît jaillir le sang, cet intrépide soldat de Jésus-Christ ne poussa pas un soupir, ne laissa pas échapper une seule plainte. L'évêque d'Anncey, s'étant chargé de raconter à sa mère les glorieuses circonstances de la mort de son fils, rapporte que madame Jaccard en apprenant son martyre poussa un cri de joie et fondant en larmes, elle s'écria : « Que Dieu soit béni ! me voilà délivrée de la crainte de le voir vaincu par les souffrances [2]. »

Thomas Tien, jeune Cochinchinois de dix-huit ans, mourut le même

---

[1] *Vie de M. l'abbé Gagelin, missionnaire apostolique et martyr*, par l'abbé Jacquenet (Paris, 1850), ch. xii, p. 458. M. Gagelin fut déclaré vénérable par Grégoire XVI en 1840.

[2] *Annals.* vol. I, p 597.

nière la plus remarquable, les vertus surhumaines que tous les chrétiens se plaisent à admirer dans les premiers confesseurs de l'Église. C'est en 1833, que l'abbé François Gagelin, appartenant à la congrégation des Missions Étrangères, l'un de ces généreux athlètes dont la France a produit de nos jours un si grand nombre, termina sa carrière apostolique. L'abbé Delamotte, plus tard martyrisé, nous a transmis le récit des souffrances de son ami, après en avoir vu tous les détails.

Le Père Gagelin était resté longtemps en prison, ignorant quel sort lui était réservé, ainsi qu'à ses confrères, les PP. Jaccard et Odorico de la même congrégation. Ils étaient enfermés dans des cachots séparés; mais depuis le 25 août jusqu'au 11 octobre, les gardiens avaient permis à ces deux pères de se visiter deux fois par semaine. Le 12 octobre, le Père Jaccard, informé de ce qui devait arriver, écrivit à son compagnon de captivité le billet suivant : « Je crois de mon devoir de vous avertir, bienheureux frère, que vous êtes condamné à mort; » le lendemain matin, le Père Gagelin lui répondit : « Je me recommande à vos prières, à celles du Père Odorico et de M. Delamotte; » mais hésitant à croire qu'un si grand honneur lui fût réservé, il supposa par humilité qu'il serait peut-être simplement condamné à l'exil. L'échange de lettres continua entre ces prisonniers de Jésus-Christ; elles étaient pleines de dignité et de courage apostolique; aussi, un écrivain protestant les trouve-t-il « dignes d'un homme ayant bien vécu se préparant à bien mourir [1]. » Le soir du 15 octobre, le Père Jaccard, sur de nouvelles informations, lui écrivit : « Votre sentence est irrévocable, vous voilà donc au nombre des martyrs! »

Il n'y avait plus lieu de douter, et le Père Gagelin répondit : « Monsieur, et bien cher confrère, les nouvelles que vous me donnez en m'annonçant ma condamnation irrévocable à la mort, remplissent mon cœur de joie. *Lætatus sum in his quæ dicta sunt mihi; in domum Domini ibimus.* La grâce du martyre, dont je me reconnais bien indigne, a été dès mon enfance l'objet de mes vœux les plus ardents. Je l'ai surtout sollicitée chaque jour où j'ai eu le bonheur d'offrir le saint sacrifice, à l'élévation du précieux sang. Encore un peu de temps et je paraîtrai devant mon juge pour lui rendre compte de mes fautes, du bien omis et de celui que j'ai fait. » Après de simples et touchantes réflexions et quelques mots d'adieu adressés à sa famille et à ses amis de France, il ajoute : La vue de mon Jésus crucifié me console de tout ce qu'il peut y

[1] *Chinese Repository*, vol. VIII, p. 609.

Les premiers apôtres furent aidés dans leurs missions, nous apprennent les Écritures, par des miracles. Ce secours n'a pas manqué aux missionnaires des temps modernes. « Bien que nos Églises, dit en 1830 l'évêque d'Isauropolis, V. A. de la Cochinchine, ne soient couvertes que de chaume, elles n'en reçoivent pas moins la visite des esprits célestes; » et faisant allusion à des chœurs d'anges invisibles, il ajoute : « Mais je ne puis me hasarder à parler de ces choses, parce que la tournure d'esprit de nos Français ne pourrait les supporter [1]. »

De fréquents miracles ont marqué le cours de l'apostolat catholique en Chine. Nous en trouvons plusieurs mentionnés ou indiqués comme des événements trop bien constatés pour exciter l'étonnement et avoir besoin de commentaires, dans les *Lettres édifiantes* et dans les *Annales de la Propagation de la Foi*. Un missionnaire condamné à mort, mais ensuite délivré, raconte entre autres miracles l'histoire d'une résurrection [2]. L'apparition bien connue de croix lumineuses dans le ciel, aperçues sur toute l'étendue de la Chine par des milliers de païens et dont on a publié les dessins, défie toute chicane.

En 1831, M. Deschavannes, épuisé de fatigues et de privations à l'âge de vingt-huit ans, mourut à son poste, dans le royaume de Siam, refusant de venir chercher la santé en Europe. La même année, malgré une incessante persécution, neuf cent soixante-dix-huit baptêmes furent administrés à Pékin sous les yeux, pour ainsi dire, de l'empereur.

Dans la nouvelle persécution qui, en 1832, étendit ses ravages dans tout l'empire annamite, la constance des chrétiens fut universelle; tous, à l'exception d'un seul, déclarèrent au milieu des tortures, qu'ils étaient prêts à mourir plutôt que de renoncer à leur religion. L'empereur avoue dans un de ses édits que « les chrétiens n'étaient coupables d'aucun crime, mais étaient inexcusables à ses yeux pour le mépris que tous, même une vieille femme aveugle, montraient pour son autorité impériale, et cela pour obéir à des européens [3]. »

En 1833, la même chose arriva dans toute la Chine proprement dite, excepté dans quelques districts maritimes où les chrétiens se trouvant en très-grand nombre, les mandarins ne jugèrent pas à propos de les inquiéter. La Cochinchine surtout vit, durant cette année de souffrance et d'épreuve, les martyrs déployer, de la ma-

[1] *Annales*, tome V, p. 591.
[2] *Divers Voyages de la Chine*, ch. xxii, p. 149.
[3] *Annales*, tome VI, p. 487.

traite pendant trente-quatre heures, et pendant dix-huit j'ai dû rester sans bouger. Au commencement, ce genre de vie m'a paru assez dur. » L'abbé Marette, traqué de la même manière, écrivait : « Comme bien vous le pensez, je n'étais pas sans appréhension, serré entre deux murailles. Je me recommandai à tous les saints, particulièrement à mon compagnon, récemment martyrisé, dont j'avais, avec moi dans ma cachette, les vêtements encore teints de sang [1]. »

Ces faits nous donnent une idée de la vie quotidienne des missionnaires. Trouver dans notre génération des hommes capables de supporter une pareille existence pendant vingt, trente ou quarante ans, qui acceptent ce crucifiement prolongé, l'embrassent par choix purement volontaire, se séparent pour jamais de parents et d'amis affectionnés, comme le Père Dollières qui, après vingt ans de silence le plus complet de sa famille, apprit dans une seule lettre la mort de tous les siens, c'est là un mystère dont la religion seule peut nous donner la clef. « Maître, disait le chef des apôtres à Jésus, nous avons tout quitté pour vous suivre ; quelle sera notre récompense ? » Nous savons la réponse du Maître à Pierre et à tous ses émules : « En vérité je vous le dis, vous qui m'avez suivi, lorsqu'au jour de la régénération le fils de l'Homme sera assis sur le trône de sa gloire, vous aussi, vous serez assis sur douze trônes, pour juger les douze tribus d'Israël. Et quiconque aura laissé sa maison, ses frères pour l'amour de moi, recevra le centuple et possédera la vie éternelle [2]. »

Partout et dans tous les temps, cette promesse a été accomplie, mais jamais d'une manière plus remarquable qu'en Chine et dans les royaumes adjacents, au dix-neuvième siècle. Le Père Masson, membre de cette congrégation d'hommes apostoliques dont nous venons de parler, consulté par un prêtre d'Europe, qui voulait entrer dans les missions de la Chine, sur les difficultés et les épreuves auxquelles il devait s'attendre, lui répondit : « Quant aux tentations ou peines spirituelles, je ne puis heureusement vous en parler, m'étant toujours trouvé moi-même exempt de toute tristesse et ayant remarqué la même disposition chez mes confrères. » « Vous désirez savoir, dit un autre, quelles sont mes peines ? je n'en ai aucune. Ou plutôt, je goûte les plus douces consolations à voir le grand nombre de conversions que la grâce opère chaque jour sous mes yeux. L'année dernière, nous baptisâmes plus de douze cents adultes. Jésus en soit loué ! »

[1] *Ibid.*, vol. I, p. 120.
[2] Matt., xix, 27-29.

gile dans une portion de l'empire jusque-là inconnue; il n'avait pas un denier à lui, et pour tout bagage il possédait une chemise, un pantalon et une paire de bas[1]. La nourriture ordinaire des missionnaires, dans l'intérieur des terres, se composait de racines et d'une espèce de fromage fait avec des fèves. Une multitude de chrétiens, en Cochinchine surtout, chassés de leurs maisons et ne pouvant y rentrer sans y trouver la mort, périssaient de faim. « Quatorze cents cochinchinois ayant été exilés dans un même endroit, écrit l'un d'eux, reçoivent le sacrement de l'Extrême-Onction, lorsqu'ils n'ont plus rien à manger, et attendent tranquillement la mort. J'ai souvent administré ce sacrement à cinq ou six chrétiens à la fois. Je ne puis me faire à ce spectacle navrant[2]. »

Ces hommes, si pleins de sollicitude pour les épreuves de leurs disciples, étaient indifférents à leurs propres souffrances. Monseigneur Tabert, l'un des vicaires apostoliques de Cochinchine, dont le prédécesseur avait reçu de Louis XVI des ornements sacerdotaux, en parle ainsi, le lendemain d'une persécution : « Ils étaient vieux et tout usés, mais ils étaient mes meilleurs et je les gardais pour les grandes solennités. Maintenant j'ai tout perdu, il me reste deux chasubles, dont l'une est en lambeaux et l'autre rapiécée[3]. » C'est ce même prélat qui, banni temporairement de Cochinchine, occupait ses loisirs forcés à composer un dictionnaire latin et annamite en deux volumes in-4°, une grammaire et d'autres ouvrages bien supérieurs, d'après le rapport de Mohl à la Société asiatique de France, à tout ce que nous possédions jusqu'à présent[4].

Un autre évêque de Chine, poursuivi par ses persécuteurs, écrivait à la même époque, du fond d'une caverne éclairée par une misérable lampe : « J'ai quitté la fissure de rocher dans laquelle je m'étais réfugié. Voilà depuis peu de mois la sixième caverne qui sert d'asile à mes soixante-quinze ans[5]. »

En 1834, l'abbé Retord, de la même congrégation, plus tard évêque et confesseur, reçut secrètement, de l'un de ses confrères, un message ainsi conçu : « Je suis dans un trou de quatre pieds et demi de large, sur neuf de long, inaccessible au moindre rayon de lumière. Le silence n'est interrompu que par le bourdonnement des moustiques et les évolutions des rats, qui ne respectent nullement ma présence. Soixante-dix soldats ont environné ma re-

---

[1] *Lettres édifiantes*, tome XXVI, p. 407.
[2] *Annales*, tome IX, p. 64.
[3] *Ibid.*, tome VII, p. 535.
[4] *Rapports faits à la Société asiatique*, tome II p. 54.
[5] *Annales*, vol. X, p. 9.

prisaient généralement les malheureux apostats, ne cachaient pas leur vénération pour leurs frères plus courageux.

Le vice-roi du Su-Tchuen, proche parent de l'empereur, ayant menacé de mort les chrétiens, rapporte l'évêque Fontana, reçut cette réponse : « Nous serons heureux de mourir pour notre religion. — Voilà de véritables chrétiens, dit le vice-roi se levant de son siége et en les montrant du doigt aux mandarins ; ils professent vraiment la religion du Maître du ciel ; » et se tournant vers le mandarin qui les avait fait arrêter : « Pourquoi, dit-il, amener devant moi des hommes dont le seul crime est de désirer mourir pour leur religion? » Malgré ces belles paroles, tous furent bannis pour la vie dans les déserts de Tartarie [1].

De pareilles sentences ne faisaient que provoquer de nouvelles conversions. Le Su-Tchuen en compta deux mille pendant l'année 1824 ; le Tong-King, où le sort des chrétiens était plus insupportable encore, avait, en 1825, quatre-vingt-trois prêtres indigènes et plus de trois cents étudiants ecclésiastiques. Changez les noms et les dates, et vous croirez lire l'histoire du christianisme à Smyrne, à Lyon, à Corinthe.

L'évêque Fontana, vicaire apostolique du Su-Tchuen, était réduit à une telle indigence qu'il ne pouvait acheter des vêtements ecclésiastiques pour ses prêtres, obligés de célébrer les divins mystères avec des ornements inconnus à l'Europe. Son collègue, exilé à Pello-Pinang en 1824, fut réduit à vendre son linge pour se procurer des aliments. Cette détresse était universelle ; le nouveau missionnaire arrivait en Cochinchine, et présenté à son évêque, pouvait s'écrier : « Oh ! monseigneur, la volaille en France est mieux logée que vous ! » L'évêque de Sozopolis, Mgr Florens, des Missions étrangères, vendit aussi ses pauvres vêtements pour donner du riz à de malheureux Chinois : il mourut après un apostolat de quarante-sept ans, vénéré par les païens pour sa douceur et sa charité. Son successeur trouva qu'il n'avait en sa possession qu'un cilice et deux disciplines.

Les prêtres étaient aussi pauvres que leurs évêques. Dans une lettre écrite du Tong-King, à son ami le maire de Lunéville, le Père Masson s'exprime ainsi : « Je ne possède rien autre chose au monde que mon propre corps, cependant il me semble impossible d'être plus heureux que je ne le suis. » Le Père Gleyo, de la même congrégation, sortant de prison après huit ans de détention, se mit immédiatement, comme s'il n'avait rien souffert, à prêcher l'Évan-

---

[1] *Annales*, p. 250.

naître supérieurs au mien. A mon âge, on ne doit rien faire avec légèreté; mais, que sont vos dieux? Des morceaux de bois privés de vie. Je puis en coupant un arbre de mon champ, en faire une douzaine en un jour[1]. » Cette réponse le fit absoudre.

Ces infortunés chrétiens de l'empire annamite étaient quelquefois soumis à une plus rude épreuve que l'esclavage ou la torture; ils étaient forcés de contempler l'agonie de leurs propres enfants, spectacle le plus cruel que la nature humaine puisse supporter. Un père déjà vieux, et lui-même confesseur de la foi, voyant son fils couvert de plaies, tressaillait de joie en pensant à la couronne du martyre suspendue sur sa tête : « Laissez-vous meurtrir, s'écria-t-il, s'ils vous ôtent la vie, le ciel vous est ouvert. » D'autres fois les enfants consolaient et encourageaient leurs parents. Pie VII avait bien raison de dire en apprenant ces faits où le surnaturel se manifeste à quiconque a des yeux pour voir : « On croirait entendre un passage des annales de l'Église primitive. »

Les missionnaires européens ou indigènes conduisaient leurs disciples aux combats auxquels ils les avaient préparés. Le 13 février 1816, dans la seule province du Su-Tchuen, confiée aux Missions étrangères, le Père Jean de Triora fut étranglé, avec quatre prêtres chinois; un cinquième mourut en prison par suite de ses tortures, et avec lui vingt laïques. Aujourd'hui cette province renferme presque autant de catholiques qu'il y en avait dans tout l'empire en 1805. Tels sont les fruits du martyre. Au milieu de ces événements devenus pour ainsi dire journaliers, un seul prêtre, le Père Masson, pouvait dire qu'il avait, dans une seule année, baptisé un millier d'adultes et donné soixante-dix-neuf mille communions[2].

Au Tong-King et en Cochinchine, malgré les persécutions, ou plutôt grâce à elles, seize mille baptêmes furent donnés en 1820. Les missionnaires rencontraient, il est vrai, quelques défections. « Dans la province du Su-Tchuen, rapportent-ils, en 1821, à côté du grand nombre qui a préféré tout souffrir plutôt que de renoncer à sa foi, quelques-uns ont eu la lâcheté d'apostasier. » Le petit nombre de ceux qui succombaient à la fragilité humaine, au moment de l'épreuve imploraient ordinairement leur pardon. Plusieurs de ces malheureux, dit le Père Masson, demandant à être réconciliés à l'Église, citaient l'exemple de saint Pierre à qui le Sauveur a pardonné malgré sa chute. Les païens chinois, qui mé-

[1] *Annales*, p. 482.
[2] *Annales*, tome X, p. 261.

les magistrats leur suggéraient toutes sortes de réserves mentales ou d'actes de prévarications pour éviter d'en venir à des mesures extrêmes. Si souffrir la perte de toutes choses est une preuve de piété, il est beaucoup de chrétiens qui la donnèrent[1]. »

Le 14 septembre 1815, époque où les émissaires des sectes protestantes étaient arrivés jusqu'aux villes maritimes de la Chine, l'évêque Dufresse, des Missions étrangères, après un apostolat, ou plutôt un martyre de trente-neuf ans, était conduit à l'échafaud avec une escorte de trente-deux chinois, confesseurs de la foi. « Sous l'administration de ce véritable apôtre de la doctrine chrétienne, dit M. Martin Montgomery, il y avait souvent quinze cents baptêmes d'adultes par an[2]. » Pour couronner une vie entière de fatigues et de sainteté, il monta avec trente-deux de ses enfants au calvaire des martyrs.

Les cinq années suivantes virent continuellement des prêtres et des laïques, chinois généreux et vaillants comme leurs modèles de France, d'Espagne ou d'Italie, conduits à la mort. Paul Tuy, l'un de ces prêtres indigènes, apprenant des officiers impériaux sa condamnation, se contenta de leur demander avec dignité, si cette nouvelle était bien vraie ; ils lui en donnèrent la certitude. « Je n'aurais jamais osé, reprit-il, espérer une si grande grâce[3]. »

La même année 1818, beaucoup de chrétiens furent exilés dans les steppes de la Tartarie ; en 1823, après cinq ans de souffrances, le pardon fut offert à quiconque voudrait abjurer la religion chrétienne ; cinq seulement acceptèrent cette proposition, repoussée avec énergie par plus de deux cents autres. Ailleurs, parmi des chrétiens qui avaient enduré pendant dix ans le supplice de la cangue, existence plus intolérable que celle du prisonnier russe ou ottoman, un seul se rendit lorsque déjà plus de la moitié de ses collègues avait succombé à cette épreuve.

« Comment, demandait un juge à une jeune fille de vingt ans, pouvez-vous adorer un Dieu que vous ne voyez pas ? — Vous-même, repartit-elle avec présence d'esprit, n'honorez-vous pas comme un Dieu l'empereur que vous ne voyez pas ? » Cette réponse excita l'admiration des païens, et la jeune fille fut sauvée. Les vieillards ne le cédaient en rien à la jeunesse. Nous tenons du Père Charrier, des Missions étrangères, qu'un vieillard, âgé de plus de quatre-vingts ans, répondit ainsi devant le tribunal : « Pour renoncer à mon Dieu et adorer les vôtres, il me faudrait avant tout les con-

---

[1] *The Middle Kingdom*, Ubi supra.
[2] *China*, etc., vol. I, p. 485.
[3] *Annales*, tome VII, p. 421.

dait à la condamnation des chrétiens ; — si tous les hommes s'entendaient pour embrasser cette religion, suivre ses lois et ses préceptes, nous n'aurions certainement pas besoin de chiens pour garder nos maisons, ou en éloigner les voleurs ; il ne serait même pas nécessaire de fermer nos portes la nuit contre les malfaiteurs : tous les hommes alors seraient honnêtes et justes[1]. » Cependant ce *mur blanchi*, au moment même où il exaltait les vertus des chrétiens, avait le courage d'ordonner à ses satellites de les frapper au visage, comme autrefois Ananias lorsque saint Paul plaidait en sa présence en faveur de sa *bonne conscience devant Dieu*.

Timkowski, envoyé à Pékin par le gouvernement russe au commencement de ce siècle, nous donne les détails suivants : « En 1805, une carte de la Chine, dressée par le visiteur apostolique de Pékin et indiquant les positions des districts catholiques, ayant été saisie par les païens, donna lieu à une nouvelle persécution. »

Les mandarins s'efforcèrent de faire fouler la croix aux pieds par les chrétiens et de leur faire abjurer leurs erreurs ; tout refus devait être puni de mort. Plusieurs milliers de chrétiens furent découverts à Pékin, et parmi eux se trouvaient des mandarins et des membres de la famille impériale. A cette occasion les bourreaux inventèrent de nouveaux genres de torture ; on fit aux patients des incisions à la plante des pieds ; on remplit ensuite les plaies avec des crins finement découpés, que l'on recouvrit ensuite avec du taffetas. Jamais de pareilles tortures n'avaient été infligées en Chine. Plusieurs de ces infortunés, principalement des soldats chinois, n'eurent pas la force d'endurer ce supplice, mais le plus grand nombre resta inébranlable[2]. »

La persécution de 1805 fut terminée à Pékin par un incident que nous mentionne Timkowski : « Le président du tribunal criminel, ayant appris dans l'accomplissement de ses fonctions, que dans sa maison presque tous ses parents et ses serviteurs étaient chrétiens, devint moins sévère dans ses interrogatoires et beaucoup plus indulgent pour les néophytes. » Le docteur Wells Williams, dont la haine est plus profonde envers les généreux confesseurs et les martyrs qu'envers leurs persécuteurs, est néanmoins obligé de reconnaître que : « Beaucoup de catholiques montrèrent la plus grande constance dans leur foi, souffrant la persécution, la torture, l'emprisonnement, l'exil et la mort plutôt que de la trahir ; en vain

---

[1] *Nouvelles Lettres édifiantes*, tome II, p. 488. Grosier, tome IV, ch. ix, p. 456.
[2] *Travels*, vol. 1, ch. ix, p. 365.

l'empire¹. » Gutzlaff et ses amis, nous le verrons bientôt, auraient volontiers prêté leur concours à Kia-King pour anéantir cette *secte* odieuse, qui compte cinq fois plus de sectateurs aujourd'hui qu'au moment où ce tyran commença d'exercer contre elle toutes ses fureurs. Voici un passage de la proclamation de Kia-King : « Tous ceux qui deviennent chrétiens, dit-il, riches ou pauvres, à peine ont-ils embrassé cette religion, s'aiment les uns les autres comme s'ils n'avaient qu'une même moelle et un même sang². »

La même année, au rapport de sir George Staunton, un grand nombre de personnes furent condamnées à l'esclavage ou à d'autres peines, pour avoir embrassé la religion chrétienne. De ce nombre se trouvait un missionnaire italien, « qui ne s'était pas contenté, dit le décret impérial, de travailler les esprits des simples paysans et des femmes, mais avait aussi persuadé à un grand nombre de sujets tartares, les plus intrépides et les plus influents de l'empire, d'embrasser et de pratiquer sa religion. Il n'y eut pas moins de trente et un ouvrages traitant de la religion chrétienne qui furent imprimés en caractères chinois³. »

En 1826, les mandarins présentèrent une pétition au roi de Cochinchine, le conjurant de prendre de nouvelles mesures pour interdire cette religion perverse : « Depuis son apparition dans le royaume, disaient-ils, des milliers de personnes la professent dans toutes nos provinces ; une fois imbues de cette doctrine, elles sont animées d'un grand zèle et courent çà et là comme des fous. Chaque jour les sectateurs de cette croyance se multiplient ; ils bâtissent continuellement de nouvelles églises; leurs abominations se répandent de tout côté et il n'est pas de lieu qui n'en soit infecté⁴. » Un protestant anglais confirme ainsi le rapport de ces mandarins alarmés : « Le christianisme, écrit-il vers la même époque, fait de grands progrès au Tong-King. En juin 1821, un district entier envoya des députés pour demander à être instruit dans la foi chrétienne⁵. »

Les païens ne se contentèrent pas de constater le nombre des chrétiens, ils se virent forcés d'applaudir à leurs vertus. « La religion chrétienne, dit un mandarin du district de Te-Yang, parlant du haut de son tribunal, est difficile et austère ; elle exige de grands sacrifices ; — il était à même d'en juger, puisqu'en ce moment il procé-

---

¹ *China Opened*, vol. I, ch. xi, p. 565.
² *Annales*, tome I, p. 155.
³ *Laws of China*, app., p. 555.
⁴ *Annales*, tome III, p. 469.
⁵ *Asiatic Journal*, vol. XVII, p. 298.

dans sa lettre circulaire à ses frères, datée du 27 décembre 1859. « Dieu a permis cette épreuve, dit le Père Roothaan, pour nous inspirer une humble opinion de nous-mêmes. Dieu et son Église n'ont pas plus besoin de notre aide que de celle des autres : la foi et l'expérience nous l'apprennent [1]. » En d'autres termes, la Compagnie de Jésus était un puissant instrument entre les mains de Dieu ; l'Église en est un bien plus grand encore.

TROISIÈME ÉPOQUE.

Jusqu'ici nous avons cité des hommes qui étaient allés recevoir leur récompense avant qu'aucun de nous ne fût venu au monde. Nous allons parler de héros dont nous avons, pour ainsi dire, vu les œuvres de nos propres yeux; des héros qui ont surgi de notre temps et au milieu de nous; dont les traits sont encore familiers, dans plus d'une maison de France, d'Italie ou d'Espagne. Nous avons eu l'honneur de nous entretenir personnellement avec plusieurs d'entre eux, et nous sentons encore par le souvenir la pression affectueuse de leurs mains. Se montrent-ils dignes de leurs pères? Le dix-neuvième siècle peut-il engendrer une nouvelle race d'apôtres et de martyrs? Est-ce dans un âge comme le nôtre, uniquement occupé de progrès matériels, que l'on peut trouver des hommes de la trempe de saint Paul et de saint Grégoire? Le monde peut changer, l'Église reste toujours la même : c'est pourquoi elle continue de produire et produira jusqu'à la fin des temps, comme dit Bossuet, des docteurs, des apôtres, des évangélistes. Voyons jusqu'à quel point les missionnaires apostoliques de notre génération ressemblent à leurs devanciers qui les attendent au ciel.

Dans l'esquisse que nous allons présenter du siècle présent, les païens et les protestants vont nous prêter leur concours : commençons par les premiers. En 1805, l'empereur Kia-King, barbare et implacable persécuteur, tué par la foudre en 1821, publia un nouvel édit contre les chrétiens. Le témoignage de cet empereur est remarquable. Il parle, comme le grand prêtre des juifs, d'hommes qu'il haïssait sans pouvoir les soumettre. « Ce n'était pas chose facile, M. Gutzlaff l'avoue, d'extirper une secte qui avait tant de ramifications et dont la racine se trouvait au cœur même de

---

[1] Crétineau-Joly, *Histoire des Jésuites*, tome VI, p. 311.

quels ils agissaient, du but auquel ils tendaient, c'est-à-dire qu'ils ont eu la grandeur de la pensée, la grandeur de la volonté [1]. » Ils avaient ces dons, et de meilleurs encore, sans quoi ils n'eussent jamais accompli même une portion des grandes œuvres que Dieu a faites par leurs mains. Nous les rencontrerons dans d'autres pays, nous trouverons d'autres occasions de les revoir à l'œuvre et d'apprécier son véritable caractère. En attendant, le décret donné à contre-cœur, arraché par la violence, ce décret qu'un autre pontife, confesseur de la foi, devait révoquer, avait été lancé, et la Chine s'était vue dépouillée de ses apôtres au moment où elle commençait à connaître leur voix et à lui obéir. « Soumettons-nous et adorons, dit le dernier supérieur des Jésuites à Pékin, en recevant la fatale nouvelle; j'avoue cependant, malgré ma parfaite résignation, que mon cœur a reçu une blessure incurable. O mon Dieu, combien d'âmes vont être plongées de nouveau dans les ténèbres de l'idolâtrie, combien y resteront pour toujours [2]! »

L'ennemi avait triomphé; les nuages qui semblaient vouloir disparaître à l'horizon s'étaient amoncelés de nouveau sur cette terre de la Chine. Pendant un demi-siècle, les chrétiens de la Chine furent abandonnés à eux-mêmes, deux générations s'écoulèrent et beaucoup ne virent pas de ministres de la religion et n'entendirent pas même parler d'eux. Les événements qui ébranlèrent l'Europe jusque dans ses fondements, eurent un contre-coup dans l'extrême Asie. Les Sociétés religieuses, qui seules pouvaient fournir des apôtres aux païens, étaient partout détruites. La moisson était abondante, mais il n'y avait personne pour la recueillir [3]. De longues années de silence planèrent sur le monde païen. Cependant malgré une épreuve sans égale dans l'histoire du Christianisme, épreuve ressentie sur tous les points du globe; malgré une calamité immense, universelle, capable de déraciner la religion de plusieurs contrées de l'Europe, il n'y eut pas un seul exemple de la destruction complète de la foi dans les contrées où l'avaient apportée les jésuites, les dominicains, les franciscains, en Asie et en Amérique. Le vieux serpent avait meurtri le talon de l'Église; mais elle a reçu de Dieu le pouvoir de lui écraser la tête. Si nous nous étonnons qu'il lui ait été permis de renverser pour un temps la Compagnie de Jésus, en appelant à son aide tous les enfants de l'orgueil et du blasphème dans tous les royaumes de l'Europe, le général de cette Compagnie nous explique ce mystère,

---

[1] Guizot, *Histoire de la Civilisation*, etc., lect. XII.
[2] *Annals*, vol. IX, p. 310.
[3] De Guignes, tome II, p. 557.

tastrophe du seizième siècle. Mais si les enfants de saint François, de saint Dominique, de saint Vincent de Paul, ont rivalisé de piété, de zèle et de courage avec les fils de saint Ignace, à ces derniers doit être attribué d'une manière toute spéciale le succès d'une œuvre dans laquelle ils étaient engagés au même moment, depuis le Labrador jusqu'à la Patagonie, et depuis la mer Blanche jusqu'aux îles de l'océan Indien. « Peuples des extrémités de l'Orient, s'écriait Fénelon avec les accents de l'étonnement et de l'admiration, votre heure est venue! A qui doit-on cette gloire et cette bénédiction de nos jours? *à la Compagnie de Jésus*[1]! » « Et vous, disait Bossuet devant un des plus augustes auditoires de la chrétienté, célèbre Compagnie, qui ne portez pas en vain le nom de Jésus, à qui Dieu a donné, vers la fin des temps, des docteurs, des apôtres et des évangélistes, afin de faire éclater dans tout l'univers et jusque dans les terres les plus inconnues la gloire de l'Évangile, ne cessez pas de faire servir, selon l'esprit de votre sainte institution, tous les talents de l'esprit, de l'éloquence, la politesse, la littérature[2]. » Les protestants se sont faits les échos de ces grandes voix. « Une partie considérable, dit sir George Staunton, des relations qui existent actuellement entre la Chine et les nations européennes doit son origine, c'est un fait bien connu, à l'influence religieuse; elles furent établies par le zèle infatigable et les remarquables talents des premiers missionnaires de l'Église catholique. » Dans sa noble impartialité, il ajoute que si la Compagnie n'avait pas été supprimée, il serait difficile de dire jusqu'à quel point les plus anciennes institutions sur lesquelles est fondé le mécanisme du gouvernement chinois, et sur lesquelles reposent les préjugés et les attaches qui le soutiennent encore, auraient pu résister à sa puissante influence[3]. » « Les jésuites, dit un écrivain anglais plus récent, purent nourrir l'espoir de convertir l'Inde et la Chine; si les événements politiques n'avaient interrompu leur carrière, ils eussent probablement réussi[4]. » « Tout a été contre les jésuites, dit le plus droit et le plus illustre des protestants du continent, et pourtant rien n'est plus certain, une grande idée s'attache à leur nom, à leur action, à leur histoire. C'est qu'ils ont su ce qu'ils faisaient, ce qu'ils voulaient; c'est qu'ils ont eu pleine et claire connaissance des principes d'après les-

---

[1] Sermon pour la fête de l'Epiphanie. 1685.
[2] Sermon pour la fête de la Circoncision; *Œuvres*, tome III, p. 159 (édit. de 1845).
[3] *Laws of China*, préf., p. 3. Cf. Lord Macartney's *Embassy to China*, vol. II, ch. II. p. 159.
[4] *India as it may be*, par George Campbell. Esq., ch. VIII. p. 597.

Le même Père de Fontanay, visitant l'Europe quelques années plus tard, conservant un bon souvenir des attentions dont il avait été l'objet de la part de quelques Anglais bienveillants, écrivait de Londres au Père la Chaise, confesseur de Louis XIV : « Je puis déclarer que la conduite des Anglais résidant dans les ports de la Chine fait honneur à leur nation. »

Le Comte nous apprend aussi que, de son temps, les chrétiens s'assemblaient pour assister tous les matins au saint sacrifice de la messe, et deux fois par jour pour des prières publiques. A une époque antérieure, le Père François Noël avait remarqué les mêmes habitudes de piété. Il avait constaté que beaucoup de chrétiens faisaient vingt ou trente milles (de sept à dix lieues) tous les dimanches pour entendre la messe, et se rassemblaient les vendredis, en grand nombre, pour honorer le mystère de la Passion. « Leurs austérités et leurs pénitences, ajoute-t-il, seraient indiscrètes si nous n'en modérions les excès. » Par ces habitudes de prière, de méditation et de pénitence, ils se préparaient au martyre et apprenaient à le désirer plutôt qu'à le craindre.

Le Comte nous dit des missionnaires, qu'ils couchaient ordinairement sur la terre nue, et se soumettaient à un régime non moins austère que celui prescrit par les règles monastiques d'Europe; beaucoup d'entre eux, pendant des années entières, ne vivaient que de riz, de légumes et d'eau. « Quant aux chrétiens indigènes, leur amour ardent pour Jésus-Christ en fait des serviteurs dignes de lui; ils marchent véritablement dans la voie de leur sublime vocation. On les entend répéter souvent ces prières jaculatoires : Jésus, maître du ciel, qui avez versé votre sang pour nous! Jésus, mort pour nous sauver! Ce mystère, que nous nous appliquons surtout à leur apprendre, est l'objet de leurs plus vives croyances. »

Un événement dont nous apprécierons mieux le caractère après en avoir indiqué les tristes résultats sur plusieurs points de la terre, allait tout à coup mettre fin à la seconde période des missions en Chine. Nous pouvons entrevoir ce que serait devenu le monde païen si la Compagnie de Jésus n'avait pas été renversée par la conspiration des ennemis innés de tous les trônes et de toutes les croyances, au moment où elle avait atteint l'apogée de sa gloire et de son influence, et où ses membres luttaient sur toute la face de la terre pour renverser chacune des forteresses de Satan. D'autres, il est vrai, avaient été associés aux Jésuites en Chine pendant cet apostolat qui dura plus de deux cents ans, embrassa toutes les contrées de l'univers, et ajouta à l'Église plus d'âmes que son ennemi ne lui en avait enlevé par la grande ca-

treprendre de pareils voyages, je désirerais les voir profiter de l'occasion pour appliquer leur talent, lorsqu'ils ne sont pas entièrement absorbés par la prédication de l'Évangile, à des observations capables de nous aider dans le perfectionnement des arts et des sciences [1]. » Nous savons comment la confiance du grand ministre fut justifiée ; l'Europe reconnaît encore, par la bouche de ses savants les plus illustres, ses obligations envers la Compagnie de Jésus.

Le Père de Fontanay, qui appartenait à la noblesse, après avoir professé les mathématiques pendant huit ans dans un collége de Paris, reçut la permission de son supérieur d'aller travailler en Chine avec cinq autres Pères. Nous lui devons le récit suivant : Un colonel tartare ayant reçu une mission officielle pour une province éloignée de l'empire, pria ce Père, dont il était le disciple, de l'admettre au baptême avant son départ pour cette dangereuse expédition. Après l'avoir examiné, le Père l'ayant trouvé incapable de répéter les prières, les actes de foi et autres formules regardées par les missionnaires comme indispensables, refusa sa demande. « Mon Père, reprit le soldat désolé, n'insistez pas sur cette condition. Je crois tous les mystères de la religion, un Dieu en trois personnes, la seconde personne faite homme pour nous et livrée à la mort pour notre salut ; je crois que les observateurs de la loi seront sauvés et ses violateurs damnés éternellement. Rien n'empêche que je devienne chrétien. J'ai une seule femme et je ne désire pas en avoir davantage ; je n'ai point d'idoles dans ma maison et je n'en adore aucune. J'adore le Dieu du ciel seul, je désire l'aimer et le servir toute ma vie. » Le missionnaire se montra encore inexorable et lui conseilla de venir le trouver à son retour de l'expédition. « Mais mon Père, si je meurs en route, j'aurai perdu mon âme ; qui pourrait me baptiser, si je tombais malade en chemin ? Vous me voyez préparé, croyant tous les articles de la loi et désirant les garder toute ma vie ; je viens de quitter le palais, je suis venu ici en toute hâte pour vous prier de m'accorder cette faveur. Il ne me reste que deux heures pour me préparer à mon départ, car je dois me mettre en route ce soir ; mon Père, au nom de Dieu ne me refusez pas cette grâce. » Il n'y avait à cette prière qu'une seule réponse possible. Le missionnaire céda et huit jours après le nouveau chrétien mourut au milieu de son voyage [2].

[1] *Lettres*, tome XVII, p. 210.
[2] *Ubi supra*, p. 517.

Batavia ; il se plaignit à eux de ce que lui et ses compagnons ne pouvaient les convertir. « La faute en est à vos doctrines, répondirent-ils ; si elles étaient vraies, elles ne manqueraient pas de vrais disciples [1]. »

Dans la Chine proprement dite, la même œuvre s'accomplit durant tout le temps que nous avons appelé la seconde époque.

Les progrès obtenus au milieu de souffrances et de dangers inouïs ne peuvent avoir d'autres causes que celles qui nous donnent la seule explication admissible des triomphes semblables dans les premiers siècles de l'Église, c'est-à-dire la toute-puissance de la grâce, l'exemple entraînant donné par les convertis aux infidèles, et le caractère apostolique des missionnaires. Nous lisons dans le Père d'Entrecolles, qu'un missionnaire européen, visitant les néophytes pour la première fois en 1715, disait après avoir vécu au milieu d'eux : « Ils ne sont pas des chrétiens ordinaires, ce sont des modèles de vertu. » Les païens le reconnaissaient aussi ; comment auraient-ils pu être insensibles à ce merveilleux héroïsme sans cesse offert à leurs yeux. L'un des disciples d'Entrecolles montra une telle patience et une si grande force d'âme, en voyant les lambeaux de sa chair, coupés et donnés en pâture aux chiens, que les mandarins firent cesser son supplice [2].

L'une des preuves de l'union si rare des qualités morales et intellectuelles dans un si grand nombre de missionnaires chinois de ces temps, c'est leur application, au milieu de leurs travaux apostoliques, à dévouer leurs loisirs aux intérêts de la science. Peu de temps avant sa mort, Humboldt déplorait de voir que les expériences de magnétisme terrestre auxquelles il avait donné une si grande impulsion, n'eussent pas été plutôt dirigées avec méthode à une époque antérieure. Cependant nous trouvons des missionnaires catholiques, enregistrant, il y a deux cents ans, leurs observations sur l'inclinaison magnétique.

On rapporte que Colbert, recevant un jour la visite du Père de Fontanay, plus tard missionnaire en Chine, pendant qu'il était dans son cabinet avec Cassini, adressa ces paroles au Jésuite : « Les sciences ne méritent pas, mon Rév. Père, que vous vous donniez la peine de traverser les mers et d'aller vivre loin de votre patrie et de vos amis ; mais puisque le désir de convertir les païens et de gagner des âmes à Jésus-Christ conduit souvent vos Pères à en-

---

[1] *Journal of a Residence in China*, par le Rev. David Abeel, ch. x, p. 234.
[2] *Lettres*, tome XIX, p. 95.

La grâce et une joie céleste brillaient sur le visage de Da Cunha se rendant avec ses frères au lieu de l'exécution ; un mandarin étonné de cette contenance extraordinaire dont il ignorait la cause, s'écria avec indignation : « Ce fou d'étranger pense qu'on le conduit à Macao ! » Dans la foule des curieux, d'autres païens disaient avec plus de justesse : « Ces étrangers semblent regarder la mort avec délices ; quelle est donc cette foi qui apprend ainsi à mépriser la vie et à embrasser la mort avec tant de satisfaction ? » La vue de ces scènes mystérieuses que leur philosophie ne pouvait expliquer, amenait souvent les païens, conformément à la loi universelle des missions chrétiennes, à embrasser la religion dont ces spectacles attestaient la puissance.

Le 28 août 1750, tous les missionnaires survivants furent entassés sur un vaisseau ; leurs persécuteurs avaient décidé qu'il était inutile de les faire mourir, puisque leur mort multipliait les convertis ; un grand nombre de chrétiens qui les accompagnaient, malgré la cruauté des soldats idolâtres, remplirent les airs de leurs lamentations, et se prosternèrent pour recevoir la dernière bénédiction des Pères dont ils croyaient être séparés pour jamais.

Au moment de cette persécution, les Jésuites avaient sous leur conduite plus de cent vingt mille chrétiens ; les Lazaristes, quatre-vingt mille ; les missionnaires de la Propagande, trente mille, et les Dominicains, vingt mille, faisant un total de deux cent cinquante mille chrétiens au Tong-King seulement. Après le départ des missionnaires, la persécution continua ; il y eut un bien petit nombre de défections : la grande majorité tint ferme ; leur constance invincible, soutenue par l'enseignement et l'exemple des missionnaires, peut seule expliquer les résultats presque incroyables obtenus dans cette mission. En 1857, le célèbre évêque Retord, vicaire apostolique du Tong-King occidental, cet homme qui a bravé la mort sous toutes ses formes, annonçait à l'Europe que les chrétiens annamites étaient alors au nombre de cinq cent trente mille, parmi lesquels quatre cent trois mille neuf cents avaient reçu les sacrements dans l'année précédente [1].

Nous rencontrerons plus tard des indigènes alors exilés de cette terre de martyrs, dans les possessions anglaises et hollandaises de l'archipel Indien ; les témoignages des protestants nous les montreront animés de la foi et du zèle de leurs ancêtres, et repoussant les sollicitations des émissaires protestants avec calme et fermeté. Le Rév. M. Abéel rencontra quelques-uns de ces exilés chinois à

---

[1] *Annals.*

attendant leur jugement. Luke-Thu, parvenu à la vieillesse, reçut l'ordre le premier de fouler aux pieds la croix ; on espérait peut-être par son exemple influencer les confesseurs plus jeunes. Relevant de terre le signe du salut, à la vue de la foule païenne, il le pressa sur sa poitrine et s'écria : « Mon Seigneur et mon Dieu, vous qui pénétrez le fond des cœurs, vous connaissez les secrets du mien ; je désire qu'ils soient aussi connus de ceux qui veulent m'effrayer par leurs menaces, pour qu'ils sachent que ni les tourments, ni la mort la plus cruelle, ne pourront jamais me séparer de votre amour. » Les mandarins, en choisissant cette victime avaient manqué leur but ; la majesté de ce courageux vieillard les avait déconcertés ; ce jour-là ils se contentèrent de le renvoyer en prison. Mais le martyre qu'il avait mérité ne fut qu'ajourné [1].

Nous réservons pour la troisième période de ces missions de plus amples détails sur le caractère des martyrs indigènes ; le récit de pareils exemples d'héroïsme chrétien accomplis de nos jours et pour ainsi dire sous nos yeux nous intéressera encore davantage et fera mieux ressortir le contraste que nous nous proposons d'indiquer sur tous les points du globe. Le monde reste indifférent aux actions les plus sublimes dont il est séparé par plus d'un siècle ; il réserve ses sympathies pour les faits plus récents. Nous citerons seulement quelques traits.

L'empereur Chua, digne rival de son suzerain résidant à Pékin, avait ordonné qu'on recherchât partout les missionnaires. Les Pères François Buccharelli et Jean-Baptiste Messari, dont la vie avait été un long martyre, tous deux épuisés par la maladie et la fatigue, furent les premières victimes. En vain quelques officiers attachés à la cour, connaissant la sainteté de leur vie, intercédèrent en leur faveur, déclarant leur conduite irréprochable. Le Père Messari succomba en prison avant que le fer et le feu n'eussent fait leur office. Buccharelli, accompagné d'une escorte volontaire de dix de ses convertis, fut conduit au supplice. Ils marchèrent ensemble triomphalement à la mort ; peu d'heures après le ciel leur était ouvert. Dans la foule qui les suivait se trouvait le vieux Luke-Thu ; quelques personnes prenant pitié de son grand âge, voulurent l'écarter pour que les mandarins ne le vissent pas. « Non, non, répondit-il, s'efforçant de rester au premier rang, ceux-ci sont mes frères. »

Le 12 janvier 1737, les Pères Alvarez, Cratz, d'Abreu et Da Cunha souffrirent le martyre au même lieu et à la même heure.

---

[1] *Lettres*, tome XVI, p. 41.

fait davantage. Elle en avait fait des apôtres ! Lorsque l'année suivante les deux Pères rentrèrent secrètement dans le royaume, ils trouvèrent que, dans ce court espace de temps, leurs fervents catéchistes avaient conservé leur foi, et avaient aussi préparé quatre mille néophytes à recevoir les sacrements. En 1659, douze ans seulement après l'arrivée du Père de Rhodes au Tong-King, il y avait quatre-vingt-deux mille cinq cents chrétiens. Soixante-douze villages comptaient à peine quelques habitants païens. Dans les deux années 1645 et 1646, vingt-quatre mille Tong-Kinois furent baptisés. Avant qu'un demi-siècle se fût écoulé, le nombre prodigieux de deux cent mille convertis avait été gagné à Jésus-Christ [1].

Jusqu'ici l'histoire de la religion au Tong-King correspond à ce que nous avons appelé la « première époque, » pour les missions de la Chine proprement dite. La seconde allait commencer et fournir les mêmes résultats. Le feu qui devait éprouver l'œuvre des missions au Tong-King était déjà allumé en 1630 ; quelques années après seulement, fut systématiquement orgnisée la persécution qui depuis lors n'a cessé pendant plus de deux cents ans d'attaquer, sans jamais vaincre, la foi et la constance de ces chrétiens. En vain les missionnaires furent-ils égorgés ou bannis ; leurs disciples pendant leur absence restèrent fidèles. Le Père le Royer et son compagnon, le Père Parégaud, ayant pu pénétrer en secret dans le royaume, le 22 juin 1692, y trouvèrent un grand nombre de chrétiens, qui les reçurent avec une vive allégresse. Alors commença leur périlleux ministère. « Je passe les jours entiers, » dit le premier dans une lettre adressée à son frère, M. le Royer des Arsix, « caché dans une barque, que je quitte la nuit pour visiter les villages riverains, ou dans quelque maison solitaire. » Il célébrait toujours le saint sacrifice de la messe avant le jour, et retournait ensuite passer les longues heures de la journée dans le lieu de sa retraite. Malgré des difficultés au moins égales à celles que surmontèrent les premiers apôtres ; malgré le sort terrible, partage inévitable de tout nouveau converti, sort capable de repousser tout autre que le vrai disciple de la croix ; malgré les souffrances et les tourments qui auraient probablement suffi pour effacer en quelques mois les traces du prétendu christianisme de certaines contrées du nord de l'Europe, l'œuvre de conversion fut à peine suspendue pendant une seule heure.

En 1721 tous les tribunaux du pays furent inondés de chrétiens

---

[1] Henrion, vol. II, 2ᵉ partie, p. 390. *Voyages et Missions du P. de Rhodes*, p. 88 (1854).

de longues années dans la stricte observance de la religion, quoique le ministre de Jésus-Christ leur eût été enlevé. Le célèbre Père Parennin connaissait, près de la grande muraille, un vieil officier tartare appartenant à une communauté chrétienne, envers laquelle, pendant plusieurs années, ce digne soldat avait rempli les fonctions d'aumônier laïque. « Je rassemble, disait-il, les chrétiens dans ma maison; les jours de fêtes, nous prions ensemble; je leur fais connaître les jours d'abstinence et de jeûne. Tous aspirent au bonheur de voir un missionnaire, afin d'entendre la messe et de recevoir les sacrements. La plupart d'entre eux n'en ont pas rencontré depuis douze ans[1]. »

Dix-neuf années après le martyre du Père Beuth, la persécution dont il fut victime durait encore; nous trouvons un missionnaire de son ordre qui exprimait son admiration pour le courage que Dieu inspirait à ces Asiatiques naturellement pusillanimes et proclamait surtout l'innocence et l'étonnante fidélité de ceux, « qui sans avoir l'occasion de pratiquer certains devoirs de la religion, ne pouvant pas même voir un missionnaire, ne tombaient jamais dans l'apostasie, et avaient soin de faire baptiser leurs enfants[2]. » Pour tant d'autres exemples aussi remarquables, nous renvoyons aux ouvrages exclusivement consacrés à l'histoire de la religion en Chine. Le champ à parcourir est trop vaste pour prétendre approfondir la moindre de ses parties.

La mission du Tong-King fut fondée en 1627 par le Père Alexandre de Rhodes. En quelques mois il convertit deux cents prêtres idolâtres, une sœur du roi, dix-sept de ses proches parents. En moins de trois ans, lui et son compagnon, le Père Antoine Marqués, baptisèrent près de six mille païens; plusieurs bonzes de grande réputation de sagesse et de vertu remplirent avec joie dès ce moment les humbles fonctions de catéchiste et rendirent aux missionnaires de grands services, en prêchant l'Évangile[3]. Bientôt ils purent donner des preuves de leur sincérité. Par l'influence des femmes du roi, tremblantes de peur que le monarque embrassât une doctrine qui condamnait la polygamie, les deux missionnaires furent expulsés. Les bonzes récemment convertis vont-ils encore adhérer à une religion qui semblait s'être évanouie comme un songe? La foi avait-elle jeté déjà d'assez profondes racines dans leurs âmes, pour les soutenir dans une telle épreuve? Elle avait

[1] *Lettres*, vol. XX, p. 15.
[2] Vol. XXIII, p. 483.
[3] Vol. XVI, p. 3.

auxquels le Tout-Puissant attachait, comme le dit l'Écriture, le pouvoir de guérir les malades et de mettre les démons en fuite, voulant par là autoriser l'usage des reliques.

Reprenons l'histoire des missionnaires. « Quelle espèce de Dieu, dit le mandarin au Père Beuth, conduit devant son tribunal, voulez-vous faire adorer au peuple? — Celui qui créa le ciel et la terre. — Oh! le malheureux! comme si le ciel et la terre avaient été créés! qu'on lui donne dix coups. » Ces coups furent donnés avec un rotin à travers le visage. En pareil cas le patient s'évanouissait ordinairement après les deux premiers coups. Le mandarin ayant ensuite écrit le saint nom de Jésus en caractères chinois, demanda au confesseur la signification de ce nom. Ce n'était pas le moment de garder le silence : comme saint Étienne, s'écriant, sur le point d'exhaler son dernier soupir : « Je vois le Fils de l'Homme debout à la droite de Dieu, » ainsi ce nouveau témoin, devant cette foule païenne, répondit : « C'est le nom de la seconde personne de la sainte Trinité, faite homme pour notre salut. — Dix coups de plus, » cria le mandarin. Le supplice recommença une troisième fois, lorsque la victime ensanglantée proclamait encore de ses lèvres fidèles les titres de son Dieu sauveur. Deux mois après, il mourait de ses blessures. Son seul bonheur pendant les derniers jours de sa vie, était d'entendre lire par ses compagnons de prison la passion de Notre-Seigneur.

Ce ne serait pas une exagération de dire que les missionnaires, du premier au dernier, ressemblaient au Père Beuth : aucune menace ne les troublait, aucune douleur ne les abattait; ils tombaient l'un après l'autre; mais comme chacun laissait un vide dans les rangs, un autre se hâtait de le remplir. Le 12 septembre 1748, chaque année ressemblant à la précédente, les Pères Tristan de Attermis et Joseph Henriquez furent étranglés dans leur prison, après avoir souffert les tortures accoutumées. Le 28 octobre, quatre Pères dominicains reçurent en même temps la couronne du martyre; chaque année, presque chaque mois apportait son tribut. Si quelqu'un d'eux survivait au milieu de cette longue persécution, c'était pour accepter par charité un ministère caché au milieu de son troupeau, renvoyant à plus tard la gloire si recherchée du martyre.

Leurs enfants spirituels, privés de leurs pasteurs, ne se montraient pas moins capables de supporter le fléau de la persécution. Dans plusieurs provinces de la Chine, ils prouvèrent qu'ils pouvaient marcher bravement au supplice quoiqu'un apôtre ne fût pas là pour les encourager; ils prouvèrent encore qu'ils pouvaient vivre

été trente ans en Chine, et les deux derniers furent livrés aux bourreaux sans subir d'interrogatoire. Sanz, leur vénérable évêque, devint l'objet de recherches spéciales ; afin d'épargner aux chrétiens les vexations et les souffrances auxquelles les exposaient leurs généreux efforts pour le cacher, il crut de son devoir de se livrer ; il parla devant le tribunal avec l'autorité d'un apôtre ; vingt-cinq soufflets lui furent appliqués sur le visage, et malgré ses années, ce nombre fut porté à quatre-vingt-quinze ; enfin, pour terminer ce fécond apostolat de trente ans, il fut martyrisé le 26 mai 1747. Ses dernières paroles au bourreau furent celles-ci : « Mon ami, je vais au ciel, que ne puis-je vous emmener avec moi ! » Son sang fut recueilli selon l'usage par un célèbre brigand qui devint peu après un fervent chrétien. La sentence publique prononcée contre l'évêque Sanz mérite d'être citée comme témoignage des progrès de la foi ; elle contenait ces paroles : « Le nombre de ceux qu'il a pervertis est si grand, qu'on les rencontre à chaque pas dans ce district ; les membres des tribunaux et les soldats eux-mêmes lui sont dévoués [1]. » « Ce qui donna un caractère frappant et tout à fait singulier aux travaux apostoliques de l'évêque de Mauricastro, dit le dernier biographe de saint Dominique, ce fut le succès qu'il obtint en convertissant les Chinois et en les conduisant au plus haut degré de la perfection. Le nombre des vierges chrétiennes désireuses de se consacrer à Dieu par des vœux fut si grand, qu'il rappelait les jours de l'Église primitive. »

L'histoire, comme si elle eût conscience de la signification et de la valeur des fragments de la littérature païenne ayant rapport aux triomphes du christianisme, a conservé avec soin tout ce qui a pu traverser les temps. La grande persécution chinoise de l'année 1747 a été décrite par un historien païen dans un document officiel. Dans un rapport à l'empereur, le vice-roi d'une des provinces les plus considérables, priait le souverain d'observer la grande influence des missionnaires et l'audace de leurs disciples en manifestant ouvertement leur sympathie et leur amour. « Pendant qu'on les conduisait enchaînés, disait ce gouverneur, des milliers de personnes vinrent à leur rencontre pour leur servir d'escorte d'honneur. Un grand nombre d'entre elles témoignaient leur douleur par des larmes ; des jeunes filles et des femmes s'agenouillaient devant eux, et cherchaient à toucher leurs vêtements [2]. » Il semble dépeindre la conduite de ces chrétiens qui, animés du même esprit, touchaient le corps de saint Paul avec des linges,

---

[1] *Annals*, vol. IX, p. 500.
[2] *Lettres édifiantes*, tome XXIII, p. 72.

d'être comparées à la gloire qui doit nous être révélée. » Les disciples les plus faibles imitaient l'exemple des forts. Une jeune fille de dix-neuf ans, traînée devant le tribunal, fit paraître sa joie de l'honneur qu'elle allait recevoir en confessant le nom de Jésus ; le mandarin furieux s'écria : « Ne sais-tu pas que j'ai le pouvoir de te condamner à mort ? » « Voici ma tête, répliqua cette nouvelle Agnès ; vous pouvez ordonner qu'elle soit tranchée, mais ce sera pour moi une joie indicible. » Alors les juges, confondus comme leurs devanciers l'avaient été par un courage qu'ils admiraient sans le comprendre, se consultèrent pour savoir comment vaincre une telle opiniâtreté. Ils ne pouvaient y tenir en voyant des jeunes filles et des enfants rire de leurs menaces, mépriser les tourments, ne s'inquiétant, comme Festus s'en plaignait à Agrippa bien des siècles auparavant, que de « questions concernant leurs superstitions, et d'un certain Jésus mort, qu'ils affirmaient être vivant [1]. »

Le monde est toujours le même, rien ne le blesse davantage que de voir la foi osant survivre à ses faibles satires et le courage souriant à son impuissante cruauté. Les mandarins, ne pouvant vaincre les disciples, résolurent de se saisir des maîtres. Partout l'ordre fut donné de rechercher les missionnaires ; tout magistrat dont ils tromperaient la vigilance devait être regardé comme complice de leur rébellion, et partager leur châtiment. Il était impossible de stimuler plus efficacement le zèle des mandarins de province.

Jusque-là les missionnaires, ambitieux de la couronne du martyre qu'ils étaient venus chercher dans ces contrées lointaines, avaient consenti, dans l'intérêt de leur troupeau, à se soustraire au danger. C'était l'injonction du maître à ses premiers apôtres, et ce fut toujours la règle de conduite de leurs successeurs, de ne pas saisir la couronne avant qu'il ne la leur offrît.

Le Père Alcober fut le premier saisi et le premier torturé. Lorsque les païens se permettaient des questions obscènes, il leur répondait bien haut : « Des questions dignes d'un ministre de Satan ne méritent pas de réponse. » Ces questions concernaient les femmes chrétiennes consacrées à une vie pure. « Qui vous a conseillé, » dirent-ils dans la même circonstance à une jeune femme citée devant leur tribunal, « d'embrasser l'état de virginité ? » « Moi-même, » répliqua-t-elle ; sur-le-champ elle fut livrée au bourreau [2].

Les Pères Royo, Serrano et Diaz, furent saisis successivement et horriblement mutilés. Le premier avoua devant les juges qu'il avait

---

[1] Actes, xxv, 19.
[2] *Lettres édifiantes*, tome XXIII, p. 59.

de ce noble courage était d'arracher aux témoins idolâtres des marques de vénération profonde pour la religion qui l'inspirait. Les juges, remplis d'une admiration involontaire, engageaient leurs victimes à apostasier seulement des lèvres et à conserver leur religion dans leur cœur. « Pourquoi voudriez-vous mourir ? » disaient les mandarins, « obéissez extérieurement aux ordres de l'empereur et croyez ce que vous voudrez en secret. »

Mais ce n'était pas ainsi que les disciples de Parennin comprenaient les obligations du chrétien. « Ne craignez pas que je bouge, disait l'un d'eux aux bourreaux occupés à lier ses membres ; « un chrétien est trop heureux de souffrir pour sa foi. » Alors le supplice commença ; mais le mandarin était fatigué de tourmenter avant que le néophyte le fût de souffrir.

Quand tout fut fini, sa mère qui s'était tenue debout à ses côtés sans faiblir, le voyant tout mutilé et couvert de sang, l'embrassa avec tendresse et s'écria : « Viens, hâtons-nous de remercier Dieu des grâces qu'il nous a faites. »

Un autre tout couvert de plaies et incapable de se mouvoir, conjuré d'apostasier par un vieillard païen de sa famille qui le menaçait de mourir à ses pieds s'il lui refusait, répondit avec un noble sourire qui nous rappelle le trait de saint Laurent : « Je regretterai vivement votre mort ; mais à coup sûr, dans mon état présent, on me soupçonnerait difficilement de l'avoir causée [1]. »

Un troisième, médecin, ayant été fouetté presque jusqu'à la mort, et sollicité par un jeune homme, dont il était le parrain, de lui céder sa place s'écria : « Pourquoi mon fils, voulez-vous me priver de la couronne que Dieu m'a préparée. »

Pendant dix ans, cette persécution sanglante poursuivit ses ravages. Quelques-uns cédèrent, comme aux jours de saint Cyprien, sous la violence des tourments ; mais la grande majorité des princes, des magistrats, des soldats, des marchands, des bateliers, des femmes et des enfants [2], rivalisèrent d'héroïsme avec les confesseurs des premiers temps.

L'un de ceux qui confessèrent la foi en 1746 écrivait : « De tous côtés on entend les gémissements des chrétiens ; ils sont liés ou mis à la torture ; on cherche à les contraindre par des cruautés inouïes, à renoncer à Jésus-Christ. » Ils avaient eu pour maîtres des hommes de l'école de saint Paul, qui avaient gravé dans leurs cœurs ces paroles : « Les souffrances d'ici-bas ne sont pas dignes

---

[1] *Lettres édifiantes*, vol. XX, p. 551.
[2] Rorhbacher, *Histoire de l'Église catholique*, tome XXXVIII liv. XCI, p. 470.

plus humble trouvèrent la force d'imiter ces princes chrétiens, et de glorifier le saint nom à l'heure de l'épreuve. Dans tous les âges, le monde a reconnu dans ces épreuves le témoignage le plus élevé de la foi ; les hommes ne sont pas avides de tourments au point de livrer leurs membres au fer et au feu, lorsqu'une parole ou un signe aurait pu les délivrer, à moins que ce ne soit pour une cause égale à celle pour laquelle saint Pierre fut crucifié et saint Paul décapité. D'autres religions ont produit des fanatiques ; le christianisme seul peut se glorifier d'avoir des martyrs ; et la seule forme de christianisme qui en ait jamais enfanté de volontaires est celle prêchée en Chine par les Ricci, les Schaal, les Verbiest et les Parennin. Pendant près de trois siècles, leur sang a coulé dans toutes les provinces de la Chine, dans l'empire d'Annam et dans le royaume de Corée. Nous ne pouvons reproduire tous les détails de cette guerre encore inachevée. Une esquisse incomplète et rapide de l'histoire moderne de la religion en Chine suffira pour prouver d'une manière convaincante pour tous, que les missionnaires morts sur cette terre et les disciples de tout rang qui partagèrent leur sort, étaient en tout point les émules de ces hommes qui enseignèrent et souffrirent dans les jours où le christianisme commença sa lutte avec les pouvoirs de l'enfer. Le même invincible esprit de foi les animait, les mêmes dons divins leur avaient été prodigué. Le tableau que nous allons retracer peut manquer d'unité de temps et de lieux ; les diverses scènes pourront paraître quelquefois trop confuses et d'autres fois trop éloignées ; trois royaumes et vingt et une provinces doivent y trouver place ; mais un même enseignement nous sera donné par chaque trait de ce tableau ; le seul enseignement qu'il nous soit utile de recevoir nous montrera les missionnaires catholiques toujours et partout les mêmes, et *Dieu toujours admirable dans ses saints.*

Obligé de passer sous silence le détail de bien des persécutions, nous parlerons des grandes épreuves qui signalèrent l'année 1736.

A l'exception d'un très-petit nombre intimidé par l'appareil de la torture, tous, dit un témoin oculaire, déployèrent une constance héroïque au milieu des plus cruels tourments. En vain on frappait de verges leur visage jusqu'à ce qu'ils fussent couverts de sang ; en vain les étendait-on par terre pour les déchirer avec des fouets et des bâtons pointus, ils répondaient constamment : « Nous voulons vivre et mourir en chrétiens [1]. » Un des résultats

---

[1] *Lettres édifiantes*, vol. XX, p. 533.

kowski, « est célèbre pour la part qu'il prit dans la détermination des limites entre la Russie et la Chine[1]. » Parennin, juge compétant de l'héroïsme chrétien, maître lui-même dans la vie spirituelle, déclare dans ses lettres que rien ne pouvait surpasser les vertus sublimes dont ces admirables confesseurs donnèrent l'exemple. Promesses et menaces furent employées pour ébranler leur constance. « Vous êtes Mantcheous, leur disaient leurs anciens amis avec une opiniâtre persévérance, vous appartenez au sang royal et cependant vous renoncez aux coutumes de vos ancêtres pour suivre une loi étrangère ! » Remontrances et sarcasmes, caresses et mauvais traitements, tout fut inutile. Les ambassadeurs portugais et russes qui visitèrent la Chine à cette époque étaient remplis d'admiration pour ces nouveaux chrétiens et déclarèrent à leur retour en Europe, qu'ils avaient trouvé l'Église primitive aux confins les plus reculés de l'Asie.

Mais l'empereur était aussi résolu de vaincre, que les confesseurs de tout souffrir. Furieux de la patience qui déjouait tous ses efforts, il les fit ramener de l'exil et enfermer séparément dans d'étroites prisons, de six pieds de large et dix de longueur. Dans ces cachots des aliments à peine suffisants pour les soutenir leur étaient passés à travers une petite ouverture, seul moyen de communication avec le monde extérieur. Peu de jours après, l'un des princes fut trouvé sans vie par le geôlier. Ils moururent un à un. Encore un peu de temps, et tous auraient été réunis à la société des martyrs ; mais à ce moment Dieu qui souvent retient ses coups, mais qui finit toujours par frapper, s'appesantit sur Yong-Tching. Il expira en 1735, et son fils Kien-Long régna à sa place.

Un des premiers actes du nouvel empereur, dans l'année qui suivit son couronnement, fut de rendre la liberté aux princes qui avaient survécu à cet ensevelissement anticipé. Lorsque la noble troupe ayant en tête le dixième fils de Cang-Hi, se rendit au palais, dont elle avait été bannie depuis quinze ans, le peuple s'agenouilla avec respect et remplit l'air d'acclamations. Mais les espérances fondées sur cet acte de justice furent de courte durée. Humain par caractère, Kien-Long craignit cependant de paraître mépriser la politique de son père, et de nouveau l'ordre fut donné de persécuter les chrétiens.

Nous avons vu comment des convertis d'un rang élevé se conduisirent en exil et dans les fers, et fatiguèrent la malice du persécuteur. Voyons maintenant si des disciples d'un rang

---

[1] Timkowski's *Travels*. vol. II, ch. 1, p. 35.

dire que Notre-Seigneur, pendant la nuit de la Passion, ait essayé de relâcher les cordes avec lesquelles il était lié, ou qu'il ait placé dessous des linges pour en amortir la douleur? Il était l'Homme-Dieu souffrant pour nous pécheurs; nous ne souffrons pas pour d'autres, mais pour nous-mêmes[1]. »

Les femmes de la famille impériale montrèrent la même patience et le même courage au milieu de toute espèce de privations et de souffrances, aggravées par le souvenir de leur vie précédente. « Ces personnes illustres, » dit un historien protestant, « furent envoyées en exil dans les déserts de Tartarie; là des princesses furent exposées à périr de froid et de faim. En 1736, nous trouvons encore les membres de la famille impériale adhérant à la religion chrétienne[2]. » Quatorze ans d'une persécution servie, tantôt par la violence et la cruauté, tantôt par la ruse et la perfidie n'avaient pu épuiser leur force ou arracher de leurs cœurs la foi qui y avait pris racine.

« Quand on réfléchit, disait leur guide et leur conseiller, le père Parennin, à tout ce que cette famille a souffert, il est difficile de concevoir une épreuve plus formidable, plus généreusement supportée. Des princesses de sang royal, dont la vie s'était écoulée dans le faste et l'abondance, étaient tombées dans les derniers abîmes de l'indigence; point d'époux pour les soutenir, point de parents pour les assister, point d'amis pour les consoler; ayant toujours devant les yeux le spectacle de leurs fils enchaînés et destinés à la mort, de leurs filles plus malheureuses encore réservées à un sort pire que la mort; dans l'impossibilité de recevoir les sacrements, seule consolation qu'elles eussent pu goûter au milieu de leurs peines. Endurer toutes ces infortunes, supporter un tel déluge de souffrances, sans rien perdre de sa foi encore si récente, sans laisser échapper une plainte, est-il rien de plus admirable ou de plus héroïque dans la constance des chrétiens des premiers siècles de l'Église? » Le Père Parennin avait bien raison de s'écrier en faisant allusion aux égards hypocrites de l'empereur envers sa personne et celle de ses collègues de Pékin : « Oh! de grâce, moins de faveur pour les missionnaires et plus de justice pour la religion qu'ils prêchent! » Il avait passé lui-même plus de quarante ans en Chine, il avait été l'ami intime de Cang-Hi qu'il avait accompagné, pendant dix-huit ans, dans tous ses voyages en Tartarie; lorsqu'il mourut Yong-Tching fit des funérailles publiques à ce glorieux missionnaire, qui, au rapport du Russe Tim-

[1] *Lettres édifiantes*, tome XX, p. 54.
[2] Hugh Murray's *China*, vol. I, ch. VIII, p. 275.

avait été souvent faite aux premiers chrétiens ; ces vrais soldats du Christ l'avaient froidement repoussée. Les princes chinois étaient des chrétiens du même genre, formés par des apôtres de la même école. Ils gardaient dans leurs cœurs le souvenir de cette parole divine : « Vous ne pouvez boire au calice du Seigneur et à la coupe des démons [1]. » D'un consentement unanime, ils refusèrent ce qui leur était demandé et ces membres de la famille impériale comptant parmi eux plusieurs frères de Yong-Tching, furent dégradés et exilés. Suivons-les sur la scène de leur longue épreuve ; pendant plusieurs années, ils montrèrent une telle résignation, que touchés par leur fermeté inébranlable à supporter la pauvreté, la famine, la maladie, plusieurs membres païens de la famille impériale, embrassèrent la foi du Christ, malgré la certitude d'avoir à subir le même sort. Le prince Jean, le troisième en âge de cette réunion d'illustres confesseurs, écrivit de son lieu d'exil en Tartarie, au Père Parennin, son ami et son directeur : « Ce que nous désirons à présent, et ce que vous devez demander à Dieu pour nous, c'est qu'à l'aide de sa grâce, nous puissions corriger nos défauts, pratiquer la vertu, nous conformer à sa sainte volonté, et persévérer jusqu'à la fin dans son service. Voilà l'unique but de nos désirs ; à nos yeux le reste n'est rien. » La même force invincible, apanage de tous les martyrs et confesseurs de la Chine, fut déployée par tous ses compagnons, et toujours avec la même dignité de langage.

Du premier jusqu'au dernier, ils furent calmes et inébranlables comme s'ils se rappelaient celui de qui l'honneur leur était confié, et savaient se montrer des héros sans bruit et sans exagération.

« Vous ne savez pas le prix des souffrances, disait un autre de ces princes à son serviteur pleurant de le voir chargé de chaînes, et cependant vous êtes chrétien ! Apprenez qu'elles sont le gage d'une éternité bienheureuse. Ne vous découragez pas ; quoi qu'il puisse vous en coûter, restez fermes dans la foi, et n'abandonnez jamais le service de Dieu. » Nous croyons entendre la voix solennelle du prince des apôtres : « Ne vous étonnez pas du feu ardent qui sert à vous éprouver, comme si quelque chose d'extraordinaire vous arrivait ; mais si vous partagez les souffrances du Christ, réjouissez-vous afin qu'à la révélation de sa gloire, vous vous réjouissiez aussi transportés d'allégresse [2]. »

Le même prince répondit à un autre serviteur qui offrait de couvrir de linges les endroits meurtris par les chaînes, dont le poids s'élevait à soixante-dix livres : « Avez-vous jamais entendu

[1] I Cor., x, 21.
[2] Pet., iv, 12, 13.

dans cette année de triste présage, tous les missionnaires sans distinction furent chassés de leurs sanctuaires; plus de trois cents églises furent détruites ou livrées à des usages profanes ; plus de trois cent mille chrétiens furent livrés à la fureur des infidèles [1].

SECONDE ÉPOQUE.

Depuis l'avénement de Yong-Tching jusqu'à nos jours, ce fut au prix de tous les biens terrestres et souvent même de sa vie, qu'un Chinois put embrasser la religion de la croix. Nos ancêtres chrétiens des trois premiers siècles ont supporté la même épreuve ; et les hommes ont vu là une marque évidente de la divinité de leur religion ; ils ont compris qu'aucun système d'invention humaine n'aurait pu survivre à de pareilles persécutions. L'Église en Chine a donné exactement la même preuve de la divinité de son origine. Cent quarante ans se sont écoulés depuis l'édit de Yong-Tching et il y a aujourd'hui en Chine trois fois plus de chrétiens qu'à l'époque où il voulait purger l'empire de leur présence. Princes et nobles, soldats et paysans, femmes et enfants, ont traversé la terrible fournaise, elle les a conduits au triomphe par la mort.

L'œuvre de Ricci et de ses successeurs devait rencontrer l'épreuve formidable qu'ils avaient prévue. Si nous voyons leurs disciples renversés par la tempête, cela prouve qu'ils avaient bâti sur le sable ; mais s'ils endurent, comme les premiers chrétiens, tous les tourments que peut inventer la méchanceté des hommes et des démons, s'ils glorifient sur le bûcher ou sur l'échafaud le Sauveur pour lequel ils versèrent leur sang, nous reconnaîtrons la puissance de sa grâce, élevant des mortels au-dessus de la nature, et soumettant la chair à l'esprit.

Parmi les premières victimes de la persécution dont la Chine était le théâtre et pendant laquelle les mandarins de tous rangs rivalisaient de zèle pour exécuter les édits sanguinaires de leur maître, se trouvaient plusieurs des plus proches parents de l'empereur. Ces membres de la maison impériale avaient été élevés dans la pompe et le luxe de la cour ; un d'entre eux avait pu même avoir quelques espérances au trône; les plus hauts dignitaires étaient accoutumés à leur parler à genoux. Ils furent sommés, non pas de désavouer leurs convictions, mais seulement de rendre un hommage extérieur à la religion de l'État. La même proposition

[1] Du Halde.

considérables de leurs ressources privées ; mais le missionnaire était défrayé de toutes ses dépenses par l'empereur ; si quelque difficulté se présentait pendant le voyage, tel que le passage d'un torrent débordé, la première préoccupation de l'empereur, bien qu'il fût accompagné de son fils, l'héritier de la couronne, était pour le Père Verbiest. La nuit les ayant surpris un jour au passage d'un gué dangereux, il demanda avec anxiété où il était et insista pour le faire entrer dans son propre bateau, après avoir lui-même traversé le courant une seconde fois pour aller le chercher ; « cet acte, dit le Père Verbiest, donna lieu à de nombreux commentaires parmi les éminents personnages qui, pendant la nuit et le jour suivant, travaillèrent à effectuer leur passage [1]. » Le Père Pereira, qui reçut à son tour des honneurs semblables et qui négocia, de concert avec Gerbillon, le traité russe de Nerchinsk, en 1689 [2], raconte que Cang-Hi disait quelquefois en plaisantant à ses courtisans : « Gardez-vous de controverser avec les maîtres chrétiens, leur savoir vous forcerait à vous ranger de leur avis sur tous les sujets. En ma présence même, lorsque l'occasion s'en présente, ils se permettent d'adorer leur Dieu. » Il ajoute que « plusieurs courtisans habitués autrefois à adresser leurs prières au ciel, en sont maintenant honteux et prient Dieu en personne [3]. »

Jusqu'ici, malgré des revers partiels et des épreuves qui purifièrent la foi des convertis, les missionnaires avaient triomphé. D'une extrémité de cet empire à l'autre, le nom de Jésus et la fermeté de ses adorateurs étaient connus. Les nouveaux chrétiens étaient assez fortifiés maintenant dans l'amour de Dieu et les pratiques de la religion, pour soutenir la lutte par laquelle une Église nouvellement fondée doit passer tôt ou tard. Une main seule écartait l'orage, et cette main allait perdre sa force. En 1722, l'empereur Cang-Hi mourut, à l'âge de soixante-neuf ans, plein d'amour et d'admiration pour les missionnaires, mais trop esclave des passions terrestres pour embrasser leur doctrine. Il leur avait rendu de grands services sans en profiter lui-même. Il avait perdu l'occasion qui lui était offerte et avait négligé la grâce acceptée par beaucoup de ses proches ; il allait disparaître.

Yong-Tching, son fils et son successeur, dont la vanité semble avoir été blessée par la supériorité de ses parents chrétiens et leur constance à repousser les anciennes superstitions, fulmina immédiatement un édit d'extermination contre la religion de Jésus ; et

---

[1] D'Orléans, appendix, p. 614.
[2] Ravenstein, *The Russians on the Amur*, p. 58.
[3] D'Orléans, p. 143.

obligea à apprendre le dialecte tartare, qu'il parlait de préférence. A tout moment il les examinait pour apprécier leurs progrès dans sa langue favorite; un d'entre eux, comme Chateaubriand l'observe, traduisit dans cette langue les traités scientifiques de Fontenelle. Dans tous ses voyages, Cang-Hi emmenait avec lui un ou plusieurs missionnaires, dont la compagnie semblait lui être devenue indispensable; une intimité si inusitée excitait l'étonnement et la jalousie des plus grands officiers de l'empire. Sa première question en arrivant dans une ville, avait toujours rapport au missionnaire qui l'habitait. A Nankin, où le père Gabiani et ses compagnons s'abstinrent, par humilité, de se présenter devant lui, l'empereur les attendit pendant deux jours, jusqu'à ce qu'enfin s'impatientant de leur absence, il leur dépêcha un mandarin de sa maison nommé Chao, ami zélé des Pères de Pékin, pour leur en faire des reproches; et après leur avoir offert quelques présents et leur avoir demandé « s'ils n'avaient pas sur eux quelque image de Jésus-Christ, » il leur annonça, comme marque spéciale de sa faveur, qu'il passerait à son retour devant la porte de leur maison [1]. »

En 1702, quatre ans après la mort de Verbiest, une belle église, construite dans les dépendances du palais, fut ouverte avec solennité, et la première messe fut célébrée par le Père Gerbillon. Lorsque les mandarins jaloux se plaignirent à Cang-Hi des dimensions de cette église qui ombrageait une partie de l'édifice impérial, il leur répondit : « Que vouliez-vous que je fisse? Ces étrangers me rendent chaque jour d'importants services, je ne sais comment les en récompenser; ils refusent tous les emplois et tous les honneurs; ils ne veulent pas recevoir d'argent; la religion est la seule chose dont ils se soucient; en cela seulement je puis leur témoigner ma gratitude. Ainsi ne m'en parlez plus [2]. » Nous pourrions ajouter bien d'autres preuves de l'influence exercée par les missionnaires dans cette cour païenne.

Naturellement les faveurs extraordinaires accordées par plusieurs empereurs aux missionnaires devaient faire une impression profonde sur tous ceux qui en étaient témoins. Le Père Verbiest raconte qu'en 1682, il accompagna le souverain régnant dans la Tartarie orientale, et qu'il fut placé sous la protection spéciale de l'oncle et du beau-père de l'empereur, pendant toute l'expédition. Dix chevaux des écuries impériales, étaient réservés pour son usage; tous les autres mandarins étaient obligés de dépenser des sommes

---

[1] D'Orléans, *History of the Tartar Conquerors*, etc., p. 98.
[2] *Lettres édifiantes et curieuses*, tome XVII, p. 87.

mortifiée de Verbiest et de ses frères. L'effet de cette découverte sur le souverain tout-puissant de la Chine promit d'heureux résultats à leur mission. Lorsqu'en 1685, une nouvelle compagnie de missionnaires arriva à Ning-Po, dont l'entrée leur était fermée par les mandarins, Chang-Hi, qui avait appris à les apprécier, écrivit ainsi de sa main à ses subalternes trop zélés : « De tels hommes ne doivent pas être expulsés de mon empire. Laissez-les venir tous à ma cour ; ceux qui connaissent les mathématiques resteront auprès de ma personne, les autres pourront aller dans les provinces partout où ils voudront. »

Trois ans plus tard, en 1688, Verbiest mourut. Lorsque le missionnaire ferma les yeux, un avenir brillant semblait s'ouvrir. Partout la religion étendait sa pacifique domination ; malgré plusieurs persécutions, les églises chrétiennes de Chine pouvaient se compter par centaines. L'empereur lui-même prononça le panégyrique du grand missionnaire qui venait de mourir, et publia un édit solennel « comme témoignage public de son affection pour lui ; » il y faisait remarquer que, « pas un de ses calculs sur les mouvements des corps célestes n'avait été trompé. » M. Medhurst, avec la franchise qui distingue ses écrits, et qui fait de lui un homme estimable sans avoir pu en faire un missionnaire heureux, parle de Verbiest en ces termes : « Son humilité et sa modestie rivalisaient avec son habileté et son amour du travail. Il semblait insensible à ce qui n'intéressait pas directement la science ou la religion ; il s'abstenait de visites inutiles, de la lecture de livres simplement curieux, ne se permettant pas même celle des journaux européens. Il s'occupait constamment de ses calculs mathématiques, de l'instruction des prosélytes, de sa correspondance avec les grands de l'empire dans l'intérêt de sa mission, ou d'invitations pressantes envoyées aux savants de l'Europe pour les engager à venir en Chine. Ses papiers privés indiquent la ferveur de sa piété, la rigueur de ses austérités, la vigilance qu'il exerçait sur lui-même au milieu d'affaires si multipliées, et l'ardeur de son zèle pour la religion[1]. »

Mais Verbiest, sage et bon comme il était, ne peut être distingué cependant des milliers d'apôtres que l'Église a envoyés dans tous les pays, depuis les trois derniers siècles. Quelques semaines après sa mort, les pères Gerbillon et Bouvet furent reçus à la cour et occupèrent dans l'estime du philosophe impérial, la même place qu'avaient occupé Schaal et Verbiest. Ce fut Cang-Hi qui les

[1] Ch. ix, p. 234.

sa constance qu'il était plus heureux de confesser le nom du Christ dans une prison que de l'avoir annoncé avec honneur dans un palais. »

Schaal n'était plus, les gouverneurs des provinces lancèrent des édits foudroyants, les flammes de la persécution se rallumèrent dans tout l'empire. Vingt-cinq missionnaires, dont vingt et un étaient jésuites, furent saisis et déportés à Canton. Là ils attendirent la fin de l'orage. Bientôt leur patience fut récompensée, et ils se retrouvèrent au milieu de leur troupeau. En 1671, le Père Ferdinand Verbiest, successeur d'Adam Schaal, obtint du nouvel empereur, sur lequel il avait acquis une grande influence, un nouveau répit pour ses frères. Dans cette seule année, un écrivain protestant le mentionne, plus de vingt mille Chinois furent convertis[1]. La persécution avait porté ses fruits habituels, et l'exemple des confesseurs selon la loi des missions chrétiennes, avaient conquis l'admiration des païens pour une foi qui pouvait inspirer tant d'héroïsme. En 1672, un oncle de l'empereur et plusieurs autres personnages de haut rang, parmi lesquels un des huit généraux qui commandaient l'armée tartare, furent reçus dans le giron de l'Église. Les missionnaires avaient raison d'espérer qu'après quelques épreuves et quelques vicissitudes nouvelles, la croix triompherait en Chine.

Verbiest était un digne successeur de Ricci et de Schaal. « Comptez-moi, Seigneur, disait-il souvent, au nombre de ceux qui ont désiré, mais auxquels il ne fut pas permis de verser leur sang pour vous. Sous le voile de votre miséricorde infinie, j'ose vous offrir ma vie en sacrifice. » Dans cette disposition d'esprit, il travailla pendant près de vingt ans, jouissant de la confiance et de l'estime de Cang-Hi. Il n'avait pas seulement captivé ce prince par sa science, mais il l'avait encore profondément touché par les vertus apostoliques, que l'empereur avait mises à l'épreuve par des moyens dignes d'un monarque asiatique. En voyant des hommes de la trempe de Verbiest et de ses compagnons, Grimaldi et Pereira, versés dans tous les mystères de la science humaine, repousser constamment les dignités et les richesses qui leur étaient offertes, préférer, de propos délibéré, passer leur vie dans la prière, le jeûne, la continence ; le prince tartare trouva ce phénomène digne d'être examiné. Par ses ordres des espions furent secrètement postés pour surveiller les missionnaires dans tous les détails de leur vie privée; ces hommes purent raconter à leur maître étonné la vie sainte et

---

[1] Medhurst, *China, its State and Prospects*, ch. IX, p. 252.

était due. « Les mandarins, disait ce souverain, me demandent toujours de nouvelles grâces; mais *Ma-fa*, nom qu'il donnait à Schaal, le réformateur de son calendrier, quoiqu'il connaisse mon affection pour lui, me refuse toujours, même quand je le presse d'en accepter. » Lorsque le courageux missionnaire, nouveau saint Jean-Baptiste, reprit le monarque de ses vices, ce dernier répondit : « Je vous pardonne vos invectives, parce que je suis convaincu de votre attachement. »

Le fait suivant fera ressortir l'intimité des relations du célèbre missionnaire avec l'empereur. Schaal, après avoir été l'ami et le confident du dernier souverain de la dynastie Ming, continua de recevoir les mêmes marques d'estime des deux premiers empereurs tartares ; dans le Sud, cependant, des généraux chinois chrétiens avaient repoussé avec succès l'invasion tartare [1]. En Chine, lorsque l'empereur s'est assis dans la demeure d'un de ses sujets, son siége est aussitôt recouvert d'une étoffe jaune, couleur impériale, personne ne peut désormais s'en servir. Un jour Chuntche, le second souverain de la dynastie mantcheou, visita le Père Schaal; il s'asseyait tantôt sur le lit, tantôt ailleurs, partout où il trouvait un siége. Le Père lui dit en riant : « Où Votre Majesté pense-t-elle que je pourrai maintenant m'asseoir ! — Où vous voudrez, répliqua le monarque, entre vous et moi pas de cérémonie [2]. »

A la mort de cet empereur, pendant la minorité de son successeur, Cang-Hi, une formidable persécution s'éleva. Les quatre régents donnèrent le titre de précepteur du jeune prince au Père Adam ; mais les bonzes et les mahométans excitèrent contre la religion chrétienne une tempête qui menaça de l'anéantir. Le vénérable Adam Schaal, âgé de soixante-quatorze ans, fut chargé de chaînes et jeté en prison avec une foule de mandarins convertis, dont cinq furent martyrisés. Schaal avait été condamné à être étranglé et coupé par morceaux; mais, d'après les chroniques, toutes les fois que les juges s'assemblèrent pour lire la sentence, des tremblements de terre les forcèrent à s'enfuir du tribunal, et le peuple, regardant ce prodige comme un avertissement du ciel, obtint la révocation du jugement. « Tout le pays, dit Le Comte, fut ému à la nouvelle de cet événement. Schaal, épuisé par les infirmités et les souffrances, succomba sous les mauvais traitements et mourut en 1666. « Tombé du faîte des honneurs, privé de ses dignités, accablé de reproches et de calomnies, il endura, dit le Père d'Orléans, l'emprisonnement et les fers, montrant par

---

[1] *History of the Tartar Conquerors of China*, introd., p. 6; ed. Hakluyt Society.
[2] Henrion, tome II, p. 376.

« le goût de plusieurs empereurs pour la littérature est la seule raison qui les ait fait tolérer[1]. » — Il est vrai, cependant, que, malgré l'estime et l'amitié de plusieurs empereurs, leur religion était à peine supportée et qu'ils étaient toujours en danger de persécution[2]. « Il est démontré, dit M. Pauthier, que la tolérance dont jouissaient les missionnaires, était due à l'entremise de ceux d'entre eux qui étaient à la cour[3]. » De là vient la contradiction apparente des Chinois dans des temps et des lieux différents et le singulier contraste entre les honneurs prodigués aux missionnaires dans une ville, et les tourments infligés à leurs collègues dans d'autres.

Revenons à Adam Schaal, le principal représentant du christianisme et de la science dans la capitale de la Chine. Il n'était pas le seul. En 1631, les dominicains et les franciscains arrivèrent, et malgré les périls dont ils étaient entourés, ces laboureurs apostoliques se répandirent sur tous les points de cet empire, depuis Canton jusqu'à la grande muraille, et même dans la Tartarie et la Mongolie. Leurs travaux ne furent point stériles. « La moisson fut si abondante, dit un témoin qui l'a vue dans sa maturité, que les ouvriers étaient en trop petit nombre pour la recueillir[4]. » « La marche des missionnaires, observe un écrivain anglais, ressemblait généralement à un triomphe, bien qu'interrompue par de terribles vicissitudes jusqu'aux derniers temps de la monarchie des Ming, où ils furent pour ainsi dire souverains dans le palais[5]. » « Peu de missions, dit un agent protestant en Chine, ont été plus favorisées par de zélés convertis et ont vu leurs apôtres plus aidés et plus soutenus par de riches et de nobles protecteurs que les premières missions papales en Chine[6]. » Il a raison de parler ainsi. Ce fut à cette époque que la mère de l'empereur, sa femme favorite, et enfin son fils aîné furent baptisés par le père Koffler, et envoyèrent à Rome bientôt après, au pape Alexandre VII, la lettre célèbre si souvent citée et qui fit naître de si grandes espérances. Mais si l'empereur permettait à ses proches de faire profession de la foi chrétienne, et s'il distingua par des faveurs insignes ces missionnaires assez intrépides pour exercer leur ministère sous ses propres yeux, ce fut principalement à leurs qualités personnelles que cette capricieuse tolérance

[1] *Voyage round the World*, vol. II, p. 519.
[2] *Voyages and Travels*, vol. IV, p. 233.
[3] *La Chine*, p. 442.
[4] Le Comte, *Lettres*, XI, p. 564.
[5] *The British World in the East*, par Leigtch Ritchie, vol. II, p. 229.
[6] *The Middle Kingdom*, vol. II, ch. XIX, p. 305.

tiquité prétendue de la science en Chine. Des écrivains protestants de nos jours ont suffisamment démontré les impostures transparentes de Voltaire et de son école. « Afin de détruire la vraisemblance du déluge de Noé, dit M. Hugues Miller, cet imposteur employa en vain tous les expédients pour neutraliser le témoignage de la science paléontologique sur lequel les géologues d'aujourd'hui fondent plusieurs de leurs conclusions les plus légitimes. Mais il ne réussit qu'à produire des écrits dont chaque sentence renferme un mensonge ou une absurdité[1]. » — « Il a été prouvé, dit M. Montgomery Martin, que les observations astronomiques chinoises des temps reculés sont de pures inventions, les Jésuites ne trouvèrent personne capable de calculer une éclipse[2]. » « Leur connaissance des sciences exactes, » fait observer M. Hugues Murray, « ne peut pour un moment supporter la comparaison avec celle des Européens[3]. » « Tout ce qui a quelque valeur en fait de science astronomique en Chine, ajoute M. Gutzlaff, a été emprunté aux traités des missionnaires romains[4]. » L'exactitude de leurs observations, relatives à la position de points innombrables dans tout l'empire de Chine, embrassant une étendue de 35 degrés de latitude et 23 de longitude, est attestée par sir John Davis[5], tandis que M. Thornton déclare que la chronologie chinoise bien examinée tend plutôt à confirmer qu'à contredire les faits de l'histoire mosaïque[6].

L'empressement des empereurs de Chine à reconnaître les qualités rares des Jésuites, et à profiter de leur savoir, est attesté par une multitude d'autorités. La science des missionnaires, remarque Krusenstern, et la séduction de leurs personnes leur assurèrent un bon accueil à la cour ; il exagère peut-être, en ajoutant que

---

[1] *The Testimony of the Rocks*, par Hugh Miller, Lecture VIII, p. 279 (1862).
[2] *China, political, commercial and social*, vol. I, p. 78.
[3] *Historical and descriptive Account of China*, ch. III, p. 225.
[4] *China opened*, vol. II, ch. XIV, p. 169.
[5] *Sketches of China*, vol. I, ch. IX, p. 264.
[6] *History of China*, par Thomas Thornton, Esq., preface, p. 13. « Les travaux géologiques accomplis en Chine par les jésuites et par d'autres missionnaires de la foi catholique romaine attireront toujours la reconnaissance et l'étonnement de tous les géographes... Les chronomètres portatifs, les baromètres anéroïdes, les sextants, les théodolites, les sympiésomètres, les micromètres, les compas et les horizons artificiels, sans compter tous les autres accessoires, sont souvent exposés à se déranger ou à induire en erreur ; cependant quelques prêtres errants, venus d'Europe il y a cent cinquante ans, traversèrent les immenses États de la Chine propre, et marquèrent sur des cartes la position des villes, la direction des rivières, la hauteur des montagnes, avec une précision de détail et une justesse de contours *absolument merveilleuses*. Depuis ce jour, toutes nos cartes sont basées sur leurs observations. » (*The Taeping Rebellion in China*, par Commander Lindesay Brine, R. N., F. R. G. S., ch. III, p 39 (1862).

leur foi, rédigée par eux-mêmes [1]. » Les mandarins, dit Le Comte, sont prêts à tout « dès qu'ils pensent sérieusement à devenir chrétiens, » eux et leurs apôtres le savaient. Leur position, en tout point était celle des convertis primitifs; d'un bout de l'empire à l'autre, ils leur ressemblèrent par l'inflexibilité de leur foi, par leur mépris de la souffrance et de la mort.

Le premier apôtre de la Chine avait achevé l'œuvre confiée à ses soins. « Il avait passé vingt-sept ans en Chine, dit M. Gutzlaff, pendant ce temps il avait accompli une tâche herculéenne. Il était le premier missionnaire catholique qui pénétra dans l'empire, et, à sa mort, il y avait plus de trois cents églises dans les différentes provinces [2]. » M. Gutzlaf, il est vrai, homme, dont les manières de procéder nous seront décrites par ses associés, et qui d'après leurs témoignages fut plus heureux en amassant une fortune qu'en faisant des chrétiens, ajoute avec dédain en parlant de nos missionnaires : « Ils convertirent des milliers d'hommes sans toucher leurs cœurs. » Les prisons et les échafauds de la Chine nous diront si M. Gutzlaff avait raison. — Quelques jours avant sa mort, Ricci adressa ces paroles à ses compagnons désolés : « Mes pères, quand je pense aux moyens par lesquels je pourrais le plus efficacement propager la foi chrétienne en Chine, je n'en trouve pas de meilleur ni de plus persuasif que ma mort. » « Par son enterrement public avec la sanction officielle de l'empereur, observe un écrivain moderne, il légalisa le christianisme en Chine [3]. » En 1610, Ricci terminait sa carrière apostolique, les événements qui devaient mettre son œuvre à l'épreuve étaient proches. Cinq ans après sa mort, un orage terrible éclata, les pères de Pékin, jusqu'alors respectés par le persécuteur, furent bannis à Macao, et pour un temps le progrès de la foi sembla complétement arrêté. Mais il avait été décrété que les apôtres ne manqueraient jamais pour continuer l'œuvre commencée par Ricci. En 1628, Adam Schaal fut nommé à sa place « président du tribunal des mathématiques, » l'empereur trouvant que ses sujets étaient incapables de remplir les fonctions de Ricci et de ses compagnons. La religion rentra dans la capitale, sous les auspices de la philosophie et de la science.

De toutes les objections présentées par les impies du dix-huitième siècle contre la religion révélée, il y en avait peu de plus spécieuses, aucune de plus illusoire, que celles fondées sur l'an-

---

[1] Du Halde et Henrion.
[2] *The Present State of China*, Letter xii, p. 411 (1737).
[3] Huc, tome II, p. 249.

l'empereur, réservant les droits de la dignité apostolique, en refusant toute faveur. Il consentit à être un mathématicien et un philosophe à la cour, à la condition de n'être qu'un missionnaire partout ailleurs. Il réussit également dans ces deux qualités. Parmi les premiers convertis attirés par son lumineux enseignement et sa vie mortifiée, fut le mandarin Paul Seu, un des dignitaires les plus élevés de l'empire, dont la famille entière paraît avoir embrassé la foi que leurs descendants professent jusqu'à ce jour. Du Halde rapporte de sa petite fille Candide, que « pendant trente quatre ans de veuvage, elle imita parfaitement les saintes veuves décrites par saint Paul, fonda trente églises dans son pays natal, et en fit construire dix-neuf dans les autres provinces de l'empire [1]. » La grâce dont elle fit si bon usage est demeurée depuis lors dans sa famille ; un témoin, en 1858, est obligé d'avouer qu'une partie des descendants de Seu sont à présent romanistes [2]. » Trois siècles de persécutions incessantes n'ont pu renverser les églises fondées par Ricci ; le même écrivain ajoute avec un déplaisir marqué, « que dans la seule province évangélisée par ses soins, les catholiques sont aujourd'hui au nombre de soixante-dix mille. » Il est bon de commencer notre histoire par un fait attesté par d'ardents adversaires ; il démontre clairement les succès des premiers missionnaires, l'incomparable solidité et la permanence de leurs résultats.

Des nobles et des hommes d'État ne furent pas seuls à devenir disciples de Ricci, et à apprendre la sagesse de la bouche d'un étranger. Saint Paul avait rassemblé des néophytes dans le palais même de l'empereur romain ; Ricci administra le sacrement de baptême dans le palais du souverain de la Chine. — En 1605, trois princes de la famille impériale entrèrent dans la société des fidèles le jour de l'Épiphanie, et reçurent les noms de Melchior, Gaspard et Balthasar.

Nous ne serons pas étonnés de voir Ricci, prévoyant le jour de la souffrance, s'efforcer de préparer ses enfants spirituels à la surmonter avec courage. En baptisant des princes et des nobles à Pékin, il savait que dans les provinces la persécution était déjà commencée. Le vrai soldat de la Croix seul devait être capable de prévaloir dans cette lutte terrible dont la Chine allait devenir le théâtre. Aussi personne n'était-il admis dans l'Église sans des précautions extrêmes et sans avoir fait « une déclaration publique de

---

[1] Du Halde, tome III, p. 79 et seq.
[2] *Life in China*, par Rev. W. C. Milne, ch. IV, p. 474 (1858).

Il parvint à se rendre maître du plus pur dialecte chinois, au point d'exciter déjà par ses écrits, l'admiration des lecteurs les plus lettrés et les plus délicats. L'un d'entre eux fut destiné à prendre la place qu'il occupe encore dans la bibliothèque impériale [1]. Ainsi préparé au travail auquel il avait consacré sa vie, il se mit en route pour Pékin. Des mois, des années même devaient se passer avant qu'il terminât ce voyage. A travers mille obstacles, il se fraye une voie, toujours prudent mais n'hésitant jamais, et répand partout sur ses pas la semence de l'Évangile. Beaucoup de Chinois des plus instruits, attirés par une éloquence qu'ils ne pouvaient assez admirer, et captivés par les sublimes vérités développées devant eux, embrassaient la foi; mais il avait les yeux tournés vers Pékin, il n'abandonna jamais ce but. Arrivé aux portes de Nankin, il lui était aussi facile d'avancer que de reculer. En traversant le Yang-tse-Kiang, il fut sur le point de se noyer; un de ses compagnons périt, son heure à lui n'était pas encore venue. A la douane, son bagage est examiné, on trouve un crucifix; le préposé de service le considère « comme un charme menaçant la vie de l'empereur. » Cette barrière franchie, il poursuivit sa route, faisant des conversions partout où il s'arrêtait, presque toujours dans les plus hautes classes. Chassé d'une ville, il fuyait dans une autre. Toujours calme et contenu, aucune difficulté ne le surprenait, aucun piége ne l'arrêtait. L'entrée dans une ville lui était-elle refusée, il la laissait de côté et continuait sa route; jusqu'à ce qu'enfin, surmontant tous les obstacles par des efforts de prudence, de sagacité et de courage, il terminait un voyage sans exemple dans les annales des expéditions modernes, et pénétrait dans la capitale. Alors, après vingt années de peines et de souffrances, il commença à recueillir dans la joie, ce qu'il avait semé dans les larmes.

« Peu d'hommes firent autant que ce Jésuite dans un aussi court espace de temps, » dit un protestant connu. Ce témoin peu favorable ajoute: « On croira à peine qu'à sa mort il existait, dans la province seule de Keang-Nan, trente églises, » et un peu après « dans presque toutes les grandes villes, il se trouva des chrétiens [2]. » Quelle sorte de chrétiens ils étaient, nous allons l'apprendre.

Ricci était établi à Pékin, dans l'enceinte même du palais impérial. Il mettait volontiers sa science humaine au service de

---

[1] Bridgmann, *Chinese Chrestomathy*, introd., p. 51.
[2] Gutzlaff, vol. II, ch. xv, p. 229.

Nous allons essayer de retracer cette histoire en rangeant les faits sous trois époques. La première s'étend depuis l'arrivée de Ricci jusqu'à la mort de l'empereur Cang-hi, en 1722 ; la seconde, de l'avénement de son fils, Yong-Tching et de l'ère de persécution qu'il fit naître, jusqu'à la suppression de la Société de Jésus en 1773 ; la troisième, du rétablissement des missions dans la première partie de ce siècle jusqu'à nos jours. Les principaux événements de ces trois périodes seront brièvement esquissés avec les détails absolument nécessaires pour établir les faits que nous voulons mettre en lumière dans cet ouvrage : à savoir le *caractère* distinctif des missionnaires, la *méthode* de leurs opérations, les *résultats* de leurs travaux. Comme les catholiques viennent les premiers dans l'ordre des temps, nous commençons par eux.

PREMIÈRE ÉPOQUE.

Ricci aborde à Canton. Sans argent, sans livres, il commence son œuvre, confiant, comme saint Paul, dans sa vocation et dans la grâce de Dieu. Dépendant, dès le premier moment de son arrivée, du caprice du vice-roi, rien de plus précaire que sa position durant les premières années de sa résidence en Chine. Il fut une fois obligé de se soustraire à la fureur des idolâtres et de se retirer à Macao. Il n'était pas homme à se laisser abattre par le péril ou décourager par la souffrance, il revit bientôt la ville qui l'avait banni. Il avait résolu de pénétrer dans l'intérieur de la Chine ou de périr à la peine [1].

A son arrivée, il avait pris le costume de *bonze*, supposant, par une erreur bien naturelle, que des hommes exerçant les fonctions sacerdotales et professant une vie ascétique devaient être respectés par leurs sectateurs. Mais après s'être assuré que nul costume n'attire moins l'estime des Chinois, une inspiration plus heureuse le porta à adopter celui des lettrés ; les membres de son ordre le retinrent durant leur séjour en Chine. Son premier converti paraît avoir été un pauvre proscrit, trouvé mourant sur le bord d'un chemin. Rien ne promettait encore qu'il eût un jour pour disciples des nobles et des princes, et que le chef suprême de ce vaste empire dût le considérer comme un ami, un compagnon et un guide ; son ardente foi et son courage indomptable pouvaient seuls le lui faire entrevoir.

[1] *Vie du P. Ricci*, par le R. P. d'Orléans. Voyez aussi *Vie du R. P. Ricci, apôtre de la Chine*, par Charles Sainte-Foi, Paris (1859).

prêché en Chine. La pierre monumentale découverte en 1625 près de la cité de Si-ngan-fou, dont l'authenticité, malgré les railleries de Voltaire est mise maintenant hors de doute, montre d'une manière décisive la Chine évangélisée avant le *septième* siècle[1]. Gibbon admet « que la prédication du christianisme en Chine entre le septième et le treizième siècle est invinciblement prouvée par des témoignages chinois, arabes, syriaques et latins[2]. » Dans le treizième siècle, il y avait un archevêque à Pékin avec quatre évêques suffragants sous sa juridiction[3]. Dans le *quatorzième*, le Pape Clément V nomma métropolitain le célèbre franciscain Jean de Monte Corvino ; « homme en qui nous trouvons, observe Neander, le modèle d'un vrai missionnaire, n'épargnant aucune peine pour donner la parole de Dieu à ce peuple dans sa langue[4]. » Depuis cette date nous pouvons arriver de suite à l'époque dernière qui nous concerne. Chaque incident en a été raconté par les amis ou par les ennemis, avec tout le détail et la précision de l'histoire contemporaine.

En 1552, saint François-Xavier quitta Goa pour aller en Chine, brûlant de proclamer dans ce pays le nom qu'il avait déjà annoncé à tant de peuples, dans d'autres régions. Mais sa course était parcourue ; le maître qu'il avait aimé et servi appela son apôtre à se reposer de ses travaux. Il expira sur le rivage de l'île de Sanciau, abandonné par les perfides Chinois qui devaient le conduire à Canton.

L'heure où saint François mourut vit pour ainsi dire la naissance de celui qui devait prendre sa place ; les dons les plus abondants de la nature et de la grâce lui furent prodigués. Aucune qualité capable d'orner sa brillante carrière ne paraît avoir été refusée à cet homme éminent. En lui se trouvaient prudence, fermeté, grandeur d'âme ; profond génie, cultivé par les maîtres les plus célèbres de son temps ; goût exquis et délicat, infatigable courage, mortification habituelle. En 1583, le Père Ricci abordait en Chine ; alors commença cette lutte fameuse entre le pouvoir de la lumière et celui des ténèbres ; lutte que cet intrépide apôtre soutint pendant vingt-sept ans. Elle forme l'introduction à l'histoire des missions modernes en Chine.

---

[1] Blumhardt, *Histoire générale de l'établissement du Christianisme*, tome III, ch. XXXI, p. 58 ; Giesler, *Ecclesiast. Hist.*, vol. I, p. 353 ; Marco Polo's *Travels*, ch. XV, p. 509, ed Wright.

[2] *Decline and Fall*, ch. XLVII.

[3] *Journal asiatique*, tome I, p. 135.

[4] *History of the Christian Religion and Church*, vol. VII, p. 76 ; ed. Torrey.

l'intérêt qu'elles ont éveillé chez les deux plus puissantes nations de l'Europe. Dans cet ouvrage, nous avons plutôt à nous occuper du passé que de l'avenir. Quelles seront les destinées de la Chine? nous l'ignorons; son passé, nous l'avons appris d'hommes qui n'ont pas attendu sa hautaine et chagrine sanction pour fouler son sol interdit. Depuis plus de trois cents ans, ces hommes seuls, devançant la noble curiosité de la science aussi bien que l'impatience encore plus ardente de l'esprit commercial, s'efforçant toujours d'élargir sa sphère, ont déployé une valeur surhumaine, capable de forcer un ennemi à la reconnaître : « Où ni marchand, ni voyageur n'a pénétré, le missionnaire catholique s'est frayé une route[1]. » Il donna à l'Europe la seule connaissance exacte qu'elle possède de ce pays lointain. D'autres, à une époque plus récente, excités par le désir du gain et acceptant les humiliations sans lesquelles ils ne pouvaient l'obtenir, se trouvèrent des repaires obscurs plutôt que des demeures dans quelques-unes de ses villes maritimes. Les missionnaires de la croix seuls, défiant les menaces, la torture et la mort, ont bravé la fureur capricieuse de ses maîtres, ont pénétré dans les provinces les plus éloignées, ont traversé dans leurs courses apostoliques toute l'étendue de ce vaste empire, depuis la mer de Chine jusqu'aux plaines de Tartarie et du Thibet, depuis le golfe de Siam jusqu'aux bords de la mer d'Okhost. L'histoire de leurs peines et de leurs souffrances, de leurs travaux et de leurs triomphes, va nous occuper.

Il n'est pas nécessaire de relater les premières tentatives du christianisme en Chine. Si l'apôtre saint Thomas, comme plusieurs l'ont pensé, passa de l'Inde dans ce pays, et vit son message rejeté par ce peuple, ce fait expliquerait peut-être ses calamités postérieures ; c'est là toute l'instruction que nous pourrions en retirer. Une question si obscure dans l'histoire n'appartient pas à notre sujet. Nous ne parlerons pas non plus des missions nestoriennes dont les traces sont presque effacées[2], à moins que l'on n'en retrouve des vestiges, comme le suggère Thévenot, dans les Lamaseries du Thibet. Ce fut un malheur, peut-être un châtiment, pour le sud et pour l'est de l'Asie, d'être visités dans les premiers âges par de faux apôtres, profondément entachés d'hérésie. A ce fait, ont été attribués en grande partie, les désastres multipliés qui ont signalé la marche de la religion dans ces malheureuses contrées. Il suffit de savoir qu'avant la conversion des Saxons, le christianisme avait été

[1] Gutzlaff, *China Opened*, vol. I, ch. vi, p. 180. Cf. Humboldt, *Asie centrale*, tome I, p. 27.
[2] Henrion, *Histoire des Missions catholiques*, tome I, p. 377.

CHAPITRE II

MISSIONS EN CHINE

I

MISSIONS CATHOLIQUES

Il est un pays que les Perses, les Grecs et les Romains n'ont pas visité. Depuis des siècles il se tient à part, « comme formant un monde à lui seul, à l'est reculé de l'extrême Asie[1]. » Des royaumes se sont élevés et ont disparu, des nations se sont formées et ont été dispersées, ce pays est resté étranger au progrès comme à la décadence. Là, cependant, plus d'un tiers de la famille humaine a fixé sa demeure. Là « un empire colossal, couvert d'innombrables habitants, habiles dans les arts, l'industrie, l'agriculture et le commerce[2], » accomplit sa mystérieuse destinée depuis plus de deux mille ans, sans jamais révéler au reste du genre humain les secrets de sa philosophie, de ses lois ou de sa religion.

Enfin les portes de ce monde oriental ont été ouvertes à l'Europe; ses fils le parcourent, forçant la Chine de regarder en face ces races que depuis vingt siècles elle refusait de connaître. Déjà les hommes spéculent sur l'issue de cette conquête commencée. La Chine, se demandent-ils consentira-t-elle à recevoir de l'Occident cette divine philosophie si longtemps rejetée avec un ignorant dédain, et à désapprendre ces illusions religieuses et scientifiques qui ont fait ses peuples athées et ses sages pédants? De pareilles questions, en dehors des limites de nos recherches présentes, méritent cependant

---

[1] F. Von Schlegel, *Philosophy of History*, Lect. III.
[2] Huc, *le Christianisme en Chine*, tome II, p. 2.

jour est venu d'ajouter un nouveau chapitre égal en intérêt et en importance, bien que présenté par une main faible et inhabile à ceux donnés au monde par le génie sans rival de l'évêque de Meaux, et dont l'effet fut d'arrêter le développement du protestantisme en France. Les missions protestantes sont récentes, il est vrai, elles datent cependant d'assez loin pour nous permettre de leur faire subir cette épreuve décisive que leurs avocats ne sauraient refuser. Le Christ l'a proposée à ses disciples en disant : *Par leurs fruits vous les reconnaîtrez.*

de notre étude, lorsqu'il déclare dans les siècles passés que ses messagers seuls prévaudront dans cette lutte surhumaine. « *Ils* « élèveront des édifices dans des lieux déserts depuis des siècles... « Leur postérité sera connue parmi les gentils, leurs rejetons « s'étendront parmi les peuples : tous ceux qui *les* verront les « reconnaîtront pour la race bénie du Seigneur [1]. »

Nous aurons eu raison d'entrer dans ce nouveau genre de controverse si, en appliquant cette divine épreuve, nous découvrons à travers les âges le pouvoir et la sagesse d'accomplir ce miracle accordé par Dieu à une institution seule et à nulle autre ; si l'histoire nous enseigne par les témoignages de toutes les nations et de toutes les sectes, que Dieu a prodigué à une classe d'hommes les dons et les grâces les plus insignes que le Créateur puisse accorder, en les refusant constamment à toute autre ; si les messagers de l'Église nous apparaissent partout élevés, par la vertu de la vocation apostolique, au-dessus de la fragilité humaine, tandis que les émissaires des sectes n'osant pas même s'attribuer cette vocation, deviennent la risée de ceux qui repoussent leur religion, et l'objet du mépris de ceux qui la professent ; si nous trouvons dans les innombrables disciples de l'Église de dignes émules des premiers chrétiens, tandis que les rares stipendiés des sectes sont un sujet de scandale pour les païens ; si enfin, dans les trois derniers siècles comme dans les quinze qui les ont précédés, une classe de missionnaires nous apparaît, prévalant partout sur les puissances de l'enfer, rendant la liberté à ses captifs, et cela malgré la plus absolue pauvreté et l'absence complète de tout secours humain, tandis que leurs rivaux, répandant l'or de tous côtés, soutenus par le pouvoir des deux plus grandes nations de l'Ouest, ont seulement, de leur propre aveu, laissé les païens dans une condition pire que celle où ils les trouvèrent ; notre controverse différerait alors de toutes les autres, en ce que Dieu l'aurait soustraite au jugement des hommes pour la décider lui-même.

Dans ce dessein, nous allons comparer sur tous les points du globe les missions catholiques et protestantes chez les infidèles. Si cette tentative n'a jamais été essayée jusqu'ici, c'est parce que les résultats de ces dernières n'étaient pas encore parfaitement connus ni assez développés ou recueillis dans les pages de l'histoire. Il était impossible d'obtenir à une date antérieure les matériaux du contraste que nous voulons établir. Bossuet lui-même n'eût pu écrire l'*Histoire des Variations*, s'il eût vécu un demi-siècle plus tôt. Le

---

[1] Isaias, LXI, 4, 9.

de tout sophiste orgueilleux. Destinée à enseigner les nations, elle a d'autres guides à côté de la parole écrite, elle est la gardienne des traditions apostoliques ; elle est éclairée directement et incessamment par l'inspiration immédiate du Saint-Esprit. De plus, l'Église est de fait et en vérité, la seule vraie *Société Biblique*. Elle déroule devant tous ses enfants les mystères du Livre éternel, avec une sagesse et un pouvoir incomparables. Aussi l'homme illettré apprend-il à ses genoux à la connaître ; sans avoir jamais su lire, il devient familier avec ses vérités cachées ; il acquiert une vivante perception de ses saintes doctrines, auprès de laquelle la fade et superficielle *connaissance de la parole* possédée par les esprits les plus subtils, placés au dehors de son sein, n'est que ténèbres [1].

Par la vertu du divin pouvoir qu'elle seule possède et dont nous suivrons l'action dans tous les pays, le néophite de l'extrême Asie, hier sectateur de Bouddha ou de Confucius, est aujourd'hui un croyant pieux et éclairé ; demain il sera martyr. Elle n'a pas mis de livres entre ses mains, elle l'a prémuni contre ces ignobles versions, qui déshonorent la révélation divine, et exposent le christianisme à la dérision des païens. Cependant, sa voix pénétrante a atteint les profondeurs de son âme, et dans son ministre il a reconnu un prophète du Dieu vivant. Entrons donc sans plus tarder, dans notre recherche historique ; elle nous révélera la marche de cette incomparable victoire. Examinons chez les idolâtres, le contraste entre les missions catholiques et les missions protestantes. Les anciens champs de la controverse sont épuisés, un nouveau terrain appelle notre attention ; enfin nous pourrons inviter les hommes à une recherche nouvelle qui mettra à une épreuve décisive l'Église et les sectes. Nous allons les voir *agir*. La conversion du monde païen, l'œuvre à la fois la plus noble et la plus difficile, à laquelle les meilleurs et les plus sages des hommes de notre race aient jamais dévoué leur vie, n'est pas un miracle de la puissance divine inférieur à la création du monde matériel. Tous deux sont également impossibles à l'habileté humaine sans le secours de la toute-puissance du Très-Haut. Ainsi ne peut-on se former l'idée de l'Église chrétienne avec l'exclusion de cette idée fondamentale, *l'aptitude à convertir les gentils*. Elle a été créée dans ce but. Voilà ce que son Fondateur attend d'elle. N'est-ce pas lui qui nous avertit d'appliquer cette épreuve suprême, objet

---

[1] « Le saint livre, dit le plus populaire et le plus influent auteur spirituel de notre époque et de l'Angleterre, est comme un faisceau de myrrhe dans le sein de l'Église, un pouvoir de sanctification auquel rien ne puisse être comparé, excepté les sacrements du Précieux Sang. » (Dr. Faber, *The Creator and the Creature*. book I, ch. III, p. 69.)

laissé par le Sauveur et sait comment elle doit en user. « J'ai eu des rapports avec beaucoup de prêtres catholiques, nous avoue un infatigable distributeur de Bibles protestantes, je n'en ai jamais entendu un seul s'élever contre les Ecritures ; ils demandent seulement que l'édition soit conforme au texte autorisé [1]. » Lorsque le docteur Wolff visita l'école des religieux espagnols à Damas, « il trouva, à son grand étonnement, plusieurs centaines d'élèves en possession de Testaments et de psautiers arabes imprimés par la Société biblique anglaise et étrangère; notons que cette version était la version autorisée. Le moine espagnol à la tête de cette école dit à Joseph Wolff : « C'est ainsi que nous répandons, comme nous l'avons toujours fait, la foi de la sainte Église catholique et apostolique [2]. » Il n'y a rien dans ce fait capable d'étonner un catholique. Avant l'apparition des sectes, l'Église avait si bien gardé le dépôt de ce livre sacré, que les hérésiarques des temps modernes avouent qu'ils « ne l'eussent jamais reçu d'une autre main [3]. » C'est là, ses enfants le savent, l'une de ses obligations. L'*Église ne pas vénérer les divines Écritures !* Mais elles lui appartiennent ; à sa seule autorité, leur auteur a confié le soin de les définir et de les promulguer. L'*Église indifférente à ce dépôt sacré* gardé par elle pendant des siècles ! Mais ses serviteurs dévoués ont au prix d'incessants labeurs, conservé avec soin et multiplié ce trésor ; ses saints en ont fait leur nourriture ; ses docteurs la base de leurs enseignements ; ses prêtres, dans la fonction la plus solennelle de leur ministère, la vénèrent en la portant à leurs lèvres ; elle-même, à cette heure, en tout pays, elle l'offre sans restriction et sans mesure à ses enfants capables d'en goûter la douce saveur. L'accuser est l'œuvre d'un fanatique ou la calomnie d'un faux prophète [4]. En vérité, l'Église est innocente de cette criante inconvenance de mettre tous les livres de l'Ancien Testament entre les mains des enfants ; elle n'a pas lu les paroles de son premier Pontife avec assez peu de fruit [5] pour donner les épîtres de saint Paul sans notes ou sans commentaires aux femmes et aux paysans, ou pour abandonner la mystérieuse Apocalypse à la fantaisie de rêveurs en délire ou à l'exégèse triviale

---

[1] *Journal of Rev. James Connor*, in Jowet's App., p. 452.
[2] *Travels and Adventures of Dr. Wolff*, ch. IX, p. 181.
[3] Luther, *Comment. in S. Joan. Evangel.*
[4] « Quid est Scriptura sacra, » dit Grégoire XIII à Philippe d'Espagne, « nisi Epistola quædam omnipotentis Dei ad creaturam suam? Nihil autem sapientius Deo, nihil melius, nihil nostri amantius; nihil igitur ejus scriptura præstantius, *nihil utilius, nihil necessarius.* » (Ap. Theiner, *Annal. Ecclesiast.*, tome I, p. 80.
[5] II Pet., III, 16.

bien connu de Timkowski, sur la Chine, est tirée presque entièrement de celui du Père Gaubil; le grand orientaliste ajoute : « M. Timkowski a oublié de nommer son auteur[1]. » De même, lorsque M. Papin demanda, en 1854, au directeur protestant d'un collége anglais à Malaca, d'avoir un exemplaire de la grammaire chinoise du Père Prémare, célèbre auteur de *Notitia Linguæ Sinicæ*, réimprimée à ce collége, le fait suivant se produisit : « Lorsque nous demandâmes au ministre cet ouvrage sous ce nom-là, il parut étonné et n'avoir jamais connu l'existence du Père Prémare, bien moins encore qu'il fût l'auteur de cette grammaire; l'ouvrage du célèbre Jésuite, dont le sien était une traduction littérale, l'éditeur protestant s'en était attribué tout le mérite[2]. » De plus, « lorsque le dernier ministre protestant de Canton, M. Morisson, après s'être procuré le dictionnaire chinois du Père Basil, l'eut réimprimé, il annonça au monde savant en être lui-même l'auteur. » Ce fait est confirmé par l'autorité sans appel de Klaproth, non-seulement il suspecta le larcin, mais il découvrit en collationnant, toute sa maladresse, « l'édition de Morisson était pleine de fautes[3]. »

Nous connaissons assez, peut-être trop, le principe et les résultats de la méthode employée par les Sociétés protestantes, pour chercher à convertir le monde païen. Ce *principe* inconnu aux apôtres, est hautement condamné et désavoué par tous les actes de leur carrière évangélique. Les *résultats* ont été d'une part, la profanation des saintes Écritures, la plus grande et la plus universelle que l'esprit du mal ait pu accomplir; d'autre part, la confirmation et dans un certain sens, la justification de la conduite du monde païen dans son refus d'accepter une religion ainsi présentée. Maintenant, sur tous les points du globe, nous avons à comparer cette méthode en toute sincérité et dans tous ses détails, avec celle employée d'abord par saint Paul dans le premier siècle, par saint Augustin dans le sixième, saint François dans le seizième, et suivie encore par les missionnaires catholiques jusqu'à nos jours. A l'exemple des premiers apôtres, l'Église n'essaye pas de convertir le monde païen en faisant circuler des livres non destinés à cet usage, que les païens ne pourraient comprendre, même en supposant leur traduction correcte, et dont ils ont abusé en les ridiculisant ou en les souillant, d'après le triste témoignage de leurs distributeurs. Mais l'Église connaît la valeur de ce trésor

---

[1] Timkowski's *Travels*, vol. II, ch. II, p. 127; note par Klaproth.
[2] *Annales*, tome VIII, p. 585.
[3] Ap. Timkowski, vol. I, ch. IX, p. 350 (1827).

de Rome¹ ! » En Chine et dans l'Inde, nous avons vu les traducteurs protestants, essayant d'imiter les versions catholiques, réussir seulement à les rendre ridicules, par manque de capacité intellectuelle et littéraire. « Dans le champ de la philologie, dit sir John Bowring, répétant l'éloge si souvent prononcé par de savants orientalistes, « le monde doit beaucoup aux missionnaires catholiques. » Et cependant leurs imitateurs protestants ne peuvent pas même faire un utile usage des travaux qui leur servent de fondement dans bien des cas.

Les livres à leur usage, les dictionnaires et les grammaires, sont souvent empruntés aux missionnaires catholiques. Ainsi le docteur Marshman, de Serampore, dont les écrits, avec ceux de Carey, ont été abandonnés par ses coreligionnaires, comme sans valeur, reconnaît devoir la première vue d'un dictionnaire latin-chinois, à l'obligeance d'un missionnaire catholique, le Père Rodriguez, qui avait passé vingt ans en Chine ². » De même lorsque Schrecter, agent de la Société *Church Missionary*, désira traduire les Écritures dans le dialecte boutan, « il obtint un dictionnaire *manuscrit* thibétain et italien, ouvrage d'un missionnaire romain ³. » De nos jours, nous trouvons dans l'Amérique du Sud, un Anglais protestant encourageant un missionnaire de sa secte à apprendre la langue des Indiens du Chili, parce que « dans cette étude il sera aidé par un dictionnaire composé par des missionnaires papistes, leurs devanciers ⁴. » Dans le continent du Nord, la capture par les Anglais, des papiers du martyr Sébastien Rasles, « fut, dit-on, un événement important; on trouva un vocabulaire de la langue abenaki, composé par le missionnaire, et conservé encore jusqu'à ce jour ⁵. »

Ils savaient apprécier pour leur usage ces aides indispensables, mais sans la moindre allusion à leur provenance. Pensant agir de la sorte en toute sincérité, ils prétendaient être les auteurs d'ouvrages dont les leurs étaient seulement une pâle et inexacte copie. « En vérité, » dit un de leurs linguistes, « il n'est pas de plus grands plagiaires que certains missionnaires ⁶. » Dans ce singulier commerce, il paraît y avoir eu rivalité entre les Russes et les protestants. Ainsi, d'après Klaproth, la partie descriptive de l'ouvrage

---

[1] *Travels and Adventures of Dr. Wolff*, ch. ix, p. 182.
[2] *Chinese Grammar*, par J. Marshman, D. D., preface, p. 2.
[3] *Periodical Accounts*, vol. I. p. 60.
[4] Gardiner, *Visit to the Indians of Chili*, ch. vi, p. 190.
[5] Bancroft, *History of the United States*, vol. II, p. 940.
[6] Wolff, ch. xi, p. 205.

La version *arabe*, que la Société biblique faisait autrefois circuler en Syrie, était aussi de l'aveu de M. Jowett « l'édition de la Propagande, » imprimée à Rome en 1671, « pour l'usage des chrétiens arabes [1]. » Au sujet de la version *éthiopienne*, un de leurs agents nous dit : « A l'origine, l'éthiopien était particulièrement cultivé par les missionnaires jésuites; nous leur devons le Nouveau Testament en cette langue [2]. » La même chose est vraie pour la version *tartare* publiée, Neander l'admet, environ cinq cents ans avant le commencement des missions protestantes [3]; c'est vrai pour la version *chinoise*, M. Medhurst en convient, l'Église précéda les sectes de plus de deux cents ans [4]. C'est vrai pour la version *cingalaise*, M. Harvard en a trouvé un exemplaire « œuvre d'un missionnaire catholique romain, » d'une origine au moins aussi reculée [5]. C'est vrai pour la *persane*; l'Évangile était publié en cette langue à Kaffa en 1541 [6]. C'est vrai pour la version *russe*, imprimée à Alcala en 1515, puis à Venise en 1518; on sait qu'Alexis, père de Pierre le Grand, put à peine trouver dans tout l'empire russe, un exemplaire des Écritures en slavon [7]. C'est vrai pour la *polonaise* et pour *tous* les dialectes d'Europe, aussi bien que de la version *copte*, *tamoule*, *annamite*, *malaise* et de bien d'autres. Ainsi il est prouvé, jusqu'à l'évidence, par leurs propres témoignages, que même pour l'objet particulier de leur prétendue gloire, les sectes ont seulement fait un peu tard et sans fruit, ce que l'Église avait déjà accompli dans tous les pays avec plein succès. Ses ennemis se sont âprement approprié les trésors qu'elle avait répandus avec prodigalité. Ils peuvent seulement présenter à leurs disciples une contrefaçon mutilée de dons qui, entre leurs mains inhabiles, ont perdu toute leur valeur. Dans la distribution tant vantée des Écritures, ils avouent avoir mis en circulation de l'or d'emprunt, bientôt changé en écume à leur contact. « Les meilleures traductions de la Bible en langue étrangère, provenant de notre Société, dit un de leurs plus infatigables distributeur, ce sont des réimpressions de celle de la Propagande

---

[1] *Researches*, etc., app. p. 453.
[2] *Ibid.*, p. 196.
[3] *History of the Christian Religion and Church*, vol. VIII, p. 76.
[4] *China*, etc., ch. IX, p. 248.
[5] *Narrative of the Mission to Ceylon*, par le Rév. W. Harvard, introd. p. 64.
[6] *The Crimea; its Ancient and Modern History;* par le Rév. Thomas Milner, M. A.; ch. V, p. 130.
[7] *Recherches historiques sur l'origine des Sarmates, des Esclavons et des Slaves.* par Mgr de Bohusz, archevêque de Mohilew, tome III, ch. XXVII, p. 534 (Saint-Pétersbourg, 1812).

En vain les témoins les plus éclairés et les plus compétents exposent le vide de leurs prétentions exagérées. « Parmi les langues d'Europe, dans lesquelles la Société biblique anglaise et étrangère, » dit le docteur Herbert Marsh, « a imprimé les Écritures, il n'en *est pas une* qui n'eût déjà sa version de la Bible ! » Cela n'empêche pas ses orateurs d'assurer avec un calme imperturbable que sans leurs travaux ces versions eussent été inconnues. En vain le docteur Marsh cite, entre autres exemples, la version polonaise. « Nous trouverons, dit ce savant, mais en pure perte, outre quatre éditions de toute la Bible et deux du Nouveau Testament publiées par les catholiques, outre deux éditions de toute la Bible et quatre du Nouveau Testament publiées par les sociniens, que pas moins de neuf éditions de la Bible entière et huit du Nouveau Testament ont été publiées par les calvinistes polonais. » Puis il ajoute : « Comme le corps de la nation polonaise est catholique et le reste juif en grande partie, » *quinze* éditions de toute la Bible et *quatorze* versions séparées du Nouveau Testament auraient dû satisfaire les besoins du pays, ou au moins avertir la Société biblique de ne pas prétendre que la Pologne est redevable de la Bible au zèle anglais. Mais la Société biblique connaît ses souscripteurs, et sourit seulement de ce que dit le docteur Marsh [1].

Les directeurs de cette institution ont dispersé leurs informes et inutiles traductions au détriment de la chrétienté, dans des pays dotés par l'Église prévoyante de versions plus exactes de la sainte Écriture, longtemps avant l'existence de cette société ; ses agents le savent par leur expérience et leur observation personnelle, l'Église catholique avait publié des traductions soignées des saintes Écritures dans les langues de tous les peuples entrés dans son sein. D'après cet aveu étonnant, cette société si fière d'avoir pris partout l'iniative s'est appropriée plusieurs de ces versions et les a fait circuler comme son œuvre propre ! Ainsi, en 1818, « la Société biblique anglaise et étrangère acheta quinze cents exemplaires de l'Ancien Testament *arménien* au collège arménien catholique de l'île Saint-Lazare à Venise...; dans la suite un plus grand nombre fut tiré de la même source et mis en circulation parmi les Arméniens de la Turquie [2]. » La version *amharic*, dialecte principal de l'Abyssinie, préparée à grand peine au Caire, sous les auspices du consul français, fut aussi acquise par la Société anglaise dans le même but [3].

[1] *An Inquiry relative to the B. and F. Bible Society*, par Herbert Marsh, D. D., p. 67.
[2] Dwight's *Christianity in Turkey*, ch. I, p. 19.
[3] *Abyssinie*, par M. A. N. Desvergers, p. 59.

Times en 1860 : « Que toutes les Bibles distribuées par la Société ont été rassemblées et brûlées en place publique. » Le ministre anglais était indigné, ajoute-t-on, « mais le ministre américain, présent, encouragea l'outrage[1]. » Ce dernier était peut-être assez intelligent pour comprendre que cet acte était une protestation non pas contre la Bible, mais contre la Société biblique. Il pouvait aussi savoir le zèle et le succès avec lesquels on étudiait les saintes écritures dans les écoles publiques de cette ville, où « les étudiants méritèrent, il y a trente ans, ce témoignage d'un officier anglais : ils ont très-bien répondu à toutes les questions sur l'Ancien et le Nouveau Testament[2]. » Ils n'avaient donc pas besoin des traductions douteuses de la Société biblique; on peut leur pardonner d'avoir jeté au feu ses présents.

A l'arrivée d'une cargaison de Bibles protestantes au Chili, nous dit le Rév. Walter Colton, comme pour appuyer le prudent avis du docteur Olin, les habitants se réunirent en procession générale « et les brûlèrent en présence de la multitude[3].

CONCLUSION.

Tels ont été, d'après le témoignage des agents eux-mêmes, sans une seule exception, en aucun temps, dans aucune partie du globe, les résultats invariables de ces incroyables dispersions de Bibles, que ce simple aperçu, sur les opérations des Sociétés anglaises et américaines, nous a permis d'entrevoir. Employés dans tous les pays aux plus vils usages, méprisés par les païens instruits, pour leur vulgarité et leur incohérence, jetés à la mer par les mahométans et dans les flammes par les chrétiens, après bien peu de temps, il ne reste pas trace de ces millions de livres dont un vague sentiment religieux a inondé le monde.

La Société biblique dont nous avons dû indiquer les opérations, à cause de leur intime connexion avec les missions protestantes, fait constamment appel au seul instinct religieux qui survit en Angleterre. La stérilité des résultats actuels n'y fait rien; cet instinct est tellement enraciné dans l'esprit des Anglais qu'il persiste malgré les protestations consciencieuses des agents, comme aux assauts les plus animés et les mieux fondés de leurs adversaires.

---

[1] *The Times*, February 25, 1860.
[2] *Journal of a Residence in Colombia*, par le capitaine Charles Stuart Cochrane, vol. II, ch. xiv, p. 287.
[3] *Incidents of a Cruise to California*, ch. 1, p 168 (1851).

appeler une de ces opérations, « essai infructueux sur une population indigène catholique ; » la mission établie dans ce but à Buenos-Ayres, eut si peu de succès, qu'il ajoute : « Le conseil y regardera à deux fois, pensons-nous, avant de former de nouveaux projets de missions parmi les catholiques[1]. »

A propos d'un essai semblable au Brésil, des historiens moins candides de la même nation nous disent : « Il y a eu empressement à se procurer les saints livres. » Ils recommandent avec instance au missionnaire colporteur d'aller de colonies en colonies à travers le Brésil avec des Bibles et des traités. L'avis du docteur Olin était peut-être plus judicieux ; car, en supposant leur récit véridique, il prouverait qu'après avoir reçu leurs Bibles, les Brésiliens n'en étaient que plus affermis dans leur propre foi ; puisqu'après plusieurs années de résidence ils ne prétendaient même pas avoir fait un seul prosélyte. Ils confessent avoir soupçonné que « l'empressement, mentionné, avait pour objet un plan concerté de détruire les livres[2]. » Il y a trente ans, un *clergyman* anglais disait que « les Brésiliens ont moins besoin de ces missionnaires colporteurs qu'on ne le supposait ; « la belle institution littéraire de Rio-Janeiro se distingue par sa collection de Bibles, plus considérable peut-être qu'en aucune bibliothèque du monde[3]. »

De la ville de Mendoza, dans les Pampas (aucun point n'est assez éloigné, ni assez obscur pour échapper à l'attention), un missionnaire anglais, rapporte avoir offert en 1840 des Bibles à un libraire pour douze sous pièce, mais « après les avoir vu plusieurs jours dans ses rayons sans acheteurs, le libraire me pria de les retirer comme invendables[4]. »

A Guatimala, un autre distributeur anglais, reçut formellement de la part du président l'ordre de quitter le pays, et subit ce qu'il appelle « une expulsion violente de la capitale. » Ce missionnaire raconte avoir invoqué vainement en 1850 la protection de M. Chatfield, consul anglais, « il déclina son entremise, et m'ordonna brutalement de quitter le consulat. » Il se propose cependant, de reprendre ses distributions, « aussitôt que la porte sera de nouveau ouverte par la Providence. » Dix ans sont écoulés, il n'y a pas encore la moindre apparence de l'ouverture désirée[5].

Dans la Nouvelle-Grenade, nous apprenons du correspondant du

---

[1] *Works*, vol. II, p. 425.
[2] *Brazil and the Brazilians*, par le Rév. D. P. Kidder, D. D., and R. J. C. Flechter, ch. xiv, p. 256-340.
[3] *Notices of Brazil*, par le Rév. R. Walsh, L. L. D., vol. I, p. 438.
[4] *A Visit to the Indians of Chili*, par le capitaine Allen F. Gardiner, p. 45.
[5] *The Gospel in Central America*, par le Rév. F. Crowe, ch. xiv, p. 511, 78, 87.

AMÉRIQUE.

VIII. Deux ou trois exemples des mêmes procédés en Amérique nous suffiront maintenant, sans épuiser cependant la matière.

En 1846, la seule tribu indienne des Choctaux reçut trois cent vingt mille pages. De là nous inférons que ces judicieux sauvages dépensent leurs loisirs en culture intellectuelle. Telle était apparemment l'impression des agents protestants; car, deux ans plus tôt, cette tribu favorisée avait déjà reçu de la même source intarissable plus de trois millions de pages de Bibles et de traités[1]. » Les Chéroques, pour avoir montré peut-être un appétit moins dévorant pour la littérature sacrée, ont seulement obtenu, jusqu'à la même date, environ deux millions de pages. Ils furent rassasiés, devons-nous croire, par cette quantité moindre représentant plus de sept mille volumes. Les Sioux, grands contempteurs des habitudes studieuses, en furent quittes avec deux cent mille pages; les Ogibbeways en reçurent un million. Nous verrons, d'après les aveux des missionnaires, quel en fut l'usage.

Les largesses que nous venons d'indiquer sont peut-être inférieures à celles faites aux Nipnucks ou Naticks, à une période précédente. M. Eliot, d'après le docteur Douglas dans son histoire d'Amérique, traduisit la Bible en leur langue. « C'était dans un bon dessein, mais à mettre au nombre des choses à l'usage des gens oisifs, (*otiosorum hominum negotia*). A présent les Naticks ne forment plus vingt familles, presque aucune ne sait lire. A quoi bon ? (*Cui bono*[2]?) Le docteur Livingstone fait mention d'une version également profitable venant de la même main ; le célèbre voyageur africain l'appelle « Parole de Dieu en un langage que nulle bouche humaine ne peut articuler, que nulle intelligence humaine ne peut comprendre[3]. »

Les naturels de l'Amérique du Sud, quoique chrétiens, n'ont pas été oubliés dans les libéralités protestantes. Trois mille trois cents Bibles espagnoles ont été envoyées d'un coup à Mexico, beaucoup plus dans la suite; le Brésil, Buenos-Ayres, le Chili, la Nouvelle-Grenade, et autres provinces ont eu leur part. Le docteur Olin Wesleyan, président de collége à Harvard, veut bien

---

[1] *Religion in the U. S. of America*, par le Rev. R. Baird, livre VIII, ch. III.

[2] *History of the Indians of North America*, par Samuel G. Drarke, livre V, ch. VII, p. 114.

[3] *Missionary Travels in South Africa*, ch. VI, p. 115.

tresse ; ils le donnent généralement en présent ou en échange[1]. »
M. Coleridge, faisant allusion à la profanation générale des Écritures, si imprudemment prodiguées par les protestants dans le monde entier, dit : « Je me demande quelle idée ces personnes se forment de la Bible ; elles ne traitent aucun autre livre d'une façon semblable[2]. » L'amiral sir Adolphe Slade nous dit : « La distribution exagérée des Bibles est déplorable. — Si les membres et les protecteurs d'une Société biblique savaient *où elles vont*, comment elles sont reçues, elles préféreraient donner leur argent à leurs pauvres compatriotes. Mais il n'y aurait plus de missionnaires ni de distributeurs de Bibles, etc. »

Les Bibles données aux *Turcs* sont imprimées, comme de raison, en caractères turcs. Cent quatre-vingt-dix-neuf sur deux cents ne savent pas lire ! Le Turc en prend une comme il prendrait une traite sur le calcul différentiel ou une vie de lord Bacon... Il la garde comme une curiosité, ou la déchire comme du papier inutile[3].

« Les juifs reçoivent la Bible avec grand plaisir ; c'est pour eux une économie ; *ils détruisent avec soin le Nouveau Testament*, et placent l'Ancien dans leurs synagogues en riant de leurs bienfaiteurs.

« Les Albanais, faute de mieux, bourrent leurs fusils avec les pages des Bibles de la Société[4]. »

Il continue ainsi une énumération qui, jointe aux autres témoignages déjà fournis sur la destinée des Bibles protestantes dans le monde, nous conduit naturellement à la conclusion indiquée par M. Walpole et l'amiral Slade. La Société biblique, qui n'a jamais converti une seule âme dans aucune contrée du globe et a vu croître en Angleterre le paganisme pratique dans la proportion de son propre développement, est simplement une vaste et heureuse entreprise, organisée pour fournir gratuitement le monde païen de papier de rebut. Les souscripteurs apparemment regardent cet objet de leur sollicitude comme bien digne des millions qu'il absorbe. Les apôtres adoptèrent une méthode différente ; sans cela le christianisme serait encore au berceau.

---

[1] *The Ansayrii*, par l'Hon. F. Walpole, vol. III, ch. III, p. 77.
[2] *Literary Romains of S. T. Coleridge*, vol. I, p. 320.
[3] Un enthousiaste distributeur de Bibles dit d'une des versions turques fabriquées par la Société biblique : « Il n'est pas une page, pas même un verset, dans ce volume qui ne contienne matière à objection. » (*The Turkish New Testament incapable of Defence*, par Dr. Henderson, pref. p. xiv.
[4] *Records of Travels in Turkey*, etc., ch. xxii, p. 518.

nom paraît s'être attiré moins d'honneur sur le prétendu théâtre de ses exploits.

« A mon retour à Meshed, » dit Ferrier, « l'agent anglais Mollah-Mehdi, était furieux contre le docteur Wolff qui avait publié une lettre dans une gazette orientale, en se vantant d'avoir converti le Mollah au christianisme. « Comment, dit-il, être converti par ce fou ? Puisse la tête de Wolff être couverte de cendres ! Puisse-t-il perdre la vue pour avoir dit une pareille fausseté ! Je pus seulement le consoler en lui promettant d'envoyer une lettre de lui au docteur Wolff dans laquelle il lui demanderait de rétracter son assertion[1]. »

De tels exemples sont instructifs. Le docteur Holt Yates, ami et admirateur « du grand missionnaire de Bokhara, » nous dit que Wolff, fit transporter à une certaine occasion, toute une cargaison de Bibles de Smyrne à Salonique. Les matelots grecs, moins dévots que leurs compatriotes décrits par M. Strickland, trouvant en lui un sujet convenable pour leur maligne raillerie, l'assurèrent « qu'un pirate » suivait le navire. Supportant cette nouvelle épreuve avec sa force ordinaire, « il exigea qu'on le mît à terre, dit le docteur Yates, laissant ses vêtements et ses Bibles à bord, et après avoir erré pendant trois jours sans nourriture, il se présenta devant le gouverneur de Salonique, dans un état pitoyable, meurtri et ensanglanté par les épines, au grand amusement des autorités musulmanes ; on lui donna des aliments et des habits, et d'après son désir on l'envoya à Malte. » Un Ulemah, cependant, « déclara que c'était ou un méchant homme ou un fou, et que si on lui permettait de vivre, il fallait l'enfermer[2]. »

Le docteur Wolff lui-même, agent actif de la Société biblique, nous fournit un complément d'anecdotes ; il avait l'habitude, dit-il, de donner des Bibles aux Bédouins arabes, aussi capables de les lire que leurs chameaux, parce qu'un jour l'un d'eux ayant probablement reçu quelque chose en sus de la Bible, lui avait promis de la faire lire dans sa maison par le premier venu *sachant* lire[3]. »

M. Walpole visita le même pays peu d'années après, et fit avec raison les réflexions judicieuses suivantes sur la distribution des Bibles dans les maisons des Arabes et des mahométans : « Nous débitons nos Bibles comme nous débitons du papier de rebut. Le Coran est-il traité de même ? On n'a pas d'exemple qu'un bon musulman ait jamais vendu son livre sacré, quelle que fût sa dé-

---

[1] Ch. xxxi, p. 488.
[2] *Modern History of Egypt*, par W. Holt Yates, M. D., vol. II, ch. xiv, p. 592.
[3] *Journal*, p. 176.

de rencontrer la critique d'un témoin impartial, qui les traite comme Fontanier traita les inventions de M. Samuel. Après avoir avoué que les juifs de Damiette avaient renvoyé leurs Bibles et que ceux de Jérusalem avaient brûlé plusieurs Nouveaux Testaments, dont il les avait gratifiés[1], le docteur Wolff remplit des volumes avec l'histoire de ses succès, surtout chez les Arabes et les Persans. De nouveaux voyageurs l'ayant suivi à la piste, ont corrigé les écarts de son amour-propre. « J'ai souvent entendu les Persans, » dit le capitaine Wilbraham, « se vanter d'avoir confondu le missionnaire Wolff[2] ». Meshed et Bokhara, comme Bassora, sont très-écartés de la route ordinaire suivie par les touristes européens. Le docteur Wolff évidemment croyait, comme M. Samuel, lorsqu'il racontait ses exploits apostoliques et ses triomphes de missionnaire dans ces anciennes villes, être à l'abri de corrections intempestives. Vain espoir ! « les salameleks, les saluts et bénédictions, que le docteur Wolff se vante d'avoir reçu à son entrée à Bokhara, existent seulement dans son imagination féconde, nous dit le général Ferrier après avoir traversé ces régions en allant de la Perse au Punjaub. Les petits enfants, au lieu de baiser le bord de sa robe, » comme il le dit avec complaisance, « l'accablèrent d'injures et lui jetèrent des pierres. Ces traitements n'étant pas de nature à le rassurer, il essaya de se rendre propices par de l'argent et par des présents tous ceux qui l'approchèrent. Le premier jour de la réception du docteur par l'émir Nasser-Ullah-Khan, il était dans un tel état de frayeur qu'il semblait ne pas savoir où il était ni à qui il s'adressait. Son langage était incohérent, il tremblait de tout ses membres. L'émir le remarqua et eut pitié de lui. Conduisez ce malheureux chez lui, dit-il au maître de cérémonies, il est hors d'état de parler et sa terreur m'afflige[3]. »

Voulez-vous avoir une idée du mode usité dans la Grande-Bretagne pour se créer des réputations de ce genre et pour les maintenir? Les éditeurs de Londres annoncent en 1860, le dernier ouvrage du docteur Wolff sous ce titre : « *Voyages et aventures du docteur Wolff*, connue dans le monde entier sous le nom *du grand Missionnaire de Bokhara*[4]. »

Mais si le docteur Wolff a pu s'annoncer ainsi en Angleterre, son

---

[1] *Journal*, p. 152-244.
[2] *Travels in the Trans-Caucasian Provinces of Russia*, par Captain Richard Wilbraham, ch. XXXIV, p. 389.
[3] *Caravan Journeys in Persia, Afghanistan*, etc., ch. IX, p. 128, ed. Seymour.
[4] *The Times*, May 11, 1860.

nier peuple du monde à jouer le rôle que leur prête M. Samuel. « La Bible, » dit un auteur, après avoir vécu chez eux, « excite à peine assez de curiosité pour les porter à la prendre et à lire un seul verset. Je la leur ai souvent offerte, ils ont refusé de l'ouvrir[1]. » Il y a quelques années, cinq ou six cents Bibles ayant été distribuées en une fois, à Constantinople, le sultan, d'après l'influence de son entourage, publia un firman enjoignant à tous les sectateurs du Prophète « de les jeter dans les flammes, et de les réduire en cendres[2]. » M. Samuel cependant dit avoir surmonté toutes ces difficultés, et Bassora devint le théâtre de ses triomphes.

Malheureusement un autre voyageur survint et arriva à Bassora assez à temps pour attester deux faits curieux : d'une part, M. Samuel avait failli être mis en pièces par ses admirateurs mahométans, « *demandant tous à grands cris des livres;* » la fuite seule le sauva. D'autre part, le peuple de Bassora, par respect pour un livre considéré par les mahométans et par les chrétiens comme sacré, craignant de le voir foulé aux pieds, jeta tous les volumes dans la rivière[3]. » Telle est la version réelle des aventures de M. Samuel, et la destinée de ses Bibles qui reposent maintenant au fond de l'Euphrate.

Un autre missionnaire protestant visita Tiflis, Kars et Erzéroum ; il égala M. Samuel dans l'art des rapports officiels. « Il mit ses livres en vente dans les bazars et dans les rues ; » personne ne voulant en *acheter*, il les offrit gratis. La population restait indifférente ; il les sema sur les marchés comme dernière ressource, « huit de ses livres avaient été mis en pièces, » et finalement, « le Kadi et le Mufti déclarèrent que le sentiment populaire lui était si hostile qu'ils ne pouvaient répondre de sa vie[4]. » Alors il décampa, tout prêt, cependant, à donner le récit habituel de ses triomphes laborieux, et de la reconnaissance des mahométans envers la Société biblique.

Le Rév. docteur Joseph Wolff, célèbre parmi ses coreligionnaires pour son énergie et sa vivacité, mais aussi pour certaines narrations quelque peu romanesques de ses victoires dans divers pays et sur divers peuples, nous fournit des faits du même genre. Dans ces jours de voyages universels et de facile locomotion, de pareils contes sont pour le moins imprudents. Tôt ou tard, ils sont sûrs

---

[1] Richardson, vol. I, ch. v, p. 157.
[2] *Constantinople*, etc., par le Rev. R. Walsh, L. L. D , vol. II, app. p. 501.
[3] *Narrative of a Mission to India*, par V. Fontanier, Vice Consul of France at Bassora, ch. xvi, p. 544.
[4] *Missionary Researches in Armenia*, par Eli Smith and H. Dwight, Letter iv, p. 72.

sant en foule vers leurs temples, et cela sans aucun stimulant préalable de *Sociétés coranes*[1]. »

L'Arménie et la Syrie, dont nous parlerons dans la suite plus en détail, méritent au moins une mention. Dans le premier de ces pays, la générosité américaine dépense cinquante mille dollars chaque année. Les missionnaires protestants ont distribué dans la seule année 1845 plus de deux millions de pages imprimées. Le total des publications américaines seules, dans une partie de cette province, s'était élevé à cette date à soixante-quinze millions de pages[2]. Cependant, observe le savant Eugène Boré, « ce peuple ne pourrait comprendre ses traductions fautives et inexactes, quand même il pourrait lire[3]. » Au reste, il n'éprouve nul besoin des misérables versions protestantes jetées parmi eux, insinue le docteur Bodenstedt; ils avaient une excellente version de la Bible bien des siècles avant la naissance du protestantisme[4].

De même pour la Syrie ils ont imprimé en une seule année plus de douze cent mille pages. Dans la seule ville de Smyrne, ils en avaient, il y a quinze ans, imprimé plus de trente-deux millions[5], pour quelle classe de lecteurs, il serait impossible de le deviner.

Nous nous permettrons encore de citer deux ou trois faits pour montrer la sagesse de ces incessantes distributions et l'ingénuité des agents qui les dirigent. Le révérend Jacob Samuel, envoyé à Bagdad en expédition, relate qu'à Bassora les mahométans montrèrent une telle ardeur à obtenir des Bibles, que « sa maison était entourée par des milliers de musulmans; *ils demandaient tous des livres à grands cris*[6]. » En un seul jour il répandit parmi eux, dit-il, « environ deux mille Évangiles de saint Jean, » sans compter des traités en proportion. Ce plaisant incident a été raconté par des orateurs passionnés dans bien des *Bible-meeting* en Angleterre et en Amérique, au milieu des applaudissements de confiants auditoires. C'était un grand encouragement d'apprendre que « les musulmans, » si longtemps endurcis, « demandaient enfin des livres à corps et à cris. » Ce récit, il est vrai, était invraisemblable, mais il n'en était que plus intéressant. Les mahométans seraient le der-

---

[1] *Three Years in Persia*, etc., par George Fowler, Esq., vol. I, ch. x, p. 127; ch. xv, p. 195-196 (1841).
[2] Hoole, p. 401.
[3] *Arménie*, par M. Eugène Boré, p. 138.
[4] *Life in the Caucasus and the East*, par Friedrich Bodenstedt, vol. I, part. II, p. 59 (ed. Waddington).
[5] *Observations in the East*, par J. P. Durbin, D. D., vol. II, ch. xxxv, p. 294.
[6] *Missionary Tour through Arabia to Bagdad*, par le Rev. Jacob Samuel, ch. xxiv. 256.

chefs de maison, on en rencontre à peine un, croyant en Dieu et au Christ, ou faisant le moindre usage des Écritures [1]. » Résultats produits par l'abus qu'ils s'en permettaient autrefois.

En Allemagne, où des millions de Bibles ont été distribuées, où le droit d'en user sans restriction fut établi d'abord, « il n'est pas de livre, dit Tholuck, moins étudié que la Bible. Sur cent ménages chrétiens, à peine en trouve-t-on un qui lise encore les saintes Écritures [2]. »

En Angleterre, tout paysan peut obtenir une Bible pour quelques pences; l'esprit religieux n'y gagne rien. Dans les classes instruites, nous sommes témoins des progrès rapides de l'indifférence ou de l'incrédulité. On pourrait difficilement trouver deux membres du clergé dans une même ville, ayant des idées identiques, tant le progrès de la dissidence est rapide! Dans les masses, le dernier recensement a révélé une complète ignorance de la foi chrétienne, par plus de cinq millions d'individus. Le christianisme paraît avoir cédé la place au paganisme dans plusieurs districts de la Grande-Bretagne.

Portons notre attention sur des pays plus éloignés. La Perse n'a pas été négligée par les Sociétés bibliques d'Angleterre et d'Amérique. Le Shah a été contraint, nous dit-on, de sanctionner par « un firman » l'introduction des Bibles protestantes dans le but politique de satisfaire « le digne, le respectable sir Gore Ousely, l'envoyé extraordinaire de Sa Majesté le roi de la Grande-Bretagne; mais, » ajoute immédiatement notre auteur, « le Shah et ses courtisans auraient plutôt craché dessus. » De déplorables faits attestent cette disposition perverse. Un certain ministre protestant, à l'exemple de ses coreligionnaires, n'ayant pas l'idée d'un autre mode de convertir les incrédules, « introduisit parmi eux, avec beaucoup de peine et de subornage, quelques traductions de la Bible. Ayant acquis la conviction d'avoir travaillé en vain, ce monsieur retourna en Angleterre. Mais lorsqu'il allait quitter la Perse, les habitants mirent en pièces, sous ses yeux, ses traductions et les foulèrent aux pieds.

L'Anglais qui rapporte cet incident, contraint, malgré ses prédilections nationales, de comparer avec l'apathie d'un « froid calculateur protestant, » « les sentiments religieux des Persans, » fut tenté de plaisanter sur le résultat de ses distributions de Bibles. « Il est étonnant, » dit-il, « de voir le zèle de ce peuple se pres-

---

[1] Dollinger, *The Church and the Churches*, p. 217.
[2] *Ibid.*, p. 525.

effet dans Londres. Les marchands d'oranges de cette métropole, d'après un journaliste anglais, furent surpris de trouver, vers cette même époque, pendant plusieurs semaines, leurs envois accoutumés d'Espagne protégés par des feuillets d'Évangiles et des fragments des Épîtres de saint Paul. Ce fut de cette manière que les Bibles de M. Borrow revinrent en Angleterre.

M. Urquhart, qui évidemment adoptait l'appréciation espagnole de préférence à celle de M. Borrow, fut à même de découvrir des inexactitudes déplorables dans chaque détail de l'un des faits les plus retentissants rapportés par M. Borrow, avec précision de noms et de lieux. « L'alcade, à qui je racontai l'histoire, se contenta de répéter le nom de l'auteur et de rire longtemps à son aise[1]. » M. Borrow, devenu un héros en Angleterre, paraît avoir été seulement un personnage ridicule en Espagne.

Les directeurs de la Société biblique ont reçu une leçon dans cette circonstance : « Nous n'avons, disent-ils à leurs souscripteurs, qu'à étouffer nos soupirs et à essuyer nos larmes de compassion ; cette contrée n'est pas mûre pour recevoir la Bible, il faut en suspendre la distribution[2]. »

Les Bibles anglaises se rencontrent partout et sont partout également profitables. En Autriche, voici leur destinée : « Il y a deux ans, dit M. Kohl, plusieurs wagons chargés de Bibles tombèrent entre les mains des officiers de la douane de Bohême. Ils les gardèrent sous clef[3]. »

L'Italie, le Piémont surtout, a récemment excité les espérances des protestants anglais. La sympathie nationale s'est manifestée, par le présent habituel des Bibles avec l'habituel *fiasco* pour résultat. « Je passe chaque jour à Turin, » dit un correspondant du *Times*, sous les galeries *Via di Po*, » devant une petite boutique de livres ; ses rayons gémissent sous le poids des Bibles, et la vieille femme qui les vend jouit d'une parfaite sinécure[4]. « Quelques Piémontais cependant lisent les Bibles qu'on leur offre, nous assure un *clergyman* protestant ; uniquement pour trouver des arguments *contre* notre religion, ne leur accordant aucune autorité en dehors de cet usage[5]. »

En Suisse, berceau du calvinisme, dans le canton le plus protestant, d'après un rapport du soi-disant synode bernois, sur dix

---

[1] *The Pillars of Hercules*, par David Urquhart, Esq., M. P., vol. I, ch. v, p. 72 (1850).
[2] *Abstract of the Fifty-eighth Report of the B. F. B. S.*, p. 2 (1862).
[3] *Austria*, par J. G. Kohl, p. 67, English edition (1843).
[4] *The Times*, April 29, 1862.
[5] *The Italian Valleys of the Pennine Alps*, par le Rev. S. W. King, M. A., F. R. G. S., ch. x, p. 227 (1858).

dispendieux présent « du Nouveau Testament en tatare; » mais « l'un de nous trouva, » dit Henderson, « qu'un bien petit nombre avait circulé; les Tatares manifestaient peu de disposition pour en recevoir[1]. »

Il serait trop long et il n'entrerait pas dans notre sujet de suivre les résultats des distributions de Bibles dans les autres contrées de l'Europe. Partout leur histoire est la même. Leur fabrication procure des revenus aux agents en Angleterre, et leur distribution aux agents au dehors; voilà leur seule utilité. En *France*, un simple agent « effectua, dans le cours d'une année, la distribution de deux cent mille Bibles et Testaments[2]. » Cependant le protestantisme n'a pas reculé ses limites, ni changé son caractère, en conséquence de cette opération. En 1841, « il était à peine possible de trouver vingt *pasteurs* confessant les mystères de la Trinité et de la Rédemption[3]. » En 1847, le docteur Clark, ministre épiscopalien, définissait le protestantisme français : « une froide formule, une espèce de christianisme rationaliste, auquel David Hume n'eût pas trouvé de défaut[4]. » Il omet seulement d'ajouter que l'usage sans restriction et l'interprétation individuelle de la Bible protestante occasionnent cette affreuse apostasie.

En *Portugal*, le seul résultat appréciable des opérations de la Société biblique est de trouver, à Lisbonne et dans les faubourgs, tous les articles achetés sur les marchés, tels que fruits, beurre et poissons, enveloppés avec des feuilles de Bible protestante. Les classes éclairées, en Portugal, ne voient dans ce fait qu'une preuve de l'incroyable légèreté d'esprit qui conduit à une telle profanation.

En *Espagne*, d'après l'indication d'un auteur protestant, l'expédition de M. Borrow « fut un complet désappointement de nature à décourager toute tentative du même genre. A peine se trouvait-il un Espagnol, parmi ceux à qui je mentionnais ce fait, qui eût entendu parler de l'expédition ou de l'individu! » La réimpression de la Bible de Valence, faite pendant cette expédition, il est vrai, « suppose de nombreuses demandes, d'autant que ce travail est cher[5]. » Mais si les Bibles de M. Borrow n'attirèrent pas l'attention en Espagne, où les mystères de la Révélation sont familiers aux enfants de la campagne, leur distribution produisit un certain

---

[1] *Biblical Researches in Russia*, par E. Henderson, ch. xvi, p. 581 ; ch. xviii, p. 427.
[2] Strickland, ch. xxx, p. 269.
[3] *Report of Foreign Aid Society*, December, 1841.
[4] *Glimpses of the Old World*, vol. I, ch. xxvi, p. 443.
[5] *Spain and the Spaniards in* 1843, par le capitaine Widdrington, R.N., vol. II, p. 304.

fiction « d'invention merveilleuse de la Société biblique, » ajoutant cette énergique déclaration : « J'ai été longtemps parmi les Grecs et souvent à Smyrne, je n'en ai jamais vu *un* seul lisant la Bible ; et je ne crois pas que jamais Anglais en ait vu [1]. »

Il est certain, cependant, comme le rapporte M. Strickland avec une forfanterie mal placée, qu'un grand nombre de Bibles ont été distribuées parmi les Grecs, ils ont même été quelquefois agents de distribution. M. Jowett nous donne l'explication de ce fait : « La Société biblique, dit-il, accorde une commission de dix pour cent, aux personnes employées à les débiter. » Ayant eu connaissance de cette condition, un certain Procopius, agent en chef du patriarche schismatique de Jérusalem, Grec intelligent, s'empressa de répondre ; « Envoyez-moi des livres, je commencerai immédiatement, et après avoir fourni d'Écritures tout le patriarcat, je les ferai circuler ailleurs [2]. » Il l'eût fait sans aucun doute, et même dans le monde entier, pour une rémunération aussi attrayante.

Il serait peut-être bon d'indiquer en passant le sort de la Société biblique en Russie, cette patronne de la Grèce, dont l'exemple est suivi par tous les sectateurs de Photius. Fondée à Saint-Pétersbourg en 1813, avec permission d'Alexandre, alors sous l'influence de madame Krudener, elle fut complétement supprimée dès 1826. Schnitzler donne pour cause immédiate de cette catastrophe, la découverte inattendue « de l'usage criminel fait de la Bible par certains individus [3]. »

Plus récemment, il est vrai, cette sentence fut retirée mais d'une façon tout à fait moscovite. « Les missionnaires peuvent introduire les Bibles en n'importe quel nombre, mais qu'ils se risquent seulement à convertir à une croyance quelconque, je ne dis pas un membre de l'Église russe, mais un païen ou un idolâtre, et la Sibérie les réclame eux et leurs prosélytes [4] ! »

Peut-être aussi l'indifférence des autorités pour la distribution des Bibles protestantes, vient de leur impuissance reconnue à obtenir des résultats ; en Russie comme ailleurs, « plus de cent mille exemplaires de Bibles et de traités ont été répandus sur les deux rives du Volga par le docteur Henderson et ses compagnons ; ils ont produit autant de fruit spirituel qu'un pareil nombre de feuilles blanches l'eût fait. Les Tatares-Nogaï furent enrichis du

---

[1] Admiral Slade, *Records of Travel*, vol. II, p. 476.
[2] *Christian Researches in the Mediterranean*, par le Rev. W. Jowett, app. p. 428, third edition.
[3] *Histoire intime de la Russie*, notes, p. 472.
[4] *Revelations of Russia*, pref. p. 25.

temps, cette tâche difficile ; elle exige de posséder parfaitement au moins deux langues ; mais loin de connaitre celle dans laquelle ils voulaient traduire la leur, ils montrent par leurs compositions officielles le peu de savoir qu'ils ont de cette dernière.

M. Strickland, l'historien de la Société biblique américaine, cite au sujet d'une des versions grecques, le fait suivant, il semble y ajouter foi : « La Société biblique ionienne ayant envoyé des milliers d'exemplaires aux malheureux Grecs, on en a vu plusieurs lisant le texte sacré au milieu du camp, en attendant l'ennemi. » Il n'était pas, du reste, le premier inventeur de cette fiction, récemment publiée par la Société biblique anglaise, dans un de ses rapports ; elle aurait dû être attribuée à tout autre que des Grecs, et surtout à des soldats grecs, surpris de se trouver les héros d'un pareil conte. M. Strickland aurait pu savoir et savait probablement que même le clergé grec, comme le rapporte un de ses compatriotes indigné, ne fait nul usage des Bibles protestantes acceptées à contre-cœur[1] et les recueille avec soin pour les livrer aux flammes. Il aurait pu savoir ce que les missionnaires américains avaient éprouvé en Grèce à leurs dépens, où les distributeurs de Bibles ont subi de par les tribunaux civils, la peine d'amende, d'emprisonnement et d'exil ; tandis que les autorités ecclésiastiques, d'après les malheureux agents d'une Société anglaise « s'opposèrent *toujours* avec force à la distribution de la Bible en grec moderne[2]. » Il aurait pu savoir que les Bibles offertes au monastère du mont Sinaï, d'après la remarque d'un voyageur protestant, « restent et resteront toujours sans être lues dans leurs rayons poudreux[3]. » Il ne lui eût pas été impossible de savoir aussi, qu'en 1854, le patriarche grec schismatique sortit de son apathie habituelle pour repousser l'agression des « missionnaires, » et publia une lettre encyclique, dans laquelle il prémunissait toute sa nation, contre les émissaires des Sociétés bibliques, les notait *ex cathedra* comme hérésiarques sataniques sortis des cavernes de l'enfer[4]. Enfin, si c'était trop exiger d'un narrateur, qu'il eût connaissance de faits parfaitement notoires pour tout le monde, M. Strickland aurait pu au moins profiter de l'avertissement renfermé dans l'aveu d'un Anglais protestant, qui après avoir vécu longtemps parmi les Grecs, n'hésite pas à caractériser cette

---

[1] Dr. Robinson, *Biblical Researches in Palestine*, vol. I, s. III, p. 142.
[2] *Journal of a Deputation to the East*, vol. II, p. 594 (1854).
[3] *The Golden Horn*, etc., par Charles James Monk, M. A., vol. II, ch. XIV, p. 104 (1851).
[4] *Journal of a Deputation to the East*, vol. II, p. 816.

loin d'être capable de lire, n'a jamais connu la signification d'une prière d'aucune sorte. Un autre homme, prêtre indigène, reçut un exemplaire. Il *put* le lire. Le missionnaire s'apercevant qu'il attachait peu de valeur à ce livre, lui dit d'en avoir soin, son prix étant considérable ; six dollars, je pense. Le prêtre répondit avec beaucoup de naïveté : Ah ! je ne suis pas digne d'un don aussi important ! Reprenez votre Bible et donnez-moi *un* dollar ; c'est bien assez pour moi [1]. »

Le docteur Lewis Krapf avoue, en 1860, avoir porté avec lui en Abyssinie, « trente caisses pleines de Bibles, et en avoir distribué « près de huit mille ; » et bien que la distribution fût infructueuse, il recommande gravement après avoir quitté ce pays « d'y faire distribuer encore plus de Bibles [2]. » Cependant M. Parkyns, parlant en particulier du royaume de Tigré, « où tant de Bibles ont été distribuées, » dit : « A quoi *peuvent* servir les Bibles en Abyssinie ! D'abord, qui sait lire ? » Puis vient le fait ordinaire. « Les Bibles données dans cette contrée sont employées à envelopper du tabac à priser et à d'autres usages aussi peu convenables [3]. » Si c'est une obligation pour l'Angleterre de fournir l'Abyssinie de papier pour de tels emplois, elle pourrait le faire à un meilleur compte.

EUROPE, LEVANT, SYRIE, ETC.

VII. Dans le Levant, la Syrie et l'Arménie, des millions de Bibles et de traités ont été distribués, ayant à peu près la même valeur littéraire, les mêmes résultats. M. Jowett, dans un rapport à la Société biblique de Malte dit : « L'évêque de Chio regrette dans l'intérêt de sa nation, la trivialité de la version imprimée pour les Grecs [4]. » Plusieurs nouveaux essais ont été faits depuis, certains ont un peu mieux réussi. S'il est un travail qui demande la plus délicate précision dans la connaissance des finesses littéraires et l'ensemble des qualités intellectuelles les plus élevées, c'est certainement la traduction de la Bible. Les auteurs de la version anglaise, si remarquable malgré ses défauts, par la beauté et l'harmonie de la diction, étaient évidemment de cette opinion. Cependant plusieurs missionnaires ont abordé, dans ces derniers

---

[1] *Life in Abyssinia*, vol. I, ch. xii, p. 155-5 (1853).
[2] *Travels*, etc., *in Eastern Africa*, par le Rev. Dr. J. Lewis Krapf, ch. vii, p. 85-106 ; ch. viii, p. 111-437 (1860).
[3] P. 155.
[4] Cité dans *Asiatic Journal*, vol. VI, p. 505.

révérend M. Calderwood va encore plus loin, et déclare, en 1858, avec le bon sens qui le caractérise, « que le système de distribuer gratuitement les Écritures, mauvais partout, l'est doublement parmi les Cafres[1]. » Le colonel Napier ajoute une appréciation facile à prévoir : « Nos essais de conversions, dit-il, n'ont amené jusqu'ici que des mécomptes ; les Cafres, on le sait, ont récemment changé à nos dépens les Bibles des missionnaires en cartouches et en bourres de fusil[2]. »

Les ministres protestants ont toujours témoigné de la répugnance à se mesurer avec les mahométans ; le nord fut moins fréquenté par eux ; il porte cependant la trace ordinaire de leur passage. En 1859, nous apprend un voyageur français, « un protestant *clergyman*, inondait Tétouan de Nouveaux-Testaments fournis par l'infatigable simplicité de la Société biblique. Il décampa au milieu des huées du peuple, et ses livres furent jetés dans les flammes[3]. » M. Richardson, explorateur africain, donne, d'après ses observations, comme raison du mépris des mahométans du nord pour la Bible « le ridicule et la pauvreté de sa traduction[4]. »

L'est de l'Afrique nous fournit les mêmes témoignages ; deux citations suffisent. La femme du colonel Elwood ayant présenté un testament arabe à une tribu, fut remplie de vives espérances. « Ils demandaient la permission de l'emporter pour le lire. » Mais hélas ! pendant que nous nous livrions à ces douces pensées.... une heure à peine écoulée, on nous renvoyait nos testaments. » Ces intelligents barbares qui refusaient d'apprendre la religion dans un livre, en attendant la voix d'un apôtre, « acceptaient avec reconnaissance quelques méthodes pour épeler l'arabe[5]. » M. Mansfield Parkyns nous dit des « missionnaires dans l'Abyssinie, » expulsés depuis sa visite : « Ils sont assis sous une tente et ils distribuent des Bibles indistinctement à tous les curieux qui se hasardent à entrer. Parmi ceux qui en avaient reçu, j'en rencontrai un ayant deux exemplaires. Comme on pouvait s'y attendre, il les vendit le soir même pour une jarre de bière qui l'enivra complétement.... Je suis persuadé que notre bon ami en question,

---

[1] *Caffres and Caffre Missions*, ch. ix, p 129.

[2] *Excursions in Southern Africa*, par le Lieut.-Colonel E. Elers Napier, vol. II, ch. xxii, p. 442.

[3] *Le Maroc*, par M. Léon Godard, p. 40.

[4] *Travels in the Great Desert of Sahara*, par James Richardson, vol. I, ch. v, p. 15. (1848).

[5] *Narrative of a Journey to India*, etc , par Mrs. Colonel Elwood, vol. I, Letter 547 p. 329.

AFRIQUE.

VI. Il est un dialecte africain appelé le mpougwe (Gaboon); on en fait mention dans les recherches ethnologiques, probablement pas ailleurs. Les missionnaires protestants, par tendresse pour une population dont les pensées se traduisent dans cet harmonieux langage, et peut-être aussi parce qu'ils ont trouvé cette langue d'un accès facile aux étrangers[1], avaient déjà imprimé, il y a vingt ans, cent quatre-vingt-cinq mille pages d'instructions plus ou moins chrétiennes[2]; ils ont continué depuis. Puisqu'ils ont la passion d'imprimer, ils font peut-être aussi bien d'imprimer du mpougwe que tout autre chose. Il n'y a personne, il est vrai, pour lire leurs livres, le rapport de 1845 en convient : « La mission compte *onze* membres officiels, elle a attiré seulement *huit* indigènes. » Si les Africains ne lisent pas leurs livres, ils ont eu assez d'esprit pour leur trouver un tout autre emploi. La même année, M. Dessieux écrit de Gaboon qu'il a été récemment témoin, avec d'autres résidents européens, d'une grande distribution de parties de l'Ancien Testament faite aux Nègres par un ministre. A peine les enfants furent-ils en possession du livre sacré, que nous vîmes les feuilles de la Bible changées en jolis cerfs-volants[3]. »

Quelquefois, dans d'autres parties des côtes ouest, ils lisent la Bible; mais seulement, dit M. Cruickshank, ami et patron des missionnaires, « pour arranger les textes au gré de leurs inclinations et de leurs besoins[4]. » Plusieurs faits rapportés par d'autres auteurs sont trop choquants pour être cités. M. Dureau observe aussi avec une remarquable candeur « qu'une éducation consistant uniquement à lire les Écritures est le moyen de rendre ces naturels plus parfaits dans la scélératesse[5]. »

Le sud de l'Afrique fournit son contingent de faits semblables. Le docteur Colenso, évêque protestant dans ces contrées, parlant de la version cafre, nous dit : « La parole de Dieu, maintenant à l'usage des missionnaires, n'a aucun sens pour les Cafres[6]. » Le

---

[1] *Equatorial Africa*, par Paul B. du Chaillu, app. p. 475.
[2] *The Year Book of Missions*, par Elijah Hoole, p. 544.
[3] *Annals*, vol. VIII, p. 75.
[4] *Eighteen Years on the Gold Coast*, vol. II, ch. IV, p. 70.
[5] *Travels in W. Africa*, ch. XIII, p. 505.
[6] *Ten Weeks in Natal*, par J. W. Colenso, D. D., p. 56 (1855).

d'ailleurs doivent se plaindre d'avoir été moins bien traités que leurs frères du Pacifique. « *Manao* signifie pensée, nous apprend M. Dibble; *io* signifie vrai ou réel; de là cette combinaison : *manaoio*, en usage pour la *foi*. » Un disciple curieux de ces îles, sachant un peu lire, et n'ayant pas employé sa Bible à des usages en dehors des intentions du donateur, aura la facilité d'apprendre, à l'aide de la Société biblique et de ses intelligents stipendiés, que la foi chrétienne veut dire « *pensée réelle*. » Mais comme saint Paul parle « d'espérance et de charité » aussi bien que de foi, il a considérablement augmenté l'embarras de ses traducteurs. « La charité » fait leur désespoir, ils s'en débarrassent; les habitants des îles Sandwich n'y entendant rien, n'ont pas de mots pour l'exprimer. Grâce à l'exemple des Européens, ces naturels ont désappris l'honnêteté et l'hospitalité, qui en tenait chez eux la place. Mais « l'espérance » étant réellement indispensable aux créatures aspirant vers l'éternité, ils voulurent au moins épargner cette importante vertu. Voici comment ils s'y prirent : « *manao* veut dire pensée, et *lana* signifie léger, flottant; la combinaison *manaolana* est faite par nous pour exprimer l'espérance [1]. » D'après cette heureuse combinaison, lorsqu'un habitant des îles Sandwich conçoit la timide « *espérance* » d'atteindre un jour le paradis des chrétiens, il lui est seulement permis de l'entrevoir sous forme du plaisir de « *pensées flottantes ou légères*. » Nous ne sommes pas obligés d'approfondir si cela peut être une indication satisfaisante ou une exposition adéquate des vertus théologales, il nous est au moins permis de compatir à ces infortunés païens, enseignés par de tels maîtres; la différence entre la foi et l'espérance chrétiennes, d'après eux, consisterait en une pensée *réelle* ou une pensée *flottante*.

Ce que font les barbares du Pacifique avec ces prétendues « Bibles » n'est pas une recherche très-nécessaire. Ils les emploient probablement, comme les autres païens, aux usages domestiques, en combustible, souvent même d'une manière beaucoup moins innocente. « Plusieurs circonstances me font croire, dit un judicieux et impartial observateur, qu'ils considèrent leurs livres religieux comme des dieux familiers [2]. »

[1] *Ubi supra*, ch. vii, p. 157.
[2] *Beechey's Voyage to the Pacific*, vol. I, ch. ix, p. 306.

dernière cependant ne paraît pas se plaindre de cette inégale distribution.

Les îles Sandwich ont toujours été favorisées. Avant les vingt dernières années, elles possédaient déjà près de quatre-vingt-dix millions de pages de littérature venant des missionnaires[1]. La complète inutilité de ce don onéreux nous sera révélée incidemment en 1856, par un voyageur anglais protestant, informé lui-même par le gouverneur indigène de Mawhee. D'après lui, tout ce qui concernait les naturels au physique comme au moral était *rétrograde*. Il lui avait aussi assuré ce fait désagréable « qu'une erreur capitale avait été la cause principale de ce fâcheux résultat ; il eût mieux valu n'avoir jamais réduit notre langue en règles de manière à l'écrire, puisqu'elle se prête si mal à former des livres[2]. » Malgré cette accusation, « l'erreur capitale » s'est répétée durant quarante années successives. En 1825, et depuis sans interruption, la publication des livres et des traités s'est élevée à soixante-dix-huit mille[3]. » Bientôt cette profusion parut trop maigre et trop vulgaire ; car après avoir fait circuler des millions de Bibles et de traités de tous les côtés sans produire le moindre résultat, le seul remède à une pareille défaite, fut d'augmenter la distribution de plusieurs millions. Dans le groupe hawaiian ce procédé fut suivi avec vigueur. Un peu plus tard, un missionnaire américain, trouvant là un sujet de se réjouir, nous dit : « On imprime aux îles Sandwich six cent rames de papier par an, équivalant à vingt-deux mille volumes de trois cent pages chacun[4]. » Telle est l'œuvre de chaque année pour satisfaire les besoins intellectuels des habitants des îles Sandwich pendant douze mois. Toute la population, cela est clair, devrait s'occuper à lire nuit et jour, pendant toute la durée de son existence. Même alors, elle pourrait se trouver en retard et s'avouer vaincue par les imprimeurs. Nous allons voir l'effet produit par cette copieuse littérature. Nous apprendrons de témoins protestants de toutes classes que, depuis l'arrivée des missionnaires, ils sont devenus dix fois plus vicieux.

Le révérend Sheldon Dibble, un de leurs docteurs, nous a indiqué l'arrangement de la Bible à l'usage des habitants des îles Sandwich. Le lecteur jugera si les païens de Chine, de l'Inde et

---

[1] *History of the Sandwich Islands Mission*, par le Rev. Sheldon Dibble, ch. viii. p. 150.
[2] *Travels in the Sandwich and Society Islands*, par S. S. Hill, Esq., ch. viii, p. 141 (1856).
[3] *Journal of a Residence in the Sandwich Islands*, par C. S. Stewart; introd. p. 21.
[4] *Memoirs of American Missionaries*, par le Rev. Gavin Struthers, introd.

indignation concentrée : « Certains volumes de l'histoire de l'Église par Milner eurent un sort que leur auteur ne prévoyait guère, celui d'être transformés en cartouches dans la Nouvelle-Zélande[1]. » Pourquoi les Nouveaux-Zélandais traiteraient-ils la Bible avec plus de respect que les missionnaires? Ceux-ci en font ordinairement un instrument d'échange. « Il est une forme d'avarice à l'usage des missionnaires de l'Église anglicane, dit un membre du conseil législatif de cette colonie, en 1845; elle s'oppose tout particulièrement à leur influence; je fais allusion à cette pratique d'exiger un payement pour les Écritures, c'est ordinairement un cochon de bonne taille, valant trente schellings. Les naturels s'en plaignent beaucoup[2]. »

OCÉANIE.

V. Si nous regardons les opérations des sociétés de Bibles et de traités en Océanie, un petit nombre de faits suffiront; ils feront amplement connaître la prudence et le bon sens qui les dirige, leurs gigantesques dépenses et leurs lamentables résultats. Commençons par les habitants de la charmante île de Tongatabou. M. Williams donne l'appréciation suivante de leurs privilèges, dans un ouvrage dévoré par le public anglais, au nombre de trente-cinq mille exemplaires jusqu'en 1841, et probablement plus encore depuis. « Entre avril 1831 et novembre 1832, c'est-à-dire dans l'espace de dix-neuf mois, vingt-neuf mille exemplaires de petits livres, contenant cinq millions sept cent soixante-douze mille pages, ont été distribués. » Ce fait capable de faire pâlir tout autres gens que les habitants de Tongatabou, les trouva profondément indifférents; il fut considéré comme « l'heureuse évidence du zèle infatigable des missionnaires à leur fournir la matière[3]. » L'effet produit par ce zèle sur les indigènes, nous l'apprendrons plus tard.

Les autres îles du Pacifique n'ont pas été négligées. Il y a plusieurs années, « cent soixante millions de pages ont été imprimées dans le dialecte *hawaiian*[4]. » La ration de Bibles et de traités fut près de trente fois plus forte que celle accordée à Tongatabou. Cette

---

[1] *The Gospel in New Zealand*, par Miss Tucker, ch. VIII, p. 93.
[2] *New Zealand and its Aborigines*, par William Brown, ch. II, p. 84.
[3] *Narrative of Missionary Enterprises in the S. Sea Islands*, par Rev. John Williams, ch. XXVII, p. 123.
[4] *Journal of the American Oriental Society*, vol. I, p. 47.

ceptible d'être imité, même d'une manière éloignée, ils eussent été sans doute enrichis depuis longtemps par les millions accoutumés de Bibles et de traités.

Les habitants de la Nouvelle-Zélande, possédant un langage plus riche, ont été plus libéralement partagés. En 1840, la société biblique présentait d'un seul coup à ce peuple dix mille Nouveaux Testaments zélandais; combien de milliers par la suite, personne ne s'en souvient [1]. Le docteur Thomson cite « soixante mille exemplaires du même livre » comme faisant partie d'un don postérieur [2]. L'intelligent Maori peut maintenant lire, s'il est bien disposé, dans un langage qui a l'intention de ressembler au sien, « *the Dairyman's daughter*, et autres publications du même genre. Il peut en avoir par millions, qu'il le veuille ou non. Quelquefois, paraît-il, on le force à les acheter à des conditions assez peu favorables. M. Earp, en 1844, déposa devant un comité de la chambre des communes, que « les missionnaires de la Nouvelle-Zélande font un grand commerce de livres imprimés en langue indigène. » Il informa ensuite la chambre d'un fait qu'elle fit reproduire : « Les missionnaires échangent leurs traités contre des cochons et des pommes de terre; puis il ajoute en style familier : « L'indigène regarde le missionnaire comme l'ayant mis dedans [3]. »

Apparemment le naturel n'a pas tort de regarder ces transactions sous un sombre aspect. « L'entreprise des missionnaires de changer le jargon maori en un pur langage, dit un autre protestant, est un mécompte évident ; les mots qu'ils ont forgés sont de ridicules essais de langage : bien peu de Maori les comprennent [4]. » D'autres témoins citent les réflexions actuelles des indigènes à ce sujet [5]. M. Jerningham Wakefield nous dit : « Dans le seul Évangile de saint Matthieu près de cent mots sont représentés par des *sons* dont la signification a dû être expliquée aux indigènes. » Comme les habitants de Ceylan, ajoute-t-il, ils doivent d'abord apprendre la langue anglaise, pour pouvoir lire la Bible dans la leur propre [6]. »

Est-il étonnant, devons-nous demander, si « la plupart de ces indigènes déchirent leurs Bibles pour en bourrer leur fusil? » nous apprend M. Fox [7]. Ou comme un autre auteur l'indique avec une

[1] *New Zealand; its advantages*, etc.; par Charles Terry, F. R. S., p. 189.
[2] *New Zealand*, vol. I, p. 312.
[3] *Parliamentary Papers*, vol. XIII, p. 155 (1844).
[4] *Letters from Wanganui*, p. 50 (1845).
[5] Voir *Savage Life in Australia*, etc., par George French Angas, vol. II, ch. I, p. 13.
[6] *Adventure in New Zealand*, vol. I, ch. VI, p. 178.
[7] *The Six Colonies of New Zealand*, p. 85.

Venons-en de suite à la question des résultats. « La version des Écritures, due aux missionnaires de l'Église anglaise à Cotta, apprenons-nous par sir Emerson Tennent, était signalée par leurs convertis prétendus comme *blasphématoire* [1]. » « Deux versions des Écritures existent, nous apprend lord Tarrington, qui en néglige une troisième venant des Baptistes, toutes deux payées sur les fonds de la société biblique anglaise et étrangère, l'une par l'Église d'Angleterre, l'autre par les missionnaires weslyens; mais, quoique leurs presses respectives soient à six milles l'une de l'autre, ces deux versions sont tellement différentes qu'un jeune homme familier avec l'une ne peut s'arranger de l'autre, un indigène un peu versé dans l'anglais comprend mieux la Bible en cette langue qu'en aucune des deux qui sont dans la sienne [2]. »

Que peuvent faire les Cyngalais avec ces millions de volumes inintelligibles acceptés malgré eux. « Il est à peine possible de concevoir le nombre d'absurdités qu'ils renferment pour une personne non étrangère au sujet, » nous dit un habile critique protestant [3]. Comment donc blâmer un païen d'agir comme nous l'apprend un missionnaire anglican! « Le peuple vint se ranger autour de moi en foule et me tendit les mains pour recevoir des traités. Nous n'en distribuâmes pas moins de *trois mille*. Un bon nombre furent brûlés ou mis en pièces; plusieurs encore sont sous nos yeux; d'autres furent attachés à des branches d'arbre; » — hommage rendu aux divinités indigènes dont les niches sont souvent ornées d'images arrachées des traités protestants. — « Une partie de ce peuple, encore plus impudente, se mettait à nous dire en face : Excellentes choses pour bourrer nos fusils, quand nous irons chasser dans les jungles [4]. »

LES ANTIPODES.

IV. Les naturels d'Australie n'ont pas été jugés dignes de traduction de la Bible ou de traités. Comme leur langue sans vocabulaire n'a pas une structure précise, et se montre défectueuse dans ses inflexions, les missionnaires n'ont pas osé aborder une version de la Bible en australien. Si ces peuples avaient parlé un dialecte sus-

---

[1] *Christianity and Ceylon*, ch. vi, p. 268.
[2] Barrow, ch. vi, p. 165.
[3] *The History of Ceylon*, par l'Hon. George Turnour, introd. p. 20.
[4] *Recollections of Ceylon*, par le Rev. James Selkirk, p. 419 (1844).

tiaux protestent en vain. « La mission de Nagar, par exemple, *a renoncé* à distribuer des livres et des traités, trouvant qu'on n'en avait nul souci[1]. » La distribution gratuite et exagérée des Écritures, produit généralement une mauvaise impression, dit un rapport collectif de toutes les sectes protestantes de l'Inde. « Elle tend à déprécier la parole de Dieu, en *engendrant le mépris pour elle*[2]. » Dernièrement un historien de l'Inde anglaise, déplorant l'insuccès permanent des missions protestantes, dénonce sans hésiter ces distributions comme une de ses principales causes, et l'attribue aux missionnaires qui veulent traduire les Écritures entières, dans des langues très-difficiles qu'ils possèdent très-imparfaitement[3]. » Un autre, tournant en ridicule les versions barbares dont l'Inde est inondée, affirme qu'avec de pareils auxiliaires « l'entreprise, de la part des missionnaires anglais, de convertir l'Inde, est un gaspillage de temps, de patience et d'argent[4]. »

CEYLAN.

III. La troisième sphère d'action à visiter est Ceylan. Ici encore les mêmes faits se reproduisent. Une seule des nombreuses sectes protestantes de cette île, sir Emerson Tennent le relate, « imprima un million d'exemplaires des Écritures, et trente millions d'autres publications chrétiennes. » De plus, parlant de l'année 1848, la même autorité nous dit : « La prodigieuse circulation dans l'île, de traités chrétiens et de traductions, monte à plus de cinq millions de pages[5]. » Les missionnaires seuls de l'Église d'Angleterre, comme M. Dennett l'indique en 1843, ont « déjà distribué quatre cent vingt mille traités[6]; » ils ont toujours continué à agir de même. Nous allons voir ce que les Cyngalais en font. Les Américains aussi, d'après lord Torrington dans un rapport officiel, « ont imprimé, dans le seul établissement de Batticotta, quatre cent soixante-dix mille cinq cent quatre-vingts volumes[7]. » Leur prodigalité a été imitée par toutes les autres sectes.

---

[1] *Six Years in India*, par Mrs. Colin Mackensie, vol. III, ch. VI, p. 184.
[2] *Proceedings of the South India Missionary Conference*, p. 227 (Madras, 1858).
[3] *History of British India*, par Charles Macfarlane, ch. XXX, p. 375, third edition.
[4] *Ancient and Modern India*, par W. Cooke Taylor, L. L. D., and P. J. Mackensie, Esq., ch. XXVII, p. 520 (1851, second edition).
[5] *Christianity in Ceylon*, ch. VI, p. 285.
[6] *Ceylon and its Capabilities*, par J. W. Bennet, Esq., F. L. S., ch. VII, p. 61.
[7] *Ceylon, Past and Present*, par Sir George Barrow, ch. VII, p. 162.

tion d'un si grand nombre de volumes, qu'on se serait attendu à trouver entassés le long des grands chemins, est expliqué ainsi par un témoin oculaire. « La majeure partie des païens qui reçoivent un exemplaire, se hâtent de le vendre pour ce qu'on veut bien leur en donner [1]. »

Quelquefois les idolâtres, plus dévots, présentent des livres protestants comme un agréable hommage à leurs divinités. « J'ai vu un Hindou, » dit un écrivain bien connu, « écouter dévotement un discours, demander un traité et à son retour au village, le déposer sur le seuil d'un temple, se prosterner le front dans *la poussière* et adorer l'image de Ganesa [2]. » Ils n'avaient probablement pas compris le discours. D'après M. Malcolm : « Un missionnaire expérimenté, au Bengale, lui assurait que la moitié des sermons des missionnaires assez hardis pour prêcher, n'est pas comprise [3]. En dépit, cependant, de leur imparfaite connaissance des dialectes indiens, ces messieurs sont toujours prêts à traduire la Bible en n'importe quel idiome à un moment indiqué. « Ils apprennent, dit M. Irving, « à parler un dialecte vulgaire, et à le prononcer avec un accent vulgaire ; on ne doit pas être surpris que de tels hommes fassent peu de conversions. » « Les Bibles en chacune des langues asiatiques, » dit un autre écrivain protestant, « ont certainement été distribuées avec des frais énormes à travers l'Inde anglaise, mais les sommes dépensées jusqu'ici ont produit peu de fruit [4]. » « La Bible est lue, » dit le Rév. W. Tracy, « non par attrait ou par indifférence, mais parce que cette lecture est la condition indispensable pour être admis aux écoles, et en définitive pour obtenir plus tard des moissons dorées. Ces instructions sont reçues nonchalamment, et bientôt oubliées [5] ; » le peu de païens qui gardent leurs exemplaires, n'en font aucun usage. « Et s'ils sont conservés, ils seront seulement trouvés, » d'après l'observation de M. Irving, » en la possession de la pire classe des Hindous, que l'on peut voir avec une Bible d'une main et une pétition de l'autre, sollicitant les aumônes des Européens ; » leur morale relâchée va jusqu'à choquer les sentiments de leurs compatriotes idolâtres [6].

L'application de ces procédés, malgré les mêmes résultats reconnus, est toujours aussi active. Les témoins les plus impar-

---

[1] *Annales*, tome III, p. 52.
[2] Seely, ch. xix, p. 475.
[3] *Travels*, etc., vol. II, ch. ii, p. 265.
[4] *Asiatic Journal*, vol. III, p. 213.
[5] *Proceedings of the South India Missionary Conference*, p. 174 (1858).
[6] *Theory of Caste*, p. 146.

inutiles, » dit une autre autorité protestante, « ou exposant nos doctrines avec des expressions ridicules, elles deviennent tout à fait pernicieuses [1]. » Ceci ne doit pas nous surprendre, lorsque nous apprenons du même auteur : que par « les erreurs manifestes » dont elles abondent, « le sens de l'original est quelquefois complétement perdu et la pensée devenue risible et absurde. » La dépense supportée par le peuple anglais pour ces trente-cinq versions condamnées, serait difficile à déterminer.

Si donc, les écrivains protestants admettent et proclament ces faits, nous pouvons entendre les missionnaires catholiques. Ils trouvent dans ces lamentables caricatures de la Bible, de sérieux obstacles à leurs travaux ; ils déplorent leur influence aussi mortelle dans l'Inde qu'en Chine : « Vu leurs monstrueuses erreurs, et leur style barbare, disent-ils, *nos Écritures sacrées sont regardées comme l'œuvre d'un fou*. Les païens n'ont pas plutôt lu deux ou trois pages qu'ils déchirent le livre ou le rejettent avec mépris[2]. » C'est pour aider à la fabrication de ces volumes « pernicieux » dont le seul effet est de rendre impossible la conversion des païens que le peuple anglais fréquente assidûment les meetings de la Société biblique et donne des millions chaque année. La carrière de cette Société n'aurait pas été longue si les Anglais n'avaient pas fait un pacte imprudent avec leurs âmes pour abdiquer la raison en matières religieuses, et pour s'abandonner au guide trompeur de l'émotion et du sentiment.

Comme ceux de Chine, les indigènes de l'Inde font précisément le même usage des soi-disant « Bibles » répandues parmi eux. Leur consommation, nous dit-on, est rapide dans les différentes branches du commerce de détail ; sur les millions circulants d'un bout de l'Hindostan à l'autre, il est difficile, excepté dans les villes importantes, de trouver la trace d'un seul exemplaire ! Ce fait singulier est attesté par un écrivain anglais. Bien qu'il fût accoutumé à coopérer avec les missionnaires, il donne cet écrasant témoignage de la nullité de leurs coûteux efforts : « Dans les grandes villes, j'ai trouvé un certain nombre de traductions des Écritures dans les différentes langues orientales ; mais dans les provinces et les villes de second ordre, *malgré mes recherches, je n'ai jamais pu entendre parler d'un exemplaire des écritures sacrées en la possession d'un indigène*[3]. » Le mystère de cette entière disparition et annihila-

---

[1] *Theory of Caste*, p. 149.
[2] Abbé Goust ; voir *Annals*, vol. I, p. 500.
[3] *The Wonders of Elora*, par le capitaine J. B. Seely, ch. xix, p. 524 ; second edition.

d'après un ministre protestant, étaient les plus savants de leur époque en langue tamoule, surpassant même les indigènes les plus instruits ; *leurs* écrits sont encore en usage parmi les lettrés Hindous comme livres de texte et cités avec une reconnaissante admiration [1].

Un juge compétent donne le spécimen suivant de la version *Canara* en usage dans les environs de Goa : « Au commencement Dieu créa la terre et l'air. » « Les ténèbres étaient sur l'eau, mais l'âme de Dieu errait avec délices sur l'eau. » « Faisons l'homme semblable à nous et revêtons-le de notre forme ; qu'il commande aux insectes aquatiques de la mer ! » « C'est avec cette correction, ajoute M. Dubois, que chaque verset est à peu près traduit ; » et il observe qu'aucun Indien possédant la plus légère instruction, ne peut garder son sérieux en lisant une pareille élucubration [2].

Comme exemples du mérite de la version *Mah'ratta*, on nous dit que ces mots : « Voici l'agneau de Dieu » sont traduits par ceux-ci « Voici le petit de la brebis de Dieu ; » « cependant le dialecte Mah'ratta possède un mot rendant exactement notre mot *agneau* ; et le mot substitué n'est même pas Mah'ratta [3]. »

Dans la version *Hindostane*, un autre écrivain protestant nous dit que cette sentence : « *Ne jugez pas et vous ne serez pas jugé*, est ainsi traduite : « Ne faites pas justice, afin que la justice ne vous soit pas faite [4] ; » ce qui doit donner au lecteur païen une idée un peu confuse de la prudence et de la moralité chrétienne.

La traduction du docteur Carey en *Kun-Kun* est dépeinte en deux mots par un savant Brahmine : « Mauvais style, langage ridicule [5] » Ce M. Carey était, à ce qu'il paraît, plus ambitieux que la plupart de ses collègues, il « fit ou surveilla la traduction des saintes Écritures en trente-cinq langues ou dialectes [6]. » Il avouait seulement en connaître six, d'une manière assez légère ; nous le verrons par la suite incapable de se faire entendre dans aucune. « Ces traductions n'ont pas toutes été mises à l'épreuve, » dit l'historien des missions protestantes, « mais celles qui l'ont été, furent trouvées si imparfaites, que ces versions sont maintenant rejetées comme de peu de valeur [7]. » Elles sont « ou simplement

---

[1] *The Land of the Veda*, par le Rev. Peter Percival, ch. vi, p. 119.
[2] *Annales*, tome III, p. 51.
[3] *Ibid.*, tome IV, p. 179.
[4] *Baptist Missionary Account*, 1819, appendix to Report.
[5] *Periodical Accounts from the Serampore Mission*, vol. II, p. 167.
[6] *Annals of the English Bible*, par C. Anderson, vol. II, p. 602.
[7] Dr. Brown's *Hist. of the Prop. of Christianity*, vol. II, p. 71.

Nous commencerons par le témoignage du Rev. M. Adam, missionnaire protestant. « Sur cent soixante-dix mille traités imprimés par la Société auxiliaire des missionnaires du Bengale, » dit ce *gentleman*, la plupart sont mystiques ou puérils, ou tous les deux ensemble ; il en est à peine *un seul* convenable pour être mis entre les mains d'un indigène intelligent et réfléchi [1]. » Les naturels partagent entièrement son avis. « Vous faites un prosélyte par an, sur cinquante mille, » dit Nobinkissen, Hindou lettré, en réponse à l'enquête récente de M. Lang ; nous verrons bientôt que cet unique prosélyte est un imposteur. « Tel est le résultat de ces prédications en plein air, dans toute la contrée, et de la distribution des milliers de traités imprimés en langue hindoue et bengalaise [2]. » Ils sont si grossièrement absurdes, dit une autorité protestante qu' « au lieu de travailler au service du christianisme, on peut leur attribuer en partie la répulsion qu'il inspire aux Hindous [3]. » Venons-en au détail.

La version *Telinga* mérite d'abord notre attention. Un missionnaire protestant voulant juger de sa valeur, en donna un exemplaire à quelques indigènes du district de Bellary. Ils ne purent rien en faire ; mais pour satisfaire leur curiosité, ils consultèrent l'homme le plus lettré de leur voisinage ; celui-ci l'emporta chez lui, et après un examen sérieux, il dit à ses clients : « Son style est obscur et incohérent, presque impossible à comprendre ; je crois que c'est un traité de magie [4]. »

La version *Tamoul* eut autant de succès. « Sa traduction est réellement pitoyable, » dit un ministre protestant, « et ne mérite que le mépris [5]. » Mais il y avait plusieurs versions dans ce dialecte ; une seule eût suffi pour les Anglais, pour les Américains et autres nations civilisées ; les dédaigneux païens sont supposés en exiger davantage, on ne sait trop pourquoi. Il y avait des sectes nombreuses dans l'Hindostan, désirant chacune produire la sienne, par esprit de rivalité. « Rhènius déclare, » dit un auteur écrivant récemment sur l'Inde, « qu'il commença à éditer une nouvelle traduction de la Bible en Tamoul avant d'avoir passé une année et demie à Madras. D'autres missionnaires ont avoué semblable folie et en ont prémuni leurs successeurs [6]. » Certains missionnaires catholiques,

---

[1] *Asiatic Journal*, vol. XXI, p. 448.
[2] *Wanderings in India*, par John Lang, p. 225 (1859).
[3] *Asiatic Journal*, vol. XXVIII, p. 503.
[4] Abbé Dubois, cité dans les *Annales*, tome II, p. 20.
[5] *Ibid.*
[6] *The Theory and Practice of Caste*, p. 149.

et trente et une presses à imprimer à Madras et pays voisins, pour ne rien dire des autres villes; ils distribuaient entre autres choses, dans un district restreint, trente mille traités d'un coup[1]. Il y a environ vingt ans, ils avaient déjà imprimé dans Madras seulement trente-quatre millions de pages et jusqu'à 1858, *un million de volumes*[2], sans gagner un seul converti. Les opérations anglaises les surpassent de beaucoup, le général sir Thomas Hislop nous fait ce récit : « Ces messieurs, inscrivent leurs convertis en proportion du nombre des bibles distribuées. Nous avons nous-même observé, dans plus d'une résidence, que presque tous les navires apportent une caisse ou un ballot de ces livres. » Il décrit ensuite l'embarras d'un certain « résidant » qui en reçut tant avec injonction de les disperser, « qu'il les envoya dans tous les quartiers par paquets de cent à la fois. » Mais il s'efforçait inutilement de se débarrasser des milliers entassés chez lui par de nouveaux arrivages. Enfin ils formèrent une telle masse dans ses bureaux, qu'il fut forcé de les transporter sous des hangars; plusieurs milliers d'exemplaires furent confiés aux autorités hollandaises ; entre leurs mains elles ne porteront jamais beaucoup de fruit. » Ce général cite un missionnaire, qui « écrivit dans sa patrie pour avoir trois cents millions de Bibles, » il pourrait aisément les placer, disait-il, en les livrant comme lest, en les mettant aux portes, sans aucune indication ou sans un employé pour les faire connaître[3]. »

Depuis le temps du général Hislop, semblables opérations ont été conduites par des agents dix fois plus nombreux et sur une beaucoup plus vaste échelle. Il y a quinze ans, la Société biblique auxiliaire de la seule ville de Calcutta pouvait se vanter d'avoir déjà publié « quatre cent trente-neuf mille neuf cent quatre-vingt-sept exemplaires[4]. » Vingt-deux différentes sociétés de missionnaires ont parcouru ensemble la même carrière depuis un bout de la Péninsule indienne jusqu'à l'autre. Nous pouvons conclure, sans plus de détails, que l'Inde, comme la Chine a reçu ses millions de Bibles et de traités ; nous allons voir qu'ils ont exactement la même valeur littéraire et qu'ils sont employés aux mêmes usages.

---

[1] *Journal of the American Oriental Society*, vol. II, p. 540.
[2] *Religion in the United States of America*, par le Rev. Robert Baird; book VIII, ch. III, p. 691. *Proceedings of the South India Missionary Conference*, p. 49. (Madras, 1858.)
[3] *Summary of Mahratta Campaign*, cité dans *Monthly Review*, vol. LXLIV, p. 369.
[4] *A Year and a Day in the East*, par Mrs. Eliot Montauban, ch. VI, p. 102.

donniers pour faire des pantoufles chinoises. » Cette personne exprime son étonnement de voir les Anglais, qui montrent tant de discernement et de jugement en d'autres matières, souffrir d'être ainsi la dupe de spéculateurs salariés ou d'enthousiastes visionnaires. Enfin le directeur du séminaire chinois de Pulo-Pinang dit : « J'ai moi-même entendu un Chinois exprimer sa reconnaissance envers la Société biblique de lui avoir fourni du papier pour un usage qu'on ne peut nommer, et il m'assura que tel était le destin ordinaire des bibles distribuées en Chine[1]. »

Sans multiplier inutilement ces faits révoltants, hâtons-nous de prouver qu'ils se reproduisent invariablement dans les autres contrées. « Combien est dégradante » s'écrie un écrivain protestant, « l'idée de mettre entre les mains de n'importe quel Chinois batelier ou portefaix ignorant, un paquet de traités pour les vendre ou les donner sans discernement comme il l'entend sur la route[2] ! Un jour peut-être le peuple anglais après avoir payé toutes ces publications et donné son concours à cette inqualifiable profanation des choses saintes, adoptera la même opinion, surtout lorsqu'il apprendra d'un témoin impartial, « qu'il est presque inouï de voir un Chinois venir trouver un missionnaire, pour avoir l'explication d'un passage de la Bible, ou de voir un indigène attribuer l'intérêt qu'il porte aux questions religieuses à la lecture des livres[3]. » Tel est le résultat, d'après le témoignage des protestants, de la distribution de milliers de bibles et de traités dans les régions au delà du Gange, après des efforts prolongés pendant tout un demi-siècle. Ces livres ont coûté des sommes incroyables, ils ont provoqué le dégoût du peu de païens qui les lurent, ils ont été souillés par les usages les plus vils et les plus dégradants, et enfin consommés comme papier de rebut.

INDE.

II. Tournons nos regards vers l'Inde. La distribution des bibles et des traités s'est faite avec plus de profusion encore dans l'Hindostan qu'en Chine. On est confondu à la vue des chiffres qui en représentent la consommation pendant une série d'années. Les Américains seuls avaient, il y a dix ans, vingt et un établissements

---

[1] *Annales*, tome III, p. 37-46.
[2] *Asiatic Journal*, vol. IX, p. 343.
[3] *The Middle Kingdom*, vol. II, ch. XIX, p. 3.

gapore, je vis les murailles de deux maisons entièrement tapissées avec les pages de la Bible; ce n'est pas une moindre profanation que de s'en servir pour envelopper du tabac ou du lard[1]. »

Un autre témoin oculaire nous dit : « Dans les villes frontières de Chine, des caisses entières de ces livres sont constamment vendues aux enchères et achetées, au prix du vieux papier, principalement par les cordonniers, les épiciers et les droguistes. » M. Boucho écrit de Pulo-Pinang : « J'ai moi-même interrogé beaucoup de païens intelligents sur l'emploi des Bibles. Ils ont invariablement répondu qu'ils les faisaient servir à d'ignobles usages. Ils déclarent unanimement, ajoute-t-il, que la traduction de ces bibles dans un style si barbare et si inintelligible, est capable de repousser les païens les mieux disposés à embrasser le christianisme, loin de le leur rendre attrayant[2]. »

L'abbé Albrand, missionnaire, et plus tard évêque, dont le protestant Windsor Earl fait l'éloge pour son « grand succès à convertir les Chinois[3], » et dont l'église, à Singapore, fut en partie bâtie par la générosité de ses amis protestants, citant un missionnaire américain tout fier d'avoir « distribué douze larges caisses pleines, en peu de mois, » l'abbé Albrandt continue en ces termes : « Celui qui compte le nombre des conversions par le nombre des bibles distribuées, doit jouir d'une grande réputation parmi ses compatriotes; mais moi, qui suis sur les lieux, je connais les usages auxquels on les destine. Il n'est pas de jour où je ne voie passer entre mes mains des objets enveloppés dans les feuilles de publications protestantes. Combien n'y a-t-il pas de maisons à Singapore, tapissées du haut en bas avec les pages de quelques centaines de bibles! Souvent, pendant la nuit, les Chinois les volent pour les appliquer à des usages domestiques; des missionnaires protestants paraissent considérer ce larcin comme une preuve très-encourageante de leur zèle pour les choses divines[4]. »

M. Pécot, qui connaît à fond l'Hindostan et la Chine, répond aux sociétés bibliques se vantant « d'avoir fait pénétrer leurs versions dans toutes les parties du monde connu, » que d'après ses observations, c'est la vérité ; « mais, ajoute-t-il, partout les épiciers peuvent attester le même fait, puisqu'ils distribuent ces traductions feuille par feuille à toute heure du jour. » Marchini, d'après une observation récente, rapporte « qu'on les vend au poids aux cor-

---

[1] *Annals of the Prop. of the Faith*, vol. I, p. 107; English edition.
[2] *Annales*, tome IV, p. 192, 214.
[3] *The Eastern Seas*, par George Windsor Earl, ch. xii, p. 392.
[4] *Annales*, tome VIII, p. 133.

sur le christianisme à la place des conversions désirées. Une autre question reste à éclaircir, ce n'est pas la moins curieuse.

Il est impossible d'entendre parler de millions de bibles et de traités distribués pendant les cinquante dernières années dans ces contrées, sans désirer connaître leur destinée finale. La plupart des païens ne pouvant pas, et le reste ne voulant pas les lire, nous sommes tentés de nous demander ce qu'il en est advenu : Les missionnaires étaient chargés de les distribuer, ils l'ont fait, avec quel résultat? quelques-uns d'entre eux ont eu la franchise de le dire. Les païens, principalement de la dernière classe, les reçoivent volontiers. Mais à quel usage emploient-ils cette nouvelle acquisition, cette prodigieuse masse de volumes de toutes formes et de toutes dimensions, dont le langage est supposé, par leurs auteurs, ressembler plus ou moins aux dialectes de Chine, de Birmanie et de Siam? Telle est la question à laquelle nous allons répondre, à l'aide de différents témoins décrivant ce qu'ils ont vu de leurs propres yeux.

« L'empressement témoigné quelquefois, dit l'archidiacre Grant, pour obtenir les volumes sacrés, ne peut pas être pris pour une soif de la parole de vie, mais elle vient d'un motif *tout humain;* les usages profanes auxquels la sainte parole de Dieu, laissée entre leurs mains, a été livrée, choquent le moindre sentiment chrétien[1]. » Voyons jusqu'à quel point cette assertion est exacte.

« En Chine, dit M. Lay s'en référant à sa propre expérience, les distributeurs de livres ont coutume de répandre leur marchandise comme font les semeurs dans les campagnes, et de la jeter à toutes les mains qui se tendent pour la recevoir. La destinée de ces livres était d'aller moisir sur une planche, dans un coffre ou sur un buffet. Lorsque les missionnaires demandaient à les revoir, ils les trouvaient intacts; ils semblaient dire : « Nous voilà tout « frais comme en sortant de chez vous[2]. » Un sort plus malheureux les attendait ordinairement.

« On les a vus, dit le docteur Wells Williams, sur les comptoirs de Macao, servant à envelopper des drogues et des fruits, ce que le boutiquier se garderait de faire avec le dernier de ses livres[3]. »

Écoutons d'autres témoins. « Le nombre des livres que les protestants distribuent est immense, dit l'évêque Courvezy, prélat connu des voyageurs anglais dans l'archipel indien, mais l'usage auquel on les applique diffère de leur destination première. A Sin-

[1] *Bampton Lectures*, ch. III, p. 93.
[2] *The Chinese*, etc., ch. V, p. 54.
[3] *The Middle Kingdom*, vol. II, ch. XIX, p. 343.

une dépense au-dessus de tout calcul, dont le seul résultat a été de ridiculiser le christianisme parmi les idolâtres, M. Taylor Meadows, interprète chinois au service de Sa Majesté, décrit en 1856 le caractère réel et l'effet de ces traductions protestantes, qui ont coûté des sommes énormes et ont été distribuées en nombre incroyable sur toutes les côtes orientales et occidentales de la Chine, aux dépens du peuple anglais, sans faire un seul converti. « Si les protestants anglais se rappellent l'accueil fait aux livres mormons et au mormonisme dans différentes parties de la Grande-Bretagne, ils auront une idée exacte du mépris témoigné en Chine pour nos tristes traductions des Écritures et pour notre christianisme. Elles sont regardées par les sectateurs de Confucius *comme un tissu d'absurdités et de prétentions impies; ce serait perdre son temps de les examiner*[1]. »

Il est peut-être superflu d'ajouter, comme plus ample information, sur ce nouveau système de propager le christianisme par une paisible agence de livres, à la place des périlleux travaux des apôtres, que les traductions, dont les Birmans et les Siamois sont inondés, ont précisément le même caractère. M. Tomlin, agent actif de cette institution, est forcé d'avouer qu'il y avait tant de « lourdes bévues » dans les traités mis en circulation par lui et d'autres dans le royaume de Siam, que le roi, lecteur intelligent, « se plaint de n'y trouver ni queue ni tête; » et il ajoute que Chaou-Bun, indigène lettré, employé par Gutzlaff à transcrire le Nouveau Testament, méprisait tous nos livres sacrés; « les traités, disait-il, étaient déchirés par le peuple et tournés en ridicule par les prêtres à cause de leurs fautes grossières[2]. » Le docteur Hobson, autre agent de la société des traités religieux de Canton, dit, dans les rapports sur ses travaux: « Je suis désolé de ne pouvoir vous annoncer aucuns résultats heureux de la distribution des traités; ils sont accueillis avec grand dédain[3]. » « Vos comités, dit la sosiété biblique en 1862, ne peuvent pas encore vous donner un récit satisfaisant sur le travail de la distribution des livres dans cette localité[4]. »

Nous sommes peut-être maintenant suffisamment éclairés sur ce qui regarde la circulation des bibles et des traités protestants en Chine et dans les pays voisins. Nous avons vu leur valeur littéraire; les écrivains protestants nous ont montré le mépris attiré

---

[1] *The Chinese and their Rebellion*, ch. vi, p. 79.
[2] *Missionnary Journals*, etc., ch. xiii, p. 329.
[3] Voir *The Cross and the Dragon*, par J. Kesson, ch. xv, p. 243.
[4] *Abstract of 58th Report*, p. 4.

guides pour suivre ses propres inspirations. Le docteur Marshman, le second éditeur d'une bible chinoise protestante, commit la même erreur avec les mêmes résultats. « Des missionnaires et de simples particuliers chinois m'ont assuré, dit M. Malcolm, que ni la Bible de Marshman, ni celle de Morrison ne sont pas tout à fait intelligibles, encore moins attrayantes. La plupart des traités sont dans le même cas, quelques-uns ont été trouvés tout à fait indignes d'être mis en circulation[1]. » Abel Rémusat et Jules Klaproth, deux célèbres sinologues, se permettaient de tourner en ridicule les malheureux essais de Morrison et de ses compagnons. Marchini qui pouvait parler cette langue facilement, déclare les versions chinoises « un jargon inintelligible, que personne ne peut lire sans rire ; et qu'un chinois lettré déplore de voir substitué à leur savant idiome. » L'abbé Voisin, missionnaire catholique en Chine, vient de publier une traduction française, comme spécimen, d'une partie de la version chinoise protestante adoptée par la société biblique. Il en fait ainsi l'éloge, pour ne pas prolonger trop la citation de son texte : « La plume me tombe des mains, dit-il, à la vue de l'ignoble et sacrilége travestissement infligé à nos livres saints, ils sont déshonorés, corrompus. Je défie un lettré chinois possédant la plus exacte connaissance de sa langue de deviner ce que le traducteur a voulu dire ; je n'aurais pas pu moi-même y arriver si je n'avais été familiarisé avec le texte sacré dont j'avais en main la prétendue traduction[2]. »

La maladresse de ces traductions fut admise par les ministres protestants, lorsque la connaissance en Europe de ces faits peu honorables les y eut forcés. Enfin en 1843, nous les trouvons tenant à Hong-Kong un meeting solennel « des diverses communions protestantes, » convoquées pour aviser à la fabrication d'*une version de plus*, « mieux adaptée à la circulation générale[3]. » Ce nouvel essai était fait en dépit des coûteux insuccès précédents, et dans le vain espoir, dit M. Lay, « que les pages de la divine sagesse pussent être débarrassées des monstruosités qui les défigurent[4]. » Le même destin attendait tous leurs efforts. « Une ou deux versions nouvelles ont été essayées, elles sont très-défectueuses et nullement satisfaisantes[5]. »

Enfin, après des efforts prolongés pendant un demi-siècle, et

---

[1] *Travels*, etc., vol. II, p. 218.
[2] *Annales de la Propagation de la Foi*, tome IX, p. 109.
[3] *Chinese repository*, vol. XII, p. 551.
[4] *The Chinese*, etc., ch. v, p. 52.
[5] *Life in China*, par le Rev. W. C. Milne, p. 503.

« mais ils paraissent vouloir sortir de leur ignorance, puisqu'ils acceptent en même temps nos livres et nos exhortations à apprendre cet art utile[1]. » On croirait qu'il plaisante, il n'en est rien. Un petit nombre essayait de les lire, mais les rendait ordinairement, faisant remarquer qu'ils étaient d'un style barbare et incohérent, au point d'être parfaitement inintelligible. Ce second fait est trop important pour ne pas mériter une attention particulière.

La première version de la Bible en chinois est due aux travaux du docteur Morrison, qui se servit sans façon de la traduction faite longtemps auparavant par les missionnaires catholiques, mais sans respecter leur texte. Il a bien raison de déplorer son erreur. « J'ai édité le Nouveau Testament, dit-il, avec des *altérations* que ma conscience et ma connaissance de la langue chinoise me firent juger nécessaires[2]. » Ces altérations ont été suggérées apparemment par le même motif qui induisit le professeur Samuel Kidd à inventer un nouveau mot chinois pour *Dieu*, « dans la crainte d'identifier la doctrine de la Bible avec le système papiste[3]. » La version du docteur Morrison a coûté plus de vingt mille livres (500,000 fr.); elle est condamnée depuis longtemps comme n'étant bonne qu'à provoquer le mépris des Chinois, et, d'après l'aveu prudent de la société biblique, comme imparfaite et pas assez *idiomatique* pour être comprise[4]. Elle est « excessivement verbeuse, dit Choo-Tih-lang, gradué Chinois; elle contient beaucoup de phraséologie étrangère, contraire au style ordinaire de nos livres; un Chinois ne peut en comprendre le sens et refuse d'y jeter les yeux[5]. » « Cependant, observe M. Lay, les Chinois ont une grande disposition à admirer toute espèce de littérature. » Ils ont admis, par ordre du plus lettré de leurs empereurs, ainsi que M. Bridgman l'indique dans sa *Chrestomachie chinoise*, une partie des compositions des missionnaires catholiques, pour être rangées parmi leurs classiques. « Les missionnaires catholiques ont cultivé cette langue, la plus difficile de toutes, avec assez de succès pour pouvoir composer dans cet idiome des centaines de volumes[6]. » Cette remarque est de sir James Mackintosh.

Le docteur Morrison fut peu sage en abandonnant de pareils

---

[1] *The Chinese as they Are*, par G. Tradescant Lay, Esq., ch. xxxvi, p. 358.
[2] *Memoirs of Robert Morrison, D. D.*, par sa veuve, vol. II, p. 5.
[3] *Critical Notice o Dr. Morrison's Literary Labours*, p. 54.
[4] *Brief View of the Operations of the B. F. B. S.*, p. 4 (1862).
[5] Medhurst, ch. xxii, p. 558-60.
[6] *Review of the Causes of the Revolution;* Works, vol. II, p. 251 (1846).

Nous n'avons encore qu'une idée imparfaite de l'extension donnée à la distribution des livres au delà du Gange. On aurait supposé qu'une seule version des Écritures eût satisfait aux besoins des Malais, considérés généralement comme peu ardents pour les études critiques de littérature sacrée ou profane. Mais telle n'était pas l'opinion des administrateurs des fonds des sociétés bibliques. « Pas moins de sept versions des Écritures en malais ont été imprimées, » dit le révérend Howard Malcolm, spécialement député pour rechercher leur destinée subséquente et en faire un rapport. Il s'en acquitte en ces termes : « Plusieurs milliers d'exemplaires ont été distribués ; mais, autant que j'ai pu l'apprendre, sans avantage bien sensible. Je n'ai pas entendu parler d'un seul Malais converti dans toute la péninsule [1]. » Les sept versions étaient apparemment insuffisantes.

Les Birmans, occasion de grandes dépenses pour les Anglais et les Américains, ne furent pas traités moins généreusement. Il y a plus de trente ans, « deux cent cinquante mille traités environ ont été imprimés et répandus ; » combien de milliers depuis, personne probablement ne le sait. Écoutons encore M. Malcolm qui annonce aux directeurs de sa société les résultats de leurs libéralités : « Nous avons visité quatre-vingt-deux villes, cités et villages, en leur distribuant des traités ; nous en avons pourvu six cent cinquante-sept bateaux et navires, sans compter une multitude de caisses le long du rivage. » Et de peur qu'on inférât de tout ceci, une certaine coopération de la part des Birmans, M. Malcolm ajoute : « Ce fait est loin de prouver un désir général parmi ce peuple de connaître la nouvelle religion. Un traité est à tous égards une curiosité. Ils n'ont jamais vu un pareil papier. La forme du livre les intéresse. De plus, c'est une acquisition ; aucun Birman ne refuse un don sans un motif grave. » Sir John Bowring, au sujet du royaume voisin de Siam, nous dit d'après un missionnaire « que des feuilles de papier blanc seraient recherchées avec plus d'empressement encore [2]. »

M. Malcolm aurait pu ajouter que la plupart des sujets de sa bienveillance étaient parfaitement incapables de lire les livres distribués, quand même ils en auraient eu le désir. Mais cette incapacité littéraire paraît avoir été jugée de nulle importance en Birmanie comme ailleurs. « Beaucoup d'entre eux ne peuvent pas lire, » dit un autre distributeur officiel, parlant des Chinois plus instruits,

---

[1] P. 126.
[2] *The Kingdom and People of Siam*, vol. I, ch. xii, p. 577.

plus d'un million de traités. » A la même date, ils avaient publié « cent cinquante mille traités en langue malaise. » A Canton et à Malacca, il y a environ trente ans, ils avaient imprimé *plus de quatre cent cinquante mille volumes*[1]. Cette énorme et coûteuse distribution se faisait avec une prodigalité si stérile qu'un missionnaire protestant écrit candidement à ses patrons : « Nous n'avons pas eu de preuves que les milliers de livres jetés parmi ce peuple, aient excité un *seul* esprit à s'en inquiéter, une *seule* âme à aller trouver un maitre parmi les étrangers en Chine, ou qu'ils aient été un moyen de conversion pour *un seul* individu [2]. » Voilà le résultat accusé en Chine. Quant à Malacca, un autre missionnaire protestant nous dit franchement : « On ne trouve ici aucun Malais chrétien[3]. »

A Batavia, abandonné plus tard en désespoir de cause, les missionnaires anglais seuls avaient distribué plus de cent quatre-vingt-dix mille volumes, il y a plus de trente ans. A Pulo-Pinang, où la demande peut être supposée insignifiante, quarante-quatre mille volumes ont disparu à la même date. A Singapore, soixante-six mille ont été donnés, et pourtant un missionnaire relate avec tristesse en 1839 que « pas un Malais à Singapore n'a fait profession de Christianisme [4]. » Il veut dire de protestantisme, car il ajoute : « Les catholiques ont attiré un bon nombre de Malais, Chinois et autres; ils ont des auditoires complets le dimanche. » Cependant, à l'imitation des premiers apôtres, ils n'ont pas distribué un seul traité, et probablement pas beaucoup de Bibles, « quoiqu'ils aient traduit la majeure partie du Nouveau Testament en chinois ; » M. Medhurst le reconnaît.

Dans les îles Liou-Tchou, une société anglaise envoya le docteur Bettelheim pour la représenter, nous savons par un témoin oculaire que « s'il distribuait des traités pendant la nuit, le matin suivant la police les lui rapportait soigneusement empaquetés. » Il continua l'opération pendant sept ans, et lorsqu'enfin il se retira de guerre lasse, il n'avait pas gagné un seul malheureux disciple, et n'avait pas obtenu la circulation d'un seul traité[5]. Ce que coûta cet infructueux passe-temps à la société mère, ne nous arrêtons pas à le calculer.

---

[1] Medhurst, ch. XXII, p. 592.
[2] Voir Docteur Brown's *Hist. Prop. of Christianity*, vol. II, p. 256.
[3] Malcom's *Travels*, etc, vol. II, ch. II, p. 114.
[4] *Ibid.*, p. 106.
[5] *The Japan Expedition*, par J. W. Spalding, U. S. Steam Frigate Mississipi ; ch. VII, p. 113 (1856).

américaines a imprimé en peu d'années près de quatre cents millions de pages¹. » Leurs publications totales entre 1812 et 1861, s'élèvent à *cinq millions de volumes* de trois cents pages chacun². Tel a été le travail presque fabuleux d'*une* seule des innombrables associations employées simultanément dans toutes les parties du monde et dont les proportions s'accroissent de jour en jour. Citons quelques exemples de la part réservée à différentes contrées dans la distribution des Bibles et des traités. Leur prodigieuse étendue ne ressort pas assez dans des appréciations générales. La circulation des livres, avons-nous dit, est le trait caractéristique des missions protestantes. Commençons à faire connaître par des témoignages protestants, dans toutes les sphères de missions, leur nombre, leur valeur, leur effet.

CHINE.

1. En Chine, durant la dernière partie de l'année 1844, les traités protestants répandus parmi les naturels, auraient formé près de quatre mille volumes de trois cents pages chacun. Cette profusion qui eût satisfait les désirs d'un siècle, était l'ouvrage de quelques mois. Seize ans plus tôt, M. Gutzlaff seul en moins de douze mois « distribuait au peuple vingt-trois caisses de livres chinois³. » L'opération, comme la pluie du déluge, a continué depuis sans s'arrêter. Vers la même époque M. Medhurst, d'après ses rapports, était dans l'habitude de livrer, aux dépens du peuple anglais, cinq cents volumes par jour. M. Tomlin, ministre anglican et compagnon de Gutzlaff, écrit à ses patrons : « Nous portons à Siam vingt-deux caisses de bonne grandeur, pleines de pain de vie. » Après avoir déchargé pareille cargaison, l'une de ses expressions favorites était : « Encore une saison de semaille finie⁴. » On n'a pas cessé d'ensemencer ainsi pendant près d'un demi-siècle, sans obtenir pendant cinquante étés consécutifs la plus faible apparence de moisson.

Déjà en 1859 les missionnaires protestants avaient « imprimé en langue chinoise trente mille fragments séparés de l'Écriture et

---

[1] Putnam's *American Facts*, p. 55.
[2] *Report of American Board for Foreign Missions*, 1861; quoted in *New-York Evening Express*, February 21, 1861.
[3] *China; its State and Prospects;* par W. H. Medhurst, ch. xi, p. 328.
[4] *Missionary Journal and Letters*, par J. Tomlin, B. A., ch. iii, p. 55.

biblique américaine, annonçaient ainsi leur but : « Distribuer le plus promptement possible la Bible à toutes les populations accessibles du globe. » Dans les vingt premières années, leur organisation étant encore incomplète, ils dépensèrent plus de six cent mille livres (15,000,000 de fr.) et distribuèrent plus de trois millions d'exemplaires. « Quatre cent quarante mille Siamois, » dit M. Strickland, « étaient représentés en 1853, comme étant *prêts pour la Bible.* » Il ne dit pas comment ils en sont arrivés là ; à considérer ce singulier usage fait des Bibles déjà distribuées, nous pouvons conclure que les Siamois sont au moins capables d'attendre le reste sans impatience. Quel est le nombre des Bibles reçues par eux ou par d'autres barbares ; Quel usage en ont-ils fait ? Nous l'apprendrons tout à l'heure.

SOCIÉTÉS POUR LA DIFFUSION DES TRAITÉS RELIGIEUX.

Les Bibles ne sont pas seules expédiées par millions sur tous les rivages des deux continents, ou accumulées en piles énormes dans les ports d'Asie et d'Amérique ; mais des traités religieux destinés à compléter et à expliquer les textes sacrés, sont répandus avec une profusion plus grande encore. La Société des traités religieux d'Angleterre en a, dit-on, publié dans la seule année 1861, plus de quarante et un millions, et depuis sa fondation, près d'*un milliard* [1]. C'est là *une seule* de beaucoup d'institutions semblables. Celle de Suède (*Tract Society*), plus réservée dans ses opérations, compte cependant ses distributions par millions [2]. Celle d'Amérique avait déjà imprimé, il y a vingt-cinq ans, trente-six millions d'exemplaires et près de trente-quatre millions de volumes ; depuis elles ont toujours augmenté leurs tirages. A Boston, une société alliée a aussi publié pour inaugurer sa fondation, quatorze millions cinq cent mille sept cent quarante pages. L'écrivain de qui ces détails sont tirés donne une liste de quelques sociétés américaines qui, dans le cours d'une année, ont rassemblé près d'un million de dollars [3]. Ces énormes revenus suffisent à peine pour couvrir la dépense d'opérations entreprises sur une échelle tellement gigantesque, que M. Putnam nous dit : « La seule société des missions

---

[1] *The Times*, June 15, 1862.
[2] *Home Life in Norway and Sweden*, par Charles Loring Brace, ch. xxi, p. 160 (1857).
[3] *Visit to the American Churches*, par Andrew Reed, D. D., vol. II, p. 166.

historiquement leurs résultats, il était impossible d'éviter ou de différer cette recherche.

SOCIÉTÉS BIBLIQUES.

La Société biblique anglaise et étrangère dont nous trouverons les opérations identiques à celles des missions protestantes [1], a été fondée en 1780. Son revenu, de cinq mille livres cette année-là (125,000 fr.), devint bientôt vingt fois plus grand; en 1791, il avait atteint cent mille livres (2,500,000 fr.) [2]. Un demi-siècle après, son revenu annuel approchait de deux cent mille livres et elle distribuait chaque année près d'un million sept cent mille Bibles. Cette institution est certainement la plus riche, mais elle n'est pas seule, il y en a des milliers d'autres établies dans le même but. Dans toutes les parties de l'empire colonial Britannique, depuis les bords du fleuve Saint-Laurent jusqu'aux plaines du Bengale, « des Sociétés bibliques auxiliaires » existent; leur nombre serait presque impossible à préciser, encore moins leurs recettes. « Le peuple d'Angleterre, » dit M. Howitt, « dépense près de cent soixante-dix mille livres annuellement, en Bibles. » (4,250,000 fr.) [3]. Qui pourrait dire ce qu'on dépense dans les autres contrées ?

Pour déterminer le nombre exacte de Bibles publiées chaque année en toutes langues, par l'agence protestante, il serait nécessaire de consulter les rapports des mille sociétés répandues sur la surface du globe; pour beaucoup ce rapport serait impossible à obtenir à un moment donné. Plusieurs écrivains élèvent la publication totale par toutes les sectes, en comprenant les baptistes, qui ont adopté une version particulière, à cent millions d'exemplaires; ce nombre est considéré comme un commencement. « Cent trente millions de Bibles nous manquent [4], » s'écriait récemment le Rév. docteur Plumer; comme si le nombre déjà répandu ne valait pas la peine d'être cité; ce déficit sera certainement comblé. Partout où existe un être humain, civilisé ou sauvage ne possédant pas un exemplaire des écritures dans sa langue, les Sociétés bibliques reconnaissent un client. Il y a plus de quarante ans, les directeurs de la Société

---

[1] A New-York, les bureaux de la Société biblique et le conseil des Missions étrangères sont sous le même toit.
[2] *History of the B. and F. Bible Society*, par le Rev. J. Owen, M. A.
[3] *Colonization and Christianity*, ch. xxvi, p. 448.
[4] *History of the American Bible Society*, par W. P. Strickland; app. p. 371.

tuer une règle fixe et extérieure, elle n'a jamais été instituée dans ce but par le Christ, personne, assurément, après la terrible expérience faite à notre époque et continuée encore chaque jour, ne pourra le nier [1]. » Les innombrables commentaires modernes de la Bible et leur incontestable valeur scientifique, « loin d'avoir produit une plus grande mesure de foi ou d'unité dans la doctrine protestante, observe Döllinger, ont un résultat tout à fait contraire [2]. » Le docteur Grant, après avoir examiné sérieusement l'effet des distributions de Bibles, s'écrie devant l'université d'Oxford : « Le complet mécompte obtenu par la distribution seule des Écritures chez les païens, peut nous prouver jusqu'à l'évidence que l'Évangile *n'était pas destiné* à triompher ainsi [3]. »

La circulation des Bibles continue cependant à être le trait caractéristique des missions protestantes. L'agent de ces sociétés a jusqu'ici décliné l'honneur de prendre aucune part à la vie militante des apôtres. Ses jours appartiennent à sa famille ; et lorsqu'il accepte une commission pour les pays lointains, l'effusion du sang n'entre pas dans le contrat ; les obligations d'un père justifient cette réserve. Le monde ne trouve pas étonnant qu'un missionnaire marié préfère la distribution des livres, aux labeurs et aux périls de l'apostolat ; il est le premier à recommander et à approuver cette manière d'agir par les siens. « Il n'y a pas de doute, dit un respectable auteur anglican, que la méthode de répandre les Écritures est infiniment préférable à celle des missions où cette circulation n'est pas le moyen principal [4]. » Les Bibles sont donc encore distribuées par milliers dans toutes les parties du monde, et le moindre changement dans ce système de *propagande* priverait de leur unique emploi un grand nombre de missionnaires protestants de toutes sectes et de toutes nations.

Examinons trois questions préliminaires d'une grande importance ; la réponse, résultat d'une enquête sérieuse, déterminera suffisamment la nature et l'influence des missions protestantes : 1° dans quelle proportion les Bibles et les traités ont-ils été répandus par les missionnaires protestants ; 2° quelle est la valeur littéraire de leurs différentes traductions ; 3° quel usage les païens en font-ils? En essayant de déterminer ce caractère spécial de missions si nouvelles dans leur forme et leur méthode et de retracer

---

[1] *Symbolism*, vol. II, p. 122 ; ed. Robertson.
[2] *The Church and the Churches*, Introd., p. 15 ; ed. Mac Cabe.
[3] *Bampton Lectures*, III, 93.
[4] *Christianity in India*, par J. W. Cuningham, M. A., p. 142.

depuis la persécution que Tacite aurait provoquée et dont Pline aurait à peine dissuadé les empereurs, persécutions renouvelées vainement par ceux-ci et abandonnées par le sénat romain découragé dans ses derniers jours ; les païens commençaient à comprendre cette vérité mystérieuse, que le sang des martyrs est la semence de l'Église.

Par l'effusion généreuse de ce sang fécond dans une foule de contrées, le christianisme se fraya un passage de Jérusalem à Rome, et de Rome jusqu'aux confins les plus reculés de l'empire. La Bible, instrument unique de certaines missions modernes, eut peu de part aux triomphes de cette lutte formidable ; son divin auteur ne tint pas à fournir cette arme comme auxiliaire, dans ce mortel débat ; elle parut sous une forme accessible après la bataille livrée et la victoire remportée, lorsque le successeur du pêcheur eut enfin détrôné les Césars et planté la croix sur le Capitole qu'ils avaient abandonné pour toujours. Ce grand fait historique, révélation du jugement de Dieu sur l'usage de sa parole, s'applique aux conversions ultérieures dans toutes les parties du monde, depuis le quatrième siècle jusqu'au dix-neuvième. Ces siècles ne doivent pas plus leurs myriades de martyrs à la diffusion de la Bible, qu'on ne lui doit les martyrs des premiers âges immolés à Rome, à Smyrne, à Antioche. La méthode des premiers apôtres, aussi bien que des évangélistes, leurs successeurs légitimes dans les missions, celle de saint Paul et de saint André, comme de saint Augustin, saint Boniface et saint François, était précisément la même, suivie de nos jours par les missionnaires catholiques. Évidemment, ils n'en connaissaient pas d'autre.

Les livres sacrés n'étaient pas l'instrument désigné pour un pareil travail ; le rare usage qu'on en faisait le prouve. De plus, la Providence laissa écouler quatorze siècles et fit triompher l'Église dans tous ses combats, avant l'art de l'imprimerie, par lequel seul les Écritures purent être multipliées d'une manière suffisante. La Bible, précieuse aux chrétiens, n'a pas été désignée par son auteur pour aider à la conversion des païens : le monde la reçut trop tard pour répondre à ce dessein ; les apôtres et leurs successeurs n'ont fait, ni désiré, ni pu faire de la Bible aucun usage semblable. Dans ces derniers temps, « la prodigieuse et presque incroyable diffusion[1] » des livres sacrés, a tellement manqué son effet, qu'elle inspira à un homme profond et savant les réflexions suivantes. « La Bible, dit Moehler, ne peut en elle-même consti-

---

[1] Docteur Grant's *Bampton Lectures*.

sant produire leur effet. En bien des contrées, en Chine et dans le Levant plus qu'ailleurs, l'action des ministres protestants s'est presque entièrement bornée à cette distribution de livres; cependant, d'après l'observation de l'un d'eux, ayant une expérience de plusieurs années, « il parait peu utile de donner des livres à profusion sans payer de sa personne par la prédication, » opinion confirmée par cette importante remarque : « les apôtres évidemment procédaient de cette manière [1]. »

En présence d'un fait aussi frappant, les protestants se sont encore refusés à abandonner leur méthode favorite et à admettre son insuccès complet. L'idée de convertir les païens par la circulation des livres, ne tire pas sa sanction des *Actes des Apôtres*, ils l'ont reconnu; un système entièrement différent a converti le monde romain au christianisme en moins de trois siècles. Ce système empruntait sa force surnaturelle au sang fécond des martyrs. Saint Jean-Baptiste, premier prédicateur de la pénitence a été martyr. Tous les apôtres, un seul excepté, l'ont été. Cinquante-deux pontifes romains, succédant directement à saint Pierre, ont donné leur vie pour la foi. Les trois grands noms, dans le premier âge du christianisme qui ne soient pas écrits avec le sang, sont ceux de la bienheureuse Vierge, de sainte Marie-Madeleine et de saint Jean; seuls au pied de la croix, ils reçurent *leur* martyre, en soutenant un pareil spectacle. Le christianisme a été prêché et fondé dans le sang; la profession du vrai missionnaire sera de *mourir* pour le salut des âmes. Par cet unique moyen, l'Évangile a conquis le monde; nécessité présagée par la grande expiation : « *Sine sanguinis effusione non fit remissio* [2]. »

Les apôtres du crucifié, s'ils veulent lui ressembler, doivent être couverts « de vêtements teints, » dans leur propre sang, comme la robe sans couture de leur maître. « Ce n'est pas au Thabor que Jésus vous invite, dit un de nos missionnaires modernes aux aspirants à la vie apostolique, mais au calvaire et à la mort [3]. » Il avait le droit de parler ainsi, il était membre d'une Société qui donna en moins d'un siècle plus de quatre cents martyrs à l'Église. Les âmes des païens ne se rachètent que par le sang; loi immuable de l'apostolat chrétien, témoin les nombreux martyrs des trois derniers siècles, le seul empire d'Annam a produit seize mille martyrs pendant neuf mois de l'année 1861. Durant une période semblable, ils n'ont jamais été plus nombreux,

---

[1] *Travels in S. Eastern Asia*, par le Rev. Howard Malcolm, vol. II, ch. II, p. 160.
[2] Heb., IX, 22.
[3] *Lettres édifiantes et curieuses*, tome X, p. 376.

péremptoires qu'il renferme, nous voulons le démontrer par des témoignages impartiaux et décisifs. Nous pourrions procéder de suite à cet examen détaillé ; mais il est un point que nous sommes forcés d'écarter de la discussion générale, et qu'il est convenable de noter.

MÉTHODES COMPARÉES.

En comparant l'influence des missions catholiques et protestantes dans toutes les parties du monde, pour mettre l'Église et les sectes à une nouvelle et suprême épreuve qu'il eût été impossible de faire subir plus tôt, il est évident qu'en dehors de la question principale des *résultats*, deux points importants doivent occuper notre attention : le *caractère* des agents, et la *méthode* des opérations. Le premier recevra une abondante lumière dans le cours de cet ouvrage ; le second doit être étudié maintenant.

La différence saisissante, formant un véritable contraste entre les deux classes de missionnaires, se trouve dans la diversité des moyens employés pour convertir les païens. Le missionnaire catholique, à l'exemple de saint Paul et de saint Barnabé, ne recevant aucun salaire, ou, s'il lui arrive d'en recevoir, ce salaire ne s'élevant pas au-dessus des gages donnés à un ouvrier ordinaire, se présente sans crainte devant la foule idolâtre, et, malgré les menaces, les coups et la mort, lui annonce « les vivants oracles de Dieu. » Durant vingt, trente ou quarante années, il accepte sans répugnance une vie de pauvreté et de peines. Si les instruments de torture sont un jour exposés devant ses yeux, il ne les envisage pas avec surprise ou terreur. Avant d'entrer dans la carrière apostolique, il a souvent demandé à Dieu, comme une faveur spéciale, de pouvoir être jugé digne de cette suprême épreuve. Il a osé aspirer à trouver grâce devant son maître au point de lui ressembler, dans le cours de sa vie, et même dans son agonie et dans sa mort. Bien des exemples nous apprendront comment ces désirs sont exaucés.

Le missionnaire protestant, enlacé le plus souvent dans les liens domestiques, et astreint aux préoccupations incessantes qu'ils font naître, recule devant une carrière si dangereuse et si difficile ; les droits d'une femme et d'une famille sont assez impérieux pour passer avant les autres. Il s'en tient principalement à la distribution des Écritures ou de traités religieux, qu'il répand le long des côtes, ou qu'il envoie dans l'intérieur, les lais-

nous comparons, dit un écrivain particulièrement dévoué à cette étude, les résultats visibles obtenus avec ce mécanisme compliqué, les appels de fonds incessants et l'énorme dépense pour entretenir les missions, on doit avouer qu'ils sont grandement disproportionnés [1]. » Cette assertion n'est que trop confirmée, nous le verrons, par une nuée de témoins de tous les rangs et de toutes les sectes. Aussi l'organe d'une des écoles les plus influentes de l'opinion protestante en Angleterre, ne se fait pas scrupule de dire, en 1859 : « Il ne nous est pas permis de nous vanter de quelques succès isolés, obtenus çà et là, au point de nous aveugler sur ce que nous devrions appeler l'*inutilité complète des efforts des missionnaires dans les temps modernes*[2]. »

Indiquer partout le fait et les causes de cet insuccès reconnu est notre dessein ; dans ce but, nous invoquerons exclusivement les témoignages certains des protestants de toutes les classes et de toutes les croyances : Anglais et Américains, Allemands et Français, Suédois et Hollandais, historiens et naturalistes, officiers civils et militaires, touristes et marchands, chapelains et missionnaires. Quelle que soit la difficulté de la tâche et l'ennui causé par les recherches qu'elle exige, on doit reconnaître à l'écrivain anglais des facilités particulières pour réunir les matériaux d'un pareil travail. La noble passion des voyages et des aventures est le signe caractéristique de la race anglo-saxonne au point de paraître extraordinaire aux yeux des étrangers inertes et indifférents. L'énergie infatigable qui les pousse à parcourir tous les pays, à traverser toutes les rivières, à gravir toutes les montagnes, produit invariablement un livre plus ou moins soigné et instructif, relatant les impressions du voyageur. L'examen d'un grand nombre de ces livres, et l'étonnante unanimité de leurs auteurs, sur un point, malgré la diversité de leurs opinions religieuses, suggéra la première idée de l'ouvrage offert maintenant au lecteur. Envisagés comme production littéraire, on peut contester la valeur de ces différents récits ; mais considérée sous un autre aspect, cette armée de touristes infatigables et expansifs, clercs ou laïques, peut être regardée comme une réunion de témoins employés par la Providence. Sans se connaître et sans avoir les mêmes intentions, ils ont découvert et annoncé au monde un fait que les passions les plus violentes de l'homme et ses préjugés avaient tout intérêt à cacher. Ce fait, important par lui-même et par les conclusions

---

[1] *Bampton Lectures for* 1843, par Anthony Grant, D. C. L., ch. vi, p. 214.
[2] *Christian Remembrancer*, vol. XXXVII, p. 69.

de Ceylan, d'après le rapport de lord Torington à son gouvernement, « au delà de cent mille livres (2,500,000 fr.)[1]. Dans les provinces méridionales de l'Arménie, un de leurs amis le rapporte, cinq missionnaires américains disposent d'environ cinquante mille dollars annuellement (1,050,000 fr.). » D'autres absorbent dans leurs missions de Turquie « trois fois cette somme,[2] » trente mille livres par an (750,000 fr.). Dans les solitudes lointaines de l'Orégon, une de leurs sectes a dépensé « quarante-deux mille dollars en une seule année (210,000 fr.); » cette mission fut dans la suite abandonnée, et « infligea un pénible désappointement à la société comme à ses soutiens[3]. » Dans les îles écartées dont Honolulu est la modeste capitale, la même classe d'agents a reçu, jusqu'en 1853, plus de cinquante mille livres, seulement comme salaires. La dépense totale de cette entreprise, dans ce groupe obscur, excédait déjà à la même date, neuf cent mille dollars (4,500,000 fr.)[4].

RÉSULTATS DES DÉPENSES.

Un des buts proposés dans cet ouvrage est d'indiquer les résultats de cette énorme prodigalité sur tous les points du globe, et d'examiner, principalement par le témoignage de ceux qui les contrôlent et les dirigent, quelle proportion existe entre les résultats et les moyens. Ceux qui admettent avec raison le prix inestimable d'une seule âme, ne doivent pas regarder cette recherche comme un caprice inutile; l'incomparable dignité du sujet le justifie et lui donne tout son intérêt. Nous trouvons certifié par des auteurs graves et impartiaux, membres de différentes sociétés protestantes, que le résultat général de ces dispendieux efforts, a été une défaite incontestable. « Dans un trop grand nombre de cas, dit un évêque protestant, les prédicants européens, parmi les païens, ont à répondre pour *le mal* qu'ils ont causé, surpassant de beaucoup leurs services les plus empressés[5]. » Aveu qui nous invite à poursuivre une recherche qui, franchement et honnêtement dirigée, attestera l'exactitude de cette formidable constatation. « Si

---

[1] *Ceylon, Past and Present*, par Sir George Barrow, ch. VII, p. 162.
[2] Wagner's *Travels in Persia*, etc., vol. III, ch. VII.
[3] Docteur Olin's *Works*, vol. II, p. 427.
[4] *Sandwich Island Notes*, par A. Haolé, app. p. 483.
[5] *Polynesia and New Zealand*, par le Rt. Rev. M. Russell, ch. III, p. 113 seconde édition, 1843.

pensé en 1858 moins de *seize cents livres* (40,000 fr.)[1] pour les voyages, salaires, frais de bureau, registres, contributions, frais de poste pour la correspondance avec les missions répandues sur le globe.

En pays étrangers, comme on peut le supposer d'avance, la dépense des missionnaires pour leur entretien domestique, est encore plus considérable. A Taïti, et dans les îles voisines, les missionnaires anglais ont déjà reçu et dépensé « plus de cent mille livres sterling » (2,500,000 fr.) depuis trente ans environ[2]; sans autre résultat, comme nous l'apprendrons, que de détruire les deux tiers de la population et de priver le reste de ses pauvres ressources comme de ses vertus naturelles. Dans le groupe des îles Fijie, ils avaient en 1860 dépensé plus de soixante-quinze mille livres (1,875,000 fr.)[3]. Dans la Nouvelle-Zélande les Wesleyans seuls ont absorbé quatre-vingt mille livres (2,000,000 fr.) avant 1844 ; probablement deux fois autant depuis[4]. Il y a vingt ans, la société *Church Missionary* répandait dans cette station éloignée plus de quatorze mille livres par an (350,000 fr.); le personnel ne se composant que de huit missionnaires et seize catéchistes[5]. Dès 1558, la dépense totale de cette même société dans cette île montait déjà à deux cent mille livres (5,000,000 fr.)[6]. Dans l'Hindostan, le coût des opérations des missionnaires, frais d'école compris, depuis 1840, a monté à *trois millions sterling* (72,000,000 fr.)[7]. Les seules « dépenses de voyage » des missionnaires protestants vers l'Est ont monté, jusqu'en 1839, à « deux cent soixante mille livres (6,500,000 fr.)[8]. » En Australie plus de cinquante mille livres (1,250,000 fr.) ont été absorbées en missions depuis vingt ans, cependant à cette date et depuis, pas un seul naturel n'a été converti[9].

Cette profusion, dont nous avons seulement donné quelques exemples, semble augmenter chaque année ; elle est imitée avec empressement de l'autre côté de l'Atlantique. Le conseil américain des missions étrangères a dépensé en peu d'années, dans la seule île

---

[1] *Annals of the Propagation of the Faith*, May 1859; n° 120, p. 157.
[2] *Asiatic Journal*, vol. VIII; new series.
[3] *Viti*, par Berthold Seeman. Ph. D., etc., ch. IV. p. 77.
[4] Brown's *New Zealand*, app. p. 273.
[5] *New Zealand; its Advantages and Prospects;* par Charles Terry, F. R. S., p. 189.
[6] Docteur Thomson's *New Zealand*, vol. 1, part. II, ch. IV, p. 513.
[7] *British India*, par Montgomery Martin, ch. v, p. 227 (1862).
[8] *Travels in S. Eastern Asia*, par le Rév. Howard Malcolm, vol. II, p. 279.
[9] *History of N. S. Wales*, par T. H. Braim, Esq., Principal of Sydney College, vol. II, ch. VI. p. 237.

qu'aucun prédicant ne se soit embarqué pour la mission¹. » Le revenu de la corporation appelée *Church Missionary Society*, dont un quart est absorbé chaque année par ses propres officiers, monta en 1859 à cent soixante-trois mille livres (4,075,000 fr.). Celui de la Société biblique consacrée à un objet analogue s'éleva à cent quatre-vingt-quinze mille livres (4,875,000 fr.). De sorte que ces deux institutions seules reçoivent environ trois cent soixante mille livres en douze mois (10,000,000 fr.), près de mille livres par jour, et certainement, depuis leur fondation, pas moins de *dix millions sterling* (250,000,000 fr.).

Les Wesleyans anglais qui répandaient déjà cent mille livres par an, il y a plus d'un quart de siècle, employaient à la même œuvre en 1862, cent trente-sept mille deux cent quatre-vingts livres (3,432,000 fr.); ils doivent avoir absorbé trois millions de livres environ depuis 1840 (75,000,000 fr.). La *Société de Londres pour les missions* possédait depuis 1839 un revenu annuel de quatre-vingt mille livres (2,000,000 fr.). La *Société pour la propagation de l'Évangile* est connue pour avoir dépensé en une année un total de cent quarante mille livres environ (3,500,000 fr.). Les *cinq* sociétés mentionnées ci-dessus ont donc disposé de *sept cent mille livres* environ chaque année (17,500,000 fr.); la dépense totale excède probablement vingt millions (500,000,000 fr.).

La proportion de cette dépense, imitée avec émulation par une multitude de sociétés semblables, en Angleterre et dans les autres pays, paraît croître chaque année. L'augmentation est tellement rapide qu'actuellement « le capital roulant » des sociétés anglaises seules, ne s'élève pas à moins de deux millions de livres (50,000,000 fr.), une année dans l'autre. Nous apprenons de la même autorité qu'un « nombreux état-major d'officiers bien payés, dont l'existence dépend de ce système, » absorbe pour sa part « 25 pour cent » de ce revenu fabuleux².

Il n'est pas inutile d'observer comme premier contraste indiqué dans tous ses détails, que si les sociétés protestantes d'Angleterre seules consomment, d'après leur aveu, près d'un demi-million de livres par an (12,500,000 fr.), et l'*une* d'entre elles quarante mille livres (1,000,000 fr.) en dépenses purement intérieures, l'administration toute entière de la Propagation de la foi, principale société de l'Église catholique pour les missionnaires³, a dé-

---

¹ Voir *the Times*, January 18, 1860.
² *The Times*, January 17, and April 19, 1860.
³ La Société léopoldine de l'Autriche travaille seulement sur un espace restreint et avec des ressources modiques.

cherchent plus à disputer une supériorité acquise par tant de victoires, une nouvelle rivale a saisi leurs armes émoussés, et la défie une fois encore à un combat, dont la *gentilité* comme autrefois sera le prix. Nous retracerons l'histoire de cette lutte dernière : elle a duré assez longtemps pour nous permettre d'en faire le récit. Moins d'un siècle s'est écoulé depuis les commencements de la vie militante des sociétés protestantes d'Europe et d'Amérique : et déjà, d'après l'aveu de leurs agents et de leurs défenseurs, elles en voient l'issue avec désespoir. Sur toutes les régions du globe, elles ont déployé leur bannière aux différentes couleurs ; le résultat a partout et toujours été le même, leurs historiens nous le diront ; mais, si les nouvelles sectes n'ont pas atteint les succès numériques des bouddhistes, des ariens, des musulmans ou des nestoriens ; si elles ont travaillé en vain, au point que nous sommes obligés de chercher en dehors des causes naturelles, une explication à cette défaite toujours renouvelée ; elles ont au moins surpassé leurs devanciers par les prodigieuses ressources matérielles dont elles disposent. Avant d'aborder cette histoire, il est nécessaire d'attirer notre attention sur ce point.

RESSOURCES MATÉRIELLES DES SOCIÉTÉS PROTESTANTES.

L'administration de plusieurs sociétés de missionnaires en Angleterre et en Amérique peut être comparée, quant au nombre des agents et à la grandeur des ressources, au mécanisme qui existe pour le gouvernement de certains États secondaires en Europe. Leurs émissaires sont comptés par milliers, et leurs revenus par millions. A entendre leurs directeurs et leurs partisans, le monde n'avait jamais été témoin d'un pareil développement de moyens, pour une fin aussi noble. « Les apôtres auraient triomphé avec une pareille armée de champions, » dit un écrivain américain, en parlant de la multitude des missionnaires protestants. « Les premiers prédicateurs de l'Évangile, ajoute-t-il, faisant allusion au concours du pouvoir civil et de leurs immenses richesses, manquaient de ces avantages [1]. »

Ce n'est pas là une amplification de rhétorique ; quelques exemples vont nous en convaincre. Une seule société anglaise pour la conversion des païens, consomme, dit-on, quarante mille livres annuellement (1,000,000 fr.) « sans sortir de chez elle, avant

---

[1] Docteur Stephen Olin, *Works*, vol. II, p. 547 (1853).

barbares, reconnaissent la présence de dons surnaturels et de grâces qui les mettent, par un lien presque visible, en rapport avec un monde supérieur. Ces dons et ces grâces, les faits vont nous en convaincre, ne se sont pas amoindris, comme le zèle capricieux des missionnaires d'un autre ordre ; ils ont été prodigués généreusement à la génération actuelle, comme à toutes celles qui l'ont précédée. Par ce signe, et non par le nombre, nous reconnaîtrons la mission divine. Saint Paul était aussi bien apôtre, lapidé par la populace de Lystre que tendrement embrassé par des disciples désolés de se séparer de lui pour toujours. Il était plus que jamais le serviteur choisi du Très-Haut, lorsque, chargé de chaînes, on le conduisit à la mort. Il en est ainsi de tous ceux qui, depuis ce jour, ont reçu la même vocation. Les martyrs de 1862, dont nous avons récemment appris le triomphe, et les disciples qui les accompagnaient au supplice, étaient des hommes ardents dans la foi et brûlants de charité, comme les premières victimes, qui, dès les commencements du christianisme, « lavèrent leur robe dans le sang de l'Agneau. » L'Église ne change pas : ses adversaires s'en plaignent ; ses apôtres et ses néophytes, fidèles imitateurs des compagnons de saint Étienne et de saint Paul partagent la gloire de ce reproche souvent répété.

D'autre part, ces sociétés animées un jour d'impétueuse ardeur, au point d'étonner leurs fondateurs par leurs succès, ont semblé pour un temps rivaliser avec ces puissants « pêcheurs d'hommes, » travailleurs obscurs sur un lac syrien, avant de jeter leurs filets dans une mer plus vaste et plus profonde ; mais elles ont depuis longtemps passé par les phases successives de stagnation et de décadence, caractère de toute institution humaine. Le bouddhisme, après avoir englouti l'est et le centre de l'Asie, tomba dans une espèce de léthargie mortelle ; depuis mille ans, il n'a pas gagné un nouveau disciple. L'arianisme survit à peine, déguisé sous d'autres noms, dans divers sociétés protestantes qui datent du seizième siècle. Le nestorianisme, qui de nos jours a vu la moitié de ses adhérents reconciliés avec l'Église, a cessé depuis des siècles de tenter ou de désirer aucune nouvelle conquête. L'islamisme, autrefois si fier, déploie une mourante énergie parmi des populations dégradées à l'est et à l'ouest de l'Afrique ; en Europe, sa décrépitude est devenu un sujet de moquerie proverbiale ; les maîtres de la terre ne peuvent s'entendre pour le remplacer, seule raison de son existence.

Mais, si les anciens adversaires de l'Église, après l'avoir souvent menacée de mort, semblent exhaler leur dernier soupir, et ne

conquêtes s'étendirent sur la Syrie, la Grèce, les Gaules, l'Afrique, l'Inde et le Mongol.

Il s'agit donc de savoir non pas précisément quels sont les succès numériques, mais quelle était la doctrine, et quels ont été ses propagateurs. Les agents de cet œuvre peuvent beaucoup servir à le faire juger. L'histoire montre assez ce que valurent les émissaires des croyances humaines, et où gît l'origine de leur empire sur les hommes[1]. Ils ont pu fasciner les multitudes par la parole ou l'action; afficher certaines vertus extérieures sans lesquelles on les aurait immédiatement repoussés; mais qu'eux ou leurs sectateurs représentent une loi qui se rattache à la mission divine du Fils de Dieu incarné, c'est ce que n'admettra jamais quiconque connaît vraiment l'Évangile. Le succès de ces missionnaires, si l'on veut abuser de ce mot, eût-il été dix fois plus grand et plus durable, ne militerait pas en faveur de la vérité du bouddhisme, du mahométisme ou de l'hérésie; ou bien il faudrait dire, — ce qui dépasse les hardiesses les plus téméraires de notre siècle, — que ces religions sont toutes également vraies et que le christianisme seul est faux.

Le missionnaire catholique et son disciple offrent un type à part. En eux, tous les membres de la famille humaine, civilisés ou

---

[1] Il y a quelques années, certains savants jugèrent bon de se passionner pour le bouddhisme. Les géographes assuraient que c'était « le culte qui avait le plus de fidèles; » on osa même le comparer au christianisme. Les dernières études sur l'Inde ont démontré toute l'absurdité de ces rapprochements, et il a été prouvé que l'Inde bouddhique, aussi bien que l'Inde brâhmanique, ne méritait pas tant d'estime, qu'elle n'avait jamais eu d'histoire et s'était toujours contentée de légendes grossières. Ces démonstrations sont dues en partie aux recherches récentes de M. Max Müller, dont M. Barthélemi Saint-Hilaire a donné une analyse remarquable dans le *Journal des Savants*, n°ˢ de février et de mars 1863. D'après des peintures thibétaines offertes à l'Académie, nous connaissons les turpitudes prodigieuses du bouddhisme, *comme portion intégrante de son culte*. « Qu'est-ce qu'une religion où ces mélanges monstrueux sont devenus possibles, se demande M. Barthélemi, et qui n'a pas su mieux se défendre des contacts du vice qu'elle était cependant destinée à combattre?... Elle est descendue à des profondeurs de corruption *dont rien parmi nous ne saurait donner une idée.* » (P. 180-185.)

M. Barthélemi Saint-Hilaire vient aussi d'écrire, dans le même journal, une vie de Mahomet, d'après les plus récents travaux et surtout d'après ceux de MM. Muir et Sprenger, qui désormais feront autorité dans cette matière. — Selon ces auteurs, le côté ignoble n'aurait pas manqué à cet *envoyé du Ciel*. Après en avoir donné l'exemple avec ses quatorze femmes et concubines, Mahomet a fait de la femme, *dans une loi écrite*, un instrument de débauche, en établissant qu'on pourrait en avoir quatre. — Dans le même article se trouve cette définition remarquable : « *Le fatalisme n'est qu'une paresse insurmontable et une stupidité nées de la débauche.* » (*Journal des Savants*, année 1863, n°ˢ d'août à décembre). Dans plusieurs contrées musulmanes, en temps de calamités, les sacrifices humains sont en usage : dans le Zanzibar, par exemple.

(*Note du traducteur*).

LES
MISSIONS CHRÉTIENNES

CHAPITRE PREMIER

LA BIBLE ET LES PAÏENS

Jésus-Christ avait dit aux apôtres : *Allez, enseignez toutes les nations*. D'autres ont cru que l'on pouvait se donner cette mission sans l'avoir reçue ; en supplantant l'Église ou même en la prévenant, ils n'ont souvent que trop réussi. Il est aisé de voir par les résultats, que ce n'étaient pas des envoyés du ciel. L'Asie porte encore l'empreinte de l'expansion prodigieuse du bouddhisme, l'islamisme a étendu au loin ses conquêtes ; et des prédicateurs qui se disaient chrétiens ont pu se vanter d'une fécondité dont s'est mal trouvé le monde.

Au quatrième siècle, d'après l'expression oratoire de saint Jérôme, « le monde fut étonné de se trouver arien. » Au sixième, le nestorianisme était prêché depuis la Nubie et l'Abyssinie, jusque sur les côtes de Coromandel et dans les plaines de la Tartarie. Arius mourut de la mort de Judas, Nestorius fut dévoré par les vers comme Hérode ; cependant leurs doctrines furent embrassées avec ardeur par des millions d'hommes, leurs

L'édition française des *Missions Chrétiennes* jouit de plusieurs avantages : faite sur la seconde édition anglaise, elle contient les modifications et additions préparées par l'auteur pour une troisième. Comme la force de l'argumentation consiste principalement dans la citation d'auteurs dissidents, M. Marshall a bien voulu vérifier l'exactitude de leur reproduction. Nous trouvant en rapport avec les Ordres religieux et les principales Congrégations vouées à l'Apostolat, nous leur sommes redevables de précieuses indications que nous avons introduites dans le texte [1]. — Nous prions les personnes, qui, par leur coopération ou par leurs conseils, nous ont aidé dans ce travail, d'agréer l'expression de notre gratitude.

L. DE WAZIERS.

Paris, 2 mai 1865.

---

[1] Pour mettre la responsabilité de l'auteur à couvert, voici les principaux passages qui nous sont particulièrement imputables. Dans le premier volume : partie de l'*Algérie* et de l'*Éthiopie*. — Missions catholiques *de l'Afrique orientale et occidentale*, jusqu'au Congo. — Dans le deuxième volume : *Levant*, la plupart des Missions catholiques. — L'étude sur les *Missions Russes* comprenait 24 pages dans l'ouvrage, elle forme un chapitre de 60. — Fin des deux *Amériques*. — Dans le Résumé, ce qui a rapport à la Russie. — *Tableau général des Missions*. — *Tables analytiques*.

suivre les différentes phases du Canada, autrefois la *Nouvelle France*, et de recueillir des hommages sincères que devraient pouvoir mériter nos colonies actuelles.

Telles sont quelques impressions de notre long voyage ; un de nos frères séparés les caractérise par cet aveu qui s'applique à toutes : « On est obligé de faire rejaillir l'honneur sur l'Église catholique romaine et de jeter une ombre épaisse sur l'histoire du protestantisme. »

Dans un résumé brillant de l'ouvrage, l'auteur fait jaillir la vérité par l'effet du contraste. Ce résumé, suivi du tableau général de toutes les Missions catholiques dans le monde, se termine par un coup d'œil sur les premières victoires du protestantisme, changées bientôt en éclatantes défaites. A toutes les pages de ce livre, nous pouvons entrevoir sa conclusion, et reconnaître pendant les trois derniers siècles l'union intime de Dieu avec l'Église.

Balmès dans son bel ouvrage, le *Protestantisme comparé au Catholicisme*, s'était demandé ce que la révolution religieuse du XVIe siècle avait fait pour l'homme, et il démontre que ni l'individu, ni la société en Europe ne doivent rien au Protestantisme. M. Marshall, élargissant le cadre de ses démonstrations, en recueille les éléments sur tous les points du monde habité. Réunissant trois flambeaux pour former un seul faisceau de lumière, on nous permettra ce rapprochement.

Le grand évêque de Meaux a dit au protestantisme : « *Tu varies ; et ce qui varie n'est pas la vérité.* »

« *Qu'as-tu fait pour les intérêts des individus et de la société ?* » lui a demandé Balmès.

« *Église prétendue chrétienne, tu enlèves aux païens que tu crois convertir, jusqu'aux derniers vestiges de la loi naturelle,* » a démontré Marshall.

éducation insuffisante. Sous le manteau méprisé de la religion officielle, il laisse les populations, minées de sectes innombrables, retourner au paganisme et rendre un culte à l'esprit du mal, n'ayant plus conscience de leurs actes ; la barbarie la plus grossière est devenue naturelle. Mais le règne de la force porte avec lui son ver rongeur : la vénalité organisée à tous les degrés de cette société demi sauvage. Seul, le représentant de la Vérité ose affronter cet empire du mensonge. La Russie dévoilée nous porte avec ardeur vers le *centre de la liberté des âmes*.

Reposons un moment nos regards en contemplant l'Église agissant sans entraves dans les immenses colonies du Portugal et de l'Espagne, nations puissantes lorsqu'elles portaient la Foi. Durant deux siècles, avec ses Ordres religieux et ses héros, l'Église enfante au Christ plus d'âmes que l'erreur ne lui en avait ravi ; « les Missions du seizième siècle sont la protestation de Dieu contre le protestantisme [1]. »

Aussitôt qu'une politique jalouse ose exercer sa haine contre les ministres de tant de bien, la civilisation et le progrès s'arrêtent, mais en laissant au cœur de ses nouveaux convertis une croyance inébranlable qui compte dans l'Amérique du Sud vingt-deux millions d'adhérents.

Au *Sud*, l'Église, avec des cannibales, avait fait une famille civilisée et prospère ; au *Nord*, les sectes ont exterminé les héritiers naturels du sol et livré au mépris une race qu'ils firent esclave : lamentable histoire exposée dans tous ses détails par les auteurs protestants américains, à l'impartialité desquels nous aimons à rendre honneur. Nous ne manquerons pas de

---

[1] Réflexion qui termine le remarquable passage portant ce titre : *Résultats obtenus dans les Missions du Paraguay*, t. II, p. 262. Voir aussi quelques pages plus haut : *Miracles opérés par les missionnaires*, p. 201 (Missions Chrétiennes).

extrême. La France se rappelle les Croisades, et l'Orient professe pour le Franc la plus haute estime. La comparaison entre nos missionnaires et les clergés schismatiques, le respect et la confiance qu'inspirent les premiers ont commencé le retour des Bulgares et des Grecs vers l'Unité. Dans sa noble détresse, Pie IX trouva le secret d'encourager ces premières tendances; depuis lors, elles se poursuivent malgré les persécutions, et font entrevoir un consolant avenir ; le peuple Moldo-Valaque ne serait même pas éloigné d'abandonner l'erreur. Il nous faut cet espoir en approchant ce clergé des Églises Orientales qui n'a conservé du prêtre que le costume. Malgré le peu de vie qui lui reste, il paraît décidé à ne pas descendre plus bas ; il résiste aux intrigues protestantes. D'autres leur ont cédé, et il est avéré que les encouragements des sectes ont poussé les Turco-druses aux massacres de Damas et de cette population Maronite si hautement sympathique à la France. Il est bien entendu qu'en Orient comme ailleurs, « les convertis au protestantisme sont les derniers des hommes parmi les indigènes. » La saine partie de la nation Arménienne, par le seul attrait de la Vérité, rentre avec ses évêques dans le giron de l'Église. La nation Chaldéenne a renoncé au schisme. On entrevoit même, par une suite de publications en leur langue, le moyen d'agir auprès des Turcs ; entre leurs doctrines et les nôtres il existe certains points de contact ; les musulmans professent une profonde vénération pour le grand Chef des Chrétiens.

Depuis l'absorption de la Pologne, le colosse Moscovite s'approche de nos frontières; le considérer de près devient une actualité d'autant plus instructive qu'il est la mise en œuvre du *libéralisme le plus moderne* : religion, famille, propriété sous le joug de fer d'une oligarchie bureaucratique présidée par un Czar. Trouvant dans l'Église une rivale incommode, il en bannit les ministres les plus actifs représentés par les Ordres religieux ; il avilit le clergé séculier par une

voyage vers les îles de la Société le vaisseau-missionnaire le *Duff*, parti des côtes de l'Amérique, en 1840, avec une nombreuse cohorte de prédicants ; la destinée de chacun d'eux est assez curieuse sans être très-enviable. Nous rencontrons dans ces parages les premiers exploits du trop célèbre M. Ellis, présages de sa conduite à Madagascar. Nous verrons « tous ces missionnaires engagés dans le commerce, le monopole du bétail, l'huile de noix de coco, etc. etc., » et donnant aux indigènes les leçons de plus d'un vice. — Avec l'influence catholique, progrès matériels et moraux en rapport avec la ferveur religieuse ; il suffit de citer les îles Wallis, Futuna, Gambier, au point qu'un protestant vient nous dire : « La religion catholique est destinée à dominer dans les îles de l'Océanie. »

Le moment semble venu pour l'Afrique de participer à la lumière évangélique. Ce vaste continent est entamé de tous les côtés à la fois par les Ordres religieux et les Congrégations qui se dévouent au salut des noirs, et combattent le mahométisme. Dans ces contrées, les Missions protestantes, annales de faiblesse et de honte, « perfectionnent leurs adeptes dans la scélératesse. » L'histoire des trois Hottentots conduits en Angleterre, exhibés à Exeter-Hall comme prosélytes modèles, et reprenant leurs habitudes aussitôt revenus, ne manque pas de caractère et montre jusqu'à quel point « le public anglais se laisse abuser par ces sauvages païens. » Avec le docteur Livingstone, l'Afrique méridionale eut un observateur intègre. Il ne ménage pas ses coreligionnaires et leurs œuvres ; mais « brillant comme voyageur, il échoue comme missionnaire. » De son côté le docteur Colenso, évêque anglican de Natal, trouve « la polygamie conforme au pur enseignement chrétien. » Il combat l'inspiration des Écritures avant que la haute cour judiciaire de la Grande-Bretagne ait permis de la nier.

L'étude des missions du Levant sera pour nous d'un intérêt

parmi les hautes castes, et d'après les conversions actuelles, l'on peut entrevoir le Christ régnant seul sur les Indes. L'Angleterre, nous devons le reconnaître, ne favorise plus comme autrefois le paganisme et témoigne à l'égard de nos missionnaires un profond respect.

Le chapitre sur Ceylan est le moins étendu sans être le moins instructif. Il montre ces faibles insulaires, convertis à la Foi, endurant, pendant trois siècles, les plus rudes épreuves, jusqu'à s'attirer l'admiration de leurs ennemis; tandis que le protestantisme « ne peut compter un seul instant sur la fidélité de ses prosélytes. » Par compensation, les agents des différentes sectes ont de splendides demeures, « semblables aux plus belles habitations de campagne. » Le tableau de leur intérieur n'est pas indigne d'attirer les regards. L'explication donnée par sir Emerson Tennent aux succès des missionnaires catholiques trouve une remarquable et victorieuse réponse qui sera sympathique à plus d'un lecteur.

En Australie, à la Nouvelle-Zélande, en Tasmanie, le protestantisme, longtemps sans rival, se montre dans tout son jour; nous n'indiquerons pas ses hauts faits, on nous accuserait de dresser une statistique de crimes. La puissance des ministres et leurs entraves n'empêchent pas cependant les missionnaires catholiques d'être accueillis comme des sauveurs, et de reprendre aux sectes les quelques milliers de victimes échappées aux ravages de la dépopulation.

Nous ne manquerons pas d'apprécier les résultats obtenus aux îles Philippines sous l'autorité paternelle de l'Espagne; « ces îles lui furent gagnées non par des guerriers bardés de fer, mais par les soldats de la Croix, » au point de transformer en fidèles catholiques une population de quatre millions d'indigènes dont une partie était musulmane. — Suivons dans son

son idolâtrie, il conserve vivantes dans son culte les grandes traditions de *sacrifice*, d'*expiation*, de *pénitence*, croyances qui devaient rendre facile leur passage à l'Évangile. Néanmoins, jusqu'à une époque toute récente, « le Christianisme fut regardé par les Anglais comme une innovation des plus dangereuses; » on fit alliance avec les idoles en prenant part aux cérémonies païennes. Abusant de la crédulité des soldats indigènes, la Compagnie leur faisait, enseignes déployées, invoquer les idoles pour attirer leurs faveurs sur les armes de l'Angleterre. Mais puisque l'arbitre souverain de nos destinées n'est ni Krishna, ni Ganesa, ces bénédictions deviennent assez précaires. D'un autre côté, pour ne froisser personne, d'après les principes de la *civilisation moderne*, le gouvernement établit des écoles où l'on ne parlerait jamais de Dieu (*God-less*). Bientôt, on fut obligé d'y renoncer; ces écoles faisaient fuir les indigènes qui, avec beaucoup de raison, ne voulaient pas voir leurs enfants devenir athées. Le gouvernement se contente d'appliquer ce désastreux système aux écoles supérieures, dans les Universités, de manière à détruire le sens religieux de l'Indien pour en faire uniquement un adorateur de l'or. Résultat le plus élevé des efforts de l'Angleterre, car pour protestantiser ce peuple, elle n'y parviendra jamais.

A l'exemple de saint François Xavier et du Père de Nobili, leurs successeurs dans l'apostolat surent inspirer l'estime et l'amour de la religion chrétienne. Les Indiens se convertissaient en grand nombre, lorsque la suppression de la Compagnie de Jésus les priva de leurs véritables guides. Si l'immobilité du caractère national empêcha le retour à l'idolâtrie, la religion perdit son auréole. Les Jésuites revenus aux Indes, en 1838, trouvèrent, sauf dans les petites possessions françaises, le catholicisme tombé en discrédit. Vingt-cinq ans de travaux, de combats et de souffrances lui rendirent enfin son estime première; devenir catholique est un titre d'honneur, même

nous nos missionnaires réussir auprès des idolâtres en proportion de leur sainteté. En un mot armés du critérium divin, nous en vérifierons partout l'infaillible exactitude.

II

Sans retracer les merveilles opérées pendant deux siècles par les Ricci, les Schaal, les Verbiest, les Parennin et leurs successeurs sur des milliers de Chinois à demi barbares, rappelons seulement que ces timides asiatiques avaient trouvé dans l'enseignement de l'Évangile la force d'imiter leurs guides, éternel honneur de cette Compagnie qui, la première, ouvrit la Chine à l'Europe. Si la conspiration des ennemis de Dieu n'était venue arrêter leurs conquêtes, un protestant nous l'a dit : « Ils eussent probablement réussi à convertir la Chine et l'Inde. » Nous lirons avec intérêt, dans le même sens, plusieurs importants témoignages. Les *seize mille martyrs* de 1861, aussi intrépides que leurs devanciers devant la mort, nous font entrevoir des jours de miséricorde pour ces malheureuses contrées.

Dans la seconde partie du chapitre sur la Chine, nous arrivons à une suite de biographies de révérends ministres, écrites par eux-mêmes ou rédigées par leurs amis avec le plus grand sang-froid. Cependant, leur contenu bizarre ferait presque oublier la pitié qu'elles inspirent. Les Américains, outre plusieurs éditions successives des *Missions Chrétiennes*, eurent l'idée de les publier en feuilletons.

Voilà deux cents ans que les Anglais sont aux Indes; le nombre des idolâtres est encore aussi considérable que le premier jour de leur arrivée. Et pourtant, ils trouvèrent un peuple religieux dans le véritable sens de ce mot, puisque, malgré

raît guère de cet avis. — Le voyageur se retourne. Qu'aperçoit-il de l'autre côté? Un bien simple appareil, pauvreté, privations; mais il trouve chez nos missionnaires dévouement, sacrifice poussés jusqu'à l'héroïsme, seule arme qui pénètre jusqu'au cœur de l'idolâtre; quelle que soit sa dépravation, civilisé ou sauvage, une fois convaincu de la pureté et de l'abnégation de celui qui se montre un vrai maître de la loi divine, il tombe à genoux, il adore.

Les faits présentés par des témoins hostiles sont un genre d'arguments convenables à notre époque. Sans se concerter, sans avoir les mêmes intentions, ces hommes, s'accordant sur les points les plus difficiles à croire, rendent le doute impossible. Ce titre devenu célèbre : Les *Missions Chrétiennes*, comprend donc en réalité : La *Vérité rendue tangible par le témoignage de l'erreur;* — Les *Dissidents peints par eux-mêmes;* — ou, *Moyen d'arriver à la vérité par la géographie*. Jamais enquête plus universelle et plus complète n'aura été ouverte : manière neuve de procéder, en rapport avec nos goûts de voyage, et compatible avec notre faiblesse dans l'art du raisonnement.

L'erreur, sous des noms divers, est au fond, toujours la même : « triomphe du matérialisme sur l'autorité spirituelle. » Le bien de son côté n'a qu'une forme, dont l'Église est la dépositaire et la dispensatrice. L'erreur peut détruire; édifier, jamais. L'Église a été fondée avec le pouvoir de *convertir* les gentils; toute contrefaçon d'Église ne peut que *pervertir*, en particulier le protestantisme, cette *négation*, cette religion qui ne relie rien, produit inconsistant d'opinions individuelles, « dernier châtiment infligé aux idolâtres, » puisqu'il leur enlève jusqu'aux « vestiges de la loi naturelle. » Dans les messagers de la Vérité, nous reconnaîtrons, comme signe certain d'une vocation céleste, une force, qui les élève au-dessus de la fragilité humaine; aussi verrons-

impuissance; « les derniers rapports sur les Missions protestantes sont toujours les plus tristes, » comme nous le verrons souvent dans le cours de l'ouvrage; et ainsi se vérifie cette proposition que nous lisons dans le *Times* (28 octobre 1863) : « De tous les imposteurs les missionnaires sont les pires; aussi longtemps qu'un public aveugle fournira des fonds pour leur entretien dans une vie de paresse, ils se permettront des milliers de mensonges pour le tromper. » Le pouvoir et l'or de l'erreur viennent expirer aux pieds du païen.

Suivons l'auteur avec confiance; si tous les noms qu'il cite ne sont pas arrivés jusqu'à nous, ils sont très-connus dans les pays de leur origine, ils jouissent, pour la plupart, de la plus grande honorabilité; à une époque de locomotion facile, les aveux des témoins se contrôlent aisément. — Avant de visiter toutes les contrées du globe, à partir de la Chine, pour terminer par l'Amérique septentrionale en face des côtes du Céleste Empire, afin de mettre notre voyage à profit, il est bon de connaître sa marche et la manière de recueillir nos observations; pour cela, une comparaison, peut-être un peu vulgaire, ne sera pas inutile.

Dans les pays que nous allons parcourir, représentons-nous deux scènes où se trouvent, aux prises avec les païens, des hommes désireux de les convertir. D'un côté, quel éclat! Quel prestige! argent, puissance, nombreux concours, riches vêtements, mille séductions. Le spectateur, ordinairement de même origine et de même religion que les prédicants, est intéressé à tout approuver. Il fixe ses impressions, prend des notes. Voilà notre meilleur témoin; il constate ordinairement l'insuccès de la pièce. Quelquefois même, les principaux acteurs, représentant des sectes diverses, reconnaissent entre eux leurs mésaventures, à condition de dire à leurs patrons : tout pour le mieux dans nos « dignes sujets de la Grâce. » Le païen consulté ne pa-

qu'elles produisent d'elles-mêmes leur effet. Profanation poussée jusqu'au ridicule, qu'assument des peuples naturellement réfléchis, et que l'un de leurs auteurs les plus respectés, l'amiral Slade, caractérise en ces termes : « La distribution exagérée des Bibles est déplorable; si les membres et les protecteurs d'une Société biblique savaient *où elles vont*, comment elles sont reçues, ils préféreraient donner leur argent à leurs pauvres compatriotes; mais il n'y aurait plus de missionnaires ni de Sociétés de Bibles, etc. » On comprend combien une démonstration appuyée sur de pareils témoignages acquiert de force, lorsqu'ils sont réunis et recueillis sur tous les points du monde habité; objet très-curieux du premier chapitre intitulé : la *Bible et les païens*.

Nos voisins sont tellement persuadés des bons effets de leur générosité, qu'on est obligé de forger des rapports à leur usage, dont ceux qui les composent connaissent la fausseté. Rien n'est trop invraisemblable pour leur crédulité, jusqu'à leur faire admettre sans le plus léger doute que les « musulmans de Bassorah, par exemple, demandent des livres à grands cris. » De malencontreux voyageurs font connaître ce qui en est.

Les intentions de l'auteur à l'égard de ses compatriotes devraient être, ce semble, bien accueillies par eux; il vient leur demander, preuves en main, une faveur accordée partout ailleurs avec facilité, celle de garder leurs millions dont on abuse d'une étrange sorte. Notre concours, cependant, ne sera pas inutile : aussi allons-nous vérifier avec exactitude leur emploi. Le sujet est grave, puisqu'il s'agit « d'inspirer aux païens le mépris du Christianisme. » Par dépit, peut-être, de voir les mystères dévoilés, l'aveugle générosité, quelques années encore, suivra son cours, peut-être même sera-t-elle augmentée; mais les yeux sont ouverts. Si elle n'arrêtait sa marche, elle donnerait de nouvelles preuves de son

et, à parler franchement, ils ne leur inspireraient que la honte d'être indignement trompés.

Tous nous devons suivre les intentions de l'auteur en l'aidant à ouvrir les yeux de ceux qui les tiennent le plus obstinément fermés. La France par une prérogative incontestée se trouve à la tête du mouvement intellectuel ; nous en avons une preuve au sujet du livre qui nous occupe. Lors de son apparition, Son Éminence le cardinal Barnabò, frappé de son importance, voulait immédiatement le faire traduire et imprimer à Rome, aux frais de la Propagande ; le cardinal Wiseman arrêta son généreux dessein en lui faisant observer qu'une publication, pour acquérir toute sa valeur, doit partir de la France. Pénétré de cette pensée, ayant eu connaissance de notre projet de reproduire en notre langue les *Missions Chrétiennes*, l'éminent Cardinal daigna nous encourager par une lettre qu'on nous permettra de reproduire :

« Je suis heureux d'apprendre, nous écrivait-il de Londres, le 27 novembre 1865, que vous traduisez l'excellent ouvrage de M. Marshall, intitulé : *Christian Missions*. Il prouve, par une étude sérieuse de leurs propres publications, la stérilité des missions protestantes ; il la met au grand jour à côté de l'action catholique chez les peuples idolâtres. La France, nation dévouée aux missions étrangères comme à toutes les autres bonnes œuvres, ne manquera pas d'apprécier la valeur du service que vous allez rendre à la littérature catholique par la traduction de cet important ouvrage. »

Nous prendrons part au service dont parle l'éminent Cardinal, en faisant connaître les faits contenus dans ce livre. Il faut que le monde apprécie l'incomparable naïveté d'un trop grand nombre de nos voisins les Anglais, des Américains du Nord, et de plusieurs Sociétés d'Allemagne, qui les porte, chaque année, à semer en pure perte une prodigieuse quantité de Bibles sur tous les rivages, en attendant

D'autres savent conserver; à nous, Français, l'honneur de conquérir des âmes. L'Angleterre pouvait-elle nous offrir un présent plus flatteur? N'avons-nous pas aussi la réputation de savoir nous servir des armes? L'auteur des *Missions Chrétiennes* nous en donne de la meilleure trempe, préparées et fournies par nos adversaires.

I

Au début de l'*Histoire des Variations*, Bossuet disait : « Si les protestants savaient à fond comment s'est formée leur religion, avec combien de variations et avec quelle inconstance leurs confessions de foi ont été dressées; comment ils se sont séparés primitivement de nous, et puis entre eux ; par combien de subtilités, de détours et d'équivoques, ils ont tâché de réparer leurs divisions, et de rassembler les membres épars de leur réforme désunie : cette réforme dont ils se vantent, ne les contenterait guère ; et pour dire franchement ce que je pense, elle ne leur inspirerait que du mépris. » Un chapitre que le grand évêque de Meaux ne pouvait écrire, vient d'être ajouté aux annales de l'erreur. M. Marshall a travaillé à la même œuvre en montrant la stérilité des doctrines séparatistes. Les missions protestantes sont de date relativement récente; il fallait leur laisser le temps de se produire dans tout leur développement, et de montrer non plus seulement ce qu'elles coûtent, mais ce qu'elles valent. Après des recherches de plusieurs années, présentant le tableau des Missions catholiques en regard des Missions protestantes, l'auteur acquiert le droit de dire : si les protestants savaient à fond ce que sont leurs missions et leurs missionnaires, les méthodes qu'ils emploient, les immenses ressources qu'ils consomment, leurs résultats ne les satisferaient guère,